4차 산업혁명 시대의
기술경영

이 범 희

THE FOURTH INDUSTRIAL REVOLUTION

탑북스

머리말

미래의 글로벌 환경은 더욱 개방되고, 더욱 혁신적인 변화가 예상된다. 또한 글로벌시장의 환경 역시 무한의 글로벌 경쟁이 가속화될 것이며, 경쟁에 뒤떨어지는 기업들은 소리없이 사라져 갈 것이다. 벌써 기업경영 환경의 예측할 수 없는 변화는 시작되었다. 매년 포춘지에서 발표하고 있는 글로벌 500대 기업의 순서를 보면, 매년 8%에 해당하는 40개 정도의 기업들이 바뀌고 있고, 존경받는 50대 기업의 경우에도 10% 정도의 글로벌 기업들이 매년 이름을 달리하고 있다. 즉, 8~10%에 해당되는 글로벌 기업들이 새롭게 이름을 올리는 의미는 동일한 수에 해당되는 글로벌 기업들이 경쟁에서 밀려나고 있음을 의미한다. 이러한 변화들이 미래에는 더욱 심해질 것으로 예상된다.

2020년을 4차 산업혁명이 시작되는 기준연도로 생각하는 사람들이 많다. 인터넷 속도가 현재의 4G보다는 수 백배에서 천배까지도 빨라지는 5G의 시대가 2020년부터 일반화되기 시작하는 것과 동일한 시점으로 보는 것 같다. 그러나 필자의 생각으로는 이미 우리 생활 주변에 4차 산업혁명이 시작된 것으로 보인다. 이미 가상현실을 주고 받을 수 있을 정도의 인터넷의 속도가 빠르게 발전되고 있고 전 세계의 모든 인터넷들이 통합되기 시작하고 있으며 빅데이타들이 관련 분야들 간에 통합이 이루어지고 있으며 이를 인공지능으로 분석하고 자기학습을 통하여 지속적으로 개선하여 인간에게 이로운 편의를 제공하기 시작하고 있다. 4차 산업혁명의 시대에는 모든 환경이 상상할 수 없을 정도로 빠르게 변하기 때문에 미래를 예측하기는 더욱 어렵게 될 것이다. 필자는 4차 산업혁명에 적합한 기술경영을 집필하고자 많은 자료들을 접하고 분석하여 최선의 교재를 만들 수 있도록 하였다.

미래의 고객과 시장환경이 어떻게 급변하더라도 기술경영을 통하여 경쟁력을 지속한다면, 기업은 4차 산업혁명이 도래하게 될 미래의 시장에서도 경쟁력을 지속적으로 확보할 수 있을 것이며 성장을 계속할 수 있을 것이다. 4차 산업혁명 이후에도 고객의 필요(Wants)와 욕구(Needs)를 항상 파악하면서, 혁신적인 제품을 지속적으로 제공하게 되면 고객의 만족도를 향상시킬 수 있게 될 수 있도록 기술경영에 대한 중요성을 인식하고 미래를 대비해야 할 것이다.

본 교재에는 가장 최근에 발생하였던 4차 산업혁명이 진행되고 있는 다양한 기술경영의 사례들을 다수 수록하였으며, 이들 사례를 기술경영의 이론과 접목하여 기술경영에 관련한 이론적인 지식과 실무적인 지식을 동시에 확보할 수 있도록 구성하였다. 기술경영의 이론을 배우는 대학생들에게는 기업의 경영현장을 이해할 수 있도록 구성하였으며, 기업의 경영현장에서 기술경영을 활성화하고 실행하고자 하는 실무자에게는 기술경영의 이론적인 배경을 확보할 수 있도록 구성하였다.

마지막으로, 이론적인 지식과 실무적인 능력을 동시에 확보할 수 있는 '4차 산업혁명에 적합한 기술경영'의 본 교재를 출판할 수 있도록 도움을 주신 많은 분들에게 감사한 마음이다. 특히 탑북스의 김광식 사장님과 임직원 여러 분들의 도움에 고마운 마음을 전하며, 연구활동을 간접적으로 지원해 주고 있는 가족에게도 항상 고마운 마음이다.

2018년 2월 20일

연구실에서

저자 이 범희

차 례

Part.1 기술경영의 이해

제1장 기술경영의 개념

제3장 기술창업과 기술사업화

Part.2 기술경영 기획(Plan)

제4장 기술의 특성과 유형

제5장 전략적 · 지배적 기술표준

제7장 기술경영 조직

제8장 기술의 예측

Part.3 기술경영 실행(Do)

제 9 장 기술의 획득

제10장 기술의 보호

제11장 고객지향적 제품혁신

제12장 고객지향적 프로세스혁신

제13장 기술프로젝트

Part.4 기술경영 성과(see)

제14장 기술경영의 평가, 통제, 보상

PART

1

기술경영의 이해

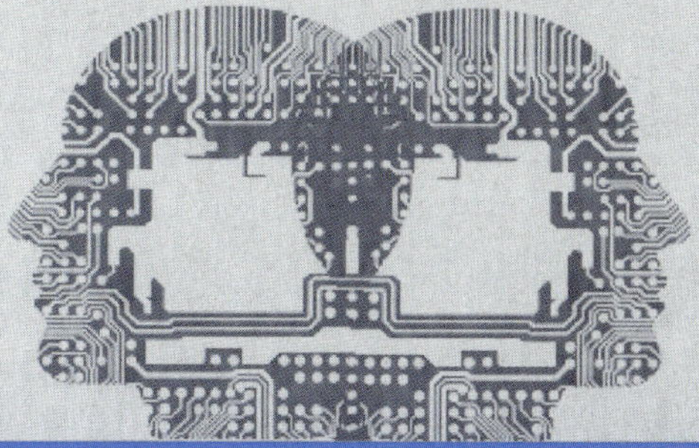

제 1 장
기술경영의 개념

1. 기술의 개념

많은 사람들은 기술(Technology)을 너무 어렵거나 첨단 과학의 분야로 인식하고 있으며, 기술은 비현실적이고 자신과는 관계가 없는 것으로 생각하기 쉽다. 기술은 보통 사람들이 이해하기 어려운 기술자 혹은 과학자들이 접할 수 있는 특별한 대상이라고 여기기 쉽다. 전자제품, 자동차, 우주항공기, 바이오제품 등의 최첨단 기술만이 기술이 필요한 제품이라고 오해하기도 한다. 그러나 기술은 특별하지 않고 일상적이며 매우 현실적이다. 보통사람들이 일상적으로 접하는 생활 속에서 항상 기술들이 관여되고 있다.

일상생활에서 쉽게 접할 수 있는 '김밥'의 경우를 보자. 전통적인 김밥을 보면 바깥쪽에는 김을, 중간에는 밥을, 가장 안쪽에는 김치, 단무지, 시금치, 계란프라이, 참치, 쇠고기 등의 반찬이 위치하도록 동그랗게 말아서 만들 수 있다. 이러한 전통적인 김밥이 언제인가부터 '충무김밥', '누드김밥', '새싹김밥', '삼각김밥', '계란말이김밥', '땡초김밥', '샐러드김밥' 등의 새로운 김밥으로 다양하게 발전되고 있다. 간단하게 말하면 기술은 첨단제품에 적용되는 첨단기술뿐만 아니라 김밥을 제조하는 경우와 같이 매우 일상적인 과정과 방법까지도 포함하고 있음을 알 수 있다.

[그림 1-1]은 일상생활에서 활용되고 있는 김밥을 만드는 보편적인 기술을 응용하여서 '시금치 달걀말이 누드롤'을 만드는 과정에 대한 새로운 기술을 보여 주고 있다.

그림 1-1 시금치 달걀말이 누드롤 기술사례

* 출처 : 네이버 블로그, http://blog.naver.com/PostView.nhn?blogId=sunwly&logNo=90165147502, 2017. 12. 20. 다운로드

1.1 기술의 의미

1.1.1 넓은 의미의 기술

넓은 의미의 기술은 그 시대에서 가장 최신의 지식과 지혜를 활용하게 되며, 이러한 지식을 활용하면서 생산과 가공을 최적화하는 과정에 대한 방법을 의미한다. 기술은 인간의 삶에 영향을 미치는 현상을 연구하게 되므로 기술은 인간과 가까이 존재하고 있다. 그리고 기술은 가장 짧은 시간에 가장 적은 노력으로 목적한 일을 제대로 처리하고 목적한 결과를 얻을 수 있는 방법을 의미하기도 한다. 사람이 목적한 결과를 얻기 위해서는 능력을 획득해야 하므로 기술을 확보해야 한다. 즉 인간은 기술을 획득함으로써 능력이 확대되고 목적한 결과를 용이하게 얻을 수 있게 된다. 따라서 기술은 인간의 능력을 확장하는 도구가 되기도 한다. 넓은 의미에서의 기술은 인간의 삶에 매우 가깝게 존재하고 있으며, 인간의 능력을 확대할 수 있는 도구이다. [그림 1-2]는 누구든지 쉽게 제작할 수 있는 수송도구인 뗏목을 제작하는 과정의 기술을 보여 주고 있다.

그림 1-2 뗏목 만들기 기술

* 출처 : 동강축제 뗏목 만들기, http://falconsketch.tistory.com/210, 2017.12.20 다운로드

〈사례 1-1〉은 매우 좁은 의미의 기술에 대한 사례를 보여 주고 있다. 좁은 의미의 기술은 인지지식, 능력지식, 의지지식으로 구분하여 파악할 수 있으며 [그림 1-3]과 같다.

사례 1-1

NASA "화성 탐사 로켓 2019년 시험발사"… 조금씩 모습 드러내는 화성 탐사 프로젝트

지난달 20일(현지 시각) 미국 캘리포니아 패서디나에 있는 미국항공우주국(NASA) 제트추진연구소(JPL). 정문 앞에 있는 박물관에 들어서자 미국 최초 인공위성인 익스플로러 1호와 태양계 밖을 향해하고 있는 탐사선 보이저 1·2호, 화성 탐사 로봇 큐리오시티 등 JPL에서 개발한 인공위성, 탐사선과 로봇 모형들이 전시돼 있었다. 모두 미국의 우주 탐사 역사를 대표하는 상징물이다. 큐리오시티 개발을 총괄하는 애슈인 바사바다 박사는 "그동안 다양한 우주 탐사에 참가했던 5000여명의 과학자와 엔지니어들이 현재는 화성(火星)으로 보낼 로봇 개발을 목표로 똘똘 뭉쳐 있다"며 "머지않은 시기에 이곳에서 인류 역사상 첫 화성 탐사의 역사가 쓰일 것"이라고 말했다.

▲ 화성 식량 대비.. 지난 3월 NASA 연구원들은 페루에 있는 국제감자센터(CIP)에서 화성과 같은 환경에서 감자 65종을 재배하는 데 성공했다. 사람이 향후 화성으로 이주할 경우 필요한 식량 대비책을 마련하고 있는 것이다./NASA

▣ 달, 화성행 전진기지로 다시 주목

미국은 1969년 유인(有人)우주선 아폴로 11호가 달에 착륙하며 우주개발 경쟁에서 세계 최강국으로 올라섰지만 그 뒤로는 달 탐사에 큰 관심을 보이지 않았다. 대신 무인(無人) 탐사선을 우주 곳곳에 보내거나, 거대 천체망원경을 통해 먼 은하계를 관측하는 사업에 집중했다.

그러던 미국이 최근 다시 달로 눈길을 돌리고 있다. 화성 탐사를 본격적으로 추진하면서 달을 지구에서 화성으로 가기 위한 전진기지로 활용하기 시작한 것이다. 지구에서 화성으로 바로 가려면 우주선 크기가 현재 우주선의 2배 이상으로 커야 하고 연료 소비도 그만큼 늘어날 수밖에 없다. 하지만 달 궤도에 우주정거장을 구축하고 그곳에서 화성행 우주선을 제작해

발사하면 상대적으로 적은 비용으로 화성까지 도달할 수 있다. 지구에서 우주선을 발사하면 중력을 극복하느라 엄청난 연료를 소모해야 하지만 달 궤도에서는 그런 문제가 없다.

NASA는 지난달 8일 화성으로 가는 차세대 로켓 '스페이스 론치 시스템(SLS)'을 2019년 12월 시험 발사하겠다고 공식 발표했다. 앨라배마주 헌츠빌에 있는 NASA 마셜우주비행센터에서는 한창 SLS 개발을 하고 있다. 마셜우주비행센터는 시험 발사를 통해 우주발사체 성능을 알아보고 최종적으로는 2033년 유인(有人) 화성 탐사선을 발사할 계획이다.

지난 9월 NASA는 러시아와 함께 2020~2025년 달 궤도에 새 우주정거장 '딥 스페이스 게이트웨이'를 건설하기로 합의했다. 여기서 SLS에 실려온 우주선과 부품들을 결합해 달로 가는 화성 탐사선을 조립할 계획이다. 민간 우주업체들을 활용해 발사비용을 줄일 수도 있다. 민간 우주사업체 스페이스X는 지난 3월 재활용한 로켓을 1단 추진체로 사용한 '팰컨9'을 성공적으로 발사했다. 재사용 로켓이 보편화되면 한 번 로켓 발사하는 데 1000억~2000억 원이 들던 비용을 절반 이하로 줄일 수 있다.

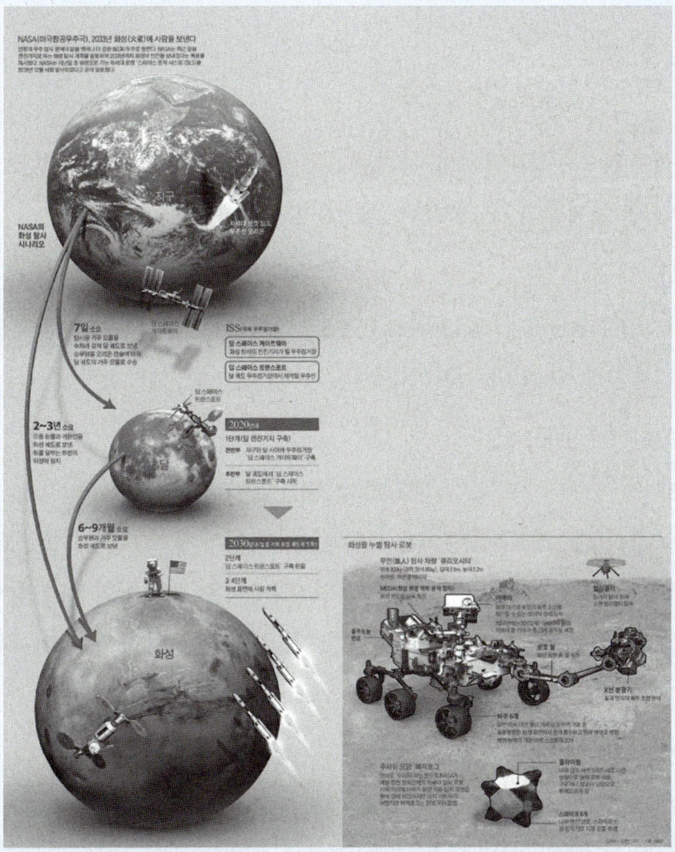

하략

* 출처 : 조선일보, 2017. 12. 9
http://news.chosun.com/site/data/html_dir/2017/12/08/2017120801533.html
다운로드 및 편집 : 2017. 12. 27.

그림 1-3 좁은 의미의 기술

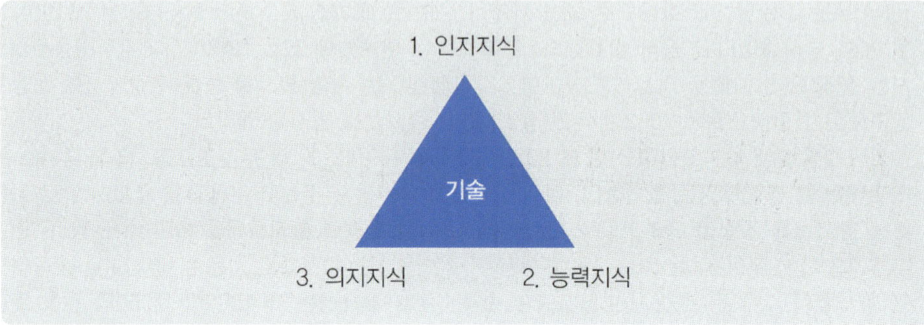

1.1.2 좁은 의미의 기술

좀 더 구체적이고 좁은 의미에서 살펴보면 기술은 제품(Products) 및 공정(Process)에서 발생되고 있는 실제적인 문제의 해결을 위한 지식이다.

① **인지지식**

기술을 인지지식(Perception Knowledge)으로 해석하게 되면 자연과학(Natural Science)적인 방법으로 설명될 수 있다. 즉, 인지지식의 기술은 목적한 결과를 얻기 위하여 자연과학적인 지식을 활용하는 과정을 의미한다.

② **능력지식**

기술을 능력지식(Capacity Knowledge)으로 해석하게 되면 응용공학(Application Engineering)적인 방법으로 설명될 수 있다. 능력지식은 응용공학적인 방법을 활용하면서 획득한 능력을 활용하는 과정을 의미한다. 능력지식이 많을수록 더 많은 결과와 더 빠른 결과를 얻을 수 있게 된다.

③ **의지지식**

기술을 의지지식(Will Knowledge)으로 해석하게 되면 사회과학(Social Science)적인 방법으로 설명될 수 있다. 사람은 목적한 결과를 얻기 위하여 기술을 활용하고 있지만, 인지지식과 능력지식만으로는 충분하지 않다. 사람에게는 의지가 있다. 동일한 기술을 활용하지만, 사람마다 목적한 결과를 얻을 수 있는 정도가 서로 다른 것은 사람마다 의지의 정도가 다르기 때문이다. 새로운 제품과 공정으로 부가가치 창출이 이루어지기 위해서는 이를 수행하는 사람들의 의지가 매우 중요하게 된다. 기술은 사람의 의지를 반영할 수 있는 사회과학의 도움이 있어야 한다.

1.2 기업의 기술가치

기술은 사람이 삶을 영위하기 위한 모든 분야에서 활용되고 있지만, 본 저서에서는 기업에서 필요한 기술가치를 중심으로 살펴보고자 한다. 기업에서 필요한 기술가치(Technology Value)는 상품이 가지고 있는 본래의 기술에 대한 가치, 기술 자체가 가지고 있는 무형의 가치, 그리고 기술이 미래의 가치를 창출할 수 있는 가치로 구분하여 생각해 볼 수 있다. [그림 1-4]는 기업에서 필요한 기술의 가치를 나타내고 있다.

그림 1-4 기업의 기술가치

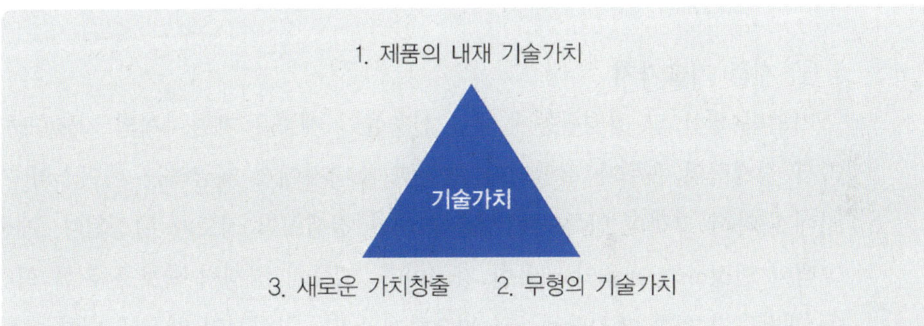

1.2.1 제품의 내재 기술가치

기업의 생산운영의 개념은 간단하게 투입(Input), 변환(Transformation), 산출(Output)로 볼 수 있다. 여기서 산출물은 상품이 되며, 상품은 제품과 서비스로 나타나게 된다. 그리고 투입물을 상품으로 변환하는 과정을 프로세스로 볼 수 있다. 즉 상품의 내재 기술가치(Internal Technology Value)는 상품이 가지고 있는 기술가치와 그 상품을 생산하고 공급하는 모든 과정의 프로세스의 기술가치를 포함한다. [그림 1-5]는 제품을 생산하는 기업에서 필요한 기술의 분야를 나타내고 있다.

그림 1-5 기업에서 필요한 기술분야

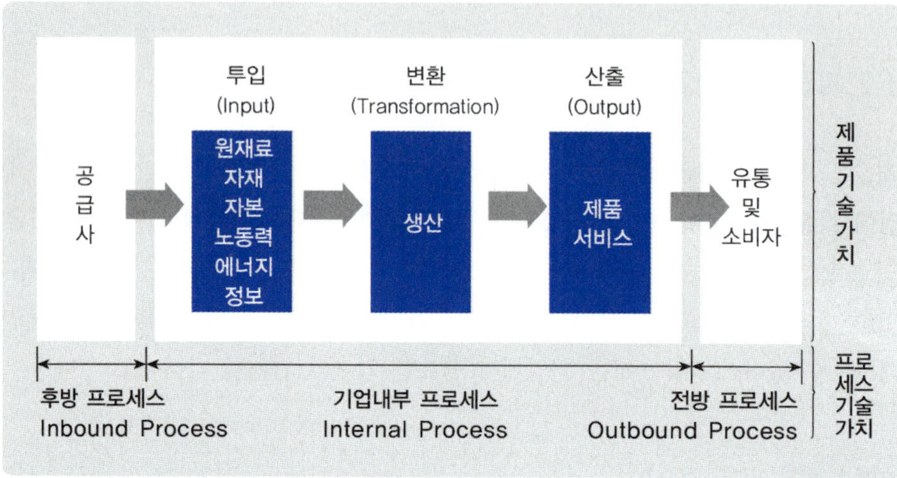

① 제품 기술가치

기업의 생산 및 경영활동에 대한 산출물인 제품은 제품자체의 기술수준의 차이에 따라서 경쟁력의 유무가 결정되며, 유통과 소비자에게 제공하는 서비스의 기술수준의 차이에 따라서 고객의 만족도와 제품에 대한 경쟁력의 정도가 결정된다. 제품 기술가치는 고객이 인정하는 제품의 고유한 가치이다. 제품의 경쟁력 확보를 위한 혁신기술은 제품을 개발하기 위한 초기단계부터 필요하게 된다. 혁신적인 제품에 대한 아이디어를 얻고, 이를 고객이 원하는 제품으로 구체화시켜 디자인하며, 기능과 성능을 혁신하기 위한 개발과 연구를 하게 된다.

② 프로세스 기술가치

프로세스는 기업내부에서 제품을 생산하는 과정인 내부 프로세스(Internal Process), 공급사로부터 원재료와 부품을 공급받는 과정인 후방 프로세스(Inbound Process), 그리고 유통과 소비자들과의 관계를 원활하게 운영할 수 있는 전방 프로세스(Outbound Process)가 있으며, 후방 프로세스와 전방 프로세스를 합하여 외부 프로세스(External Process)라고 한다. 프로세스 기술가치는 3가지의 프로세스가 신속하게 운영됨으로써 고객에게 제품을 신속하게 공급하여 고객만족을 향상시키는 가치이다.

기업은 제품을 생산하는 과정인 내부 프로세스의 기술이 발전되어야 한다. 동일한 제품을 생산하는 경우에도 내부 프로세스의 차이에 따라서 생산성이 다르게 나타날 수 있기 때문이다. 기업의 내부 프로세스는 제조공정을 의미하며 제조공정에서 생산성 향상을 위한 기술이 생산기술이라고 할 수 있으며, 많은 연구기관과 기업의 경영활동 중에서 특히 생산기술에 대한 전문적인 연구가 이루어지고 있다.

기업은 경쟁력을 확보하기 위해서 제품을 생산하는 프로세스기술 이외에도 모든 프로세스를 단축시킬 수 있는 기술이 필요하다. 프로세스의 단축은 생산 및 물류비용의 절감과 스피드경영으로 고객만족을 최대화할 수 있는 강력한 경쟁도구가 될 수 있다.

기업의 외부 프로세스를 단축할 수 있는 프로세스기술을 공급망관리(SCM, Supply Chain Management) 기술이라고 하고, 고객과의 관계를 강화할 수 있는 기술을 고객관계관리(CRM, Customer Relationship Management) 기술이라고 하며 SCM과 CRM은 별도로 전문화된 프로세스기술 분야로 연구되고 있다.

1.2.2 무형의 기술가치

기술은 무형자산이다. 기술은 기업의 경영, 생산성 향상, 사업추진 역량 등의 분야에서 눈에 보이지 않는 무형의 기술가치를 제공하고 있다. 혁신적인 기술을 보유하고 있는 기업은 경쟁력을 지속적으로 확보할 수 있으며, 시장점유율(Market Share)을 지속적으로 확대할 수 있다. 기술은 시장점유율 확대에 직접적인 영향을 미친다. 글로벌 기업(Global Company)들을 보면 기술을 기반으로 하고 있다. 애플과 삼성전자와 같은 기술역량이 우수한 기업의 경우를 보면 기술선도기업(Technology Leading Company)이 글로벌 기업임을 알 수 있다.

1.2.3 새로운 가치창출

기업에서 필요한 기술은 새로운 가치를 창출할 수 있어야 한다. 기업에서는 보편적인 진리 혹은 체계적인 법칙과 이론을 연구하는 과학과는 거리가 있다. 기업에서의 기술가치는 재무적인 의미이다. 새로운 가치창출을 하지 못하는 연구는 기업에서 필요한 기술이라고 하기는 어렵다. 기업에서 필요한 기술은 이윤을 창출할 수 있는, 즉 새로운 가치를 창출할 수 있어야 한다. 글로벌 기업의 경영활동을 보면 대부분 혁신적인 기술을 활용하여 혁신적인 제품을 개발하고 생산함으로써 과거에는 존재하지 않았던 새로운 가치를 창출하고 있다.

〈사례 1-2〉는 새로운 가치를 창출하고 있는 글로벌 기업들이 혁신제품들을 전시하고 있는 내용이다.

사례 1-2 2017년의 CES 전시회

사례연구

미국은 AI, 중국은 드론… 올 CES는 'G2 대결 무대'

지난 6일(현지 시각) 미국 라스베이거스 컨벤션센터(LVCC) 노스홀(north hall). 주요 자동차 업체들의 전시 부스가 모여 있는 이곳에서 가장 많은 관람객이 모인 곳은 미국의 반도체 업체인 엔비디아 전시장이었다. 엔비디아는 자율주행자동차(무인차)용 소프트웨어인 '드라이브 PX2'와 반도체를 선보였다. 모형차와 스크린을 통해 이 기술이 어떻게 적용되는지를 보기 위해 일반 관람객은 물론이고 현대차 정의선 부회장, SK하이닉스 박성욱 부회장 등도 잇따라 엔비디아 전시장을 방문했다.

엔비디아 바로 옆에 전시장을 마련한 독일의 자동차 부품 업체인 ZF는 아예 전시장 전면에 '엔비디아의 파트너'(partnership with NVIDIA)라는 문구를 크게 걸어두고 관람객들을 끌어모았고, 독일의 메르세데스벤츠는 엔비디아의 임원진을 전시장으로 초청해 공동 간담회를 개최했다. 세계적 업체들이 모두 엔비디아와 접점을 만들기 위해 다양한 행사를 가진 것이다.

반면 드론(무인기), 가상현실(VR) 업체들이 전시 부스를 마련한 사우스홀(south hall)은 황화(黃華) 바람이 거셌다. 2층 입구에는 중국의 통신장비 업체 샤오미·ZTE가 대형 부스를 마련했고, 안쪽으로는 세계 1위 드론 업체인 중국의 DJI, 세계 최초의 유인 드론 업체인 이항 등이 관람객들을 끌어모으고 있었다.

지난 5일부터 8일까지 열린 세계 최대의 IT(정보 기술) 전시회인 'CES(Consumer Electronics Show) 2017'은 4차 산업혁명을 주도하는 미국과 중국의 힘을 여과 없이 보여준 무대였다. 인공지능(AI), 무인차, 음성 인식 같은 첨단 기술은 원천 기술을 확보한 미국 기업들이 시장을 주도했고 중국은 하드웨어 제품 중심의 물량 공세로 맞섰다. 올해 'CES 2017'에 참가한 3800여 업체 중 3분의 1이 넘는 1300여 업체가 중국 기업일 정도였다.

▣ 인공지능·무인차 기술 장악한 미국 기업들

무인차·인공지능 분야에서 엔비디아가 주도권을 장악한 이유는 독보적 이미지 데이터 처리 능력 때문이다. 엔비디아는 PC용 그래픽 반도체 분야에서 세계 1위 기업이다. 특히 엔비디아는 게임 같은 고화질·고용량 이미지와 영상을 빠르게 처리하는 데 특화된 반도체를 생산해 왔다.

▲ 지난 6일(현지 시각) 미국 라스베이거스에서 열린 'CES 2017'에 참여한 가전회사 월풀의 한 직원이 오븐에 적용한 아마존의 음성 인식 인공지능 소프트웨어 알렉사에 대해 설명하고 있다. 오른쪽 사진은 같은 전시회에서 중국의 드론 제조사 이항(Ehang)이 1인용 유인(有人) 드론 '이항 184'를 전시한 모습이다. /조재희 기자 · AFP연합뉴스

엔비디아는 게임과 PC용 반도체에서 쌓아온 기술력을 그대로 도로 위로 옮겼다. 실시간으로 바뀌는 도로 상황 등 대용량 데이터를 가장 빠르게 처리하는 무인차용 반도체 개발을 주도하고 있다. 또 데이터 처리 기술을 활용해 무인차용 인공지능 소프트웨어도 만들고 있다. 엔비디아의 젠슨 황 CEO는 "엔비디아의 무인차 소프트웨어는 자동차 운전자만을 위한 수퍼컴퓨터"라며 "철저하게 무인 주행에 특화된 제품으로 쓰면 쓸수록 더 똑똑해지는 제품"이라고 말했다.

모바일 반도체의 대표 주자인 미국 퀄컴과 PC CPU(중앙처리장치) 세계 1위인 인텔도 무인차 분야에서 기술력을 과시했다. 인텔은 독일 BMW, 이스라엘 모빌아이와 함께 개발한 무인차용 소프트웨어인 '인텔 고'를 선보였고, 퀄컴은 독일 폴크스바겐에 처음으로 자동차용 프로세서 칩인 '스냅드래곤 820'을 탑재했다.

▣ 중국어가 더 많이 들린 CES

이번 'CES 2017'에서 중국 업체와 중국인들은 LVCC, 샌즈엑스포 등 어느 전시장에서나 다수(多數)를 차지했다. 길을 걷다 보면 영어보다 중국어가 더 많이 들리기도 했다. CES 메인 전시장인 LVCC 센트럴 홀엔 화웨이, 하이얼, TCL, 하이센스 등 스마트폰과 가전, TV의 신흥 강자들이 대형 부스를 곳곳에 차렸다. 기존 빅3인 삼성전자, LG전자, 소니에 못지않은 규모로 관람객을 끌었다.

사우스홀은 마치 중국 선전(深圳)의 컨벤션 센터를 고스란히 옮겨 놓은 분위기였다. DJI · 이항 같은 드론 업체들은 물론이고, 저시력자도 안경 없이 즐길 수 있는 VR을 내놓은 로욜(Royole), 작년 9월 세계 첫 AR(증강현실) TV를 내놓은 스카이워스 등 중국 업체들이 대형 부스를 차지했다. 또 아이폰보다 얇은 4.9㎜ 두께 TV 등 스마트 홈을 내세운 샤오미 부스에도 관람객들이 북적였다.

스타트업과 중소기업을 비롯해 가전 · 헬스 · 뷰티 분야 기업들이 부스를 차린 샌즈엑스포에도 중국 기업들이 북적였다. 남기만 한국반도체산업협회 부회장은 "중국은 물론 우크라이나 · 체코 등 우리보다 IT 여건이 좋지 않은 국가의 기업들이 활발하게 활동하는 것을 보고 충격을 받았다"면서 "전자 산업 생태계 확대를 위한 노력과 지원이 필요한 시점"이라고 말했다.

* 출처 : 조선일보, 2017. 1. 10
http://biz.chosun.com/site/data/html_dir/2017/01/09/2017010902791.html
다운로드 및 편집 : 2017. 12. 27

〈사례 1-3〉은 2018년 CES전시회에 참여할 기업들의 혁신제품을 전시하는 내용이며 특히 4차 산업혁명을 시작하는 스마트홈, 가상현실(VR), 증강현실(AR), 로봇을 중심으로 한 내용이 많을 것이라고 한다.

사례 1-3 모하비 사막의 신기술 축제 2018 CES

사례연구

모하비 사막의 신기술 축제 CES … 한국 기업 179개 참가 역대 최다

내년 1월 9일 개막하는 세계 최대의 전자·IT 전시회인 'CES 2018'에 역대 최대 규모의 한국 기업들이 참가해 기술 경연을 펼친다. 미국 네바다 주의 모하비사막 한가운데에 있는 라스베이거스 열리는 CES는 전 세계 150여 개 국가에서 4000여개의 기업이 참가하는 초대형 IT·전자 전시회로 전자·IT 시장 흐름을 한눈에 읽을 수 있는 바로미터로 꼽힌다.

13일 CES 행사의 주최측인 미국소비자기술협회(CTA)에 따르면 'CES 2018' 행사에 공식 참여하는 한국 기업은 총 179개로 집계됐다. 'CES 2017'보다 참여하는 한국 기업수가 30여개 늘어 역대 최다 한국 기업이 CES에서 기술력을 뽐낼 전망이다. 특히 이번 CES의 경우 가전, 부품 업체 위주였던 예년 CES와 달리 스마트홈, 가상현실(VR), 증강현실(AR), 로봇 등 다양한 영역의 한국 기업이 참가해 미국 진출의 초석을 다질 전망이다.

▲ 미국 라스베이거스에서 매년 1월 개최되는 CES 행사장 내 전경./ CTA 제공

우선 CES 2018에서는 특히 스마트 가전 분야의 기업들의 참여가 도드라진다. 스마트홈 전문 강소기업인 코맥스, CES 2017에서 혁신상을 수상한 다담마이크로를 비롯해 키위, 피스월드 등 10여개의 크고 작은 한국 기업들이 CES 중심 무대를 장식할 전망이다.

의료기기 분야의 신진 기업의 참여도 눈에 띈다. 특히 피부 진단기 기업인 아람휴비스는 귓속, 콧속, 치아 등을 고화질로 관찰할 수 있는 휴대용 진단기 '베베스캔' 제품으로 주목을 받고 있다. 이 기기는 지난 3월 식품의약품안전처로부터 2등급 의료기기로 허가받았고 올초 보건신기술인증(NET)에도 선정돼 기술력을 인정받았다.

로봇 분야에서도 기술력을 인정 받은 국내 기업들이 CES에 전시장을 꾸려 관람객들을 맞을 예정이다. 한국을 대표하는 로봇 기업 중 하나인 유진로봇을 비롯해 퓨처로봇, 비행 로봇을 개발하고 있는 바이로봇, 스마트홈 로봇 개발 업체인 아이피엘(IPL) 등이 CES 참여 명단에 이름을 올렸다.

AR・VR 분야에서도 톡톡 튀는 기술력으로 미국 시장 진출을 노리는 다수 한국 기업들이 참여한다. 특히 네이버가 투자한 스타트업 레티널A(LetinAR)이 주목받고 있다. 이 회사는 기존 제품보다 시야각이 넓고, 초근거리부터 원거리까지 연속적으로 표현 가능한 스마트 안경을 개발했다. 이 제품은 일반 안경렌즈와 차이가 없는 날렵한 디자인으로 호평을 받았다.

기업뿐만 아니라 연구기관, 대학의 참여도 꾸준히 이어지고 있다. 올해의 경우 한양대학교 내 다양한 연구기관에서 9개에 달하는 전시 부스에서 사물인터넷(IoT) 등의 혁신 기술을 선보일 계획이며 홍익대학교, 서울대학교, 한국전자통신연구원(ETRI) 등도 부스를 꾸렸다.

전자업계 한 관계자는 "매년 규모를 확장해온 CES는 전 세계 수천여개 기업들이 참여해 기술 협력, 공급 계약 등을 체결하는 초대형 비즈니스 행사가 됐다"며 "최대의 시장인 미국을 향하는 교두보를 확보하면서 동시에 세계 각지에서 찾아오는 바이어들과 미팅을 가질 수 있는 행사인 만큼 크고 작은 기업들이 CES를 통해 성장을 모색하고 있다"고 말했다.

*출처 : 조선일보, 2017. 12. 14
http://biz.chosun.com/site/data/html_dir/2017/12/14/2017121400458.html
다운로드 및 편집 : 2017. 12. 27

2. 기술경영의 개념

2.1 기술경영의 발전과정

종전에는 기술의 중요성보다는 품질 좋은 제품을 대량생산할 수 있는 능력을 우선 시한 경우가 많았지만, 최근의 무한 글로벌 경쟁(Unlimited Global Competitiveness)시대에서는 혁신적인 기술을 선도할 수 있는 기업이 가장 경쟁력이 있는 글로벌 기술선도기업(Global Technology Leading Company)으로 성장하고 있다. 〈표 1-1〉은 기술경영의 단계별 발전과정을 보여 주고 있다.

〈표 1-1〉 기술경영의 단계별 발전과정

시 대	특 징	중점기술
~ '60년대	인적자원 풍부	생산우선
'70년대	OEM 생산기지	대량생산기술
'80년대	경쟁 심화로 품질기술 조직으로 재편성	품질향상기술
'90년대	글로벌 시장선점을 위한 제품혁신	제품혁신기술
2000년대~	무한경쟁 시대의 경쟁력 확보를 위한 기술경영	기술경영

2.2 기술경영의 의미

기술경영을 'Technology Management' 또는 'Management Of Technology'라고 하며 많은 사람들이 후자를 사용하면서 약자로 MOT라고 표시하기도 한다. 기술경영은 기업의 경쟁력을 획득하고 확대하기 위하여 효과적으로 활용할 수 있는 기술력을 의미한다. 그러므로 기술경영은 기업의 경영활동 중에서 특히 기술이 필요한 경영영역의 활동이라고 정의할 수 있다. 좀 더 구체적으로 살펴보면 기술경영은 가치사슬(Value Chain)의 각 단계에서 기술이 필요한 부분을 체계적으로 파악하고, 이에 필요한 최적의 기술을 활용함으로써 기업의 전략적 경영목표를 달성할 수 있는 특수한 경영활동 중의 하나이다.

[그림 1-6]은 기업의 가치시슬에 따른 기술의 영역을 표시한 내용이다. 다시 말하면,

그림 1-6 가치사슬과 기술경영 영역

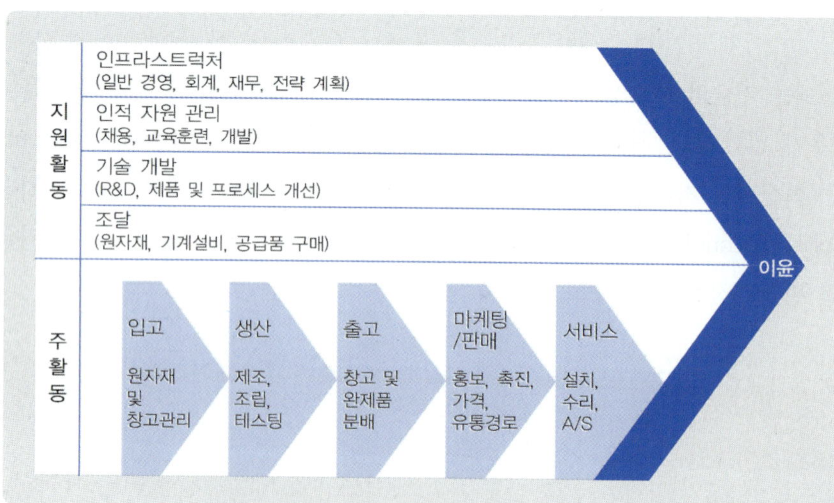

기술을 활용하여 가치를 창출할 수 있는 영역은 기술경영의 대상이 되는 것을 의미한다. 가치사슬은 기업의 경영활동에서 가치를 창출할 수 있는 영역을 모두 포함하고 있으므로 기술경영의 대상을 기업경영 전체를 대상으로 하고 있음을 알 수 있다.

2.3 기술의 구성요소

기업에서 누가 기술경영을 선도할 것인가? 무엇을 기술경영의 대상으로 할 것인가? 어떻게 기술을 경영할 것인가?를 생각해 보면 기술경영의 구성요소를 알 수 있다. 즉, 기술의 구성요소는 기술경영 주체, 기술경영 객체, 기술경영 방법 등의 요소가 있으며, [그림 1-7]과 같다.

그림 1-7 기술의 구성요소

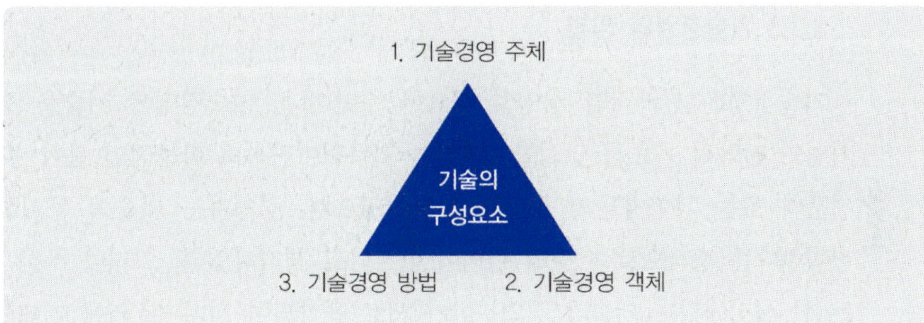

2.3.1 기술경영의 주체(리더)

기술경영은 기업의 모든 종업원이 적극적으로 참여해야 한다. 그러나 혁신적인 기술경영은 기업의 최고경영자의 관심, 이해, 의지를 가지고서 리드해야 하며 모든 종업원은 적극적인 참여를 유도해야 한다. 기업을 리드하고 있는 최고경영자는 기술의 전략적 가치를 충분하게 인식하고 기술혁신을 리드하면서 기업 전체의 경쟁력을 확보하고 유지하며 확대해야 한다. 기술은 기술전문가가 최고경영자보다 더 많은 지식을 가지고 있다. 그러나 기술의 전략적 가치를 인식하고 기업 전체의 경영전략을 수립하고 실행할 수 있는 역량은 전문기술자이기보다는 최고경영자이기 때문에 기술경영의 가장 중요한 주체는 최고경영자라고 할 수 있다. 최고경영자의 전략적 기술경영이 확립되어야 기업의 모든 경영자와 종업원들이 적극 참여할 수 있을 것이다. 기술경영의 주체(Technology Management Leader)는 최고경영자(CEO)이다.

2.3.2 기술경영의 객체(대상)

기술경영은 '기술을 경영한다'의 축약된 의미이다. 즉 기술경영의 대상은 기술이다.

기술경영은 기술을 활용하여 기업의 전략적 목표를 달성할 수 있는 도구이고 방법이다. 기술은 지식의 산물이다. 다시 말해서 기술경영은 지식을 경영하는 것이라고 할 수 있으므로 지식경영(Knowledge Management)이라고도 할 수 있다. 좀 더 구분해 보면 제조기업에서는 기술경영의 의미가, 서비스기업에서는 지식경영의 의미가 좀 더 가까울 것으로 보인다. 기술경영의 객체(Technology Management Object)는 기술(Technology)이고 지식(Knowledge)이다.

2.3.3 기술경영의 방법

기술경영은 전략적인 경영의 중요한 수단이다. 기술경영은 기술을 경영에 접목하여 기업의 전략적 목표를 달성할 수 있는 실무적이면서도 학문적인 분야이다. 기술은 기술전문가 또는 과학자들의 독점적인 분야였으며, 경영자는 기술의 문외한으로 경영에만 전념한다는 생각으로 서로의 영역이 다르다고 생각하였다. 그러나 무한경쟁시대에 접어든 현 시점에서는 기술과 경영분야가 서로 융합되어 시너지효과를 기대할 수 있는 기술경영의 전략적 수단이 활발하게 연구되어야 할 것이다. 따라서 기술전문가와 경영자 모두 기술경영의 전략적 의미를 이해하고 기술경영의 방법을 이해하고 활용해야 할 것이다.

2.4 기술경영의 중요 과제

기술경영은 기업의 전략적 경영목표를 달성하기 위한 훌륭한 도구이다. 이러한 기술경영이 성공적인 전략적 경영도구가 되기 위한 주요 과제로는 고객지향, 경쟁과 협력, 스피드 경영, 기술획득, 조직적 학습, 우수한 인재 확보 등이 있으며 [그림 1-8]과 같다.

그림 1-8 기술경영의 중요 과제

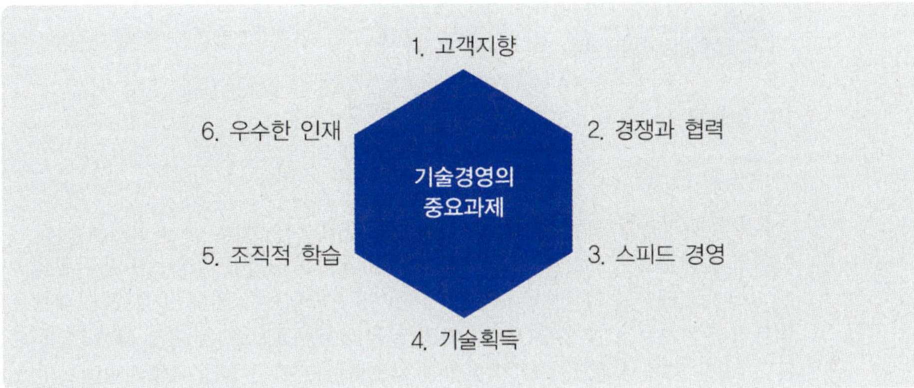

2.4.1 고객지향적 기술경영

전문기술자들은 자신이 보유하고 있는 혁신적인 기술지식에 관하여 자부심을 가지고 있다. 자부심이 있는 기술력으로 혁신적인 제품을 연구개발하고 시장에 출시했을 때 당연히 고객은 혁신적인 제품에 호감을 가질 것으로 기대한다. 그러나 고객은 냉정하다. 아무리 혁신적인 기술력으로 연구개발한 제품일 경우에도 현재 필요하지 않거나 욕구가 전혀 없을 경우에는 '기술은 좋은 제품이지만'이라고 감탄만 하고 구매는 다음으로 미루는 경우가 있다. 혁신적인 제품일수록 고객이 원하고 구매하고자 하는 욕구가 있는 제품이어야 한다. 기술경영은 고객이 무엇을 원하는지 어떤 욕구가 있는지를 파악하고 고객이 원하는 혁신적인 제품을 연구개발하는 것이 전제되어야 하며 본 저서에서 지속적으로 나타나는 과제이다.

2.4.2 경쟁과 협력의 기술경영

가치창출의방법으로경쟁사와의협력이필요할경우가있다. '적과의동침'이라고 표현되기도 하지만, 경쟁적인 두 기업이 서로의 필요에 의하여 기업경영전반에 관한 전략적 제휴를 맺거나 혹은 특정한 분야에 한하여 전략적 제휴를 맺기도 한다. 기술경영의 입장에서는 두 기업에서 보유하고 있는 가치 있는 특허들을 공동으로 사용할 수 있도록 기술경영의 제휴를 맺기도 한다. 간단하게 표현하면 경쟁사 간의 기술제휴도 가능하다. 〈사례 1-4〉는 환경의 변화에 따라서는 경쟁사와도 협력할 수 있는 사례를 보여 주고 있다.

사례 1-4 경쟁사간의 협력

사례연구

적과 동침…경쟁사 매장서 파는 PB상품

유통업체의 자체 브랜드(PB)가 '적과의 동침'을 시작했다. 자사 점포 판매를 넘어 경쟁 유통업체의 쇼핑몰과 백화점에 진출해 오프라인 영토를 넓히고 있다. 19일 유통업계에 따르면 최근 이랜드리테일의 PB 신발 브랜드 '슈펜'이 스타필드 고양에 입점했다. 슈펜은 이랜드 유통부문이 운영하는 신발 SPA(제조 · 유통 일괄) 브랜드다. 20여 년간 패션 PB를 운영해 온 이랜드가 PB를 자체 유통망인 NC백화점과 킴스클럽이 아닌 경쟁 유통채널에서 판매하는 것은 극히 이례적이다. 슈펜은 스타필드 고양 외에도 용산아이파크몰과 롯데몰 김포공항점에도 입점했다.

이랜드 관계자는 "슈펜은 2013년 론칭 이후 연평균 70%의 매출 성장세를 기록하고 있고, 지난해 매출 1000억원을 돌파했다"며 "고객들이 신발 SPA라는 새로운 모델에 긍정적인 반응을 보이고 있어 다른 유통기업에서도 러브콜이 들어온 것으로 보인다"고 설명했다.

▲ 지난 9월 롯데백화점 청량리점에 문을 연 CJ오쇼핑 자체 화장품 브랜드 '셉' 단독매장이 고객들로 북적이고 있다.

이마트의 식품 PB인 '피코크'도 올해 초 AK플라자 식품관에 진출했다. 피코크를 신세계그룹 계열사가 아닌 오프라인 매장에서 판매하는 것은 처음이다. 이마트는 AK플라자 분당점 지하 1층 식품관에 폭 6m 규모 별도 피코크 상품 존을 구성하고 약 130개 품목을 판매하고 있다. 소비자 반응에 따라 AK플라자 측과 협의해 매장을 더 늘릴 수 있다는 게 이마트 측의 설명이다.

CJ오쇼핑의 화장품 브랜드 '셉' 역시 지난달 롯데백화점 청량리점과 부산 서면점에 단독매장을 열었다. 셉은 그동안 CJ 계열사인 올리브영 일부 매장과 자체 홈페이지, 오픈마켓, 온라인몰 등을 통해 판매해 왔다. 계열사가 아닌 오프라인에 단독매장을 연 것은 최초다. 이는 셉을 독립 브랜드로 론칭하고 유통채널을 다양화하기 위한 CJ오쇼핑 전략의 일환이다. 홈쇼핑업계에서 자체 개발한 브랜드를 다른 유통채널에서도 판매하는 독립브랜드로 론칭하기는 처음이다. CJ오쇼핑은 이와 같은 방식으로 셉을 신성장동력으로 키운다는 방침이다. 2008년 론칭한 셉은 누적 매출 1000억원을 기록했다.

영토 넓히는 유통사 PB

기업	PB	입점 현황
이랜드리테일	슈펜	스타필드 고양·용산아이파크몰 등
이마트	피코크	AK플라자 분당점
CJ오쇼핑	셉	롯데백화점 청량리점·부산 서면점

※ 자료=각 사

유통업체들은 이처럼 PB의 지평을 넓혀 새로운 시장을 개척할 계획이다. 경기 침체와 소비 트렌드 변화로 기존 사업만 고수했다간 경쟁에서 살아남기 어렵다고 판단해 PB를 통한 성장 동력 발굴에 나선 것이다. 판매처 외 제품군도 식품 · 패션을 넘어 뷰티 · 가전 등까지 다양화하며 PB의 지평이 넓어지고 있다. 가령 이마트는 TV를 출시하며 식품군 위주였던 PB 브랜드 '노브랜드'의 상품 영역을 가전으로까지 확대했다. 이마트는 향후 노브랜드 가전을 믹서 · 전기면도기 · 무선청소기 등 영역까지 넓혀 연내에 30여 종까지 확대할 계획이다.

* 출처 : 매일경제, 2017. 10. 19
http://news.mk.co.kr/newsRead.php?year=2017&no=692167
다운로드 및 편집 : 2017. 12. 27

2.4.3 스피드 기술경영

현대의 기업경영은 스피드 경영이다. 고객이 원하는 욕구를 가장 빠르게 충족시켜 줄 수 있는 기업이 가장 경쟁력 있는 기업이다. 고객의 욕구를 가장 신속하게 충족시키기 위해서는 같은 기술력을 가지고 있다고 해도 한발 늦게 연구개발하게 되면 이미 혁신기술의 제품이라고 평가받기 어렵게 된다. 기술경영에서 문제해결의 속도는 매우 중요하다. 기업경영은 매순간 의사결정의 연속이다. 신속한 의사결정은 기업의 경쟁력을 확보할 수 있는 스피드 경영의 기본이다. 특히 혁신적인 기술을 기반으로 한 혁신제품의 연구개발에 관련한 의사결정은 매우 신중하면서도 신속한 의사결정이 되어야 한다.

2.4.4 기술획득

혁신제품에 대한 사업화 계획을 수립할 경우에 만약 관련 기술이 없을 경우에는 기술을 획득하는 방법을 신중하게 결정해야 한다. 어느 한 기업이 모든 기술을 직접 개발하거나 혹은 모든 기술을 아웃소싱할 수는 없다. 직접 개발할 것인가? 기술개발을 아웃소싱할 것인가? 기술료를 지불하고 기술을 도입할 것인가? 기술획득에 관한 의사결정을 기업의 상황에 맞추어서 신중하게 의사결정해야 할 것이다. 연구개발 비용과 기술에 대한 권리문제가 서로 상충하기 때문이다.

2.4.5 조직적 학습

기업은 어느 일순간의 성공만을 위해서 존재하지 않는다. 기업은 지속적인 경영을 통하여 성장을 지속할 수 있게 된다. 기술경영의 측면에서도 어느 한 가지의 혁신적인 기술만으로 기업을 오랜 기간 지속하기는 어렵다. 고객의 욕구가 바뀌게 되면 오늘까지의 혁신제품은 내일의 혁신제품에 밀릴 수밖에 없기 때문에 기술혁신이 지속되어야 한다. 이러한 노력들이 모여서 기술경영에 대한 기업전체의 공감대가 형성될 수 있도록 조직적 학습이 필요하게 된다. 조직적 학습 역시 어느 일순간에 완성되는 것이 아니고 환경의 변화에 따라서 기술경영에 대한 조직적 학습 및 교육이 지속적으로 반복되어야 한다.

2.4.6 우수한 인재 확보

기술은 사람이 보유하고 있는 지식의 수준에 의해서 결정된다. 즉 기술경영을 위해서는 기업의 기술력 있는 인재를 확보하기 위한 노력을 게을리 해서는 안 될 것이다. 글로벌 경쟁력을 가진 기술력을 확보하기 위해서는 인재에 대한 관심이 절대 필요하다. 삼성전자의 2013년 말 현재 박사는 5,000명을 넘으며 전공은 대부분 기술 전문분야라고 한다. 삼성전자는 기술경영을 중요시 하였으며, 기술인재를 확보하려는 노력을 현재에도 지속하고 있다고 한다.

3. 창의성과 기술의 원천

3.1 창의성

혁신기술은 새로운 아이디어로부터 시작된다. 창의성(Creativity)은 실용적이고 유용하며 새로운 제품을 연구개발하고 만들어 낼 수 있는 능력을 의미한다. 새로운 제품은 이미 존재했던 제품과는 반드시 달라야 하며 새로운 정도는 고객의 판단에 의하여 결정된다. 특정한 제품이 새롭다는 말은 어떤 사람들에게는 완전 새롭지만 다른 사람들에게는 새롭지 않을 수도 있다. 가장 창의적이고 새로운 제품은 연구개발한 사람, 고객, 그리고 사회전체를 구성하고 있는 많은 사람들 모두에게 새롭고 혁신적이어야 한다.

창의성은 개인의 창의성과 조직의 창의성으로 구분하여 생각할 수 있다.

3.1.1 개인의 창의성

개인의 창조적인 능력 중에서 가장 중요한 것은 지식이다. 지식의 영향력은 양면성을 가지고 있다. 개인이 자신이 연구개발해야 하는 분야에 대한 지식이 너무 부족하다면, 창의성을 활용하여 혁신기술을 연구개발하기가 매우 어려울 것이다. 그러나 반대로 개인이 자신이 연구개발해야 하는 분야에 대한 지식이 너무 풍부하다면, 기존에 알고 있던 지식의 벽에 막혀서 새로운 기술을 생각하기가 어렵게 될 수 있다. 즉 개인의 창의성(Personal Creativity)은 개인이 보유하고 있는 전문지식이 너무 부족해도 기술혁신이 어렵지만 전문지식을 너무 깊게 이해하고 있어도 기술혁신이 어려울 수 있다. 그러므로 일반적인 수준의 지식을 보유하고 있는 개인이 전문적인 지식을 광범위하게 보유하고 있는 전문가보다 창의성이 우월할 수 있다. 개인은 자신이 즐겁게 생각하고 관심이 있는 분야에서 창의성이 더욱 발휘될 수 있다. 개인의 잠재적인 창의성을 일깨우기 위해서는 창조적인 아이디어 개발을 지원해 주고 보상해 주면서 창의적인 아이디어 개발에 관심을 가질 수 있는 환경을 조성해야 할 것이다.

3.1.2 조직의 창의성

조직의 창의성(Organizational Creativity)은 조직 내의 개인들이 상호 교류하고 접촉함으로써 창의성의 시너지 효과(Synergy Effects of Creativity)가 발생하게 된다. 조직의 창의성은 개인의 창의성을 합한 이상의 효과를 창출하게 된다. 그러나 경우에 따라서는 조직의 창의성이 개인의 창의성을 오히려 저해할 수도 있음을 주의해야 하며, 개인의 창의성을 자극할 수 있도록 보상시스템이 있어야 할 것이다.

애플, GE, 삼성전자, 현대자동차와 같은 글로벌 기업에서는 종업원들의 창의성을 자극하기 위하여 창의성 개발 프로그램에 많은 투자를 하고 있다. 창의성 개발 프로그램으로는 교육훈련 프로그램과 보상 프로그램을 활용하고 있다. 교육훈련 프로그램은 종업원들의 생각과 아이디어가 존중되고 있는 문화를 만들어서 내재적 동기부여를 자극하고 있으며, 보상 프로그램으로는 진급이라든가 금전적 보상 등의 외재적 동기부여 방법을 활용하기도 한다. 그러나 금전적 보상에 너무 많은 비중을 두게 되면 오히려 창의성이 훼손되는 경우가 발생할 수 있으므로 주의해야 할 것이다.

3.2 기술의 원천

기술혁신은 다양한 원천으로부터 발생하게 된다. 기술의 원천(Technology Origin)은 개인의 아이디어를 구체화하는 방법보다는 여러 사람들 혹은 여러 조직들 간의 연결고리에서 발생하게 된다. 여러 방면의 원천으로부터 발생한 기술 혹은 지식을 발전적으로 활용할 수 있는 기술혁신자들의 네트워크는 기술혁신을 지속할 수 있는 강력한 수단이 되고 있다. 기술혁신의 연결고리인 네트워크를 통하여 새로운 혁신기술이 발전하게 된다. 기술의 원천은 개인, 기업, 대학, 정부연구기관, 비영리단체 등이 서로 네트워크를 형성하고 상호 연결을 통하여 혁신기술을 지속적으로 연구개발하고 있으며 [그림 1-9]와 같다.

그림 1-9 기술의 원천

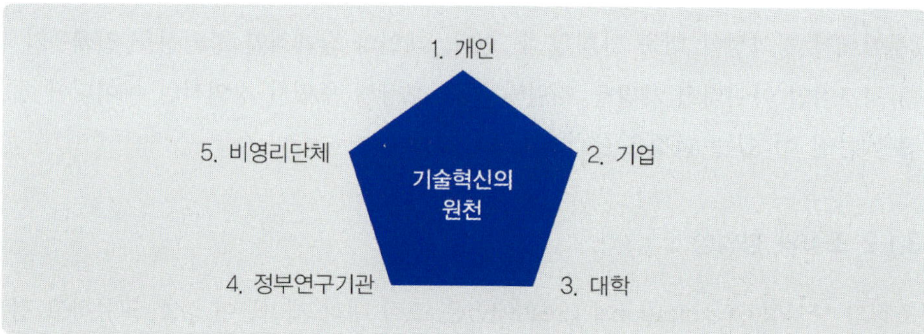

3.2.1 개인

기술혁신은 개인으로부터 시작될 수 있다. 자신의 관심사에만 연구개발을 몰두하고 자신에게 필요한 해결방안을 스스로 연구개발하는 발명가들이 있다. 개인 발명가로서 역사적인 인물 중에는 에디슨(Thomas Alva Edison, 1847~1931)이 있다. 1,300여 건의 특허를 보유하고 있는 에디슨은 5만 개 이상의 메모를 했던 메모광이었다고 한다. 메모를 통해서 새로운 아이디어를 창출할 수 있었고 창의력을 지속할 수 있었던 것으로 보인다.

새로운 기술을 연구개발하고 기술혁신을 선도하였던 개인들을 보면 자신과의 싸움에서 문제를 해결할 수 있었다. 운동선수가 끊임없이 연습하고 훈련하는 과정을 반복하여 스스로의 실력을 향상시키고 자신과의 싸움에서 이겨낸 것과 같은 것이다. 과거에는 개인의 발명능력은 선천적으로 타고 난다고 생각하였지만, 최근에는 발명가는 타고 나는 것이 아니라 훈련과 교육을 통하여 만들어 진다고 알려져 있다.

3.2.2 기업

기업의 중요한 경영활동 중의 하나는 혁신제품을 연구개발(R&D, Research & Development)하고 출시하는 것이다. 연구와 개발은 의미가 유사한 용어이지만 약간의 차이가 있다. 연구(Research)는 기초연구와 응용연구가 있다. 기초연구(Basic Research)는 상업적인 목표 없이 어떤 특정한 분야 혹은 관심분야에 대하여 이해를 높일 수 있도록 수행하는 활동이며, 기술의 수준을 발전시키는 것으로 장기적으로는 상업적으로 변화될 수도 있다. 응용연구(Applied Research)는 어떤 특정한 목표를 달성하기 위하여 특정한 주제에 대한 이해를 향상시키기 위한 활동이며 기업의 응용연구는 일반적으로 상업적인 목적을 가지고서 연구를 수행하게 된다. 그리고 개발(Development)은 지식을 활용하여 기술과 제품을 만들어 내는 활동이다. 따라서 연구와 개발의 개념은 어떤 특정한 영역에서 기초적인 탐구활동에서 시작하여 구체적인 새로운 제품을 완성하는 데까지의 모든 과정을 포함하는 활동이다.

혁신제품은 잠재고객 혹은 가망고객이 느끼고 있는 잠재적 수요를 기업에 속한 기술인력이 인식하고 연구개발한 결과로 완성된다. 기업이 혁신제품을 성공적이고 지속적으로 연구개발하기 위해서는 다음과 같은 활동을 지속해야 한다.

① 기업내부에서 기초연구를 포함한 연구개발이 지속되어야 한다.
② 기업은 혁신적인 고객과 커뮤니케이션을 지속해야 한다.
③ 기업의 외부 네트워크인 경쟁자, 공급자, 보완자들과 연계활동을 지속해야 한다.
④ 정부연구소, 대학, 외부기업과 같은 외부의 단체, 기관, 조직들과의 연계활동을 지속해야 한다.

여기서 경쟁자와의 관계에서도 기술의 협력이 필요하거나 혁신기술에 대한 교환이 필요한 경우가 있으며, 공급자와는 혁신제품의 연구개발을 시작하는 초기단계부터 참여시켜서 효과를 극대화할 수 있다. 그리고 보완자의 의미는 주력 혁신기술을 보완할 수 있는 보조기술을 의미하며, 보완자는 혁신제품의 위상과 경쟁력을 더욱 확대시킬 수 있다.

3.2.3 대학

대학에서는 새로운 기초기술을 연구할 수 있는 환경을 제공하고 있다. 연구결과의 상용화에 대한 결정권은 대학교가 가지고 있다. 대학에서 연구한 결과를 상용화하게 되면 대학교는 이익금을 상용화한 기업과 나누어 가진다. 대학교에서는 기업에게 상업적 혁신제품을 만들 수 있는 혁신기술은 이전하고 있으며 이러한 기술이전 역할을 담당하고 있는 조직으로 기술이전센터(Technology Transfer Center)를 설립하여 운영하고 있다. 대학에서 기업으로 기술이전 활동으로 창출할 수 있는 수익은 아직 크지 않지만 중요성은 점점 증가하고 있으며 많은 대학교에서 혁신기술과 혁신제품에 대한 연구활동을 확대하고 있다.

3.2.4 정부출연 연구기관

정부에서는 정부의 연구소(Government Institute), 과학기술단지(Science & Technology Park), 창업보육센터(Venture Incubator), 공공기관(Public Organization), 민간 연구기관(Private Institute)들의 연구활동을 지원하기 위하여 출연하기도 한다. 과학기술단지에서는 정부, 대학, 기업 간의 상호 기술협력이 원활하게 진행될 수 있도록 적극 참여한다. 창업보육센터는 새로운 기술을 활용한 사업이 발전될 수 있도록 지원할 수 있는 기관을 의미한다. 창업보육센터는 혁신기술이 기업과 사회의 발전에 기여할 수 있는 잠재성은 많지만 투자회수가 불투명할 경우에 사업의 성공적인 진입이 가능하도록 도움을 제공한다. 물론 사업의 실패에 대한 책임은 묻지 않는다.

3.2.5 민간 비영리단체

민간 비영리단체(Noncommercial Organization)는 민간 연구소, 개인재단, 전문기술인 사회모임, 학계와 재계의 모임, 기업경영관련 협회 등을 의미하며 자신의 연구개발 활동을 지속하고 있다. 민간 비영리단체는 기금만 조성하고 연구개발을 지속하고 있는 다른 단체에게 기부하거나, 또는 기금을 조성하여 자체 연구소에서 연구개발을 스스로 수행하기도 한다.

4. 기업경영의 패러다임 변화

기업의 글로벌 경쟁환경은 앞을 예측할 수 없는 급변하는 시대에 진입한 현재는 고객 욕구의 다양화, 혁신적인 기술의 빠른 변화로 기업은 살아남기조차 어려운 경우가 발생하기도 한다. 급변하는 환경의 변화에 대응하기 위하여 기업은 전략적 경영목표를 달성하기 위한 수단으로 기술경영에 더 많은 투자와 노력을 하고 있다. 과거의 기업경영과 현재의 기업경영에 대한 패러다임의 변화를 살펴보면 먼저 수요자보다 공급이 많은 경우에 해당되는 기업중심의 경영의 단계에서는 생산지향적 기술경영, 품질지향적 기술경영, 판매지향적 기술경영 등의 특징을 보이지만, 공급이 수요를 초과하게 되는 고객중심의 경영의 단계에서는 시장지향적 기술경영, 고객지향적 기술경영, 사회지향적 기술경영 등의 특징을 보이고 있다. 과거에는 생산경험이 가장 중요한 생산성 향상 요인이었지만 현재와 미래에는 기술경영의 중요성이 더욱 증가될 것이다. [그림 1-10]은 기술경영의 패러다임 변화를 단계별로 보여 주고 있다.

그림 1-10 기술경영의 패러다임 변화

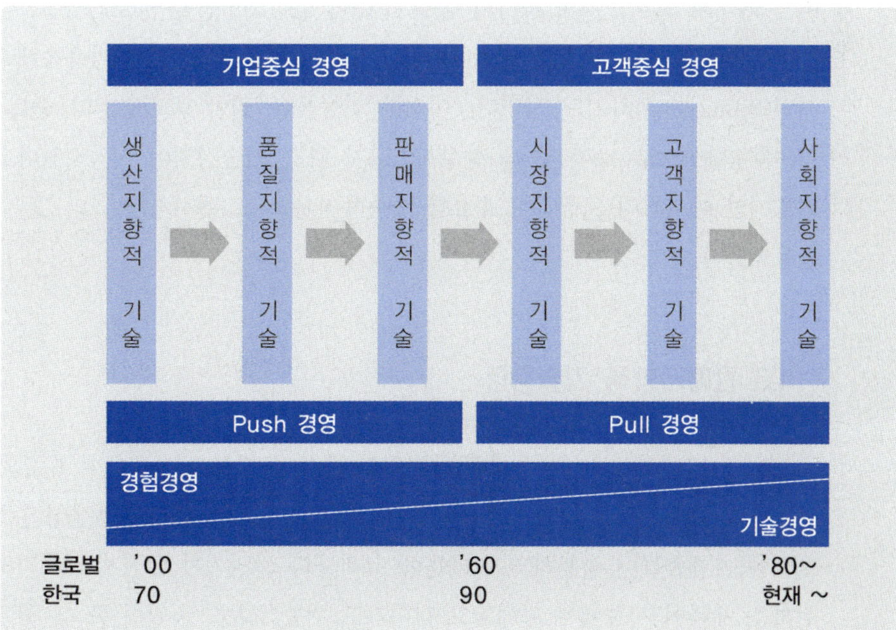

4.1 생산지향적 기술경영

우리나라의 70년대까지는 국내의 산업이 급속도로 발전하고 있었지만 공급이 수요보다 매우 부족한 상태였기 때문에 기업경영의 최고전략은 생산이었던 생산지향적 기술경영의 시대였다. 경우에 따라서는 품질이 불량한 경우에도 공급하고 보는 경우도 있었으며, 기업의 경영성과를 판단하는 기준이 생산량으로 결정되고는 했다. 기업경영에서 고객만족의 개념은 거의 찾아보기 어려웠으며, 생산중심의 기업경영이 우선시되었다. 이러한 환경에서는 생산에 대한 경험이 최고의 경영전략이 되었으며, 생산하기만 하면 밀어내는 푸시경영이 중요한 경영전략이었다.

4.2 품질지향적 기술경영

생산량이 어느 정도 향상되기 시작한 70년대 말과 80년대 초반에는 기업에서 고객 서비스에 대한 개념이 확산되기 시작하였다. 이는 생산하는 제품에 대한 품질향상의 노력으로 나타나기 시작하였으며 이러한 생산시대를 품질지향적 기술경영의 시대라고 한다. 이때 나타난 광고카피 중에 LG전자(구; 금성사)에서는 "한번의 선택이 10년을 좌우한다"라는 카피로 고객들에게 자사의 품질 수준이 향상되었음을 강조하였고, 삼성전자에서는 '서비스의 삼성전자'라는 광고를 대대적으로 확산하여 국민들의 마음속에 강력하게 포지셔닝(Positioning)하기도 하였다. 이러한 활동들은 결국 품질경영의 중요성을 인식시켰고, 품질향상으로 고객만족을 향상시키고자 하는 기술경영이 시작되었다고 볼 수 있다. 그렇지만 아직까지도 공급이 수요를 충족하지 못하고 푸시경영이 더 많은 경영전략으로 활용되었다.

4.3 판매지향적 기술경영

80년대 말에서 90년대 초기에는 기업의 생산성 향상으로 공급이 수요와 거의 같거나 일부 시장에서는 공급이 수요를 추월하기 시작하였다. 이러한 생산성이 향상된 90년대 초기에는 제품들이 풍부하였기 때문에 고객들의 선택폭이 넓어지기 시작하였다. 고객이 원하는 제품이 시중에서 판매되고 있더라도 기능, 성능, 품질이 좀 더 좋은 제품을 선택하기 위하여 구매를 유보하는 등의 구매의사결정에 더 많은 시간을 할애하였다. 이러한 시기에서는 판매능력이 기업경영의 중요한 전략이 되었다. 이러한 시대를 판매지향의 기술경영시대라고 한다. 기업마다 '판매왕'이란 제도를 도입하여 판매에 대한 경쟁을 도입하여 푸시경영을 지속하였다. 이러한 판매지향적인 경영 역시 고객보다는 기업중심의 경영전략이라고 볼 수 있다. 생산성 향상으로 공급이 수요를 초과하는 제품을 거의 반강제적으로 판매하는 것은 푸시전략의 마지막 단계라고 볼 수 있다.

4.4 시장지향적 기술경영

급속도로 향상된 생산성은 90년대 중반과 말경에는 공급이 수요를 완전 능가하는 시대에 접어들게 되었으며 기업의 경쟁이 치열해지기 시작하였다. 기업마다 과잉생산하여 재고로 쌓여가는 장기악성재고는 기업경영의 암적 존재가 되고 있었으며, 급기야 IMF라는 초유의 사태에 직면하게 되어 우리나라의 기업들은 대부분 쓰러지기 직전까지 몰리게 되었다. 이러한 최악의 시장환경에서 고객과 시장에서 필요로 하는 제품을 공급할 수 있는 기업만이 살아남을 수 있었다. 기업은 자사의 시장을 다시 세분화하여 세분된 시장별로 고객이 원하는 제품을 생산하고 공급하기 시작하였다. 더 이상 푸시전략 일변도의 기업중심경영은 사라지고 고객중심의 시장지향적 기술경영이 시작되었다.

4.5 고객지향적 기술경영

2000년대가 시작되면서 기업들은 서서히 IMF를 벗어나기 시작했으며, 양적인 경영보다는 질적인 경영으로 패러다임을 바꾸기 시작하였으며, 고객지향적 기술경영이 시작되었다. 시장지향적인 기술경영에서는 세분화된 시장을 중심으로 고객이 원하는 제품을 공급하였지만 고객지향적인 기술경영에서는 고객 개인별 욕구를 충족시켜 줄 수 있는 경영이 시작되었다. 고객 개인별 욕구를 파악하고 대응할 수 있는 방법으로는 고객관계관리(CRM, Customer Relationship Management)라는 기술경영이 매우 중요한 경영전략으로 나타났으며, 많은 기업으로 확산되었다. 고객지향적인 경영은 프로세스 기술경영에 해당되며, 대표적인 프로세스 기술경영이라고 할 수 있다. CRM활동을 통하여 분석된 고객 개인별 욕구에 적합한 제품을 연구개발하여 혁신적인 제품을 지속적으로 공급할 수 있는 기업이 경쟁력있는 기업으로 성장을 지속할 수 있을 것이다. 기술경영은 제품기술과 프로세스기술 모두를 포함하고 있다.

4.6 사회지향적 기술경영

2000년대 후반과 2010년대 초반에 이르는 현재에는 사회지향적 기술경영이 시작되었으며 앞으로는 더욱 심화될 것으로 보인다. 기업경영의 목표는 이윤추구와 사회환원에 있다. 이윤을 추구하기 위해서 사회에 나쁜 영향을 끼치거나 건강에 악영향을 미치게 하는 제품을 공급하는 기업은 고객들로부터 외면을 당하고 있다. 혁신적인 제품을 개발하면서 사회에 긍정적이고 도움이 될 수 있는 혁신제품을 연구개발해야 할 것이다.

5. 기술경영의 체계

5.1 기술기업의 관리사이클

일반적으로 기업에서는 관리사이클로 알려져 있는 Plan(계획) - Do(실행) - See(통제) 사이클을 활용하여 경영활동을 지속하고 있다. 사업화 단위의 크기가 크거나 작거나, 프로젝트의 수행기간이 길거나 짧거나 관계없이 단위사업이 정해지면 항상 계획을 수립하고 계획대로 실행하면서 결과가 계획 당시의 목표와 일치하는지 여부를 평가하고 통제하는 관리사이클이다. 이러한 사이클관리를 간단하게 PDS 관리사이클이라고도 한다.

기술창업, 기술사업화, 기술기업 안정화, 기술기업의 지속적 성장 과정에서 모든 조직과 모든 업무들은 PDS관리사이클를 활용하게 된다. 어느 순간에 혁신적인 기술사업의 완성을 이룬 다음에 더 이상 혁신할 것이 없다고 현실에 만족하는 순간 기업은 성장을 멈추고 경쟁력이 하락하게 되어 경쟁사에게 뒤처지게 되는 경우를 많이 접하고 있다. 기업의 경영활동은 PDS관리사이클이 멈추지 않고 지속적으로 움직이게 해야 한다. 그러기 위해서는 혁신기술과 혁신제품이 지속적이고 반복적으로 창출되어야 기업을 지속적으로 발전시킬 수 있다.

[그림 1-11]은 기술기업이 기술사업화를 추진하고, 기술사업의 안정화를 달성하며, 기술사업을 지속적으로 성장시키기 위해서는 PDS관리사이클을 활용하여 기업을 경영하는 내용을 나타내고 있다.

그림 1-11 기술사업과 PDS관리사이클

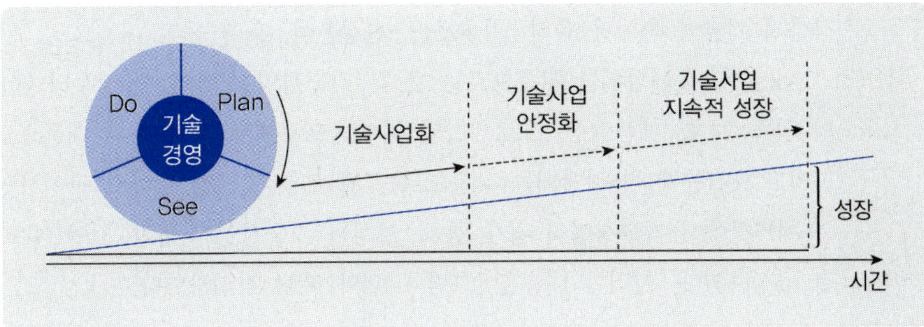

5.2 고객지향적 기술경영

본 책은 기술을 중심으로 기업을 경영하는 내용으로 구성하였지만 고객중심의 고객지향적인 기술경영으로 구성하였다. 아무리 혁신적인 기술이라고 할지라도 고객이 관심을 가지지 않는 기술은 더 이상 혁신적이지 못한 기술이기 때문이다. 기업에서의 기술은 반드시 가치를 창출해야 한다. 기술이 가치를 창출하기 위해서는 고객의 욕구를 충족하고 고객만족을 통하여 고객가치를 창출해야만 한다. 고객가치를 창출하지 못하는 혁신적인 기술은 기업내부에서 기술을 위한 기술을 연구개발하는 것에 다름이 아니다. 기업은 고객의 필요(Wants)와 욕구(Needs)를 충족시켜 줄 수 있는 제품을 연구개발해야 한다. 고객이 원하는 혁신제품을 앞서서 연구개발하고 생산하여 고객에게 공급할 수 있는 기업은 혁신적인 기술기업이라고 할 수 있을 것이다.

본 저서는 기술지향적이거나 기업지향적이기보다는 고객지향적인 기술을 활용하여 기업을 기술경영할 수 있는 내용으로 구성하였다.

5.3 고객지향적 기술경영의 체계

본 저서는 우선 서론에 해당하는 제1장 기술경영에 대한 개념, 제2장 4차 산업혁명 시대의 기술, 제3장 기술창업 및 기술사업화에 대하여 제1부 기술경영의 이해로 구성하였다.

본론과 결론에 해당하는 부분은 PDS관리사이클의 큰 틀을 활용하여 구성하였다.

Plan(계획)에 해당되는 부분을 제2부 기술경영 기획으로 구성하였으며 제4장부터 제8장까지 기술의 특성과 유형, 기술표준, 환경분석, 조직 등의 내용으로 구성하였다.

Do(실행)에 해당되는 부분으로는 제3부 기술경영 실행의 제9장부터 제13장까지 기술의 획득, 보호, 제품혁신, 프로세스혁신, 기술프로젝트 운영 등의 내용으로 구성하였다. 그리고 See(통제)에 해당되는 부분으로는 제4부 기술경영 성과로 구성하였으며, 제14장과 제15장에서 기술경영의 평가, 통제, 보상과 기술경영의 문화, 보안, 윤리 등의 내용으로 구성하였다. 이러한 내용을 [그림 1-12]와 같이 정리하였다.

그림 1-12 고객지향적 기술경영의 체계

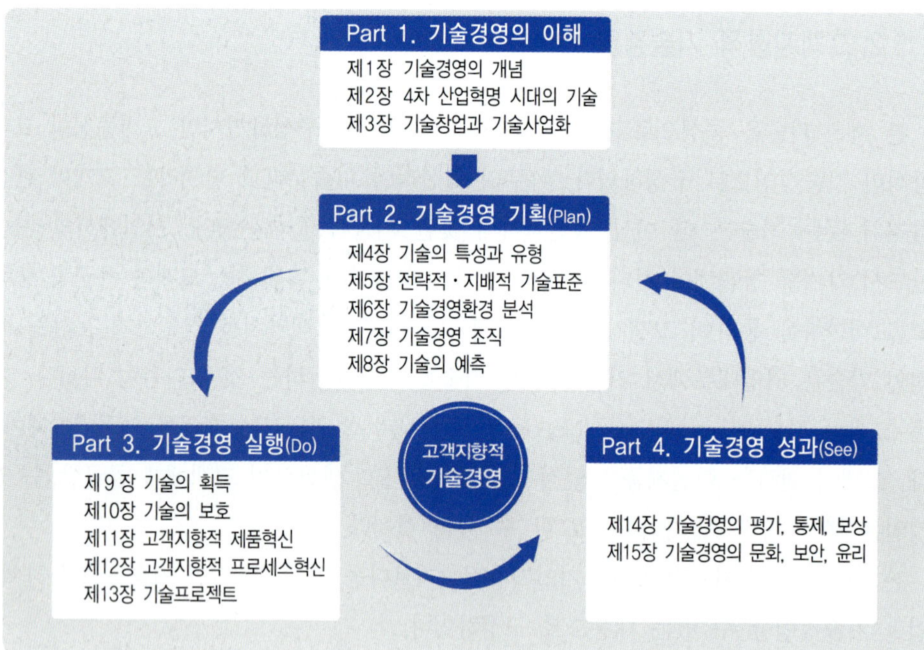

토론제목

1. 기술의 의미
2. 기술가치의 의미
3. 제품 기술과 프로세스기술의 의미
4. 기술경영의 의미
5. 기술경영의 영역
6. 기술의 구성요소
7. 기술경영의 주요 과제
8. 기술혁신의 원천
9. 기업중심 경영과 고객중심 경영
10. 기술경영의 패러다임 변화

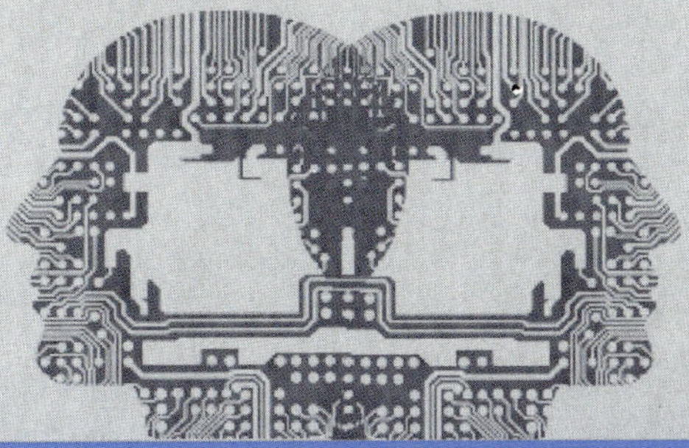

제 2 장
4차 산업혁명 시대의 기술

1. 4차 산업혁명

우리는 상상하기 어려운 최첨단의 뉴스들 때문에 정신을 차리기 어려운 시대에 살고 있다. 인공지능이 외국어를 습득하는 방법을 보면 놀랍다. 어린 아이들이 엄마에게서 말을 배우듯 차근차근 그러나 매우 빠르게 자기 학습 방법을 활용하여 말을 배운다. 외국어라고 해서 별도의 문법을 분석하는 것이 아니고 사용되고 있는 언어 듣기를 수백 번 혹은 수천 번을 반복하면서 외국어를 배운다. 그러면서도 외국어 하나를 습득하는데 며칠이 걸리지 않는다고 하니 경이로운 시대에 접어 든 것 같다. 무인 자율자동차는 이미 뉴스도 아닐 정도이다. 테슬러 등의 글로벌 기술기업들이 실제 도로에서 수십 만~수백 만 Km를 주행시험을 하고 있으며, 중국의 전기자동차 기업들의 무인 자율자동차 기술은 하루가 다르게 발전하고 있다.

컴퓨터의 발전, 인터넷의 발전, 정보통신의 발전은 우리의 생활을 과거와는 전혀 다르게 바꾸어 놓고 있다. 그리고 앞으로는 더욱 빠르고 광범위하며, 많은 영향력으로 우리들의 생활을 상상도 하기 어려울 정도로 변화시킬 것이다. 우리는 이미 4차 산업혁명의 시대에 살기 시작하고 있다. 우리는 상상의 시대, 창조의 시대, 기술의 시대에 살고 있다. 4차 산업혁명은 상상으로 시작되는 새로운 시대이다.

1.1 4차 산업혁명의 개념

1.1.1 산업혁명의 역사

1차, 2차, 3차 산업혁명의 역사와 의미를 그리고 4차 산업혁명의 의미를 살펴 본다

① 1차 산업혁명

1차 산업혁명(Industrial Revolution)은 18세기 부터 영국에서 증기기관을 시작하였으며 지속적인 기술혁신과 사회와 경제적인 큰 변혁을 이끌었다. 최초의 증기기관은 1712년에 영국인 T. 뉴커먼이 피스톤이 달린 효율적인 증기기관이었다. 최초의 증기기관이 개발된 이후 50년 쯤이 경과한 1765년에 J. 와트는 펌프의 상하운동 대신에 축을 회전시키는 새로운 기관을 개발했으며, 이것을 더욱 개선시켜 실용적인 동력장치를 만들었다.(다음, 2017)

뉴커먼의 증기기관 발명 이후 도로용 증기자동차는 1769년경 프랑스의 N.-J. 퀴뇨가 제작하였고, 잉글랜드의 R. 트레비식은 철도에 증기차량을 최초로 사용했는데, 1803년 증기

그림 2-1 뉴커먼의 증기기관

* 출처: 지식백과, naver.com, 2017.

기관차를 만들어서 1804년 2월 웨일스에서 운행에 성공했다. 1829년 영국의 공학자 G. 스티븐슨이 증기기관을 철도에 이용한 '로켓호'가 상업적인 성공을 거두게 되었다. 최초의 실용적인 기선은 W. 사이밍턴이 건조한 예인선인 '샬럿던대스'호로서, 1802년 스코틀랜드의 포스앤드클라이드 운하에서 시운전했다.

증기기관은 사람과 동물이 만들던 동력을 기계를 통하여 얻을 수 있게 하였으므로 모직물을 대량생산할 수 있게 하였으며 이 시기를 1차 산업혁명의 시작으로 보고 있다. 1차 산업혁명은 경제적인 면뿐만 아니라 사회적인 측면에서도 많은 변화를 이루었다. 경공업 중심의 혁신은 농민들을 도시의 공장 노동자로 전환하게 하는 계기가 되었다

② 2차 산업혁명

페러데이는 런던 근교의 뉴잉턴 버츠에서 출생하였으며, 12세 때부터 서점 겸 제본업자 밑에서 일하며 틈틈이 읽은 책으로 과학에 흥미를 가지게 되었고, 19세 때 H.데이비의 강연을 듣고, 그의 도움으로 1813년 왕립연구소의 실험조수가 되었다.

페러데이는 물리학 특히 전자기학에 흥미를 가져 H.C. 외르스테드가 발견한 전류의 자기

작용을 조사, 연쇄적 회전(전자기회전)을 만들어내는 데 성공하였다(1821). 그리고 역현상인 자기의 작용에 의해 전류를 만들어내는 연구에 착수하였으며, 회로 개폐에 의하여 제2의 회로에 발생하는 전류, 전자석에 이어서 자석에 의한 똑같은 전류를 연구하였고 전자기유도를 발견하였다(1831). 패러데이의 전자기학 연구는 다방면에 걸쳐 있으며 통일적이었다. 전기화학의 기초를 만든 전기분해법칙 발견(1833)과 방전현상 연구가 있는데, 이런 성과들에서 여러 가지 전기의 동일성을 간파, 보편성을 가진 통일 개념으로서의 전기를 제창하였다.

페러데이의 전기개발 이후에 발전기의 발명과 강철 제조기술의 발전으로 증기로부터 얻을 수 있었던 동력을 전기와 석유 같은 새로운 동력으로 대체하면서 중화학공업이 발전하게 되었다. 전기와 석유로부터 동력을 얻게 되면서 중화학 공업이 발전하게 된 19세기부터 20세기 까지 걸친 시대를 2차 산업혁명의 시대라고 구분하고 있다.

③ 3차 산업혁명

디지털 기술은 20세기 후반부터 인터넷 분야와 IT(Information Technology)분야의 산업을 획기적으로 발전시켰으며 수 많은 IT기업들이 출현하였고 한국은 세계 최고 수준의 IT강국이 되기도 하였다. 글로벌 기업들의 생산 품질의 평준화 상태에서 기업의 경쟁력은 정보력이라고 할 수 있었다. 20세기 후반부터 21세기 초기까지의 정보화시대를 3차 산업혁명의 시대라고 부른다.

3차 산업혁명의 시대에서는 과거에 있었던 산업이 없어지기도 하였다. 과거의 음반업계를 보면 LP판의 시대와 CD플레이어 시대였으며 음악의 권력은 음반업계들은 쥐고 있었다. 그러나 이들은 인터넷과 IT기술의 발전은 인터넷상에서의 정보의 공유, 즉 분산된 권력의 시대가 될 것을 이해하지 못했다. 많은 젊은이들이 온라인상으로 음악을 공유하기 시작하면서 10년도 안 되어 기존의 음반사업들은 없어지게 되었고 대부분 인터넷 음원사업으로 사업으로 대체되었다.

3차 산업혁명의 시대가 저물어 가고 4차 산업혁명의 시대가 다가오고 있다. 이제 제조업들은 제조 부분을 제외한 설계, 유통, 판매, 관리 등의 부분은 모두 네트워크를 통해서 해결 가능해진다. 가령 설계 부분은 PC나 스마트 단말에서 3D 및 CAD 등으로 작성하거나 다른 사람이 이미 제작해 놓은 설계도를 인터넷에서 다운로드 받으면 된다. 설계 과정의 공유뿐 아니라 설계된 도면의 공유 및 거래, 제조비용에 대한 펀딩 및 시제품의 평가를 위한 시뮬레이션 등이 모두 네트워크와 마켓플레이스를 통해 수행된다. 이러한 제조업의 변화가 가능해진 이유는 바로 제조과정의 상당부분이 디지털화되었기 때문이다. 여기서부터 기계가 제품을 생산할 수 있게 되었다.

한국은 디지털 기술을 기반으로 하는 인터넷과 IT기술의 발전으로 자동화 생산체제를 안정화시킬 수 있었고 세계에서 유래를 찾아보기 힘들 정도의 경제성장을 이루게 되었으며 교역량은 세계 7위까지 이르게 되었다. 이러한 최고 수준의 인터넷과 IT기술은 미래의 4차 산업혁명을 대비하는데 있어서도 기술을 선점할 수 있는 기회가 도래하고 있음 알 수 있다. 그리고 많은 분야에서 4차 산업혁명의 시대를 선도할 수 있는 개발과 연구들이 활발히 진행되고 있다.

④ 4차 산업혁명

로봇, 인공지능, 빅데이터, 사물인터넷, 가상현실 등의 단어들이 이제는 더 이상 생소하지 않게 들린다. 우리는 이미 4차 산업혁명의 시대에 들어섰다는 생각이다. 기술의 발전속도는 과거의 십년이 이제는 1개월도 안 될 정도로 엄청나게 빠르게 변하고 있다.

4차 산업혁명의 시대는 어느 시점이라고 정확하게 구분할 수는 없지만, 인터넷의 통신속도가 현재보다 수백~수천 배가 빠르게 될 5G시대와 동일하게 시작될 것으로 생각된다. 이동통신의 표준이 설정되는 5G의 시대가 본격적으로 시작되는 시점은 2020년으로 알려져 있으며 4차 산업혁명의 시대 역시 2020년부터 시작될 것으로 알려져 있다. 그러나 산업별로 본다면 이미 4차 산업혁명의 시대가 시작되었다고 해도 이상할 것은 없을 것이다.

4차 산업혁명의 시대에는 수많은 기술들이 융합되고 통합되면서 우리에게 새로운 편의를 제공해 줄 것이다. 상상을 초월하는 5G 속도의 인터넷 통합망과 사물인터넷이 융합되고 모든 산업들이 인터넷으로 통합된다면 각 산업에서 발생하게 되는 빅데이터들 역시 통합되고 융합될 수 있을 것이다. 빅데이터, 자율주행, 사물인터넷, 3D프린팅, 가상・증강・혼합현실 등의 분야에서 사람들이 관련되는 모든 분야의 통합된 빅데이터를 인공지능이 분석하고 자기 학습을 통하여 발전시킨다면 인간은 드디어 신적인 존재까지도 욕심낼까 보아 두렵기조차 하다. 즉 4차 산업혁명의 시대에는 상품서비스의 생산유통소비 전체 과정에서 모든 것들이 융합되고 지능화될 것이다.

1.1.2 산업혁명의 시대별 발전단계

4차 산업혁명과 이전의 3차례에 걸친 산업혁명과의 차이는 산업별로 기술이 융합되고 통합된 정도로 구분할 수 있을 것이다. 1, 2, 3차 산업혁명의 시대에서는 산업별로 별도로 발전되어 왔지만, 4차 산업혁명의 시대에서는 경제적・사회적・정치적 등의 사회 전체가 통합되고 융합되므로 엄청나게 많은 변화가 있을 것이라는 생각이다.

산업혁명의 시대별로 발전단계별 과정들을 그림으로 나타내면 [그림 2-2]와 같다.

그림 2-2 산업혁명의 발전단계별 과정

1차 산업혁명	2차 산업혁명	3차 산업혁명	4차 산업혁명
18세기 동력 증기기관 기계생산 경공업	19~20세기 전기 자동화 대량생산 중화학공업	20세기 말 디지털 인터넷, IT 대량맞춤생산 정보화시대	2020년~ 융복합 사물인터넷 통합 산업 융합 융합 및 통합

* 출처 : 기술창업론, 김진수 외 4인, 탑북스, 2017.8, (World Economic Forum, 2016, 1)

1.1.3 4차 산업혁명의 의미

4차 산업혁명은 모든 기술과 모든 산업을 융합하는 것이다. 4차 산업이라는 용어는 2016년 1월 다보스 포럼에서 정의되었다. 즉 4차 산업혁명은 '디지털혁명(3차 산업 혁명)에 기반하여 물리적 공간, 디지털적 공간 및 생물학적 공간의 경계가 희석되는 기술융합의 시대'라고 정의되었다.

① 물리적 공간의 융합 기술

물리적 공간의 융합이라는 의미는 엄청나게 빠르게 발전하고 있는 인터넷 통합을 기본으로 물리적 공간의 의미가 없어지는 효과를 의미한다. 홀로그램 기술을 사용하여 물리적 공간의 융합이 실현되는 초기 단계에 와 있다. 엄청나게 빠른 속도로 모든 인터넷을 통합할 수 있는 기술을 사용하여 물리적 공간을 융합할 수 있는 시대가 이미 시작되고 있다.

2017년 12월에 개봉된 영화 '스타워즈 라스트제다이'에 나오는 장면으로 우주의 끝 쪽에 있는 주인공이 우주의 중심에 있는 어둠의 지도자와 전투를 하는 장면이 나온다. 가늠할 수조차 없을 정도로 멀리 떨어져 있는 우주의 공간을 무시하고 마치 동일한 공간에서 전투를 하듯이 물리적 공간을 초월하는 장면이 있다. 이러한 사례는 기술적으로 극도로 발전된 미래의 상상된 모습이지만 지구라는 한정된 장소에서라면 머지않은 미래에 실현 가능한 물리적 공간의 융합기술이라는 생각이다.

② 디지털 공간의 융합 기술

디지털 공간의 융합은 가상의 공간을 물리적 공간과 혼합하여 동일하게 활용할 수 있는 것을 의미한다. 디지털 기술로 창조된 가상현실(VR, Virtual Reality)의 공간, 실제의 공간과 가상공간이 서로 조화를 이루는 증강현실(AR, Augmented Reality), 그리고 가상현실과 실제 공간을 혼합할 수 있는 혼합현실(MR, Mixed Reality)의 기술들은 디지털 공간의 융합 기술의 결과물이다. 혼합현실이 극도로 발전된 모습이 위에서 사례를 들었던 '스타워즈 라스트제다이'라는 영화의 전투장면과 유사하다는 생각이다.

외국에 살고 있는 보고 싶은 가족과 대화하는 장면을 상상해 본다. 가상현실에서는 가족이 내 눈 앞에서 홀로그램으로 나타나서 대화를 나누는 것이고, 증강현실에서는 가족이 더욱 세밀한 모습과 동작으로 내 앞에서 나와 대화를 나눌 수 있게 될 것이다. 증강현실에서 더욱 발전된 기술이 혼합현실에서는 가족이 나타나서 나와 직접 스킨십을 하면서 대화를 나눌 수 있을 것이다. 아주 먼 미래의 기술이기는 하지만 이미 우리는 가상, 증강, 혼합의 현실의 초기 단계를 경험하고 있다.

③ 생물학적 공간의 융합 기술

생물학적 공간은 100세 시대에 들어선 인간의 생명에 관련하는 바이오 산업과 헬스케어 산업 등의 분야에서 급속하게 발전되고 있다. 사람과 동물들의 신체 일부나 특정한 장기들을 성장시킬 수 있는 기술들이 이미 실험단계에 와 있으며 일부 분야에서는 이미 실용화되고 있는 현실이다. 가까운 미래에는 불치의 암들이 사라지게 될 것이고 심지어는 인공지능의 단계를 넘어서 인공두뇌까지도 가능하리라는 생각이다. 생물학적 융합의 시대가 빠른 속도로 우리 곁으로 다가오고 있다.

④ 물리적, 디지털, 생물학적 공간의 융합

물리적 공간, 디지털 공간 및 생물학적 공간의 경계가 허물어져서 융합되어 상상하지 못했던 새로운 공간들이 나타나게 될 것이다. 어떤 산업분야도 독립적으로 발전될 수 없음을 알려 주고 있다.

1.2 4차 산업혁명 시대의 도래

4차 산업혁명은 이미 우리 곁에 깊숙하게 자리를 잡고 있다. 4차 산업혁명의 특징과 융합 등에 관하여 살펴본다.

1.2.1 4차 산업혁명의 정의

위에서 4차 산업혁명의 의미를 알아 보았지만 이해하기에 다소 어려운 부분들이 있다. 4차 산업혁명의 정의를 좀 더 알기 쉽게 정리하면 다음과 같다. 4차 산업혁명은 RFID,

사물인터넷(IoT), 빅데이터(Big Data), 인공지능(AI) 등의 기술들이 초 연결을 가능하게 하는 5G기술의 첨단 정보통신기술과 융합되고 다시 경제·사회·문화 전반으로 융합되어 모든 산업분야가 융합되는 새로운 혁명이다.

1.2.2 4차 산업혁명의 특징

4차 산업혁명의 특징을 보면 엄청나게 많은 정보를 주고받을 수 있는 인터넷의 통신 속도, 주고받을 정보 범위, 정보가 미칠 영향력 등을 생각해 볼 수 있으며 [그림 2-3]과 같다.

그림 2-3 4차 산업혁명의 특징

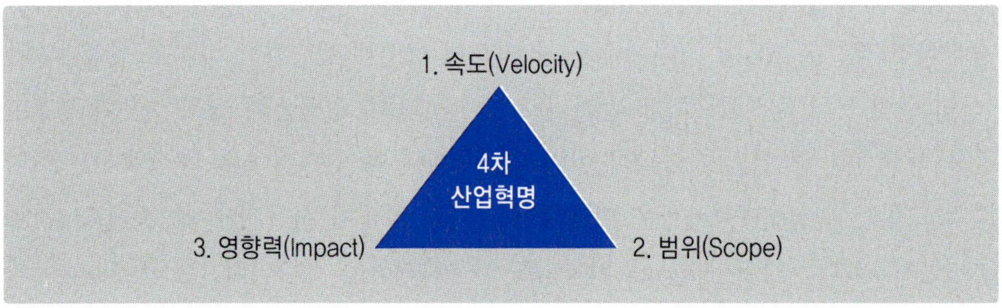

* 출처 : 기술창업론, 김진수 외 4인, 탑북스, 2017.8, (World Economic Forum, 2016, 1)

① 기술발전의 속도

4차 산업혁명의 진입단계에 들어서 있는 현재 우리는 이때까지 인류가 경험해 보지 못했던 엄청나게 빠른 속도의 기술 발전을 경험하고 있다.

인터넷 통신속도를 세대별로 발전단계로 보면 전화 통화만 하던 시절의 1G시대, 문자를 주고 받을 수 있었던 2G시대, 사진 등의 화상정보를 송수신할 수 있었던 3G, 그리고 동영상을 송수신할 수 있는 현재의 4G시대, 그리고 2018년 동계 올림픽부터 시험적으로 활용하고 2020년부터 도입될 예정이라는 가상현실까지 주고받을 수 있는 5G(5세대, 5Generation)시대가 시작되고 있다.

현재의 4G시대의 인터넷 통신속도는 최소 1Mbps(Mega bits per second) 최대75Mbps이지만 5G시대의 인터넷 통신속도는 최소 100Mbps 최대 20Gbps(Giga bits per second)까지 가능하다고 한다. 즉 5G시대의 인터넷 전송속도는 4G시대보다 무려 200배 이상 빨라진다고 한다. 영화 한편을 1초에 다운 받을 수 있는 속도이다(naver.com, 2017.12).

미래학자 버크민스터 풀러는 인류가 가진 지식의 총량(All df Human Knowledge)이 비약적으로 늘어나리라 예측한 바 있다. 그가 발표한 '지식 두 배 증가 곡선'에 따르면 현재 13개월마다 인류 지식의 총량이 두 배로 증가하며, 그 주기는 점점 짧아지고 있다. 13개월의 주기가 최대 12시간으로 단축될 것으로 예상된다. 지식의 폭발, 이른바 지식의 빅뱅은 우리가 지금가지 단 한 번도 경험하지 못한 사건이다(hdclassic.tistory.com). 이러한 근거로 보면 인류의 지식 총량은 과거에는 10년간 2배로 확대되었지만 2030년의 지식 총량은 3일에 2배로 확대된다는 의미가 된다. 한마디로 모르는게 없는 세상이 4차 산업혁명을 통하여 가능하게 될지도 모른다.

지식 두 배 증가곡선의 원칙에 따라서 인류의 지식 총량이 급속하게 확대된다면 제품과 서비스의 수명주기 또한 빨라지게 될 것이므로 산업혁명의 주기가 급속하게 단축될 것이다. 현재에도 IT제품들의 PLC(Product Life Cycle, 제품수명주기)를 보면 6개월이 안 되는 경우도 흔하게 접할 수 있다. 4차 산업 혁명이 성숙되는 시대에는 PLC가 주간단위로 짧아질지도 모를 일이다.

② 산업변화의 범위

전 산업에 걸친 통합 및 융합을 위한 파괴적 기술(Disruptive Technology)은 산업 간의 장벽을 없애고 서로 통합되고 융합하게 할 것이다. 동일한 산업 내부에서도 과거의 경쟁력은 자원, 시설, 장비 등의 하드웨어가 대부분이었지만 4차 산업혁명이 진행될수록 정보 및 지식자원이 경쟁력의 원천이 될 것이다. 개별적 산업군에 속해 있는 동일한 업종의 기업들은 전혀 다른 업종의 기업들과 정보와 지식자원을 통합된 인터넷을 통하여 신속하게 공유할 수 있게 될 것이다.

기업의 경쟁방법의 핵심은 과거에는 기업을 경영하는 지능형 플랫폼이 대외비로 관리되면서 하나만의 제품 혹은 서비스 상품만을 개발하고 생산하여 고객에게 공급하였다. 그러나 4차 산업혁명이 진행될수록 하나만의 플랫폼은 경쟁력이 취약해지므로 2개 이상 다수의 플랫폼을 통합하거나 융합해야만 경쟁력을 확보할 수 있게 될 것이다. 4차 산업혁명 시대에는 2개 이상의 제품 혹은 서비스를 통합되거나 융합하여 새로운 상품을 개발하고 생산하여 공급해야만 할 것이다. 미래의 고객의 욕구(Wants)와 니즈(Needs)는 제품 혹은 서비스를 구분하지 않고 동시에 요구할 것이기 때문이다. 이러한 제품과 서비스 간의 혹은 산업 간의 통합 및 융합을 활용하여 얼마나 고객의 욕구와 니즈를 충족할 수 있을 것인가? 이러한 질문에 답을 할 수 있는 기업은 미래의 4차 산업혁명의 시대에서도 경쟁력을 확보할 수 있게 될 것이다.

자동차의 경우를 예를 들어 보면 과거에는 빠르고 튼튼한 자동차가 경쟁력을 결정하는 중요한 기준이었다. 그러나 이제는 대부분의 자동차관련 기업들의 기술적인 상향 평준화로 경쟁력에 대한 차별화가 어렵게 되고 있다. 현재의 자동차의 경쟁력은 빠르고 튼튼함이 아니라 자율능력을 보유한 자동차로 빠르게 변하고 있다. 이미 미국의 테슬러와 중국의 바이두 등의 전기자동차 기업들은 무인 자율 주행 자동차를 상용화하기 직전의 단계에 이르렀다. 자동차의 경쟁력은 자율주행이라는 서비스와 융합되어야만 한다는 의미이다.

자율주행 자동차를 운행하려면 수 백가지 혹은 수 천가지 이상의 수 많은 무선 기술, 센싱기술, 인공지능기술, 자동제어 기술, 기계기술들이 서로 융합되야만 한다. 그러나 이것만으로는 부족하다. 자율주행 자동차를 타고 가면서 멀리 떨어져 있는 관련자들과 혼합현실(MR, Mixed Reality)을 활용하여 자동차 속을 회의실로 바꿀 수도 있고 사무실환경으로 바꾸어 업무를 볼 수도 있게 될 것이다. 여기서 혼합현실은 실제와 가상을 혼합한 현실로서 가상현실(VR, Virtual Reality), 증강현실(AR, Augmented Reality) 다음 단계에 올 수 있는 미래의 기술이다. 심지어는 자율주행 자동차에서 음식을 주문해서 식사를 할 수도 있을 것이다. 인터넷으로 먹고 싶은 최고 수준의 요리를 검색하여 레시피와 요리 후의 모습을 다운받은 다음에 3D프린터로 요리를 지시하면 즉시 원하는 요리를 제작(?)하여 즐길 수 있게 될 것이다.

정리하여 보면, 자율주행 자동차를 이용하여 아침 일찍 공항으로 이동하면서 차량 내부를 회의실과 같은 분위로 바꾸고 외국의 바이어를 호출하여 회의를 진행할 수 있다. 회의를 하다 보니 아침을 먹지 않았던 생각이 나서 곧장 원하는 음식을 주문하고 요리(?)하여 먹으면서 회의를 하다 보니 공항에 도착하였다.

이상의 시나리오는 아직은 공상의 세계이지만 4차 산업혁명이 진행되면서 멀지않은 미래에 실현될 수 있는 흔한 광경이 될 것이다.

4차 산업혁명의 영향이 미치는 범위는 제품과 서비스 그리고 모든 산업들이 서로 영향을 미칠 수밖에 없을 것이다. 산업 전체를 한 순간에 뒤엎고 현존하는 산업들이 순식간에 사라지게 되며 새로운 산업들이 나타날 수 있을 것이다.

③ 산업시스템의 영향력

4차 산업혁명의 시대에는 기업의 경영활동인 개발, 생산, 관리, 마케팅, 지배구조 등의 시스템에도 많은 영향이 미치게 될 수밖에 없을 것이다. 과거에는 산업별로, 혹은 좀 더 제품별로 독립적인 생산·판매 시스템으로 경영이 되었다. 그러나 4차 산업혁명 시대에는 산업 구분이 모호해지면서 서로 통합되고 융합되어 전혀 새로운 형태의 생산·판매 시스템으로 변화하게 될 것이다. 아직은 4차 산업혁명의 시대에는 어떤 모습의 생산·판매 시스템으로 변화될지 예측하기 어렵지만 어떤 형태로 변화하든 사전에 변화에 대한 준비를 해야 할 것이다. 오히려 생산·판매 시스템의 변화를 주도하는 기업들이 4차 산업혁명을 주도하고 이러한 변화가 전 산업계로 전파되면서 다시 4차 산업혁명이 심화될 것이다. 이미 구글, IBM 등의 미래지향적인 기업들은 온라인에서 오프라인으로, 오프라인에서 온라인으로 산업의 영역을 넘나들면서 4차 산업혁명을 주도하고 있음을 쉽게 볼 수 있다. 이들 4차 산업혁명을 이끌어 가고 있는 기업들은 새로운 형태의 생산·판매 시스템에 대한 깊이 있는 연구를 위하여 현재 많게는 수 십조원에 해당되는 많은 비용을 투자하고 있다.

4차 산업혁명은 새롭게 출현한 바이오기술(BT, Bio Technology)의 분야에서도 새로운 생산·판매 시스템이 출현될 것이다. 바이오기술은 생명공학 혹은 생물공학이라고도 하며, 제품 개발·생산 혹은 제품생산공정을 개선하기 위하여 생체 혹은 생물학적인 시스템을 활용하는 기술을 의미한다. 유전공학은 공학적인 독립된 분야에 국한된 의미가 있지만 바이오기술은 유전공학을 포함하여 농업, 축산업 등의 모든 생물적 범위로 광범위하게 적용될 수 있는 기술을 의미한다. DNA를 재조합 기술을 활용하여 새로운 DNA를 창조할 수 있는 새로운 과학분야도 바이오기술에 포함된다.

4차 산업혁명의 시대에는 모든 산업에서 생산·판매 시스템이 변화할 수 있도록 많은 영향력이 미칠 것이다. 즉 4차 산업혁명 시대가 도래하게 되면 현재의 산업지형은 거의 없어지고 새로운 산업지형이 나타날 것이다.

1.2.3 기술과 산업의 융합

① 4차 산업혁명 시대의 기술

우리의 주변에는 종류를 헤아릴 수 없을 정도로 많은 기술들이 있다. 어떤 기술들이 미래의 4차 산업혁명 시대를 이끌고 갈 것인지는 아무도 모른다. 다만 많은 학자들과 경영 현장, 그리고 기술관련 전문가들이 말하는 중요한 기술들이 다가 오고 있는 4차 산업혁명의 방향을 제시할 것이라는 것은 상상할 수 있다. 수 많은 기술들 중에서도 4차 산업혁명의 주체가 될 가능성이 많은 기술들을 살펴보면 5G, RFID, 사물인터넷(IOT), 빅데이터, 인공지능(AI) 등의 기술이 있다.

② 4차 산업혁명이 영향을 미칠 산업분야

산업의 발전은 기본적인 기술이 발전하므로서 시작된다. 기술 발전은 산업의 발전으로 결과가 나타나게 된다. 즉 기술의 발전이 산업의 발전을 촉진시키고 있다. 1차 산업혁명의 시대에서 증기기관 기술혁신은 경공업 중심의 산업을 발전하게 하였다. 증기기관이라는 기술이 발전하자 경공업관련 산업인 증기기선, 증기기관차, 증기자동차, 증기방적기 등의 분야들이 발전하게 되었다.

이러한 방법으로 현재 예상되고 4차 산업혁명의 시대에 급속하게 발전하게 될 중요한 기술들이 영향을 미치게 될 산업 분야들을 보면 로봇, 바이오, 헬스케어, 자율자동차, 신재생에너지, 3D프린트, 게임, 스마트홈&시티, 신소재, 원자력발전, 가상・증강・혼합현실, 문화・예술, 부품, 과학・사회・인문 등의 분야들이 있다.

③ 4차 산업혁명 시대의 기술과 산업의 융합

4차 산업혁명의 시대에서는 기술과 기술, 산업과 산업들의 독립적인 연결고리가 끊어지게 되고 그 경계가 없어지게 될 것이며, 새로운 산업분야들이 출현하게 될 것이다.

[그림 2-4]는 4차 산업혁명 시대를 이끌게 될 기술 분야와 4차 산업혁명 시대에 가장 많은 변화가 예상되는 산업 분야들이 융합되고 있는 내용을 나타내고 있다.

그림 2-4 4차 산업혁명의 기술과 산업의 융합

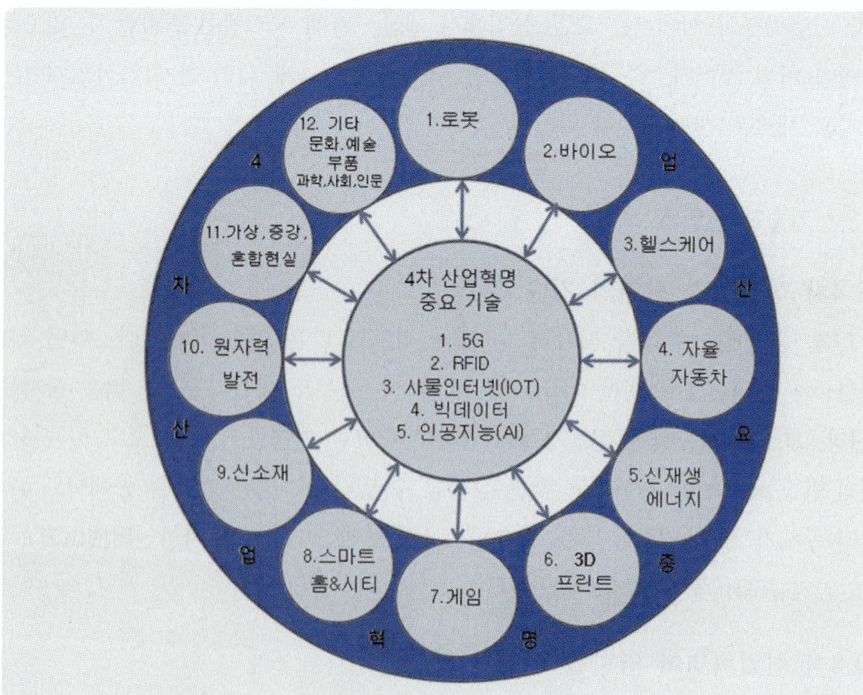

2. 4차 산업혁명의 중요 기술

2.1 5G시대의 기술

1G시대는 1984년에 벽돌크기보다 큰 아날로그 무선전화기가 처음 출시되면서 시작되었다. 휴대폰이 너무 커서 벽돌휴대폰이라고 불리기도 했지만 당시에는 가격이 워낙 고가였기 때문에 일부에서는 부의 상징으로 인정되기도 하였다. 2G시대는 아날로그 무선 통신을 탈피하고 1996년에 CDMA 등의 방법을 활용한 디지털 휴대폰이 등장하면서 시작되어 이때부터 문자 송수신이 가능하게 되었다. 3G시대는 2003년부터 사진 등의 영상통신이 가능하게 되었다. 4G시대는 2011년 스마트폰이 출현되면서 동영상 통신이 자유롭게 되었으며 특히 게임이 활성화된 시기이다.

5G시대에서의 통신 속도는 초고화질의 영화 한편을 1초에 전달할 수 있는 속도이다. 4G시대에서의 LTE(Long Term Evolution)는 2Ghz(2Giga hertz) 이하의 주파수 대역을 사용하지만 5G시대에서는 28Ghz의 초고주파 대역을 사용한다. 4G시대에서는 75Mbps (Mega bits per second) 이하의 통신 속도였지만 5G시대에는 20Gbps(GIga bits per second)을 실현할 수 있게 된다. 5G시대의 전송속도는 4G시대보다 200배가 넘는 속도이다.

5G시대의 전송속도는 꿈의 속도이다. 가상현실, 증강현실 그리고 혼합현실을 전송하고 수신하기에는 엄청나게 많은 정보량을 주고 받아야 하기 때문에 상상 이상의 빠른 인터넷통신 속도가 필요하게 된다. 5G시대는 세계의 새로운 통신규약이 확정되는 2020년부터 시작되는 것으로 알려져 있지만 이미 2015년부터 시작되었다는 주장도 있다.

5G시대에서 절대적으로 필요한 기술을 선점하기 위한 각국의 노력들이 매우 치열하다. 2020년에 확정될 국제통신 규격의 표준을 선점하게 되면 글로벌 시장을 장악하는데 매우 유리하기 때문이다. 한국을 비롯하여 미국, 중국, 일본, 유럽연합 등에서 매우 활발하게 5G시대의 인터넷 통신 기술을 연구하고 있다. 특히 한국의 경우에는 2018년 2월 평창에서 개최되는 동계올림픽에서 5G기술과 가상현실을 실험 방송을 한다.

〈표 2-1〉은 통신속도의 세대별 발전상황을 보여 주고 있다.

〈표 2-1〉 통신속도의 세대별 발전상황

	1G	2G	3G	4G	5G
현상	아날로그무선 통신	디지털 문자통신	영상통신	동영상통신	가상현실통신
통신속도	10Kbps	9.6~64Kbps	2~3Mbps	50Mbps ~75Mbps	100Mbps ~20Gbps
연도	1984년~	1996년~	2003년~	2011년~	2020년~
모바일 형태	벽돌 휴대폰	휴대폰 보편화	인터넷 접속	모바일 게임	모바일 원격조정

2.2 RFID 기술

RFID(Radio Frequency Identification)는 무선주파수(Radio Frequency)와 극소형 반도체칩을 활용하여 식품, 동물, 식물, 사물 등의 정보를 관리할 수 있는 기술을 의미한다. 종전의 바코드는 바코드에 내재되어 있는 정보를 수정할 수 없지만 RFID는 반도체로 만들어져 있으므로 내재되어 있는 정보를 수정하고 삭제할 수도 있다. RFID는 활용할 수 있는 분야가 무궁무진하다. 도난 혹은 복제 방지, 도서출납 이용, 유통체인 관리, 대중교통 요금징수, 동물 추적, 자동차 안전, 출입 및 접근 통제, 전자요금 징수, 생산관리 등의 분야에서 각종 센서로 활용될 수 있다. 최근 대부분의 신축 아파트 단지에서는 RFID 주민카드를 지급하여 주민들의 여러 가지 편의시설 활용 및 비용관리를 하고 있다.

RFID는 유통분야에서 기존의 바코드를 대체할 수 있는 차세대 기술로 인식되어 왔지만 최근에는 사물에 RFID를 심어서 사물들 간의 대화가 가능하게 하는 사물인터넷에서 반드시 필요한 중요한 역할을 하게 될 것으로 보인다. RFID는 스마트 태그, 전자태그, 전자라벨, 무선식별 등의 이름으로도 불리고 있으며 사물에 심어져 있는 작은 컴퓨터로도 불리고 있다. RFID는 이미 우리 생활 주변 가까이에서 활용되고 있다. IC카드에는 모두 극소형 반도체인 RFID가 내장되어 있다.

RFID는 가까이에서 접촉 혹은 스캐닝을 통해서 정보를 일을 수 있는 바코드와는 달리 원거리에서도 정보를 주고 받을 수 있다. RFID에 내재되어 있는 정보를 읽고 수정하거나 폐기할 수 있는 것은 주파수를 활용하기 때문이다. RFID는 주파수에 따라 정보가 다르게 하여 빠른 정보인식이 가능하도록 하였으며 파손되는 등의 물리적 변화가 없으면 영구적으로 이용이 가능한 장점도 있다.

〈사례 2-1〉은 RFID를 인체에 이식하여 출퇴근 등의 업무에 활용할 수 있는 사례이다.

사례 2-1 **RFID 마이크로칩 활용**

직원 몸에 '마이크로 칩' 이식해 근태 관리 … 美 IT기업의 실험

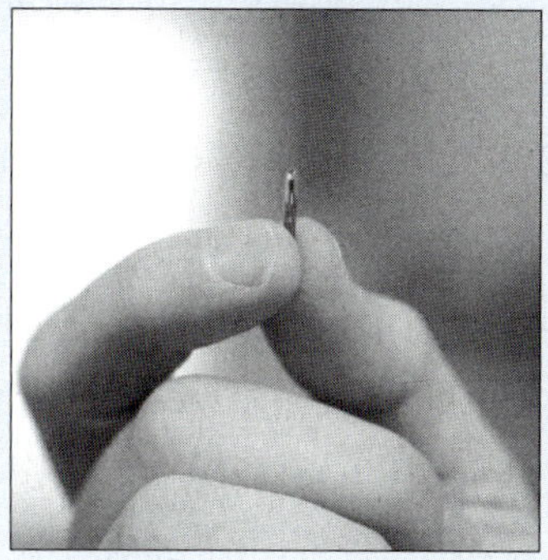

▲ 미국 IT 업체 '스리 스퀘어 마켓'이 생체 이식을 추진 중인 마이크로 칩.

미국의 한 IT(정보기술) 기업이 사람의 몸에 마이크로 칩(chip)을 이식해 출퇴근 관리와 구내식당 등에서 결제하는 방안을 추진 중이다.

24일(현지시간) BBC와 USA투데이 등 보도에 따르면, 미 위스콘신 주(州) 리버 폴스 소재 마이크로 기술 기업인 '스리 스퀘어 마켓'(Three Square Market)은 직원 80여명에게 이 방안을 제안해 50여명이 이를 받아들였다.

칩 이식을 원하는 직원은 엄지와 검지 사이에 칩을 이식할 수 있다. 이식은 몇 초면 충분하다고 한다. 칩은 RFID(Radio-Frequency Identification) 기술이 적용돼 접촉하지 않고도 무선주파수로 정보를 읽어낼 수 있다.

이 회사의 토드 웨츠비 최고경영자(CEO)는 "이 기술은 미래에 필수적으로 적용될 수밖에 없다"며 "칩을 통해 사내에서 손쉽게 물품을 구매하고 회사 건물 출입이나 업무용 컴퓨터 사용이 더 편리해질 것"이라고 말했다.

칩 이식이 강제 사항은 아니지만, 공상과학(SF) 영화에서나 나올 법한 생체 칩 이식 실험을 연상케 해 비윤리적이란 우려도 나온다. 위스콘신 주 의회는 "만약 칩 이식에 있어 강제성이 있다면 심각한 문제가 생길 수 있다"고 지적했다.

* 출처 : 중앙일보, 2017. 7. 25,
http://news.joins.com/article/21785888,
다운로드 및 편집 : 201712. 27

2.3 사물인터넷(IOT) 기술

사물인터넷은 사물과 사물 간에 대화를 나눌 수 있게 하는 것이다. 사물인터넷을 활용하여 세상에 존재하는 모든 것들을 연결할 수 있다. 사물인터넷의 기술이 발전되고 활용되고 있기 때문이다.

2.3.1 RFID와 센서기술

사물인터넷의 중요한 수단은 RFID이다. 사물에 심어져 있는 반도체칩인 RFID가 서로의 이야기(정보)를 주고 받을 수 있다. 이때 사물을 소유하고 있는 사람의 의지와는 무관하게 사물들 간에 대화를 하는 경우가 빈번하게 된다. 물론 사물들은 사람의 편의와 행복을 위한 방향으로만 대화를 해야만 할 것이다. 인간이 개입하지 않고서 사물들 간에 대화로 연결되는 인터넷 세상을 사물인터넷이라고 한다.

사물인터넷은 RFID와 센서로부터 시작된다. 사물인터넷은 RFID의 활용도가 매우 많지만 RFID이외에도 수많은 센서들이 연결되어야 한다. 미래의 4차 산업혁명을 대비하고 있는 기업들은 센서에 관련하여 많은 투자와 연구를 진행하고 있다. 다양한 센서들과 RFID의 연결이 사물인터넷의 기본이 될 것으로 생각된다.

생활 주변의 예를 들어 보면, 한 직장인이 아침 6시에 일어나기 위해서 스마트폰의 알람을 설정했다고 가정해 보자. 잠이 들고 난 뒤 밤새 눈이 많이 온 것을 감지한 날씨 센서는 내부의 RFID를 통하여 스마트폰의 알람으로 눈이 온 정도를 알려주고 출근 시간을 감안하여 5시 25분에 집안의 전등불을 켜고 커피포트의 전원을 켜서 커피를 끓일 준비를 한다. 그리고 주인이 현관문을 열고 출근하게 되면 집안의 모든 전기는 꺼지게 되고 가스는 안전모드로 전환이 된다.

위의 사례를 보면 주위의 사람이나 주인의 의지와는 관계없이 사물들 간의 대화만으로 의사결정을 하고 결정에 따른 행동을 실현하게 된다. 사물인터넷은 사람의 생각을 무시하거나 반영하지 않는 것이 아니고 사람들의 편의와 행복을 위한 의사결정을 해야만 할 것이다.

사물인터넷에서 센서기술은 우리가 상상할 수 있는 모든 분야에 해당된다고 해도 과언이 아닐 것이다. 센서기술을 확보하지 않고서는 사물인터넷을 확보하기 어려울 것이다. 센서기술이 필요한 분야의 예를 들어 보면 동작, 위치, 방향, 근접, GPS, 중력, 가속도, 선형가속도, 자이로, 회전벡터, 온도, 조도, 기압, 습도 등을 인식할 수 있는 분야들이 있다. 매우 다양하고 수 많은 센서기술들이 RFID기술과 융합되어서 사물인터넷이 시작될 수 있을 것이다.

〈사례 2-2〉는 사물인터넷이 시작되고 있는 아파트 단지의 사례를 보여 주고 있다.

사례 2-2 아파트단지의 사물인터넷

동탄테크노밸리 수요 품은 스마트홈

현대건설이 다음 달 경기도 화성 동탄2신도시 C-1블록에 힐스테이트 동탄 2차(조감도)를 분양한다. 지하 4층~지상 최고 38층 4개 동, 679가구(실) 규모의 복합단지다. 아파트(전용 54㎡ 443가구)와 오피스텔(전용 22 · 42㎡ 236실), 판매시설로 구성됐다.

단지에는 홈 네트워크와 사물인터넷(IoT)을 융합한 하이오티(Hi-oT) 기술, 실내 공기 유지,

전기 · 수도 · 가스 실시간 관리(HEMS), 대기전력 차단, 지하주차장 고효율 LED 조명, 고화질 CCTV, 무인경비, 지하주차장 비상콜, 전기자동차 충전, 무인택배, 음식물쓰레기탈수기, 전동식 빨래 건조대(발코니 확장 시) 등이 설치된다.

-하략-

* 출처 : 중앙일보, 2017. 12. 21.,
http://news.joins.com/article/22222420,
다운로드 및 편집 : 2017. 12. 27.

2.3.2 상상력과 아이디어

사물인터넷은 현실을 초월하는 상상력과 아이디어가 시작이다. 사물인터넷을 연구하고 성공하기 위해서는 사물과 사물 간의 대화에 필요한 경우를 상상하고 구체화할 수 있는 아이디어를 창조해야 한다. 전 세계의 창의적이고 모험적인 인재들이 미국의 실리콘벨리로 몰려들고 있다. 한국의 기업인 SKTA이노파트너스라는 기업도 실리콘벨리에서 상상력과 아이디어를 실현할 수 있는 벤쳐기업을 지원하고 있다. 아직은 시작이다. 미국의 실리콘벨리가 사물인터넷의 연구와 실험이 가장 활발하고 가장 앞서 있다. 중국, 일본, 유럽연합 등의 국가들이 사물인터넷에 관심을 가지고 연구하는 기세들이 대단하다. 인터넷 강국이라고 자부하고 있는 한국의 위상이 흔들리고 있다. 한국의 경우에는 이제 사물인터넷 분야를 육성하려는 시작단계로 보인다.

2.3.3 인터넷 통합

인터넷이 통합되고 있다. 사물과 사물 간의 대화들은 수많은 정보로 남게 된다. 분야별 사물인터넷의 결과물들인 정보들은 빅데이타로 축적되게 된다. 이러한 축적된 분야별 빅데이타들은 다른 분야로 연결되고 통합되어 새로운 데이터로 재탄생될 수 있을 것이다. 산업분야별 사물인터넷으로 시작되어 축적된 수많은 종류의 빅데이타들은 산업의 경계를 허물게 되고 새롭게 사람들의 행복을 위한 새로운 산업들이 무수하게 출현될 것이다. 산업 분야별 빅데이타들을 통합하기 위해서 물리적인 통합은 불가능하므로 산업 분야별로 독립적으로 활용되고 있던 인터넷을 통합화고 연결하여 서로 다른 빅데이타들을 통합하고 연결할 수 있을 것이다 사물인터넷 통합속도 역시 눈부시게 발전하고 있다. 2012년에는 세계적으로 9억 개의 사물들이 인터넷으로 통합되었지만 2020년에는 300~500억 개의 사물들 간의 통합이 이루어 질 것으로 알려져 있다. 이 중에서 85%는 사물과 사물 간의 통신으로 연결될 것이다(사물인터넷, naver.com, 2017).우리가 접근할 수 있는 대부분의 사물들은 사물들 스스로 서로 인터넷통신을 활용하여 정보를 주고받을 수 있다는 의미이다. 물론 인간의 편의를 위한 정보교환이어야 할 것이다.

2.3.4 사물인터넷 시장의 규모

사물인터넷의 시장은 빠르고 크게 성장하고 있다. 사물인터넷의 세계시장은 2020년에는 19조 달러 규모가 될 것이라고 한다. 우리 돈으로 환산하면 2경원이나 될 것이다. 얼마나 큰 시장이 될지 가늠하기가 어려울 지경이다. 한국의 사물인터넷 시장의 규모 역시 빠른 속도로 성장하고 있으며 2020년에는 22.8조원의 규모가 될 것이다. 전 세계의 글로벌 기업들과 수많은 벤처기업들이 미래의 시장을 선점하기 위한 노력들이 지금도 계속되고 있다(세상을 바꾸는 14가지 미래기술, 한국경제TV, 2017).

2.4 빅데이터 기술

2.4.1 빅데이터의 개념

빅데이터(Big Data)는 기존의 통계적인 방법이나 도구를 사용해서 분석할 수 없는 수많은 정형 및 비정형 데이터들을 의미한다. 어떤 패션 기업의 예를 들어 보면 상품이나 뉴스 등에서 사람들이 많이 사용하는 검색 용어들을 종합하여 분석하면 현재 유행하는 상품이나 서비스 등에 관련된 성향을 파악할 수 있다.

현재 매순간 생산되고 전파되는 정보와 데이터량은 너무나 많기에 '정보의 바다'라고도 한다. 정보의 바다에 넘쳐 흐르는 정보와 데이터들을 어떻게 분석하고 어떻게 활용해야 할지를 모른다면 아무런 가치가 없는 버려진 정보와 데이터라고 할 것이다. 즉 정보의 바다에 있는 수많은 데이터인 빅데이터는 가공되고 의미있게 활용되어야 가치있는 데이터가 될 것이다.

2.4.2 빅데이터의 특징

빅데이터의 특성을 살펴 보면 개별적이고 디테일한 빅데이터의 특징은 3V로 요약될 수 있으며, 3V는 데이터의 양(Volume), 데이터 생성속도(Velocity), 데이터의 다양성(Variety)을 의미한다(O'Reilly Radar Team, 2012). 최근에는 데이터의 가치(Value)를 추가하여 4V라고 불리기도 한다. [그림 2-5]는 빅데이터의 특징을 나타내고 있다.

그림 2-5 빅데이터의 특징

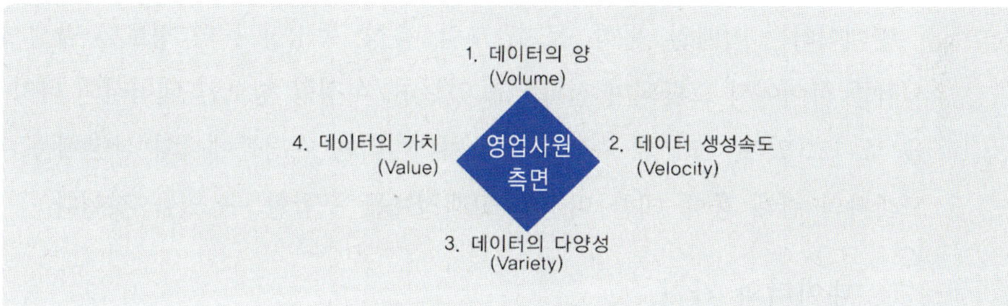

① 데이터의 양

사회 모든 분야에서 비정형의 데이터의 양(Volume)은 엄청난 양으로 매순간 발생하고 있다. 고객정보 역시 정형정보보다는 비정형정보가 훨씬 많이 발생하고 있지만, 아직 활용측면에서는 초보적인 수준이므로 발전가능성이 무궁무진하다고 할 수 있다. 비즈니스에서 필요한 개인정보 혹은 세밀한 정보를 활용해서 가장 적절한 전략을 실현하고자 할 경우에 필요한 데이터는 전체적인 경향의 데이터가 아닌 개별 요소에 대한 데이터여야 할 것이다.

② 데이터의 생성속도

컴퓨터와 모바일 등의 단말기의 확대와 함께 인터넷, 정보통신, SNS 등의 발전은 데이터의 생성속도(High Velocity)는 지역과 시간에 구애 받음이 없이 거의 실시간으로 대량 생성되고 있다. 4차 산업혁명의 시대가 도래하게 되면 모든 스피드시대에 살게 될 것이며 내일을 예측하기 힘들 정도로 빠르게 변화하는 세상이 될 것이다. 비즈니스에서는 급변하는 세상에서 경쟁력을 확보하기 위해서 더욱 신속한 의사결정이 필요하게 될 것이며 더욱 빠른 데이터가 실시간으로 수집되고 분석되어야 할 것이다. 즉 데이터 하나의 크기는 작더라도 실시간으로 취득할 수 있으며 취득 빈도수가 매우 높으며 생성속도가 매우 빠르게 된다.

③ **데이터의 다양성**

비즈니스에서 획일적이거나 정형화되지 않은 다양한 자료를 근거로 하여 전략을 수립하고자 할 경우에는 비정형적이고 비구조적인 데이터들에 대한 수집과 분석이 가능한 데이터의 다양성(High Variety)이 필요하게 되며 이러한 다양성은 빅데이터의 중요한 특성 중 하나가 될 것이다. 비정형 데이터는 웹에서의 사용자 기록, 카메라 영상, 위치, 각종 센서 정보에서 수집되고 있는 데이터들과의 연계성이 다양성을 더욱 확대할 수 있을 것이다.

빅데이터는 이메일, 통화, 문자, 그림, 음성, 동영상 등의 정보를 발생시키면서 사람과 사람들 사이에서 교환되며 전파되고 있으며, 비정형 정보인 데이터의 다양성에 대한 특징을 보이고 있다. CRM의 측면에서의 빅데이터는 쇼핑몰에서의 상담제품, 관심제품, 다른 고객과의 관계 등에 대한 비정형 고객정보를 포함할 수 있을 것이다.

④ **데이터의 가치**

위의 3가지 V의 특성에 최근에 추가되기 시작한 데이터의 가치(Value)이다. 빅데이터는 정보의 엄청난 양에서 가치있는 정보를 추출하고 분석하기가 매우 어려우므로, 빅데이터로부터 가치창출에 대한 중요성이 더욱 강조되고 있기 때문이다. 가치를 창출하지 못하는 고객 데이터는 죽은 데이터이고 쓰레기 더미일 뿐이다.

2.4.3 빅데이터의 활용

사람들은 일상생활에서 컴퓨터, 스마트폰, 자동차, 가전제품 등을 항상 사용하면서 무수하게 많은 데이터를 발생시키고 있지만 아무도 그 가치를 인식하고 활용하지 않고 있다. 빅데이터는 새로운 분석 방법을 활용하여 사람들의 행동, 패턴에 관련한 가치있는 정보로 가공될 수 있다. 기업의 마케팅 분야에서는 빅데이터 분석 방법을 활용하여 고객의 행동패턴을 분석하여 적절한 상품을 권유할 수 있다. 현재의 통계적 분석 방법인 CRM(Customer Relationship Management)방법으로는 분석할 수 없는 고객의 패턴 분석 방법을 빅데이터 분석 방법으로는 가능하게 된다.

빅데이터는 국가 혹은 지방자치단체에서 공공사업 혹은 대규모 사업에서 필수적인 활용 도구가 되고 있다. 서울시의 경우에는 심야버스를 운행하기 위하여 빅데이터를 활용하고 있다. 각 지역의 심야시간대의 유동인구, 활동인구를 분석하기 위하여 모바일 사용량의 빅데이터를 활용해서 심야버스의 노선을 결정하였다고 한다.

빅데이터가 알려지기 전인 2008년에 구글은 온라인상에서 예측할 수 있는 '독감예측시스템'을 활용하여 독감이 전파할 가능성이 많은 지역을 예측하였다. 구글은 독감에 관련한 검색용어 40개를 지정하고 이 용어를 사용한 검색자 수와 검색지역을 데이터로 축적하고 분석한 5단계의 독감 위험지수로 세계지도를 작성하였다. 2013년 미국은 독감으로 인한 사망자가 100명을 넘어 독감주의보를 발령하였지만 구글은 이미 2주 전에 독감 위험을 알렸다(구글 독감 예측시스템, naver.com, 2017). 구글은 빅데이터 분석 방법을 활용하였기 때문에 독감이 전파될 지역을 예측할 수 있었다.

〈사례 2-3〉은 생활 주변에서 빅데이터를 활용할 수 있는 사례를 보여 주고 있다.

사례 2-3 **빅데이터기술을 활용한 에너지효율화**

건물 전기료 19% 절감 …
빅데이터 기술 활용한 에너지 효율화 솔루션 제시

국내 에너지정책의 패러다임이 '공급' 중심에서 '수요관리' 중심으로 변화하며 에너지 효율이 주목받고 있다. 이런 가운데 최근 LS산전이 스마트에너지 솔루션에 빅데이터나 AI(인공지능) 등 신기술 역량을 접목한 에너지효율화 플랫폼을 완성하고 사업화에 나섰다.

▲ 경기 안양시 동안구에 위치한 LS산전 R&D캠퍼스는 인공지능, 에너지저장장치 등을 활용해 에너지 낭비를 막는 스마트 빌딩으로 운영 중이다.

경기 안양시 동안구에 위치한 LS산전 R&D캠퍼스는 합리적 에너지 소비를 유도해 에너지 낭비를 막는 방식으로 패러다임의 전환을 이뤄냈다는 평가를 받고 있다. 무조건 에너지를 적게 쓰자는 과거 개념에서 벗어난 것이 가장 큰 특징이다.

LS산전 R&D캠퍼스는 ESS(에너지저장장치 · Energy Storage System), BEMS(빌딩에너지관리시스템 · Building Energy Management System) 등 스마트에너지 솔루션에 AI기반의 빅데이터 기술을 도입했다. 그 결과 건물의 전력소비를 측정 · 분석하고 최적의 에너지 사용패턴을 이끌어 기존(약 6억5000만원) 대비 19%에 달하는 전기요금 절감 효과를 거뒀다.

LS산전은 자체 개발한 MW(메가와트)급 대용량 ESS를 통해 전기요금이 비교적 저렴한 야간에 전기를 충전하고 최대부하인 낮 시간대에 사용한다. 이러한 방법으로 연간 약 5000만원의 전기요금을 절감한다. 이 밖에도 AI기반의 빅데이터 기술을 적용 ▶피크예측 및 관리 ▶전력 소비 패턴 분석 ▶최적 운영 가이드 제공 등을 통해 추가로 7000만원을 절감해 모두 1억2000만원의 전기 에너지 비용을 아꼈다.

LS산전이 빅데이터 기술을 활용해 운용하고 있는 에너지 효율화 솔루션은 비용 절감에 크게 기여하고 있다. 각 전력 소비기기 및 사용자의 에너지 소비량 외에도 신재생 발전량, 시간, 요일, 기상 상태 등 변수에 따라 달라지는 건물의 에너지 소비 패턴을 분석해 최적의 에너지 사용 패턴을 도출해 관리자에게 제공한다. 이를 통해 전력소비량 예측은 물론 에너지 사용이 가장 많은 피크 시간대까지 예상할 수 있어 효율적인 에너지 관리에 도움을 준다.

지난 2015년 3월 준공된 LS산전 R&D캠퍼스는빌딩자동제어를 기반으로 에너지저장장치, 태양광발전(PV), 스마트미터 등 LS산전의 스마트기술이 집약된 스마트빌딩으로 평가받는다. 건물 내부 센서가 사용자 위치를 파악해 빈 사무실과 회의실 등 공간에 냉난방과 조명을 자동 제어함으로써 전력 사용을 최소화하는 등 최적의 에너지 관리가 가능하다.

* 출처 : 중앙일보, 2017. 12. 22,
http://news.joins.com/article/22226160,
다운로드 및 편집 : 2017. 12. 27.

2.4.4 빅데이터 기술

빅데이터는 엄청나게 많은 양의 데이터를 의미한다. 빅데이터를 분석하기 위해서는 소수의 컴퓨터를 사용해서는 분석을 수행하기 어려울 경우가 많다. 빅데이터를 분석하기 위해서는 많은 컴퓨터를 동시에 작업할 수 있는 분산처리시스템인 하둡(HADOOP)이 활용된다. 하둡은 방대한 양의 데이터를 저렴한 비용으로 분석할 수 있게 한다.

하둡(Hadoop)은 대용량 데이터의 활용 · 처리를 돕는 자바(Java) 소프트웨어 프레임워크(Software Framework)의 이름이다. 소프트웨어 프레임워크란 일종의 공장처럼 소프트웨어의 설계 등의 과정에서 공통적인 부분을 제공해 시간과 비용을 절약해주는 시스템을 말한다. 하둡은 여러 대의 컴퓨터로 이루어진 클러스터에서 동작하는 분산 응용 프로그램을 지원해 빅데이터라 불리는 대용량 데이터의 처리를 돕는다. 하둡은 미국의 프로그래머 더그 커팅(Doug Cutting)이 2005년 개발한 것으로 오픈소스를 기반으로 한다. 하둡이란 이름은 커팅의 딸이 가지고 놀던 장난감 코끼리의 이름에서 따온 것이란 설이 있다(다음백과.daum.net, 2017).

대용량의 데이터를 분산 처리할 수 있는 하둡은 빅데이터의 활용 가능성과 중요성에 대하여 확산하고 있다. 하둡의 특성을 살펴보면 다음과 같다.

① 대용량 비정형, 비구조 데이터를 대상으로 하고 있다.
② 대형 컴퓨터가 없어도 분산처리가 가능하다.
③ 오픈소스이며 누구나 활용할 수 있다.

2.5 인공지능(AI) 기술

인공지능은 1956년 등장했지만 프로그램이 어려워서 그동안 연구가 중단되었다가 1980년대에 신경망(Neural Net)이론의 확산으로 인공지능의 연구가 다시 시작되었다. 인공지능기술(Artificial Intelligence Technology)은 인간의 학습능력, 자각능력, 자연언어 이해력 등을 컴퓨터 프로그램으로 실현할 수 있는 기술을 의미한다. 인공지능기술은 인간이 할 수 있는 생각, 학습, 자기 개발 등의 활동을 컴퓨터가 실행할 수 있도록 하는 기술을 말하며 컴퓨터가 인간의 지능적인 활동을 모방할 수 있는 기술이다(지식백과, maver.com, 2017).

인공지능 기술을 연구하는 글로벌 기업들은 구글, IBM, MS, 애플, 페이스북 등이 있으며 매우 적극적인 투자를 실행하고 있다. 그리고 중국의 바이두를 비롯한 많은 기업들이 인공지능 기술 분야에 공격적으로 투자를 선행하고 있다. 바이두의 인공지능 연구소의 목표는 인간의 개입없이 스스로 학습할 수 있는 지능을 개발할 수 있는 목표를 가지고 있다고 한다. 그리고 수많은 스타트업 기업들도 인공지능 분야에서 사업을 시작하고 있다.

인공지능 기술이 활발하게 적용되는 분야를 살펴 보면 다음과 같다.

2.5.1 자연언어 처리 기술

자연언어 처리(Natural Language Processing) 분야에서는 지구상에 존재하고 있는 대부분의 언어를 자동번역할 수 있는 시스템이 활용되고 있다. 머지않은 미래에는 외국어를 배우려는 노력을 더 이상 하지 않아도 되는 시대가 도래할 것 같은 생각이다. 자연언어 처리 기술은 사람과 컴퓨터 간의 대화도 가능하게 될 것이며 컴퓨터 사용 방법에서도 획기적인 변화가 예상된다.

〈사례 2-4〉는 자연어를 자동으로 실시간 번역하는 시스템에 대한 사례이다.

사례 2-4 자연어를 실시간 번역하는 시스템

"육회를 'Six times'라 번역하는 건 옛말"… 정확도 높아진 한글통번역 앱

추석 연휴 동안 스페인으로 여행을 간 회사원 김모(30)씨는 평소 영어 실력에 자신이 있었다. 하지만 거리에서 길을 묻기 위해 만난 스페인 사람들은 물론, 일부 식당에서도 영어가 통하지 않아 난감했다. 김씨는 "관광객이 드문 식당에 가니 종업원이 영어를 잘 알아듣지 못해 음식의 맛을 제대로 물어볼 수 없어 아쉬웠다"고 말했다.

이런 경우 스마트폰에 간단하게 통·번역 앱(애플리케이션)을 설치하면 유용하게 활용할 수 있다. 앱에 우리말을 입력하면 선택한 외국어로 자동 번역된다. 영어·일본어 등 주요 언어들은 앱을 실행시킨 뒤 우리말을 읽어주면, 현지 언어로 실시간 통역해주는 서비스도 상용화됐다.

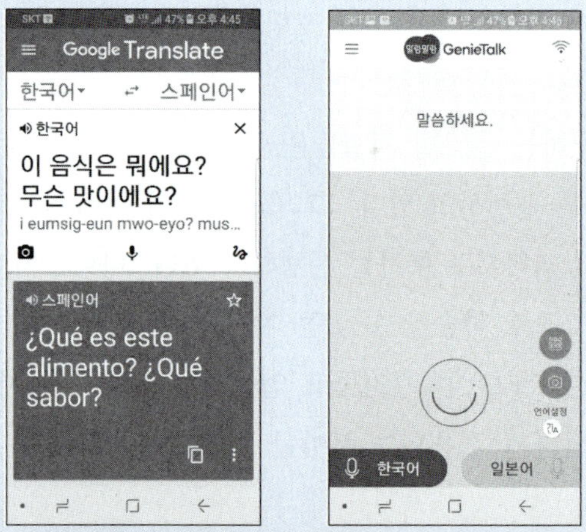

'구글'과 '한글과 컴퓨터'의 통·번역 앱

★ 인공신경망번역(NMT · Neural Machine Translation)

기존의 '통계기반번역(SMT · Statistical Machine Translation)'에서 진화한 딥러닝 기반 방식이다. 통계기반번역이 단어나 몇 개의 단어가 모인 구 단위의 학습 번역 방식이었다면, 인공신경망번역은 문장 전체의 맥락을 먼저 살핀 뒤 구성 요소들을 변환하면서 해석해 번역을 한다. 문장 안에서 단어의 미묘한 의미 차이 등을 반영할 수 있어 보다 효율적이고 정확하다는 평가를 받는다.

예를 들어 "나는 아침 일찍 아침 준비를 했다"라는 문장을 영어로 번역할 때, '아침'을 'in the morning'으로 번역해야 하는지 'breakfast'로 번역해야 하는지 구분이 쉽지 않다. 인공신경망번역은 문장 전체를 살펴 이를 구분할 수 있도록 한다.

우리말의 통·번역 서비스는 구글과 네이버, 한글과컴퓨터 등이 제공한다. 모두 '인공신경망번역(NMT · Neural Machine Translation)' 방식을 도입했다. 기존의 구문 기반 번역은 문장을 명사구나 동사구로 나눠, 각각의 구나 단어를 번역하는 방식이었다. 그러다 보니 '육회(肉膾)'를 'Six times'로 번역하는 등 전체 문맥을 벗어난 결과가 나오기 일쑤였다.

* 출처 : 중앙일보, 2017. 10. 9,
http://news.joins.com/article/21995898,
다운로드 및 편집 : 2017. 12. 27.

2.5.2 영상, 목소리, 문자 분석 기술

영상을 보고서 어떤 물건인지 어떤 동식물인지 또는 사람일 경우에는 누구인지까지도 알아 낼 수 있게 될 것이다. 컴퓨터가 영상, 목소리, 문자들을 해석하고 분석하는 과정은 매우 복잡하므로 인공지능 기술이 반드시 필요한 분야이다. 특히 사람을 대신할 로봇의 경우에는 인공지능 기술이 필수적이다.

2.5.3 이론증명

이론증명 기술(Theorem Proving Technology)은 이미 알려져 있는 사실을 활용하여 수학적이고 논리적인 방법을 활용하여 증명하는 기술이다. 이론증명 기술은 인공지능의 여러 분야에서 사용되는 필수적인 기술이다.

2.5.4 전문가 시스템 기술

전문가시스템 기술(Expert System)은 사람이 할 수 있는 전문적인 작업을 컴퓨터가 대신할 수 있도록 하는 기술이다. 인공지능 분야에서 가장 먼저 발전하였으며 앞으로도 가장 빠르고 광범위하게 발전될 수 있는 분야가 될 것이다. 전문가시스템의 분야를 살펴 보면 의사, 판사, 보험료 산정, 광물 매장량 평가, 화합물 구조 추정 등의 분야가 있다.

4차 산업혁명의 시대가 도래하게 되면 가장 먼저 없어질 분야가 사람들의 입에 오르내리고 있다. 미래에 가장 빨리 없어질 직업을 살펴보면 스포츠 경기 심판, 의사, 판사, 운전기사, 로봇이 생산을 맡게 될 제조업의 생산직, 모바일 뱅킹으로 대체될 은행원, 주방의 자동화가 가능한 패스트푸드 음식점원, 건설노동자, 금융 애널리스트, 농부, 텔레마케터, 도서관 사서, 경비원, 영화배우, 바텐더 등이 있다.

위에서 본 바와 같이 수 많은 분야에서 대부분의 직업들이 사라지게 될 것을 너무 앞서서 걱정할 필요는 없을 것이다. 없어질 분야의 직업보다는 새로운 가치를 창출할 수 있는 새로운 직업들이 훨씬 많이 생겨날 것이기 때문이다. 1차 산업혁명의 시대에서는 마차를 끌던 마부라는 직업이 없어진 대신에 마부보다 더 많은 가치를 창출할 수 있는 자동차 운전기사라는 직업이 훨씬 더 많이 생기게 되었다. 4차 산업혁명의 시대가 다가오는 것을 대비하여 새로운 직업을 상상하는 활동이 필요한 시점이라는 생각이다.

2.6 기술과 기술의 융합

위에서 설명했던 5가지의 기술들은 서로 독립적으로 발전하면서 4차 산업혁명의 시대가 선도하기 보다는 서로 다른 기술들이 상호 융합함으로써 새로운 기술들이 지속적으로 창조되면서 4차 산업혁명이 선도하게 될 것이다.

3. 4차 산업혁명의 영향이 미칠 산업분야

3.1 로봇 산업

4차 산업혁명의 중심에는 로봇이 있다. 로봇은 더 이상 단순한 기술 제품이 아니라 인간의 삶의 방법을 바꾸고 편익과 행복을 제공하는 매개체가 될 것이다. 과거의 산업용 로봇은 기술의 편리성을 활용하여 산업의 발전을 위한 도구로 활용되었다면 4차 산업혁명의 시대에는 서비스로봇(Service Robot)의 중요성이 증가되면서 기술과 사람을 연결하는 인공지능을 가진 도구가 될 것이다. 사람과 공존할 수 있는 기술을 보유한 서비스로봇은 인간과 대화를 하면서 기술의 편리성을 제공하는 것을 의미한다. 서비스로봇은 사람을 대체하는 것이 아니라 사람과 공존하는 기술이 되어야 할 것이다.

우리나라는 IT강국임에도 불구하고 로봇산업에는 연구가 미약한 현실이다. 로봇산업에 대한 미국, 일본, 중국의 적극적이고 전략적인 투자에 비해서 상당히 뒤진 상태이다. 특히 일본의 경우에는 로봇산업에 대한 전략을 4차 산업혁명의 중심전략을 확립하고 전 산업과 전 사회를 거대한 사물인터넷으로 통합하고 연결하겠다는 전략을 수립하였으며 정부, 대학교, 기업들이 협력하면서 차근차근 실행하고 있다.

4차 산업혁명의 시대에는 더욱 발전된 인간을 닮은 서비스로봇이 인간에게 편익과 행복을 제공하기 위한 노력을 하게 될 것이다. 새로운 기능의 서비스로봇인 디지로그 로봇(digilog Robot)이 등장할 것이다. 디지로그 로봇은 디지털(Digital)과 아날로그(Analog)

가 융합된 서비스로봇을 의미한다.

일본의 미즈호은행 도쿄 지점의 입구에는 서비스로봇인 페퍼가 가장 먼저 반갑게 인사를 한다. 페퍼는 기존의 은행업무는 물론 복권판매와 보험가입 업무까지도 친절하게 안내해 준다. 페퍼는 딱딱하고 사무적인 대화가 아니고 고객들로 하여금 친근하게 느끼게 하는 언행과 행동으로 안내를 한다. 고객들은 페퍼의 도움에 미소를 지으며 만족한다고 한다.

〈사례 2-5〉는 일본의 로봇인 '페퍼'가 한국의 매장에서 시범운영할 계획을 보여 주고 있다.

사례 2-5 일본 로봇 '페퍼' 한국 상륙

일본 '페퍼' 한국 상륙 … 국산 로봇은 7년째 제자리

사람 감정을 인식하는 로봇 '페퍼'가 한국에 온다. 페퍼는 사람과 생김새가 비슷한 휴머노이드(인간형 로봇)다. 28일 정보통신기술(ICT) 업계에 따르면 LG유플러스 · 롯데백화점 · 이마트 · 우리은행 · 교보문고 · 길병원 등 6개 기업은 다음달부터 주요 매장에서 1년간 페퍼를 시범 운영하기로 했다. CJ도 다음달부터 2개월간 CGV 서울 용산 아이파크몰에서 페퍼를 시범 도입한다.

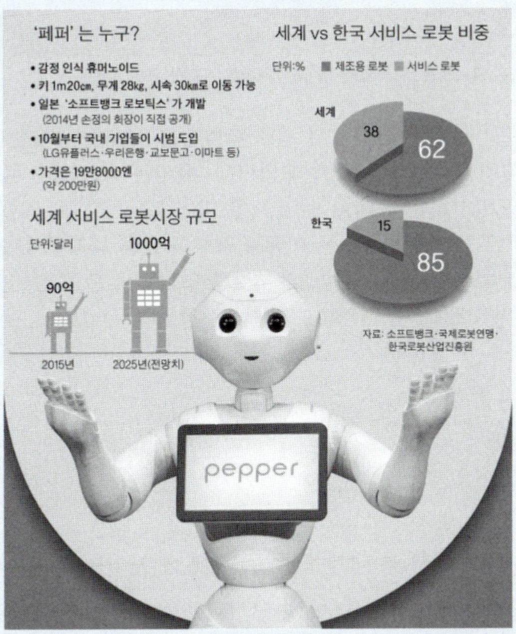

공개 이후 페퍼는 지금껏 일본에서만 1만 대가 넘게 팔렸고 미국과 중국 등지에서도 도입을 검토 중인 차세대 '월드스타'로 떠올랐다. 페퍼는 사람처럼 두 다리로 걷는 일본 혼다의 '아시모' 등에 비해 기술적으로 뛰어난 로봇은 아니다. 그런데도 인기인 이유는 '서비스

로봇'으로 '상용화'돼서다. 이족 보행처럼 소비자 접근성이 높지 않은 고급 성능보다는 서비스 측면에만 집중한 게 주효했다.

사람의 표정 등으로 감정을 읽어내 맞춤형으로 말하고 행동할 수 있는 게 대표적이다. 원리는 클라우드 방식의 인공지능(AI). 기존 로봇들처럼 내부에 모든 데이터를 저장하는 대신 외부 인터넷 서버와 통신하면서 AI를 통해 상황을 판단하는 것이다.

로봇 강국이라는 한국의 기업들이 국산 대신 일본산(페퍼)에 관심을 가진 이유도 여기에 있다. 일본이 휴머노이드에 강한 탓도 있지만 한국이 서비스 로봇 분야에서 뒤처져서다. 2015년 기준 세계 로봇시장에서 서비스 로봇이 차지하는 비중은 38%. 한국은 15%에 불과했다. 그해 한국은 중국에 이어 규모 면에서 세계 2위의 로봇 출하(3만8285대) 국가였다. 그런데도 국내 생산량보다 수입량이 1.7배로 더 많았다. 주로 일본산을 수입했다.

▲ KIST 지능로봇개발사업단이 국책과제로 개발한 영어교사 로봇 잉키

단기 성과에만 급급한 것도 국내 로봇 생태계 발전을 저해하는 요인이 되고 있다. 앞서 한국과학기술연구원(KIST) 지능로봇개발사업단은 2010년 영어교사 로봇 '잉키'를 개발해 세계적인 주목을 받았다. 미국 타임지가 '올해를 빛낸 발명품'으로 꼽을 정도였다. 하지만 2013년 연구 프로젝트 기간이 끝났다는 이유로 정부가 손을 놓자 진화도 발걸음을 멈췄다. 담당 부처가 당시 과학기술부에서 지식경제부로 넘어가면서 손에 잡히는 성과만을 사업단에 요구하다가 흐지부지됐다. 반면 일본 업체들은 장기적 관점에서 최장 20여 년간 로봇기술을 축적해 왔다.

* 출처 : 중앙일보, 2017. 9 . 29,
http://news.joins.com/article/21982916,
다운로드 및 편집 : 2017. 12. 27.

미국의 카네기멜론 대학에서는 세계 최초로 로봇 전문연구소를 설립하였으며 피츠버그 지역의 주력산업을 철강분야에서 의료와 로봇 등의 첨단산업으로 바꾸어 놓았다. 이 연구소는 입구에 안내 로봇이 있으며 뱀 연구를 하고 있다. 뱀 로봇은 관절마다 별개로 살아 움직이고 머리에는 눈에 해당하는 카메라가 달려 있다. 이동 중에 장애물을 만나면 실제의 뱀처럼 꼬불꼬불 돌아 가거나 장애물을 타고 올라 갈 수도 있다. 무너진 건물이나 불안전한 환경에서 인명구조 활동에 도움이 될 수 있는 로봇을 연구하다가 뱀 로봇을 개발하게 되었다고 한다. 뱀 로봇은 사람이 갈 수 없는 원자력 발전소 혹은 수술 등의 다양한 분야에서 활용될 수 있다.

일본의 혼다가 개발한 '아시모'는 대화는 물론, 걷고 뛰고 점프까지도 가능하다고 한다. 미국의 구글은 보스톤 다이내믹스 등 수 십개의 로봇 기업을 인수해서 로봇 산업을 선점하겠다는 목표를 세우고 있다. 스텐포드 대학에서는 극한상황에서 인간을 보호하는 '아바타'를 연구하고 있고, 카네기멜론 로봇연구소는 인간에게 포근하고 정서적인 안정감을 제공하는 '베이멕스'를 개발하고 있다.

한국의 카이스트 대학에서 개발한 '휴보'는 2015년 6월 세계재난로봇대회에서 1위를 했다. 한국의 로봇 기술의 성장에 대한 가능성을 확인할 수 있었던 좋은 계기가 되었다. 아직은 인간의 수준과는 비교가 될 수 없지만 인간이 하기 어려운 일들을 수행할 수 있는 로봇이 곧 출현할 것으로 생각된다.

3.2 바이오(생명) 산업

바이오(bio)의 어원은 그리스어의 비오스(bios)이며 생명과 생물의 살아 있는 모든 것들을 의미한다. 그리고 바이오산업(bio industry)은 바이오에 화학, 전자, 의학, 물리, 금속, 기계 등의 산업 부문을 연결하고 융합하여 새로운 상품을 만들어 내는 산업을 의미한다. 즉 바이오는 우리 생활 주변에 있는 모든 것들과 융합되어 응용될 수 있으므로 발전의 범위가 매우 넓고 다양하다. 바이오산업은 바이오기술(bio technology)을 활용하여 생물의 고유한 가치를 확대하여 유용한 생물을 만들어 낼 수 있는 새로운 산업분야이다.

바이오산업에 필요한 바이오기술은 유전자 재조합기술, 세포융합기술, 대량배양기술 등이 있으며 유전자 재조합기술을 활용하여 당뇨병의 특효약인 인슐린과 암치료에 유용한 인터페론의 생산은 실용화된 상태이다. 바이오기술은 의학분야 이외에도 농업, 화학, 공업 등의 분야에서 바이오기술의 기초연구들이 활발하게 진행되고 있기 때문에 곧 식량증산이나 에너지절약 등이 실현될 것으로 보인다.

플라스틱은 자연 분해될 수 있는 시간이 450년이라고 한다. 450년 동안 썩지 않는 거대한 쓰레기섬이 태평양 한 가운데 있다. 한국 면적의 7배에 달한다고 한다. 이러한 플라스틱의 환경오염을 방지하기 위하여 코카콜라는 완전한 재생이 가능한 바이오 플라스틱(bio plastic)에 콜라를 담기 시작하였고 모든 페트병을 바이오 플라스틱으로 대체할 것이라고 한다.

바이오 에너지(bio energy)분야도 연구가 활발하게 진행되고 있다. 바이오 에너지는 생물과 폐기물에서 에너지를 얻을 수 있으며 나무, 사탕수수, 폐기물 등으로부터 에너지를 얻고 있으며 헬스케어, 전자부품, 자동차 등의 일상생활 분야로 범위가 확장되고 있다.

세계 바이오산업의 시장의 규모는 매년 10% 이상의 성장이 기대되며 2020년에는 640조 원으로 예상된다. 이 중에서 보건의료 분야가 차지하는 비율은 70% 가까이 차지하고 있다. 국내의 바이오산업의 시장규모는 2020년에 20조원까지 성장할 것으로 예상된다. 고령화 속도가 빨라지면서 건강을 위한 투자 비용이 증가하기 때문이다. 바이오의약품을 생산하는 글로벌 기업을 보면 항암제 '아바스틴'을 생산하는 로슈와전, 그리고 세계 인구의 15%가 사용하고 있는 노바티스 등이 있다. 이 두 기업의 연매출의 20%를 연구개발에 재투자하고 있다. 매년 10조원이 넘는 규모라고 한다(세상을 바꾸는 14가지 미래기술, 한국경제TV, 2017).

〈사례 2-6〉은 바이오산업에서 활동하고 있는 기업들의 활동과 실적 및 투자자들의 기대와 반응을 보여 주고 있다.

사례 2-6 바이오기업의 현주소

버블 논란의 국내 제약·바이오 기업 현주소

최근 제약·바이오 기업의 주가가 급등했다. 추석 연휴 직후인 지난 10월 10일부터 11월 29일까지 두 달 동안 제약업종은 18% 뛰었다. 올 들어서는 30% 급등했다. 제약·바이오 기업이 많이 상장돼 있는 코스닥도 이들 주가가 뛰면서 11월 24일 10년 만에 장중 800선을 돌파하기도 했다.

▣ "과거 바이오 버블과 달라"

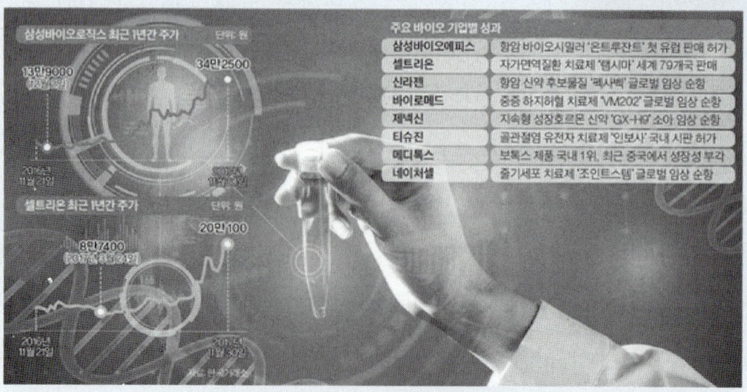

버블 논란까지 일 정도로 화제를 모으고 있는 국내 제약·바이오 업계의 미래는 장밋빛일까 잿빛일까. 사실 제약·바이오 열풍은 이번이 처음은 아니다. 지난 2000년 이후 바이오 종목은 코스닥시장의 단골 테마주였다. 5년에 한 번꼴로 대형 버블을 일으켰다. 2000년 초에는 현재 상장돼 있는 마크로젠·대성미생물·이지바이오 등이 바이오 테마주로 이름을 날렸다. 현재 주가가 2만원대인 마크로젠은 2000년 한때 15만원까지 올랐다. 10만원대인 대성미생물은 80만원까지 뛰었다. 2004년에는 황우석 박사가 인간 체세포를 이용한 배아줄기세포 배양에 성공했다고 발표하면서 바이오주가 코스닥을 강타했다. 메디포스트·이노셀·산성피앤씨 등이 그 중심에 섰다. 당시 산성피앤씨의 주가는 성체줄기세포 연구기업인 FCB파미셀 지분 22%를 보유하고 있다는 이유로 수십 배나 올랐다. 조아제약 주가는 형질전환돼지 연구 사실이 부각되면서 1년 만에 40배 넘게 급등했다.

앞으로 수출 비중은 더욱 커질 전망이다. 바이오의약품 수출액에서 20%를 넘게 차지하고 있는 바이오시밀러 제품의 해외 진출이 늘고 있어서다. 삼성바이오에피스는 지난 11월 20일 항암 바이오시밀러 '온트루잔트'가 유럽연합집행위원회(EC)로부터 유럽 판매 최종 허가를 받았다고 밝혔다. 온트루잔트는 스위스 제약업체 로슈가 판매하는 전이성 유방암·위암 치료제 '허셉틴'의 바이오시밀러다. 이 회사는 유럽에서 류마티스 관절염 같은 자가면역질환 치료 바이오시밀러 3종을 허가받은 바 있지만 항암제 승인은 이번에 처음 받았다. 셀트리온은 자가면역질환 치료제 '램시마'로 지난해까지 미국 등 세계 79개국에서 판매 허가를 받았다. 램시마의 유럽 시장점유율은 40%가 넘는다. 여기에 신라젠·바이로메드·제넥신·티슈진·메디톡스·코미팜 등도 개발 중인 신약의 국내외 임상 시험을 진행하고 있다.

*출처 : 중앙일보, 2017. 12. 10,
http://news.joins.com/article/22190034,
다운로드 및 편집 : 2017. 12.27

3.3 헬스케어 산업

한국의 고령화는 일본을 닮아가고 있다. 한국의 2013년 65세 이상 고령인구는 전체 인구의 12%였지만 2030년에는 24%가 넘을 것으로 예상된다. 4명중 1명은 생산에 관여하지 않는 고령일 것이다. 한국은 초고령 사회로 접어들기 시작하고 있다. 고령화는 생산하지 않는 세대라는 의미 이외에도 많은 문제를 만든다. 고령화에 따른 질병으로 인한 의료비의 지속적인 증가는 국가 재정에도 부담으로 작용하게 된다. 2013년도 고령인구의 1인당 연평균 진료비는 322만원으로 전체 국민 1인당 연평균 진료비 102만원 보다 3배나 많다 (세상을 바꾸는 14가지 미래기술, 한국경제TV, 2017).

고령화에 따른 만성질환의 증가로 인한 의료비의 급격한 증가는 국가적인 문제로 접근해야 할 것이다. 이러한 문제에 대한 해결방안으로 U헬스케어(Ubiquitous Health Care)가 확산되고 있다. 바이오기술, 사물인터넷, 의료기기들을 활용해서 측정된 의료정보를 실시간으로 의사에게 전달하고 의사는 언제든지 어디서든지 환자의 상태를 용이하게 확인할 수 있게 된다. 환자의 예방진료는 물론, 개인별 맞춤형 진료관리가 가능하게 되었다. 생활 속에서 건강관리를 지속할 수 있게 된다. 언제나 어디서든지 질병의 진단과 진료가 가능한 유비쿼터스 헬스케어의 시대가 이미 시작되고 있다.

U헬스케어는 U메디컬, U실버, U웰니스로 구분된다. U메디컬(Ubiquitous Medical)은 만성환자를 중심으로 ICT(Information & Communication Technology)를 통해서 질병의 예방과 치료를 효과적으로 제공하는 것이다. U실버(Ubiquitous Silver)는 고령자를 위한 요양, 홈케어, 안전관리 등이 해당되며 U웰니스(Ubiquitous Wellness)는 일반인을 대상으로 하는 건강관리이며 식생활이나 운동과 같이 건강유지를 통한 삶의 질을 향상시키는 활동이다.

〈사례 2-7〉은 2018년 1월에 열렸던 CES(전자제품국제박람회)에서 인기가 있었던 실버층을 위한 안전장치인 헬스케어 제품을 보여 주고 있다.

사례 2-7

넘어지면 터지는 '엉덩이 에어백' 어르신 위한 GPS 운동화

지난 9~12일 미국 네바다주 라스베이거스에서 열린 세계 최대 정보기술(IT) 박람회 'CES(소비자가전전시회) 2018'에서는 참신한 기능과 디자인으로 경쟁한 제품들이 호평을 받았다. 축구장 33개를 합친 것보다도 더 큰 24만㎡ 규모의 거대한 행사장에는 글로벌 IT 기업들 외에도 크고 작은 기업들의 아이디어 상품들로 넘쳐났다.

각종 IT 기술을 접목한 헬스케어 제품들은 최근 몇 년 새 기하급수적으로 늘어났다. 2000년대 초반까지만 하더라도 최신 가전제품들이 행사장을 채우던 것과는 다른 분위기다. 평균 수명의 증가라는 사회 현상이 IT업계의 개발 트렌드에도 영향을 미친 것이다. 특히 합리적 가격에 미려한 디자인까지 갖춘 헬스케어 제품들이 관람객들의 발길을 사로잡았다.

프랑스 스타트업 '이 본'은 노인들의 안전을 책임지는 특수 운동화를 선보였다. 얼핏 평범한 분홍색 운동화로 보이지만 내부에 압력과 중력을 측정하는 센서·GPS(위성위치확인시스템) 센서를 장착했다. 고령자가 이 신을 신고 걸어가다 넘어지는 등 이상 징후가 포착되면 가족이나 친구에게 바로 알림이 간다. 신발 가격은 150달러(약 16만원)지만 알람 서비스를 이용하려면 매달 20달러(약 2만1000원)씩 내야 한다.

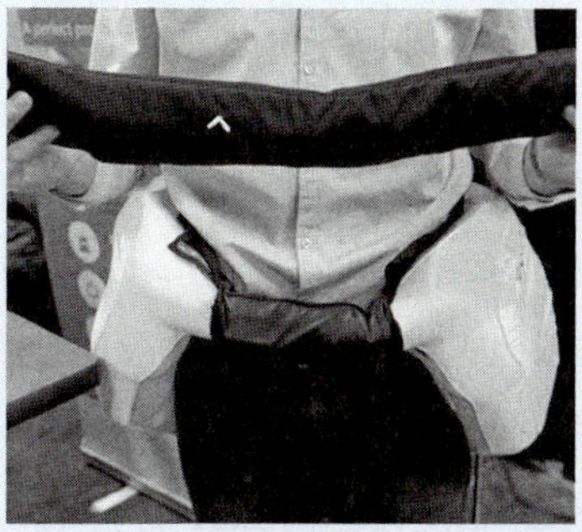

또 다른 프랑스 스타트업 '헬리트'는 움직이는 에어백인 '힙에어'를 내놨다. 속도와 중력을 측정하는 센서가 달린 이 제품은 낙하 동작이 감지되는 순간 0.08초 이내에 벨트 속 에어백이 팽창한다. 경미한 낙상 사고로도 크게 다치는 노인들에게 꼭 필요한 제품이라는 평가를 받는다.

* 출처 : 중앙일보, 2018. 1. 13.,
http://news.joins.com/article/22282847
다운로드 및 편집 :2018. 1. 13.

3.4 자율자동차 산업

자율자동차는 사람의 힘이 필요없다. 사람이 핸들을 돌리거나 브레이크를 밟을 필요가 없다. 자율자동차는 자동차 진화의 꿈이면서 미래산업이다. 자율자동차는 인간을 대신해서 판단을 하고 운전을 한다. 과거의 자동차와 다른 점은 인공지능의 유무라고 해도 좋을 것이다. 자동차가 인공지능을 가지는 것은 일상생활과 산업 전반에 많은 변화가 있음을 의미한다.

4차 산업혁명이 도래한 자율자동차 시대에는 도로, 주변건물, 주변시설물에 각종 센서를 부착하고 인공지능을 활용할 수 있을 것이다. 도로 주변의 모든 시설물들의 인공지능은 각종 도로 정보를 모든 차량들에게 상황에 맞추어서 제공하고 교통사고를 사전에 예방할 수 있을 것이며 도로 주변상황을 통제도 할 수 있을 것이다. 자동차들끼리 통신으로 소통을 하고 자동차와 신호등, 자동차와 도로 주변의 모든 시설물들과 소통함으로써 교통사고 제로의 시대를 기대할 수 있게 될 것이다.

자율자동차는 교통사고가 아예 없는 기술, 교통사고를 차단하는 기술을 생각하는 과정에서 시작되었다. 사람인 운전자가 인식할 수 없는 도로의 사정을 미리 판단하고 사람보다 빠르게 반응하는 차를 상상한 것이 자율자동차의 시작이었다. 인공지능과 각종 센서들의 발전으로 완전한 수준의 자율자동차가 2025년경에는 나타날 것으로 생각된다. 모든 자동차 기업들이 자율자동차에 적극적으로 참여하게 될 것이다. 혹시 자동차 기업들이 자율자동차 개발경쟁에 참여하지 않을 경우에는 즉시 도태될 가능성이 많다. 기존에는 자동차를 생산하지 않던 업체들인 구글, 애플, 테슬러들이 이미 자율자동차 개발에 매우 적극적으로 관여하고 있기 때문이다.

자율자동차가 발전되는 속도에 맞추어서 엔진의 발전도 기대되는 분야이다. 현재 디젤과 게솔린 엔진에서 전기자동차로 전환 중에 있으며 시제품들이 시장에 선보이고 있는 수소자동차에 관련한 기술들도 매우 빠른 속도로 발전하고 있다. 에너지 비용이 들지 않는 자율자동차가 가까운 미래에 출현할 것으로 기대된다.

자율자동차의 시장을 보면 2020년부터 상용화가 가능해 질 것으로 보이며 2035년에는 9,500만대의 세계 시장규모가 될 것으로 보인다(세상을 바꾸는 14가지 미래기술, 한국경제TV, 2017).

〈사례 2-8〉은 한국의 자동차 기업이 세계적인 자율자동차 기술을 보유하고 있는 스타트기업과 협력하여 미래의 자율주행 수소차에 승부를 걸기 시작한다는 내용이다.

사례 2-8 현대차와 美스타트업 '오로라'와 기술동맹

현대차그룹, 구글 · 테슬라 출신들 손잡고 "자율주행 수소차 승부"

AURORA HYUNDAI

차세대 수소전기차가 현대차그룹과 오로라의 자율주행차 기술 개발에 우선 활용된다. 차세대 수소전기차가 현대차그룹과 오로라의 자율주행차 기술 개발에 우선 활용된다. 현대자동차그룹이 자율주행차 상용화에 속도를 높이고 있다. 구글 테슬라 등에서 자율주행차 개발을 주도하던 연구원들이 설립한 스타트업 '오로라'와 기술동맹을 맺고 3년 내 완전 자율주행 수준의 양산차를 내놓기로 한 것이다. 특히 대상차로 평창올림픽에서 공개할 차세대 수소전기차를 선정했다. '자율주행 수소차'로 다소 뒤처진 친환경차 시장에서 대반전의 계기를 잡겠다는 계획이다.

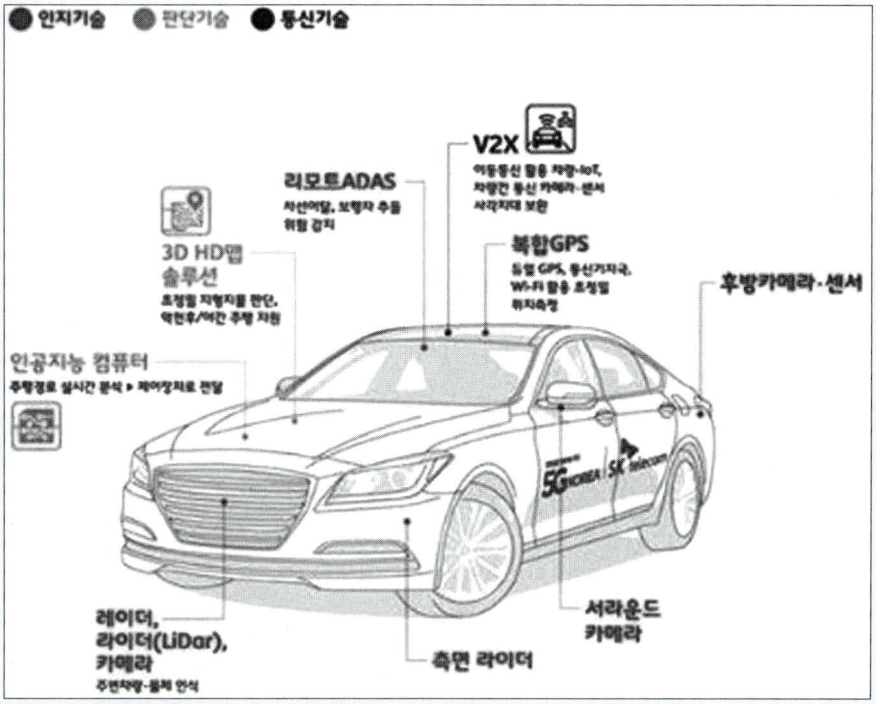

4일 현대차그룹에 따르면 이달 8일(현지 시각) 미국 라스베이거스에서 열리는 '2018 CES'현대차 미디어 행사에서 연구개발총괄 담당은 현대차 부회장과 오로라의 크리스 엄슨 최고경영자(CEO)가 함께 '현대차그룹·오로라 프로젝트'를 발표한다. 양사가 협력해 2021년까지 첨단 정보통신기술(ICT)을 이용해 공공기능을 네트워크화한 일명 '스마트시티'에서 완전자율주행 단계인 레벨4(미국 자동차공학회 구분 기준) 수준의 자율주행차를 선보이겠다는 게 주된 내용이다. 프로젝트로 축적된 기술은 전 세계 모든 도시에서 얼마든지 활용 가능해 사실상 3년 후면 완전 자율주행차 양산단계에 이르게 되는 셈이다.

오로라는 구글의 자율주행 기술 총책임자였던 크리스 엄슨과 테슬라의 오토파일럿 총괄 스털링 앤더슨, 우버의 인식기술개발 담당 드류 배그넬 등 자율주행 기술 연구자들이 2016년 설립했다. 자율주행 분야 소프트웨어 솔루션 개발과 각종 센서 및 제어기, 클라우드 시스템과 연결돼 정보를 주고받는 백엔드 솔루션 등에서 독보적인 기술력을 보유하고 있어 세계적으로 주목받는 기업이다.

양사는 조만간 자율주행 기술을 테스트하고 적용할 최적의 스마트시티를 전 세계를 후보지로 놓고 선정할 계획이다. 특히 현대차그룹은 자율주행 시스템을 수소전기차에 접목해 미래 친환경시장을 주도하겠다는 계획도 갖고 있다. 수소차는 안정적인 전력공급 및 장거리 주행 등의 장점이 있어 자율주행차로 적합하다는 게 오로라의 판단이기도 하다. 레벨4 수준의 기술을 탑재한 현대차의 차세대 수소전기차는 평창올림픽부터 국내 고속도로와 시내 도로에서 시운전하며 이 결과는 오로라와의 공동연구에 반영된다.

업계 관계자는 "완벽한 자율주행 기술이 갖춰지는 동안 수소차 인프라도 조성될 것으로 보여, 수소차와 자율주행차 결합은 시너지 효과가 매우 클 것"이라며 "현대차는 지난 CES에서 정의선 부회장이 직접 레벨4를 선보였듯이 자율주행 기술은 보유하고 있는 만큼, 앞으로 상용화에 필요한 각종 데이터와 제어 기술을 차량과 어떻게 접목하는 지와 핵심 부품을 얼마나 양산 가능하도록 준비하는지가 남은 과제"라고 말했다.

* 출처 : 한국일보, 2018. 1. 4,
http://www.hankookilbo.com/v/3d6711c00e3d4e18806c4d1f4d87153e
다운로드 및 편집 :2018. 1. 4.

〈사례 2-9〉는 미리 예상하지 못했던 자율자동차의 난관에 대한 내용을 보여 주고 있다.

사례 2-9 자율주행차의 난관인 눈

자율주행차 뜻밖의 난관 … '눈만 오면 눈이 안 보여'

영국 파이낸셜타임스(FT)는 상용화 단계에 접어든 자율주행차 개발 업체들이 뜻밖의 난관에 부닥쳤고 이를 해결하기 위해 미 북부 도시들에 자율주행차들을 보낸다고 21일(현지시간) 보도했다. 일반인들을 대상으로 본격적으로 판매하기 위해 해결해야 할 '눈(雪)' 내리는 기후에 대한 적응 기술을 발전시키기 위해서다. 그동안 자율주행차 개발 업체들은 샌프란시스코나 애리조나 지역에서 주로 자율주행차 시험운행을 해 왔다. 기후가 온화하고 기상이변이 적은 지역이다.

제너럴모터스(GM)는 샌프란시스코에서 자체 자율주행차인 2세대 크루즈(Cruise)로 시험주행을 했다. 구글의 자율주행차 개발 자회사인 웨이모는 지난달 애리조나주 피닉스 공공도로에서 안전요원 없이 완전 자율주행에 성공하는 동영상을 공개하기도 했다. 직원들의 출퇴근 용도로도 제공하고 있다. 하지만 연구는 악천후 상황이 아닌 일반적인 도로에서 신호를 파악하거나 접촉 사고 위험을 알아서 대처하며 목적지를 찾아가는 기술에 집중됐었다.

차량 공유 업체 우버 역시 지난 겨울부터 이 문제를 연구해왔으며 일부 진전이 있었지만 여전히 개선할 것이 많다는 입장이다. FT에 따르면 이번 겨울에 우버는 피츠버그에서 자율주행차 실험에 나서고 웨이모는 디트로이트에서 기술을 검증할 예정이다. 매사추세츠공과대학(MIT)에서 분리 독립한 뉴토노미는 보스턴에서 자율주행 앱을 실험하고, GM도 내년초 뉴욕 맨해튼에서 자율주행차 시험 운행을 실시하기로 하는 등 업계가 겨울철을 맞아 분주하게 움직이고 있다.

개발업체들의 이번 겨울 테스트는 폭설이나 길에 쌓인 눈에도 불구하고 자율주행을 제대로 할 수 있는 기술을 향상시키는 데 목적이 있다. 하지만 개발자들은 눈이 시야를 가리거나 도로에 눈이 쌓인 날 자율주행차가 안전하게 운행하도록 '훈련'시키는 일이 간단치 않다고 보고 있다.

현재 자율주행차의 핵심 장비는 '라이더(LIDAR:light detection and ranging)'다. 라이더는 초당 수백만 개에 달하는 레이저빔을 지속적으로 발사해 레이저 광선이 센서에 되돌아오는 시간을 계산해 거리를 측정한다. 보통 자동차 지붕 부분에 설치하는데 360도 시야각을 제공한다. 업계 관계자들은 강설량이 많은 날 라이더 기능이 저하될 때의 대응책을 마련하는 게 자율주행차의 완전 상용화를 위한 시급한 과제라고 설명했다. 뉴토노미의 칼 이아그너마 최고경영자는 "흥미로운 사실은 도로 주변에 쌓인 눈더미와 바람에 날려 자동차나 그 밖의 사물을 덮은 눈더미가 다르게 보인다는 것"이라며 "자율주행차가 눈과 관련해 풀어내야 하는 쟁점들은 결코 간단치 않다"고 전했다.

그럼에도 FT는 눈 내리는 환경에서는 운전자가 차를 모는 것보다 자율주행차가 어쩌면 더 안전할 수 있다고 설명했다.

* 출처 : 중앙일보, 2017. 12. 23,
http://news.joins.com/article/22229199,
다운로드 및 편집 :2017. 12. 27.

3.5 신재생에너지 사업

신재생 에너지는 기존의 화석연료를 재활용할 수 있거나 혹은 재생이 가능한 에너지를 변환시켜서 활용할 수 있는 에너지를 의미한다. 산업이 발달하고 인구가 급속도로 증가하면서 화석연료에 대한 자원이 고갈되어 가고 있다. 그리고 화석연료와 원자력 발전이 지구 온난화의 원인으로 인식되기 시작하면서 화석연료와 원자력의 사용을 줄이려는 움직임이 활발해지고 있으며 신재생에너지에 대한 관심이 매우 증가하고 있다.

한국에서의 신재생에너지의 종류를 보면 재생에너지와 신에너지분야 등의 11개 분야로 구분하고 있다. 재생에너지는 태양열, 태양광 발전, 바이오매스, 풍력, 소수력, 지열, 해양에너지, 폐기물에너지 등의 8개 분야가 있으며 신에너지는 연료전지, 석탄액화가스화, 수소에너지 등의 3개 분야가 있다. 이들 신재생에너지들 중에서도 특히 태양광 발전과 확산이 매우 빠르게 진행되고 있다. 그리고 이들 에너지들 중에서 전기적 에너지를 저장할 수 있는 있는 에너지 저장장치 분야에서의 기술발전이 매우 빠르게 진행되고 있으므로 가까운 미래에 각 가정에서 에너지를 스스로 해결할 수 있는 에너지 자급자족의 시대가 도래할 것으로 보인다.

3.5.1 태양광 발전 산업

태양광 발전은 반도체의 PN접합부에 태양 빛이 도달하게 되면 전자의 이동이 일어나서 전류가 흐르고 전기가 발생하는 원리를 이용하는 것이다. 태양광 발전은 에너지를 모아 전기로 바꾸는 것이며 무공해의 태양 에너지를 무한정으로 이용하므로 연료비가 들지 않고 대기오염이 없다. 기계적인 진동과 소음이 없고 수명이 최소 20년 이상으로 길며 유지 보수도 용이한 편이다.

[그림 2-6]은 주택에서 태양광 발전을 하고 있는 과정을 보여 주고 있다.

그림 2-6 주택의 태양광 발전 계통도

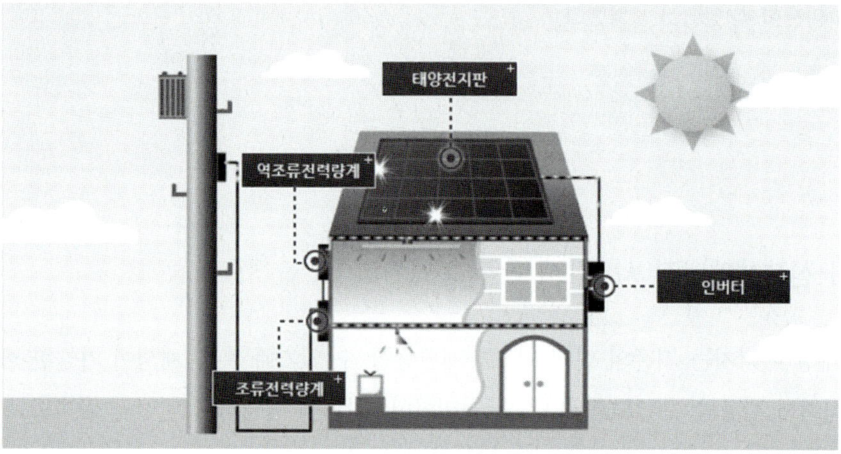

* 출처: 한국에너지공단, http://www.knrec.or.kr/energy/sunlight_intro.aspx,2018.2.16 다운로드

태양광 발전을 활용한 산업은 가장 빠르게 성장하고 있는 산업중의 하나이다. 전 세계적으로 2000년 이후의 태양광 발전 산업은 20% 이상의 높은 수준으로 성장을 계속하고 있으며 미래에도 성장이 지속될 것으로 보인다. 일본의 후쿠시마 원전 사고로 인하여 원자력 발전 산업에 대한 우려가 증가하면서 태양광 발전 산업의 성장은 더욱 가속화될 것으로 보인다. 최근에는 태양광 발전 산업에 대한 중국의 공격적인 투자로 일본, 유럽의 투자를 앞서고 있는 상황이다. 중국과 대만의 태양광 모듈(태양전지판) 생산량은 세계 생산량의 40%에 이르고 있다고 한다. 그리고 태양광 발전의 주재료인 모듈의 생산 가격이 하락세에 있으며 기술의 발전으로 태양광 발전 시스템의 가격이 더욱 하락할 것이므로 태양광 발전 산업의 성장을 더욱 두드러질 것으로 보인다.

2017년 12월에 발표한 산업통상자원부의 2030계획에 의하면 한국의 태양광 발전 산업의 규모는 2017년에는 누적으로 5.7GW(Giga Watt)이었지만 2030년에는 36.5GW로 성장할 계획이라고 한다. 즉 매년 2.5GW의 성장이 예상된다. 태양광 발전은 아파트, 주택,

건물, 공장, 임야 등의 태양의 빛이 도달하는 곳이라면 어디든지 설치가 가능하다. 이 중에서 주택 태양광 발전은 2017년에는 누적으로 29만호였으며 2030년에는 156만호가 될 것으로 예상된다.

〈사례 2-10〉은 낙후된 세계에서도 태양광 발전으로 전기를 공급하고 내용이다. 실제로 유엔이 주관하여 설치한 시리아 난민을 위한 태양광 발전 시설이다.

사례 2-10 시리아 난민을 위한 태양광 발전시설

태양광 발전시설 시찰하는 그란디 유엔 고등판무관

12일(현지시간) 필리포 그란디 UNHCR(유엔난민기구) 고등판무관이 요르단 자타리 시리아 난민캠프를 방문한 가운데 태양광 발전시설을 시찰하고 있다.

그란디 고등판무관은 시리아 난민들을 직접 만나 그들의 요구와 필요를 듣는 한편, 작년 11월에 가동을 시작한 12.9메가와트급 태양광 발전시설을 둘러봤다. 축구장 33개 면적 4만개의 광전지 패널에서 매일 난민들을 위한 전기를 생산하고 있다.

그란디 고등판무관은 이어 가진 기자회견에서 "고향으로 돌아가고 싶은 난민들의 바람에 비해 시리아의 여건이 준비되지 못한 상황에서 약 1만 명의 난민을 다른 나라로 이주시킬 계획을 가지고 있다."고 밝히고, "미국과 덴마크가 이들의 재정착을 돕게 될 것"이라고 덧붙였다.

*출처 : 중앙일보, 2018.2.13,
http://news.joins.com/article/22367891
다운로드 및 편집 :2018.2.15.

〈사례 2-11〉은 국내의 초중고의 학교건물 옥상에 태양광 발전시설을 허가한다는 내용이다.

사례 2-11 초 · 중 · 고 태양광발전 허가

대전시, 9개 초중고 태양광 발전 허가

대전시는 시 교육청이 신청한 9개 초·중·고 옥상 설치 태양광 발전 사업을 허가했다고 13일 밝혔다. 총 발전용량은 630㎾로 연간 89만㎾h의 전기를 생산할 수 있다. 이는 대전 시민 270가구가 1년간 사용할 수 있는 규모에 해당된다. 초·중·고 학교태양광 발전사업은 학교 건물 옥상 등 유휴 공간에 발전시설을 설치하는 사업으로, 정부의 재생에너지 확대 시책 차원서 추진된다. 시는 교육청, 한전 등 유관기관과 협력해 다른 학교와 공공시설에도 태양광 발전사업을 최대한 확대할 방침이다.

에너지산업과장은 "학교 재정에 도움이 될 뿐만 아니라 온실가스 저감과 신재생에너지 학습공간으로 활용할 수 있어 사업을 확대할 계획"이라고 말했다. 한편, 대전시의 태양광발전사업 신청 건수는 2015년 16건, 2016년 33건, 지난해엔 78건이었다. 올해엔 지난 12일까지 31건이 접수됐다.

*출처 : 중앙일보, 2018.2.13,
http://news.joins.com/article/22369704
다운로드 및 편집 :2018.2.15.

3.5.2 에너지 저장장치 산업

발전기를 이용해서 생산된 교류 전기는 즉시 사용해야 하면 사용하지 않는 전기는 즉시 소멸되고 만다. 교류 전기는 축적할 수 없기 때문에 직류로 전환해서 충전을 할 수 있으며 필요한 경우에는 다시 사용할 수 있다. 전기를 충전한 다음에 반영구적으로 사용할 수 있는 전지를 2차전지라고 하며 전기저장장치를 대표하는 장치가 2차전지이다. 2차전지는 재충전이 가능하며 납축전지, 니카드전지, 리튬이온전지, 폴리머전지, 니켈수소전지 등이 있다.

2차전지의 시작은 납과 황산을 재료로 사용하여 만들어진 납축전지였다. 납전지는 값은 싸지만 수명이 짧고 무겁다는 당점이 있다. 2차전지는 니카드전지가 가장 보편적이지만 메모리 현상이 가장 큰 단점이고 메모리현상은 전기를 다 쓰지 않고 충전하게 되면 충전되는 양이 줄어드는 현상을 의미한다. 리튬이온전지는 메모리현상이 없고 전지의 출력이 좋기 때문에 카메라, 노트북PC, 휴대폰, 모바일 기기와 같은 기기에 사용되고 있다. 폴리머전지는 리튬이온전지보다 안전성이 높고 제조단가가 낮으며 대용량화에 유리하기 때문에 차세대의 전기저장장치로 유력해 보인다. 니켈수소전지는 일반적이지는 않지만 성능은 2차전지 중에서 최고수준이지만 가격이 비싸다.

제주도의 모슬포항에서 가까운 가파도에는 풍력, 태양광 등의 신재생 에너지를 활용해서 전기를 만들어 사용하고 있으며 전기가 남는 집은 부족한 집으로 전기를 주고 받을 수 있다. 가파도에는 마이크로그리드(Microgrid)시스템이 구축되어 있다. 마이크로그리드 시스템은 소규모의 지역에서 전기를 만들고 저장했다가 나누어 사용할 수 있는 전력시스템이다. 마이크로그리드 시스템의 핵심은 전기저장장치인 2차전지이다.

전력난을 해결할 수 있는 방법은 발전소를 많이 건설하는 것 보다는 전기저장장치를 활용하여 남는 전기를 나누어 사용하는 방법이다. 가파도의 사례에서 이미 그 성과는 입증되었다. 전기저장장치는 결국 에너지저장시스템(ESS, Energy Storage System)의 가장 중요한 도구이다. ESS는 평소에 남는 여유 전력을 저장했다가 전기가 부족할 때 사용하거나 다른 사람들과 나누어 사용할 수 있는 역할을 할 수 있는 시스템이다.

〈사례 2-12〉는 에너지 저장장치에 대한 상세한 내용을 보여 주고 있다.

사례 2-12 에너지 저장장치

화력발전소 한 곳과 맞먹는 ESS, 에너지 강국 원동력

에너지는 국가의 성장 동력이다. 경제발전의 전략적인 자원이기도 하다. 우리나라는 에너지의 대부분을 수입에 의존한다.

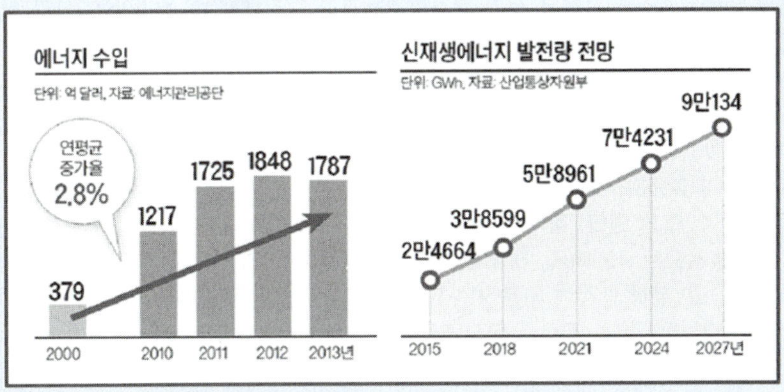

"전력을 어떻게 저장하는지 알기 전까지 우리는 꼬리 없는 오랑우탄에 불과하다." 에디슨은 130년 전 이렇게 말했다. 전력산업의 미래가 '저장 능력'에 달려 있음을 일찌감치 예견한 것이다. 불과 30년 전까지 전기는 저장할 수 없다는 게 통념이었다. 그러나 ESS (Energy Storage System · 에너지 저장 장치)가 등장하면서 이러한 생각이 깨졌다. 이제 전력산업은 앞서 반도체가 그랬듯 '더 많은 양을 얼마나 더 밀도 있게 담느냐'를 향해 나아가고 있다. 실제 ESS는 일반 가정은 물론 대형 빌딩에도 적용되고 있다. 전기자동차 시장에서 핵심 기술이 된 건 이미 오래전이다. 넓게는 발전소 단위에서 ESS를 설치하는 것도 가능하다. 거대한 배터리를 상상하면 된다. 컨테이너 하나 크기의 배터리엔 약 1㎿(1000㎾)를 저장할 수 있다. 330여 가구가 쓸 수 있는 규모다.

전력 저장 능력이 미래 에너지산업 좌우한다. 종전에는 모든 발전소를 동시 가동해도 생산된 전기를 모두 공급할 수 없었다. 수요 폭증에 대비해 예비용으로 일정량을 항상 남겨둬야만 했다. 전기는 생산과 동시에 소비돼야 하기 때문이다. 전력 수요가 예측치를 넘어서는 기간은 1년을 통틀어도 하루이틀에 불과하다. 예비용으로 남겨두는 전력의 대부분이 그대로 버려진다는 의미다. 그러나 이제 더 이상 잉여전력을 낭비하지 않아도 된다. 에디슨의 말대로 저장해 뒀던 전력을 꺼내 사용하면 되기 때문이다.

▲ ESS(에너지 저장 장치)의 실물 모습. 컨테이너 하나 크기에 약 1MW의 전력을 저장할 수 있다.

우리나라는 지난해 7월 세계 최대 규모의 ESS를 구축했다. 현재 안성과 용인 변전소에 ESS를 설치해 가동 중이다. 안성에 28MW, 용인에 24MW가 각각 설치돼 있다. 정부는 매년 규모를 늘려 2017년에는 현재의 10배에 달하는 500MW 규모의 ESS를 구축할 계획이다. 화력발전소 한 곳이 생산하는 전력량은 500MW 내외다. 저장장치만으로 화력발전소 1곳을 대신하는 셈이다. 일반 가정용 설비 용량이 3kW라고 가정했을 때 16만6600가구 이상에 공급할 수 있다. 이로써 연간 3200억원을 절감할 수 있을 것으로 추산된다.

한전이 전남 진도군 가사도에 구축한 '독립형 마이크로그리드'가 대표적이다. 섬은 에너지 소외 지역이었다. 다리라도 연결돼 있으면 전선을 연결할 수 있지만 이마저 없다면 해저케이블을 깔거나 자체 발전을 해야 했다. 풍력 발전과 같은 신재생에너지 발전은 보조적인 역할에 불과했다. 그러나 ESS 기술이 발전하면서 전력 생산과 소비에 있어 완전한 자립을 꿈꿀 수 있게 됐다. 실제 가사도는 지난해 10월부터 '에너지 자립섬'으로 자리 잡았다. 풍력 발전으로 400kW를, 태양광 발전으로 314kW를 생산하고, 3000kW 규모의 ESS를 갖추었다. 그 결과 종전에 사용하던 디젤연료 사용량을 평균 84% 줄였다. 전력 품질 역시 눈에 띄게 좋아졌다. 주파수 유지율은 57%에서 100%로 올라갔다.

가사도에서 시범사업이 성공적으로 마무리되자 정부는 울릉도에 이 기술을 본격 적용키로 했다. 인구 1만 명의 울릉도는 지난해에만 전력 생산으로 150억원을 사용했다. 전체의 95%가 디젤 발전으로 생산됐다. 정부는 2020년까지 디젤 발전을 '제로(0)화'한다는 계획이다. 이를 위해 우선 2017년까지 현재 5%에 불과한 신재생에너지 생산 비율을 30%로 늘릴 예정이다. 부족한 부분은 가사도와 마찬가지로 풍력・태양광 발전과 ESS가 메운다. 여기에 2020년까지 지열 발전소와 연료전지를 추가로 구축해 완전한 '에너지 자립섬'을 구축한다는 계획이다. 전력 생산 비용 절감은 물론 환경보호라는 두 마리 토끼를 모두 잡는 것이다.

*출처 : 중앙일보, 2015. 8.16,
http://news.joins.com/article/21043254,
다운로드 및 편집 :2017. 12 .27.

원통이나 사각형의 깡통 모양이 대부분이었던 2차전지가 급격하게 외형을 변화시키고 있다. 더 얇은 모양, 선 모양, 곡선으로 휘는 모양들이 각종 스마트기기들의 디자인에도 영향을 미치고 있다.

2차전지인 리튬전지의 발전은 전기차의 발전에 막대한 영향을 미친다. 전기차는 전기와 모터로만 움직인다. GM, 포드, 닛산, 테슬러 등의 기업은 전기차 개발에 사활을 걸고 있다. 2차전지의 부피를 줄이고 가격을 절감해야 하는 문제가 걸림돌이 되고 있다. 전기차의 발전이 느린 것은 자동차기술의 한계가 아니라 전기저장장치인 밧데리 기술의 한계 때문이다. 세계 2차전지 시장 점유율의 상위 1, 2위가 한국의 기업이다. 현재의 반도체와 함께 한국의 중요한 수출 품목으로 성장하고 있다.

3.6 3D프린트 산업

3D프린터는 3차원 도면을 기초로 입체적인 물체를 생성하는 도구이다. 즉 입체적 공간에 프린트하는 장치이다. 3D프린터는 절삭형과 적층형이 있다. 절삭형 3D프린터는 큰 원재료의 큰 덩어리를 조각하듯이 불필요한 부분을 깎아서 인쇄물을 만들기 때문에 재료의 손실이 많이 발생한다. 적층형 3D프린터는 아주 얇은 2차원 면을 층층이 쌓아 올리는 방법으로 인쇄물을 만들므로 재료의 손실이 없다.

3D프린터는 항공이나 자동차와 같은 제조업에서 활용되고 있고 의료, 건설, 소매, 식품, 의류 산업 분야로 영역을 확대하고 있다. 최근에는 의료분야인 인공관절, 인공치아, 인공 귀, 인공동맥, 인공장기, 인공치아, 인공두개골, 의수, 의족 등을 만드는데 매우 유용하게 활용되고 있다. 미국 항공우주국(NASA)는 우주에서 먹을 수 있도록 우주에 3D프린터를 가지고 올라가서 피자나 햄버거까지 요리(제작)하였다. 피자 한판을 제작하는데 소요된 비용은 1.25억 달러였다고 한다.

〈사례 2-13〉은 우주 공간에서도 3D프린트할 수 있는 내용을 세밀하게 보여 주고 있다.

사례 2-13 우주 공간에서의 3D프린팅

우주 공간에서 3D 프린팅이 가능하다고?

우주 제조 스타트업 '메이드 인 스페이스'가 우주 환경에서의 3D 프린팅 테스트에 성공했다고 사이언티픽 아메리칸이 14일(현지시간) 보도했다. 메이드 인 스페이스는 우주 공간에서 필요한 제조 기술을 연구하는 미국의 스타트업이다. 우주에서 3D 프린팅이 가능하다면 망원경이나 그 밖의 대형 구조물을 지구 밖에서 직접 만들 수 있다. 지구에서 제작한 거대한 구조물을 우주로 실어나르려면 천문학적인 비용이 드는 걸 감안하면, 3D 프린팅으로 우주 탐험 비용을 획기적으로 낮추는 셈이다.

▲ 아키노트 시스템이 우주 공간에 배치된 모양을 그린 구상도. 우주에 실어나르기엔 너무 큰 기자재들을 우주 공간에서 직접 만들 수 있게 된다.

3D프린팅은 통상 필라멘트를 녹여 적층(한층씩 쌓음)하거나 반대로 액체성 원료를 한층씩 굳혀 고체화 하는 방식으로 이뤄진다. 때문에 중력이 없는 우주 공간에서의 3D 프린팅은 상상하기 어렵다. 하지만 메이드 인 스페이스는 미항공우주국(NASA) 에임즈 리서치 센터 열진공챔버 안에서 자사의 확장구조 첨가제 제조 기계를 활용해 여러가지 고분자합금 재료를 3D 출력 하는 데 성공했다. 열진공 챔버 내부는 우주 공간과 같은 온도와 진공 상태로 설정한 상태였다. 실험은 지난 6월에 진행됐고, 메이드 인 스페이스는 NASA와 함께 그 결과를 최근 발표했다.

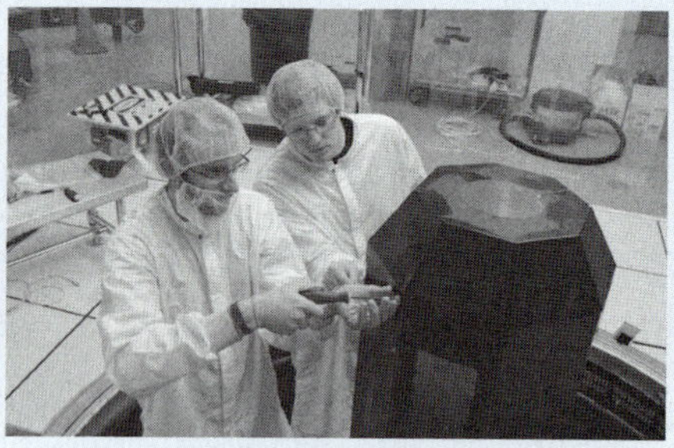

▲ 아키노트 프로젝트의 매니저인 에릭 조이스(왼쪽)과 메이드 인 스페이스의 엔지니어 디제이 라일리가 우주 3D 프린터의 핵심 부품을 점검하고 있다.

6월에 테스트를 통과한 새로운 프린터는 메이드 인 스페이스가 NASA와 '티핑 포인트 테크놀로지' 계약을 맺고 개발중인 로봇 시스템 '아키노트(Archinaut) 시스템'의 구성 요소중 하나다. 아키노트 시스템에는 3D 프린터와 함께 극한 환경에서 작업하는 로봇 팔도 포함된다. 이 같은 아키노트 시스템의 설치가 완료되면 이전처럼 각종 우주 장비를 굳이 좁은 우주선 공간 크기에 맞추고, 로켓 발사 당시의 압력 등을 견디도록 만들 필요가 사라진다는 것이 NASA의 입장이다.

NASA는 나아가 외계 행성에서 생명체의 흔적을 찾는 등의 임무를 수행하기 위해 최소 직경 12m 이상의 우주망원경을 만들고자 한다. 그와 같은 작업을 우주 공간에서 직접 할 수 있다면 비용과 시간이 대폭 줄어들게 된다. 아키노트 시스템은 인공위성을 수리하거나 유지하는 데에도 활용 가능하다. 메이드 인 스페이스의 다음 작업은 아키노트 프린터와 로봇 팔을 통합해 완전체를 만드는 것이다. 2020년대 중반까지 우주공간에서의 상용화가 목표다.

* 출처 : 중앙일보, 2017. 8. 16.
http://news.joins.com/article/21847161,
다운로드 및 편집 : 2017. 12. 27.

3D프린터는 복잡하게 디자인한 물체라고 하더라도 원하는 그대로 출력할 수 있으며 도면 데이터만 있으면 문서를 인쇄하듯이 언제 어디서나 똑 같은 물체를 몇 번이고 반복

하여 만들 수 있다. 심지어는 집을 3D프린터로 제작하기도 하였다. 네덜란드 암스테르담의 운하 근처에 3D프린터로 건축(제작)한 집이 있다.

3D프린터 시장의 규모는 아직은 소규모이지만 그 영역을 확대해 나가고 있으며 미래의 성장산업이 될 것은 의심의 여지가 없다는 생각이다. 2014년의 세계 시장규모는 38억 달러 였으며 한국의 시장규모는 760억원 정도라고 한다. 3D프린터의 시장규모는 매년 15% 이상의 성장이 예상되므로 2020년에는 세계시장규모는 88억 달러를 상회하고 한국의 시장규모는 1,700억원에 이를 것으로 예상된다.

3.7 게임산업

게임산업을 부정적인 시간으로 바라보는 사람들이 많다. 청소년들이 많이 애용하는 게임들이 많기 때문에 학부형들은 게임을 청소년들이 성장하고 학업에 열중하지 못하게 방해물로 생각하고 게임을 마약과 같은 악의 산업이라고 극단적인 생각을 하는 사람들도 있다. 심지어는 정치적인 이용의 도구로 전락되어 없어진 '바다이야기'라는 어른들의 게임은 한때 전국적으로 수 천개의 게임방이 성업할 정도로 인기가 있었다. 그리고 한국 게임의 선두주자였던 넥슨의 CEO가 2016년 정경유착으로 기업경영에 나쁜 영향을 끼치게 되어 성장 동력을 상실하고 있다.

게임산업을 부정적인 시각만으로 바라 볼 필요는 없을 것이다. 어떤 산업이든지 긍정적인 측면이 있으면 부정적인 측면도 있을 수밖에 없다. 가능하면 부정적인 측면을 축소하려는 노력과 함께 긍정적인 측면의 게임산업을 육성해야 할 것이다. 인터넷의 부정적인 측면보다는 긍정적인 측면을 더 많이 발전시켜 왔던 것처럼 게임산업 역시 성장시켜야 할 가치가 있는 미래산업이다.

게임산업은 대규모의 자금력과 우수한 인력의 보유 정도가 핵심경쟁력이다. 2015년도 세계의 게임 시장 규모는 910억 달러였으며 이 중에서 중국의 텐센트는 87억 달러를 차지했으며 세계적인 게임기업으로 성장했다. 텐센트는 30개 이상의 게임업체를 인수하거나 지분을 참여해서 약 3조원 정도를 투자했는데 성공한 사례이다. 최근의 알리바바도 게임산업에도 관심을 보이고 있으며 2017년에는 게임분야에 1,000만 달러를 투자하였고 미래의 게임산업을 대비하고 있다. 미국의 MS는 가상현실의 게임시장에 진출하기 위한 앱을 개발하고 있다.

게임산업은 전형적인 글로벌 산업이다. 게임산업의 발전은 사물인터넷, 가상현실과 같은 산업들이 더불어 발전할 수 있는 시너지 산업이 될 수 있다. 이러한 시너지 효과는 '포켓몬고'에서 이미 체험하고 있다. 포켓몬고는 가상현실의 게임 공간에 실제 현실을 겹치게 한 증강현실이다. 게임시장은 아직 초기시장이며 성장이 매우 밝은 시장이다. 4차 산업혁명의 시대에 맞추어 가상현실, 증강현실, 혼합현실을 활용한 게임을 준비하는 기업이 미래의 게임시장을 선점할 수 있는 기업이 될 것이다. 가상 · 증강 · 혼합현실에 대해서는 3.11항에서 좀 더 구체적으로 살펴 보기로 한다.

〈사례 2-14〉는 중국의 게임기업인 텐센트가 글로벌 게임기업들을 M&A와 투자를 병행하면서 세계 최대의 게임기업으로 성장한 내용이다.

사례 2-14 글로벌 게임기업 텐센트의 성장

韓 산업시찰생 '텐센트', 亞 최초 시총 5000억 달러 돌파

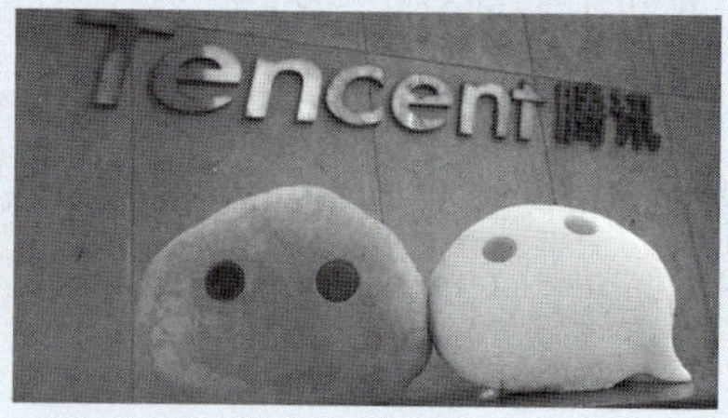

2000년대 초였을 겁니다. 텐센트라는 중국 IT 기업에서 청년 3명이 찾아왔습니다. 한국 IT 기업을 둘러보러 온 중국 산업시찰단 멤버 중 일부였죠. 이 회사에서 하는 업무를 브리핑하자 우리 서비스를 다 간파했다는 듯 송곳 같은 질문이 쏟아졌습니다. 개괄적인 설명에 그쳤지만, 그들에게 회사 기밀을 유출한 것 같은 느낌을 지울 수 없었죠. 정말 스마트했습니다.

익명을 요한 한국 굴지의 IT 회사 직원이 떠올린 기억이다. 그는 "1년 후쯤 텐센트 측에서 투자 요청을 하면서 지분을 넘기겠다는 제안도 한 것으로 알고 있다"며 "당시만 해도 한국 IT 업계는 텐센트 투자제의를 대수롭지 않게 생각했고, 중국에 지사 하나 내면 해결될 일이라고 생각했다"고 덧붙였다. 결국 텐센트 투자 제의는 받아들여지지 않았다.

그로부터 17년이 지난 올해, 텐센트는 아시아 최대 IT 기업으로 우뚝 솟았다. 지난 24일 기준으로 3조9400억 홍콩달러(약 547조원)를 기록해 아시아 기업으로는 처음으로 '세계 시가총액 5000억 달러 클럽'에 이름을 올렸다. 이 클럽엔 '애플·아마존·페이스북·마이크로소프트' 등이 포함돼 있다.

지난 21일 기준으로 텐센트 시총은 페이스북도 넘어섰다. 홍콩 증시에 상장한 텐센트 주가는 올해만 120% 넘게 상승했다. 처음 상장했던 2004년과 비교하면 무려 1만1200% 이상 오른 수준이다. 삼성전자 시총(356조원, 11월 24일 종가 기준)보다는 200조원 가까이 앞선다.

창업 역사 19년 만에 거둔 쾌거다. 지난 10년간 주가는 계속해서 올라 거의 정배열에 가깝다. 특별한 이슈로 몇 배로 도약한 사례는 없다. 하지만 주가 곡선이 정비례에 가깝게 오를 수 있었던 힘은 크게 두 가지다. 중국어 메신저 서비스 QQ, 위챗의 탄생과 과감한 글로벌 투자다.

과감하게 글로벌 투자에 나선 텐센트의 먹성 또한 대단했다. 최근 모바일게임 '클래시 오브 클랜'을 개발한 핀란드 게임업체 슈퍼셀 지분을 86억 달러, 한국 돈 약 9조3000억원에 대량 매입했다. 이보다 앞서 2011년엔 인기 게임 '리그오브레전드(LoL)' 개발사 라이엇게임즈를 인수했고, 전기차 회사 테슬라에 18억 달러, 차량 공유기업 리프트에 5억 3000만 달러를 투자했다. 2014년 한국 게임업체인 넷마블게임즈에도 5000억원을 투자했다.

공개하지 않은 '빅딜'도 있다. 사진이나 짧은 동영상을 주고받는 모바일 메신저 스냅챗에도 약 20억 달러(약 2조2000억원) 정도를 투자한 것으로 알려졌다. 상장조차 하지 않은 미국 스타트업까지 따지면 그 규모는 더 불어난다. 시장조사업체 CB인사이트에 따르면 텐센트는 지난 6년간 알려지지 않은 미국 스타트업 40여 곳에 약 35억 달러(약 3조8000억원, 2017년 4월 기준)를 투자했다. 상당한 투자 이익도 거뒀을 거라는 게 업계의 중론이다.

투자업계는 텐센트와 페이스북 중 텐센트에 한 표 던지고 있다. 20억 명의 가입자를 기반으로 지난해 페이스북은 360억 달러를 벌어들였지만, 텐센트는 오로지 게임 퍼블리싱만으로 320억 달러를 벌었다는 것이 그 이유다. 지금 업계는 내년 텐센트 시총이 미국 아마존과 페이스북을 완전히 따돌릴 수 있을지에 촉각을 곤두세우고 있다.

* 출처 : 중앙일보, 2017.11.27,
http://news.joins.com/article/22152869,
다운로드 및 편집 : 2017. 12. 27.

3.8 스마트홈 & 시티 산업

사물인터넷 기술의 중심사업으로 스마트홈 산업이 급부상하고 있다. 스마트홈 시장은 사물인터넷의 한 분야라고 할 수 있을 것이다. 스마트홈은 가정이라는 테두리 안에서 활용되는 사물인터넷이 만들어 내는 산업중의 하나이다. 스마트홈의 개념이 확대되면 스마트팜(Smart Farm), 스마트시티(Smart City), 스마트소사이어티(Smart Society) 등이 될 수 있다.

3.8.1 스마트홈 산업

스마트홈은 TV, 에어컨, 냉장고 등의 가전제품을 비롯해 수도, 전기, 냉난방 등의 에너지 소비장치, 도어록, 감시카메라 등의 보안기기 이외의 다양한 분야에서 모든 것을 통신망으로 연결해 모니터링, 제어할 수 있는 기술을 말한다. 사용자의 특성에 따라 자동으로 작동하거나 원격으로 조종할 수 있다(시사상식사전, 지식백과, naver.com,2017).

스마트홈의 전 단계인 홈오토메이션은 실내 온도조절, 도어 개폐, 도어폰, 전원 스위칭, 개스밸브 개폐 등의 서비스로 발전되었으며, 여기에 가정에서 사용하는 모든 제품들과 사물인터넷으로 통신을 하게 됨으로써 스마트홈이 시작될 수 있다. 그러나 아직은 모든 제품들을 대상으로 RFID칩을 심을 수 있는 환경이 되지 않고 있으므로 가정에 있는 제품에 RFID칩을 부착하는 것으로 실험을 하고 있는 기업이 있다. LG유플러스는 가입자들에게 RFID칩을 나누어 주어 제품에 부착하게 하고 스마트폰으로 원격 제어할 수 있도록 하고 있다. 최근에는 모든 전자제품에 RFID칩을 심어서 생산하는 노력을 하고 있다. LG유플러스가 스마트홈 시장을 선점하고 성장시키려는 노력을 하고 있다. 한국에서는 LG유플러스가 스마트홈시장에서 선두를 달리고 있다.

스마트홈 산업은 이미 시작되고 있다. 4차 산업혁명의 시대의 도래와 함께 가장 빠르게 스마트홈 시장이 확대될 것이다. 스마트홈은 가정에 있는 모든 제품들에 반도체를 이용한 RFID칩을 심어서 원격에서도 기기를 작동하고 통제할 수 있도록 하는 것이다. 스마트홈의 중심이 되는 제품은 가전제품이다. 가전제품은 한국의 1,2위가 세계의 1,2위이다.

스마트홈은 가전제품에 RFID칩을 심어서 원격에서 가전제품들을 작동시키고 차단할 수 있도록 만드는 것이 가장 기본이다. 한국이 스마트홈 산업의 선두주자가 될 수 있는 가장 큰 이유이다. 모든 가전제품에 RFID칩을 심어서 생산하게 된다면 스마트홈의 실현이 용이해 질 것이고 새로운 형태의 가전제품들이 개발될 수 있을 것이다. 4차 산업혁명의 시대가 도래하면서 스마트홈을 함께 경험하게 될 것이다. 스마트홈은 실내이거나 외출중이거나 집안에 있는 모든 기기들을 작동할 수 있고 통제할 수 있다.

가정에서 사용되고 있는 모든 사물들 속에 RFID칩을 심어서 사물들 간의 대화가 이루어지게 된다면 인간들에게 더 많은 편익과 가치를 제공할 수 있게 될 것이다. 스마트홈에서 외부의 사람 혹은 사물들과 대화를 할 경우에는 가정의 중심이 되는 컴퓨터 역할을 할 수 있는 사물들의 중심이 필요하게 되는 데 서버의 역할을 할 수 있는 일반적인 컴퓨터보다는 항상 전원이 공급되고 있는 냉장고가 중심이 될 가능성이 많이 연구되고 있다.

〈사례 2-15〉는 한국의 전자제품 제조기업이 2018년 1월 9일 미국의 라스베가스 CES(가전제품 박람회)에 참가하여 스마트홈에 관련한 제품을 전시하고 있는 내용이다.

사례 2-15 **전자제품 제조기업의 시마트홈 제품**

삼성전자 "미래는 집 · 사무실 · 車가 AI · IoT로 연결된 일상"

삼성전자가 '2018 국제전자제품박람회(CES)' 개막 전 행사에서 미래 사회 추세를 "인공지능(AI)에 기반한 연결성"이라고 정의하면서 자사 인공지능 플랫폼인 빅스비를 통한 일상 연계성을 확대하겠다는 청사진을 제시했다.

먼저 삼성전자는 전자기기와 다른 기기를 연동하기 위해 '클라우드 통합'을 첫 실행 과제로 삼았다. 이 회사는 올해 안으로 위치 추적 장치인 '삼성 커넥트'와 개방형 IoT인 '아틱' 등을 자사의 IoT 크라우드인 '스마트싱스'로 일원화하기로 했다. 이어 스마트싱스와 하만의 자동차용 클라우드인 이그나이트(Ignite)를 연동해 가전과 타사 기기는 물론 차량까지 제품 간 연계성을 높이기로 했다.

삼성전자는 또 '애플리케이션 통합'으로 연결기기 사이의 제어가 쉽도록 IoT 환경을 구축하겠다는 방침이다. 나아가 빅스비 중심의 'AI 기반 음성인식' 기술을 2020년까지 삼성전자가 제조하는 모든 전자기기로 확대 적용하겠다는 기존 계획을 재확인 했다. 연결 과정에서 우려되는 보안 문제 등은 휴대전화 이외에 텔레비전(TV)과 가전제품 등에 대해 보안 기술인 녹스(Knox)를 적용하는 방식으로 안전성을 강화하겠다고 밝혔다.

이날 행사에서 홈 분야에서는 TV와 냉장고 제품을 중심으로 이뤄지는 기기 간 연동이 강조됐다. 삼성전자에 따르면 냉장고 신제품의 경우, AI 음성인식 기능이 적용돼 가족 구성원을 구별할 수 있다. 이에 따라 AI가 구성원에 따라 식단과 일정, 뉴스 등 원하는 정보를 맞춤형으로 제공해줄 수 있다고 삼성전자 측은 설명했다.

행사장에서는 휴대전화를 이용해 TV 제품과 연동을 하는 과정을 보여주면서, 복잡하지 않고 버튼을 한 번 누르는 것만으로 제품 간 연계가 가능하다는 점도 시연됐다. 삼성전자는 사용자의 음성 명령이 있을 경우 빅스비가 탑재된 TV에서 자동으로 주연 배우를 검색하는 등 원하는 정보를 제공하거나 조명을 제어한다고 제시했다. 또 휴대전화에 원하는 TV 프로그램을 등록해두면 시간에 맞춰 알람이 울리면서 TV를 감상할 수 있도록 하는 서비스도 제공된다고 삼성전자는 전했다. 아울러 냉장고와 TV 어디에서건 남은 식자재를 확인하거나 세탁기의 작동 상황을 파악하는 등 연동기기를 원격으로 한 번에 관리할 수 있다는 부분이 거듭 강조됐다.

비즈니스 분야와 관련해서는 삼성전자의 신제품 '노트북 펜'과 디스플레이 칠판인 '삼성 플립' 등이 언급됐다. 휴대전화 내용을 그대로 칠판에 옮기고 펜을 통해 기록을 남기는 등의 방식으로 진행했다.

모빌리티 분야와 관련해서는 삼성과 하만의 기술 협력에 따른 제어 체계인 '디지털 콕핏'이 제시됐다. 디지털콕핏에는 차량용 빅스비와 스마트싱스가 적용됐다. 이에 따라 차내 에어컨·오디오 음량·조명 등에 대한 제어는 물론 애플리케이션을 통해 주거지 내 연결기기까지 원격으로 조정할 수 있다고 삼성전자 측은 설명했다.

이날 디네쉬 팔리월(Dinesh Paliwal) 하만 대표이사는 자율주행차의 데이터 처리를 위한 장치인 '5G-ready TCU9(Telematics Control Unit)'를 공개했다. 팔리월 대표는 자율주행차 분야에서 5세대 이동통신기술(5G)을 적용해야 한다면서 "TCU에 5G가 적용되면 단순히 운전 중에 스트리밍 음악을 듣거나 교통 정보를 실시간으로 받아보는 것을 넘어 도로·차량 행인들에 대한 종합적 정보를 처리할 수 있게 된다"고 강조했다.

* 출처 : 중앙일보, 2018. 1. 9
http://news.joins.com/article/22269491
다운로드 및 편집 : 2018. 1. 9.

3.8.2 스마트시티 산업

스마트홈들이 서로 연결되고 위에서 살펴 보았던 자율자동차 산업과 여러 산업들이 융합 되어 스마트시티(Smart City)가 될 수 있을 것이다. 가정의 모든 사물들과 사회에 있는 모든 사물들은 서로 대화를 하면서 언제 어디서든지 주인에게 편익과 가치들을 제공할 수 있게 될 것이다. 사물의 주인은 사물들의 대화 내용을 알 필요도 없다. 사물들은 통합된 사물인터넷을 통하여 주인에게 편익을 제공할 수 있는 정보를 자율적으로 검색하고 분석하여 조치까지 해 줄 수 있게 된다.

스마트시티는 경제미래학자들이 예측한 21세기의 새로운 도시 유형으로서 컴퓨터 기술의 발달로 도시 구성원들 간 네트워크가 완벽하게 갖춰져 있고 교통망이 거미줄처럼 효율적으로 짜여진 것이 특징이다. 학자들은 현재 미국의 실리콘 밸리를 모델로 삼아 앞으로 다가올 스마트 시티의 모습을 그려보고 있다. 스마트 시티는 텔레커뮤니케이션(telecommunication)을 위한 기반시설이 인간의 신경망처럼 도시 구석구석까지 연결돼 있다. 따라서, 사무실에 나가지 않고도 집에서 모든 업무를 처리할 수 있는 텔레워킹(teleworking)이 일반화될 것이다. 스마트 시티와 비슷한 개념으로는 공학기술이 고도로 발달한 도시를 나타내는 테크노피아, 네티즌이 중심이 되는 도시를 나타내는 사이버 시티, 거대도시의 새로운 형태를 의미하는 월드 시티 등이 있다(Daum백과의 매경시사용어사전, 2018).

스마트시티는 사물인터넷(IoT: Internet of Things), 사이버 물리 시스템(CPS: Cyber Physical Systems), 빅데이터 솔루션 등 최신 정보통신기술(ICT)을 적용한 스마트 플랫폼을 구축하여 도시의 자산을 효율적으로 운영하고 시민에게 안전하고 윤택한 삶을 제공하는 도시, 도로, 항만, 수도, 전기, 학교 등 도시의 인프라를 효율적으로 관리하고 공공 데이터를 수집·활용하여 교통, 에너지 등 다양한 도시 문제를 해결하고 새로운 가치를 창출하는 데 목적이 있다. 스마트 시티는 기존 유-시티(u-city)와 유사하지만, 사물인터넷(IoT)과 인공지능(AI) 기술이 결합된 차세대 개념이다(Daum백과의 TTA 정보통신용어사전, 2018).

〈사례 2-16〉은 2018년 1월 9일에 미국의 라스베가스 CES(가전제품 박람회)에 전시되고 있는 제품들의 중심이 4차 산업을 선도하고 있는 미래의 스마트시티에 관련된 상품들을 보여 주고 있다.

사례 2-16 CES 스마트시티 제품 전시-무인 셔틀버스와 로봇

시내에 무인 셔틀버스와 로봇이

미국 네바다주 라스베이거스 시내에는 8인용 미니 자율주행 셔틀버스가 10분 간격으로 운행하고 있었다. 평균 시속 24㎞로 달리는 이 버스는 최대 8명까지 탈 수 있다. 기자가 탄 10분 동안 버스는 신호등 6개와 교차로 6개, 두 번의 정지 신호를 무사히 인지하고 거리를 누볐다. 지난해 11월부터 매일 오전 11시부터 오후 6시까지 시내를 다니는 이 버스는 라스베이거스 관광객들에게 큰 인기를 얻고 있다.

CES에 참가하는 스페인의 스타트업 '커넥씽즈'는 스마트폰으로 스마트 시티를 구현하는 프로젝트를 유럽에 이어 라스베이거스 등 미국 주요 도시에서 실험할 예정이다. 시민이나 관광객이 주요 장소에서 스마트폰의 근거리무선통신(NFC) 기능을 켜고 탭을 찍으면 커넥씽즈는 개인에게 필요한 교통 정보·위험 상황 등을 실시간으로 전달한다. NFC 기능만 잘 활용하면 교통 카드부터 자동차 대여, 주차 요금 지불까지도 한 번에 가능하다는 게 커넥씽즈의 구상이다.

1월 9일부터 나흘간 열리는 세계 최대 전자박람회 소비자가전전시회(CES)를 앞두고 라스베이거스는 이번 CES 2018의 슬로건인 '스마트 시티'로 변신 중이다. '스마트 시티'는 냉장고·세탁기 같은 각종 가전이 스마트폰 등과 연결되는 '스마트홈'에서 한발 더 나아간 개념이다. 자동차·건물·도로망·보안·시설관리 등 도시 전체가 하나의 네트워크로 연결되는 미래를 보여준다.

CES를 주관하는 미국소비자기술협회(CTA) 개리 샤피로 회장은 "2020년까지 세계 스마트 시티 프로젝트에 투입되는 비용은 353억5000만 달러(약 37조6300억원)에 달할 것으로 추산된다"고 말했다.

행사 기간 라스베이거스에서는 무인 셔틀버스뿐 아니라 자율주행차를 쉽게 구경하고 탈 수 있다. 이는 도시 곳곳, 각 분야가 서로 연결되는 데 자율주행차가 필수적이란 걸 상징한다.

차량 호출 앱 '리프트'도 CES2018 기간 동안 라스베이거스 시내 주요 20곳에서 BMW 무인 택시를 운행할 계획이다. 차량 호출 애플리케이션(앱) 회사 리프트는 라스베이거스 시내 주요 20곳 지점에 BMW 자율주행 택시를 운행한다. 만약에 대비해 직원이 운전석에 앉아 있지만, 이 직원은 운전대나 액셀러레이터에 발을 올리지 않는다. 미국 도미노 피자도 CES 기간 포드 자동차의 자율주행차를 이용한 피자 배달을 시연한다. 도착 알림을 받으면 손님이 무인 자동차에 가서 피자를 꺼내와야 한다.

스마트 시티를 구현하기 위해서는 각종 스마트 기기에 심어질 인공지능의 진화도 함께 이뤄져야 한다. 네트워크로 연결된 기기들이 데이터를 생산·수집하고, 인공지능이 빅데이터를 분석해 스마트 시티의 편의성을 높이는 식이다.

LG전자가 'CES 2018'에서 선보이는 로봇은 호텔, 대형 슈퍼마켓 등에서 사용 가능하다. (왼쪽부터) 서빙 로봇, 포터 로봇, 쇼핑 카트 로봇. 삼성전자는 인공지능 음성비서인 '빅스비'를 올해 출시되는 스마트 TV에 탑재하고, LG전자는 자체 인공지능 플랫폼인 '딥씽큐'와 '구글 어시스턴트'를 탑재한 '씽큐 TV'를 내놓을 예정이다.

전 세계 150개국, 4000개 기업, 총 17만명이 참가하는 CES는 1990년대까지만 하더라도 최신 전자제품을 선보이는 행사장이었다. 그러나 최근 몇 년 사이 스마트 홈·스마트 빌딩 등에 관심을 가지며 정보기술(IT) 생태계를 강조해왔다.

통신 혁명을 구현할 5세대(5G) 이동통신도 CES를 달굴 테마다. 스마트시티는 도시 전체가 하나의 유기체를 형태를 띠는 연결된 도시다. 끊임없이 데이터를 주고받고 다른 기기와 통신하기 위해서는 빠른 통신속도가 필수다. 5G는 현재 4세대 이동통신보다 100배 이상 빠른 기술로, 영화 한 편을 다운로드 하는데 5초면 충분하다.

BMW·벤츠 등 글로벌 자동차 기업들의 미래 차 전시 경쟁도 치열할 것으로 보인다. 메르세데스-벤츠는 차 안에서 즐기는 인포테인먼트 시스템 'MBUX'를, 닛산은 운전자의 뇌에서 전달되는 신호를 차가 해석하는 시스템 'B2V'를 공개할 예정이다. 현대자동차는 8일 자율주행 분야 소프트웨어 기업인 오로라와 함께 공동 프로젝트 계획을 발표한다.

*출처 : 중앙일보, 2018. 1. 7
http://news.joins.com/article/22265135
다운로드 및 편집 : 2018. 1. 8.

3.9 신소재 산업

신소재의 의미는 기존소재의 결점을 보완하거나 우수한 특성을 창출함으로써 고도의 기능 및 구조특성을 실현한 재료를 개발하고 생산하는 산업은 의미한다. 신소재는 전기적 특성이 있는 파인세라믹스, 자기적 특성이 있는 신금속재료, 고분자재료, 복합재료 등으로 구분된다(지식백과, naver.com, 2017). 신소재는 물성연구, 재료설계, 재료가공, 시험평가 등의 과정을 통해서 만들어진다.

신소재 개발은 새로운 제조기술을 사용하여 특수한 기능과 성질을 가지는 재료를 만들어 내는 것을 의미한다. 신소재는 인류가 누릴 문명의 혜택을 제공한다. 신소재산업은 기술축적과 연구개발이 동시에 이루어져야 하는 지식집약형 산업이며, 엄청난 자금과 인력이 소요되므로 국가적인 지원이 필요한 산업이기도 한다(위키피디아, naver.com, 2017).

탄소나노튜브라는 신소재가 있다. 지름이 머리카락 굴기의 10만분의 1에 불과하지만 전기 전도율은 은과 비슷하고 강도는 철강보다 100배 강하다. 일본의 한 건설업체는 탄소나노튜브 신소재를 활용해서 우주엘리베이터를 2050년까지 건설하겠다고 발표했다. 200명을 태운 엘리베이터가 9만 6천 Km를 올라 갈 계획이라고 한다.

〈사례 2-17〉은 탄소나노튜브라는 신소재를 활용해서 우주로 가는 엘리베이터를 제작하겠다는 내용이다.

사례 2-17

2050년까지 우주로 가는 엘리베이터 만든다는 일본 회사

일본 건설회사 오바야시가 우주로 가는 엘리베이터를 2050년까지 완공할 계획이라고 밝혀 화제가 되고 있다. 오바야시가 밝힌 우주 엘리베이터 도안에 따르면 최대 100톤까지 수용 가능하다. 96,000km의 탄소 나노튜브 케이블, 400m 직경의 지구 정류장과 12,500톤의 균형추 등이 특징이다. 우주 엘리베이터는 지구 궤도 상에 인공위성 등을 띄우고 위성까지 케이블을 연결해 엘리베이터처럼 우주에 물건이나 사람을 운송할 수 있도록 하는 장치다.

우주 엘리베이터의 필요성은 우주 관련사업 민영화와 함께 대두됐다. 많은 사람과 물자를 현실적인 비용으로 운반할 수 있는 기술이 필요하기 때문이다.

우주 엘리베이터 건설을 위한 오바야시의 계획은 꽤 구체적이다. 2030년까지 기술 개발/제작을 완료하고, 이후부터 본격적인 강화/작동 단계에 접어들 예정이다. 오바야시 연구원 이시카와는 한 해외 매체와 인터뷰에서 "(우주 엘리베이터를) 한 회사만의 힘으로는 만들 수 없다고 생각한다. 이러한 큰 프로젝트에는 국제 조직의 도움이 필요하다"고 말했다.

* 출처 : 중앙일보, 2016. 9. 29,
http://news.joins.com/article/20652839,
다운로드 및 편집 : 2017. 12. 27.

휘어지는 디스플레이, 투명디스플레이를 가능하게 할 수 있는 신소재가 있다. 연필심의 원료인 흑연을 얇게 떼어내면 인류가 발견한 물질 중에서 가장 얇은 층의 물체인 그래핀이 된다. 신소재 그래핀은 구리보다 100배 전기가 잘 통하고 강철보다 200배 이상 강하며 반도체 재료인 실리콘보다 전자의 이동성이 100배 빠르다.

상상력을 좀 더 발휘하여 지구상에 존재하지 않은 성질을 가진 물질을 한국의 한 대학교의 연구실에서 메타물질의 가능성을 확인했다. 메타물질은 자연계에 존재하지 않았던 새로운 소재를 의미한다. 투명망토의 원천기술을 연구하고 있다. 투명망토의 원리는 물질의 모양이 바뀌어도 물질의 곡선에 맞추어 굴절율을 변화시키는 물질을 연구하고 있다. 완전 새로운 메타물질이다(세상을 바꾸는 14가지 미래기술, 한국경제TV, 2017).

〈사례 2-18〉은 메타물질을 이용하여 물체를 보이지 않게 하는 투명망토의 원리를 설명하고 있다.

사례 2-18 메타물질의 투과체 발견

융기원-한양대 연구팀 '메타물질 수퍼 투과체' 세계 첫 개발

차세대융합기술연구원(융기원)은 한양대와 공동연구를 통해 메타물질 수퍼 투과체를 개발했다고 6일 밝혔다. 전자기파의 파장보다 작은 크기로 설계된 메타 원자(meta atom)로 이뤄진 메타물질은 전자파 음파를 흡수하고 반사를 임의로 조작할 수 있다. 물체가 빛에 의해 감지되지 않기 때문에 투명망토처럼 뒤편을 그대로 비추며 상대의 레이더망에 포착되지 않는 스텔스 기능이 가능하다. 이 기술은 일반 안테나보다 더 강한 전자파를 먼 거리까지 전송하는 세계 최초의 기술이다.

연구팀은 수퍼렌즈와 유사한 물리적 특성을 이용하면서도 단순한 평면의 메타구조를 활용, 전자파 작동 거리를 획기적으로 늘렸다. 이 결과, 메타물질 수퍼 투과체를 활용하면 휴대전화 와이파이 전송 거리가 두 배 이상 늘어난다. 안테나와 안테나 사이의 전송 세기도

1.5배 이상 높일 수 있다. 연구팀은 빠르면 3년 이내에 메타물질 수퍼 투과체의 실용화를 통해 휴대전화 와이파이나 자율주행차, 군사용 레이더 등 무선통신시장에 광범위하게 사용할 것으로 보고 있다.

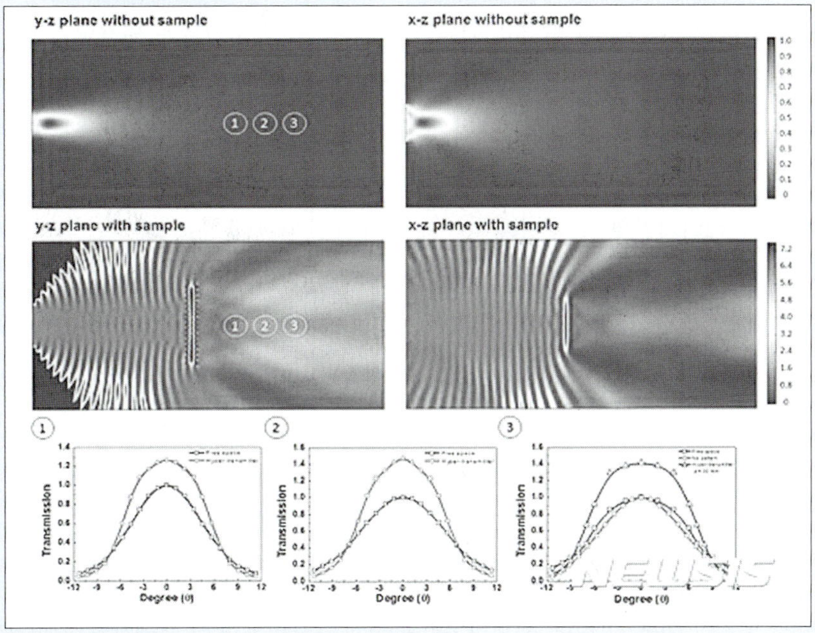

▲ 강한 전자파를 와이파이의 두 배 이상 거리까지 전송할 수 있는 신기술이 세계 최초로 국내 연구진에 의해 개발됐다.

융기원 관계자는 "이번에 개발된 수퍼 투과체는 다방면으로 이용 가능한 획기적인 기술"이라며 "무선통신 시장이 급속도로 커지는 상황에서 이번 신기술의 산업적, 경제적 파급효과가 상당할 것으로 판단된다"고 말했다.

* 출처 : 중앙일보, 2016. 10. 6,
http://news.joins.com/article/20683642,
다운로드 및 편집 : 2017. 12. 27.

3.10 원자력발전 산업

원자력발전은 우라늄을 핵분열시켜서 나오는 에너지를 이용해서 물을 끓이고 나오는 고온고압의 수증기를 활용해서 증기터빈과 발전기를 회전시켜서 전기를 생산하는 방법이다. 원자력 발전은 화력발전이나 신재생발전에 비해서 매우 저렴하게 전기를 생산할 수 있지만 원자력발전 후에 나오는 핵폐기물을 처리하는데 환경의 방사능 오염이 발생하게 된다. 그리고 원자력발전소에 사고가 발생했을 경우에는 방사능의 피해가 너무 큰 문제가 있다. 세계적으로 방사능에 의한 환경오염을 방지하기 위해서 원자력발전소를 줄이거나 폐기하는 국가들이 많았지만 최근에는 다시 원자력발전소 건설이 증가하는 국가들이 나타나기도 한다.

프랑스 노장슈르센 마을은 6천명의 주민 중에 천명 이상이 원자력 발전소에서 일하고 있다. 원자력발전소는 마을의 중심에 위치하고 있다. 이들 주민들은 원자력발전소는 지역경제의 축이고 삶의 터전이라고 한다. 원자력발전소를 절대로 폐기할 수 없다고 주장한다. 이들 주민들은 식수로 센(seine)강의 물을 마시고 있다. 원자력발전소의 냉각수는 센강으로 흘러들고 있다. 프랑스 사람들은 센강의 물을 거리낌 없이 마시고 있다.

세계는 지금 에너지전쟁 중에 있다. 화석연료가 고갈된 이후에는 태양광 혹은 풍력 발전으로 생산될 수 있는 신재생에너지는 아직 경제성이 부족하다. 원자력발전은 재처리를 통해서 최소 수 천년을 사용할 수 있다. 우라늄은 전 세계에 골고루 매장되어 있다. 중동에서 조차 원자력발전소를 건설하고 있으며 한국은 UAE의 원자력발전소 건설에 직접 참여하고 있다.

미국과 일본이 다시 원자력발전으로 관심을 돌리고 있다. 전 세계는 2030년까지 원자력발전소 430기를 추가로 건설할 계획이다. 최근에는 한국이 중동에 이어 영국과도 원자력발전소 건설 계약을 체결하였다(세상을 바꾸는 14가지 미래기술, 한국경제TV, 2017).

원자력발전은 친핵 혹은 반핵의 문제로 접근해서는 안 될 것이다. 독일과 스위스는 원자력발전을 포기하였다. 그러나 세계의 각 국가는 원자력발전을 재평가하기 시작하고 있다. 전 세계의 각 국가들은 보다 더 안전한 원자력발전소를 건설하기 위한 노력을 하고 있다. 원자력발전은 매우 중요한 미래산업이다.

〈사례 2-19〉는 원자력 발전소에 대한 각 국가들의 대응방안을 보여 주고 있다.

사례 2-19 원자력 발전에 대한 각국들의 대응

원전 퇴출 늦추는 프랑스 마크롱
"탈원전 독일, 이산화탄소 배출만 늘려"

파리기후협정 탈퇴를 선언한 미국을 대신해 기후변화 리더십을 자청해 온 에마뉘엘 마크롱 프랑스 대통령이 원자력발전소 가동은 기후변화 대응을 위해 불가피하다는 견해를 밝혔다.

마크롱 대통령은 17일(현지시간) 프랑스2 TV 인터뷰에서 "탄소 배출량을 줄이고 환경오염을 일으키는 석탄화력발전소를 폐쇄하는 것이 최우선 과제"라며 이같이 말했다. 그는 "원전을 우상화하지는 않지만, 우리는 공략 대상을 선택해야 한다"며 "프랑스, 유럽, 국제사회의 최우선 해결 과제는 이산화탄소 배출과 (지구) 온난화이며 원전은 가장 탄소배출을 하지 않으면서 전력을 생산하는 방법"이라고 강조했다.

이어 "독일은 원전 가동을 중단하면서 뭘 했느냐"고 반문하며 "그들은 많은 신재생 에너지를 개발했지만 화력발전소 가동도 엄청나게 재개했다. 이는 이산화탄소 배출을 늘려 지구에 좋지 않다"고 밝혔다.

2022년까지 가동 중인 원전을 단계적으로 폐쇄하기로 한 독일은 전력생산 40%에 달하는 화력발전 비중은 줄이지 못하고 있는 상태다. 이 때문에 2020년 이산화탄소 배출량을 1990년보다 40% 감축하기로 한 기후변화 목표 달성도 어려워졌다.

프랑스의 전력 생산에서 원전이 차지하는 비율은 75%에 달한다. 프랑스 BFM TV는 "마크롱 대통령이 석탄화력발전 문제에 대해 확고한 입장"이라며 "그는 독일의 사례를 언급하며 원전 감축일정에 대해 급하게 행동하고 싶지 않다고 설명하고 있다"고 보도했다.

* 출처 : 중앙일보, 2017.12.18,
http://news.joins.com/article/22212810
다운로드 및 편집 : 2017. 12. 27.

방사선이 유익하게 사용되는 경우는 생각보다 많다. 병원에서 사용하는 방사성 동위원소, 자동차용 연료전지, 반도체 소자, 암 진단 및 치료, CT, X-Ray 등의 분야에서 많이 활용되고 있다. 방사선을 콩, 벼, 화훼류에 쬐어서 품종변이를 만드는 육종기술, 탄소섬유에 쬐면 분자구조가 바뀌어 지고 더욱 단단하게 된다.

3.11 가상 · 증강 · 혼합현실 산업

가상현실을 좀 더 구체적으로 세분화하여 보면 가상현실, 증강현실, 혼합현실로 생각해 볼 수 있다.

3.11.1 가상현실(VR, Virtual Reality)

가상현실은 가짜의 세상이다. 사람이 만든 가짜의 세상이므로 사람이 가상현실의 세계로 갈 수는 없다. 그러나 가상의 세계에서 현실과 같은 행위를 할 수 있다. 가상현실은 가상의 세계에 접속해서 실제 현실처럼 시각, 청각 등의 감각을 경험할 수 있게 한다. 가상현실의 세계에서 물건도 구입할 수 있고 정보를 교환할 수도 있다. 가상현실 속에서 상호작용을 할 수 있다. 가상현실은 사람이 직접 존재하고 있는 현실의 공간이라고 착각할 수 있을 정도의 몰입도를 보여 준다. 가상현실 속에서 매우 높은 놀이 기구, 비행기, 절벽 등에서 떨어지는 경험을 해 본 기억이 있을 것이다. 가짜의 세상이지만 진짜의 세상에서 느낄 수 있던 짜릿함을 느낄 수 있다.

가상현실은 사회의 다양한 분야에서 활용될 수 있다. 아직은 게임 위주로 사용되고 있지만 방송과 영화 등의 미디어로 확산될 수 있을 것이다. 그러나 가상현실과 접속하기 위해서는 불편한 헤드셋을 사용해야 한다.

3.11.2 증강현실(AR, Augmented Reality)

최근에 증강현실이 주목받기 시작하고 있다. 가상현실은 완전한 상상으로 만들어진 공간이지만 증강현실은 가상의 공간이 현실의 공간과 공존하고 있다. 증강현실은 실제의 현실적인 공간에 홀로그램 등으로 가상의 공간을 겹쳐 보이게 한다. 싸이가 외국의 공연장에서 공연하는 모습을 인천 송도에 있는 공연장에서 증강현실을 활용하여 실제와 같이 즐길 수 있다. 송도의 공연장에서 싸이의 실제 모습과 동일하게 보면서 신나게 즐길 수 있다. 외국의 공연장에서 공연하고 있는 싸이의 모습을 실시간으로 홀로그램 중계를 하고 있는 것이다. 그러나 관중이 싸이를 직접 만질 수는 없다. 싸이가 공연하는 모습은 가상현실이고 공연장은 현실이기 때문이다. 현실의 공간에 가상의 공간을 겹쳐 보이게 하는 증강현실이다.

[그림 2-7]은 현실의 공간에 가상의 공간이 겹쳐서 동시에 보이는 증강현실을 보이고 있다. 반대로 가상의 공간에 현실의 공간을 겹쳐 보이게 할 수 있다. 2016년 7월에 온 세상을 놀라게 했던 '포켓몬고'는 '포켓몬'이라는 기존의 캐릭터와 스토리가 있는 가상현실의 게임에 실제 현실의 세계를 겹쳐 보이게 한 증강현실의 게임이다.

그림 2-7 증강현실의 사례

* 출처 : 중앙일보, 2016. 8. 7, http://news.joins.com/article/20411046

〈사례 2-20〉은 가상의 공간에 현실이 겹쳐 보이는 공간의 증강현실(Augmented Reality) 세계를 설명하고 있다.

사례 2-20 가상의 공간에 현실을 증강한 공간

증강현실 상상이 현실이 되고 현실이 가상이 되는 세계

스마트폰으로 거리를 비춰보자. 인근의 상점이나 건물의 전화번호가 영상에 보인다. 상품 바코드를 스마트폰으로 스캔해 보자. 가격정보가 나타난다. 현실 세계에 실시간으로 부가정보를 갖는 가상세계를 합쳐 하나의 영상으로 보여주므로 혼합현실(MR: mixed reality)이라고도 한다. 현실 환경과 가상환경을 융합하는 복합형 가상현실 시스템(hybrid VR system)은 1990년대 후반부터 미국과 일본을 중심으로 연구·개발이 진행되어 왔다. VR이 가지 없는 곳으로 나를 인도한다면 AR은 맨눈으로 보지 못하는 정보와 연결해주는 것이다.

▲ 증강현실을 우리에게 확실히 각인시킨 것은 '포켓몬 GO'게임이다. 스마트폰 카메라로 주변을 살피면 포켓몬 캐릭터들이 튀어 나온다.

증강현실을 통한 게임을 해보자. 가상현실 헤드셋을 착용하니 내 앞의 콘크리트 벽들이 순식간에 '블루 스크린'으로 변했다. 모든 벽이 모니터에 둘러싸인 것처럼 묘사된다. 순간 손에 있었던 컨트롤러(조종기)는 어느새 '라켓'으로 변해 있다. 공간은 실제 스쿼시 코트처럼 광활해졌다. 눈앞에 공이 뜬다. 팔에 잔뜩 힘을 주고 공을 벽을 향해 힘껏 내리친다. 온몸을 이용해 공을 쳐야 목표하는 곳에 공을 보낼 수 있었다. 라켓을 몇 차례 휘두르자 다리와 팔 근육이 뻐근해진다.

증강현실을 우리에게 확실히 각인시킨 것은 '포켓몬 GO'게임이다. 스마트폰 카메라로 주변을 살피면 포켓몬 캐릭터들이 튀어 나온다. 속초의 바닷가에서 즐겁게 게임 하는 상상을 해보니 더위가 가신다.

* 출처 : 중앙일보, 2016. 10. 6,
http://news.joins.com/article/20683642,
다운로드 및 편집 : 2017. 12. 27.

3.11.3 혼합현실(Mixed Reality)

AR과 VR이 합쳐진 기술이 혼합현실(MR, Mixed Reality)이다. 미 정부는 2000년대 중반 이 용어를 쓰면서 '10대 미래 핵심 전략 기술'의 하나로 지정했다. MR은 현실과의 상호 작용이 가능한 AR과 흡인력이 강한 VR 각각의 장점을 겸비했다. 혼합현실은 현실의 공간과 가상의 공간이 동시에 존재하면서 실시간으로 상호작용을 할 수 있는 공간을 의미하며 시각과 청각뿐만 아니라 촉각과 후각까지도 활용할 수 있다.

3.11.4 가상 · 증강 · 혼합현실

세 가지의 현실은 실제로는 크게 구분되지 않고 활용될 것이며 4차 산업혁명의 시대가 도래하게 되면 게임, 방송, 운동, 의료, 교육 등의 분야에서 많은 활용이 예상된다.

3.12 기타 산업

위에서 언급된 11가지 산업들만이 4차 산업혁명 기술로 인하여 영향을 받을 것이라고는 생각하지 않는다. 수없이 많은 분야들이 있지만 우선 사회적으로 많은 사람들에게 관심이 있는 산업 분야들을 우선적으로 살펴 보았을 뿐이다. 4차 산업혁명은 위에서 살펴본 분야들 이외의 문화 · 예술, 서비스, 부품, 자연과학, 사회과학, 인문학 등의 분야에도 많은 영향이 미칠 것이다.

3.12.1 문화 · 예술 분야

문화 · 예술 분야의 콘텐츠 산업은 소프트웨어산업이다. 문화산업 분야에서는 1990년대부터 한류로 대표되는 K-Pop을 시작으로 음악, 영화, 드라마 등의 문화상품들이 세계의 각지로 수출되고 있고, 최근에는 화장품, 성형의료, 관광, 한식, 요리, 패션 등의 분야로 범위가 확산되고 있다. 4차 산업혁명 시대에서 인터넷의 통합 덕분으로 지구촌은 이제 한 마을의 개념과 다를 바 없을 정도로 공간적이고 시간적으로 융합되고 있다. 문화 · 예술 산업 분야에서도 4차 산업혁명의 기술과 융합될 수밖에 없을 것이다. 하드웨어인 제품을 생산하고 수출하는 측면에서는 한국은 이미 세계 순위 7, 8위를 다투고 있다. 그러나 하드웨어를 이용하여 사람을 행복하게 할 수 있는 문화예술에 관련한 소프트웨어는 아직 시작단계이므로 4차 산업혁명의 시대에서는 융합할 수 있는 문화 · 예술의 분야가 그만큼 더 넓어질 것이라는 의미가 된다.

3.12.2 서비스 분야(교육과 금융)

서비스 분야에서는 교육과 금융 분야를 대표적으로 생각해 볼 수 있다. 4차 산업혁명의 시대가 도래하게 되면 전혀 다른 형태의 시스템으로 변화할 것이다. 오히려 변화보다는 천지개벽이라는 표현이 적당할 정도라고 생각한다. 교육과 금융분야에서는 학교라는 개념에서 한 곳에 모여 있는 건물은 없어지고 학생이 있는 곳이 학교가 될 것이다. 모든 교육과 금융에 관련한 절차는 통합된 인터넷으로 언제 어디서든지 실행이 가능하게 될 것이므로 한 장소에 모여 있는 집단적인 건물을 불필요해 질 것이라는 생각이다.

〈사례 2-21〉은 4차 산업혁명이 도래한 미래의 학교를 실험하는 내용을 상세하게 설명하고 있다.

사례 2-21 "한 명의 낙오자도 없는 학교" 전세계 교실은 실험중

"한 명의 낙오자도 없는 학교" 전세계 교실은 실험중

미국 실리콘밸리에서 출발한 교육혁명이 미국을 중심으로 세계 곳곳에서 실험중이다. 이 학교들의 공통점은 IT 기술 기반의 '개인화 교육'과 교과목을 융합한 '프로젝트 수업'이다. 칠판 앞에 서서 일방적으로 지식을 전달하는 교사의 모습은 찾기 힘들다. 학습 시간과 공간을 구성하는 방법도 전통적인 학교와는 다르다.

뉴욕타임스는 구글 크롬북 등 디지털 기기가 휩쓴 미국 교실을 두고 "변화가 너무 빠른 탓에 거대 IT 기업들의 교육 현장에 대한 투자와 개입을 감시할 틈이 없다"고 지적하기도 했다. 하지만 4차 산업혁명의 파고를 넘기 위해 교육이 바뀌어야 한다는 데 이의를 제기하긴 어렵다.

▲ 미국 실리콘밸리의 교육 스타트업 알트스쿨 실험학교

지난 4월, 데빈 보디카 미국 캘리포니아 비스타통학교육구 교육감이 교육 스타트업 알트스쿨에 합류했다는 소식에 미국 교육계는 술렁였다. 보디카는 미국 미래교육재단 '혁신적인 교육감 상'(2014년)과 캘리포니아 '올해의 교육감 상'(2015년)을 받은 스타 교육감이다. 그는 '평균'의 시대는 끝났다고 주장하면서 철저한 개인화 맞춤 교육 커리큘럼을 도입했다. 그 결과 평점 평균이 올라갔을 뿐 아니라 결석이나 교내 징계 등의 건수도 급락했다고 한다.

보디카는 미국 교육 전문지 에듀케이션 위크 인터뷰에서 "나는 (공교육에서) 학습자 경험에 깊은 변화가 일어나게 하려면 5년이 걸린다는 걸 깨달았다. 시간을 많이 허비했다"면서 "(알트스쿨의 영입 제안은) 학습 경험을 일거에 혁신시킬 수 있는, 인생에 한번쯤 올 만한 기회라고 느꼈다"고 말했다. 그는 알트스쿨의 CIO(Chief Impact Officer)로서 교사와 학생의 요구를 충족시킬 수 있는 시스템 개발과 플랫폼 확장을 이끌게 된다.

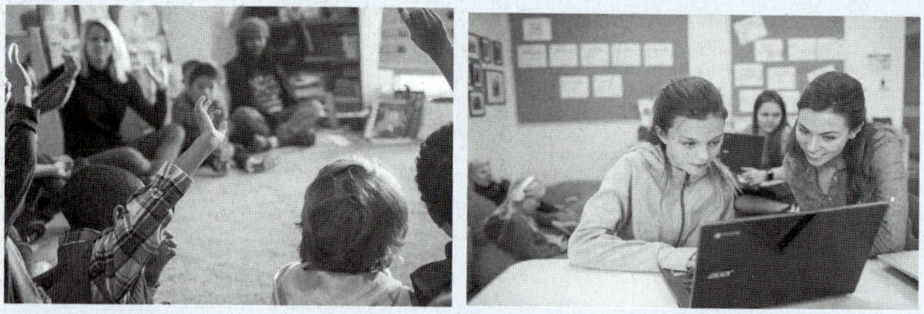

▲ 미국 실리콘밸리의 교육 스타트업 알트스쿨의 실험학교

▣ 알트스쿨, 미래 교육 모델로 2000억 원 투자 받아

구글 임원 출신인 맥스 벤틸라 알트스쿨 CEO는 누적 1억7700만 달러(약 2000억원)를 투자받았다. 마크 저커버그 페이스북 CEO도 투자했다. 알트스쿨은 특별한 교육과정을 강요하지 않는다. 교사가 화두를 던져 학생들에게 배우고자 하는 동기를 이끌어내고, 프로젝트 수업을 통해 답을 찾아 나간다. 학생들은 배우고 익힌 것을 글쓰기, 미술 활동, 퍼포먼스 등으로 만들어 가족·친구들 앞에서 공개한다. 평가는 일률적인 시험 대신 교사와 학생의 실시간 피드백을 통해 1년 내내 이뤄진다.

미국 실리콘밸리의 교육 스타트업 알트스쿨에서 활용하는 온라인 교육 플랫폼. 강의 목록이 담긴 '플레이리스트', 개별 진도를 확인할 수 있는 '프로그레션', 학부모용 어플 등이 있다. 교장과 담임교사, 프로젝트 수업을 이끄는 교과 교사가 있는 점에선 여느 학교와 비슷해 보인다. 하지만 본사의 기술·디자인·행정·교육 인력 100여 명이 뒷일을 맡아준다는 점이 다르다. 이들은 '포트레이트'와 '플레이리스트'라는 소프트웨어를 활용해 학생과 교사가 맞춤형 커리큘럼을 짜고 학습 상황을 체크하도록 돕는다. 학부모와는 스마트폰 앱으로 소통한다.

*출처 : 중앙일보, 2017. 6. 28,
http://news.joins.com/article/21707787,
다운로드 및 편집 : 2017. 12. 27.

3.12.3 부품 분야(센서와 반도체)

부품의 중요한 분야 중에서 센서는 사람들과 조금이라도 관련이 있는 모든 물체들에게는 센서가 장착될 것이다. 4차 산업혁명의 시대에서 모든 정보는 센서로부터 시작될 것이기 때문이다. 센서가 활용될 수 있는 분야는 워낙 방대하고 다른 산업들과 겹쳐지는 분야가 많기 때문에 그 규모를 가늠하기는 어렵지만 매우 빠른 속도로 성장할 것임에는 틀림 없을 것이라는 생각이다.

반도체는 그 자체로 제품으로 볼 수도 있지만 반도체는 다른 완성된 제품과 결합하여 성능을 발휘할 수 있으므로 부품의 하나로 보는 것이 타당할 것이다. 반도체 시장은 4차 산업혁명의 시대가 성숙할수록 그 시장은 엄청난 속도로 성장할 것이다. 사물인터넷과 증강현실이 성공하려면 대용량의 정보를 처리할 수 있는 CPU와 대용량을 저장할 수 있는 메모리가 필요하게 될 것이다.

4차 산업혁명의 시대가 도래하면 센서의 시장이 확대되고 반도체 시장은 한 번 더 도약의 기회가 될 것이다.

3.12.4 과학, 사회, 인문 분야

인공지능의 발전은 이미 자기학습의 단계에 이르렀다. 4차 산업혁영의 시대에서는 외국어를 며칠 동안에 습득할 수 있고 사람이 수 백년 동안 풀지 못했던 수학・물리・화학 등의 공식을 수 초 만에 증명하며 새로운 공식을 만들어 내는 등의 자연과학의 분야에 미치는 영향은 무서울 정도로 빠른 속도로 확대될 것이다. 즉 자연과학 분야에서 과학자들이 수고해야 할 분야가 급속하게 줄어 들 것이다.

인문・사회과학 분야에 미치는 영향 역시 막대할 것이다. 판사, 의사, 은행원, 공무원들의 역할이 4차 산업혁명의 시대에는 매우 축소될 것이라고 예상하기도 한다. 인공지능의 인류 역사상 축적된 모든 사례와 지식을 활용하고 자기학습을 통하여 판사, 의사, 은행원, 공무원들을 대체할 것이라고 한다.

3.13 산업과 산업의 융합

위에서 설명했던 12가지의 산업들은 서로 독립적으로 발전하면서 4차 산업혁명의 시대가 발전하기 보다는 서로 다른 산업들이 상호 융합함으로써 새로운 산업들이 창조되고 4차 산업혁명이 지속적으로 발전하게 될 것이다.

4. 기술과 산업의 융합

4.1 새로운 산업 시스템

기술은 매우 다양한 산업들을 출현하게 한다. 기술과 산업분야들은 서로 독립적으로 연결이 된 상태에서 발전되어 왔다. 모든 분야의 기술들과 모든 분야들의 산업들은 서로 통합되고 융합될 것이다. 즉 기존의 산업질서와 산업시스템은 매우 빠른 속도로 축소되고 새로운 산업분야들에 적합한 새로운 산업 시스템들이 출현하게 될 것이다.

위에서 설명했던 상호 융합된 5가지의 기술들과 상호 융합된 12가지의 산업들은 서로 독립적으로 발전하면서 4차 산업혁명의 시대가 발전하기 보다는 서로 다른 융합기술들과 서로 다른 융합산업들이 개별적으로 혹은 2개 이상의 그룹으로 상호 융합함으로써 새로운 기술들과 산업들이 창조되면서 4차 산업혁명이 상상 이상으로 발전하게 될 것이다.

〈사례 2-22〉는 4차 산업혁명의 시대에 사람들은 살아남을 수 있을까에 대한 고민을 보여 주고 있다.

사례 2-22 4차 산업혁명과 인간의 생존 관계

4차 산업혁명에서 인간의 생존?

원하든 원하지 않든 우리에게 4차 산업혁명이 도래하고 있습니다. 지금까지 인간이 체험했던 것과는 전혀 다른 형태로 모든 것을 뒤엎으면서 전개되는 4차 산업혁명에서 인간은 어떻게 생존해야할까요?

지금까지 우리는 헤게모니를 가진 집단이 주도하는 피라미드 형태의 세상에 살았었습니다. 그런데 4차산업 혁명이 정착된 세상은 피라미드식의 주도적 헤게모니가 사라질 것입니다. 세상을 구성하고 있는 모든 객체가 대등한 위치에서 상호간의 네트워크를 형성하고, 그 네트워크는 실시간 쌍방향 교류를 통해 모든 일이 공유되면서, 모든 객체에 동시에 기록됩니다. 그 네트워크상의 객체 하나가 변화하면 네트워크의 모든 객체가 동시에 변화합니다.

▲ 모든 객체와 전체가 모두 같은 프렉탈구조

▲ 포켓몬 게임

이러한 형태의 사례 중 하나가 포켓몬게임인데, 이 게임은 구글의 구글지도에 가상현실을 부가하여 증강현실(增强現實, augmented reality)을 구현하여 만든 게임입니다. 현실지도에 가상의 몬스트를 오버랩하여 증강현실을 만들고 게이머들은 게임이 깔려있는 스마트폰을 들고 게임속의 몬스터가 있는 현실장소에 직접 가야합니다.

놀라운 사실은 우리의 몸을 구성하고 있는 약 80조의 세포에는 각각 수많은 DNA(Deoxyribo Nucleic Acid, 유전자 핵산)가 들어있고, 그 DNA는 이미 4차 산업혁명 네트워크상의 객체와 같은 형태로 존재하고 있습니다. 인체에 일어나는 모든 일은 모든 DNA에 동시에 기록되면서 그 모든 DNA의 결합체인 인체에 구현됩니다. 모든 DNA는 모든 것이 될 수 있는 전능세포(全能細胞)의 잠재성을 가지고 있지만, 네트워크상에서 제각각 자기 위치에서 해야 할 역할만 수행하고 있습니다.

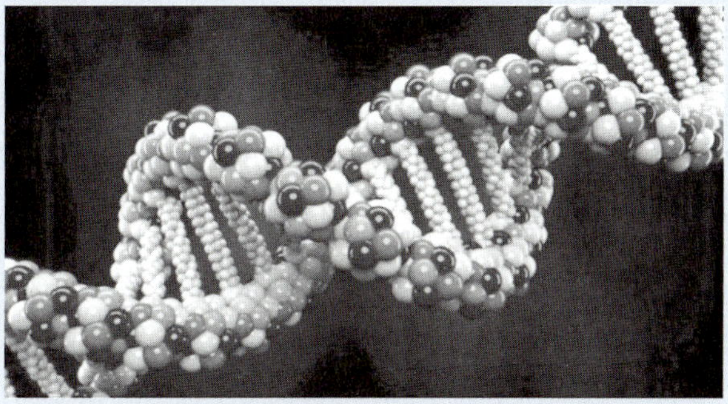

▲ 각 객체가 인체의 모든 정보를 내장하고 있는 DNA

4차 산업혁명 시대에서는 정보의 '삼신할매(중매자)'가 가장 유망한 분야가 될것입니다. 구글, 페이스북, 네이버, 카카오스토리, 네이버밴드 같은 소셜네트워크 시스템 업체에서 하고 있는 업의 본질은 바로 네트워크에 연결되어 있는 각 객체가 공유하는 정보를 중매하는 '삼신할매' 역할입니다. 지금 우리도 이 공간에서 그 삼신할매(온라인 언론)를 통해 이렇게 교류하고 있습니다.

4차 산업혁명은 기존의 모든 피라미드 구조의 헤게모니가 무너지고 모든 객체가 평등한 형태로 교류하는 세상을 열어가고 있습니다. 인공지능과 자동화로 인간이 설자리를 잃게 될지도 모른다는 두려움이 팽패하지만, 그동안 인간이 수행했던 반복적이고 힘들고 위험한 일들을 인공지능과 로봇이 수행하게 되면서 제조원가가 낮아져 모든 것이 풍족한 시대가 도래할 것입니다. 이 세상이 수많은 소멸의 위기를 겪으면서도 무너지지 않게 지탱해온 견고한 바탕이고, 지금 인류가 나아가고 있는 방향이기 때문입니다.

▲ 인류의 시원

새로운 세상에 대한 막연한 두려움, 걱정은 길 바닥의 돌멩이 하나도 움직이지 못합니다. 걱정보다는 차라리 기도나 축복이 낫고, 그 보다는 도래해 오는 세상을 이해하고 맞이하고 대비하는 태도가 필요한 시기입니다.

* 출처 : 중앙일보, 2017. 2. 6,
http://news.joins.com/article/21219558,
다운로드 및 편집 : 2017. 12. 27.

4.2 인류의 새로운 직업

4차 산업혁명이 성숙해지는 시대가 되면 기술과 산업들 간의 경계가 없어지고 융합될 것이며 인공지능이 사람이 할 수 있는 많은 일들을 대신할 수 있으므로 현재의 많은 직업들이 사라지게 될 것이다. 사람들은 여유있는 시간을 가지게 될 것이다. 그리고 사람들은 스스로의 행복한 삶을 위하여 수많은 다양한 새로운 직업들을 매일같이 창조하게 될 것이다. 1차 산업혁명에서 2차 산업혁명으로, 2차 산업혁명에서 3차 산업혁명으로, 3차 산업혁명에서 4차 산업혁명으로 전환될 때 마다 없어지는 직업을 걱정했지만 인류는 항상 새롭고 더 행복할 수 있는 직업들을 창조하여 왔듯이 4차 산업혁명의 시대에서도 더욱 행복한 직업들을 창조할 것으로 생각한다.

토론제목

1. 산업혁명의 역사
2. 4차 산업혁명의 특징
3. 통신속도의 세대별 발전상황
4. 4차 산업혁명의 중요 기술
5. 사물인터넷(IOT) 기술
6. 빅데이터 기술
7. 인공지능(AI) 기술
8. 기술과 기술간의 융합
9. 4차 산업혁명의 영향이 미칠 산업분야
10. 자율자동차 산업
11. 에너지 저장장치 산업
12. 가상 · 증강 · 혼합현실 산업
13. 산업과 산업간의 융합
14. 기술과 산업의 융합
15. 새로운 산업 시스템
16. 인류의 새로운 직업

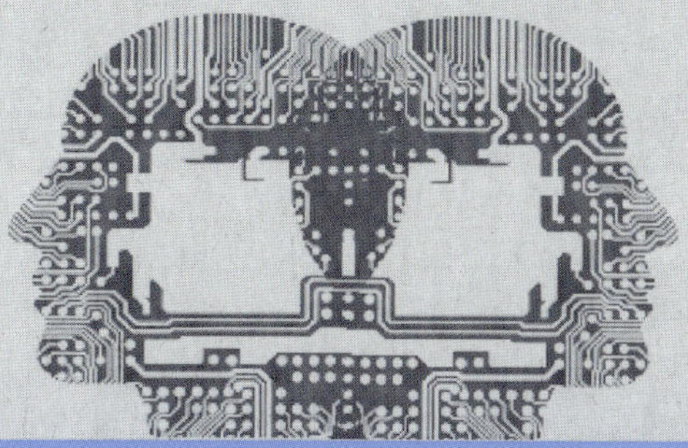

제 3 장
기술창업과 기술사업화

1. 기술창업

1.1 기술창업의 개념

창업은 기술, 인력, 자본 등의 자원을 적절하게 투입하여 제품 또는 서비스를 조달, 생산, 판매하는 새로운 형태의 기업을 설립하는 것을 의미한다. 창업은 여러 가지 종류가 있다. 생계형 창업과 기업형 창업, 개인창업과 법인창업, 제조업 창업과 서비스업 창업, 독자창업과 공동창업, 직접창업과 위탁창업, 그리고 기술을 기반으로 창업하는지 여부에 따라서 기술창업과 비기술창업 등으로 구분될 수 있다. 본 책에서 연구하고자 하는 기술창업은 다시 벤처창업과 일반창업으로 구분된다. 벤처창업은 첨단의 기술을 가지고 높은 위험이 있지만 높은 이익을 기대하면서 창업을 할 수 있으며 일반적이고 전통적인 기술을 가지고 창업을 하는 것을 말한다. 즉 기술창업은 벤처창업과 거의 유사한 의미로 사용되고 있다.

창업은 실패할 확률이 성공할 확률보다 훨씬 많다. 특히 벤처창업의 경우에는 성공하기가 더욱 어렵다. 벤처기업의 경우 성공할 확률은 2% 정도 되는 것으로 알려져 있다. 그러나 성공이 어려운 만큼 성공했을 경우에는 장점이 매우 많다. 주식 상장 등을 통하여 투자금의 몇 배 혹은 수십 배까지의 이익을 기대할 수 있으며, 최고의 전문가, 성공한 벤처인으로서의 명성을 얻을 수 있다. 벤처기업을 창업하여 성공한 창업가는 부와 명예를 한꺼번에 얻을 수 있는 매력이 있는 이유가 된다. 벤처기업은 또한 새로운 기술의 창출 및 확산, 고용창출 등의 효과로 사회에 공헌을 할 수 있기 때문에 사회적인 존경의 대상이 될 수 있다. 성공한 벤처 기업인은 부와 명예 그리고 사회적인 존경까지도 동시에 얻을 수 있기 때문에 수많은 젊은이들이 도전하고 있다.

〈사례 3-1〉은 일상생활에서 불편했던 것들을 해결할 수 있는 헛개나무 숙취음료 기업을 창업하고 성공한 사례를 보여 주고 있다.

사례 3-1 **미국서 숙취음료 돌풍**

사례연구

미국서 숙취음료 돌풍 … 석 달 만에 40만 병 팔아

과음하고 난 다음 날 아침이면 어김없이 후회한다. '어제 술을 조금만 마실 걸….' 머리는 아프고 속은 쓰리고 출근을 해야 하는데 몸은 천근만근이다. 해장이 절실한 순간이다.

한국인이라면 누구나 숙취를 해소하는 나름의 비법이 한 가지쯤 있다. 꿀물을 마시거나 헛개나무를 달인 물로 속을 달래기도 한다. 얼큰한 콩나물국이나 북엇국도 빼놓을 수 없다.

세계 국가마다 나름의 해장 음식은 있다. 폴란드에선 우유로 쓰린 속을 달래고 그리스에선 버터를 활용한다. 이탈리아에선 토마토나 올리브오일로 숙취를 해소하지만 한국만큼 '해장 문화'가 발달한 국가도 없다. '해장국'이라는 명칭의 음식이 있고 슈퍼마켓이나 편의점・약국에는 다양한 '숙취해소제'가 즐비하다.

햄버거나 피자로 해장한다고 소문난 미국에서 숙취해소 음료로 돌풍을 일으키고 있는 교포 청년이 있다. 스타트업 82 LABS 이시선(27) 대표다. 우연히 방문한 한국에서 접한 숙취해소 음료에 매력을 느껴 테슬라모터스를 그만두고 지난 7월 미국에서 숙취해소음료 회사를 창업했다. 창업 3개월 만에 매출은 30억원을 찍었다. 40만 병이 넘게 팔렸다.

질의 : 숙취해소음료를 만들었다. 공과대학을 나온 것으로 아는데.

응답 : "정확히 내가 개발한 것은 아니다. 한국에서 숙취해소음료를 마셔보고 흥미가 생겼고 관련 문서를 찾아봤다. 헛개나무가 숙취에 좋다는 내용이 담긴 중국의 고문서를 봤다. 한국에서도 헛개나무 얘기가 많았다. 최근 자료 중에서 2011년 미국 UCLA에서 숙취 관련 연구 논문을 쓴 의사가 있었다. 헛개나무 추출물이 숙취 해소 효능이 있다는 내용이었다. 메일을 보냈고 다음 달 바로 비행기를 타고 LA로 가서 얘기를 나눴고 제품을 만들어보기로 했다."

질의 :서양에는 해장이라는 개념이 딱히 없다. 미국에서 성공할 것이라고 확신했나.

응답 :"술을 마시면 다음 날 숙취가 있다는 사실은 한국인뿐 아니라 전 세계 모두가 안다. 미국을 선택한 이유는 술 시장이 크기 때문이다. 지난해 미국에서 소진된 물과 커피를 합한 것보다 술이 더 많이 팔렸다. 숙취에 시달리는 사람이 많고 숙취 해소를 원하는 수요가 많다는 의미다."

질의 : 캔디・젤리・환 등 다양한 형태의 숙취해소제가 있는데 음료를 선택한 이유는.

응답 : "환・파우더・음료 형태로 샘플을 만들어서 주변 사람들에게 나눠줬다. 환이나 파우더는 약이라는 인식이 있어 섭취하는데 조심스러워하는 경향이 있었다. 반면 음료는 이온음료를 마시듯 거부감 없이 편안하게 마시는 모습을 보고 음료로 결정했다."

질의 : 회사에 다니면서 창업 준비를 했다. 쉽지 않았을 것 같은데.

응답 : "요즘은 창업이 어렵지 않다. 이전에는 내가 어떤 제품을 만들려면 그 제품을 생산할 설비와 공장이 있어야 하고 자본금도 많아야 한다. 지금은 아이디어만 있으면 된다. 공장이 없어도 좋은 설비와 인력을 갖춘 OEM(주문자상표부착생산) 업체가 많아서 내가 원하는 제품을 만

들어준다. 자본금 조달도 '엔젤리스트'처럼 투자자와 연결해주는 소셜네트워크서비스(SNS)를 활용하면 된다. 꼭 창업해야겠다는 생각은 아니었지만, 그간 아이디어가 떠오를 때마다 소액으로 샘플을 만들고 주변 사람 반응을 살폈다. 숙취해소음료는 유독 반응이 뜨거웠다."

* 출처 : 중앙일보, 2017. 12. 13
http://news.joins.com/article/22199180
다운로드 및 편집 : 2017. 12. 27

1.2 기술창업 절차

기술창업의 절차는 아이디어 구체화, 창업팀 구성, 사업계획서 작성, 경영진 구성, 초기자금 조달, 벤처기업 설립, 업무시작 등의 순서를 따르며 [그림 3-1]과 같다.

그림 3-1 기술창업 절차

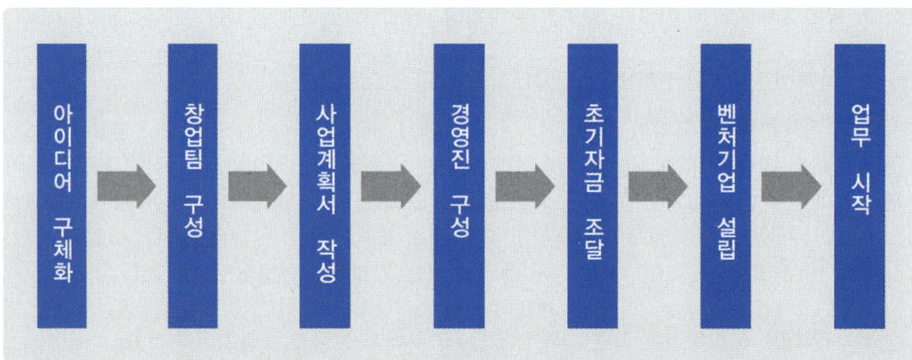

1.2.1 아이디어 구체화

창업을 구체화하기 위해서는 구상한 아이디어를 구체화해야 한다. 아이디어를 구체화하는 경우에 주의해야 할 사항을 살펴보면 다음과 같다. [그림 3-2]는 아이디어를 구체화할 경우에 주의해야 할 사항을 나타내고 있다.

① 경험분야

경험한 분야의 아이디어를 구체화하는 것이 성공확률을 높일 수 있다. 경험하지 못한 생소한 분야의 아이디어는 성공할 확률이 적어지게 되므로 가능한 본인이 경험했던 분야의 아이디어를 구상하고 구체화하는 것이 성공확률을 조금이라도 높일 수 있다.

② **통제**

스스로 위기관리를 통제할 수 있는 아이디어를 구체화해야 한다. 벤처기업은 기대이익도 크지만 성공하지 못할 확률이 97%를 상회하고 있는 것이 현실이다. 100개의 벤처기업이 창업되면 1~2개의 기업만이 성공할 수 있다는 의미이므로 창업 이후에 위험을 만나더라도 스스로 해결하고 통제할 수 있는 아이디어가 있다면 그만큼 성공확률을 높일 수 있을 것이다.

③ **도움**

지인들로부터 도움을 받을 수 있는 아이디어를 구체화해야 한다. 스스로 위기관리가 어려울 경우에는 주위의 지인들로부터 도움을 받을 수 있는 아이디어를 구체화한다면 창업 이후에 위험을 만나더라도 그만큼 성공확률을 높일 수 있을 것이다.

④ **장기적 이익**

장기적인 이익을 실현할 수 있는 아이디어를 구체화해야 한다. 기업은 단기간에 성공할 수 있는 것이 아니다. 벤처기업을 창업한 이후 1년 이내에 대성공을 얻을 수 있는 기업은 그렇게 흔하지 않다. 1~2년의 단기간에 이익이 나지 않을 경우에도 장기적인 비전이 있다면 벤처기업을 설립해 볼 가치가 있기 때문에 장기적인 계획으로 어려운 투자기간을 견뎌야 할 것이다.

그림 3-2 아이디어 구체화 시 주의사항

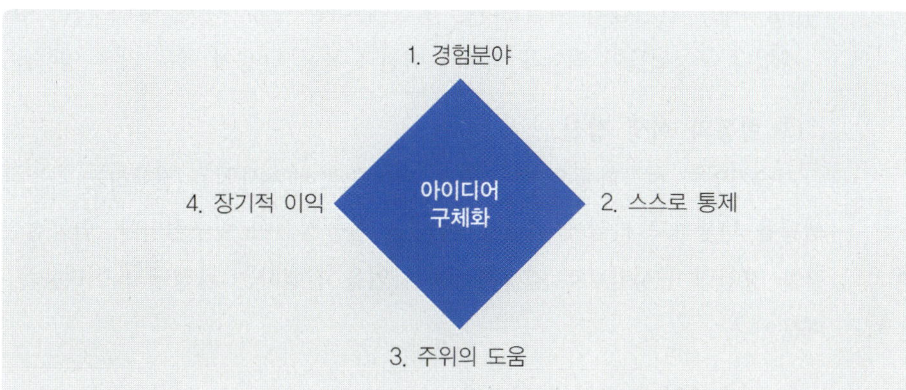

1.2.2 창업팀 구성

창업팀 구성은 벤처사업에 참여할 사람들을 결정하는 것을 의미한다. 벤처사업을 창업할 리더는 참여할 사람들의 역할과 능력, 팀워크를 위한 협동과 희생정신, 벤처사업에 대한 참여의지, 비전 공유 등을 확인하고 참여할 사람들을 결정해야 한다. [그림 3-3]은 벤처사업에 참여할 사람들을 결정할 경우에 주의해야 할 사항들이다.

그림 3-3 창업팀 구성

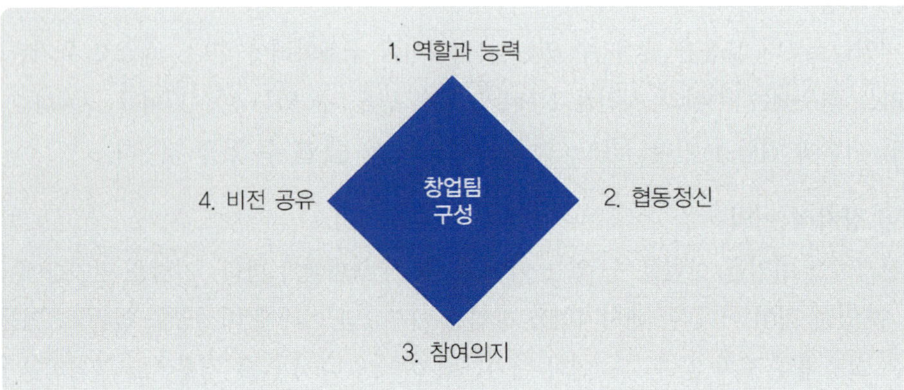

① **역할과 능력**

기술사업은 단기간에 이익을 창출하는 것이 어렵다. 대성공을 거두고 있는 기술기업의 경우에도 단기간의 이익보다는 비전에 대한 투자가치를 높이 사는 경우가 많다.

창업팀 구성원들의 역할과 의지가 비전과 목표 달성에 매우 많은 영향을 미치게 된다.

② **협동과 희생 정신**

기술기업의 성공확률은 매우 낮은 편이므로 벤처사업을 진행하는 과정에서 개인의 사생활을 희생하고 사업에 전념할 수 있는 협동정신이 필수적이다. 협동정신이 부족한 사람을 창업팀 구성원으로 결정해서는 사업을 진행하는 과정에서 어려움을 겪을 수 있기 때문이다.

③ **기술사업에 대한 참여의지**

기술사업을 시작하게 되면 매순간마다 의사결정하기가 어려운 경우가 많게 된다.

기술사업을 진행하는 중에 해결하기 어려운 문제가 발생했을 경우 문제해결을 포기하게 되는 경우가 있다. 해결하기 어려운 문제를 만났을 때 과거에 근무했던 직장에서의 편했던 환경으로 되돌아 가기를 원할 경우에는 벤처사업 자체가 더 이상 진행되기 어려울 경우가 발생할 수 있기 때문이다.

④ 비전 공유

기술사업에서 가장 중요한 것이 비전이며, 창업에 참여하는 사람들은 창업에 대한 비전을 공유해야만 한다. 현재의 사업이 어렵더라도 목표한 시점이 되면 목표를 달성할 수 있고 기술사업의 성공이라는 결과를 얻기 위해서는 기술사업에 참여한 모든 사람들이 비전에 대한 확실한 믿음이 있어야 한다.

1.2.3 기술사업계획서 작성

① 기술사업계획서 구성 내용

기술사업계획서의 구성 내용을 보면 비전, 목표와 핵심기술을 확보할 수 있는 기술사업에 대한 개요, 시장진입전략, 사업추진전략, 재무전략 등에 관하여 구체적인 계획서를 작성해야 한다. [그림 3-4]는 기술사업계획서를 구성하고 있는 내용을 나타내고 있다.

그림 3-4 기술사업계획서 구성 내용

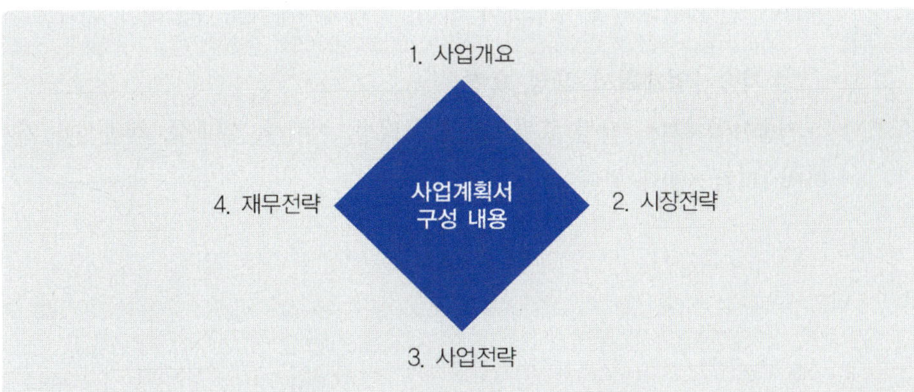

가. 기술사업 추진개요

사업추진 개요에는 벤처사업을 추진하게 될 최고경영자와 핵심인력에 대한 현황과 사업의 장단기에 대한 비전, 미션, 목표를 명확하게 한다. 그리고 핵심기술에 대한 보유현황, 보유기술의 완성도, 차별성에 대한 현황과 핵심기술을 보유한 연구인력의 현황 등에 대한 기술이 있어야 한다.

나. 시장진입전략

시장진입전략에서는 시장규모, 성장 잠재력, 경쟁기업 현황, 경쟁구조 등에 대한 시장현황, 목표시장, 목표고객에 대한 다양한 마케팅믹스 전략을 구체화해야 하고 실행해야 한다.

다. 기술사업추진전략

기술사업추진전략에서는 기술획득 방안, 제품생산 방안, 인력확보 방안에 대하여 구체적인 계획을 수립해야 한다. 기술획득 방안으로는 자체개발, 공동개발, 기술 도입 등의 방법 중에서 가장 적합한 방법을 구체화하며, 제품생산 방안으로는 소요 시설 및 장비의 투자 계획을 수립해야 하고, 인력확보 계획에서는 연도별 인력확보 및 운영계획을 수립해야 한다.

라. 재무전략

재무전략에서는 연도별 매출과 원가, 손익추정을 구체화하고, 단계별 자금조달 및 운용 방안인 자금계획을 수립해야 하며, 추정재무계획을 수립해야 한다.

② 기술사업계획서 작성 요령

기술사업계획서 작성 요령으로는 목적성, 이해성, 일관성, 객관성을 가지고 작성해야 하며 [그림 3-5]와 같다.

그림 3-5 기술사업계획서 작성 요령

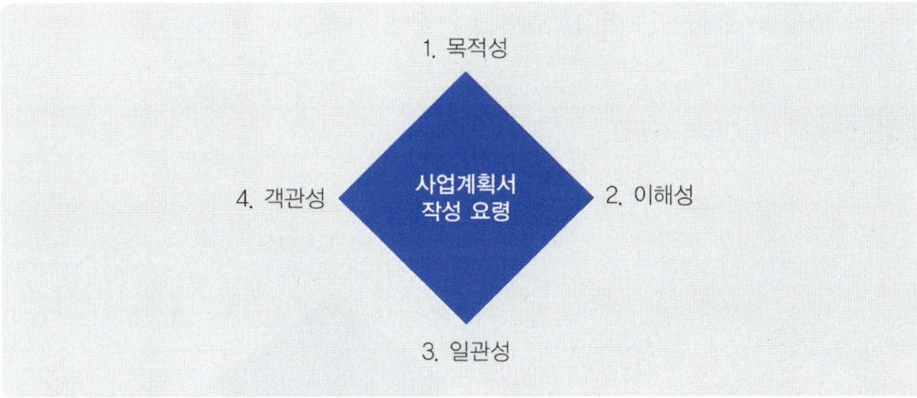

가. 목적성

기술사업의 목적을 명확하게 해야 한다. 즉 투자자, 채권자, 종업원, 주주 등의 이해관계자들이 관심을 가질 수 있도록 벤처기업의 설립에 대한 사업의 목적을 명확하게 한다.

나. 이해성

핵심기술과 사업에 대한 내용을 간결하고 명확하게 설명해야 하며, 이해관계자들이 쉽게 이해할 수 있도록 쉬운 용어를 선택해서 기술사업계획서를 작성해야 한다.

다. 일관성

기술사업계획의 타당성을 확보할 수 있도록 항목별로 논리적이고 합리적으로 작성해야 한다.

라. 객관성

기술사업계획서에는 기술사업에 대한 신념과 의지를 표현해야 하지만, 의지를 너무 앞세우다 보면 논리성이 부족하게 되어 이해관계자의 이해를 얻기 어렵게 될 수 있으므로, 객관적인 증거를 제시하여 사업계획의 신뢰성을 확보할 수 있어야 한다.

1.2.4 기술기업의 경영진 구성

기술기업의 경영진은 대체로 최고경영자(CEO, Chief Executive Officer), 업무책임경영자(COO, Chief Operating Officer), 기술책임경영자(CTO, Chief Technology Officer), 마케팅책임경영자(CMO, Chief Marketing Officer), 재무책임경영자(CFO, Chief Finance Officer) 등이 있으며, [그림 3-6]과 같다.

그림 3-6 기술기업의 경영진

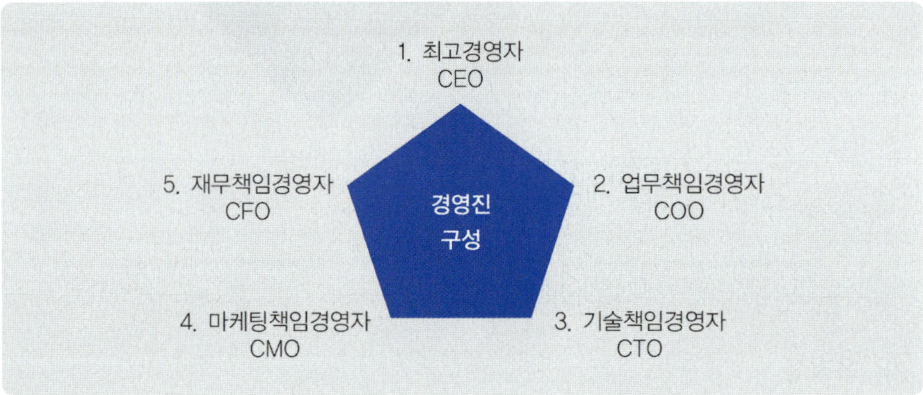

가. 최고경영자

최고경영자(CEO, Chief Executive Officer)는 경영방침 및 중장기 계획을 수립하고 경영전체를 최종 책임지는 경영자이다.

나. 업무책임경영자

업무책임경영자(COO, Chief Operating Officer)는 최고경영자의 전략과 방침에 따라 사업 및 일상적인 업무를 총괄하고 업무집행에 있어서 최종 책임경영자이다.

다. 기술책임경영자

기술책임경영자(CTO, Chief Technology Officer)는 혁신제품에 대한 전략을 수립하고 연구개발을 추진하며 기술도입 및 기술보호를 위한 특허관리 등의 업무를 담당하게 된다. 즉 기술을 효과적으로 획득하고 관리하며 활용하기 위한 모든 활동을 총괄하는 최종 책임경영자이다.

라. 마케팅책임경영자

마케팅책임경영자(CMO, Chief Marketing Officer)는 시장의 변화를 분석하고 고객욕구의 변화를 파악하여 마케팅전략을 수립하고 시장과 고객을 효율적이고 효과적으로 유지하고 확대할 수 있는 업무를 총괄하는 최종 책임경영자이다.

마. 재무책임경영자

재무책임경영자(CFO, Chief Finance Officer)는 기업의 재무제표를 작성하고 분석하여 자금흐름을 파악하고 필요한 자금을 조달해야 하며 경영전략을 점검하고 투자자를 관리하는 업무를 담당하면서 경리, 자금, 예산편성 등의 재무영역을 총괄하는 최종 책임경영자이다.

1.2.5 초기자금 조달

초기자금 조달의 단계는 기업을 설립하고 초기운영하는 데 소요되는 자금을 조달하는 단계이다. 자금을 조달하는 방법으로는 자기자본, 은행융자, 벤처캐피털의 투자유치, 정부지원자금 활용 등의 방법 중에서 최적의 방법을 선택하여 초기자금을 조달한다.

초기자금을 조달하는 경우에 순수한 자기자본으로 사업을 시작하는 방법 이외에는 모두 타인자본이 된다. 즉 타인자본을 확보할 경우에는 금융기관이나 투자자들을 설득해야 하므로 기술사업계획서의 논리성을 우선적으로 개발해야 한다.

1.2.6 기업 설립

초기자금이 확보되면 절차에 따라 회사를 설립한다. 먼저 개인사업자로 창업할 경우에는 사업장이 위치한 소재지의 세무서에 사업자 등록을 신청하는 것만으로 회사의 설립이 완성된다. 그러나 법인사업자로 회사를 설립하는 경우에는 법원에 설립등기를 마쳐야 하는데 이때 필요한 서류를 보면 정관, 주식발행 동의서, 잔고증명서, 임원취임 승낙서 등이 필요하게 된다.

그리고 개인사업자와 법인사업자 모두 행정관청으로부터 사업인가를 먼저 받아야 하는 경우가 있는데 인허가 대상인 사업인 경우이다. 인허가 대상 업종임에도 불구하고 인허가를 받지 않게 되면 사업장 폐쇄, 벌금, 과태료 등의 불이익을 받을 수도 있으므로 주의해야 한다.

이외에도 4대 보험에 가입해야 하고, 취업규칙을 작성하여 지방노동청에 신고해야 하는 등의 행정적인 조치들이 필요하다.

1.2.7 업무시작

회사를 설립한 이후에는 본격적으로 업무를 시작하는 단계이다. 기술인력 등의 필요한 인력을 확보하고 신속하게 첫 제품을 생산하여 출시해야 한다. 연구개발의 지연으로 시장 출시가 늦어지게 되면 투자자 등의 이해관계자들로부터 걱정스러운 관심을 받게 되어 회사를 운영하는 데 어려움이 따를 수 있다. 아이디어를 구체화하여 연구개발하게 되는 신제품은 많은 시행착오를 겪게 된다. 당초에 계획한 대로 연구개발의 일정을 지키기에는 많은 어려움이 따르기 마련이다. 대부분의 벤처기업들이 사업초기부터 어려움을 겪게 되는 이유가 되고 있다. 특히 첫 제품의 연구개발이 완성되지 않은 상태에서 사업을 확장하는 경우에는 운영자금의 부족으로 인하여 벤처사업을 실패할 확률이 점점 더 증가하게 되므로 주의해야 한다.

1.3 정부의 기술창업 지원정책

정부는 벤처기업의 창업을 지원하기 위하여 각종 지원정책을 시행하고 있다. 정부의 지원정책을 유형별로 살펴보면 크게 조세감면, 금융지원, 경영지원 등이 있으며 [그림 3-7]과 같다.

그림 3-7 기술창업 지원정책

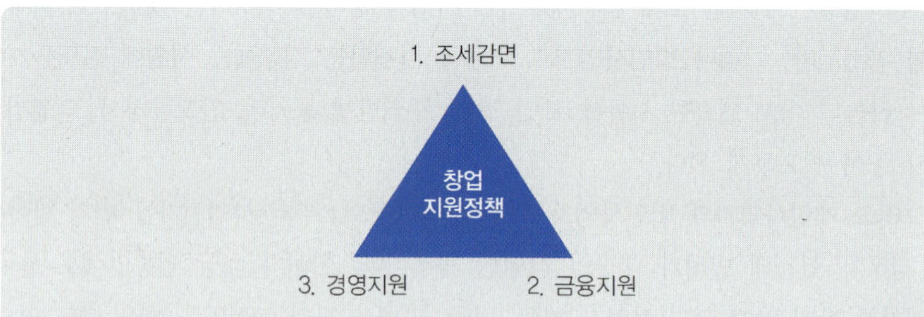

1.3.1 조세감면

조세감면에는 직접감면과 간접감면이 있다. 직접감면은 비과세, 세액감면, 세액공제와 같이 세액의 일부 또는 전부를 감면해 주는 것을 의미하고 간접감면은 현재 납부해야 할 세액을 일정기간 유예해 주는 것을 의미한다. 정부가 중소기업 등의 창업기업에게 조세감면의 혜택을 제공하는 것은 창업을 유도하고 창업기업의 재정적 부담을 덜어 주기 위함이다. 창업기업에게 혜택을 제공하고 있는 조세감면제도를 구체적으로 보면 법인세, 등록세, 취득세, 재산세, 인지세 등이 있다.

① 법인세

법인세의 조세감면제도는 중소기업 및 벤처기업이 창업 후 소득발생연도부터 4년간 매년 납부할 법인세의 일정률을 감면하는 제도이며 50%에 상당하는 세액을 감면하는 것을 의미한다.

② 등록세

등록세의 조세감면제도는 중소기업 및 벤처기업이 창업일 혹은 벤처 확인일로부터 4년 내에 취득하는 사업용 재산의 등록세를 면제하고, 창업중소기업의 법인설립 등록세를 감면하는 의미한다.

③ 취득세

취득세의 조세감면제도는 중소기업 및 벤처기업이 사업을 운영하기 위하여 창업일 혹은 벤처 확인일로부터 취득하는 사업용 재산의 취득세를 감면하는 것을 의미한다.

④ 재산세

재산세의 조세감면제도는 중소기업 및 벤처기업이 소유하는 사업용 재산의 경우에는 창업일 혹은 벤처 확인일로부터 5년간 재산세의 일정률을 감면하는 제도이며 50%에 상당하는 세액을 감면할 수 있는 제도이다.

⑤ 인지세

인지세의 조세감면제도는 중소기업 및 벤처기업이 창업 후 2년 이내에 금융기관에 제출하는 융자관련 문서에 필요한 인지세를 면제하는 제도이다.

1.3.2 금융지원

창업기업에 대한 금융지원제도는 크게 출연, 융자, 보증, 투자로 구분되며 [그림 3-8]과 같다.

그림 3-8 금융지원제도

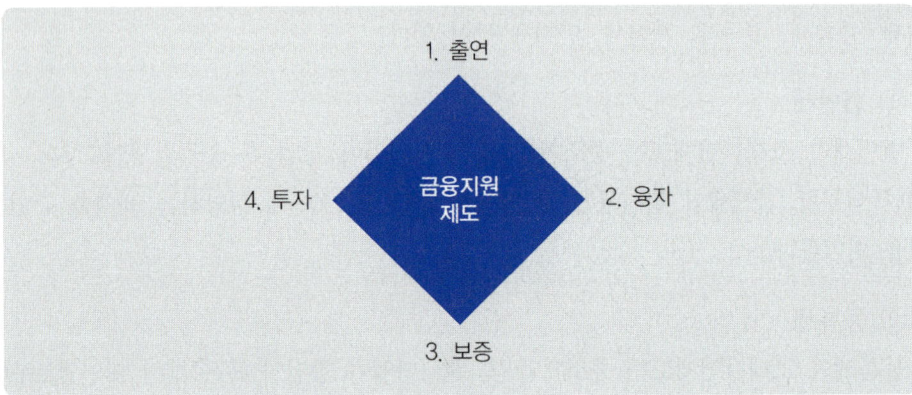

① 출연

출연은 정부가 기업에게 사업비의 일부를 지원하고 성공할 경우에만 지원금의 일부를 기술료로 징수하는 제도이다. 다른 금융지원보다 지원조건이 덜 까다로우며, 상환 부담도 거의 없기 때문에 자본력과 신용도가 취약한 창업초기의 기업에게 적합한 제도이다.

② 융자

융자는 출연에 비해서 지원하는 규모가 크고 자금의 사용도 자유롭지만, 원리금과 이자를 전액 상환해야 한다. 담보력이 취약할 경우에는 융자금액이 제한되기도 한다.

③ 보증

보증은 기업이 은행으로부터 대출을 받을 경우에 신용보증을 정부가 하는 제도이다. 창업하는 중소기업 혹은 벤처기업이 은행의 대출금을 상환하지 못할 경우에는 정부가 이를 대신 갚아주는 신용보증제도이다. 사업의 성공이 불투명하고 위험도가 큰 청년창업 특례보증의 경우가 있다.

④ **투자**

정부가 투자하는 방법은 창업투자회사의 펀드결성에 필요한 자금의 일부를 출자하는 제도를 운영하고 있다. 창업투자회사의 위험을 정부가 부담함으로써 투자회사의 위험을 경감할 수 있다. 창업투자회사가 중소기업 혹은 벤처기업의 사업성과 기술만을 보고 투자하는 것은 위험성이 매우 높다. 창업기업이 부도가 나거나 성장이 지연될 경우에는 투자금의 손실과 함께 기회수익의 손실도 감수해야 하기 때문에 창업투자회사에 대한 정부의 투자는 중소기업 및 벤처기업에게 위험도를 경감시켜 주고 있다. 창업투자회사는 창의성과 사업성은 있으나 자금력이 부족한 창업자에게 투자 형태로 지원하는 벤처캐피털기업을 의미하며 〈사례 3-2〉는 창업투자회사들의 성장에 관한 내용을 보여 주고 있다. 창투사들이 성장하는 것은 벤처기업들의 지원이 활발하고 벤처기업들이 성공하고 있음을 의미하고 있음을 알려 준다.

사례 3-2 창업투자회사 성장 현황

사례연구

뛰는 코스닥, 나는 창투사 … 린드먼아시아 등 상장채비

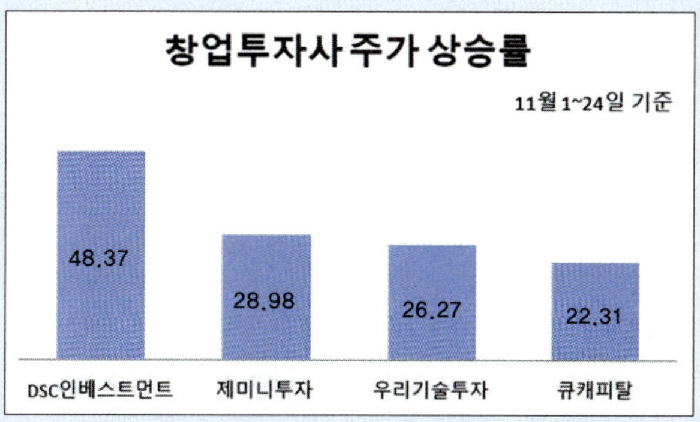

창업투자회사가 코스닥 상승세에 올라탔다. 코스닥과 벤처 업종 투자를 늘리겠다는 정책 기대감이 반영됐다.

코스닥이 상승세를 이어가면 창투사 수익성도 극대화된다. 이 같은 분위기를 맞아 기업공개를 검토하는 창투사도 늘었다. 이달 9개 상장 창투사 주가는 모두 상승 그래프를 그렸다. 특히 DSC인베스트먼트는 이달 들어 48.37% 상승했다. 제미니투자 · 우리기술투자 · 큐캐피탈도 20% 이상 올랐다.

벤처 투자 활성화에 나선 정부 덕에 수혜가 예상된다. 정부는 향후 3년 간 총 30조원 규모 자금을 벤처에 투입한다. 모태펀드도 8600억원으로 역대 최대 규모다. 연기금도 5000억원 규모 벤처펀드에 가세했다. 해당 자금은 창투사로 들어와 벤처업계로 흘러들어간다.

창투사는 운용 자금 일정 부분을 수수료를 받는 구조다. 운용 규모가 늘어나면 자연히 수익이 늘어난다. 코스닥 상승세도 반갑다. 창투사는 상장 전에 지분을 확보한다. 투자한 기업이 상장 후 주가 흐름이 좋을수록 이익이다. 주식 시장이 좋을수록 공모주 시장에 자금이 몰린다. 최근 5년 간 코스닥 신규 상장사 절반 이상이 창투사가 투자한 기업이다.

* 출처 : 매일경제, 2017. 11. 26
http://news.mk.co.kr/newsRead.php?year=2017&no=783444
다운로드 및 편집 : 2017. 12. 27.

〈사례 3-3〉은 기술창업을 지원하는 TIPS에 관한 내용이다.

사례 3-3 TIPS 기술창업 지원

사례연구

기술창업 어떻게 이뤄지나…'팁스' 그랜드 컨벤션 개최

중소벤처기업부는 20일 서울 역삼동 팁스타운에서 '2017 팁스(TIPS) 그랜드 컨벤션'을 개최했다. 팁스는 민간이 창업기업을 선별・추천하면 민간 투자와 정부 연구개발(R&D)을 연계 지원해주는 프로그램이다. 이날 행사는 '기술 창업-엔젤 투자-성장-후속 투자' 등 기업성장 단계에 따른 지원 프로세스를 살펴볼 수 있게 구성됐다.

1부 행사에선 한국공학한림원 주관으로 '4차 산업혁명과 기술의 미래'를 주제로 한 특별대담과 우수 창업팀 12개팀이 참여하는 '팁스 파이널 IR 피칭'이 열렸다. 2부에선 그간 혁신창업 생태계 활성화에 기여한 팁스 창업팀과 운영사 등에 주는 '팁스 어워드' 시상식이 개최됐다. 이와 함께 팁스 창업팀과 산업은행・ 벤처캐피털(VC)의 후속투자 협약식이 열렸다.

중기부는 이날 행사에서 기술보증기금과 최대 50억원 한도 전용 기술보증 프로그램 신설을 위한 업무협약을 체결했으며, 스타트업의 애로사항을 해소하고 지원체계를 강화하기 위해 팁스타운에 '서포팅허브'를 개소했다. 행사에는 최수규 중기부 차관과 국회 산업통상자원중소벤처기업위원회 장병완 위원장, 4차 산업혁명위원회 장병규 위원장 등이 참석했다. 중기부는 내년에 팁스 프로그램에 총 1천62억원의 예산을 투입할 예정이다.

2013년 6월부터 운영된 팁스 프로그램으로 현재까지 창업팀 364개가 육성됐다. 국내외 민간투자로는 총 5천49억원(엔젤투자 717억원+후속투자 4천332억원)을 유치했다.

* 출처: 매일경제, 2017. 12. 20
http://news.mk.co.kr/newsRead.php?year=2017&no=841237
다운로드 및 편집 : 2017. 12. 27

〈사례 3-4〉는 기술창업을 (사)한국엔젤투자협회를 통하여 정부가 지원하는 프로세스를 보여 주고 있다.

사례 3-4 정부가 기술창업을 자금지원하는 프로세스

사례연구

기술창업을 자금지원하는 프로세스

[기술창업 추진절차]

기술창업자는 사업계획서를 (사)한국엔젤투자협회에서 인정하는 창업투자 운영기관(기업 혹은 단체)에 접수하게 되면, 운영기관은 일정한 기간 이내에 투자심사를 시행하게 되고, 기술창업을 관리하는 기관인 (사)한국엔젤투자협회로 과제를 추천하게 된다. (사)한국엔젤투자협회는 사업계획서를 서면평가 및 대면평가를 시행한 다음에 전문기관인 사업심의조정위원회의 심의를 거쳐서 창업에 대한 협약을 하게 되고 사업을 수행하게 된다. 운영기관은 현재 10개의 기업 혹은 단체가 선정되어 운영되고 있다.

[창업자금지원]

기술창업의 심의에 대한 모든 과정이 완료되면 관리기관과 운영기관이 각각 5:1의 비율로 자금을 투자할 수 있으며, 자금의 규모는 관리기관은 최대 5억 원 이내에서 지원할 수 있으며, 일정한 기간이 경과한 다음에 사업이 성공할 경우에는 10%에 해당하는 금액을 창업기술료로 환수하게 된다. 운영기관이 투자한 금액은 기술창업한 기업의 지분을 확보하는 등의 방법을 활용할 수 있다.

구분	보육 기간	총사업비			
		창업사업화자금	기술개발자금(R&D)		
		엔젤투자금 (운영기관)	정부출연금	민간부담금	
				현금	현물
창업팀 (1개팀 기준)	2~3년 이내	1억원 내외 (정부출연금 20% 이상)	최대 5억원	해당금액	해당금액
			기술개발자금의 90% 이내	기술개발자금의 2% 이상	기술개발자금의 8%이상

* 출처 : (사)한국엔젤투자협회, 2014. 2. 7.
http://www.globalrnd.or.kr/
다운로드 및 편집 : 2017. 12. 27.

1.3.3 경영지원

경영지원제도는 정부가 중소기업 혹은 벤처기업의 조직 및 인력이 부족한 어려움을 해소시켜 주고 기업의 역량을 강화할 수 있도록 경영을 지원하는 제도이다. 정부는 기술개발, 생산, 판매 등 경영전반에 관한 컨설팅을 제공하고, 전문적인 경영에 관련한 교육, 전시회 참가, 해외 투자유치에 관해서도 지원하고 있다.

1.4 벤처기업

1.4.1 벤처기업의 의미

네이버 지식백과의 두산백과에 의하면 "벤처기업은 첨단의 신기술과 아이디어를 개발하여 사업에 도전하는 기술집약형 중소기업"이라고 정의하고 있다. 첨단의 신기술과 아이디어를 개발하여 사업에 도전하는 창조적인 중소기업으로 한국에서는 연구개발형 기업, 기술집약형 기업, 모험기업 등으로 부르며, 한편으로는 위험기업이라고도 부른다. 벤처기업협회에서는 "개인 또는 소수의 창업인이 위험성은 크지만 성공할 경우 높은 기대수익이 예상되는 신기술과 아이디어를 독자적인 기반 위에서 사업화하려는 신생중소기업"으로 정의하고 있다. 벤처기업에 대한 의미를 종합해 보면 "벤처기업은 우수한 신기술을 바탕으로 사업을 운영하는 기업으로서 위험성이 매우 크지만 성공하게 되면 고수익이 예상되는 도전적인 기업"을 의미하고 있다. 최근에는 대기업에서도 벤처기업의 장점을 이해하고 참여하는 경우가 많다. 대기업에서 참여하는 벤처사업의 경우를 보면 합작벤처 · 내부벤처 등의 형태가 있다.

1.4.2 벤처기업의 특징

벤처기업에 대한 주요 특성을 요약하면 아이디어의 상업화, 하이리스크 하이리턴, 도전정신 등이 있으며 [그림 3-9]와 같다.

그림 3-9 벤처기업의 특징

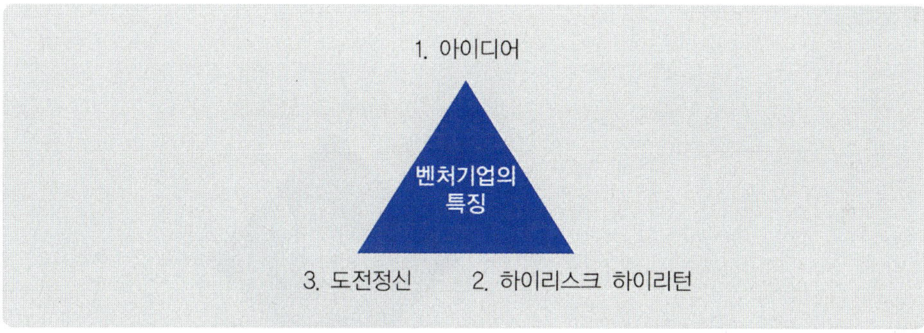

① 아이디어의 상업화

벤처기업은 혁신기술을 보유하고 있는 소수의 기술인력들이 혁신적인 아이디어를 구체화하고 상업화하기 위하여 창업한 중소기업이다. 일반적이고 전통적인 기술을 보유한 기업인들이 창업한 중소기업은 벤처기업이라고 하기 어렵다.

② 하이리스크 하이리턴

벤처기업은 매우 높은 위험부담이 있지만 성공할 경우 매우 높은 기대이익을 예상할 수 있다. 하이리스크 하이리턴(High Risk High Return)이라는 말이 적용되는 경우이다.

③ 도전정신

벤처기업은 도전정신이 왕성한 모험적인 기업가 정신을 가진 전문기술인력에 의하여 창업되고 운영된다. 혁신적인 기술을 보유하고서 창업한 벤처기업의 경우에도 성공 확률이 매우 낮은 것이 현실이므로 벤처기업을 창업하는 벤처기업인에게는 용기 있는 도전정신이 반드시 필요하다.

1.4.3 벤처기업의 요건

우리나라의 '벤처기업육성에 관한 특별조치법'에 의하면, 벤처기업의 자격요건은 벤처투자 요건, 연구개발 요건, 기술평가보증 요건, 기술평가대출 요건 등으로 구분되며 [그림 3-10]과 같다.

그림 3-10 벤처기업의 자격요건

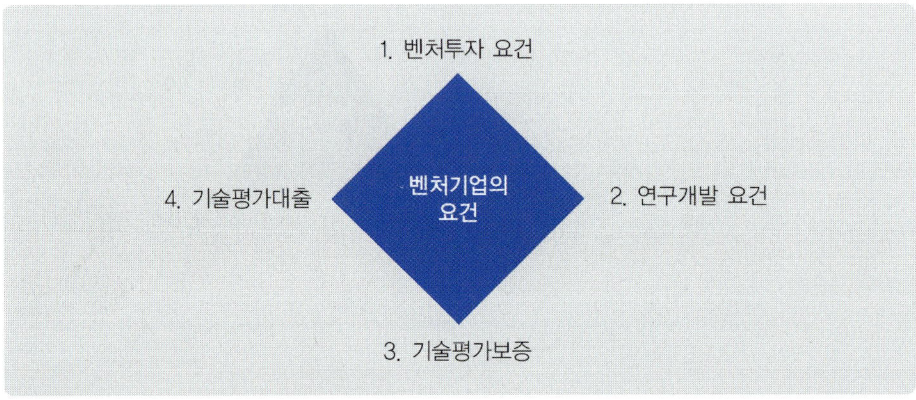

① 벤처투자 요건

벤처투자기관으로부터 투자받은 금액이 5천만 원 이상이면서 자본금의 10% 이상이어야 한다.

② 연구개발 요건

기업에서 운영하는 연구소를 보유해야 하며 기술의 사업성이 우수해야 한다. 기업을 창업한 지 3년 미만인 기업의 경우에는 벤처확인요청일 직전 연구개발비가 5천만원 이상이어야 하고, 3년 이상인 기업의 경우에는 직전 연구개발비가 5천만 원 이상이어야 하면서 동시에 매출액 대비 연구개발비의 비율이 6~10%(업종별로 차이가 있음) 이상이어야 한다.

③ 기술평가보증 요건

기술보증기금으로부터 기술이 우수함을 평가받아야 하고, 기술보증기금의 보증으로 대출을 받아야 한다. 그리고 대출의 합산금이 8천만 원 이상이면서 총자산 대비 비율이

5% 이상이어야 한다.

④ **기술평가대출 요건**

중소기업진흥공단으로부터 기술이 우수하다는 평가를 받아야 하며, 중소기업진흥 공단의 대출을 순수한 신용으로 받아야 한다. 그리고 대출의 합산금이 8천만원 이상이면서 총자산 대비 비율이 5% 이상이어야 한다.

2. 기술사업화

2.1 기술사업화의 개념

'기술이전 촉진법'에 의하면 기술사업화(Technology Commercialization)는 개발된 기술을 이용하여 제품을 개발하고 생산하며 판매하거나 그 과정에서 관련 기술의 향상에 적용하는 것이라고 정의되고 있다. 기술사업화는 기업에서 확보한 혁신기술의 가치를 실현하기 위해서 기술을 이전하거나 확산하거나 또는 새로운 제품 및 서비스상품을 연구개발하여 수익을 확보하는 과정을 의미한다.

기술사업화는 벤처기업에만 국한된 사업만은 아니다. 벤처기업이든 전통적인 일반기업이든 사업을 지속하기 위해서는 항상 새로운 기술을 확보해야 하고 새로운 제품과 서비스를 창출해야 한다. 일반기업에서도 벤처기업과 같은 수준의 혁신제품을 연구개발하여 기술사업화를 지속해야 기업을 지속할 수 있을 것이다.

벤처기업이 성공하여 대기업으로 성장한 사례를 주위에서 쉽게 볼 수 있다. 우리가 흔히 알고 있는 외국의 야후, 페이스북, 구루폰 등의 기업들과 국내의 BBQ, 카페베네, 네이버, 다음, 티몬, 쿠팡, 카카오톡 등과 같은 기업들은 벤처기업으로 시작해서 우량대기업으로 성장한 사례들이다. 이러한 성공한 벤처기업들과 기존의 우량기업들이 지속적으로 유지되고 성장하기 위해서는 지속적으로 혁신적인 기술을 활용해서 혁신적인 제품 또는 서비스상품을 연구개발해야 한다. 즉 항상 새롭고 혁신적인 신기술을 획득하고 연구개발하여 사업화를 해야 기업이 지속될 수 있을 것이다. 아무리 성공한 벤처기업이라고 할지라도 어느 한순간 만족하고 쉬게 되면 곧장 도태될 수 있기 때문이다. 성공한 벤처기업이 지속하기 위해서는 기술사업화를 지속해야만 한다.

2.2 기술사업화의 단계

기술사업화는 연구개발된 혁신적인 기술을 활용하여 기술의 잠재가치를 현실화시키는 과정이기 때문에 결국 사업화를 통하여 이윤을 창출하는 과정이다. 이러한 기술사업화의 단계는 보유기술 분석, 사업화 계획, 사업가치 창출의 단계를 거치게 되며 [그림 3-11]과 같다.

그림 3-11 기술사업화의 단계

2.2.1 보유기술 분석

기업이 보유한 기술은 특허, 기술자료, 노하우 등이 있다. 기업을 경영하는 과정에서 제품을 연구개발할 수 있는 제품기술뿐만이 아니라 제품을 연구개발하고 생산하며 판매하는 모든 과정을 효율적으로 운영할 수 있는 프로세스기술도 포함된다. 제품기술과 프로세스기술에 관련되는 기업운영에 필요한 모든 기술들이 특허, 기술자료, 노하우 등의 수단으로 확보되고 유지되고 있다. 이러한 보유하고 있는 기술들을 분석하여 다음의 혁신제품을 연구개발한다면 기술사업의 영역이 지속적으로 확산될 수 있을 것이다.

2.2.2 사업화 계획

사업화 계획은 환경분석, 시장조사, STP전략, 마케팅믹스, 투자계획 등의 과정으로 계획을 수립해야 하며 [그림 3-12]와 같다.

그림 3-12 사업화 계획 과정

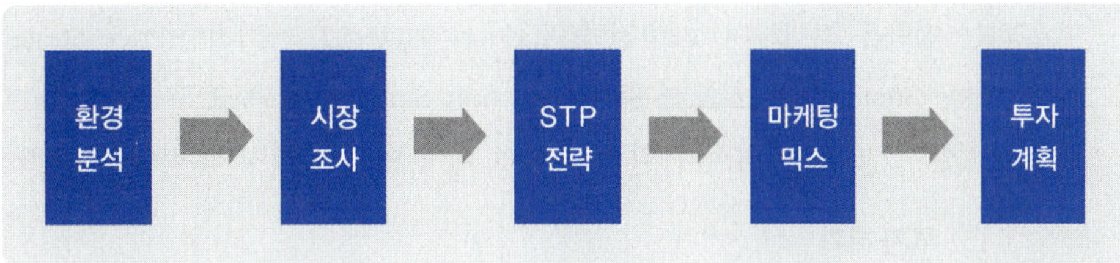

① 환경분석

기업의 내부와 외부 환경을 분석한다. 흔히 알려져 있는 SWOT 분석도구를 활용하면 편리하다. 기업 내부의 강점(Strength)과 약점(Weakness)요인을 분석하고 기업 외부의 기회(Opportunity)와 위협(Threat)요인을 분석하여 강점과 기회요인을 더욱 더 활용할 수 있는 방안을 강구하고 약점과 위협요인에 대해서는 대응방안을 강구해야 할 것이다. 환경분석을 위해서는 SWOT분석과 함께 시장의 크기와 시장의 성장률을 비교 분석할 수 있는 BCG분석과 마이클포터가 제시한 경쟁환경분석 등을 활용하면 효과적일 것이다.

② 시장조사

기술을 활용하여 연구개발한 혁신적인 아이디어제품이 고객과 시장에서 어떻게 반응할지 혹은 고객의 생각은 어떤지를 조사하고 고객별로 다양하게 분석해야 한다. 아무리 좋은 혁신적인 제품일 경우에도 고객이 원하지 않거나 현재 필요하지 않은 제품이라고 한다면 혁신제품으로서의 가치를 상실하기 때문에 반드시 아이디어제품에 대한 고객의 반응과 시장의 규모에 관하여 사전에 면밀하게 조사를 해야 한다.

③ STP전략

혁신적인 기술을 활용한 혁신적인 제품에 대한 고객반응과 시장의 규모에 대한 조사가 완성된 다음에는 구체적인 STP전략을 수립해야 한다. STP전략은 전체 시장을 가능한 서로 다른 특성의 시장으로 세분화하는 시장세분화전략(Segmentation Strategy), 세분화된 시장들 중에서 가장 공략하기 용이한 시장을 선택하여 표적으로 공략하는 표적시장전략(Targeting Strategy), 그리고 기업에서 시장진입을 원하는 혁신제품에 대한 고객이 생각하는 마음속의 위치를 설정할 수 있는 포지셔닝전략(Positioning Strategy, 심리적 위치화 전략) 등의 단계적 전략을 수립해야 함을 의미한다.

④ **마케팅믹스**

마케팅믹스(Marketing Mix)는 기업에서 투자할 수 있는 마케팅 자원을 적정하게 믹스하는 전략을 의미하며, 제품전략(Products Strategy), 가격전략(Price Strategy), 유통전략(Place Strategy), 프로모션전략(Promotion Strategy)의 중요도에 따라서 기업의 목표를 달성할 수 있도록 최적의 믹스를 하게 되며 이를 마케팅 4P전략이라고도 한다.

⑤ **투자계획**

마케팅믹스전략을 실행할 수 있는 투자계획을 구체적으로 수립해야 한다. 분야별 · 일정별로 수립된 투자계획에 따라 자금을 확보할 수 있는 계획을 수립해야 한다.

2.2.3 사업가치 창출

혁신제품이 시장에 성공적으로 진입한다는 의미는 사업화 계획서를 수립할 시점에서 설정했던 목표와 동일한 혹은 그 이상의 사업가치(Business Value)를 창출한다는 의미이기도 하다. 따라서 기술사업화 과정에서 수립하였던 사업가치의 목표를 달성할 수 있도록 관련 종업원들은 최대의 노력을 해야 할 것이다. 사업가치의 내용을 보면 목표시장의 크기, 목표고객, 매출규모, 시장점유율, 원가 및 비용률, 손익 등이 있다.

2.3 기술사업화의 타당성

혁신적인 기술을 이용한 혁신제품을 연구개발하여 사업을 추진하더라도 사업성이 검증되지 않은 사업은 성공확률보다 성공하지 못할 확률이 매우 크다. 위에서 살펴보았던 사업화 계획을 면밀하게 분석하여 사업의 타당성을 검증해야 할 것이다. 이러한 과정을 거쳐서 기술 혹은 비즈니스 모델(Business Model)에 대한 경제성에 대하여 사전에 검증함으로써 투자비용의 낭비요인을 제거하고 부족한 점들을 보완해야 할 것이다.

기술사업화의 타당성을 검증할 수 있는 방법으로는 기술성 평가와 사업성 평가가 있으며, [그림 3-13]과 같다.

그림 3-13 기술사업화의 타당성 평가

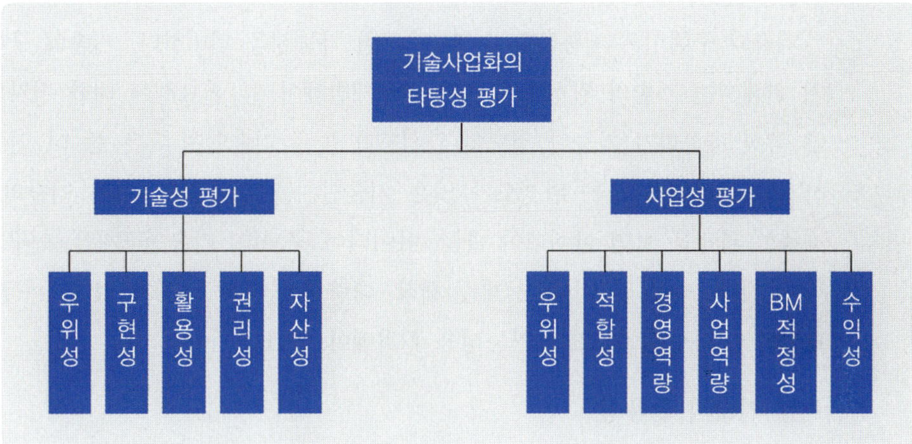

2.3.1 기술성 평가

기술성 평가는 [그림 3-13]과 같이 기술의 우위성, 구현성, 활용성, 권리성, 자산성에 관하여 구체적으로 평가해야 한다.

① 기술의 우위성

기술의 우위성은 기술의 첨단성, 신뢰성, 대체성 등으로 평가할 수 있다.

가. 기술의 첨단성

평가대상의 기술이 발전방향을 잘 반영하고 있는지 또는 경쟁사의 기술보다 우월성이 있는지를 평가한다.

나. 신뢰성

기술의 신뢰성은 시간의 경과에 따라서 동일한 수준의 기술을 지속할 수 있어야 함을 의미한다. 아무리 혁신적인 기술이라 하더라도 지속적으로 기술을 구현할 수 없다면 사업화가 어렵게 될 것이다.

다. 대체성

평가대상의 기술을 대체할 수 있는 기술이라면, 대체기술의 연구개발비용이 더욱 저렴하다면 사업화가 매우 어렵게 될 것이다. 대체기술이 존재하고 있는 기술은 아무리 새로운 기술이라고 하더라도 혁신적인 기술이라고 보기는 어렵기 때문이다.

② 기술의 구현성

기술의 구현성은 제품화할 수 있는 구현 가능성을 의미한다. 기술의 구현성을 평가하기 위해서는 기술의 완성도와 추가 연구개발해야 할 필요성에 대한 평가를 하게 된다. 즉 즉시 제품화가 가능한 정도의 완성도가 높은 기술인지 혹은 좀 더 연구개발을 추가하거나 보완해야 하는 완성도가 낮은 기술인지를 평가해야 한다. 기술의 사업화 혹은 제품화 과정을 보면 아이디어 발굴, 아이디어 구체화, 기술연구개발, 연구개발 완성, 시작품 제작, 시험 및 검사, 시제품 제작, 대량생산 등의 단계가 있다. 이들 모든 단계를 평가하고 완성할 수 있는 가능성을 평가해야 한다.

③ 기술의 활용성

기술의 사업화가 이루어지게 되면 기술이 어떻게 활용될 수 있는지를 평가해야 한다. 기술의 활용성을 평가하기 위해서는 기술을 활용할 수 있는 분야를 팡가하고, 각 분야에 대한 기술의 수요가 충분한지를 파악한 다음에 기존 시장의 크기를 확장할 가능성 혹은 새로운 시장을 창출할 가능성이 얼마나 있는지를 파악해야 한다. 기술은 어디에 어떻게 활용하는가에 따라 경제적 효과가 다르게 나타나므로 활용성을 파악하는 것은 매우 중요한 평가 방법이다.

④ 기술의 권리성

기술의 권리성은 진입장벽과 비례한다. 권리성이 크다는 의미는 경쟁사의 진입이 어렵다는 의미이다. 기술의 권리성을 평가하기 위해서는 기술에 대한 특허로 권리를 확보할 수 있는지, 권리를 침해당했을 경우에 입증할 수 있는 방법이 용이한지를 평가한다. 경우에 따라서는 특허라는 제도적 장치가 없는 경우에도 기술의 첨단성 또는 시장의 선점 효과 때문에 경쟁자들이 진입하기 어려운 장벽이 만들어지는 경우가 있다. 오히려 특허보다도 더욱 효과적인 진입장벽이며 기술의 권리성을 인정받을 수 있다고 할 것이다. 기술사업화에서는 이러한 기술의 권리성이 어느 정도인지를 평가해야 한다.

⑤ 기술의 자산성

기술은 자산이다. 기술을 사업화하게 되는 과정에서 보유하고 있는 연구개발인력의 규모, 보유하고 있는 기술력 및 연구개발 투자비용, 연구개발 환경 및 관련 시설과 설비에 대한 평가를 하게 된다. 먼저 평가대상의 기술을 사업화하기 위해서 연구개발인력이 적정한 규모인지, 혹시 연구개발인력이 부족하다면 외부로부터 확보가 가능한지의 여부를 평가하고, 기술의 보유현황과 연구개발에 투자한 규모를 평가한다. 그리고 기술사업화에 필요한 연구개발의 환경과 시설 및 설비에 대한 투자 규모를 평가한다.

기술에 관련된 모든 기술의 자산성을 평가해야 한다.

이상에서 살펴본 바와 같이 5가지의 항목을 평가한 다음에는 기술성의 종합적인 평가를 해야 한다. 기술사업화에 대한 기술성의 평가 결과가 기술의 우위성은 매우 훌륭한 10점을, 구현성은 다소 어려운 결과인 6점을, 활용성은 양호한 8점을, 권리성에서는 진입장벽이 그렇게 높지 않으므로 5점을, 자산성에 대해서는 양호한 9점이라고 가정한다면 [그림 3-14]와 같이 나타낼 수 있다.

그림 3-14 기술성 종합평가의 사례

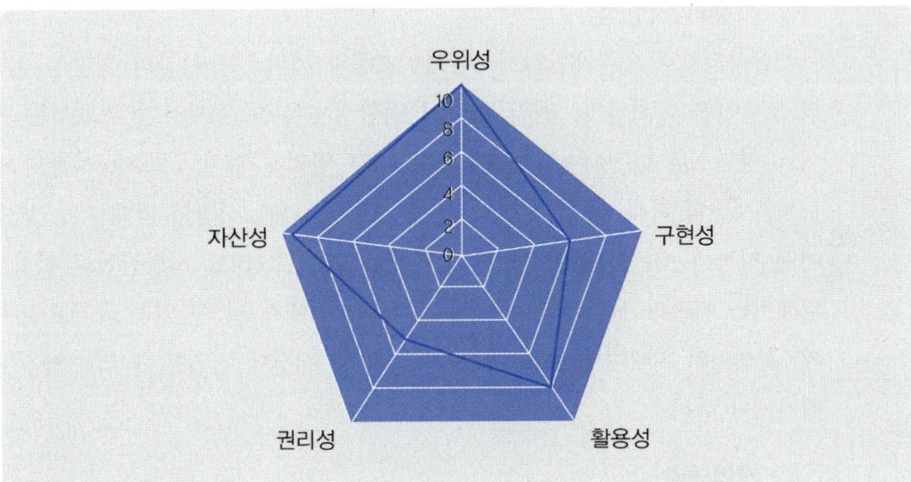

[그림 3-14]를 보면 기술의 우위성, 자산성, 활용성에는 우수하지만, 실제로 사업화를 위하여 연구개발한 제품으로 구현하기가 어렵고 연구개발하여 사업화를 한 다음에도 권리를 보호하기가 어렵거나 경쟁사의 진입이 용이할 것이라는 문제가 있음을 쉽게 알 수 있다. 이러한 문제를 해결할 수 있는 대응방안을 마련한 다음에 사업화를 진행해야 할 것이다.

2.3.2 사업성 평가

[그림 3-13]과 같이 사업성 평가는 시장의 우위성, 시장의 적합성, 경영역량, 사업추진 역량, 비즈니스 모델의 적정성, 수익성에 관하여 구체적으로 평가해야 한다.

① 시장의 우위성

시장의 우위성은 기술사업화로 연구개발하게 된 혁신제품과 서비스에 대하여 시장에서 차별화 경쟁력과 가격경쟁력이 있는지를 평가한다. 먼저 차별화 경쟁력은 경쟁사가 진입하기 어려운 기술의 경쟁력이 있는지 시장 지배력은 가지고 있는지 시장에서 얼마나 오랜 기간을 유지할 수 있는지를 평가한다. 그리고 제품과 서비스에 대한 가격 경쟁력이 있는지를 평가한다. 경쟁사보다 저렴하게 공급할 수 있는지, 저렴하게 공급하면서도 가격경쟁력이 어느 정도 있는지를 평가한다.

② 시장의 적합성

기술사업화로 연구개발하게 된 혁신제품과 서비스는 시장의 적합성 여부와 시장진입의 적합성을 평가한다. 먼저 시장의 적합성 여부를 평가하기 위해서는 시장의 특성이 어느 영역으로 한정되어 있는지 혹은 여러 영역에 걸쳐 있는지, 시장의 규모가 얼마나 큰지, 시장의 확대 여부, 시장의 창출 가능성, 기존 시장의 확대 가능성 등을 평가하고 어떤 시장에 제품이 적합한지를 평가해야 한다. 그리고 시장진입의 적합성을 평가하기 위해서는 기존의 시장에 진입하기 위해서는 장애가 될 수 있는 규제요인은 어느 정도인지, 경쟁사의 지배여부 등을 평가하여 제품이 시장에 진입할 수 있는지에 대한 적합성을 평가해야 한다.

③ 경영역량

기술사업화를 성공하기 위해서는 최고경영자의 경영역량이 매우 중요하므로 평가되어야 한다. 경영역량은 최고경영자의 경험과 전문성, 기술사업 전략, 변화 대응 능력 등이 있다. 경영자의 경험과 전문성을 평가하기 위해서는 경영자가 기술과 시장에 대한 충분한 이해도가 어느 정도인지, 연구개발을 통한 생산 경험이 어느 정도인지를 평가한다. 경영자의 기술사업전략을 평가하기 위해서는 사업화를 위한 자금확보 능력은 어느 정도인지, 외부의 인적 네트워크는 어느 정도인지를 평가한다. 그리고 경영자의 변화대응 능력을 평가하기 위해서는 시장 및 정책변화 등에 대응할 수 있는 능력이 어느 정도인지를 평가해야 한다.

④ **사업추진 역량**

기업의 사업추진 역량을 평가하기 위해서는 재무구조 적정성, 자금조달의 합리성, 생산설비 및 원자재 수급, 생산인력 확보, 마케팅 전략수립 등에 대한 능력을 평가한다. 재무구조의 적정성에서는 사업주체의 재무구조를 분석하고 기술사업화 과정에서 문제가 없는지 평가한다. 자금조달의 합리성을 평가하기 위해서는 기술사업화 자금을 충분하게 보유하고 있는지, 부족하다면 자금을 어떻게 조달할 것인지에 대한 계획을 수립하고 있는지를 평가한다. 생산설비 및 원자재 수급의 정도를 평가하기 위해서는 기존 설비로 생산이 가능한지, 부족하면 어떻게 설비를 확보할 것인지, 원자재의 공급은 원활한지를 평가한다. 생산인력은 생산능력을 크게 좌우한다. 생산인력은 충분한지, 부족하다면 충원계획은 수립되어 있는지를 평가한다. 그리고 마케팅 전략수립에 대한 평가를 하기 위해서는 판로인 유통망이 어느 정도로 구축되어 있는지, 유통을 확장하고 신규 유통을 개발할 수 있는지, 시장을 분석하고 마케팅전략을 수립할 수 있는 마케팅 전문가는 확보되어 있는지를 평가한다.

⑤ **비즈니스 모델의 적정성**

비즈니스 모델의 적정성을 평가하기 위해서는 비즈니스 모델의 차별성과 독창성, 목표고객과 목표시장 설정의 합리성, 이익창출의 방법과 이익창출의 가능성을 평가한다. 그리고 비즈니스 모델이 고객의 가치를 향상시키는 데 얼마나 영향을 미칠 수 있는지를 평가한다.

⑥ **사업의 수익성**

기술사업화의 수익성을 평가하기 위해서는 수익구조와 성장성 및 안정성을 평가한다. 먼저 수익성을 평가하기 위해서는 매출계획이 달성가능한지, 매출원가는 경쟁력이 있는지를 평가한다. 그리고 성장성 및 안정성을 평가하기 위해서는 수립되어 있는 매출계획과 원가구조에 근거하여 수익구조를 계산하고 동종업계와 비교하여 평가한다.

이상에서 살펴본 바와 같이 6가지의 항목을 평가한 다음에는 사업성의 종합적인 평가를 해야 한다. 종합적인 사업성 평가는 시장의 우위성, 시장의 적합성, 경영역량, 사업추진 역량, 비즈니스모델의 적정성, 수익성을 종합하여 평가한다. 예를 들면 시장의 우위성은 매우 양호하여 10점을, 시장의 적합성은 양호한 8점을, 경영역량은 최고경영자의 전문지식과 강력한 의지가 있으므로 10점을, 사업추진 역량은 보통수준인 5점을, 비즈니스 모델의 적정성에 대한 평가는 다소 양호한 8점을, 수익성 창출 가능성에 대해서는 매우 양호한 9점으로 평가되었다고 가정한다면 [그림 3-15]와 같이 나타낼 수 있다.

그림 3-15 사업성 종합평가의 사례

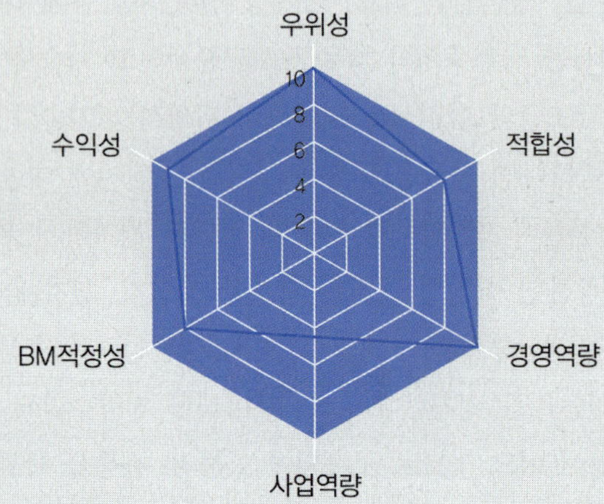

[그림 3-15]를 보면 기술의 사업의 우위성과 최고경영자의 경영역량은 탁월하고, 사업의 수익성, 적합성, 그리고 비즈니스 모델의 적정성은 양호한 편이므로 일부의 개선만 하면 문제가 없을 것으로 보이지만, 사업을 추진하는 역량은 많이 부족한 편이므로 문제를 찾아서 반드시 해결할 수 있는 대응방안을 마련한 다음에 기술사업화를 추진해야 할 것이다.

토론제목

1. 벤처창업을 하려면?
2. 아이디어 구체화 방법은?
3. 사업계획서의 필요성과 구성내용은?
4. 경영진의 종류는?
5. 창업지원정책 중에서 금융지원정책의 종류는?
6. 벤처기업의 특징은?
7. 벤처기업의 요건?
8. 사업화 계획과정은?
9. 기술사업의 타당성 평가는?

PART 2

기술경영 기획(Plan)

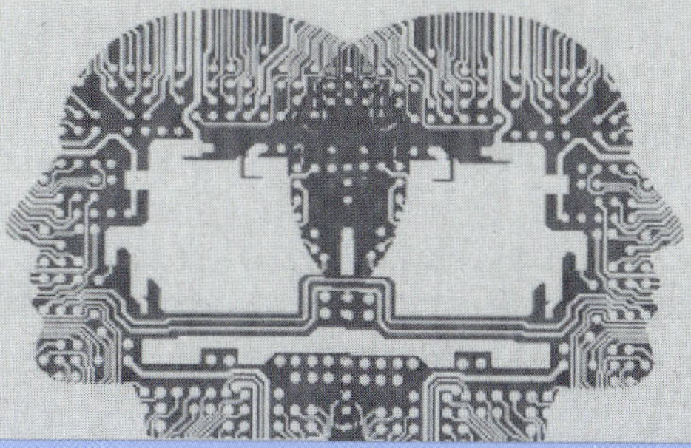

제 4 장
기술의 특성과 유형

1. 기술의 특성

기술의 특성을 보면 기술의 다양성, 기술의 역동성, 기술의 연속성, 기술의 혁신성 등이 있으며 [그림 4-1]과 같다.

그림 4-1 기술의 특성

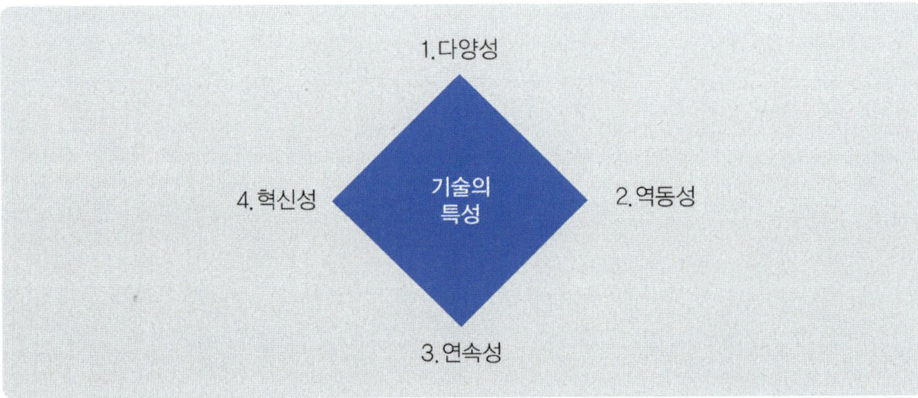

1.1 기술의 다양성

기술의 다양성(Variety Technology)은 기술이 다양한 사람들의 창의적인 아이디어로부터 나타나는 결과물을 의미한다. 어떤 동일한 목적을 달성하기 위한 방법을 찾기 위하여 여러 사람들이 토론을 해 보면, 목적을 해결하기 위한 문제 도출, 문제를 해결하기 위한 방법과 과정들, 결과들이 서로 다르게 나타나는 것을 쉽게 볼 수 있다. '10인 10색' 이란 말이 있는데 10명의 사람들이 서로 다른 10가지의 생각을 하고 있음을 일컫는 말이다. 즉 기술은 기업과 사람에 따라서 서로 다른 다양성을 가지고 있다.

좀 더 복잡한 문제에 대한 해결방법을 생각해 본다면 더욱 많은 다양한 반응이 나타날 수 있음을 알 수 있다. 사람들은 서로 생각하는 방법이 다르기 때문에 목적을 달성하려고 하는 과정에서 활용하게 되는 기술 역시 서로 다른 기술을 사용하게 되며, 이러한 기술은 매우 다양하고 복잡하게 나타나게 된다.

사례 4-1 아이폰의 앱스토의 콘텐츠

사례 연구 : iPhone App Store의 컨텐츠

도서 1	건강 및 피트니스	사진 및 비디오
도서 2	라이프 스타일	생산성
비즈니스	의학	참고
카탈로그	음악	소셜 네트워킹
교육	내비게이션	스포츠
엔터테인먼트	뉴스	여행
금융	뉴스 가판대	유틸리티
음식 및 음료	예술 및 사진	날씨
게임	자동차	
액션	신부와 웨딩	
어드벤처	비즈니스 및 투자	
아케이드	어린이용 잡지	
보드	컴퓨터 및 인터넷	
카드	요리 및 식음료	
카지노	공예 및 취미	
주사위	전자 제품 및 오디오	
교육 관련	엔터테인먼트	
가족	패션 및 스타일	
음악	건강, 정신 및 신체	
퍼즐	역사	
레이싱	가정 및 정원	
롤플레잉	문학 잡지 및 저널	
시뮬레이션	남성용 잡지	
스포츠	영화 및 음악	
전략	뉴스 및 정치	
퀴즈	야외 및 자연 활동	
단어	육아와 가족	
	애완동물	
	전문 분야 및 무역	
	지역 뉴스	
	과학	
	스포츠 및 레저	
	청소년	
	여행 및 지역 정보	
	여성용 잡지	

* 출처 : 애플, https://itunes.apple.com/kr/genre/ios/id36
다운로드 및 편집 : 2014. 2. 7.

예를 들면, 스마트폰을 사용하는 기술의 경우를 보면 기본적인 전화통화 기능은 물론, 사진, 문자, 이메일, 동영상, 음악, 영화, 뮤지컬, 소설, 게임, 뉴스, 모바일 쇼핑 등의 사람들이 접할 수 있는 모든 정보를 제공하는 기술을 보여 주고 있다. 스마트폰 사용 기술의 다양성은 그 한계를 알 수 없을 정도이다. 스마트폰에 대한 사용기술의 다양성은 스마트폰에서 모든 기능과 성능을 구현할 수 있는 제품, 서비스상품, 프로세스 제작기술의 다양성을 의미하기도 한다. 실제로 구글의 Play스토아에서 제공하고 있는 서비스상품인 콘텐츠들은 100만 개 이상을 제공하고 있으며, 애플사에서 제공하고 있는 iPhone의 App Store를 보면 콘텐츠 상품들이 수 백만 개가 진열되어 있다. 그리고 수백만 개의 콘텐츠들은 서로 다른 기술을 활용하여 제작되고 있다. 〈사례 4-1〉은 iPhone의 App Store에서 제공하고 있는 콘텐츠를 분류하여 보여주고 있다.

1.2 기술의 연속성

기술의 연속성(Continuous Technology)은 어떤 동시대 사람들은 동일한 기술을 경험하게 되는 것을 의미한다. 위에서 예를 들었던 스마트폰의 경우를 보면 매우 빠른 변화를 보이고 있지만 스마트폰이라는 제품이 사용되고 있는 동시대에서는 모든 사람들이 거의 유사한 기술을 활용하고 있다. 스마트폰 이전의 시대인 셀룰러폰(휴대폰)의 기술과는 전혀 다른 기술의 시대로 기술의 구분이 확연하게 되지만, 스마트폰이라는 시대로 한정된 동시대의 기간에서는 기술이 연속적으로 발전하게 된다. 2007년 1월에 처음으로 출시되었던 iPhone의 앱스토어의 경우를 보면, 20만 개 정도의 콘텐츠 상품이 출시되었지만, 2014년 초반부에 이미 100만 개를 상회하고 있으며, 앞으로도 지속적으로 확대될 것이다. 이는 유사한 기술들이 서로 연속성을 보여 주는 것이다.

기술의 다양성에서 살펴보았던 스마트폰의 콘텐츠 상품들을 제작하는 방법들은 각각 서로 다른 다양한 기술들의 사례였지만, 이러한 기술들을 프로세스 측면에서 살펴보면 서로 유사한 기술들이 활용되고 있음을 알 수 있다. 동시대의 기술은 거의 유사한 기술이 활용되는 기술의 연속성이 유지되고 있다.

〈사례 4-2〉는 S전자 등의 많은 기업들이 활용하고 있는 구글의 Play스토아를 활용하여 콘텐츠 상품으로 접속할 수 있는 과정의 첫 단계 기술을 보여 주고 있다. 구글의 Play스토아는 애플의 앱스토아와 동시대의 매우 유사한 기술이며 기술의 연속성이 있음을 알 수 있다.

사례 4-2 구글의 플레이스토아

사례연구

구글의 플레이스토아

* 출처 : 구글, https://play.google.com/store
다운로드 및 편집 : 2017. 12. 27.

그리고 동일한 제품의 범주 내에서도 혁신적인 신기술을 적용한 신제품들이 하루가 멀다 하고 쏟아져 나오고 있다. 그렇지만 이러한 신제품들은 기존의 기술과 연속적이어야 한다. 예를 들면 애플의 2013년에 출시한 아이폰 5S는 2007년에 출시했던 아이폰과 기술의 연속선상에 있으며, 향후에 출시될 6S 등의 신기술이 적용된 스마트폰들과도 기술의 연속성이 유지되어야 할 것이다. 이러한 기술의 연속성은 최소한 스마트폰 이후의 전혀 다른 가칭 웨어러블 인텔리전트폰(착용지능전화기, Wearable Intelligent Phone)이 출현할 때까지는 유지되어야 할 것이다.

1.3 기술의 역동성

기술의 역동성(Dynamic Technology)은 어느 특정한 시점에서 기술이 중지하거나 퇴보하지 않고 힘을 가지고서 활동적으로 변화함을 의미한다. 기술은 동시대의 많은 사람들에게 욕구를 충족시켜 주는 주류기술(Main stream of Technology)을 제공한다. 그리고 다음 세대의 동시대 사람들에게는 더욱 혁신적으로 변화된 또 다른 주류기술을 제공한다. 이러한 반복적인 기술 발전의 과정이 역동적으로 진행하게 된다.

기술의 역동성은 제1의 물결인 농경사회와 제2의 물결인 산업사회를 거쳐서 제3의 물결인 정보화 사회가 도래했다고 미래학자인 앨빈 토플러는 말한다. 그리고 제4의 물결로는 문화(콘텐츠)사회(Culture & Contents Society), 지식사회(Knowledge Society), 혹은 창조사회(Creative Society)로 발전할 것이라고 예언하고 있다. 예측이 불가능한 미래이지만 확실하게 말할 수 있는 것은 미래의 사회는 더욱 기술의 역동성이 크게 적용될 것이며, 과거보다 훨씬 더 많은 변화를 예상할 수 있다.

한국의 기술은 역동적으로 발전하고 있다는 것이 이미 전 세계에 알려져 있다. 1950년대의 폐허 속에서 전 세계의 많은 국가들로부터 원조를 받아 연명하면서 발전한 한국의 기술은 2014년 현재 전 세계에서 선진국에 해당하는 기술을 다수 확보하고 있으며, 글로벌 기술 수준을 리드하고 있다. 한국은 전 세계의 역사상 찾아 볼 수 없는 매우 역동적인 기술의 발전을 보이고 있으며, 미래에는 더욱 많은 노력으로 역동적인 기술의 발전의 한 쪽을 계속 리드할 수 있을 것이다.

〈표 4-1〉과 〈표 4-2〉는 우리나라의 중요 수출품목의 역동적인 변화와 우리나라 전체 수출액의 역동적인 변화를 보여 주고 있다.

〈사례 4-3〉은 자동차의 불모지 한국에서 자동차산업의 역동적인 기술발전에 대한 사례를 보여 주고 있다.

〈표 4-1〉 한국의 중요 수출품목의 역동적인 변화

연도	중요 수출 품목	비고
'50년대	중석, 흑연, 철광, 생사, 김, 돼지털, 면직물	
'60년대	가발, 신발, 의류	
'70년대	전자, 철강, 석유화학, 선박, 건설	
'80년대	전기전자, 자동차, 선박, 기계	
'90년대	반도체, 전기전자, 자동차, 선박, 중화학	
'00년대	반도체, 무선기기, 자동차, 철강, 기계, 선박, 가전	
'10년대	무선기기, 자동차, 기계, 선박, 가전, 콘텐츠, 문화	

〈표 4-2〉 한국 전체 수출액의 역동적인 변화

연도	수출액	인당 수출액	비고
'60	$ 3,300만	$ 1.3	
'97	$ 1,361억	$ 2,961	
'07	$ 3,255억	$ 6,563	세계 11위
'12	$ 5,479억	$ 10,958	세계 5위

* 출처 : 통계청국제통계연감, http://kostat.go.kr/wnsearch/search.jsp, 2014. 2. 7. 다운로드

사례 4-3 **자동차산업의 역동적인 기술발전에 대한 사례**

사례 연구

자동차산업의 역동적인 기술발전

[세계의 명차 신차] 현대자동차 '포니'

1974년 정부시책에 따라 현대자동차는 국민 소형승용차를 개발하게 된다. 현대차는 포니의 디자인을 '조르제트 주지아로'에게 의뢰하기로 결정한다. 비화로는 당시 현대차에서 포니의 디자인을 두 명의 디자이너에게 의뢰했는데 한명은 80만 달러를 요구했고, 다른 한명은 120만 달러를 요구했다고 한다. 현대는 비싼 가격이지만 실력이 있는 사람을 택했고 그가 바로 조르지오 주지아로였다.

현대차는 미쯔비시의 4기통 1238cc엔진과 조르지오 주지아로가 디자인한 차체를 기반으로 1975년에 국산 고유 승용차 모델 1호 '포니'를 개발한다. 현대차는 포니의 첫 시험무대로 토리노 모터쇼를 선택, 출품했다. 또 포니의 컨셉트카 버전으로 '포니 쿠페'를 전시하기도 했다. 이 역시 조르지오의 디자인 회사 '이탈디자인'에서 디자인한 것이다. 포니 쿠페는 특이하게 사이드 미러가 없었다.

포니는 작은 나라에서 제작한 뛰어난 성능과 디자인의 자동차로 많은 관심을 끈다. 토리노 모터쇼에서 성공적인 반응을 얻은 현대차는 포니를 양산, 시판하게 이른다. 포니는 출시되자마자 대단한 인기를 얻으며 만대 이상이 팔렸다. 1977년 포니는 1400cc엔진을 추가했고, 왜건형과 픽업형으로 종류를 늘렸다. 또 그해 에콰도르를 시작으로 해외에 수출을 시작했다. 1982년 당시 유행하던 해치백 스타일(뒷 트렁크와 뒷 유리창이 통채로 열리는 스타일)로 디자인을 변경한 '포니 2'가 탄생하고, 1990년까지 꾸준한 인기를 누렸다.

* 출처 : 다음카페 아차반
http://cafe.daum.net/achaban/li1X/421?q=%C6%F7%B4%CF%C0%DA%B5%BF%C2%F7&re=1
다운로드 및 편집 : 2017. 12. 27.

사례연구

현대 제네시스, 美컨슈머리포트 테슬라 · 포르쉐 이어 3위

Rank 2018	2017	Brand	Owner Satisfaction (Average of all models)
1	—	Tesla	90
2	—	Porsche	85
3	NA	Genesis	81
4	▲ 4	Chrysler	78
5	▼ 2	Audi	76
6	▲ 1	Mazda	76
7	▼ 3	Subaru	76
8	▼ 3	Toyota	76
9	▼ 3	Honda	75
10	▲ 2	Lincoln	75

현대차 럭셔리 브랜드 제네시스가 미국 소비자 전문지 '컨슈머리포트'의 차 소유주 만족도 조사에서 테슬라, 포르쉐에 이어 3위에 올랐다. 21일(현지시간) 컨슈머리포트에 따르면 제네시스는 100점 만점에 81점을 얻어 테슬라(90점), 포르쉐(85점)의 바로 뒤에 자리했다. 이번 조사는 2015~2018 연식 모델을 대상으로 차 구매자의 기대 성능 등을 평가한 것이다. 운행 경험과 편안함, 가치, 스타일링, 오디오 등이 평가 기준에 들어갔다.

컨슈머리포트의 자동차 테스팅 담당 제이크 피셔는 "오너(소유주) 만족도 조사는 해당 차량이 구매자에게 한 약속을 제대로 지키고 있는지 측정하는 데 초점을 뒀다"고 설명했다. 테슬라가 유일하게 90점대에 오르면서 압도적 1위를 차지했다. 컨슈머리포트는 "테슬라 구매자는 대단한 가치보다는 구매를 통해 얻게 되는 행복감에 좌우된다"고 말했다. 컨슈머리포트는 "현대차의 새로운 럭셔리 브랜드 제네시스는 좋은 출발을 보이면서 높은 순위에 올랐다"고 밝혔다.

4~10위는 크라이슬러, 아우디, 마쯔다, 스바루, 도요타, 혼다, 링컨 순이었다. 톱 10에 일본 브랜드가 4개 포함됐다. 기아차는 72점을 얻어 13위, 현대차는 제네시스가 상위권에 오른 대신 67점을 얻는 데 그쳐 24위에 머물렀다. 독일 브랜드 BMW는 15위, 메르세데스-벤츠는 22위를 기록했다.

* 출처: 매일경제, 2017. 12. 22
http://news.joins.com/article/22226396
다운로드 및 편집 : 2017. 12. 27.

1.4 기술의 혁신성

기술의 혁신성(Innovative Technology)은 새로운 관점에서 새로운 기술을 활용하여 기술의 혁신을 창출하면서 기술의 역사를 발전시킨다. 기술의 역사는 이미 존재하고 있는 기존의 기술을 활용하는 것이 아닌, 새로운 기술을 사용하면서 발전되고 있다.

인류의 역사는 기술 발전의 역사와 함께 하고 있다. 인류의 최초 조상은 주위의 사물을 있는 그대로 활용하여 생활에 필요한 도구로 활용하기 시작하여, 사용하기 편리하도록 변형하기 시작하였고, 그 다음에는 금속을 사용하여 도구를 만들어서 농사를 짓기 시작하였으며, 기술의 혁신적인 발전으로 오늘에 이르게 되었다. 그리고 앞으로도 기술은 혁신적으로 발전되어 갈 것이다.

기술의 혁신은 완전히 새로운 발명일 수도 있고, 새로운 기술을 사용한 기술혁신일 수도 있다. 새로운 발명이나, 혹은 기술혁신의 결과로 나타난 제품이 새로운 시장을 창조하고, 과거와 단절된 새로운 소비패턴을 개발해 내게 되면 이러한 제품은 혁신제품이 된다.

예를 들면, 애플사의 아이패드 같은 경우는 폰의 기능을 강조했다기보다는 대량 문서정보를 이동 중에 검색할 수 있는 새롭게 나타난 제품이다. 인터넷노트북 컴퓨터도 이동 중에 문서와 같은 대량 정보를 검색할 수 있었지만, 아이패드는 휴대성에서 과거에 볼 수 없었던 새로운 형태의 혁신제품이다. 사용방법도 완전히 과거와 다른 패턴을 보인다. 자동차 안에서, 기차여행 중에, 회의 중에, 화장실에서, 사람이 갈 수 있는 곳이면 어디에서든지 필요한 대량의 문서정보를 검색할 수 있게 되었다. 심지어는 교실에서 수업 중에 교안을 아이패드로 인터넷 검색하고, 강의하고 있는 교안을 다운로드해서 교수가 강의하는 강의내용을 필기하지 않고 수강할 수 있게 되었다. 소비자의 사용패턴이 완전하게 새롭게 나타나고 있다. 〈사례 4-4〉는 2018년 CES 혁신상을 받은 제품에 대한 설명을 보여주고 있다.

사례 4-4 삼성전자, 총 36개 제품 CES 혁신상

사례연구

삼성전자, 총 36개 제품 CES 혁신상…TV부문 7년 연속 최고혁신상

삼성전자는 10일 내년 1월 미국 라스베이거스에서 열리는 'CES(Consumer Electronics Show) 2018'을 앞두고 '최고 혁신상(Best of Innovation)' 2개를 포함, 총 36개 제품에서 'CES 혁신상'을 받았다고 밝혔다.

▲ 패밀리허브 냉장고, 최고혁신상 이어 스마트홈 부문 '혁신상' 수상
美소비자기술협회, 28개 부문 혁신상 명단 발표

CES 혁신상은 세계 최대 가전전시회 'CES' 주관사인 미국소비자기술협회(CTA)가 출품작들을 대상으로 기술, 디자인, 소비자 가치 등을 평가해 수여한다. 삼성전자는 내년 CES에서 선보일 TV 제품과 패밀리허브 냉장고가 최고 혁신상을 받았다고 밝혔다. 특히 TV부문은 7년 연속 최고 혁신상을 받게 됐다. 이 외에도 모바일 12개, TV와 생활가전 7개, 반도체 5개, PC 주변기기 2개, 오디오 2개, 스마트홈 1개 제품이 혁신상을 받았다.

특히 패밀리허브 냉장고는 최고 혁신상뿐만 아니라 스마트홈 부문에서의 혁신상도 수상해 IoT(사물인터넷) 리더십을 주도하는 스마트가전으로서의 역할을 해냈다는 평가를 받고 있다.

모바일 부문에서는 스마트폰, 웨어러블 기기 등 12개 분야에서 혁신상을 수상했다. 편의성과 실용성을 강화한 'S펜'과 듀얼 광학식 손떨림 보정(OIS) 기술을 탑재한 듀얼 카메라를 제공하는 '갤럭시 노트8'과 '갤럭시 S8·갤럭시 S8+'이 포함됐다.

PC 주변기기는 세계 최대 크기의 49인치형 CHG90 QLED 게이밍 모니터 등이 혁신상을 받았다.

'퀵 드라이브' 드럼세탁기와 셰프컬렉션 조리기기 4개 제품, 10나노급 16Gb GDDR6 그래픽 D램 등 메모리 제품 3개와 모바일AP 엑시노스 9 시리즈 9810 등 시스템LSI 제품 2개 등도 포함됐다.

삼성전자는 내년 1월 9일부터 12일까지 CES 2018이 열리는 미국 라스베이거스 컨벤션센터에 대형 전시관을 마련하고 이번 수상 제품들을 비롯한 혁신 기술과 제품들을 공개할 계획이다.

* 출처: 중앙일보, 2017. 11. 10
http://news.joins.com/article/22101986
다운로드 및 편집 : 2017. 12. 27.

〈사례 4-5〉는 1977년에 우주로 쏘아 올린 보이저 1호가 태양계를 탈출하여 36년 만에 성간우주에 도착한 기술의 혁신적 사례이다.

사례 4-5 기술의 역동적 사례

사례연구 : **보이저 1호 태양계 탈출, 36년만에 성간우주 도착**

'보이저 1호'의 태양계 탈출이 화제다..

12일(현지시각) 미국 항공우주국(NASA)의 보이저 프로젝트 책임자인 에드 스톤 캘리포니아공대(칼텍) 교수는 "보이저가 '그곳(성간우주)에 도착했느냐'는 질문에 이제는 '그렇다'고 답할 수 있다"며 "이는 인류의 역사적 도약"이라고 말했다. 보이저를 운용하는 NASA 과학자들이 "성간우주에 진입했다"고 단정적으로 밝힌 건 처음이다.

1977년 발사된 무인 탐사선 보이저 1호에는 '안녕하세요'란 한국말을 비롯해 55개 국어 인사말, 개 짖는 소리, 바흐 등의 음악, 지구 사진 118장 등이 담겼다. 인류가 외계 생명체에게 보내는 메시지였다. 보이저 계획에 참여했던 천문학자 칼 세이건(『코스모스』의 저자)은 "성간(星間)우주를 여행하는 진보된 문명이 있다면 보이저는 그들과 만날 것이고 레코드판이 재생될 것"이라고 말했다.

태양권은 태양에서 나오는 태양풍 입자와 자기력선이 영향을 미치는 공간을 뜻한다. 태양과 수성・해왕성 등 8개 행성으로 이뤄진 태양계보다 훨씬 큰 개념이다. 태양계 끝인 해왕성이 태양으로부터 30.13AU(천문 단위, 1AU=지구~태양 간의 거리=약 1억4960만㎞) 떨어져 있는 반면, 태양권은 그보다 네 배 이상 넓을 것으로 추정된다.

보이저의 원래 목적은 태양계 행성 탐사다. 하지만 1989년 임무를 마친 뒤에도 20년 넘게 지구와 교신하며 더 먼 우주로 계속 항해 중이다. 플루토늄을 연료로 쓰는 발전기를 탑재한 덕이다. 보이저 1호는 2025년쯤 연료가 고갈돼 작동을 멈출 것으로 알려졌다.

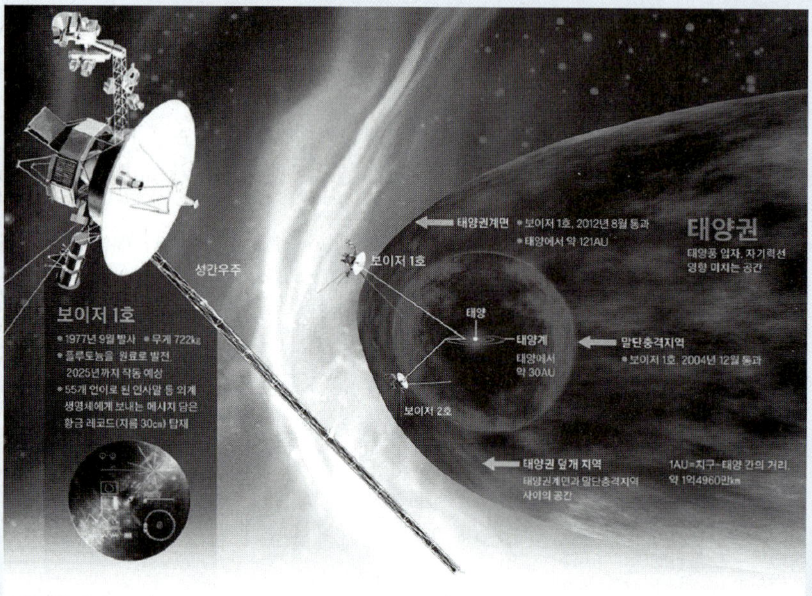

☞ 성간우주(interstellar space)= 태양에서 나오는 태양풍 · 자기력선이 미치는 공간을 뜻하는 태양권 밖의 별과 별 사이의 우주를 가리킨다.

* 출처 : 중앙일보, 2013. 9. 13.
http://article.joins.com/news/article/article.asp?total_id=12606740
다운로드 및 편집 : 2017. 12. 27.

2. 혁신기술의 분류

기술은 여러 측면에서 여러 가지 방법으로 분류될 수 있다. 기술경영에서 혁신적인 기술을 분류하는 방법을 보면 제품혁신기술과 프로세스혁신기술, 구조혁신기술과 부품혁신기술, 신기술과 대체기술, 핵심기술과 주변기술, 급진적 기술과 점진적 기술, 고급기술-중급기술-저급기술, 공세적 기술과 방어적 기술, 종속적 기술과 전통적 기술 등의 유형으로 분류할 수 있으며 [그림 4-2]와 같다.

그림 4-2 혁신기술의 분류

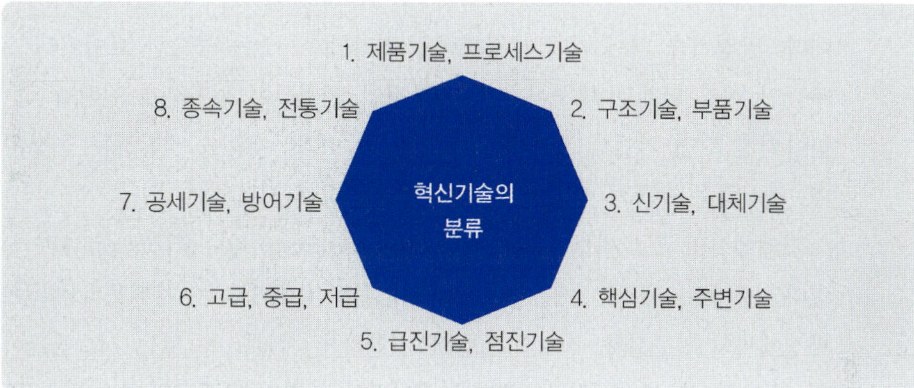

2.1 제품혁신기술과 프로세스혁신기술

가장 일반적으로 분류되고 있는 방법이 제품혁신기술과 프로세스혁신기술로 분류하는 방법이다. 본 저서에서 다루게 될 방법이기도 하다.

2.1.1 제품혁신기술

제품혁신기술(Products Innovation Technology)은 혁신적인 기업이 혁신적인 제품을 지속적으로 연구개발하고 공급하는 것을 의미한다. 혁신적인 제품은 기업이 신기술을 적용하여 새로운 제품 혹은 기존의 제품을 개선하고 발전시킨 제품을 연구개발하고 고객에게 공급하는 것을 의미한다. 혁신적인 제품은 항상 존재했으며, 현재 최고수준의 혁신적인 기술을 적용한 혁신제품이 완성되어 공급되고 있더라도 다음의 혁신적인 제품이 준비되고 있어야 한다. 혁신기술의 제품은 정체되어 있으면 더 이상 혁신제품이 될 수 없다. 혁신기술은 지속적으로 혁신되어야 한다.

제품의 혁신기술은 고객의 욕구에 의하여 결정된다. 고객이 원하지 않는 혁신기술의 혁신제품은 고객의 외면을 받게 되므로 더 이상 혁신제품이 되지 않는다. 즉 고객지향적인 제품의 혁신기술이 지속되어야 한다.

2.1.2 프로세스혁신기술

프로세스혁신기술(Process Innovation Technology)은 제품을 생산하기 위한 공정기술이다. 공정기술 역시 기업의 경쟁력을 결정할 수 있는 중요한 요인이다. 프로세스는 세부적인 여러 단계로 나누어지며, 세부적인 단계들이 원활하게 진행될 경우에 생산성이 높아지게 되면 기업의 경쟁력이 제고될 수 있다. 제품을 생산하는 공정은 매우 다양하며, 생산하는 제품의 특성에 따라서 장·단점이 서로 다르다.

기업에서의 프로세스혁신은 생산(Manufacturing) 및 공급(Supply)과 밀접한 관계가 있다. 생산프로세스는 제품을 생산하기 위해서 투입되는 자원들과 제품으로 전환되는 과정에서의 업무절차, 정보의 흐름을 원활하게 지원할 수 있는 시스템들이 결집된 통합된 시스템으로 볼 수 있다. 그리고 원자재를 원활하게 공급할 수 있는 공급망관리(SCM, Supply Chain Management) 역시 프로세스혁신에 밀접한 영향을 미치고 있다.

예를 들면 화학, 제지, 음료, 전기 등 속성상 나눌 수 없는 제품을 연속해서 생산할 경우에는 Continuous Process(연속공정), 전자제품 혹은 자동차제품과 같이 단위제품을 표준화하여 대량으로 조립 생산하는 Flow Shop(일관공정), 생산설비와 같이 다양한 종류의 제품을 소량 단위로 주문 생산하는 제품의 경우에 적합한 Job Shop(주문생산), 유사한 특징을 갖는 제품들을 셀(Cell) 단위로 묶어서 생산하면서 Flow Shop과 Job Shop의 장점을 혼용하여 생산하는 셀룰러생산(Cellular Production), 항공기와 선박과 같이 고객주문에 따라 규모가 큰 단일한 제품을 정해진 기간 동안만 하는 프로젝트생산(Project Operations) 등의 공정기술이 있으며, 동일한 공정기술을 운영할 경우에도 공정을 조합하는 기술에 따라서 생산성에 미치는 영향은 매우 다르게 나타날 수 있다.

2.1.3 제품혁신율과 프로세스혁신율의 관계

혁신적인 제품은 가장 혁신적이지만 출시되는 시점부터 이미 혁신의 대상이 되기 시작한다. 출시시점에서의 혁신제품은 아직 고객의 평가를 받기 전의 상태이다. 혁신 제품은 시장에 출시되는 시점의 혁신율이 가장 높다. 혁신제품이 시장에 공급된 이후 시간의 경과에 따라서 고객의 욕구를 지속적으로 반영하게 된다. 그러나 제품혁신율(Products Innovation Rate)을 계속 높은 수준으로 유지할 수는 없다. 동일한 기술에서는 혁신기술의 한계가 있기 때문이다. 어느 정도의 시간이 경과하게 되면 동일한 제품으로는 더 이상 혁신을 할 수 없는 최저의 혁신율을 보이기 시작한다. 이 지점을 기술의 한계(Technology Limitation)라고 하며 기술의 한계에 도달하기 직전에 퇴출결정 시점이 결정되어야 한다.

기술의 한계 이상으로 제품혁신을 지속할 수 없기 때문에 시장에서 퇴출의 시점(Withdraw Point)을 찾기 시작해야 하고 다음 단계의 혁신제품을 출시해야 한다.

그리고 혁신제품을 생산하는 프로세스는 혁신제품이 출시되는 시점에서는 프로세스혁신율(Process Innovation Rate)이 가장 낮다. 즉 생산성(Productivity)이 가장 낮은 지점은 혁신제품이 출시되는 시점이다. 혁신제품에 대한 생산성을 향상시키는 과정이 프로세스혁신의 과정이기도 하다. 그러나 프로세스혁신을 통한 생산성의 향상 역시 한계가 있다. 더 이상 생산성을 향상시킬 수 없는 지점을 혁신의 한계점(Innovation Limitation)이라고 한다. 프로세스혁신의 한계에 도달하기 전에 다음 단계의 혁신제품을 출시해야 하며 프로세스혁신의 한계점 이후에는 오히려 혁신이 퇴보하게 되어 경쟁력이 급속하게 저하되기 시작한다. 혁신제품은 프로세스혁신의 한계지점에 도달하기 전에 퇴출시점이 결정되어야 한다. [그림 4-3]은 제품혁신율과 프로세스혁신율의 관계를 나타내고 있다.

그림 4-3 제품혁신율과 프로세스혁신율의 관계

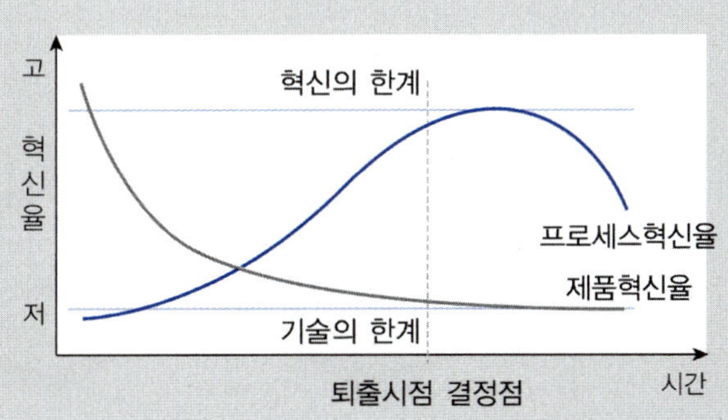

2.2 구조혁신기술과 부품혁신기술

혁신적인 기술이 시스템이나 구조의 변화인지 혹은 원재료의 특성이나 부품의 특성과 모양 등이 어떻게 변화하는지에 따라 구조혁신기술과 부품혁신기술로 구분될 수 있다. 일반적으로 제품은 전체 부품들이 모인 시스템으로 구성되며, 각 부품들은 더 작은 부품들로 이루어진다. 제품혁신은 부품단위의 혁신적인 변화이기도 하며, 각 부품들이 결합되는 시스템 전체의 변화일 수도 있다. 즉 대부분의 구조혁신기술은 부품혁신기술을 포함하고 있다.

이러한 기술혁신에 대한 이해를 돕고자 자전거를 사례로 들어 설명하면 다음과 같다.

2.2.1 전통적인 기술

전통적인 기술(Traditional Technology)이 사용되고 있는 일반적인 자전거는 1870년대에 처음 개발되어 사용된 이래 용도와 목적에 따라서 매우 다양한 형태로 변화되어 왔다. 자전거의 혁신적인 변화 중에서 특수한 용도 혹은 목적으로 사용되는 매우 특별한 경우가 아닌, 일반적으로 흔히 접할 수 있는 대중적인 자전거의 경우에도 많은 혁신적인 변화가 지속되고 있다. 본 사례에서는 최근 확산되고 있는 산악용 자전거의 혁신적인 기술의 변화에 대해서 살펴본다. 일반적이고 전통적인 자전거는 [그림 4-4]와 같다.

그림 4-4 전통적이고 일반적인 자전거

* 출처 : 삼천리자전거 홈페이지, http://www.samchuly.co.kr/products/prod_view.html?b_code=1601

2.2.2 구조혁신기술

구조혁신기술(System Innovation Technology)이 자전거에 적용된 경우를 보면 [그림 4-5]와 같이 미국 Hummer사에서 연구개발한 접이식 산악용자전거(MTB, Mountain Bike)를 예로 들 수 있다. 이 자전거는 당초에는 군사용으로 연구개발되었지만, 많은 사람들이 구매하여 사용하고 있으며 국내에서도 많이 보급이 되었다. Hummer사의 자전거는 산악 라이딩(Mountain Riding)을 즐기는 사람들에게 이동을 편리하게 해 줄 수 있는 구조로 매우 편리하게 되어 있다. 자전거를 [그림 4-5]와 같이 접으면 소형 승용차의 트렁크에도 쉽게 들어가므로 장거리를 이동해서 산악 라이딩을 즐기는 스포츠맨 혹은 동호인들이 선호하는 제품이다.

그림 4-5 Hummer의 산악용 접이식 자전거

* 출처: 몬테규자전거 홈페이지, http://www.montaguebikes.com/swissbike-x70-mountain-folding-bicycles.html

2.2.3 부품혁신기술

부품혁신기술(Parts Innovation Technology)을 적용한 자전거의 사례를 보면 [그림 4-6]과 같이 미국 Cannondale사에서 연구개발한 Scalpel제품이다. 산악용 자전거는 무게가 가장 큰 적이다. 산속에서 계곡과 능선을 옮겨 가면서 라이딩을 즐기는 스포츠맨들에게는 자전거의 무게를 줄이는 것이 가장 큰 관건이다. Cannondale사에서는 자전거의 기본적인 무게를 9kg 초반까지 줄일 수 있도록 자전거의 프레임을 모두 카본을 사용하여 자전거를 혁신적으로 변화시켰다. 알미늄을 사용한 Hummer사의 접이식 산악용 자전거가 13kg 이상을 보이고 있음을 감안하면 매우 혁신적인 기술을 활용한 사례라고 할 수 있다. Cannondale의 Scalpel 자전거는 원재료를 혁신적으로 변화시킨 부품혁신기술의 사례이다. 당초에는 산악 라이딩 선수들을 위하여 연구·개발되었지만, 선수들 뿐만 아니라 산악 라이딩을 즐기는 동호인들의 선호도가 높다고 한다.

그림 4-6 Cannondale의 풀 카본프레임 자전거

* 출처: 캐논데일 홈페이지

2.3 신기술과 대체기술

신기술과 대체기술은 기업중심의 개념이다. 신기술(New Technology)은 기업 내에서 새롭게 도입하거나 활용되는 기술을 의미한다. 신기술은 기업의 생산성 향상과 기업경쟁력 제고에 직접적인 영향을 미치게 되므로 기업은 신기술을 확보하고 활용할 수 있도록 노력하고 있다. 반면에 대체기술(Substitution Technology)은 구기술(Old Technology)이라고 하며, 더 이상 시장에서 활용될 수 없으며 신기술에 의해서 대체된 기술을 의미한다. 대체기술은 그동안 기업에 많은 공헌을 한 혁신기술이었지만, 이제는 기업에 대한 기여도가 거의 없는 기술이 되었으며 기업의 전략적 의사결정으로 대체되는 기술이다.

2.4 핵심기술과 주변기술

핵심기술(Core Technology)은 제품 경쟁력의 핵심이 되는 기술이며, 기업과 제품의 핵심역량을 창출하는 기술이다. 기업은 기업의 경쟁력 확보를 위하여 핵심기술을 확보하기 위하여 심혈을 기울인다.

반면에 주변기술(Peripheral Technology)은 기업과 제품의 중요한 핵심역량을 직접적으로 창출하기보다는 핵심적인 기술에 대한 효용을 더욱 확대시킬 수 있는 보조기술(Assistant Technology)이다. 이러한 주변기술은 일반적으로 알려져 있는 대체가능한 기술의 경우가 많다.

2.5 급진적 혁신기술과 점진적 혁신기술

기술혁신의 유형을 규정하는 연속성의 특성 중 하나로 급진적 기술혁신과 점진적 기술혁신으로 구분하기도 하며, 구분기준은 현존하는 기술과의 차이 정도에 따라 정의되기도 한다.

2.5.1 급진적 혁신기술

급진적 혁신기술(Radical Innovation Technology)은 새로움(Newness)과 다름(Differentness)의 혁신기술의 정도가 조합되는 의미이다. 가장 급진적인 기술은 전 세계적으로 새롭고 현재까지 존재했거나 존재하고 있는 기술과는 완전히 달라야 할 것이다.

급진적 혁신기술은 위험의 정도에 따라 해석되기도 한다. 급진적 혁신기술은 대부분 새로운 지식을 기반으로 하고 있으므로 기업과 고객은 유용성과 신뢰성이 검증되지 않은 기술을 연구개발하고 활용해야 하는 위험성을 가지고 있다.

그리고 급진적 혁신기술은 절대적이 아니고 상대적인 개념이므로 사람에 따라 급진성의 정도를 해석하는 기준이 다를 수 있으며, 시간에 따라 바뀔 수 있고, 혁신기술이 대중화되면서 점진적이라고 해석될 수도 있다.

2.5.2 점진적 혁신기술

점진적 혁신기술(Gradual 혹은 Progressive Innovation Technology)은 급진적 혁신기술에 대한 상대적 개념이다. 점진적 기술은 이미 알려져 있을 수 있으며, 기존의 기술을 바탕으로 매우 조그만 변화를 가하였거나 조그만 보완을 했을 수도 있다. 급진적인 혁신기술을 기본으로 둔 채로 사용상의 편리성을 조금씩 개선하는 것을 점진적 혁신기술의 변화라고 할 수 있다.

2.6 고급기술, 중급기술, 저급기술

고급기술(High Technology)은 진보된 정교한 기술로서 첨단기술이라고도 한다. 고급기술은 변화가 매우 빠르고 연구개발에 많은 비용이 필요하게 된다. 고급기술은 기업의 빠른 성장에 직접적인 영향을 미치게 되며, 고급기술을 사용하는 기업을 첨단기업이라고 부른다.

저급기술(Low Technology)은 변화가 매우 느리며 보통의 사람들이 흔하게 사용할 수 있는 안정적인 기술이다. 저급기술이 활용되는 분야는 사람들이 기본적으로 필요로 하는 의식주를 충족시킬 수 있는 제품들이 대부분이다.

중급기술(Medium Technology)은 고급기술과 저급기술의 중간에 위치하며 기술이전이 용이한 성숙기술(Mature Technology)을 의미하기도 한다.

2.7 공격적 기술과 방어적 기술

2.7.1 공격적 기술

공격적 기술전략(Offensive Technology Strategy)은 혁신제품과 혁신프로세스를 도입함으로써 기술과 시장에서 리더십을 장악하는 기술선도전략(Technological Leadership Strategy)이다. 공격적 전략을 선호하는 기업은 기술혁신의 중요성에 대한 인식이 전사적으로 확산되어 있으며, 혁신기술을 창출할 수 있는 노력을 하고 있고, 기술혁신에 대한 투자를 확대하려는 의지를 가지고 있다. 그리고 혁신기술에 대한 위험에 대해서도 충분하게 이해를 하고 있다. 이러한 공격적 기술을 선호하는 기업은 시장에 최초로 진입하는 전략을 선호하는 기업이다.

공격적 기술기업은 일반시장에 대하여 기술을 선도하는 전략, 특정한 시장에 대하여 기술을 선도하는 전략, 원가를 선도하는 전략 등의 시장선도전략을 선호하고 있다.

2.7.2 방어적 기술

방어적 기술전략(Defensive Technology Strategy)은 기술을 선도하기에는 위험이 너무 큰 것으로 인식하고 있지만, 혁신기술을 확보하기 위해서 많은 노력을 하고 있다.

방어적 기술전략을 선호하는 기업은 혁신기술에 대한 기초연구보다는 생산 및 마케팅 분야에 더 많은 강점을 가지고 있는 경우가 많지만, 경쟁기업보다 우월한 기술을 보유하기는 어렵다. 방어적 기술전략을 실행하는 기업은 기술선도 기업의 시장진입 결과를 평가한 다음에 성공가능성을 판단한 후 시장진입을 시도하게 된다. 이들은 기술선도자의 실패경험을 바탕으로 이익을 창출하려고 한다. 이를 기술선도자 추격전략(Followthe Leader Strategy)이라고 한다. 기술선도자 추격전략의 기업은 모방전략(Me too Strategy), 지연진입전략(Postpone Strategy), 틈새전략(Niche Market Strategy), 기회주의 전략(Opportunism Strategy)들을 선호한다.

2.8 종속적 기술과 전통적 기술

2.8.1 종속적 기술

종속적 기술(Dependent Technology Strategy)은 다른 기업들의 선도기술에 종속되어 있는 기술을 의미한다. 종속적 기술기업은 고객 혹은 모기업이 요구하지 않으면 혁신 제품을 연구개발하지 않으며 모방도 하지 않는다. 이러한 종속적 기술기업은 매우 약한 협상력에도 불구하고 모기업 등의 선도기술 기업의 지시와 통제에 종속되어 있는 반면에 기술과 시장에 대한 일부분을 보장받고 있으므로 상당 기간 수익을 확보할 수 있다. 일반적으로 중소기업이 선호하는 전략이기도 하며 기술이 종속되어 있는 선도기업 혹은 모기업의 기술변화에 매우 민감하게 반응하게 된다.

2.8.2 전통적 기술

전통적 기술(Traditional Technology Strategy)은 제품의 혁신을 위한 변화는 거의 없으며, 전통적인 제품을 지속적으로 생산할 수 있는 기술을 확보하고 발전하게 되므로 경쟁이 크지 않다. 전통적인 기술은 많은 변화를 요구하지 않는 분야이다. 전통적인 기술은 민속상품을 생산하는 기술과 같이 널리 알려지지 않은 소수 기술자들이 보유하고 있는 독립적인 기술(Independent Technology Strategy)이기도 하다.

토론제목

1. 기술의 특성은?
2. 앱스토아와 플레이스토아의 의미와 특징은?
3. 한국의 수출순위와 미래의 한국경제는 어디로?
4. 혁신기술의 분류
   1) 제품혁신기술과 프로세스혁신기술
   2) 구조혁신기술과 부품혁신기술
   3) 신기술과 대체기술
   4) 핵심기술과 주변기술
   5) 급진적 혁신기술과 점진적 혁신기술
   6) 고급기술, 중급기술, 저급기술
   7) 공세적 기술과 방어적 기술
   8) 종속적 기술과 전통적 기술

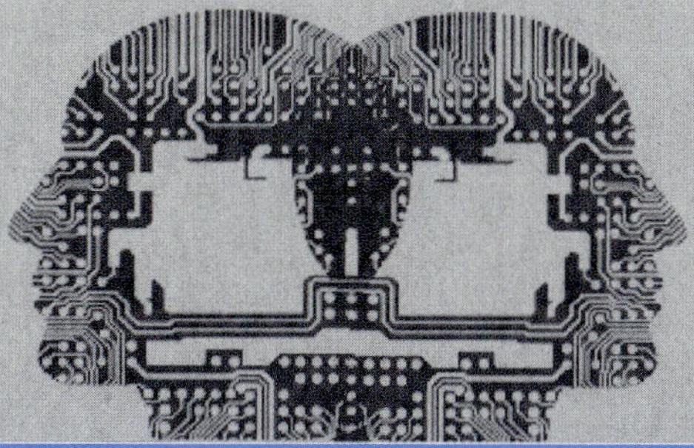

제 5 장
전략적 · 지배적 기술표준

1. 기술전략

1.1 전략과 기술전략의 의미

1.1.1 전략의 의미

전략이라는 용어는 경영에서 시작된 말이 아니다. 전략은 전쟁에서 시작된 용어이다. 한문으로 표기한 전략(戰略)이란 용어는 싸울 戰자와 꾀할 略자를 쓰고 있다. 뜻을 그대로 풀이하면 '꾀를 써서 이기는 방법'이다. 전략에 대한 사전적인 의미를 보면 "전쟁에서의 승리를 위해 여러 전투를 계획·조직·수행하는 방책"이다. 전략(Strategy)의 어원은 그리스의 Strategia라는 말이며 '전쟁에서 적을 속이는 술책'이라는 의미이다.

전쟁 중에는 수단과 방법을 가리지 않고 적을 이기는 방법을 전략이라고 한다. 전략의 중요한 의미는 '적을 이기는'이라는 목표이다. 적과 싸워서 지는 방법은 전략이 아니다. 적과 싸워서 이기기 위해서는 적이 모르는 동안에 적을 이길 수 있는 방법을 찾아야 한다.

시대가 변하면서 전쟁의 의미는 비군사적인 기업 간의 경쟁의 의미로 변화되어 사용되고 있다. 전략은 군사적인 의미로부터 기업을 경영하는 수단의 의미로 사용되고 있다. 기업에서 사용하는 전략을 경영전략이라고 한다. 기업에서 경영의 수단으로 사용되는 전략의 의미는 비즈니스의 세계는 전쟁의 세계이다. 무기를 들지 않고 싸우는 전쟁이다. 그것도 전 세계의 기업들과의 전쟁이다. 모든 기업들이 전쟁에서 살아남기 위해서 치열하게 싸우고 있다. 무기를 사용하지 않고 싸우는 전쟁을 비즈니스에서는 경쟁이라고 한다. 비즈니스 세계에서 경쟁하는 이유는 분명하다. 경쟁사와 경쟁하여 이기는 것이다.

예를 들면 삼성전자와 애플이 역사 이래 가장 규모가 크고 치열한 특허전쟁을 벌이고 있다. 이들 두 기업 모두 이기려고 싸우고 있다. 지거나 양보하기 위해서 싸우는 것이 아니다. 이들 두 기업은 스마트폰의 세계시장을 석권하려는 전쟁에서 이기기 위한 목표를 달성하기 위해서 특허라는 전략적 무기를 들고 싸우고 있다.

전략의 의미를 현대적인 비즈니스 세계에서 통용될 수 있는 의미로 다시 정리하면 "목표를 달성하기 위하여 현재의 해결해야 할 문제를 파악하고 그 문제를 해결할 수 있는 정당한 수단과 방법을 사용하는 활동"정도의 의미가 될 수 있다. 전략에는 반드시 지향하는 목표가 있어야 한다. 목표를 분명하게 설정하고 현재의 경쟁력으로는 목표를 달성하기 어려운 문제를 찾아서 해결해야 할 과제로 선정해야 한다. 그리고 그 과제를 해결할 수 있는 합법적, 도덕적, 윤리적으로 정당한 방법과 수단을 강구해야 한다. 경영전략의 의미는 과제를 해결할 수 있는 방법과 수단을 의미한다. [그림 5-1]은 전략의 개념을 나타내고 있다.

그림 5-1 전략의 개념

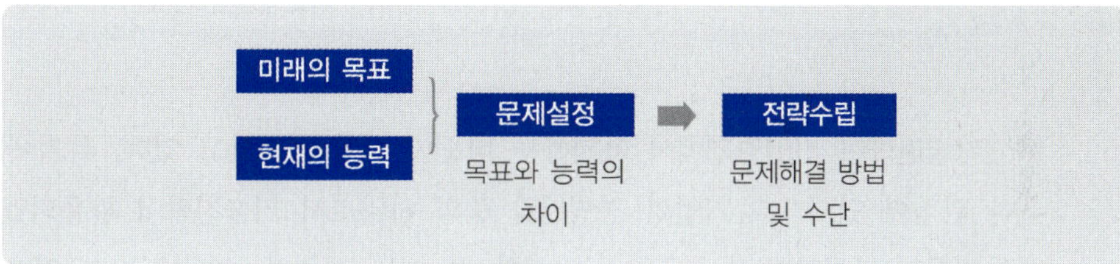

1.1.2 기술전략의 의미

일반적인 전략의 의미는 위에서 살펴본 바와 같이 설정된 목표를 달성하기 위하여 현재의 문제를 파악하고 그 문제를 해결할 수 있는 수단과 방법을 찾아서 사용하는 실행이다. 이러한 전략의 개념을 기업을 경영하는 기술에 접목한 것이 기술전략이다. 일반적인 전략의 의미를 기술전략의 의미로 다시 해석해 보면 “기업을 경영하는 과정에서 설정된 기술적인 경영목표를 달성하기 위하여 현재의 기술환경과 해결과제를 파악하고 과제를 해결할 수 있는 기술적인 방안을 찾은 다음에 기술적인 계획을 수립하며 계획대로 실행하는 과정”이 된다. 좀 더 간단하게 정리하면 기술전략은 기업이 필요한 기술을 어떤 우선순위로서 확보하고 발전시킬 것인가에 대한 기준을 설정하는 과정이라고 할 수 있다. 이러한 기술전략을 그림으로 나타내면 [그림 5-2]와 같다.

그림 5-2 기술전략의 개념

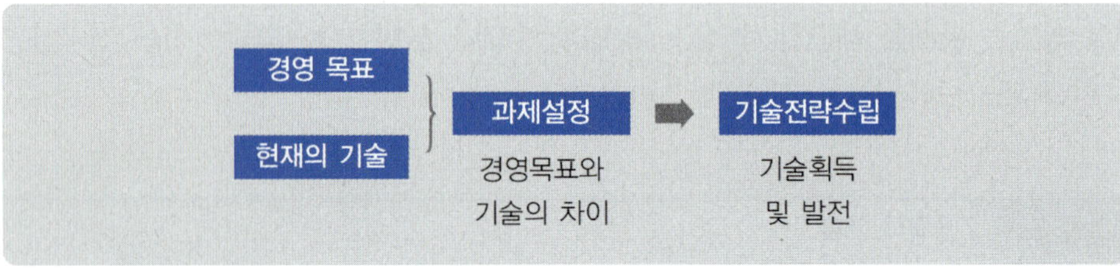

기술전략이 기업경영에서 차지하는 비중이 점점 증가하고 있다. 과거에는 기술에 대한 관심이 있더라도 기업의 경영전략 중의 하나로서 기술전략이 활용되었지만, 이제는 기술전략이 기업의 경영목표를 달성할 수 있는 강력한 수단이 되고 있다. 기술전략은 기업의 경영활동에서 없어서는 안 될 중요한 전략의 수단으로 발전되고 있다.

1.2 기업의 기술전략

글로벌 무한 경쟁의 시대에서 기업의 경영목표를 달성하기 위한 수단으로서 기술전략은 효율적이고 효과적인 전략을 확보할 수 있어야 한다. 기술전략은 기술목표 설정, 목표달성 방안 수립, 후속 실행계획 등의 과정이 포함된다. 과거에는 기술전략은 기능 전략인 연구개발, 생산, 마케팅, 인사, 재무 등의 전략 중에서 연구개발에 국한된 개념이었지만, 기술전략이 제품을 연구개발하는 특정한 기능분야에 국한된 것이 아니고 기업경영에 필요한 모든 사업분야에서 필요성이 증가하고 있다. 따라서 기술전략은 사업전략이 수립됨과 동시에 수립되고 있다. 즉 기업전략이 수립되면 사업전략과 기술전략이 동시에 수립되어야 한다. [그림 5-3]은 기업의 경영전략과 기술전략의 과거와 현재를 보여주고 있다.

그림 5-3 기업의 경영전략과 기술전략

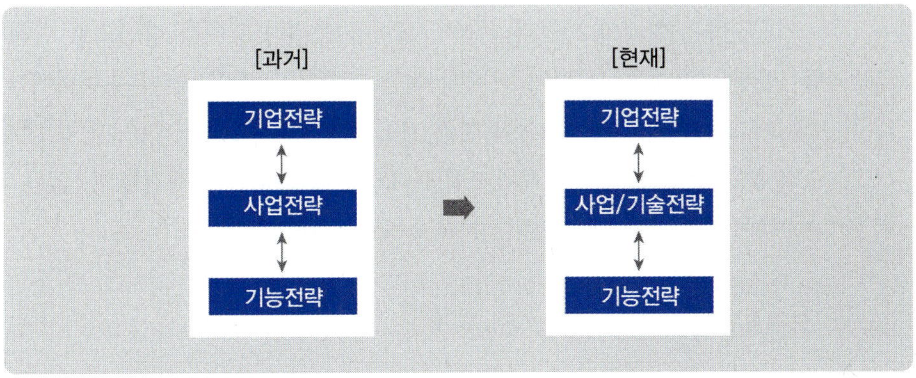

1.2.1 기업전략

기업전략(Corporate Strategy)은 기업발전의 출발점에서 기업전체의 전략이다. 기업전략은 기업이 성장할 수 있는 방향을 제시하며, 어떤 제품으로 어떤 시장에서 활동할 것인가에 대한 큰 방향을 나타낸다.

1.2.2 사업 및 기술전략

기업전략이 수립되면 곧바로 사업전략과 기술전략이 수립된다. 과거에는 사업전략이 완성된 다음에 기술전략이 수립되기 시작했지만, 최근에는 사업전략과 기술전략이 동시에 완성되고 있다. 사업자체가 혁신적인 기술을 기반으로 하는 혁신제품을 완성하는 것과 동일하기 때문이다.

① 사업전략

사업전략(Business Strategy)은 기업이 경쟁사보다 어떤 방법으로 경쟁우위를 가질 수 있는지에 대한 방안을 강구해야 한다. 사업전략에는 기존 사업의 지속적인 발전, 새로운 사업의 창출, 새로운 시장의 확대 및 개척 등이 있다.

② 기술전략

기술전략(Technical Strategy)은 기업의 사업전략을 구성하고 있는 핵심전략(Core Strategy)이다. 기술전략은 모든 기능조직들에게 충분하게 인식되어야 하고 실제 업무에 반영되는 시스템으로 운영되어야 한다. 기술전략은 기업이 현재 당면하고 있는 현재의 위치를 평가하고 미래의 목표를 달성할 수 있는 전략적 방향을 설정하게 된다.

기술전략은 현재의 모형과 미래의 모형을 분석하고 이를 바탕으로 미래의 혁신제품과 혁신공정을 구현할 수 있는 과제에 대한 기술적인 해결방안이 수립되어야 한다. 현행모형(As-Is)의 분석단계는 기업이 현재 보유하고 있는 기술적 수준, 기업 내부와 외부의 기술적 환경 등이 분석되며 미래모형(To-Be)은 현재모형이 해결할 수 없는 목표수준의 기술수준인 진일보한 개선모형(Advance Strategy)이다.

1.2.3 기능전략

기능전략(Functional Strategy)은 기업의 각 기능조직들이 사업전략과 기술전략이 효율적이고 효과적으로 수행될 수 있도록 보조할 수 있는 역할을 담당하고 있다. 기업의 기능별 전략인 연구개발, 생산, 마케팅, 인사, 재무 등의 세부적인 전략들은 사업전략과 기술전략을 중심으로 모두 통합되어야 한다.

1.3 지속적 기술전략

1.3.1 기술전략의 중요성

글로벌 경쟁환경은 무한의 경쟁환경으로 변화되고 있으며, 앞으로 더욱 심화되어 경쟁은 더욱 치열해질 것이다. 미래의 경쟁환경을 예측하기 어려운 것은 기술변화의 속도가 너무 빠르기 때문이다. 하루가 다르게 연구개발되고 있는 혁신제품의 출현은 기존의 기술을 무력화시키고 기업의 생존자체를 어렵게 하고 있다. 기업의 기술전략은 기업의 생존과 지속적인 경영에 직접적인 영향력을 미치고 있다.

기업에서 완전하게 독립된 기술은 존재하기 어렵다. 현재까지 존재하지 않던 혁신적인 기술을 적용한 혁신제품이 출시되어 고객에게 공급될 경우를 가정해 보면, 경쟁사에서는 신속하게 혁신제품을 모방하게 되어 일정한 시간이 경과된 후에는 일반화된 기술이 된다. 기술정보는 외부로 유출되게 마련이고, 핵심기술은 모방되기 때문에 기업의 기술은 지속적으로 혁신되어야 한다. 기업은 기술에 바탕을 둔 차별적인 기술역량을 지속할 수 있어야만 지속적으로 경쟁우위를 확보할 수 있게 되므로 기술전략은 기업의 지속과 생존을 결정할 수 있을 정도로 매우 중요하다.

1.3.2 최고경영자의 기술인식

기업이 지속가능한 경쟁우위를 확보하고 발전시키기 위해서는 최고경영자가 기술의 중요성을 인식하고 항상 기술전략을 수립하고 실행해야 할 것이다. 기업의 최고경영자는 기술의 전략적 중요성에 대한 인식을 강화해야 한다. 기술은 기술전문가에 위임해야 하지만, 기술을 전략적으로 활용해야 하는 측면에서는 기업의 생존에 직결되는 문제가 되므로 최고경영자가 최대한의 관심을 가지고서 전략적인 기술경영을 실행해야 한다. 최고경영자가 혁신기술과 혁신제품에 관심을 가지고 적극적으로 개입할 경우에는 기업의 기술력과 경쟁력이 향상될 수 있다.

1.4 기술전략 수립 단계

효과적으로 기술전략을 수립하기 위해서는 기술전략 수립에 대한 방법론이 중요하다. 기술경영이 원활하게 운영되고 있는 기업에서 기술전략 수립 단계를 보면 기업의 기술환경 분석, 기술목표 설정, 혁신기술 파악, 혁신기술 평가, 혁신기술 선택, 기술획득 방안 수립 등의 단계가 있으며 [그림 5-4]와 같다.

그림 5-4 기술전략 수립 단계

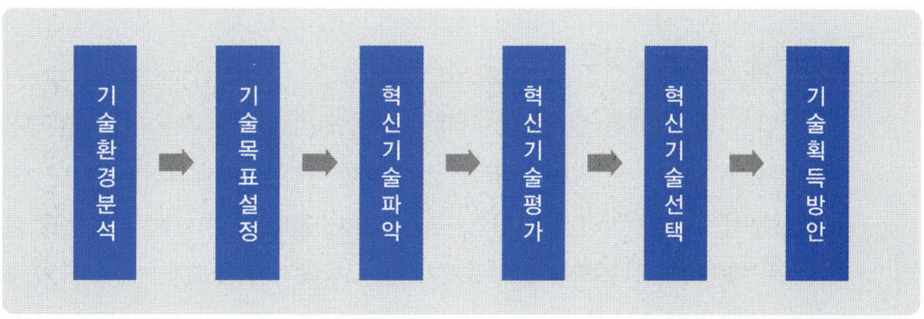

1.4.1 기업의 기술환경 분석

기업의 경영목표를 달성하기 위해서는 먼저 기업의 내부와 외부의 기술환경을 분석해야 한다. 기업의 경영목표를 달성하기 위해서는 어떤 기술이 필요하며, 어떤 기술을 보유하고 있는지, 어떤 기술을 획득해야 하는지를 알아야 하고 기술이 발전하게 될 방향과 기술변화에 대한 추이에 대해서도 분석을 해야 할 것이다.

환경분석의 방법으로는 기업 내부에서 확보하고 있는 기술에 대한 강점(Strength)과 약점(Weakness)요인을 분석하고, 기업 외부에서 확보할 수 있는 기술에 대한 기회(Opportunity)와 위협(Threat)요인을 분석해서 내부의 약점과 외부의 위협요인에 대해서는 해결 및 대응방안을 강구하고 내부의 강점과 외부의 기회요인은 최대한 이용하고 활용해서 기술의 수준을 더욱 강하게 할 수 있다. 이러한 분석을 SWOT분석이라고 하며, 기업은 기술환경 분석을 통해서 경영목표를 달성할 수 있는 기술목표를 설정할 수 있게 된다.

기술환경을 분석하는 것은 기업 내부의 기술상황과 기업을 둘러싸고 있는 외부의 환경이 급변하고 있는 기술을 반영할 수 있는 종합적인 기술전략을 수립해야 한다. 기업이 확보하고 있는 내부 기술자산인 특허와 노하우, 기술의 중요도 및 난이도, 기술의 경쟁력, 기술의 확장 가능성 등이 분석되어야 하며, 기업 외부환경의 시장과 기술에 대한 자사 기술의 위치, 기술 발전의 전반적인 추이 등을 비교 분석하고 활용 가능한 여러 가지 기술에 대한 분석을 한다. 이러한 기업의 내부 및 외부환경에 대한 기술을 분석한 다음에는 기업의 경영목표를 달성할 수 있는 수단인 기술에 대하여 종합적으로 분석한다.

기업의 내부와 외부의 기술환경을 분석할 수 있는 방법 중의 하나인 SWOT분석에 대해서는 제5장에서 상세하게 살펴보도록 한다.

1.4.2 기술목표 설정

기업의 경영목표를 달성하기 위해서는 기업의 내부와 외부의 기술환경을 분석하여 어떤 기술을 활용하게 되면 경영목표를 달성할 수 있을지에 대한 분석을 해야 한다. 기술환경 분석 결과에 따라서 기업의 경영목표를 달성할 수 있는 기술목표 설정을 해야 한다. 즉 기술혁신을 통해서 달성하고자 하는 전략적인 목표가 기술목표가 된다. 기술목표가 명확하게 설정되어야 어떤 기술이 혁신제품을 연구개발하기 위한 혁신기술인지를 파악할 수 있게 된다.

기술목표는 단기, 중기, 장기로 구분하여 목표달성 일정계획을 수립해야 하며, 기술의 수준으로는 세계 최고, 국내 최고, 혹은 세분시장별 경쟁사 추월 정도 등의 경영계획을 달성할 수 있도록 적합한 목표를 설정해야 한다. 기술목표를 설정하는 단계에서는 무조건 가장 수준 높은 기술을 목표로 설정하지 않는다. 기술선도 기업이든 혹은 기술 추종

기업에서 자사에서 달성해야 하는 경영목표를 달성할 수 있는 기술목표를 수립하는 것이 중요하다. 기술목표의 수준에 많은 비용이 들기도 하고 기대했던 성과를 달성하지 못할 경우도 있기 때문에 자사에서 달성해야 할 경영목표의 수준에 적합한 기술목표를 설정해야 한다.

1.4.3 혁신기술 파악

기업의 경영목표를 달성할 수 있는 기술목표가 설정되었으면, 기술목표를 달성하는데 어떤 혁신기술들이 있는지 파악을 해야 한다. 기술목표를 달성할 수 있는 구체적이고 세부적인 기술이 어느 정도 있는지 조사하는 혁신기술 파악의 과정이다. 기술목표를 달성할 수 있는 전략적인 기술을 파악하는 과정에서 연구개발에 추가로 필요한 기술이 어떤 기술인지, 또는 도입해야 하는 기술이 어떤 기술인지를 파악해야 한다. 기술목표를 달성하기 위한 혁신기술을 도출하기 위해서는 기술변화의 추이분석, 벤치마킹, 유망사업영역 기술, 기술전문가의 추천 등의 방법을 활용할 수 있다.

1.4.4 혁신기술 평가

기술목표를 달성할 수 있는 여러 가지 혁신기술들이 파악되었으면, 장·단점을 비교분석하여 혁신기술 평가를 진행하고 최적의 대안을 결정해야 한다. 이러한 대안기술을 평가하는 과정을 통해서 특정한 혁신기술 목표를 달성하기 위하여 기존 기술과 신기술의 결합 정도를 결정할 수 있고, 기술개발 및 도입방법을 결정할 수 있게 된다. 혁신기술의 대안 평가 항목으로는 기업마다 다르겠지만 일반적으로는 소수의 대안을 결정한 다음에 각 대안으로 기간별 재무적 효과, 혁신기술의 실행 가능성, 진입장벽, 기술변화 대응력, 기술의 경쟁력 등이 있다. 이러한 항목을 적정한 점수로 가중치를 부여한 다음에 종합적인 평가를 하게 되면 혁신기술의 대안별 평가가 가능하게 된다. 〈표 5-1〉은 혁신기술의 대안별 · 항목별 평가에 대한 사례이다.

〈표 5-1〉 혁신기술의 대안별 평가 사례

	재무성과	실행 가능성	기술대응력	진입장벽	기술경쟁력	종합	비고
가중치	30	20	20	10	20	100	
대안 1	6	9	7	8	8	74	
대안 2	8	8	6	7	9	77	
대안 3	10	7	8	6	8	82	V

1.4.5 혁신기술 선택

다음 단계는 혁신기술 선택의 과정이다. 〈표 5-1〉의 평가결과에 의하면 대안 3의 혁신기술이 가장 적합한 기술로 선택될 수 있다. 그러나 혁신기술의 대안을 선택하는 경우에는 점수가 가장 높게 나타난다고 해서 반드시 가장 만족한 결과를 나타낼 것으로 보장되지는 않는다. 대안을 평가하는 항목을 결정하고 가중치를 결정하는 과정에서 혁신기술에 대한 가장 관계가 많은 기술 전문가들이 참여하고 결정했다고 하더라도 평가점수가 가장 높은 대안이라고 해서 반드시 가장 좋은 성과를 보장하지는 않는다. 기업을 경영하는 과정 중에는 예상하지 못한 경영환경의 변화가 발생할 수 있기 때문이다.

대안을 평가하는 분명한 이유는 예측할 수 없는 미래의 환경에 대한 최적의 대안을 현재시점에서 선택할 수밖에 없기 때문이다. 불확실한 미래의 기술변화에 대한 현재의 선택이 혹시 최적의 대안이 되지 않을 수는 있지만, 기술목표를 달성할 수 있도록 항상 변화하는 환경에 대응할 수 있는 준비를 해야 한다.

1.4.6 혁신기술 획득방법 수립

기업에서 기술목표 달성을 통해서 경영목표를 달성할 수 있는 전략의 마지막 단계는 선택된 혁신기술을 어떻게 획득할 것인가에 대한 방안을 수립하는 단계이다. 혁신기술 획득방법으로는 크게 자체개발하는 방법과 아웃소싱하는 방법이 있다. 기업의 환경이 서로 다르기 때문에 어떤 방법이 좋은지는 기업마다 다를 수밖에 없다. 혁신기술의 획득방법에 대하여 일반적인 방법을 생각해 보면 혁신기술 획득방법의 용이성, 획득방법의 효율성, 경영전략과의 적합성 등이 있으며 [그림 5-5]와 같다.

그림 5-5 혁신기술 획득방법

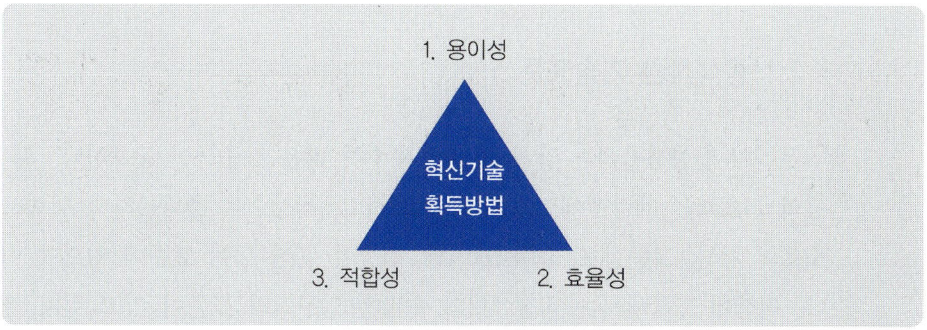

① 용이성

기술의 확보방법이 용이하다는 의미는 자사의 기술적인 능력과 획득하려는 기술수준의 차이, 획득하고자 하는 기술에 대한 비용의 크기, 기술에 대한 지식과 경험의 정도 등을 비교하여 판단해야 할 것이다. 아무리 혁신기술의 경우에도 획득할 수 있는 방법이 없다면 무용지물이 될 것이다.

② 효율성

기업의 경영목표 중에 중요한 하나는 이윤창출이다. 아무리 우수한 혁신적인 기술의 경우에도 기대할 수 있는 수익에 비해서 과다한 비용이 투입되어야 한다면 더 이상 혁신기술이라고 생각하기 어려울 것이다.

③ 적합성

혁신기술의 중요성과 기업의 특성에 맞추어 혁신기술의 도입방법이 결정되어야 하므로 기업의 경영전략에 적합한 방법으로 혁신기술을 도입해야 한다. 기술의 수명주기, 자사의 연구역량, 기술의 경쟁력 등의 요인에 따라 혁신기술의 도입방법이 다르게 결정될 수 있다. 혁신기술을 획득하는 일반적인 방법을 보면 핵심기술은 자체개발 방법을, 그리고 주변기술의 경우에는 아웃소싱 방법으로 혁신기술을 획득할 수 있다.

2. 기술표준의 개념

2.1 공식적인 기술표준

우리의 일상생활에는 알게 모르게 무수히 많은 표준들이 존재한다. 길이, 무게, 속도 등의 기초적인 계량형에도 표준은 존재하고, 직장으로 출퇴근하기 위해서 길을 나서면 도로의 차선, 교통신호, 교통 표지판, 자동차 운전 등이 표준이 있으며 이를 지켜야 한다. 직장에 도착해서는 직장에서의 수많은 업무처리 표준이 있고 설비, 장비, 시설들을 활용하고 사용하기 위해서는 지켜야 하는 표준들이 있다. 이러한 이미 정해져서 지켜야 하는 공인된 표준을 공식적인 표준(Public Standard)이라고 한다. 이러한 표준 중에서 기업의 경영을 달성하기 위해서 지켜야 하는 기술적인 표준을 공식적인 기술표준(Public Technical Standard)이라고 하며, 국제적으로는 ISO(International Standardization Organization) 등의 국제적 표준기관에서 공식적으로 제정한 표준들과 국가별로 제정한 표준들이 있다. 우리나라의 경우에는 KS(Korea Standard)가 있다. 같은 국가에서도 지역, 조직, 기관, 단체 기업별로 표준들이 제정되어 운영되고 있다.

공식적인 표준은 국제, 국가 산업계, 기업 등 기술관련 사용자들의 혼란을 줄이고 적은 비용으로 많은 성과를 얻을 수 있도록 효율적이고 효과적인 기술적인 활동을 수행할 수 있도록 지원하고 통제하기 위해서 제정된 통제적 규정이라고 할 수 있다.

2.2 사실상의 기술표준

공식적인 기술표준이 아니면서 누가 사용하도록 제정하지 않은 표준이지만, 대부분의 고객들이 선택할 수밖에 없도록 시장을 지배하고 있는 사실상의 표준이 있다. 사실상의 표준(Virtual Standard)은 지배적 기술표준(Dominant Standard)이라고도 한다. 예를 들면 개인용 컴퓨터를 구입할 경우에 국가, 기관, 단체 등에서 강요하는 사람이 아무도 없지만, 특수한 분야의 사람들을 제외한 일반 고객들은 대부분 MS(Micro Soft)사의 운영체제(OS, Operation System)인 윈도우가 탑재되어 있는 컴퓨터가 사실상의 표준이 되며 개인용 컴퓨터의 기술표준이 된다. 사실상의 표준은 시장에서 고객들에게 인정받은 기술표준이다. 모든 기업들은 고객으로부터 자사의 표준이 사실상의 표준으로 인정받을 수 있도록 노력하고 있다. 기업이 고객으로부터 기술을 표준으로 인정받는다는 의미는 거의 독점적 지위를 얻는 것이나 다름이 없다.

기업들은 자사의 기술표준이 고객으로부터 사실상의 표준으로 인정받을 수 있도록 모든 수단을 동원하여 눈에 보이지 않는 전쟁을 하게 된다. 혁신기술을 활용하여 연구 개발한 혁신제품의 표준을 고객으로부터 사실상의 표준으로 인정받기 위해서 전략적인 승부를 걸고 경쟁에서 이기기 위한 전쟁에 적극 참여하게 된다. 사실상의 표준으로 인정받기 위한 전쟁에서 이기기 위해서는 기업 간의 제휴를 맺는 방법, 기술력이 있는 벤처기업을 인수합병(M&A, Merger and Acquisition)하는 방법, 기술을 도입하는 방법 등을 활용하여 혁신적인 기술을 먼저 확보하는 전략을 실행해야 한다.

2.3 기술의 고착화

어떤 특정한 기술이 사실상의 기술표준으로 인정받게 되면 생산자와 고객은 다른 대안을 연구개발하거나 고려하기보다는 사실상의 기술표준을 중심으로 연구개발, 생산, 유통, 마케팅 활동에 투자를 집중하게 된다. 즉 사실상의 기술표준으로 인하여 새로운 기술혁신에 제한을 받게 되며 새로운 신기술을 활용하여 시장에 진입하려는 기업은 사실상의 기술표준이라는 장벽을 넘을 수 없고 생존경쟁에서 살아남기가 어렵다.

예를 들면, 위에서 예를 들었던 개인용 컴퓨터와 같은 경우에 MS사의 운영체제인 윈도우보다도 훨씬 기능과 성능이 혁신적인 기술제품이 출현했다고 하더라도 고객들은 기존의 사실상의 기술표준인 MS사의 윈도우를 선택하게 된다. 많은 사람들로부터 선택하지 않을 수 없는 유일한 제품으로 인정받고, 불가피한 선택을 강요받을 수밖에 없는 현상을 고착현상(Lock-in Phenomenon)이라고 한다. 이러한 현상은 개인용 컴퓨터를 사용하는 고객뿐만이 아니라 컴퓨터 부품을 공급하고 있는 공급기업(Supplier)들에게도 MS사의 윈도우 운영체제에 적합한 제품을 연구개발하도록 묵시적으로 강요하고 있다.

사실상의 기술표준은 공식적으로 강요당하거나 인정되지는 않지만, 산업의 기술표준이 되는 것을 의미하며 경우에 따라서는 공식적인 기술표준보다 더 강력한 힘을 발휘하기도 한다. 사실상의 기술표준은 절대다수의 고객을 만족시키는 제품이 보유하고 있는 기술제품을 의미하므로 기술자체가 반드시 우월해야만 한다는 의미는 아니다.

사실상의 기술표준이 나타나게 되면 제품기술혁신보다는 프로세스기술혁신이 더욱 발전된다.

2.4 기술표준의 형성과정

사실상 기술표준의 형성과정을 단계별로 보면 최신기술의 출현, 사실상 표준 인정, 표준기술 공식화 등의 과정으로 발전하게 되며 [그림 5-6]과 같다.

그림 5-6 기술표준의 형성과정

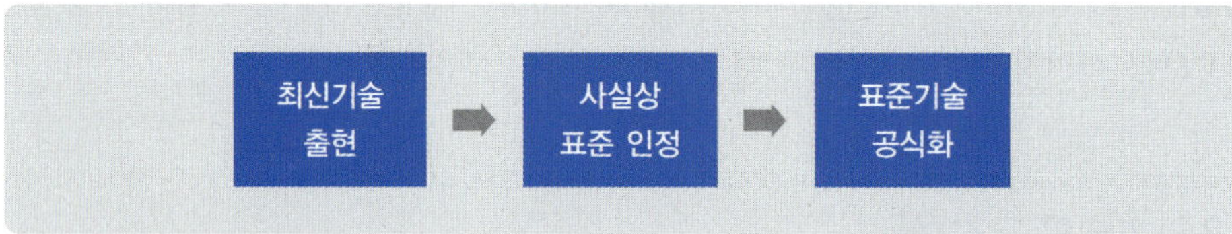

2.4.1 최신기술의 출현

최신기술이 나타난 초기단계에서는 표준기술로 인정받기에는 아직 이른 상태이다.

혁신기술이 어느 방향으로 발전될지 모르는 상태에서 경쟁이 시작된다. 어떤 기업이 혁신기술의 방향을 제대로 설정하고 연구개발하게 되면 기존의 기술을 대체하게 되며 고객들에게 확산되기 시작한다. 그렇지만 아직까지는 혁신기술의 표준화가 완성된다든지 시장규모가 대폭 확산되는 단계에는 이르지 못하고 있다.

2.4.2 사실상의 표준 인정

혁신기술의 제품이 고객들에게 대폭 확산되는 단계에 이르게 되면 사실상의 표준으로 인정되고 실제로 혁신기술이 두각을 나타내고 보호되기 시작한다. 사실상의 표준 인정 단계에서는 경쟁사들이 유사한 기술을 활용하거나 혹은 응용한 기술을 활용하여 부분적으로 다시 혁신한 제품을 출시하지만, 고객들은 선도적인 제품인 사실상의 표준 인정 제품만을 선호하게 된다.

2.4.3 표준기술의 공식화

표준기술의 공식화 단계는 사실상의 표준이 인정된 혁신제품은 표준화된 혁신기술로서 공식적으로 인정받는 단계이다. 혁신기술의 표준화된 상태에서는 다른 유사한 기술이 대체기술로서 가치를 인정받기 어렵기 때문에 표준기술은 지적재산권을 공식화하게 된다. 표준기술이 공식화된 이후에는 부가적인 응용기술들이 연속적으로 나타나게 되며 보완재를 확보하는 등의 부가적인 혜택을 얻게 된다.

〈사례 5-1〉은 일본에서 자율주행과 바이오 등의 4차 산업혁명을 대비한 기술을 표준화하기 위하여 일본 국회에 법안을 제출하는 과정을 설명하고 있다. 국제표준화를 대비하는 활동이다.

사례 5-1 일본 자율주행 · 바이오 등 산업빅데이터 표준화

사례연구

日 자율주행 · 바이오 등 산업빅데이터 표준화 나선다
국제규격화 대비 서식 통일, 다음달 국회에 법안 제출

산업 빅데이터의 활용 방안이 글로벌 차원의 과제로 대두한 가운데 일본이 자율주행 등 5개 분야의 빅데이터 표준화에 나선다. 일본 정부는 산업 빅데이터를 새로운 상품 · 서비스 개발에 활용하기 위해 분야별 데이터 서식 등에 대한 통일된 기준을 마련하기로 했다고 니혼게이자이 신문이 21일 보도했다. 이를 위해 관련 내용을 담은 특별조치법 제정안을 내년 1월 말 정기국회에 제출한다.

표준화 대상 분야에는 자율주행, 바이오 · 소재, 플랜트, 해운 등이 포함된다. 이런 움직임은 국제표준화기구(ISO)가 정확성이나 일관성, 신빙성 등 빅데이터의 품질 측정을 위한 대략적인 기준을 제시하고 있지만, 개별 분야에 대한 상세기준이 없어 공유와 활용에 어려움을 겪고 있다는 판단에 따른 것이다.

실제 산업 빅데이터는 기업별로 다른 기준에 따라 데이터를 수집하는 일이 많기 때문에 기업 간에 공동사업을 할 경우에는 걸림돌이 되는 사례가 많다. 일본정부는 일반사단법인 '데이터유통추진협의회'와 함께 5개 분야에 걸쳐 약 20개 프로젝트를 선정해 내년부터 세부 기준을 만들어나가기로 했다. 해운 분야는 장래 국제규격화에 대비해 엔진이나 보일러 가동상황이나 항해기록 등 기준을 통일해 선주나 조선회사, 운항회사 등과 공유하는 등 데이터 비즈니스화 시대에 앞서려 한다.

세부 프로젝트로는 자율주행용 3차원 지도 데이터, 화학플랜트 등 가동 데이터, 드론이 수집한 토지측량 데이터 등이 후보로 거론된다.정유소나 화학플랜트의 경우 용기 내벽의 부식 예측 데이터나 장래 손상확률 산출방법 등이 대상이 된다. 내년 발족하는 '인정데이터뱅크 제도'에서도 참가 기업에는 기준에 따른 데이터 취급을 요구한다. 이 뱅크는 복수의 기업이 가진 데이터를 모아 상품개발 등에 도움이 되는 정보를 제공할 예정이다. 기업에는 필요에 따라 정부나 공적기관이 보유한 데이터를 요구할 권리도 준다.

* 출처 : 매일경제, 2017. 12. 21
http://news.mk.co.kr/newsRead.php?year=2017&no=843387
다운로드 및 편집 : 2017.12. 27.

3. 전략적 기술

3.1 보완기술

3.1.1 보완기술의 의미

보완기술(Complementary Technology)은 주력 혁신기술이 사실상의 표준이 되고 표준기술로 공식화되는 데 기여하는 요인이 된다. 보완기술이 아무리 혁신기술의 수준일 경우에도 보완기술만으로는 독립할 수 없는 기술이다. 보완기술은 독자적으로 사용되기보다는 주 제품의 가치를 상승시켜 줄 수 있는 기술이다. 예를 들면 컴퓨터와 함께 사용되는 주변장치인 프린터와 소프트웨어의 경우에는 컴퓨터 없이는 기술의 가치를 실현하기 어렵지만, 주 제품인 컴퓨터의 가치를 높여 주게 된다. 그리고 주 제품의 혁신기술을 보유하고 있으면 보완기술이 필요한 제품시장까지도 지배할 수 있는 기술적 우위를 확보할 수도 있다. MS사는 운영체제인 윈도우제품의 호환기술을 무기로 여러 가지 호환 가능한 미디어제품(Media Products)과 오피스제품(Office Products)까지도 표준기술을 보유한 지배자로서 위치를 설정하고 있다.

3.1.2 혁신기술과 보완재의 자기강화

기술표준이 공식화되면 기술의 우열에 관계없이 고객의 사용이 집중되는 표준기술은 자기 스스로 경쟁력을 강화시키고 시장의 크기를 확대 재생산하게 된다. 이러한 관계를 자기강화사이클(Self Reinforcing Cycle)이라고 한다.

스마트폰의 경우를 보면 보완기술인 앱스토아(App Store) 혹은 플레이 스토아(Play Store)에서 수백만 개 이상의 유무상 웹 어플리케이션(Web Application)들이 제공되고 있다. 이러한 보완기술들은 주 기술인 스마트폰의 확산을 더욱 가속시키며 다시 보완기술의 시장을 확대 재생산하면서 자신의 시장을 스스로 강화시키고 있다.

3.2 기술의 교체비용과 전환비용

3.2.1 교체비용

교체비용은 기존의 기술보다 우월한 혁신기술이 출현했음에도 불구하고 기존의 기술을 버리지 못하고 혁신기술을 채택하지 않는 경우에 발생한다. 이러한 경우에는 기존기술을 혁신기술로 교체할 때 소요되는 비용이 너무 과다하기 때문에 발생하기도 한다. 이러한 비용을 교체비용이라고 한다. 교체비용이 고객이 감당할 수 있을 범위 이내여야만 새로운 혁신기술이 고객의 선택을 기대할 수 있게 된다.

3.2.2 전환비용

교체비용과 유사한 개념으로 전환비용(Switching Cost)이 있다. 혁신적인 기술이 제품화되었거나 제품화를 위하여 연구개발에 필요한 비용이 투입되고 있는 과정 중에, 고객이 원하는 기술이 아니라는 사실을 인식하고 방향을 전환하려는 경우에 소요되는 비용을 전환비용이라고 한다. 〈사례 5-2〉는 혁신적인 기술제품이 완성된 이후에 고객의 선택을 받지 못하는 경우 다른 사업으로 전환을 하려는 욕구가 있지만, 전환비용이 너무 과다하기 때문에 사회적으로 문제가 되고 있는 인천의 월미 은하레일의 사례이다.

사례 5-2 1000억원 삼킨 '월미은하레일'

사례연구

1000억원 삼킨 '월미은하레일'…180억 더 들여 2019년 개통키로

인천 월미은하레일이 여러 차례 사업방식 변경 끝에 궤도차량 운행 계획을 확정했다. 20일 인천교통공사는 공사 대회의실에서 '월미궤도차량 사업' 시민 보고회를 열고 "23인승 객차 2대로 궤도차량을 특수 제작해 2019년 상반기 개통할 예정"이라고 밝혔다. 교통공사는 기존 월미은하레일의 정거장과 노선을 최대한 활용하면서 안전성을 강화한 궤도차량을 도입할 방침이다.

월미궤도차량은 월미도 6.1㎞ 구간 4개 역에 모노레일차량 5개 편성(2량 1편성 기준)이 구축한다. 정원은 46명이다. 수송능력은 하루에 2643명으로, 시속 14.4㎞으로 달린다. 운행 간격은 약 8분이다. 4개 정거장을 거쳐 전체 구간을 운행하는데 33.4분이 걸린다. 전 노선은 무인자동운행 시스템으로 운행하기로 계획했다.

국내 처음으로 3선 레일을 깔 예정이다. 시운전 중 사고가 잦았던 기존 Y자형 레일을 철거하고 3개 레일을 다시 까는 방식이다. 지능형 신호통신 체계를 갖추고 진동・풍향・풍속을 실시간 계측하는 레일드론과 빅데이터 기술을 활용한다.

▲흉물로 전락한 월미은하레일.

월미은하레일에 투입된 비용은 지금까지 건설비 853억원을 포함해 금융 비용까지 약 1000억원에 이르렀다. 교통공사는 추가로 176억4000만원 가량을 더 들여 궤도차량을 도입한다. 인천시는 지난 2008년 안상수 전임 시장 시절 국내 첫 도심 관광용 모노레일로 인천은하레일을 시공했다. 인천역~월미도를 순환하는 6.1㎞ 길이로 운행할 예정이었다.

하지만 2010년 3월 준공 이후에도 부실하게 시공한 정황이 드러나 개통조차 하지 못했다. 송영길 더불어민주당 의원이 인천시장일 당시 레일바이크 사업으로 계획이 변경됐다가 유정복 현 시장(자유한국당)이 취임한 뒤에는 소형 모노레일로 사업 방식이 또다시 바뀌었다. 하지만 협약을 맺은 민간사업자가 사업비 조달을 못 해 지난 3월 계약이 해지됐다. 결국 교통공사는 재정사업으로 전환해 월미궤도차량을 추진하는 중이다.

▲2010년 준공 당시 시범운행하고 있는 월미은하레일

기존에 만들어진 월미은하레일의 교각과 레일, 4개 역사를 완전히 철거하고 사업을 전면 백지화할 경우 300억원대 철거비용을 들어간다. 결국 철거 비용 부담이 커 모노레일 사업을 계속 끌고 갈 수박에 없는 상황이다. 이미 구조물이 있으니 레일을 설치하고 차량만 제작하면 궤도차량 사업으로 추진이 가능해 시간도 아낄 수 있다고 판단했다. 일부 시민단체들은 여전히 철거를 주장하고 있다.

* 출처 : 중앙일보, 2017. 12. 20
http://news.joins.com/article/22222358
다운로드 및 편집 : 2017.12. 27

3.3 고객지향적 혁신기술 선별

고객은 기업의 우수한 혁신기술의 제품보다는 다소 기술력이 부족한 경우에도 편의성을 더욱 중요시하는 경우가 있다. 고객이 원하는 혁신기술이 반드시 최첨단의 혁신기술이어야 한다는 것은 아니다. 고객이 원하는 기술이 최첨단이 아닐 경우에도 고객이 원하고 필요한 기술이라면 그 기술이 오히려 고객만족을 향상시킬 수 있을 것이다.

이러한 기술을 고객지향적 기술(Customer Oriented Technology)이라고 한다.

Apple과 IBM이 개인용 컴퓨터(PC, Personal Computer)로 시장을 선점하기 위하여 경쟁을 하던 70~80년대의 예를 보면, 애플이 최첨단의 혁신적인 개인용 컴퓨터를 IBM보다 먼저 발명하였고 판매를 시작하였지만 애플보다 기술력이 다소 부족했던 IBM PC가 시장을 선점하게 되었다. 애플은 그래픽이 실현되는 기술력이 우월한 메킨토시(Macintosh) 컴퓨터를 85년에 출시하였지만, 고객들은 최고수준의 기술제품인 메킨토시 컴퓨터를 선호하지 않았다. 애플은 IBM호환 PC를 공급하는 기업들과 경쟁하면서도 기술의 우위만 고집하면서 고객의 욕구를 무시하였다. 스티브 잡스는 혁신을 위한 혁신, 혹은 최고수준의 기술만을 고집하면서 컴퓨터시장에서는 성공하지 못하게 되었으며 자신이 창업했던 애플사로부터 추방당하기에 이른다. 최첨단 혁신기술의 상징인 스티브 잡스는 90년대 중반에 다시 복귀하여 MP3시장을 석권하면서 오늘의 혁신기술의 선구자라는 위치를 확보하기 시작하였다.

글로벌 기업의 기술환경은 매우 급변하면서 다양하고 복잡하게 발전되고 있다. 고객이 원하고 있는 기술을 적용한 고객지향적 기술과 함께 미래를 대비한 기초 혁신기술, 세계적으로 가장 앞서 가는 최첨단기술, 세계적으로 처음 접하는 최초의 기술들이 서로 섞여서 다양하고 복잡하게 기술환경을 변화시킴에 따라 기업은 고객이 원하는 기술을 파악하고 선택하여 연구개발할 수 있어야 한다. 기술시장에는 매우 다양하고 복잡한 기술들이 선택되어지기를 기다리고 있다. 수많은 기술들 사이에서 어떤 기술이 고객이 원하는 제품에 반영될 수 있는가를 결정하고 선택하는 것은 기술경영자의 몫이다. [그림 5-7]은 고객지향적 혁신기술을 선별하는 개념을 보여 주고 있다.

그림 5-7 고객지향적 혁신기술 선별 개념

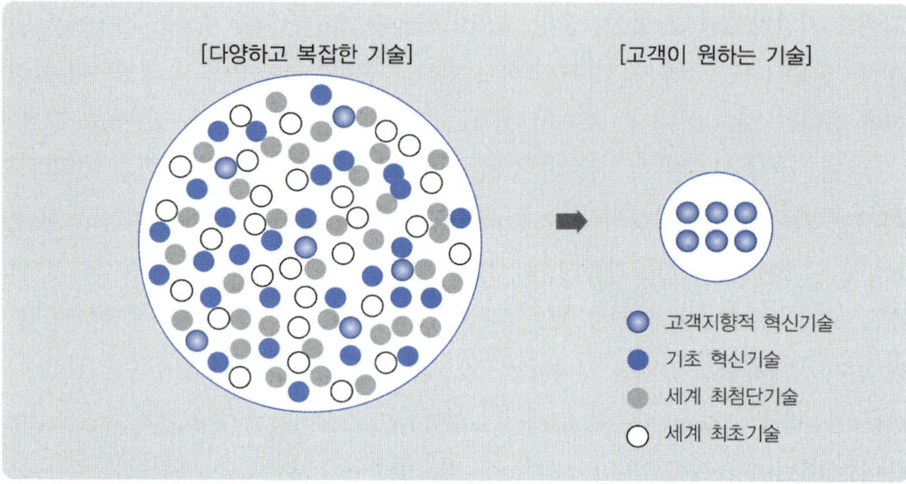

4. 지배적 기술표준

4.1 기술표준의 학습효과와 사회적 효과

기술가치는 사용자의 학습량과 사용자 수에 따라서 가치가 체증하게 된다. 특히 지배적 기술표준의 수확체증의 법칙에 따른다. [그림 5-8]은 수확체감의 법칙과 수확체증의 법칙을 보여 주고 있다.

그림 5-8 수확체감과 체증의 법칙

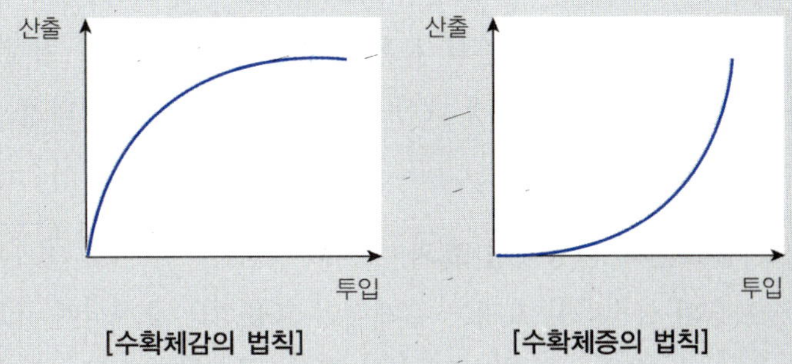

4.1.1 기술표준의 학습효과

학습효과(Learning Effects)는 사용자가 많이 사용할수록 학습효과가 체증하여 기하급수적으로 증가하는 것을 의미한다. 이러한 현상을 수확체증의 법칙이라고 한다. 기술의 학습효과는 사용자가 특정한 기술을 많이 사용할수록 학습효과로 인하여 기술이 익숙하게 되므로 생산성이 기하급수적으로 체증하여 나타나는 것을 말한다. 이러한 결과로 혁신제품의 생산성이 향상하게 되면 원재료와 부품을 공급하는 공급자 측면에서도 투입비용과 불량률을 낮출 수 있기 때문에 공급 단위당 원가를 낮출 수 있는데, 혁신제품의 사용자가 많아질수록 공급할 수 있는 수량이 증가하기 때문이다. 결국 혁신제품의 기능과 성능을 향상시키면서 원가를 낮출 수 있게 되고 다시 생산성을 더욱 향상시킬 수 있게 된다.

기술표준의 학습효과는 최첨단의 고급기술 분야뿐만이 아니라 서비스관련 기술에 이르기까지 숙련과정을 통한 학습효과는 광범위하게 나타나게 된다.

4.1.2 기술표준의 사회적 효과

사회적 효과(Social Effects)는 네트워크 효과(Network Effects)라고도 하며, 사용자가 많아질수록 가치창출에 대한 효과는 체증하여 기하급수적으로 나타나는 것을 의미한다. 혁신제품을 사용하는 사용자가 많아질수록 혁신제품의 사회적 효과는 체증적으로 증가하게 된다. 혁신기술의 사회적 효과는 동일한 종류의 혁신기술 혹은 혁신제품을 사용하는 사람들의 사회적 동질성을 의미한다. 그러므로 동질이 아닌 제품을 사용하는 사람들은 동질의 사회로부터 고립되기 마련이므로 사회적 효과는 동질의 네트워크 내에서 확대 재생산된다. 이러한 사회적인 네트워크 효과의 재생산은 가속화되어 총가치는 급속하게 증가된다. 즉 기술표준의 사회적 효과는 수확체증의 법칙을 따르게 된다.

기술표준의 사회적 효과에 대한 긍정적인 효과와 부정적인 역할을 살펴보면 다음과 같다.

① 기술표준의 긍정적인 효과

기술표준의 긍정적인 효과는 경제적인 효율성을 증가시켜 규모의 경제에 대한 효과를 볼 수 있으며, 생산성의 향상, 기술의 확산, 기술혁신의 촉진을 기대할 수 있다. 또한 혁신기술에 대한 탐색비용, 획득비용, 거래비용을 절약할 수 있도록 하며, 부품 혹은 연결제품들을 서로 교환하여 사용할 수 있는 기술의 호환성을 확보할 수 있다.

② 기술표준의 부정적인 역할

기술표준의 부정적인 효과로는 기술표준이 공인된 분야의 기술과 제품의 다양성이 침해될 수 있고, 독점적인 시장이 형성되어 고객의 권리가 침해될 수 있다. 또한 기업의 특권과 횡포가 만연될 수 있으며, 혁신기술에 대한 연구개발 등의 경쟁이 약화될 수 있으므로 기술표준이 다양한 기술혁신을 저해할 우려가 있을 수 있다. 기업과 고객은 기술표준의 부정적인 역할이 발생하지 않도록 서로 견제하면서 혁신기술의 연구개발을 지속해야 할 것이다.

4.2 기술표준의 강제효과와 독점효과

4.2.1 기술표준의 강제효과

혁신제품을 연구개발한 기업이 혁신제품을 검사하고 시험할 수 있는 설비와 장비를 연구개발하도록 설비 및 장치를 생산하는 기업으로 요청하면, 눈에 보이지 않는 강제성으로 혁신제품에 대한 기술표준을 공급사들에게 강제하는 효과를 얻을 수 있다. 공급사들은 자신들이 인식하지도 못하는 사이에 다른 기업의 혁신제품에 대한 기술표준에 동참하게 되며 동일한 업종으로 기술표준을 확산하게 된다. 이러한 효과를 기술표준의 강제효과라고 한다.

4.2.2 기술표준의 독점효과

혁신기술을 활용하여 연구개발한 혁신제품이 소량의 특수한 설비 혹은 장비일 경우에는 일반 소비자보다는 기업을 대상으로 B2B(Business to Business)공급을 하게 된다.

이러한 B2B공급의 경우에는 일반 소비자를 대상으로 하는 방법과 같은 광고 및 홍보활동을 하기 어려우므로 고객 기업으로 하여금 선택할 수밖에 없도록 강제하여 기술표준을 만들기도 한다. 혁신적인 기술을 보유하고 있는 기업이 독점적인 기술을 활용하여 고객기업을 독점함으로써 기술표준을 창출할 수 있게 된다. 이러한 효과를 기술표준의 독점효과라고 한다. 〈사례 5-3〉은 기술표준에 관련한 특허를 앞세워 기술을 강제하고 독점하여 관련 기업들로부터 반발을 사는 경우이다.

사례 5-3 한국서만 38조 챙긴 특허 갑질에 공정위 철퇴

사례연구

한국서만 38조 챙긴 특허 갑질에 공정위 철퇴…
퀄컴 "논리도 증거도 없는 결정"

▲ 미국 샌디에이고 퀄컴 본사

공정거래위원회로부터 시장지배적 지위 남용 행위를 이유로 1조300억 원의 과징금 철퇴를 맞은 퀄컴이 사실상 불복을 선언하며 법정 공방을 선언했다. 특히 퀄컴은 조사 과정에서 사건 자료, 핵심 증인에 대한 정보를 공유하지 않은 공정위의 방침이 한미 FTA 규정 위반이라고 반발하며 이 사안을 한미 통상 문제로 확대하겠다는 의지를 드러내기도 했다.

28일 공정위는 전원회의에서 퀄컴의 미국 본사인 퀄컴인코포레이티드와 무선통신용 반도체 사업을 하는 산하 자회사 두 곳에 대해 과징금 1조300억 원을 부과했다. 퀄컴이 경쟁 모뎀칩셋 제조사의 요청에도 불구하고 칩셋 제조, 판매에 필수적인 표준필수특허(SEP)에 대한 라이선스 제공을 거절하거나 제한했다는 것이다.

한 기업의 특허가 표준필수특허로 채택되면, 다른 기업들은 회피 설계가 불가능해 해당 기술을 이용해야만 관련 제품을 생산할 수 있다. 이 때문에 표준필수특허의 경우, 특허권자는 다른 기업과 특허 협상을 할 때 공정하고 합리적이며 비차별적으로(fair, reasonable, and non-discriminatory) 해야 한다. 이를 '프랜드(FRAND) 원칙'이라고 한다.

퀄컴 고위 관계자는 "공정위의 발표가 상식적인 선에서 납득이 가지 않는다"며 "당연히 법적 대응을 하는 것이 맞다"고 설명했다. 업계에서는 이번 법정 공방이 복잡한 IT 기술과 직접적인 연관이 있고 또 삼성전자, LG전자 등 관련 업체들의 진술 확보가 필요한 만큼 최소 1~2년 이상 지속될 것으로 보고 있다.

▣ 한국서만 38조 챙긴 '슈퍼을'...통신 모뎀칩 특허로 모바일 시장 장악

일반적으로 모바일 칩셋은 스마트폰의 두뇌격인 애플리케이션프로세서(AP)와 그래픽처리장치(GPU), 통신용 모뎀칩으로 불리는 베이스밴드(Baseband), 와이파이칩, 오디오 코덱, 전력 관리 칩 등 다양한 반도체가 들어간다. 퀄컴은 이 같은 핵심 기능을 하나에 담아 원칩(One-Chip) 솔루션으로 구현한 스냅드래곤(Snapdragon) 시리즈를 판매해 왔다.

국내 기업의 한 관계자는 "퀄컴의 횡포 문제는 특히 삼성전자처럼 휴대폰과 모바일 칩세트를 모두 만드는 기업과의 거래에서 명확히 드러났다"고 말했다. 이 관계자는 "삼성전자가 자사 스마트폰에 자체 개발 모바일 칩셋을 넣기 위해 퀄컴에 모뎀칩 기술 라이선스를 요청했지만, 퀄컴이 모뎀칩 라인선스 가격을 너무 비싸게 불렀다"면서 "결국 삼성전자 주력 스마트폰 제품에 자체 칩셋 대신 퀄컴의 스냅드래곤을 쓸 수 밖에 없는 상황에 내몰렸었다"고 설명했다.

▲ 퀄컴 로고

▣ 중국 정부 철퇴에도 계속되는 퀄컴 '끼워팔기'...자동차·5G 확대 가능성도

지난해 2월 중국은 퀄컴에 반독점 규제 및 특허사용료 과다 청구 조사에 따른 과징금 9억 7500만 달러(약 1조 640억원)가 부과한 바 있다. 중국 정부가 기업에게 부과하는 과징금 규모 중 역대 최대 규모였다.

당시 중국 반독점 당국인 국가발전개혁위원회는 퀄컴이 중국 내 스마트폰 제조업체로부터 휴대폰 가격의 5%에 달하는 특허 수수료를 받아온 것이 '특허권 남용'이라는 입장을 내세웠다. 이후 퀄컴은 전체 휴대폰 가격이 아닌 휴대폰 가격의 65%에 해당하는 가격을 기준으로 3.5~5%의 특허 수수료만 받기로 중국 당국과 합의했다.

하지만 이번 공정위의 퀄컴 제재는 중국 정부의 방침과 다소 성격이 다르다. 업계 전문가들은 이번 공정위의 과징금 부과 방침이 휴대폰 가격의 5% 수준을 로열티로 산정하는 퀄컴의 비즈니스 방식에 대한 문제제기가 아니라 경쟁 반도체 기업의 진입을 막는 불공정한 통신 모뎀 라이선스 비용 책정 방식을 문제 삼았다는 점에 주목하고 있다. 공정위의 논리대로 퀄컴 라이선스 비용 책정 방식의 위법성이 인정될 경우 퀄컴이 오랜 기간 유지해온 비즈니스 모델이 흔들릴 가능성도 배제할 수 없다.

이번 법정 공방은 향후 IT 시장에서 미국, 유럽 등지의 '특허괴물'과 한국 기업 간에 발생할 수 있는 법적 문제를 판단하는 데 중요한 근거가 될 것으로 보인다. 특히 IT 업계 트렌드가 인공 지능, 자동차용 반도체, 5G 통신 등으로 전환하는 과정에서 관련 시장에서 독점적 지위를 구축하려는 공룡 기업들 간 특허 분쟁이 점점 잦아질 것으로 보인다. 28일 공정위 발표가 나오자마자 퀄컴이 즉각 반발에 나서며 날을 세운 것도 이같은 가능성을 고려한 것으로 보인다.

▲ 7월 20일 오전 정부세종청사 공정거래위원회 심판정에서 퀄컴 인코포레이티드 등의 시장지배적지위남용행위 등에 대한 건에 대한 전원회의가 열리고 있다.

* 출처 : 조선일보, 2017. 12. 25
http://biz.chosun.com/site/data/html_dir/2016/12/28/2016122801722.html
다운로드 및 편집 : 2017.12. 27

4.3 후발기업의 기술표준

최첨단의 혁신기술의 혁신제품을 연구개발하고 출시하는 기업이 항상 시장을 장악할 수 있는 기술표준을 창출하는 것은 아니다. 경우에 따라서는 후발기업의 기술이 시장을 장악하게 되는 기술표준을 창출하는 경우도 많이 볼 수 있다. 기업경영자들이 오해하기 쉬운 부분이 혁신제품으로 최초로 시장에 진입하는 기업이 확실한 경쟁력을 확보할 수 있다고 믿는 경우가 많다.

실제로 국내의 삼성전자와 LG전자의 기술경쟁을 보면 매우 치열하다. 양사는 하루가 멀다 하고 신기술개발에 대한 광고에 열을 올리고 있다. 이들이 신기술 경쟁을 치열하게 전개하는 이유는 기술을 선도하는 기업이라는 이미지를 확실하게 심기 위해서이다.

그러나 신 시장을 장악할 수 있는 기업은 최초로 시장에 진입한 기업의 혁신제품이 아니라 최적의 시점에 진출하는 기업의 제품이 오히려 성공하기가 쉽다. 경우에 따라서는

2등 전략이 1등 전략보다 성공적인 경우가 많다. 단 준비된 2등 전략이어야 한다.

혁신기술이 준비되지 않아서 시장에 출시할 타이밍을 놓친 2등 전략은 전략이 아니다. 최초로 시장진입의 혁신기술이 확보되어 있음에도 최적의 타이밍을 찾기 위하여 의도적인 2등 전략은 성공 가능성이 매우 높으며 후발기업이 기술표준을 장악할 수 있게 된다. 이러한 전략을 후발기업의 기술표준 전략이라고 한다.

혁신기술은 시장을 창조할 수는 있지만 시장을 완성하지는 못한다. 혁신기술에 대한 고객의 초기반응이 항상 긍정적인 것은 아니다. 기술과 제품의 혁신은 시장의 수요에 의해서 창출되는 것이 아니라 공급자의 기술혁신에 의해서 유발되기 때문이다. 기업이 공급하는 혁신제품에 대한 완성은 고객이 하게 되므로 혁신제품에 대한 공급의 타이밍은 기업의 중요한 의사결정의 포인트가 된다. 〈사례 5-4〉는 후발기업의 기술표준화 사례를 보여 주고 있다.

사례 5-4 후발기업의 기술표준화 사례

사례 연구

초기 인터넷 시장의 익스플로러 vs. 넷스케이프의 대결

후발업체로 시장에 진출하는 기업은 그 상황의 불리함 때문에 극복해야 할 과제가 한 두가지가 아니다. 따라서 대부분의 경우에 정상적인 방법으로는 시장에서 선발업체를 따라잡기가 쉽지않기 때문에 뭔가 특별한 극약처방을 요하는 경우가 종종 발생한다.

MS는 DOS와 Windows로 20여 년간 컴퓨터 운영체제를 독점해온 거대 기업이지만 인터넷 운영체제에서는 경쟁 업체에 비해 한 발 늦었었다. 인터넷 브라우저 시장의 초기 강자는 '넷스케이프'의 Navigator였으며, 90년대까지 대부분의 네티즌들은 네비게이터를 통해서만 안터넷에 접속할 수 있었다. 이것은 MS가 컴퓨터와 인터넷을 동일시했던 까닭에서 비롯된 것으로, MS는 컴퓨터 운영체제인 윈도우만 확실히 잡고 있으면 인터넷 시장도 저절로 자기들의 것이 되리라 믿고 있었다. 하지만 시간이 흐르면서 인터넷은 컴퓨터와는 전혀 다른 별개의 시장으로 빠르게 성장하기 시작했다. 그러자 MS는 뒤늦게 서둘러 인터넷 시장에 합류했지만 이미 Navigator라는 강자가 버티고 있었다. 1996년의 경우 네비게이터는 85%의 시장을 점하고 있었던 반면 MS Explorer의 시장 점유율은 불과 5% 남짓이었다.

인터넷과 같은 네트워크 시장은 경쟁에서 시장을 선점한 업체가 절대적으로 유리한 위치에 서게 된다. 설사 MS Explorer가 월등히 우수하다고 해도 정상적인 방법으로 이런 시장을 뒤집기는 거의 불가능에 가깝다고 할 수 있다. MS는 이런 절대적인 불리함을 극복하기 위해 자신들의 독점적인 지위를 이용하기로 결정했다. 즉 윈도우와 익스플로러를 함께 묶어 판매하기 시작한 것이다. 그렇게 되면 PC를 구입하는 소비자들은 PC 운영체제인 윈도우와 인터넷 운영체제인 익스플로러를 함께 구입하지 않으면 안된다. MS는 윈도우를 팔면서 익스플로러를 무료로 끼워 팔았는데 이것은 엄밀히 얘기하면 독점의 횡포라고 할 수 있었다. 윈도우가 없으면 컴퓨터의 운영 자체가 불가능했기에 소비자들은 익스플로러를 패키지로 구입하지 않을 수 없었고, 시장은 서서히 익스플로러로 기울기 시작했다. 반면 넷스케이프는 시장에서 힘을 잃다가 1999년에는 AOL에, 그리고 나중에는 Time Warner에 합병되고 말았다. 넷스케이프를 인수한 타임워너는 독과점법 위반 혐의로 MS를 상대로 소송을 제기했으며, 지리하게 끌던 양측의 싸움은 MS측이 타임워너에 7억 5천만 달러를 배상하는 조건으로 마무리되었다.

여기서 MS의 행동은 자사의 독과점적인 지위를 이용하여 넷스케이프를 의도적으로 고사시킨 것이 분명하므로 도덕적인 비난을 면하기 어렵다. 하지만 경영전략적인 측면에서 살펴본다면 MS는 당연히 그렇게 할 수 밖에 없었다. 윈도우만으로 인터넷을 지배할 수 있으리라는 착각으로 시간을 낭비했지만 문서를 작성하는 PC와 인터넷 접속수단으로서의 PC는 전혀 별개의 시장이었고, MS는 뒤늦게 이를 깨달았던 것이다. 비록 한 발 늦기는 했지만 넷스케이프를 잡기위해 MS는 자신들의 모든 힘을 한 곳에 집중시켰던 것이다.

또한 윈도우 개념의 소프트웨어인 인터페이스를 처음 개발한 기업은 컴퓨터 시장 진출을 꿈꾸던 제록스였고, 우연히 제록스에 견학을 갔던 귀재 스티브 잡스가 곁눈으로 보고 와서 만든 것이 윈도우 원리로 작동되는 매킨토시였다. 매킨토시가 나오자 DOS에 안주해 있던 빌 게이츠는 서둘러 일반 PC용 운영체제로 Windows를 내놓아 표준모델로 삼은 것이었다. 결국 IBM은 기득권에 안주한 것이 문제였고, 제록스는 꾸물거린 것이 화근이었으며, 스티브 잡스는 윈도우의 원리로 새로운 제품을 만들기에 급급한 나머지 표준화의 기회를 놓쳐버린 것이 문제였다.

... 후략 ...

* 출처 : 네이버블로그 릴라성와니, 2008. 5. 19.
http://blog.naver.com/PostView.nhn?blogId=shsh83&logNo=70031141028
다운로드 및 편집 : 2017. 12. 27.

4.4 지배적 기술표준과 프로세스혁신

기술표준이 채택된다는 것은 혁신기술이 고객으로부터 혁신기술의 가치를 인정받고 혁신기술과 혁신제품에 대한 지위가 더 이상 변하지 않는 단계가 되었음을 의미한다. 기술표준이 채택되고 난 이후에는 제품혁신이 마무리 되며, 공급자로부터 공급받는 프로세스, 생산과정을 원활하게 하는 생산 프로세스, 고객과 유통으로 혁신제품을 공급하는 공급 프로세스의 효율을 극대화할 수 있는 프로세스혁신의 단계로 접어들게 된다. 즉 혁신제품에 대한 지배적 기술표준이 완성된 제품혁신 이후에는 프로세스혁신으로 연결됨을 의미하므로 제품혁신과 프로세스혁신은 별개의 혁신으로 구분할 수 있는 개념이 아닌 동일한 혁신의 개념을 의미한다.

기술표준으로 채택되기까지는 기술이 유동적이기 때문에 생산 프로세스를 효율적으로 구성하고 혁신하기에 어려움이 있지만, 기술표준이 채택되고 혁신제품이 공급되기 시작하면 기술표준은 안정화되기 때문에 프로세스의 혁신을 통하여 제품의 단위당 생산비용을 절감하는 단계로 전환해야 한다.

토론제목

1. 전략과 기술전략의 의미는?
2. 기술전략 수립 단계는?
3. 공식적인 기술표준과 사실상의 기술표준의 의미 차이는?
4. 기술의 고착화는?
5. 기술표준의 형성과정은?
6. 전략적 기술의 의미는?
7. 보완기술의 의미는?
8. 기술의 교체비용과 전환비용
9. 고객지향적 혁신기술의 의미는?
10. 지배적 기술표준의 의미는?
11. 기술표준의 학습효과와 사회적 효과
12. 기술표준의 강제효과와 독점효과
13. 후발기업의 기술표준

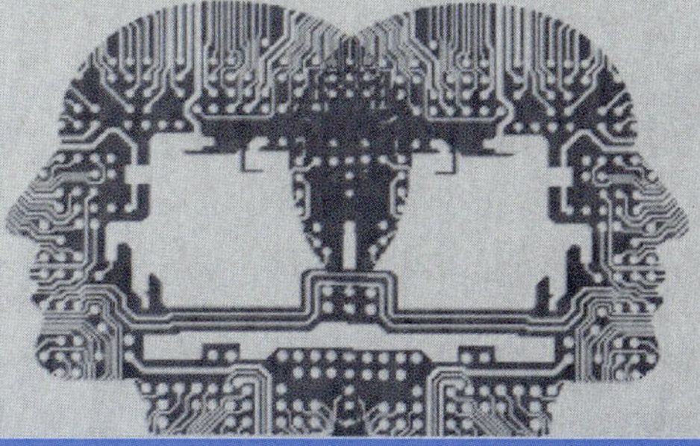

제 6 장
기술경영환경 분석

1. 기술환경의 변화

기술의 변화가 너무 빠른 속도로 진행되고 있기 때문에 우리는 불확실성의 시대에 살고 있다. 불과 1년 후의 기술변화를 예측하기가 어려울 정도로 기술의 변화는 급속하게 이루어지고 있다. 기술의 변화에 대응하지 못하는 기업은 살아남기조차 어려워지고 있다. 기술환경의 변화를 글로벌화, 제품수명의 단축, 기술의 융복합 등의 특성으로 구분하여 살펴보면 [그림 6-1]과 같다.

그림 6-1 기술환경 변화의 특성

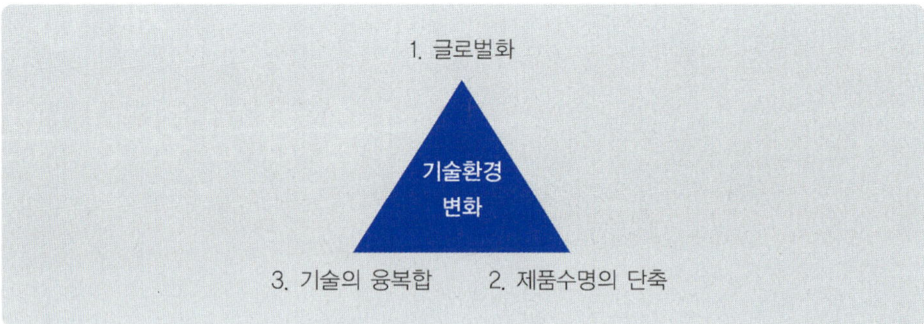

1.1 글로벌화

1.1.1 글로벌화의 의미

글로벌화(Globalization)의 의미는 세계 각국을 대상으로 국제 무역, 국제 연구개발, 국제 제조생산, 국제 영업마케팅 등의 활동을 통하여 정치적 · 경제적으로 더욱 긴밀한 관계로 발전해 나가는 과정을 뜻한다. 제조기업의 경우에는 생산공장을 자국에서만 생산하기보다는 시장과 고객이 인접한 지역의 국가에서 제품을 생산해서 현지시장으로 제품을 공급하게 되면 고객의 욕구를 쉽게 파악할 수 있고, 고객이 원하는 기술을 신속하게 적용할 수 있으므로 고객만족을 통한 경쟁력의 향상을 기대할 수 있을 것이다.

세계를 하나의 시장으로 생각하고 사업을 수행하고 있는 글로벌 기업(Global Company)

들은 세계적인 연구개발규모, 세계적인 생산규모, 세계적인 영업규모, 세계적인 조직규모가 경쟁의 원천이 된다. 그 중에서도 특히 세계적인 연구개발에 필요한 지역별 인력과 지역별 조직을 완성하는 것은 글로벌 기업이 가장 중요하게 인식해야 할 글로벌 경영전략 중 하나이다.

1.1.2 글로벌화 방법

글로벌 기업의 글로벌 연구개발 전략을 실현할 수 있는 방법으로는 전 세계를 여러 개의 지역으로 구분하여 단계적으로 접근하는 방법과 전 세계를 하나의 시장으로 생각하고 접근하는 방법이 있다.

① 지역별 글로벌화

지역별 글로벌화(Regional Globalization)는 전 세계를 유사한 특성을 가진 여러 개의 지역으로 구분한 다음에, 각 지역별로 연구개발 및 생산조직과 인력을 운영할 수 있는 방법이다. 이때 지역은 한 개의 국가, 여러 개의 국가, 또는 한 국가의 특정한 지역 등으로 구분할 수 있다. 이러한 지역별 연구개발 전략을 활용할 수 있는 기업은 대체로 고급기술, 첨단기술, 명품기술, 패션제품, IT기술이 필요한 제품을 공급하는 기업이 될 수 있으며 지역별로 고객이 원하는 혁신기술을 신속하게 적용할 수 있다.

② 전 세계의 글로벌화

전 세계의 글로벌화(Worldwide Globalization)는 전 세계를 하나의 시장으로 인식할 수 있는 지역별 특성이 적은 일반적인 상품이 해당된다. 대체로 저렴한 제품, 저기술 제품 등의 일반적인 소모품들이 해당된다. 이러한 일반적인 소모성 제품과 같은 경우에는 의사결정이 신속하게 이루어질 수 있는 본사가 위치한 지역과 근접한 장소에 글로벌 연구개발 인력과 조직이 있는 것이 유리할 것이다. 어느 특정한 지역에 있는 고객의 욕구일 경우에도 전 세계의 고객이 원하는 욕구와 거의 유사한 경우가 많기 때문에 혁신기술에 대한 연구개발을 신속하게 실행할 수 있을 것이다. 〈사례 6-1〉은 삼성전자가 중국 시안 지역에 낸드메모리 반도체 공장을 증설하여 글로벌 수요에 대응하기 위한 내용이다.

사례 6-1 삼성전자 중국 시안 낸드공장 투자

사례연구

삼성전자 "중국 시안 낸드공장에 3년간 7조8000억원 투자"

삼성전자는 중국 시안(西安)에 있는 '삼성 중국 반도체'(SCS) 법인의 낸드플래시 메모리 공장 증설에 향후 3년간 70억 달러(약 7조8000억원)를 투자하는 방안을 추진 중이라고 28일 공시했다. 회사 측은 "중장기 낸드플래시 수요 증가에 대응하기 위한 것"이라고 설명했다.

삼성전자는 지난달 4일 경기도 평택 반도체 생산라인의 제품 출하식을 하면서 시안의 반도체 라인에 대한 추가투자 방침을 밝힌 바 있다. 2014년 완공돼 현재 100% 가동률을 보이는 시안 반도체 라인에도 추가 라인을 건설해 낸드 플래시의 최대 수요처인 중국 시장에 대응하겠다는 것이었다.

▲ 20개월 공사기간을 통해 지난 2014년 완성된 삼성전자 시안 반도체 공장 전경

삼성전자는 이날 경영위원회를 열고 시안 공장에 대한 투자 규모를 확정했다. 새로 구축될 설비는 전량 V(수직)낸드플래시 생산라인이 될 것으로 알려졌다. 이날 경영위원회에서는 또 이중 자본금 23억 달러(약 2조6000억원)에 대한 출자를 승인했다.

* 출처 : 중앙일보, 2017. 8. 28
http://news.joins.com/article/21883003
다운로드 및 편집 : 2017.12. 27.

1.2 제품수명의 단축

과거에는 신제품이 출시되면 상당기간 생산을 지속하고 수익을 장기간 기대할 수 있었다. 그러나 최근에 보이고 있는 제품의 수명은 급속하게 단축되고 있다. 특히 IT제품들은 패션제품과 같은 변화를 보이기도 한다. 최근에 전 세계에서 유행하고 있는 스마트폰의 경우를 보면 2년을 지속할 수 있는 제품은 거의 없으며, 대체로 신제품이 출시된 이후 1년을 넘기지 못하고 퇴출되는 경향을 보이고 있다. 스마트폰을 개발하고 공급하는 기업의 입장에서 보면 제품수명주기가 6개월이라고 할 정도로 제품수명이 짧아지고 있다. 혁신적인 제품이 연구·개발되고 생산되어 출시된 이후 6개월 이내에 추진 의지를 보이고 있다.

투자비용을 회수하고 수익을 창출해야 함을 의미한다. 제품수명은 연구개발 기간, 제품수명 기간, 수익창출 기간 등으로 구분할 수 있으며 [그림 6-2]와 같다.

그림 6-2 제품수명의 구분

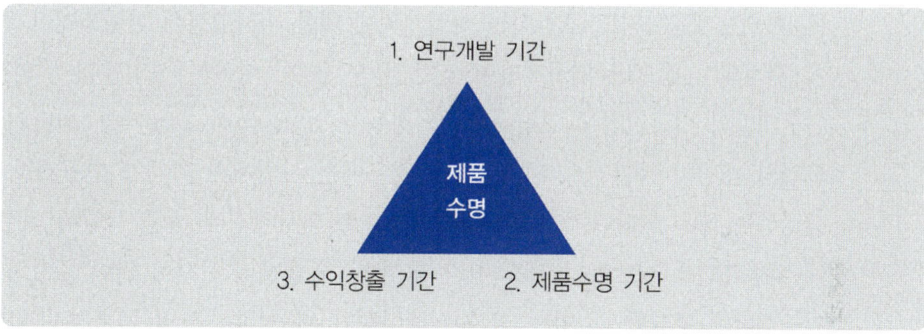

1.2.1 연구개발 기간

기업은 혁신제품을 출시하기도 전에 차기의 혁신제품을 연구개발하기 시작해야 함을 의미한다. 시장과 고객은 특정한 기업의 차기 혁신제품을 기다리지 않고 경쟁사의 혁신제품으로 쉽게 바꿔버린다. 즉 기술경영을 기반으로 하는 기업은 연구개발의 기간을 단축하는 것이 경쟁력을 확보할 수 있는 방법이 되기도 한다. 연구개발 기간에는 사업 의사결정 기간과 순수 연구개발 기간으로 구분하여 생각할 수 있으며 [그림 6-3]과 같다.

그림 6-3 연구개발 기간

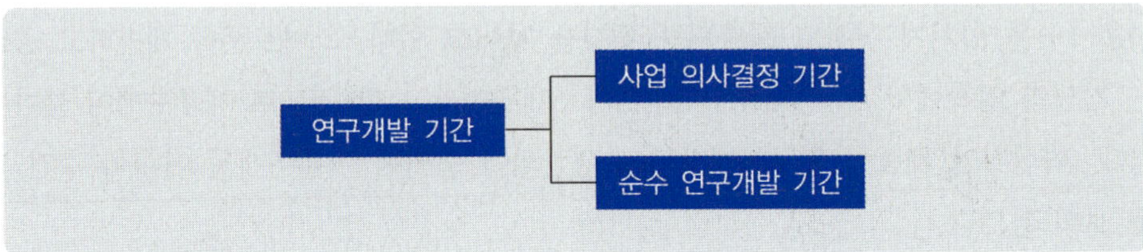

① 사업 의사결정 기간

혁신제품을 연구개발하는 단계에는 혁신기술 도입을 위한 투자계획, 생산설비 투자계획, 마케팅계획까지도 포함되는 사업계획에 대한 의사결정이 선행되어야 한다. 사업계획이 결정되지 않으면 연구개발이 진행될 수 없다. 따라서 사업계획의 의사결정 기간은 연구개발의 의사결정에 포함해야 할 경우가 있다. 특히 고급기술, 첨단기술, 설비 장치 산업의 개념이 복합적으로 작용하는 경우에는 사업계획 자체가 연구개발계획의 기간을 잠식하는 경우가 많다. 과도한 투자비용으로 의사결정에 대한 책임이 너무 무겁기 때문에 위험요인을 검토하기 위하여 각 부서별 · 담당별로 시간이 많이 소요하게 되고, 결국 연구개발에 투입할 수 있는 시간이 줄어들기 때문이다. 사업 의사결정 기간의 지연으로 인하여 연구개발이 지연되고 결국 생산이 지연된다면, 혁신제품의 경쟁력은 감소하게 되는 결과를 볼 수 있으므로 사업 의사결정 기간의 단축은 연구개발 기간 단축을 위한 매우 중요한 요인이 된다.

예를 들면 삼성전자의 반도체 사업을 시작하던 시기인 1980년대 후반기에 일본의 도시바가 전 세계의 반도체시장을 석권하고 있었다. 삼성전자에서 아무리 노력해도 도시바의 연구개발에 비해서 6개월 이상의 격차를 보이고 있었기 때문에 도시바와는 경쟁이 되지를 않았다. 이러한 격차를 줄이기 위하여 내부의 업무를 조사해 본 결과 1개 라인의 반도체 생산체제를 갖추기 위한 연구개발 비용 투자 및 생산설비 확보에 필요한 투자비용이 6,000억 원 이상이 소요되는 초대형 투자였기 때문에 관련 의사결정권자들은 위험요인에 대한 대응방안을 검토하는 데 상당한 시간을 소비하고 있었다. 최소한 13명 이상의 의사결정권자와 의사결정권자들에게 전문지식을 제공하는 각 부서의 전문가들 20여 명까지 모두 30명 이상의 전문인력들이 치밀하게 검토하는 시간은 6개월이 소요되었고, 그나마도 투자를 집행하지 않고 책임을 지지 않으려는 부정적인 방향으로 의사결정이 진행되는 경우가 많았다고 한다. 6,000억 원의 투자비용은 지금도 감당하기 어려운 큰 비용이지만, 20~30년 전의 가치는 지금의 현금가치보다 수십배 이상의 느낌으로 다가오는 중압감을 느꼈을 것이다. 반도체 사업이 단 한번이라도 실패하게 되는 경우에는 의사결정권자들이 책임을 지기 전에, 기업 전체가 공중 분해될 수 있는 엄청난 결과를 초래하게 될 수 있으므로 의사결정권자들에게 무조건 검토기간을 단축하라고만 요구할 수도 없는 형편이었다. 당시의 상황을 보면 의사결정 기간을 15일 이내로 단축을 해야 겨우 도시바의 연구개발 속도에 맞출 수 있는 수준이 될 수 있었다. 6개월의 의사결정 기간을 15일로 단축해야 한다는 과제를 두고 삼성전자는 10단계 이상의 결재단계를 3단계로 축소하고, 결재권자에게 도움을 줄 수 있는 30명 이상의 모든 사람들과 함께 워크샵을 통하여 의사결정을 신속하게 할 수 있었다. 워크샵의 조건은 하나뿐이었다. "의사결정할 때까지 워크샵을 중지할 수 없으며 다른 일은 하지 못한다." 그 결과 일주일 만에 6,000억 원 이상의 초대형 사업에 대한 의사결정 기간이 순식간에 6개월에서 일주일로 단축되었다. 당시 반도체의 연구개발 기간을 6개월 단축한 효과는 이익금으로 2조 원에 해당되었으며, 급기야 도시바가 반도체 사업에서 철수하게 되는 결과까지 이어지게 되는 단초로 작용하게 된다. 삼성전자에서 실행한 스피드경영의 시초였다.

② 순수 연구개발 기간

순수 연구개발 기간은 어떤 기술을 활용하여 제품을 생산하고 공급하기 위하여 제품에 대한 아이디어가 결정된 다음부터 제품을 생산할 수 있는 단계까지를 의미한다.

연구개발 기간의 단축은 기업의 경쟁력을 의미한다. 기업의 기술력이 혁신제품을 연구·개발할 수 있도록 충분하게 확보되어 있으면, 연구개발 기간의 단축이 용이하겠지만, 기존의 기술로는 혁신제품을 연구개발하기가 용이하지 않을 경우에는 경쟁사보다 기간이 많이 소요될 수 있다. 연구개발 기간이 오래 걸린다는 의미는 경쟁력이 하락함을 의미한다. 기업은 기본적으로 혁신기술을 확보하고 있거나 확보할 수 있는 방법을 항상 가지고 있어야 할 것이다. 혁신기술을 확보하고 있다는 의미는 기술인력을 확보하고 있음을 의미한다. 삼성전자는 고급 기술인력을 확보하기 위한 노력을 많이 하고 있다. 2014년 2월 현재 5,000명을 상회하고 있으며 앞으로도 지속적으로 세계적인 고급 기술인력을 확보하기 위한 노력을 계속할 것이라고 한다.

1.2.2 제품수명 기간

제품수명 기간이란 어떤 제품이 시장에 도입된 이후부터 성장기, 성숙기, 쇠퇴기까지의 제품수명주기에 걸리는 기간을 의미한다. 제품수명 기간은 해를 거듭할수록 점점 더 짧아지고있다. 과거 금성사(현재의 LG)에서 유명한 광고카피가 있었다. "순간의 선택이 10년을 좌우한다." 그만큼 제품의 수명이 길다는 것을 의미한다. 고가격 제품의 경우 10년 이상을 사용하는 경우는 주위에서 흔하게 볼 수 있었다. 그러나 최근의 경향으로는 가전제품들도 패션화 경향을 보이므로 디자인의 중요성이 강조되고 있으며, 디자인이 유행에 뒤떨어지게 되면 신제품으로 바꾸는 고객들이 증가하고 있다. 즉 제품수명 기간이 매우 짧아지고 있음을 의미한다. 기업의 입장에서는 신제품을 출시하더라도 오랜 기간 수익을 유지하기 어렵다는 것을 의미한다.

1.2.3 수익창출 기간

자본시장, 즉 투자자들은 기업의 수익창출을 위하여 오래 기다려 주지 않는다. 투자자들은 투자한 시점으로부터 최대한 빠르게 수익을 회수할 수 있기를 기대한다. 최근 대형 투자자들의 동향을 보면 외국인 투자자, 국내의 기간투자자, 개인투자자로 구분할 수 있지만, 이들 모두 공통점은 단기투자를 통하여 수익을 창출하고자 한다. 일정한 금액은 장기적인 투자를 하지만, 거의 매일같이 기업별로 기대할 수 있는 수익성을 추정하여 단기투자를 하고 있다. 투자자들은 수익창출에 대한 기대감이 없는 기업에는 투자를 하지 않게 된다. 기업의 경영자 입장에서는 더욱 더 수익창출에 대한 기술력 획득과 발전에 더욱 관심을 가져야 하는 이유이다.

1.3 기술의 융복합화

1.3.1 기술 융복합화의 의미

기술의 융복합화(Technology Conversions-Complexation)는 하나의 제품이 다른 제품과 복합화되고 융합화될 수 있음을 의미하며 [그림 6-4]와 같다.

그림 6-4 기술의 융복합화

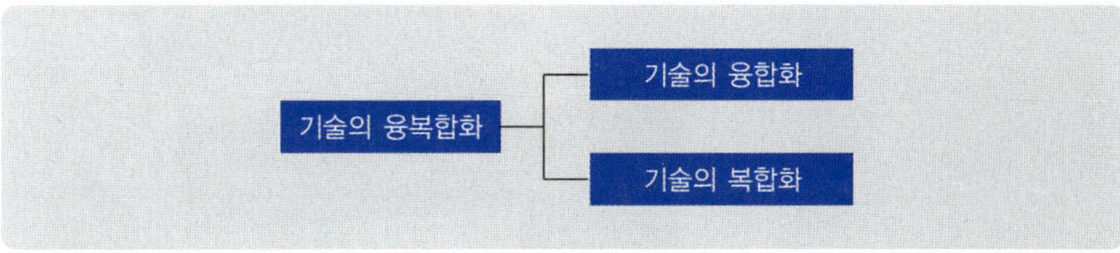

① 기술의 융합화

기술의 융합화(Technology Conversions)는 어떤 특정한 기술이 다른 기술에 포함되어 더욱 강력한 혁신제품으로 재탄생하게 됨을 의미한다. 융합화의 예를 들면 카메라 기능이 스마트폰으로 융합되어 스마트폰의 기능을 더욱 강력하게 하고 있다. 경우에 따라서는 디지털 카메라에 데이터 전송기술을 융합하여 카메라의 기능을 더욱 강력하게 만들기도 한다.

② 기술의 복합화

기술의 복합화(Technology Complexation)는 서로 다른 제품이 고유의 기능을 가지고 있으면서 하나의 새로운 혁신제품으로 연구·개발될 수 있으며, 프린터기와 복사기가 서로 다른 기능을 보유한 제품으로 복합 프린터기로 재탄생한 경우를 볼 수 있다.

〈사례 6-2〉는 A3용지를 사용할 수 있는 컬러복합기를 보여 주고 있다.

사례 6-2 A3 컬러복합기

사례연구

신도리코, 스마트폰으로 제어하는 A3 컬러복합기 'D300 시리즈' 출시

신도리코는 스마트폰이나 태블릿PC에서도 프린터 명령을 내릴 수 있는 A3 컬러복합기 'D300 시리즈'를 출시했다고 24일 밝혔다. D300 시리즈는 PC 없이도 스마트폰이나 태블릿 PC에서 출력이나 스캔 등 복합기의 기능을 이용할 수 있다. 대부분의 모바일 기기를 모두 지원하며, 무선인터넷을 활용할 수 없는 환경에서는 범용직렬버스(USB) 포트를 연결하거나 근거리무선통신(NFC) 등을 통해 복합기에 접속할 수 있다.

▲ 애플 운영체제 iOS에서는 에어프린트(Air-Print) 기능을 활용해 모바일 기기에 저장된 문서나 사진을 팩스로 전송할 수 있다. 안드로이드 체제에서는 전용 애플리케이션인 '신도 모바일 오피스'를 다운받아 이용하면 된다.

신도리코의 D300 시리즈는 오피스 컬러기 대중화를 선도하는 콘셉트로 개발됐다. D300은 분당 22매, D301은 분당 28매가 출력되며 컬러와 흑백의 속도는 동일하다. 고속 제품은 아니지만, 문서관리 솔루션과 문서보안 솔루션은 가장 앞선 기술을 장착해 고객 편의를 높였다.

D300 시리즈는 기존 제품 대비 크기를 20% 줄인 콤팩트 사이즈가 강점이면서도 조작 패널은 9인치 컬러 LCD의 대형화면을 적용했다. 동급 기종보다 패널이 커 조작이 편리하며, 여기에는 최적의 업무 환경을 위한 제품 디자인을 중시하는 신도리코의 개발 의지가 담겨 있다. 패널 상에서 스캔한 문서를 회전, 확대, 축소 등 직접 편집할 수 있고 사용자 맞춤형 사용자 경험(UI)도 설정 가능하다.

또, 주요 일정을 공지할 수 있는 텍스트 상자나 아이콘 등을 위젯으로 설정하거나 자주 이용하는 기능을 단축키로 설정할 수 있어 조작 편의성을 향상시켰다.

이철우 신도리코 홍보 이사는 "A3 컬러복합기 D300 시리즈는 9인치 LCD 패널을 적용하고 실제 활용도 높은 솔루션들 탑재한 첨단 사무기기"라며 "D300 시리즈는 올해 신도의 컬러복합기 주력제품이 될 것이며 글로벌 시장에서의 성과도 기대되는 제품"이라고 말했다.

* 출처 : 조선일보, 2017. 4. 24
http://biz.chosun.com/site/data/html_dir/2017/04/24/2017042401381.html
다운로드 및 편집 : 2017.12. 27.

1.3.2 기술 융복합화 방법

기술 융복합화 방법은 혁신제품의 개발을 위한 융복합화와 제품상업화를 위한 융복합화 방법이 있으며 [그림 6-5]와 같다.

그림 6-5 기술 융복합화 방법

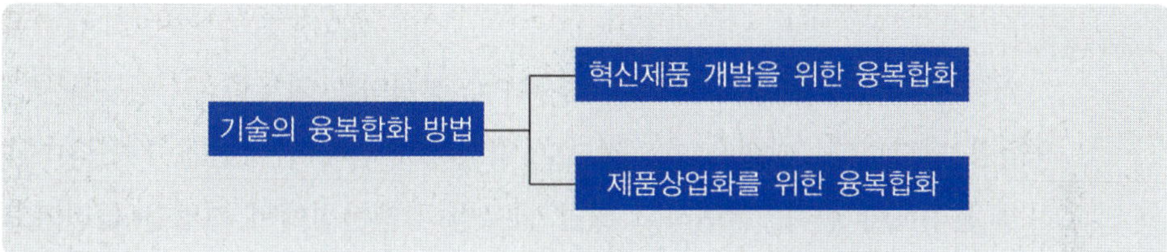

① 혁신제품의 개발을 위한 융복합화

혁신제품을 연구개발하기 위해서는 한 가지의 특화된 혁신기술을 사용하는 방법과 여러 가지의 혁신기술을 사용하는 방법이 있으며, 두 가지 경우를 모두 활용하는 기업도 있다. 예를 들면, 실리콘 밸리에 있는 기업들은 대부분 특화된 혁신기술을 보유하고 있으며, 소수의 특화된 제품을 생산하는 기업은 여러 가지의 기술을 융합하고 응용하여 생산하기도 한다. 컴퓨터 전문 기업들이 해당되며 애플과 HP와 같이 소수의 특화된 기술을 사용하는 혁신제품이 있으며 여러 가지 기술을 융합하여 혁신제품을 연구개발하는 기업으로는 GE, SONY, 삼성전자, LG전자 등이 있다.

② 제품상업화를 위한 융복합화

중소기업과 같이 판매망이 없는 기업의 경우에는 혁신적인 제품을 연구개발한 후에도 상업화를 하지 못한 경우가 있다. 혁신적인 제품을 연구개발할 수 있는 기술력은 확보하고 있지만, 혁신제품을 고객에게 공급할 수 있는 기술이 필요하다. 제품을 상업화하기 위해서는 제품 기술뿐만 아니라 여러 가지 기술을 융복합화해야 한다. 혁신제품을 상업화하기 위해서는 제품 개발기술은 물론, 제조 기술, 유통 및 마케팅기술, 사후서비스기술 등의 기술을 활용해야 한다. 특히 제품개발에 대한 기술력이 있는 창업기업의 경우에는 혁신제품을 보조할 수 있는 기술을 획득하고 활용하지 못하기 때문이다.

대기업은 각각의 혁신기술들을 융복합화할 수 있는 기술들 간의 상호 관계를 강화할 수 있도록 부서 및 조직 간의 장벽을 허물고 시너지효과를 창출할 수 있는 환경을 만들어야 한다. 그리고 중소기업의 경우에는 관련 기업 간의 벽을 허물고 기업들이 가지고 있는 장점을 극대화하여 시너지효과를 창출할 수 있도록 각각의 기업들이 가지고 있는 혁신기술들을 융복합화할 수 있어야 한다.

2. 기술환경 분석

기술은 기업이 환경의 변화에 대응하여 경쟁력을 확보할 수 있도록 효과적인 도구의 역할을 담당한다. 기술을 효과적으로 활용하기 위해서는 먼저 기업의 기술환경을 세밀하게 분석해야 한다. 급변하고 있는 글로벌 경쟁환경에서 기업을 둘러싸고 있는 경영환경을 분석하는 것은 매우 중요하다. 기업의 기술환경 분석(Technology Environment Analysis)은 기업이 기술적인 경쟁우위를 확보하고 발전할 수 있는 기업의 핵심적인 역할을 담당한다.

기업의 기술환경 분석은 기업의 경영전략의 첫 번째 단계이다. 초우량의 글로벌 기업일 경우에도 환경변화에 적응하지 못하거나 새로운 변화에 대응하지 못하면 경쟁력을 상실하게 되어 기업경영을 실패할 수도 있게 된다. 기업의 경쟁력을 유지하고 확대하기 위해서는 기업의 환경변화에 적응하고 변화를 활용할 수 있어야 한다. 기업의 기술환경을 분석할 수 있는 방법을 보면 거시적 환경 및 미시적 환경 분석, 기업의 내부 및 외부 환경 분석, 기술포트폴리오 분석, 기술경쟁 환경 분석 등이 있으며 [그림 6-6]과 같다.

그림 6-6 기술환경 분석방법

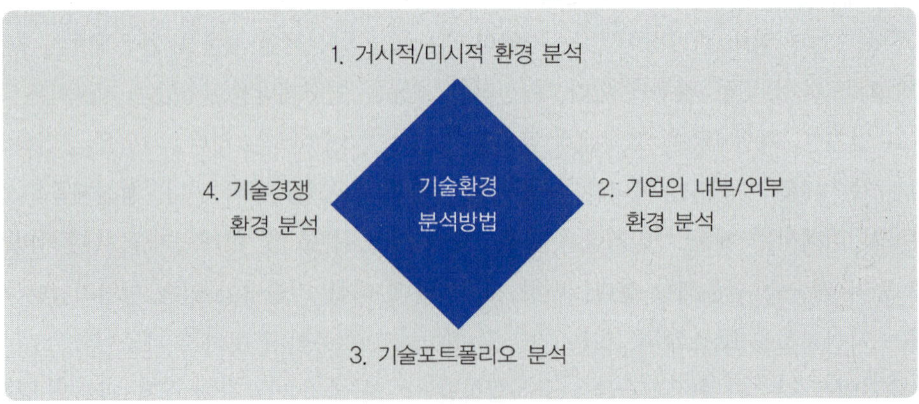

2.1 거시적/미시적 환경 분석

기업에서는 경영전략을 수립할 때 기업의 환경에 대하여 너무 낙관적이거나 비관적인 의사결정을 하지 않도록 거시적인 기술환경 분석과 미시적인 기술환경 분석을 동시에 진행해야 한다. 거시적인 분석에서 너무 낙관적인 분석으로 기업은 물론 국가의 경제에도 부정적인 영향을 미칠 수 있다.

2.1.1 거시적 기술환경 분석

기업의 거시적 기술환경 분석(Macroscopic Technology Environment)은 기술경영에 영향을 미칠 수 있는 요인을 찾는 활동이다. 즉 기술경영의 전제조건을 검증하는 단계이기도 하다. 거시적 기술환경 분석은 기술환경, 시장환경, 경제환경, 정부 및 조직의 규제 등의 장기적인 요인이다. 거시적 기술환경의 분석은 대부분의 기업에게 공통으로 적용되는 광범위한 요인에 해당된다. 그리고 기업의 외부적인 환경요인에 해당되며 [그림 6-7]과 같다.

그림 6-7 거시적 환경요인

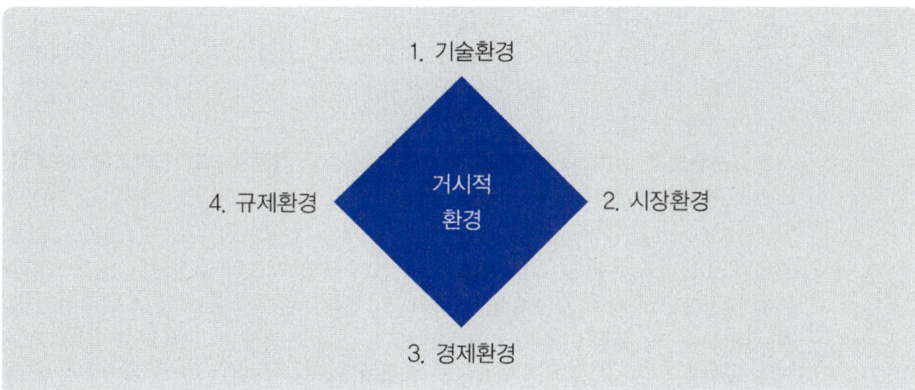

① 기술환경

기술환경(Technology Environment)은 특정한 산업분야 혹은 국가 산업 전체의 혁신적인 기술, 대체기술, 생산제조 기술, 특허 등의 기술발전 및 동향을 의미한다. 기업은 기술환경을 분석하여 자사에서 획득해야 할 혁신기술이 어떤 기술인지 또는 어떤 방향으로 발전해야 할지를 결정할 수 있도록 해야 한다.

〈사례 6-3〉은 기업외부의 거대한 물결인 4차 산업혁명을 향한 기술환경의 변화에 대응하고 선도하려는 경기도의 활동에 대한 내용이다.

사례 6-3 4차 산업혁명의 시대를 선도하는 경기도

사례연구

4차 산업혁명의 시대… 경기콘텐츠진흥원, 콘텐츠의 미래를 보다

경기콘텐츠진흥원(경기콘진원)은 2005년 개소 이후 스타트업 발굴 및 육성, 신 생태계 창출 등 10여 년 동안 도내 콘텐츠 산업의 발전을 견인해오고 있다. 현재 경기콘진원은 산하에 5개의 클러스터를 두고 있으며 부천, 광교, 판교, 의정부 4개 지역 클러스터(시흥 1개소 제외)에는 147개에 달하는 기업이 입주해 내일의 주역을 꿈꾸고 있다.

▣ 4소 4색 클러스터별 성과

경기콘진원의 4개 지역 클러스터는 각기 다른 특화점을 보유하고 있다. 부천은 만화영상, 광교는 VR/AR을 기반으로 한 융합콘텐츠, 의정부는 콘텐츠에 제조업과 디자인을 결합한 복합콘텐츠, 마지막 판교는 스타트업과 예비창업자를 집중・심화 육성하는 점이 특징이다.

▣ 빅데이터와 인공지능 기반 산업 성과

지난해 세계는 4차 산업혁명 시대로의 진입이 시작됐다고 선언했다. 이 때부터 새롭게 대두된 두 개의 키워드는 '빅데이터'와 '인공지능'이다. 경기콘진원 역시 이 두 가지 흐름에 발 빠르게 보조를 맞춰왔다.

경기콘진원은 이미 지난해부터 빅데이터 분석과 활용을 위한 '빅파이 센터'를 성남 판교에 개소하고 포럼을 개최하는 등 빠른 대응에 나서고 있다. 데이터 기반 민간 비즈니스 모델 발굴 및 사업화 지원을 주 목적으로 하는 이곳은 도 소재 데이터 기반 비즈니스모델을 보유한 예비창업자 또는 스타트업을 집중 육성하고 있다. 올해 빅파이 추진단은 10개의 우수 비즈니스모델을 발굴했으며 특히 지난 9월에는 국내외 석학들을 한자리에 모여 빅데이터 활용 문화 확산을 고민하는 '빅 포럼'이 성황리에 개최했다. 이날 포럼에는 '노동의 종말'의 저자 제레미 리프킨과 남경필 도지사, 유관 전문가들이 참여해 세계와 한국, 그리고 경기도의 빅데이터 및 인공지능 활용 방안을 모색했다.

VR/AR 산업 육성도 빠질 수 없는 화두다. 경기콘진원은 올해 광교 클러스터를 중심으로 해 30개의 선도기업을 육성하는 한편 5개의 킬러콘텐츠(미디어 시장에 큰 영향을 미치는 핵심 콘텐츠)를 보유하게 됐다. 또한 지난 14일에는 국내외 전문가들이 모여 VR/AR 산업이 미치게 될 인간의 삶의 변화상을 고민해보는 '경기도 VR/AR 컨퍼런스'를 진행하기도 했다.

경기콘진원은 내년에도 문화콘텐츠를 기반으로 해 VR/AR, 인공지능, 빅데이터로 압축되는 4차산업혁명의 흐름에 맞는 기업과 1인 창작자를 지속적으로 육성해나갈 계획이다.

■ 음악과 게임으로 두드러진 문화산업 성과

영화 부분에서는 도내 다양성영화 상영을 지원하는 'G시네마 제작지원' 사업을 진행했다. 이를 통해 다양한 저예산 영화, 다큐멘터리 제작을 지원했고 특히 100곳의 영화 촬영지를 발굴해 관광 활성화를 이끌어냈다.

도서 부분에서는 책 생태계 활성화 사업을 진행했다. 동네 서점의 문화공간화, 지하철 서재 운영, 출판 공모전, 독서캠핑 등의 다양한 사업들은 100건의 출판분야 신규창업과 책 읽는 문화 형성에 기여했다. 또한 중소 출판 생태계의 복원에도 작지 않은 역할을 하게 됐다.

올해 문화 부분에서 가장 규모가 크게 진행됐던 사업은 음악과 게임 분야였다. 경기콘진원은 지난해부터 인디음악인의 발굴과 육성으로 유망 아티스트 육성과 지역경제 활성화를 모색하는 프로젝트 '인디스땅스'를 진행하고 있다. 특히 올해 인디스땅스는 서울과 경기권을 오가는 경합무대와 공중파 방송 촬영으로, 큰 폭의 저변확대를 이뤄냈다. 그 결과 인디스땅스는 326개 팀의 참가 속에서 10건의 음원 제작 및 유통, 지역 연계공연 10회의 성과를 기록했다. 이는 유지션 발굴과 도내 음원컨텐츠 활성화, 지역경제 활성화 등의 긍정적인 효과로 직결될 것으로 기대된다.

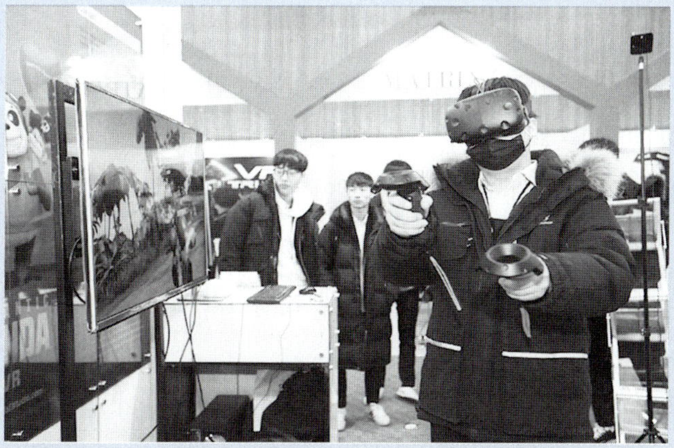

게임분야에서는 G-NEXT센터가 고양 킨텍스에서 개최한 '플레이엑스포'와 부산 벡스코에서 진행된 '2017 지스타'의 스타트업 참여가 두드려졌다. 두 행사에는 경기콘진원이 육성하고 있는 VR/AR 기반 게임콘텐츠 기업들이 참여해 저력을 과시하고 미래 가능성을 예측했다. 특히 G-NEXT 센터는 올해 1천100억 원 상당의 게임 수출계약을 달성하고 20개의 게임 기업 창업을 이끌어내는 등 도내 게임산업의 지속 성장기반을 구축해오고 있다.

* 출처 : 중앙일보, 2017. 12. 21
http://news.joins.com/article/22225758
다운로드 및 편집 : 2017.12. 27.

② 시장환경

시장환경(Market Environment)은 시장을 구성하고 있는 고객층의 변화를 의미한다. 인구분포, 지역별 분포, 연령별 구성, 인구증감률, 출생률 및 사망률, 인종구성, 라이프 스타일, 직업분포, 교육수준, 종교분포, 수입수준, 거주형별 분포 등의 요인들의 변화가 시장환경을 변화시키므로 시장환경의 변화를 파악하고 분석하여 미래에 필요한 혁신기술을 미리 대응할 수 있어야 한다.

③ 경제환경

경제환경(Economy Environment)은 사회 혹은 국가 경제의 변화를 의미하며 기업경영에 직접적인 영향을 미친다. 경제성장률, 국민소득, 소비동향, 투자동향, 환율, 금리, 석유가격 등의 요인들이 경제환경의 요인이며 이러한 요인들의 변화를 분석하여 경제환경의 변화에 대응할 수 있는 혁신기술을 미리 준비해야 할 것이다.

④ 규제환경

규제환경(Regulation Environment)은 정부 혹은 단체들로부터 기업의 활동을 제약할 수 있는 규제의 변화를 의미한다. 규제환경은 환경규제, 소비자보호, 공정거래, 금융지원제도, 특허제도 등의 규제 및 제도의 요인들이 있다. 최근 정부에서는 기업의 경영활동에 걸림돌이 되는 규제나 제도를 과감하게 제거하려는 노력을 하고 있다. 기업은 외부의 규제 및 제도의 변화를 분석하여 미래를 대비할 수 있는 혁신기술을 확보하고 발전하여 대비할 수 있을 것이다.

예를 들면 최근 정부기관에서는 방대한 데이터를 공개하여 필요한 정보가치를 창출하여 새로운 빅 데이터 사업(Big Data Business)을 시작할 수 있는 창업의 길을 제공하기 시작하였다. 수십 년 동안 사회 각 분야에 누적되어 온 방대한 자료와 데이터를 분석하여 유익한 정보로 재활용할 수 있는 빅 데이터 사업은 앞으로 전망이 매우 밝으며, 이미 많은 벤처기업들이 참여하고 있다. 사회의 각 분야에서 매우 혁신적인 벤처사업으로 창업될 수 있는 수많은 빅 데이터 사업들이 성공할 수 있기 위해서는 가장 먼저 과거의 정보를 손쉽게 활용할 수 있도록 규제에 관련된 법규나 제도를 대폭 없애야 할 것이다. 국회에서도 빅 데이터를 사업화하는 데 제약요인으로 작용하고 있는 법규를 없애는 노력을 하고 있다. 그러나 빅 데이터의 산업화 부분에서는 개인의 정보유출 방지를 위한 안전장치는 항상 고려되어야 할 것이다.

2.1.2 미시적 기술환경 분석

미시적 기술환경 분석(Microscopic Technology Environment)은 기업의 경영활동에 즉시 영향을 미칠 수 있는 좁은 시각의 단기적인 분석이다. 미시적 기술환경은 흔히 3C로 알려져 있는 고객(Customer)분석, 자사(Company)분석, 경쟁사(Competitors)분석 등의 요인이 있으며 [그림 6-8]과 같다. 이 중에서 자사분석은 기업의 내부환경이지만, 고객분석과 경쟁사분석은 기업 외부환경에 해당된다.

그림 6-8 미시적 기술환경 분석

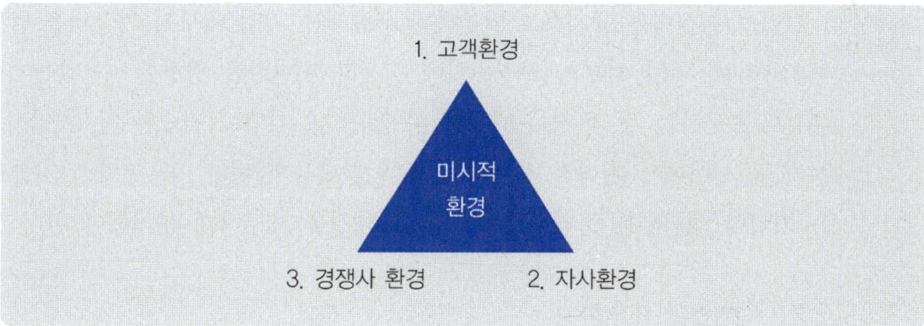

① 고객환경

고객환경(Customer Environment)은 자사의 제품을 구매하고 활용하는 고객들이 어떤 변화를 보이는지에 대한 변화이다. 시장규모, 시장성장률, 고객욕구, 고객만족도, 고객의 구매형태 등이 고객환경의 요인이다. 시장과 고객의 환경이 어떻게 변하고 있는지를 면밀하게 분석하는 것이 기술획득과 발전의 방향을 미리 대응할 수 있는 방법이다.

② 자사환경

자사환경(Company Environment)은 기업의 내부환경을 의미하며, 자사의 기술력, 연구개발인력 및 조직, 생산력, 판매력, 시장점유율, 브랜드파워, 기업성장력, 수익력, 자금흐름, 현금보유 등이 자사환경을 구성하는 요인들이다. 자사의 내부환경을 면밀하게 분석하여 미래의 시장과 고객을 선점할 수 있는 혁신기술을 획득하고 유지·발전시킬 수 있는 대응방안을 사전에 준비해야 한다.

③ 경쟁사 환경

경쟁사 환경(Competitors Environment)은 동종의 제품을 생산하여 자사와 유사한 시장과 고객에게 공급하는 정도를 의미한다. 경쟁사의 기술력, 기술변화 방향, 시장참여기술, 핵심기술, 기술투자비용 등이 경쟁사 환경을 구성하고 있는 요인이다. 기업은 자사 단독으로 기업을 유지할 수 없다. 항상 경쟁상대가 있기 때문이다. 경쟁사의 변화방향을 미리 분석하고 대응해야 한다.

2.2 기업의 내부/외부 환경

기업이 경쟁력을 유지하고 발전하기 위해서는 기업 내부의 기술력을 발전시키는 것도 중요하지만, 기업 외부의 환경변화에 적응하고 변화를 활용할 수 있어야 한다. 기업은 환경이 요구하는 것, 환경이 제공할 수 있는 것, 기업에 필요한 것, 기업이 제공할 수 있는 것들 사이에서 전략적 선택과 집중이 필요하게 된다. 즉 전략적 기술경영을 위해서는 기업의 내외부를 둘러싸고 있는 기술환경을 세밀하게 분석해야 한다.

2.2.1 기업의 내부환경

위에서 살펴본 바가 있는 미시적 환경요인 중에서 자사환경과 동일한 내용이다. 기술경영의 수단과 방법은 자사의 기술력이다. 기업 내부의 기술환경을 구성하고 있는 요인을 보면 자사의 기술력, 연구개발인력 및 조직, 기술의 난이도, 기술의 중요도, 발전 가능성 등이 있다. 자사의 내부환경을 면밀하게 분석하여 미래의 시장과 고객을 선점할 수 있는 혁신기술을 획득하고 유지 발전할 수 있는 대응방안을 사전에 준비해야 한다. 기업의 내부환경에는 강점(Strength)기술과 약점(Weakness)기술이 있으며 강점기술을 최대한 활용하면서 약점기술에 대한 대응방안을 강구해야 할 것이다.

2.2.2 기업의 외부환경

기업 외부의 기술환경은 기업을 둘러싸고 있는 기술에 관련된 모든 환경이다. 기업의 외부환경을 구성하고 있는 요인에는 경쟁사의 경쟁력, 자사의 경쟁적 위치, 경쟁사의 기술동향, 기술발전 방향 등이 있다. 기업의 외부환경에는 기회(Opportunity)기술과 위협(Threat)기술이 있으므로 기회기술을 효과적으로 활용해야 하고 위협기술에 대해서는 대응방안을 강구해야 할 것이다.

2.2.3 기술환경 분석 도구

기업의 내외부 기술환경을 편리하게 분석할 수 있는 도구로 SWOT분석이 일반적으로 사용되고 있다. 〈표 6-1〉은 기술환경 분석 도구인 SWOT분석의 내용이다. 혁신기술의 획득이 필요한 경우에 사용할 수 있는 유용한 도구이다. 자사가 보유하고 있는 기술의 수준에 대해서 강점과 약점에 해당되는 기술을 명확하게 파악하고 기업 외부의 기술동향에 대한 기회기술과 위협기술을 파악하여 혁신기술을 획득할 수 있는 방안을 강구할 수 있다.

〈표 6-1〉 기술환경 분석(SWOT분석) 도구

기업 내부 기술 환경	강점(Strength)기술	약점(Weakness)기술
	1. 2. 3. …	1. 2. 3. …
기업 외부 기술 환경	기회(Opportunity)기술	위협(Threat)기술
	1. 2. 3. …	1. 2. 3. …

〈표 6-2〉는 삼성전자의 IT와 모바일제품에 대한 이익률이 감소하고 있는 상황에서 경쟁력을 지속적으로 유지하고 발전시킬 수 있는 혁신적인 기술경영을 지속할 수 있는 전략을 개발하기 위하여 SWOT분석한 사례를 보여 주고 있다.

〈표 6-2〉 삼성전자 IT 및 모바일제품의 SWOT분석 사례

삼성전자 SWOT 분석	
강점(Strength)	약점(Weakness)
·다양한 제품 라인업 ·마케팅 능력과 브랜드 이미지 ·부품 수직계열화 ·빠른 캐치업 전략	·비혁신 이미지 ·스마트폰 비중 심화 ·소프트웨어 경쟁력 부족
기회(Opportunity)	위협(Threat)
·신흥시장 스마트폰 보급 확대 ·클라우드, 빅데이터 시대 도래 ·광범위한 유통망 구축	·스마트폰 시장 성장 둔화 ·중국 스마트폰 업체 부상 ·구글, MS의 하드웨어 시장 진출

* 출처 : 매일경제 2013. 10. 8. http://news.mk.co.kr/newsRead.php?year=2013&no=951670

2.2.4 기술환경 대응전략

위에서 분석한 기술환경 분석 결과를 가지고 기술환경 대응전략을 수립해야 한다.

기술환경의 변화에 대응할 수 있는 전략은 기업의 내부와 외부의 환경요인인 4개의 요인이 상호간에 영향을 미치고 있으므로 복합적인 전략이 수립되어야 한다. 즉 기업 내부의 강점기술에 대한 기업 외부의 기회기술과 위협기술에 대한 대응전략이 필요하고 기업 내부의 약점기술에 대한 기업 외부의 기회기술과 위협기술에 대한 대응전략이 필요하다. 이러한 복합적인 기술전략을 SWOT분석의 도구를 활용한 결과는 〈표 6-3〉과 같다.

〈표 6-3〉 기술전략(SWOT분석) 도구

		기업 내부 기술환경	
		강점(S) 기술	약점(W) 기술
기업 외부 기술환경	기회(O) 기술	SO전략	WO전략
		1. 2. 3. …	1. 2. 3. …
	위협(T) 기술	ST전략	WT전략
		1. 2. 3. …	1. 2. 3. …

① SO전략

SO전략(Strength-Opportunity Strategy)은 자사의 우수한 기술을 가지고 기업 외부에 있는 기회기술을 활용하는 전략이다. 외부의 기술보다 자사의 기술력이 훨씬 우수하므로 혁신제품을 선행하여 연구 · 개발할 수 있으며 시장을 선점할 수 있는 혁신기술을 적극 활용할 수 있다.

② ST전략

ST전략(Strength-Threat Strategy)은 자사에서 보유하고 있는 우수한 기술력을 활용하여 기업 외부에 있는 강력한 혁신기술을 극복하는 방법이다. 외부의 기술이 자사의 기술을 위협할 수 있으므로 자사의 기술을 더욱 강력하게 발전시킬 수 있는 방안을 강구하여 외부의 위협을 극복할 수 있어야 한다.

③ WO전략

WO전략(Weakness-Opportunity Strategy)은 자사의 취약한 기술력이지만 외부의 기회가 있으므로 자사의 기술력을 발전시켜서 외부의 기회기술을 활용할 수 있어야 한다. 외부의 기술을 도입하여 자사의 기술을 발전시키는 적극적인 기술 획득전략이 필요하다.

④ WT전략

WT전략(Weakness-Threat Strategy)은 아무런 전략도 소용이 없으므로 전략이라고 할 수 없다. 자사의 기술력도 우수하지 못한 상태에서 외부의 기술 역시 발전할 수 있는 기회가 거의 없으므로 다른 기술영역으로 혁신해야 할 대상이다. WT전략은 기존의 기술을 완전히 포기하고 새롭고 혁신적인 기술을 도입해야 하는 전략이 되어야 한다.

2.3 기술 포트폴리오 분석

2.3.1 포트폴리오의 개념

기업경영을 지속하기 위해서는 매순간 의사결정을 해야 한다. 경영에 대한 의사결정을 하기 위해서는 크든 작든 간에 의사결정에 대한 대안을 정의하고 대안들의 중요도와 가능성에 따라 우선순위를 결정해야 하는데, 기업경영에 가장 적합한 최적의 의사결정 조합을 파악하기 위하여 사용되고 있는 기법 중의 하나가 포트폴리오(Portfolio)기법이다.

포트폴리오는 기업경영에 관련한 전반적인 시장과 고객정보를 제시하며 투자시기, 혁신제품의 진입 및 퇴출, 시장의 확장성 등을 분석할 수 있고 신규 사업의 잠재력을 분석할 수 있다.

2.3.2 BCG 기술분석

기업경영에서 많이 활용되고 있는 포트폴리오분석 방법으로는 BCG매트릭스가 있으며, 이는 1968년 BCG(Boston Consulting Group)에서 개발한 방법이다. BCG분석 방법은 특정한 제품 혹은 사업에 대한 분석을 위하여 활용되고 있으며 '시장의 점유율'과 '시장의 성장률'을 축으로 매트릭스분석을 할 수 있다. BCG분석 방법은 기업의 특정한 제품이나 제품군을 4가지 영역으로 구분하여 제품의 성장을 위한 추가투자 혹은 퇴출에 대해 의사결정하기 위한 방법으로 활용되고 있다. 이러한 기존의 BCG분석 방법을 활용하여 기업의 현재와 미래의 기술수준을 분석할 수 있다. BCG분석의 '시장의 점유율'에 해당하는 축을 '기술경쟁력'으로, '시장의 성장률'에 해당하는 축을 '기술 확장성'으로 대체하여 분석하게 되면 BCG 기술분석이 가능하게 된다. [그림 6-9]는 BCG 기술분석을 보여 주는 내용이다.

그림 6-9 BCG 기술분석

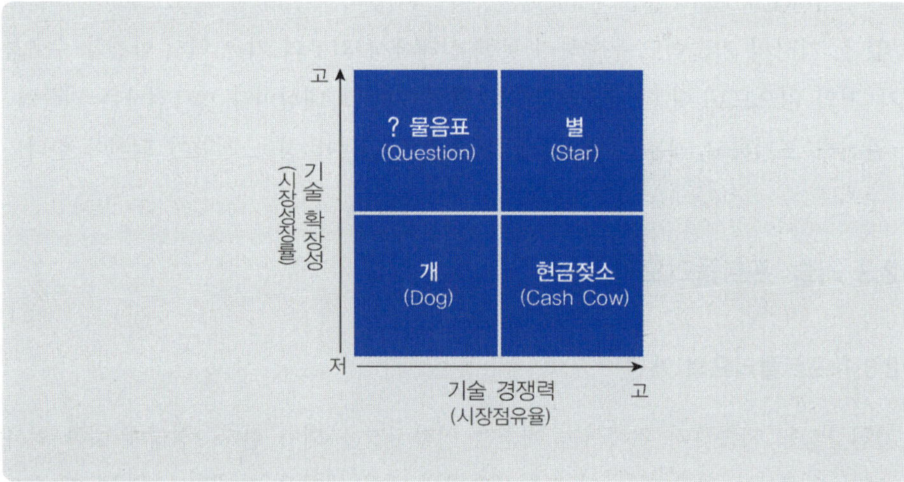

① 별

별(Star)은 자사의 우수한 기술경쟁력으로 시장의 점유율이 높은 상태이며, 미래에도 시장의 성장이 예상되며 자사의 기술을 지속적으로 확장할 수 있는 매우 희망적이고 혁신적인 기술 분야이므로 기업의 역량을 집중하여 기술을 획득하고 발전시킬 수 있도록 연구개발에 투자를 지속해야 한다. 자사가 보유한 기술이 현재의 경쟁력과 함께 미래에도 지속적으로 필요할 것으로 예상되는 최상의 혁신기술이므로 연구개발을 지속해야 한다.

② 현금젖소

현금젖소(Cash Cow)에 해당되는 기술은 기술경쟁력을 보유하고 있기 때문에 현재 시장의 점유율이 매우 양호하여 수익원이 되고 있는 기술이다. 기업에서 매우 중요한 기술이다. 그러나 현재의 기술로는 더 이상 시장의 성장을 기대하기 어려우므로 자사가 보유한 기술을 추가 확장할 필요는 없다. 따라서 동일한 기술 분야의 신기술을 발전시키기 위한 연구개발의 추가 투자는 필요 없으며, 현재의 기술력을 유지하는 것으로 현금을 지속적으로 확보할 수 있다.

③ ? 물음표

물음표(Question)는 현재 자사의 기술경쟁력이 부족하여 시장에서의 점유율은 취약하지만, 시장의 성장률이 기대되고 있는 희망이 있는 기술분야이다. 따라서 현재보다는 미래의 시장을 선점하기 위하여 혁신기술을 연구·개발할 수 있도록 투자를 지속해야 할 것이다. 물음표의 기술이 가까운 미래에 별에 해당되는 혁신적인 기술이 될 가능성이 매우 높으므로 연구개발을 지속해야 한다.

④ 개

개(Dog)에 해당되는 기술은 기술경쟁력이 부족하여 시장점유율도 부족하지만 시장의 성장가능성도 희박하므로 미래를 대비하여 더 이상 연구개발에 투자를 지속할 필요가 없는 기술이다. 즉 기존의 기술을 버리고 다른 분야의 기술로 연구개발의 대상을 바꾸어야 한다.

2.3.3 기술-시장 포트폴리오

기술-시장 포트폴리오(Technology-Market Portfolio)는 기술분석 매트릭스의 두 축을 기술유인(Technology-Push)과 시장유인(Market-Pull)으로 정하고 4가지 경우를 분석할 수 있으며 [그림 6-10]과 같이 나타낼 수 있다.

그림 6-10 기술-시장 포트폴리오

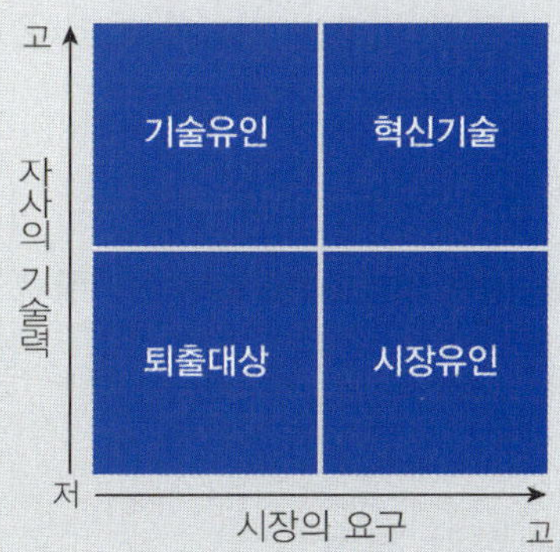

① **혁신기술**

시장의 요구가 많으며 자사의 우수한 기술력을 제공할 수 있을 경우에는 적극적으로 혁신기술(Innovated Technology)을 활용한다면 시장을 용이하게 장악할 수 있을 것이다. 고객과 시장에서 원하는 혁신제품에 대한 혁신기술을 자사에서 확보하고 있기 때문에 자사에서 연구개발한 혁신제품에 대한 경쟁력은 최고수준이 될 수 있다. 고객지향적인 기술경영을 달성할 수 있는 기업이라고 할 수 있다.

② **시장유인**

자사에서 확보하지 못하고 있는 기술분야의 제품을 시장과 고객이 원하는 경우에는 시장유인(Market Pull)의 분야에 해당된다. 고객이 원하는 혁신제품에 대한 혁신기술을 획득할 수 있는 전략을 수립하고 투자에 대한 의사결정을 해야 한다. 혁신기술의 획득에 대한 의사결정이 지연될 경우에는 기술경영을 지속하기 어렵게 될 수도 있다. 고객지향적인 기술경영을 적극 추진하기 위해서는 고객이 원하는 혁신제품을 공급할 수 있도록 혁신기술을 획득하고 발전시킬 수 있는 투자전략을 수립하고 연구개발에 집중해야 할 것이다.

③ **기술유인**

기술유인(Technology Push)은 시장과 고객이 미처 알아차리기도 전에 기업이 혁신기술의 제품을 출시하여 고객들로 하여금 혁신제품을 선택하게끔 유도할 수 있다. 이러한 기술유인은 자사의 기술이 혁신적인 수준으로 유지·발전되고 있어야 한다. 고객 자신도 느끼지 못하는 고객의 욕구를 기업이 먼저 파악하여 혁신제품을 출시함으로써 새로운 시장을 창출하고 확대할 수 있는 전략이다. 애플사에서는 혁신적인 기술력을 바탕으로 전 세계의 스마트폰 시장을 리드하고 있다.

④ **퇴출대상**

자사가 확보하고 있는 기술력이 부족하여 시장과 고객의 욕구를 충족시킬 수 없으므로 새로운 시장을 창출하기도 어려우며, 시장을 리드할 수 있는 특별한 혁신기술을 보유하지 못한 기업은 기술경영을 포기해야 하는 퇴출대상(Shut Down)이다.

2.4 기술경쟁 환경 분석

마이클 포터(M. Porter, 1980)가 제시한 산업구조 내의 경쟁모형을 활용한 기술경쟁환경 분석이 유용하다. 마이클 포터의 산업 내 경쟁모형을 기술경쟁 모형으로 전환하여 설명하는 것이 가능하며 경쟁요인을 산업 내 기술경쟁자, 잠재적 기술진입자, 대체 기술, 기술공급자, 기술구매자로 적용하여 설명할 수 있다. [그림 6-11]은 마이클 포터의 산업 내 경쟁분석을 기술경쟁의 환경 분석으로 전환하여 나타낸 내용이다.

그림 6-11 기술경쟁의 환경 분석

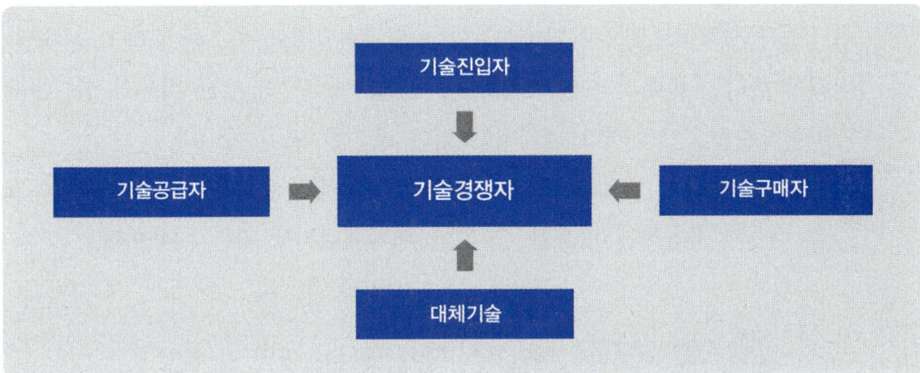

① 산업 내 기술경쟁자

산업 내 기술경쟁자(Technology Competitors)는 현재의 기술경쟁자이다. 혁신기술은 유사한 산업 내에서 경쟁관계의 구도에 많은 영향을 미친다. 기술경쟁은 현재 경쟁을 하고 있는 기존의 기업들 간의 경쟁이므로 자사의 기술력의 수준에 대한 분석이 이루어져야 한다. 혁신기술이 경쟁기업에 미치는 영향요인을 보면 자사의 혁신기술 원가구조, 차별화 기술, 이동장벽 기술 등이 있다. 특히 경쟁 기업의 혁신제품에 대한 기술력, 공정기술력, 연구개발 정도 등의 경쟁요인을 분석하고 대응전략을 수립하는 것이 기술경영의 핵심전략이 될 수 있다.

② 잠재적 기술진입자

현재는 경쟁자가 아니지만 곧 진입이 가능한 기술경쟁자를 잠재적 기술진입자(Technology Enterers) 혹은 신규기술진입자(New Technology Enterers)라고 한다. 잠재적 기술진입자는 혁신적이고 새로운 기술을 보유한 기업이므로 기존의 기업 입장에서는 위협적인 기업이 될 수 있다. 신규기술진입자는 기존의 기업에 대해서 여러 가지 영향을 미치게 할 것이므로 기존의 기업은 혁신기술에 대한 지속적인 투자로 기술의 수준을 발전시켜 경쟁자들이 모방하기 어렵도록 진입장벽을 높여야 한다.

③ 대체기술

혁신제품은 다양한 대체제품을 창출하기도 한다. 대체기술(Substitutes)은 혁신제품이 시장에 처음 출시되는 시점에는 가격이 높으므로 대체기술의 저렴한 제품이 나타나 기도 한다. 대체제품과 대체기술의 성공여부는 대체에 필요한 비용이 크게 좌우한다.

혁신기술을 사용한 혁신제품을 연구·개발하는 경우에 반드시 대체기술이 어느 정도의 수준으로 활용되고 있는지를 분석하고 대응전략을 수립해야 할 것이다.

최근 사회적으로 문제가 되고 있는 원자력발전을 축소해야 하고 신재생에너지로 전환해야 한다는 목소리가 높다. 그러나 신재생에너지의 생산 비용의 상승문제로 인하여 원자력발전을 축소하거나 폐기하는 것은 용이한 일이 아니다.

〈사례 6-4〉는 신재생에너지의 비용이 원자력발전 정도의 생산 비용을 효율화할 수 있을 때까지 유용하게 활용할 수 있는 대체에너지에 관한 내용이다.

사례 6-4 메탄가스, 대체 에너지 활용 길 열어

사례연구

"메탄가스, 대체 에너지 활용 길 열어"… IBS, 메탄가스 분해 성공

대기 오염의 주범 중 하나인 메탄가스를 대체 에너지원으로 활용할 수 있는 길이 열렸다. 기초과학연구원(IBS)은 분자활성 촉매반응 연구단 백무현 부연구단장(KAIST 화학과 교수) 연구팀이 미국 연구진과 공동으로 메탄가스를 화학적으로 분해하는데 성공했다고 25일 밝혔다.

메탄가스는 탄소와 수소로만 이뤄진 탄화수소(hydrocarbon) 물질 중 하나다. 매년 5억 톤 이상 발생하고 발생량이 점차 늘어 이를 활용하기 위한 노력이 계속돼 왔지만 결합의 강도가 매우 강하고 안정적이어서 분해가 어려웠다. 이로 인해 원유 생산지 등에서 발생하는 메탄가스는 태우는게 일반적이지만 이 때 이산화탄소나 일산화탄소 등 대기 유해물질이 다량 발생하는 문제가 있다.

연구팀은 전이금속인 이리듐을 활용한 붕소화 촉매반응을 개발해 메탄가스의 탄소-수소 결합을 끊는데 성공했다. 이를 토대로 다양한 분자와 작용을 유도해 탄소-수소 결합 활성화 생성물을 만들거나 다른 화합물과 반응시켜 플라스틱, 의약품, 의류 등의 화학제품의 원료로도 사용할 수 있다. 그동안 탄소-수소 결합 활성화 반응 생산율은 2~3%에 머물러 사실상 불가능에 가까운 화학반응으로 간주됐지만 연구팀은 생산율을 52%까지 끌어올렸다.

또 연구진이 규명한 화학 반응을 활용하면 이산화탄소와 함께 기후 변화의 주요인으로 꼽히는 메탄가스를 제어할 수 있어 온실가스를 크게 줄일 수도 있다. 백무현 교수는 "촉매로 사용한 붕소와 이리듐 가격이 비싸기 때문에 이를 대체할 유기금속촉매를 개발하는 것이 다음 과제"라며 "대체 촉매를 개발하면 메탄가스를 차세대 에너지원으로 사용하고 원유를 대체할 수도 있을 것"이라고 말했다.

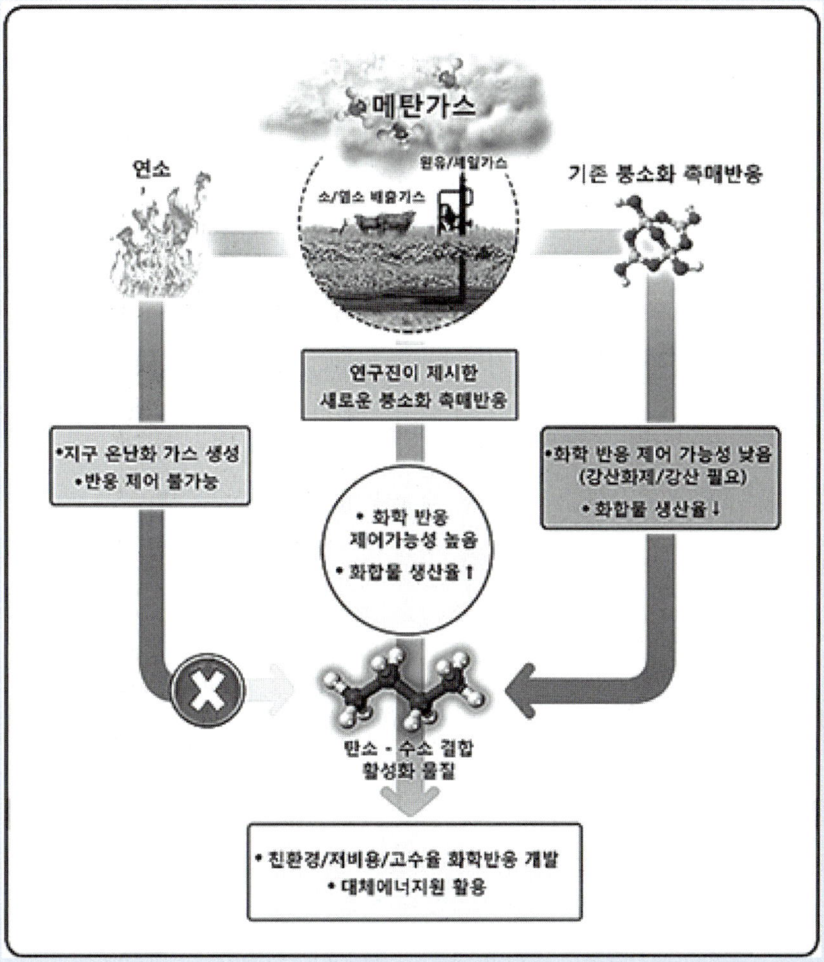

한편, 이번 연구는 IBS 백무현 부단장과 안세환 연구원, 미국 펜실베니아 대학의 대니얼 민디올라(Daniel J. Mindiola) 교수 그룹과 미국 미시간 주립 대학의 밀턴 스미스(Milton R. Smith III) 교수 그룹의 공동연구로 진행됐다. 연구결과는 과학 저널 '사이언스(Science, if=33.611)'에 게재됐다.

* 출처 : 중앙일보, 2016. 3. 25
http://news.joins.com/article/19782656
다운로드 및 편집 : 2017.12. 27.

④ 기술공급자

글로벌 우량 기업의 경우에도 모든 기술을 보유할 수는 없다. 혁신기술이 필요한 경우에는 외부의 기업 혹은 기관으로부터 혁신기술을 도입해야 하는 경우가 있으며, 기술을 공급하는 사람 혹은 기업을 기술공급자(Technology Supplier)라고 한다. 기술의 경쟁력은 기술의 혁신성뿐만 아니라 혁신기술을 사용한 혁신제품을 고객이 용이하게 구입할 수 있는 가격이어야 한다. 혁신기술을 도입하는 데 과다한 비용을 지불하게 되면 혁신제품의 가격경쟁력에 부정적인 영향을 미치게 될 수 있다. 기술경영을 하게 되는 기업의 경우에는 혁신기술의 구입비용에도 세밀한 분석이 필요하다.

⑤ 기술구매자

기술구매자(Technology Buyers)는 기술공급자와 반대의 입장이다. 기업은 혁신기술을 적용한 혁신제품을 고객이 구매할 수 있는 최고한계까지 가격을 책정하게 된다. 그러나 고객은 최소의 비용을 지불하려고 한다. 기업과 고객 간의 상충되는 부분이다. 기업은 최고의 가격을 받기를 원하고 고객은 최소의 가격을 지불하기를 원하기 때문에 충돌하게 되는데 이러한 현상을 상충관계(Trade Off)라고 한다. 기업과 고객 간의 상충관계는 적정한 선에서 합의되므로 시장과 고객이 원하는 기술에 지불할 수 있는 가격에 대한 분석이 세밀하게 이루어져야 한다.

3. 기술의 벤치마킹

3.1 벤치마킹의 개념

벤치마크(Benchmark)란 기준이 되는 점, 즉 측정기준을 말한다. 벤치마킹(Benchmarking)은 기업경영에서 기준이 되는 표준을 만드는 것을 의미하고 다른 우수한 기업으로부터 앞선 기술 등의 경영기법을 배움으로써 핵심역량을 습득하고 경쟁력을 확보하기 위해서 노력한다는 것을 의미한다. 벤치마킹은 기업이 다른 기업 및 경쟁기업의 제품, 경영방식, 기술, 조직 등의 강점을 분석하고 활용하기 위해서 배우는 것을 의미하며, 경영성과가 가장 좋은 기업을 대상으로 경쟁력을 확보할 수 있는 강점에 대하여 지속적으로 측정하고 분석하며 배운다는 의미이다. 벤치마킹은 자사보다 뛰어난 기업의 기술을 공개적으로 배우는 것이지만 쉽게 모방할 수는 없다. 벤치마킹은 단순하게 자사와 비교하는 것이 아니며, 혁신기술을 연구하는 과정에서부터 혁신제품을 개발하고 생산하며 출시에 이르기까지의 관련 기술을 보고 배우는 것이다. 벤치마킹은 기술혁신의 구조와 실행하는 과정에 대한 통찰력을 제공해 줄 수 있다.

3.2 기술 벤치마킹의 과정

어느 한 기업이 다른 앞선 기업을 벤치마킹하는 것은 기업의 동반성장 측면에서 매우 바람직하다고 할 수 있다. 일반적인 기술 벤치마킹의 과정을 보면 자사 기술수준 파악, 측정도구 및 척도 결정, 대상기술의 성과 측정, 자사의 기술과 비교 분석, 대응방안 수립, 실행성과 분석, 보고 및 전파(피드백) 등의 내용이 있으며, [그림 6-12]와 같다.

그림 6-12 기술 벤치마킹 과정

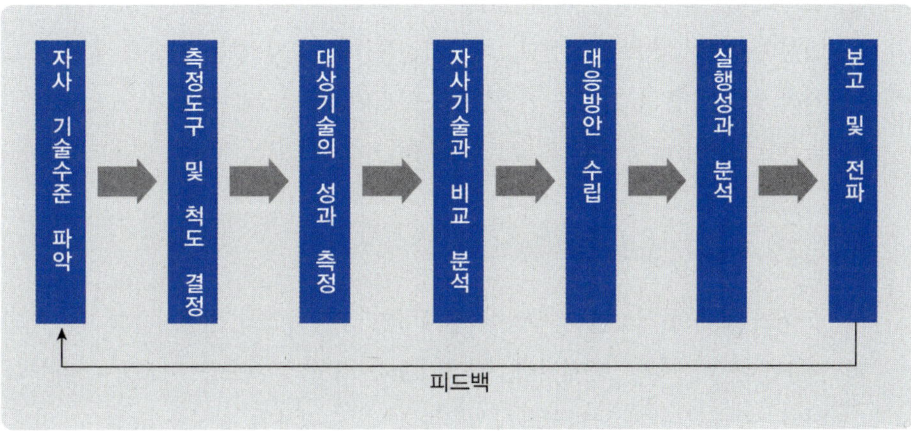

3.2.1 자사 기술수준 파악

벤치마킹하고자 하는 기술이 결정되었으면 가장 먼저 자사의 기술수준 파악을 해야 한다. 자사의 수준을 이해해야 벤치마킹하고자 하는 기술의 목표와 차이를 인식할 수 있으며, 그 차이를 극복할 수 있는 기술을 구체화할 수 있기 때문이다. 자사의 기술수준을 정확하게 평가한 후에 어떤 기술이 언제 어느 정도의 수준까지 필요한지를 정확하게 규정할 수 있다. 벤치마킹할 기업으로부터 무엇을 배워야 할지에 대한 구체적인 기술획득의 목표수준을 결정한 다음에 벤치마킹을 시작해야 할 것이다.

3.2.2 측정도구 및 척도 결정

벤치마킹할 기업으로부터 학습이 필요한 기술분야와 기술목표가 완성된 다음에는 기술을 측정할 수 있는 측정도구와 척도를 결정해야 한다. 척도는 행위척도와 결과척도, 정성적 척도와 정량적 척도, 내부척도와 외부척도 등이 있으며 적정한 척도를 결정해야 한다. 척도를 결정하는 것은 기업이 어떤 기술을 어떻게 언제까지 배울 것인가에 대하여 구체화하였다는 것을 의미한다. 척도를 결정하였으면 기술의 벤치마킹에 대한 준비가 되었으며, 다음 단계부터는 벤치마킹이 시작된다.

3.2.3 대상기술의 성과 측정

벤치마킹의 실행단계가 시작되는 것은 대상기업의 대상기술에 대한 성과를 측정하는 단계이다. 벤치마킹할 대상기업을 선택하고, 미리 설정한 측정도구와 척도를 활용하여 대상기술의 성과를 측정한다. 대상기업은 배우고자 하는 기술을 활용하고 있는 기업 중에서 최고 수준의 기업을 선정할 수 있으며, 경쟁기업이 될 수도 있지만, 경우에 따라서는 타 업종에서 유사한 기술경영 활동을 하고 있는 기업을 벤치마킹할 수도 있다.

3.2.4 자사기술과 비교 분석

여러 가지의 척도를 활용하여 벤치마킹 대상기업의 대상기술의 측정결과를 자사의 기술수준과 비교하는 단계이다. 대상기술과 자사의 기술을 비교하여 차이와 원인을 분석한다. 기술의 차이를 명확하게 밝혀야만 기술격차의 원인을 밝힐 수 있으며, 다음 단계의 대응방안을 정확하게 수립할 수 있다.

3.2.5 대응방안 수립

벤치마킹의 대상기술과 자사의 기술수준에 차이가 발생하게 된 원인을 규명하였으면, 기술수준의 차이를 극복하고 해결할 수 있는 대응방안을 수립해야 한다. 단, 대응방안은 배우고자 하는 기술을 정해진 기간 내에 배우고 자사에서 실행가능한 수준의 대응방안이어야 한다.

3.2.6 실행성과 분석

벤치마킹한 대상기술을 배운 다음에 수립한 대응방안을 실행한 다음에 그 결과를 동일한 측정도구와 척도를 활용하여 측정한다. 벤치마킹으로 배운 기술에 대한 실행성과를 측정하고 벤치마킹 대상기술과 다시 비교하여 어떤 차이가 있는지 다시 분석해야 한다. 벤치마킹을 통하여 당초 목적이었던 기술수준을 달성하였는지, 못하였는지에 대한 실행성과 분석을 진행한다.

3.2.7 보고 및 전파(피드백)

기술 벤치마킹의 성과가 긍정적이든 부정적이든 간에 그 원인을 철저하게 규명하여 성과분석보고서를 작성하고 상급 조직으로 보고해야 하며 관련 부서로 전파한다. 그리고 다음의 기술 벤치마킹에 참고가 될 수 있도록 피드백한다.

3.3 벤치마킹의 유형

벤치마킹은 내부 벤치마킹, 선진기업 벤치마킹, 경쟁자 벤치마킹, 기능 벤치마킹, 원천적 벤치마킹 등 여러 가지 유형이 있으며 [그림 6-13]과 같다.

그림 6-13 벤치마킹의 유형

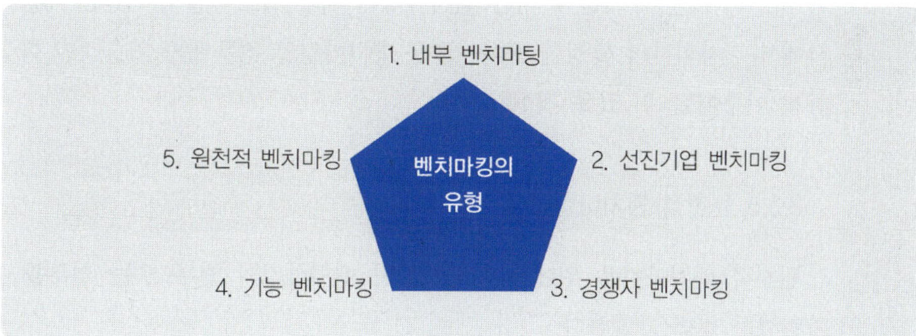

3.3.1 내부 벤치마킹

내부 벤치마킹은 자사 내에서 타부서의 기술과 비교하고 효율적인 부서의 방법을 도입하는 방법을 말한다. 대체로 내부 벤치마킹은 내부 부서 간의 업무협조로 해결될 수 있기 때문에 내부 벤치마킹이라는 용어는 흔하게 사용되지 않는다.

3.3.2 선진기업 벤치마킹

선진기업 벤치마킹은 선진기업의 선진기술에 대해 벤치마킹하는 가장 일반적인 방법이다. 선진기업의 벤치마킹은 다른 나라의 기업이 될 경우 혹은 다른 업종의 경우에는 직접적인 경쟁이 아니므로 경쟁사에 비해서 벤치마킹의 과정에서 지원과 도움을 많이 받을 수 있다.

3.3.3 경쟁자 벤치마킹

경쟁자 벤치마킹은 경쟁사와 자사의 기술격차를 극복하려는 목적이므로 주의 깊게 실행하게 된다. 그러나 벤치마킹의 과정에서 조그마한 실수가 발생해도 기업비밀의 유출과 같은 오해의 소지가 발생할 수 있으므로 매우 신중하게 접근해야 한다.

3.3.4 기능 벤치마킹

기능 벤치마킹은 벤치마킹을 하려고 하는 대상기술을 보유하고 있는 기업의 업종에 관계없이 최고로 우수한 기술을 보유한 기업을 대상으로 하는 것을 의미한다. 경쟁기업이 아니기 때문에 기술에 대한 벤치마킹에 매우 협조적일 수 있다. 예를 들면 자동차회사에서 전자회사의 특정한 전자기술을 벤치마킹할 경우에는 기술적인 학습이 매우 용이하게 이루어질 수 있을 것이다.

3.3.5 원천적 벤치마킹

원천적 벤치마킹은 위에서 살펴보았던 벤치마킹의 전부 또는 일부를 혼합하여 벤치마킹하는 방법을 말한다

3.4 벤치마킹과 산업스파이의 차이

벤치마킹은 특정 분야에서 기술이 우수한 업체를 선정해서 상품이나 기술, 경영방식을 공개적 · 공식적 · 합법적으로 배워서 자사의 경영과 생산에 응용하고 기술적인 수준을 향상시킴으로써 기업의 경쟁력을 확대하는 것을 의미한다. 그리고 산업스파이도 역시 벤치마킹과 유사한 목적으로 선진기술을 습득하려고 한다. 그러나 산업스파이는 비공개적 · 비공식적 · 비합법적인 것이 벤치마킹과 완전히 구분된다. 산업스파이의 활동은

타사 혹은 경쟁사의 제품을 몰래 복제하거나 또는 경쟁기업의 허락 없이 선진기술을 몰래 훔치는 범죄행위이다. 〈사례 6-5〉는 인천 경제자유구역의 선진 시스템을 각국에서 벤치마킹 하고 있는 내용이다.

사례 6-5 인천 경제자유구역 벤치마킹

사례연구

'IFEZ 처럼'… 각국 벤치마킹 잇따라

전 세계 각국에서 인천경제자유구역 개발 모형을 벤치마킹하고 있다. 인천경제청은 21일 조지아 아나클리아 개발청과 상호협력에 관한 양해각서(MOU)를 체결했다. 조지아는 1990년 구소련이 붕괴되면서 러시아로부터 독립한 신생국가로, 유럽과 아시아의 경계 지역에 있다.

이번 MOU 체결은 인천경제자유구역을 벤치마킹하려는 조지아 정부의 적극적인 요청에 따라 이뤄졌다. 조지아는 국가 역점사업으로 흑해 연안의 아나클리아 일대에 항만과 특별경제구역을 개발하는 방안을 구상 중이다.

▲ 21일 송도 G-타워 27층 대회의실에서 김진용 인천경제청 차장과 케테반 보코리시빌리 조지아 아나클리아 개발청 청장이 양해각서를 체결하고 기념촬영을 하고 있다.

앞서 지난달에는 베트남의 2개 성(省) 간부급 공무원 70여명이 도시 개발와 스마트시티 구축 벤치마킹을 위해 인천경제자유구역을 방문했다. 인천경제청은 올해 6~7월 대표단과 기술실무단을 베트남 호치민시를 비롯한 6개 시・성에 파견하는 등 스마트시티 운영센터 모델의 베트남 수출을 논의하고 있다.

인천경제청은 "아나클리아는 항만과 공항이 있는 인천경제자유구역과 유사한 지리적 이점이 있다"며 "인천의 개발경험이 아나클리아 개발의 지향점이 될 수 있으며 지속적인 협력을 통해 상호발전을 도모하겠다"고 말했다.

* 출처 : 중앙일보, 2017. 9. 22
http://news.joins.com/article/21960545
다운로드 및 편집 : 2017.12. 27.

〈사례 6-6〉은 신일철주금(新日鐵住金, 전 신일본제철)이 기술을 한국의 포스코에 유출한 일본의 산업스파이에 대한 내용이다.

사례 6-6 신일철주금 산업스파이

사례연구

"사망했어도 합의금" 신일철주금 산업스파이에 강경 대응

▲ 일본 신일철주금의 기미쓰제철소 제4고로

일본 최대 철강사인 신일철주금(新日鐵住金, 전 신일본제철)이 자사의 기술을 유출한 전 직원들에 대한 소송을 취하하는 대신 1인당 최대 1억 엔(약 10억원)의 합의금을 받아냈다. 사망한 경우에는 가족들이 대신 합의금을 내도록 했다.

니혼게이자이신문은 18일 "신일철주금이 2015년 포스코에 300억 엔(약 3137억원)을 받고 화해한 데 이어 직접 기술을 유출한 신일철주금 전 직원 10여 명과도 화해해 기술 유출 문제가 종결됐다"고 전했다.

이번 사건은 신일철주금의 강경 대응이 주목할 만했다. 직원을 억압한다는 인상을 심어줄 수 있고 소송을 벌였다 패소할 가능성도 있어 일본 기업들은 산업스파이 사건에 개인의 책임을 추궁하는 일이 드물었다. 그러나 이번엔 2012년 4월 소송을 제기해 5년 동안 끈질기게 책임을 물었고 결국 사과와 합의금을 받아냈다. 신일철주금 법무팀 관계자는 "개인이 책임을 회피해도 된다는 인식이 커질 경우 기술 유출 위험은 높아진다. 개인의 잘못을 용인하지 않아야 산업스파이를 없앨 수 있다"고 설명했다.

산업스파이들이 신일철주금에서 캐낸 기술은 '방향성 전기강판'이라는 강판 제조 방법이다. 방향성 전기강판은 변압기나 모터의 효율을 높이는 강판으로, 전기차 · 하이브리드카 · 신재생에너지 소재 등에 폭넓게 사용된다. 일반 강판보다 3~4배 비싸다.

피소된 1명을 포함한 10여 명의 전 직원은 1980년대 중반부터 약 20년에 걸쳐 포스코 측에 기술 등 영업 비밀을 제공했다. 산업스파이 행위는 2003년 형사처벌 규정이 생기기 전 행위였기 때문에 신일철주금은 민사상의 손해배상 소송만 제기했다.

* 출처 : 중앙일보, 2017. 4. 18
  http://news.joins.com/article/21487995
  다운로드 및 편집 : 2017.12. 27.

토론제목

1. 기술환경의 변화는 어떤 변화인가?
2. 기술의 융복합화의 의미는?
3. 기술환경 분석방법은?
4. SWOT분석방법은?
5. BCG분석방법은?
6. 기술의 벤치마킹의 의미는?
7. 기술 벤치마킹의 과정은?
8. 벤치마킹의 유형
9. 벤치마킹과 산업스파이의 차이는?

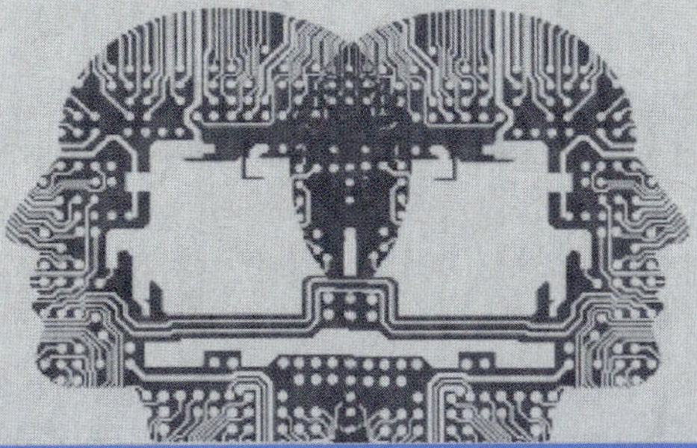

제 7 장
기술경영 조직

1. 기술경영 조직

1.1 기술조직

기술의 조직화(Technology Organizing)는 기술경영의 핵심요소 중의 하나이다. 기업의 경영자는 기술경영이 성공적으로 수행될 수 있도록 기업을 적절하게 조직화해야 한다. 기술조직을 구축하는 것은 기업에서 기술적인 목표를 달성하기 위하여 다양한 기술 전문가들과 기술적인 활동을 효율적 · 효과적으로 조직화하는 것을 의미한다. 기술조직은 사회적인 구조이다. 많은 기술인력과 기술조직이 상호 유기적 관계를 가지면서 기술을 공유하고 협력하는 사회적 활동이 이루어지는 조직이다. 기술조직은 기업의 기술적 목표를 달성하기 위하여 기술작업의 범위와 내용에 대하여 명확하게 규정 · 조정하며, 기술환경의 변화에 조직을 변화시켜야 하고, 공식적 · 비공식적으로 구성원들 간의 관계를 유지하는 사회적 구조의 특성을 가지고 있다.

기업은 기술목표를 효과적으로 달성하기 위해서 기술조직화를 기업전체의 관점과 기술혁신 조직의 관점으로 구분해서 진행해야 할 것이다. 과거에는 기술조직화를 특정한 전문 기술조직의 관점으로 조직하였다. 그러나 글로벌 무한 경쟁이 전개되고 있는 최근에는 연구개발에 직접적인 관여를 하지 않더라도 기술경영에 간접적으로는 모든 조직이 관여되기 때문에 어떤 특정한 조직에서만 기술경영을 담당해서는 안 될 것이다. 기업의 모든 조직이 기술혁신에 관심을 가지고 기술혁신을 용이하게 창출할 수 있도록 기술조직을 구축해야 한다. 그리고 시장과 고객욕구의 변화에 따라 기술조직 역시 탄력적으로 변화해야 할 것이다.

1.2 연구개발 조직

일반적으로 기업의 기술조직은 전사적인 기술조직인 연구개발 조직(R&D Organization)과 혁신제품을 생산하는 사업부 현장의 생산기술 조직(Manufacturing Technology Organization)이 있다. 기업은 혁신기술을 연구개발하는 혁신제품을 출시하는 전사적인 기술조직인 연구개발 조직과 출시된 혁신제품의 개선 및 기능확장 또는 현장기술에 적합한 생산기술 조직을 가지고 있다. 연구개발 조직은 시장의 변화를 선도하거나 대응하는 장기적인 혁신기술의 특징을 가지고 있다면, 사업부 현장의 생산기술 조직의 혁신기술의 특징은 고객의 욕구를 신속하게 충족할 수 있는 단기적인 혁신기술의 특징을 가지고 있다고 할 수 있다. 이번 장에서는 현장의 생산기술 조직보다는 전사적인 연구개발 조직의 관점에서 기술조직을 설명한다.

연구개발 조직은 혁신기술을 활용하여 고객의 욕구를 충족할 수 있는 혁신제품, 환경과 규제의 변화에 적극 대응할 수 있는 혁신제품, 기존제품에 혁신적인 성능과 기능을 추가한 혁신제품들을 지속적으로 연구개발하고 출시하여 시장점유율을 확대하고 브랜드 파워를 지속적으로 유지하고 확대해야 할 것이다. 그리고 전사차원의 중장기적인 고객 욕구에 대응할 수 있는 연구개발 조직은 기업의 혁신기술 역량을 강화하기 위하여 혁신기술의 제품, 기능, 지역, 고객 등 여러 요인의 특성의 변화에 따라 변화하고 발전해 왔으며, 앞으로도 지속적인 변화가 예상된다.

연구개발 조직은 기술전략을 실행하고 기술목표를 달성할 수 있는 핵심적인 요인이다. 즉 기술경영을 효과적으로 실행하기 위해서는 기술자산을 효율적으로 확보하고 혁신기술을 유지·발전할 수 있는 연구개발 조직이 필수적이다. 고객의 욕구가 다양해지고 변화가 심해질수록 기업의 기술의존도는 더욱 증가할 것이다. 기업의 기술의존도가 심화될수록 기업은 경쟁력을 확보하기 위하여 연구개발 조직의 탄력적인 운영에 대한 연구를 더욱 강화해야 할 것이다.

1.3 연구개발 조직의 분류

기업은 연구개발 조직을 효율적이고 효과적으로 운영하기 위해서 많은 연구를 해야 하고 환경의 변화에 민첩하게 대응할 수 있는 기술조직을 운영해야 한다. 시장과 고객의 욕구를 신속하게 반영할 수 있는 연구개발 조직은 현장의 지역별 조직인 분권형 조직이 효율적이지만, 전사적인 측면에서는 일관되고 통합적인 기술전략을 운영하기 어려운 문제가 발생하기도 한다. 반대로 연구개발 조직을 본사가 소재한 지역에 중앙연구소를 운영하게 된다면 시장과 고객의 욕구를 파악하기 어렵기 때문에 고객지향적인 기술경영이 어려워질 수 있다. 연구개발 조직은 이러한 문제를 해결할 수 있는 탄력적인 연구개발 조직을 연구하고 운영해야 한다. 기업의 특성, 문화, 리더 등의 특성에 따라서 연구개발 조직의 형태도 다양하게 발전되고 운영되고 있다. 연구개발 조직은 구조유형, 연구역할, 운영특성, 환경대응, 연구방법 등의 요인을 기준으로 분류될 수 있으며 [그림 7-1]과 같다.

그림 7-1 연구개발 조직의 분류

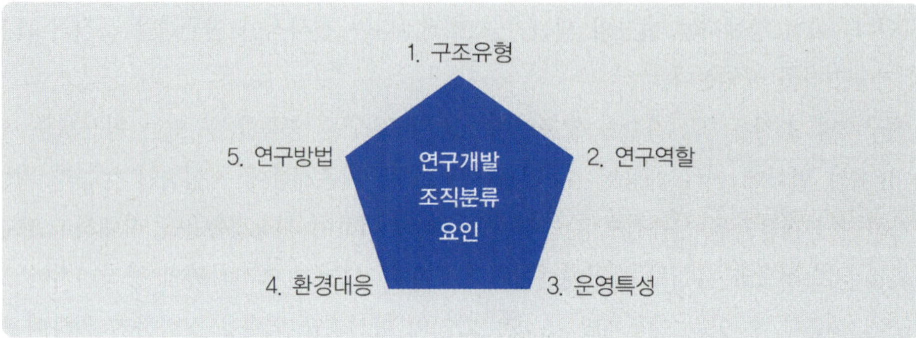

1.3.1 구조유형에 따른 분류

구조유형에 따른 분류의 기준으로 바라 본 연구개발 조직은 중앙 집중형, 분산형, 기능형, 혼합형 등으로 분류할 수 있으며 [그림 7-2]와 같다.

그림 7-2 구조유형에 따른 연구개발 조직

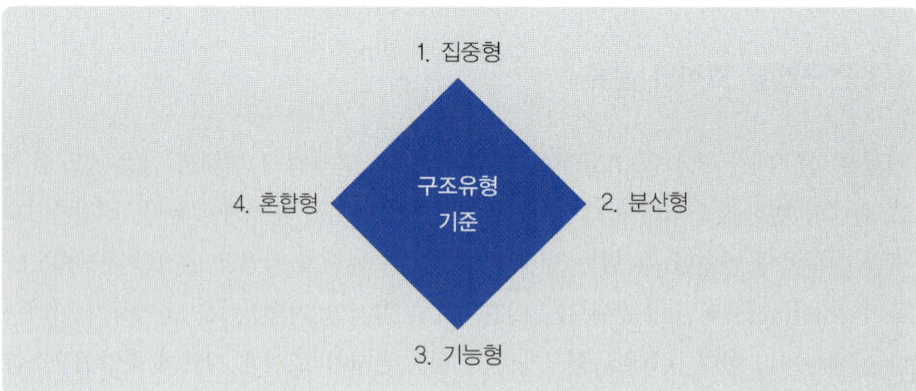

① 집중형 연구개발 조직

집중형 연구개발 조직은 중앙연구소의 형태를 가지게 되며 연구개발에 소요된 예산도 중앙연구소 차원에서 집행된다. 중앙 집중형 연구개발 조직은 자원배분 및 예산집행에 대한 자율권이 집중되어 매우 효율적인 운영이 가능하다. 중앙 집중형 연구개발 조직은 사업부 형태가 없는 기업의 경우에 흔히 활용될 수 있으며, 장기적인 혁신기술의 연구개발에 적합한 조직이다. 사업부를 가지고 있는 기업의 경우에는 사업부에서는 혁신제품에 대한 연구개발을 수행하지 않고 본사의 집중형 연구개발에 의존하게 된다.

그러나 기술에 대한 정보가 중앙으로 집중되는 것은 현장의 고객욕구를 파악할 수 있는 고객의 소리(VOC, Voice Of Customer)를 제대로 반영하기 어려우며, 제품을 개선하는 등의 단기적 기술혁신에는 효과적이지 못한 단점이 있다. [그림 7-3]은 집중형 연구개발 조직의 형태를 보여 주고 있다.

그림 7-3 집중형 연구개발 조직의 형태

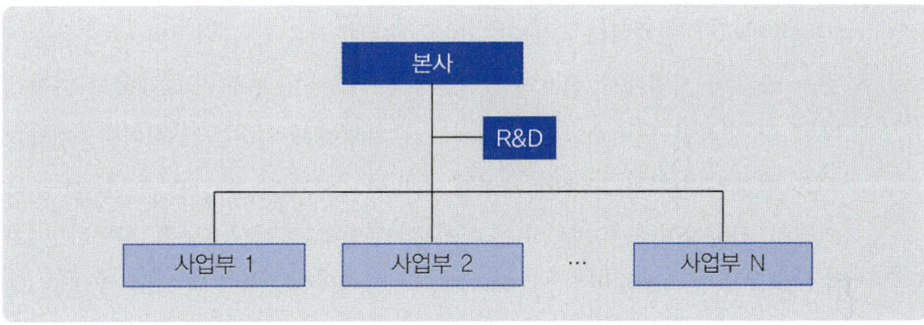

② 분산형 연구개발 조직

분산형 연구개발 조직은 사업부가 여러 개 혹은 여러 장소에 분산되어 있는 기업에 적합한 조직이며, 연구개발에 소요되는 예산은 사업부별로 집행되며 기술인력 채용 역시 사업부별로 이루어진다. 분산형 연구개발 조직의 가장 큰 장점은 사업부별로 현장인 시장과 고객의 욕구를 신속하게 파악하고 신속하게 혁신기술을 활용하여 대응할 수 있는 것이다. 경쟁력 확보에 필수적인 스피드 경영을 가능하게 하는 조직이다. 글로벌 기업의 경우에는 사업부별 분산형 연구개발 조직이 있으며, 세계 곳곳의 지역별로도 분산형 기술조직을 운영하기도 한다. 분산형 연구개발 조직은 최근의 기업들이 선호하는 조직의 형태이지만, 기업 전체 차원에서의 일관성 확보와 통제가 어렵게 되는 단점도 있다. [그림 7-4]는 분산형 연구개발 조직의 형태를 보여 주고 있다.

그림 7-4 분산형 연구개발 조직의 형태

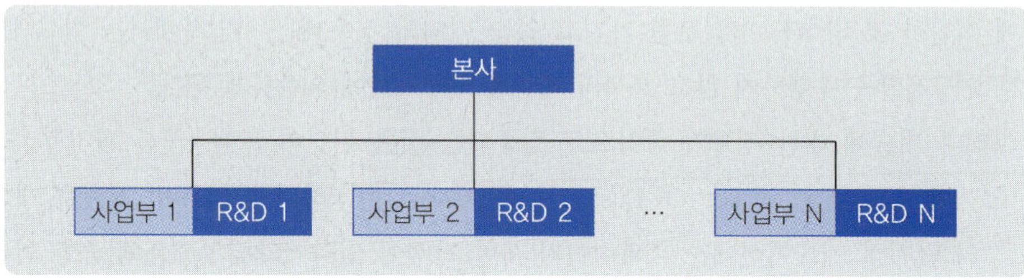

③ 기능형 연구개발 조직

기능형 연구개발 조직은 연구인력은 기능별 부서에서 판단하여 충원하며, 예산 역시 기능부서에서 집행한다. 기능형 연구개발 조직은 기술혁신의 중요성을 인식하고 있는 중소 규모의 기업에서 선호하는 형태이며, 자원이 부족하고 제품의 다양성이 부족한 경우에 꼭 필요한 연구개발만을 실행하기 위해서 운영하는 조직이다. 기능형 연구개발 조직은 현장인 시장과 고객의 욕구를 최대한 신속하게 반영할 수 있는 장점이 있지만, 장기적인 기술혁신에는 대응하기 어려운 조직이다. 혁신기술을 획득하고 확산할 수 있는 조직이 아니기 때문이다. [그림 7-5]는 기능형 연구개발 조직의 형태를 보여주고 있다.

그림 7-5 기능형 연구개발 조직의 형태

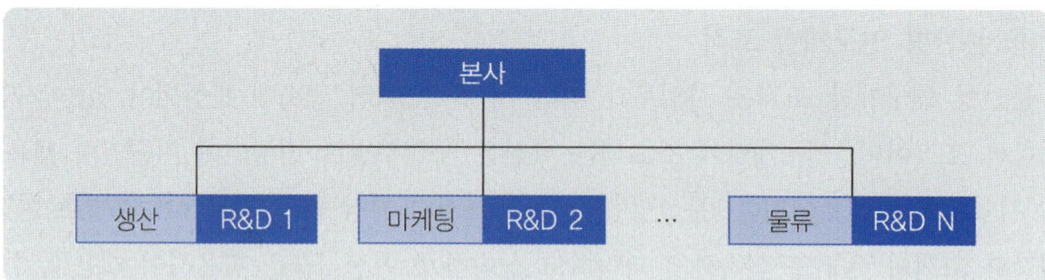

④ 혼합형 연구개발 조직

혼합형 연구개발 조직은 집중형과 분산형을 혼합한 형태이다. 집중형인 중앙연구소가 있으면서 동시에 분산형인 사업부의 연구소가 별도로 운영된다. 글로벌 기업에서 흔히 볼 수 있는 기술조직이다. 연구소의 예산은 중앙연구소와 사업부연구소에서 서로 독립적으로 집행되므로 예산의 배분에 많은 주의가 필요하게 된다. 혼합형 연구개발 조직은 다국적기업인 글로벌 기업이 선호하는 기술조직이며 현장인 시장과 고객의 욕구를 신속하게 파악하고 적극적으로 대응할 수 있으면서 동시에 장기적인 혁신기술이 필요한 원천기술, 핵심기술, 생산기술 간의 통합이 용이한 조직이다.

혼합형 연구개발 조직은 미래지향적이고 혁신적인 기술을 창출하고 활용하려는 목적을 가지고 있지만 연구개발에 소요되는 예산이 비효율적으로 집행될 수 있으므로 주의해야 한다. 중앙연구소와 사업부연구소에서 동일한 주제로 동일한 혁신기술에 비용을 집행할 수 있기 때문이다. [그림 7-6]은 혼합형 연구개발 조직의 형태를 보여 주고 있다.

그림 7-6 혼합형 연구개발 조직의 형태

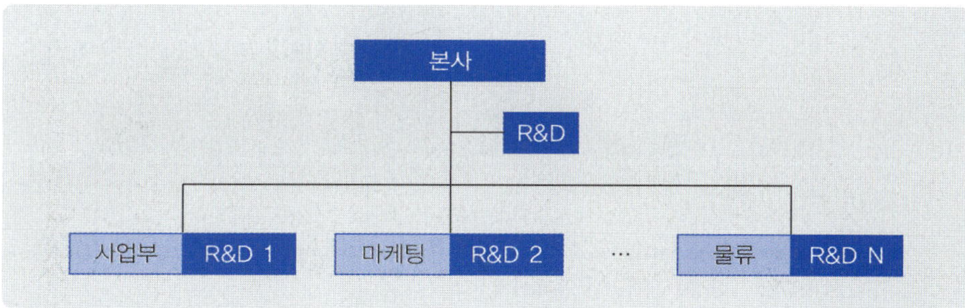

1.3.2 연구역할에 따른 분류

연구개발 조직의 연구역할에 따른 분류는 중앙연구소, 사업부 · 지역 연구소, 생산기술 연구소 등으로 분류되며 [그림 7-7]과 같다.

그림 7-7 연구역할에 따른 분류

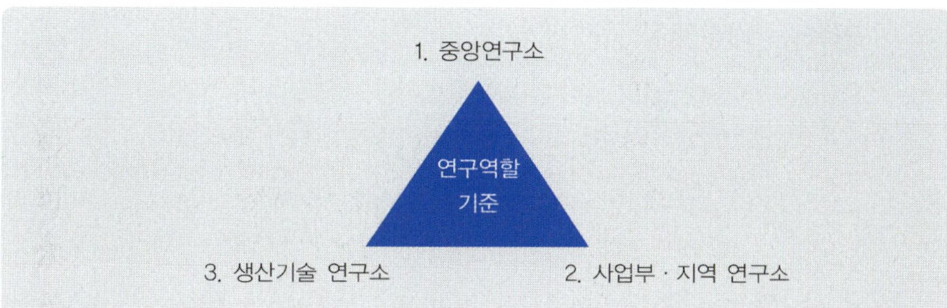

① 중앙연구소

중앙연구소는 중앙 집중형 연구개발 조직과 같다. 중앙연구소는 당장 시장에 출시하려는 혁신제품을 연구개발하기보다는 기업의 장기적인 경영전략과 기술전략을 실행하고 있으며 미래를 대비한 혁신기술을 연구개발하는 것이 가장 큰 역할이다. [그림 7-8]은 기흥에 소재하고 있는 삼성의 종합기술원이다.

그림 7-8 삼성종합기술원

* 출처 : 삼성종합기술원 홈페이지
http://www.sait.samsung.co.kr/saithome/Page.do?method=main&pagePath=01_about/&pageName=index

② 사업부 · 지역 연구소

사업부 · 지역 연구소는 분산형 연구개발 조직이다. 먼저 제품별 사업부의 기술연구소는 글로벌 기업은 조직이 방대하므로 제품별 전문기술이 필요한 사업부별로 연구개발 조직을 가진다. 그리고 글로벌 시장에서 지역별로 고객의 욕구를 신속하게 대응하고 경쟁력을 확보하기 위하여 지역별로 특성화된 전문적인 분야의 연구개발 조직을 운영하기도 한다. 〈사례 7-1〉은 글로벌 기업 GE가 한국에서 지역별 특성화된 연구개발 조직을 구축하는 내용이다.

사례 7-1 GE의 지역연구개발 조직 사례

사례 연구 : GE헬스케어 성남 연구소에 100억원대 투자

GE헬스케어 코리아(대표이사 사장 로랭 로티발)가 성남의 GE초음파 연구개발 생산기지에 100억원대 투자를 통해 증설한다.

GE는 30일 우수한 R&D 역량 및 안정적인 국내 협력업체 기반, 탁월한 생산성과 가격 경쟁력 등 글로벌 초음파 연구개발 생산기지로서 한국을 선택했다고 밝혔다. 한국과 막판 저울질까지 갔던 곳은 이스라엘 연구소. 한국GE초음파 최영춘 사장은 "이스라엘의 기술력도 대단히 높은 곳이지만 한국이 갖고 있는 임상시설 인프라와 생산성 등에서 한국이 높은 점수를 받았다"고 밝혔다.

로랭 로티발 사장은 이날 가진 기자간담회에서 GE가 만드는 의료장비가 초음파 말고 CT나 MRI 등도 있는데 굳이 초음파냐는 질문에 "GE의 전략은 특화된 제조시설에서 상품을 만들어내는 것"이라며 한국이 초음파의료기기 생산에 최적지임을 재확인했다. 하지만 GE는 현재 미국과 일본에서 각각 고급과 중급 CT, MRI를 생산하는 등 상대적으로 부가가치가 높은 의료기기를 생산하고 있는 상황에서 자칫 한국이 고급 영상장비가 아닌 범용 영상장비 기술에 끝나지 않을까라는 우려도 나오고 있다. 실제로 지멘스의 경우 중국에 중급 MRI 생산시설을 갖추고 있지만 이는 중국시장이 그만큼 넓어서지 기술력이 좋아서가 아닌 만큼 향후 한국의 CT, MRI 연구능력을 스스로 키워야 할 것으로 보인다.

* 출처 : 네이버블로그, 2013. 5. 31.
http://blog.naver.com/luckgalaxy?Redirect=Log&logNo=100189003680
다운로드 및 편집 : 2017. 12. 27.

③ 생산기술 연구소

생산기술 연구소는 규모에 따라 집중형과 분산형 중에서 선택하여 운영한다. 생산기술은 생산을 향상하고 시장과 고객의 욕구를 신속하게 파악하여 즉시 대응할 수 있는 고객지향적 기술조직이다. 글로벌 기업을 제외한 대부분의 기업에서는 생산기술을 연구하는 연구개발 조직을 가지지 않고 있다. 생산기술은 생산현장에서 즉시 적용하는 경우가 많기 때문에 대부분 생산현장에서 직접 운영하는 경우가 많다. 〈사례 7-2〉는 줄기세포를 이용한 연골 손상 치료용 조성물에 관한 연구를 메디포스트의 연구소에서 개발한 내용을 설명하고 있다.

사례 7-2 메디포스트, '카티스템' 생산 기술

사례연구

메디포스트, '카티스템' 생산 기술 유럽 6개국 특허

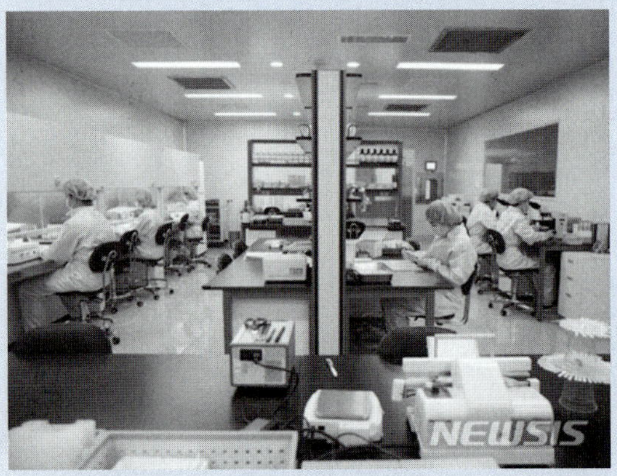

메디포스트는 줄기세포를 이용한 연골 손상 치료용 조성물에 관해 영국, 독일, 프랑스, 이탈리아, 스페인, 스위스 등 유럽 6개국 특허를 취득했다고 6일 밝혔다. 이번 특허의 명칭은 '줄기세포의 활성과 연관된 TSP-1, TSP-2, IL-17BR, HB-EGF 및 이들의 용도'다.

이 기술은 연골의 손상이나 퇴행, 결손 및 퇴행성 관절염의 예방 또는 치료를 위한 것으로 TSP-2 단백질을 발현하는 제대혈 유래 간엽줄기세포가 포함된 조성물 특허다. 메디포스트는 이미 지난 2015년 유럽 6개 동일한 국가에서 '연골 분화 능력이 우수한 세포의 선별 방법 및 연골 손상 치료에 관련된 분비 단백질'에 대해 특허를 취득한 바 있다. 이 두 가지 특허 모두 퇴행성 관절염 치료제 '카티스템'의 향후 유럽지역 생산 시 적용할 수 있을 것으로 메디포스트는 기대하고 있다.

한편 메디포스트는 올해 총 9개의 줄기세포 치료제 관련 국내외 특허를 취득하며, 미래 핵심기술 확보를 위한 연구개발에 적극적으로 나서고 있다.

* 출처 : 중앙일보, 2017. 12. 6
http://news.joins.com/article/22180265
다운로드 및 편집 : 2017.12. 27.

1.3.3 운영특성에 따른 분류

운영특성에 따른 분류의 연구개발 조직은 전문기술 연구소, 준전문기술 연구소, 지원형 기술 연구소, 행정형 기술 연구소 등의 특성을 기준으로 분류되며 [그림 7-9]와 같다.

그림 7-9 운영특성에 따른 분류

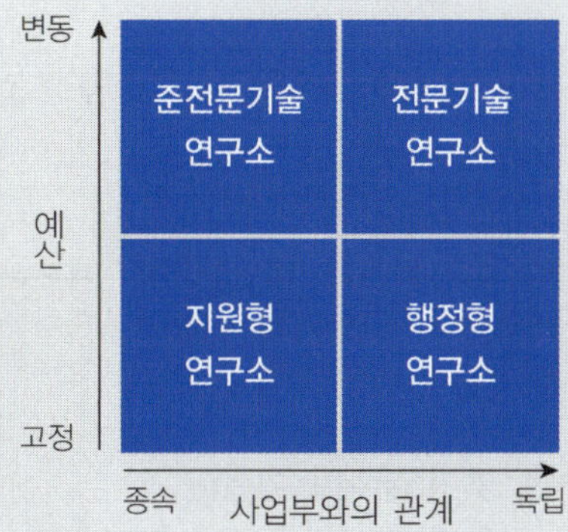

* 출처 : 민병찬 역, 기술경영, 2009.

① 전문기술 연구소

전문기술 연구소(Professional Technology Institute)는 제품을 연구개발하는 사업부와는 독립적으로 연구대상을 선택하여 연구개발을 진행한다. 전문기술 연구소는 성과에 따라 회사 내의 사업부의 연구개발 조직과는 별개로 외부의 기관 혹은 기업과 기술계약을 체결할 수 있으므로 사업부의 연구개발 조직과는 협력과 경쟁관계가 만들어질 수 있으므로 긴장관계가 있다. 전문기술 연구소는 예산을 독립적으로 운영하기 때문에 비즈니스의 독립적인 주체가 되기도 한다. 그러나 연구개발의 이익창출을 위한 비즈니스 자체의 목적은 크지 않다. 서양의 선진기업에서 기초기술을 연구하는 경우에 많이 볼 수 있는 연구개발 조직 형태이기도 하다.

〈사례 7-3〉은 기업에서 전문적인 연구를 위하여 독립적인 부설연구소 기업을 설립한 내용을 보여 주고 있다.

사례 7-3 (주)스마트관리 기업부설연구소

사례연구

(주)스마트관리 기업부설연구소, 미래부서
'FX렌트' 연구·개발 위한 기반 '인증'

㈜스마트관리가 5월 발족한 '(주)스마트관리 기업부설연구소'가 지난 29일 미래창조과학부로 부터 기업부설연구소로 인정받았다고 밝혔다.

기초 연구 진흥 및 기술 개발 지원에 관한 법률 규정에 따라 권한 위탁을 받은 한국산업기술진흥협회는 ㈜스마트관리 기업부설연구소의 인증 사실을 통보했다.

신청 분야는 정보서비스로 주 연구 분야는 FX마진거래 Rent 프로그램과 운영시스템이며, 연구소장에 ㈜스마트관리의 조성훈 수석연구원이 맡는다고 전했다.

FX렌트(에프엑스마진거래렌트)란, FX마진거래를 할 때, 렌트 거래 서비스 제공 회사가 투자자 자격으로 증거금과 스프레드 비용을 부담하고, 매매한 마진 거래 상품을 보유하면서 회원에게 해당 상품의 손익을 위한 스탑, 리미트 포지션을 제시하고 사용료를 받는 계약 방식을 말한다.

본사는 "정부의 기업부설연구소 인정에 따라 FX렌트와 관련한 통계 및 데이터 분석 등을 기반으로 향후 FX렌트 시장을 주도한다는 방침이며, 그 동안 축적해온 FX렌트 데이터를 바탕으로 체계적이고 효과적인 FX마진거래 Rent 프로그램과 운영시스템을 연구개발 하겠다"고 설명했다.

한편, 에프엑스렌트 대표 조정식은 2017년 1월 FX마진거래 렌트 거래 방법에 대한 특허를 등록(특허 제10-1695229호)하여, 주식회사 스마트관리를 통해 해당 서비스를 합법적으로 제공하고 있다.

* 출처 : 조선일보, 2017. 6. 12
http://biz.chosun.com/site/data/html_dir/2017/06/02/2017060200929.html
다운로드 및 편집 : 2017.12. 27.

② 준전문기술 연구소

준전문기술 연구소(Semi-Professional Technology Institute)는 자체의 예산을 확보하여 연구개발을 진행한다. 준전문기술 연구소에서 독자적으로 연구개발한 결과를 제품사업부의 연구개발 조직으로 이관하여 혁신제품을 연구개발할 수 있도록 지원하면서 사전에 사업부와 합의하여 연구개발에 소요되는 예산을 확보할 수 있다. 그리고 사업부의 요청에 의하여 사업부의 예산을 활용하여 연구개발을 진행할 수도 있다. 준전문기술 연구소는 장기적인 연구개발뿐만 아니라 이익을 창출해야 하는 비즈니스 역할인 경영자의 역할까지도 담당해야 한다. 경우에 따라서는 준전문기술 연구소는 사업부의 연구개발 조직과 경쟁관계가 될 수도 있다.

③ 지원형 기술 연구소

지원형 기술 연구소(Support Technology Institute)는 사업부의 연구개발을 지원하는 역할을 담당하면서 연구개발에 소요되는 예산 역시 사업부의 정해진 고정예산을 사용하므로 독립적이고 장기적인 연구개발 과제는 수행하기 어렵다. 사업부에서 현실적인 시장에서 필요한 혁신제품을 연구개발해야 한다. 그러므로 연구소와 사업부 간의 인력교류도 활발하며, 시장과 고객의 욕구를 신속하게 반영할 수 있는 연구소의 조직이라고 할 수 있다. 그러나 장기적인 혁신기술에 대한 연구개발을 진행하기 어려운 형태이다. 사업부의 이익창출과 연동되기 때문이다. 지원형 기술 연구소는 기초기술보다는 혁신제품에 직접 응용할 수 있는 기술을 연구개발하는 데 효과적이다. 일본과 우리나라의 기업들이 가장 많이 활용하고 있는 형태의 연구소이기도 하다.

④ 행정형 기술 연구소

행정형 기술 연구소(Governmental Technology Institute)는 사업부에서 필요한 혁신제품에 대한 과제를 가지고 사업부의 예산 범위 내에서 연구개발을 수행하는 측면에서는 지원형 기술 연구소와 성격을 같이 하지만, 정해진 연구과제를 수행하는 과정에서는 사업부의 지시와 통제를 받지 않는다. 행정형 기술 연구소는 혁신기술을 일관성 있게 추진할 수 있는 장점이 있으므로 많은 비용이 소요되고 시간이 많이 필요한 하이테크분야의 혁신기술을 연구개발할 수 있는 조직으로 유용하게 활용된다.

행정형 기술 연구소는 사업부에서 필요한 기술을 연구개발하기 위해서 예산과 기술인력을 행정형 기술 연구소에 제공하게 되면 이후의 모든 과정은 연구소에서 사업부와는 독립적이고 행정적인 관계로 진행하게 된다. 사업부에서 필요한 현재의 기술과는 거리가 있는 중·장기적 과제를 수행하는 일이 잦게 되므로 사업부와의 갈등이 가장 많이 발생할 수 있는 형태이기도 하다.

1.3.4 환경대응에 따른 분류

기업의 연구개발 조직은 경영환경의 변화에 맞추어 적응하고 대응할 수 있는 조직으로 변화되어야 한다. 기업의 연구개발 조직은 다양한 형태를 가지고 있다. 이것은 급변하는 글로벌 환경의 변화와 고객의 다양한 욕구를 충족시킬 수 있어야 하기 때문이다. 기업은 급변하는 경영환경에 맞추어 경쟁력을 확보해야 한다. 환경의 변화에 신속하게 대응할 수 있는 연구개발 조직은 기업의 강력한 경쟁도구가 되고 있다. 현대 기술의 변화 속도는 조직에 대한 변화를 가져오게 하고 있다. 과거에는 기술이 크게 발전되지 않았고 단순하고 일반적인 기술이 적용된 일반적인 제품들이 생산되고 공급되었지만, 최근에는 글로벌 고객들의 다양한 욕구를 충족시켜 줄 수 있는 다양한 혁신제품들이 시장에 넘치고 있다. 그리고 앞으로는 더욱 혁신적인 제품들이 더욱 다양하게 출시되면서 글로벌 경쟁이 더욱 치열하게 될 것이다. 과거에는 단순한 기술의 단순한 제품들이 소량으로 공급되었기 때문에 기업의 경영은 큰 변화가 없이 매우 안정적이었다.

그러나 현재에는 복잡하고 고객의 욕구가 다양함과 동시에 변동이 매우 심하게 진행되는 불확실성의 시대에 접어 들었다. 과거의 안정적인 연구개발 조직으로는 불확실성의 시대에는 기업을 유지하고 발전시킬 수 없게 되었다. 불확실성의 시대에 적합한 연구개발 조직으로 고객의 다양성과 급변하는 욕구를 신속하게 충족시켜 줄 수 있어야 할 것이다.

연구개발 조직의 환경대응에 따른 분류는 과거로부터 수직형, 매트릭스형, 수평형, 네트워크형으로 발전되어 오고 있으며 [그림 7-10]과 같다.

그림 7-10 환경대응에 따른 분류

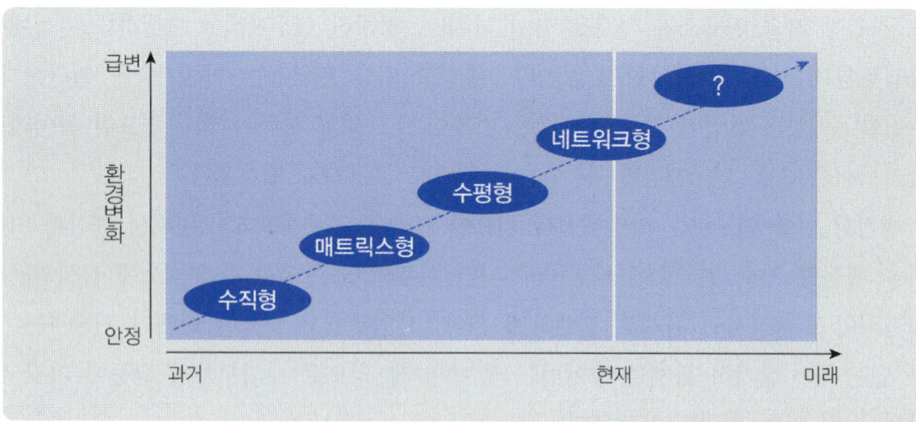

① 수직형 연구개발 조직

공급이 수요를 충족시키지 못했던 과거에는 알려진 시장과 고객을 대상으로 균일한 제품을 최대한 많이 생산해서 공급할 수 있는 기업이 경쟁력이 있었다. 이때의 생산 연구개발에 필요한 기술은 혁신제품을 개발하는 것보다는 이미 개발한 제품을 얼마나 빨리 그리고 많이 생산할 수 있는가를 연구하는 생산기술에 기업의 역량을 확대하고 일사분란하게 지시하고 수명업무를 실행하는 조직이 필요하였다. 이러한 조직은 연구개발 조직을 지시명령의 조직인 수직형 연구개발 조직(Vertical R&D Organization)으로 발전하였다. 우리나라의 '80년대 초반까지는 기업주가 지시한 수명사항을 차질 없이 일사분란하게 수행할 수 있는 수직형 연구개발 조직이 대부분의 기업에서 활용되고 있었다. 수직형 연구개발 조직의 일종인 관료적인 위계형 조직 혹은 군대식 조직인 상명하복(上命下服)의 조직과 유사한 형태이기도 하였다. 상명하복의 수직적 연구조직은 조직의 리더가 지시만을 수명하게 되므로 다른 조직과의 협력은 조직의 리더를 통해서만 이루어질 수 있으므로 조직 간의 업무적 혹은 기술적인 협조는 매우 어려운 조직이라고 할 수 있다. [그림 7-11]은 수직적 연구개발 조직의 형태를 보여 주고 있다.

그림 7-11 수직적 연구개발 조직 형태의 사례

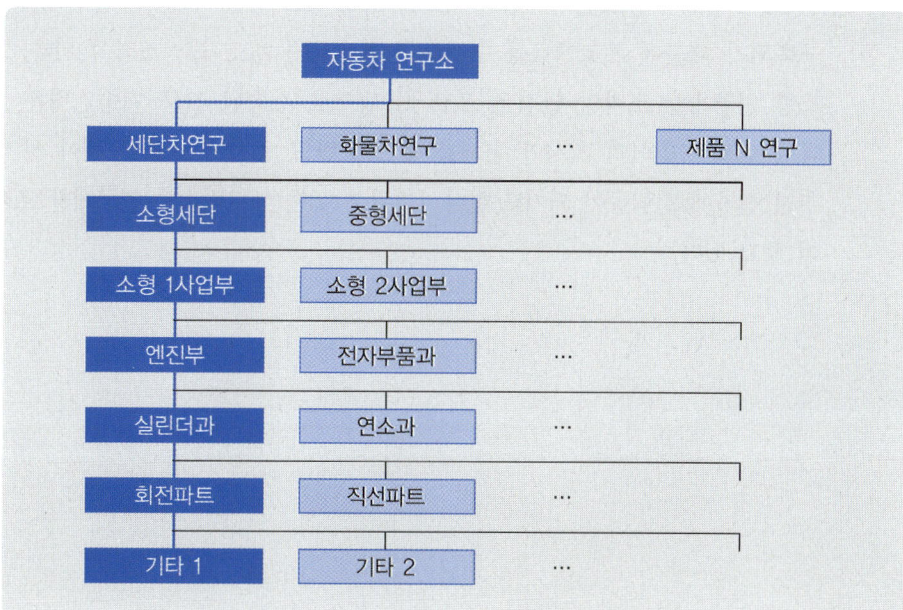

② 매트릭스형 연구개발 조직

우리나라의 경우 '90년대에 들어서면서 생산기술의 발달로 인하여 공급이 수요를 초과하는, 즉 시장의 포화상태가 시작되었고 고객의 욕구가 반영되지 않은 제품은 고객이 외면하기 시작했다. 이 시기부터 고객서비스에 대한 기업의 마인드가 확산되기 시작했으며, 혁신적인 제품의 필요성이 증가하기 시작하였다. 고객의 욕구를 만족시켜줄 수 있는 기술을 획득하고 발전시키기 위해서는 상명하복식의 연구개발 조직으로는 고객의 욕구를 신속하게 만족시킬 수 없게 되었다. 이러한 문제를 해결하기 위하여 조직 간의 장벽을 제거하기 위한 정보교류가 확산되기 시작하였으며 연구개발 조직과 생산, 마케팅 조직과의 수평적인 협력이 시작되었다. 조직 간의 협력구조의 연구개발 조직은 매트릭스형 연구개발 조직(Matrix R&D Organization)으로 발전하게 된다.

매트릭스 조직은 특정한 연구개발 업무를 수행할 경우에 1개 조직만으로는 해결하기 어려운 복잡한 기술과 일정이 시급한 경우에 유용한 조직이다. 특정한 프로젝트에 관련된 전문 기술인력 혹은 부서의 협력을 받아서 기술목표를 달성할 수 있다. 부서 간의 혹은 조직 간의 장벽을 제거할 수 있으므로 특정한 프로젝트를 신속하고 효율적으로 수행할 수 있는 조직이다. 매트릭스 연구개발 조직은 프로젝트를 기본으로 한다. 프로젝트는 어떤 경영목표를 달성하기 위하여 한시적으로 운영되기 때문에 목표가 완성되면 프로젝트는 종료된다. 일반적으로 프로젝트 팀은 전문 기술인력들을 지원받아서 구축되기 때문에 프로젝트를 수행하기 위해서는 매트릭스 조직이 된다. 그러나 매트릭스형 연구개발 조직의 단점은 프로젝트팀으로 소속된 전문 기술인력은 기존의 부서장과 프로젝트 리더의 지시와 통제를 동시에 받고 동시에 보고를 해야 하기 때문에 업무추진 성과에 걸림돌이 되기도 한다. [그림 7-12]는 매트릭스형 연구개발 조직의 형태를 보여 주고 있다.

그림 7-12 매트릭스형 연구개발 조직 형태의 사례

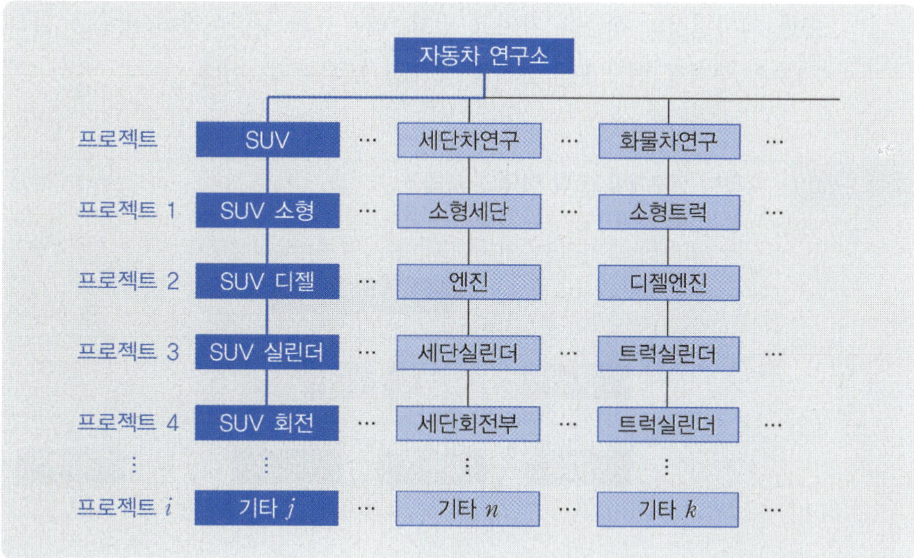

③ 수평적 연구개발 조직

'90년대 말에 불어 닥친 IMF는 한국의 글로벌 기업으로 하여금 급변하는 시장에 적응할 수 있는 연구개발 조직을 요구하게 되었다. 기존의 장기적인 악성 재고품은 기업의 공장과 창고마다 산더미처럼 쌓이고 있지만 시장과 고객은 웬만한 제품은 구입하지 않는 구두쇠 고객이 되어 가고 있었다. 이러한 시장과 고객으로 하여금 구입할 수 있는 기업의 전략은 고객이 원하는 혁신적인 기술제품을 생산하여 고객의 마음을 잡는 수밖에 없었다. 그러기 위해서는 고객의 욕구를 신속하게 반영할 수 있는 의사결정의 연구개발 조직이 필요하게 되었으며, 현장에서 즉시 의사결정하고 집행할 수 있는 수평적 연구개발 조직(Horizontal R&D Organization)이 필요하게 되었다.

글로벌 시장은 불확실성의 무한경쟁 시대에 접어들고 있다. 급변하는 환경에 적응하고 선도적인 대응을 하기 위해서 기업은 기능적, 부서 등의 조직 단계를 축소하는 경향이 확대되고 있다. 기업의 모든 조직은 수평적이고 매우 단순화된 의사결정의 단계를 가진다. 수직적 조직에서는 의사결정이 단계적으로 이루어지기 때문에 시간이 필연적으로 일정한 기간 이상 소요될 수밖에 없다. 의사결정을 신속하게 하는 방법은 의사결정의 단계를 대폭 축소하고 각 연구개발 업무의 의사결정을 동시에 진행할 수 있는 수평적 연구개발 조직이어야 한다. 스피드 기술경영의 시작이라고 할 수 있다.

수평적 연구개발 조직의 특성을 정리하면 부서 간의 장벽을 허물 수 있으며, 매우 단순한 의사결정의 계층을 가지고 있고, 하부로의 권한이양이 많음을 알 수 있다. [그림 7-13]은 수평형 연구개발 조직의 형태를 보여 주고 있다.

그림 7-13 수평형 연구개발 조직 형태의 사례

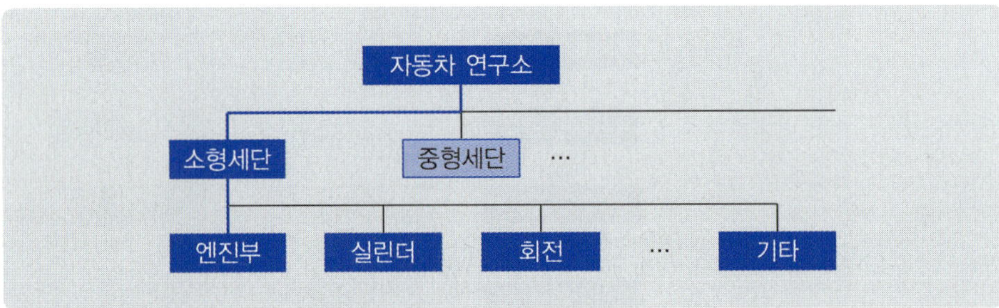

④ **네트워크 연구개발 조직**

네트워크 연구개발 조직(Network R&D Organization)은 기업의 내부에 존재하고 있는 연구개발 조직의 가시적인 형태를 없애고 지속적이고 급변하는 경쟁환경에 신속하게 대응할 수 있는 가변적인 프로젝트의 집단으로 구성되어 있다. 네트워크 연구개발조직은 기업의 환경변화의 불확실성이 높은 환경이며, 미래에도 계속 불확실성이 높은 상황에서 유용한 연구개발 조직이다.

네트워크 연구개발 조직은 명확한 형태가 없기 때문에 가상 연구개발 조직(Virtual R&D Organization)이라고도 한다. 불확실성이 증가하고 예측할 수 없으며 급변하고 있는 미래의 시장과 고객의 욕구에 대응할 수 있는 연구개발 조직은 상황의 변화에 따라 한시적인 프로젝트 조직으로 변화되어야 하므로 운영을 지속해야 한다. 즉 연구개발 조직의 핵심적인 기능은 정규조직과 인력으로 운영하고, 그 외의 연구개발 분야는 시장과 고객의 환경변화에 따라 신속하게 변화할 수 있는 프로젝트에 적합한 전문 기술기업에게 위탁하든지, 혹은 한시적으로 전문 기술인력을 채용하여 연구개발을 진행할 수 있다.

네트워크 연구개발 조직은 글로벌 기업에서 매우 효과적이다. 전 세계에 흩어져 있는 자사 혹은 타기업의 연구개발 조직을 활용해서 혁신제품에 대한 연구개발을 상호 협력하여 공동으로 진행하거나 분업하여 진행할 수 있다. 미래의 불확실성이 크면 클수록 이러한 네트워크 연구개발 조직의 경쟁력은 더욱 증가될 것이며, 기술변화와 글로벌 경쟁 환경의 변화에 대응할 수 있는 유연성과 적응력을 향상시킬 수 있을 것이다.

자동차 기업에서 신형 자동차를 연구개발하는 경우의 예를 들면 지동차의 전체적인 혁신적인 개념에 대한 설계 및 기획은 본사에서 담당하고 외관 디자인은 이탈리아의 A기업이, 엔진은 한국에 있는 B기업이, 자동차 내부의 시트는 벨기에의 C기업이, 전자장치는 자국의 D기업이 동시에 인터넷 정보통신망을 활용하면서 공동으로 연구개발을 진행할 수 있다. 상호 간에 직접 대면하지 않고 실물을 보거나 비교하지 않더라도 연구개발 시뮬레이션 시스템을 활용하여 마치 바로 옆에서 상호 협력하면서 공동으로 연구개발을 진행하는 것과 같은 효과를 얻을 수 있다.

그러나 네트워크 연구개발 조직은 고객지향적인 조직으로 많은 장점이 있음에도 불구하고 전문 기술기업들 간의 과도한 경쟁을 유발하거나, 또는 비정규직의 전문 기술인력이 양산될 수 있는 위험성이 있으므로 사회적인 문제가 될 수 있음을 주의해야 할 것이다. [그림 7-14]는 글로벌 네트워크 연구개발 조직의 형태를 보여 주고 있다.

그림 7-14 글로벌 네트워크 연구개발 조직의 형태

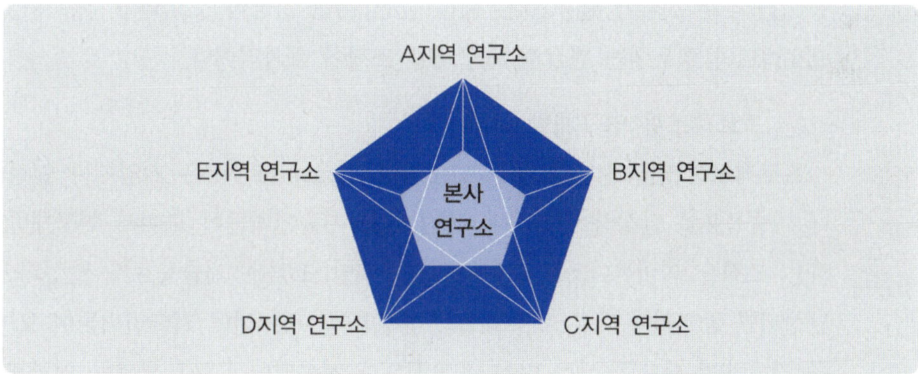

1.3.5 연구방법에 의한 분류

연구개발 조직의 연구방법에 의한 분류는 관료형, 프로젝트형, 위원회형 등으로 분류되며 [그림 7-15]와 같다.

그림 7-15 연구방법에 따른 연구개발 조직

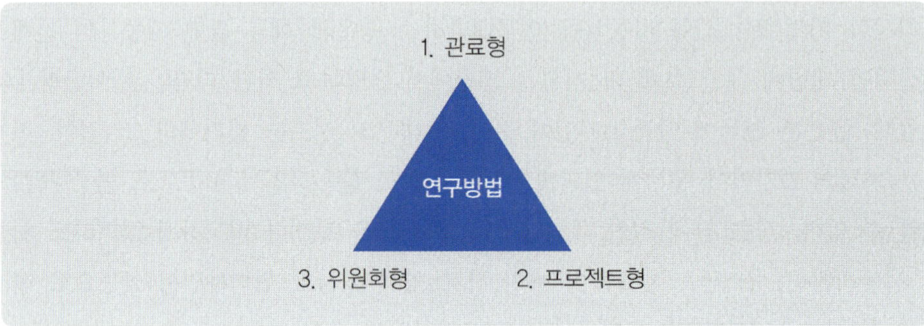

① 관료형 연구개발 조직

관료형 연구개발 조직(Bureaucracy R&D Organization)은 사전에 계획된 예산을 집행하는 위계질서형의 관료적인 상명하복의 조직이다. 대형 프로젝트를 연구개발할 경우에는 관료형이 효과적일 경우가 많지만 일반 기업의 경우에는 장점보다는 단점이 많은 연구개발 조직이기도 하다. 정부 기관 등에서 국책과제로 연구개발을 수행할 경우에 관료형 연구개발 조직이 활용된다. 예를 들면 10년 이상이 소요되는 우주개발과 같은 국책 프로젝트의 경우에는 관료형 연구개발 조직이 효과적이다.

② 프로젝트형 연구개발 조직

프로젝트형 연구개발 조직(Project R&D Organization)은 기업에서 일정한 기간 동안에 기술목표를 달성하기 위하여 관련 전문 기술인력들이 모여서 연구개발 업무를 수행하는 조직을 의미한다. 프로젝트형 연구개발 조직은 기술목표가 달성되면 프로젝트가 완성되면 종료되며 다른 프로젝트를 선정하여 다른 전문 기술인력들이 모여서 프로젝트를 진행하게 되므로 서로 다른 프로젝트가 지속되면서 프로젝트형 연구개발 조직이 지속적으로 운영된다. 프로젝트의 연구개발은 프로젝트의 규모에 적합한 팀 단위의 조직으로 운영되기 때문에 프로젝트팀 연구개발 조직(Project Team R&D Organization)의 용어로 혼용되어 사용되기도 한다.

③ 위원회형 연구개발 조직

위원회형 연구개발 조직(Committee R&D Organization)은 연구개발 정책에 대한 기업의 방침과 정책을 결정하고 연구개발 전략에 관련한 중요한 의사결정을 하기 위하여 관련 부서장들을 소집하여 운영하는 비상설 조직이며, 사장 직속으로 운영된다. 기업은 조직의 규모가 커지면서 조직부분 간의 협력과 신속한 의사결정이 필요한 연구개발이 필요한 경우에는 연구개발 위원장이 연구개발, 생산, 마케팅, 관리, 인사 등의 관련 부서장을 소집하여 정보를 공유하고 혁신기술의 연구개발에 대한 의사결정을 하게 된다. [그림 7-16]은 위원회형 연구개발 조직을 보여 주고 있다.

그림 7-16 위원회형 연구개발 조직

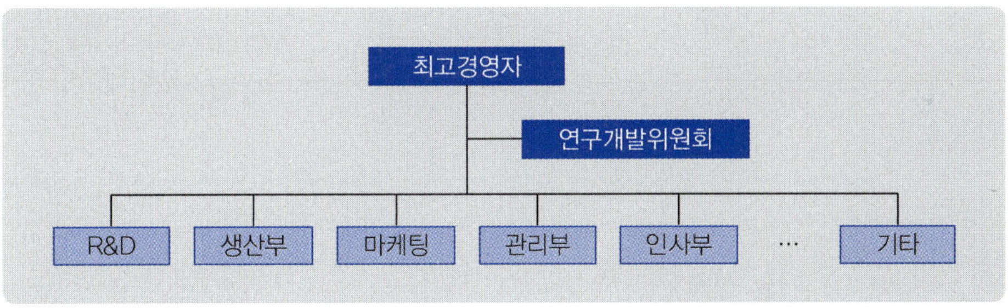

1.4 기술경영 조직

매킨지(Mckinsey)가 제안하였던 조직을 분석하는 7가지 S는 하드웨어적인 전략(Strategy), 조직(Structure), 구조(System) 등의 3S와 소프트웨어적인 인재(Staff), 실력(Skill), 스타일(Style), 가치공유(Shared Value) 등의 4S가 있다. 이 중에서 하드웨어적인 3S는 비교적 추진하기가 용이하지만, 소프트웨어적인 4S는 최고경영자(CEO, Chief Executive Officer)와 연구개발 조직의 리더(CTO, Chief Technology Officer)의 강력한 리더십이 없으면 실행되기 어려울 수 있으며 [그림 7-17]과 같다.

그림 7-17 매킨지의 조직 7S

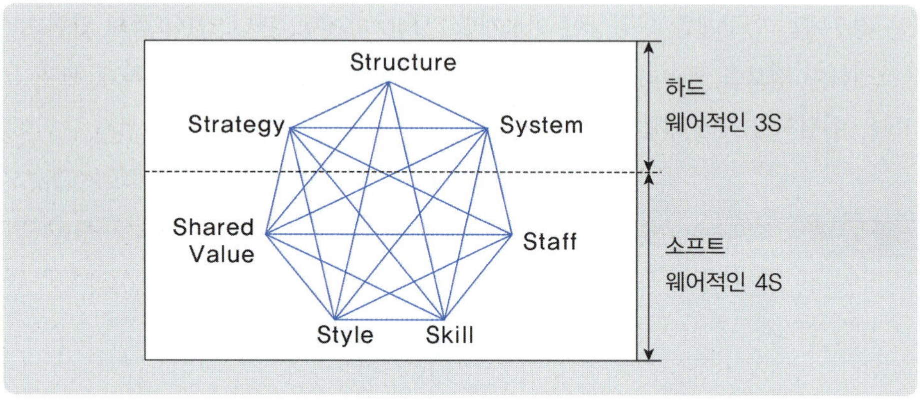

1.4.1 기술 전략

기술 전략(Strategy)은 기업의 지속적인 경쟁력 확대를 위하여 경쟁우위의 원천인 혁신기술을 지속적으로 획득하고 발전할 수 있는 전략을 의미한다. 기술전략의 우위는 기업의 경쟁우위를 선점할 수 있는 가장 확실한 도구이다.

1.4.2 기술 조직

기술 조직(Structure)은 연구개발 내부의 조직을 어떤 형식으로 구축하고 어떤 방법으로 운영할 것인가를 결정하기 위한 중요한 의미를 가지고 있다. 조직의 중앙 집중형과 분산형, 매트릭스와 네트워크형 등의 조직형태를 결정하는 것은 기업의 문화, 환경, 그리고 고객지향적인 기업의 전략과 밀접한 관계가 있다.

1.4.3 기술 구조

기술 구조(System)는 연구개발 조직 내의 관련 부서들과 기술적인 협력과 기술 공유를 원활하게 할 수 있는 시스템을 의미한다. 동일한 연구개발 조직 내에서도 다양한 조직에서 복잡한 첨단기술을 중복해서 연구개발할 가능성이 매우 많으며 연구개발의 인력과 비용의 낭비가 될 수 있다. 연구개발 내에서 혁신기술에 대한 정보를 공유하고 협력할 수 있는 구조는 매우 중요하다.

1.4.4 기술 인력

기술지원 인력(Staff)은 연구개발 조직을 운영하기 위하여 기술 인력을 채용하고 양성하며, 예산을 효율적으로 운영하기 위하여 우수한 지원인력이 필요하게 된다. 그리고 기술 인력들이 연구개발에 집중할 수 있는 분위기를 제공하는 역할도 지원 인력이 해결해야 할 중요한 업무이다.

1.4.5 기술 실력

기술 실력(Skill)은 연구개발 인력 개인들이 가지고 있는 능력이 모여서 연구개발 조직 전체의 실력이 되며 시너지 효과를 기대할 수 있게 된다. 개인이 가지고 있는 기술 능력은 자신이 가지고 있는 부가가치와 앞으로 부가가치를 창출할 수 있는 경쟁력을 의미한다. 연구개발 인력 개인들의 기술 능력이 기업의 미래를 좌우하게 된다.

1.4.6 기술 스타일

기술 스타일(Style)은 기술경영 전략 수립과 혁신기술을 획득하고 확산하는 과정에서 의사결정의 스타일과 연구개발 스타일을 의미하며, 연구개발을 책임지고 리드하는 CTO는 물론 연구개발 인력 모두에게 해당된다. 기술 스타일은 기업의 기술경영의 스타일에 영향을 미치게 되고 기업의 경영스타일에도 영향을 미치게 된다.

1.4.7 기술가치공유

기술가치공유(Shared Value)는 기업의 기술경영에 대한 가치관을 의미한다. 기업의 가치관은 기업의 비전과 조직의 문화이기도 하다. 기업의 비전과 목표를 달성하기 위해서는 기술경영을 통하여 새로운 부가가치를 창출할 수 있어야 한다. 기술가치를 공유하는 것은 기술경영과 기업경영에 긍정적인 영향을 미치게 된다.

2. 연구개발팀의 시대

2.1 연구개발팀의 의미

프로젝트형 연구개발 조직은 연구개발팀 단위의 조직으로 운영된다. 연구개발팀은 연구개발 조직 중에서 가장 작은 단위의 조직을 의미한다. 연구개발팀의 단위는 프로젝트의 규모에 따라서 몇 명만으로 구성될 수도 있지만 장기적인 대형 프로젝트인 경우에는 수백 명으로 조직될 수도 있다. 연구개발팀은 급변하는 글로벌 환경에 적응하기 위해서 글로벌 네트워크팀으로 발전되고 있다. 글로벌 환경은 더욱 복잡해 지고 다양화되고 있으며 하루가 다르게 변화하면서 기업 간의 경쟁은 더욱 치열해 지고 있다.

이러한 불확실성이 증가하고 있는 글로벌 경쟁환경에서 경쟁우위를 확보하기 위해서는 기술경영의 전략적 의사결정이 매우 중요하게 된다. 그리고 기술경영의 전략을 신속하게 수립하고 구체적인 연구개발을 신속하게 수행할 수 있는 최적의 조직은 연구개발팀이 될 것이다.

2.2 연구개발팀의 분류

연구개발팀은 여러 가지의 형태로 조직될 수 있으며 기능적 팀, 경량급 팀, 중량급 팀, 독립적 팀으로 분류할 수 있다. 연구개발팀이 원래의 소속부서에 속해 있으면서 팀원의 역할을 하는 느슨한 정도에서 소속부서로부터 완전 독립하여 연구개발팀원으로만 연구활동을 하게 되는 독립적 팀까지의 관계를 [그림 7-18]이 보여 주고 있다.

그림 7-18 연구개발팀의 분류

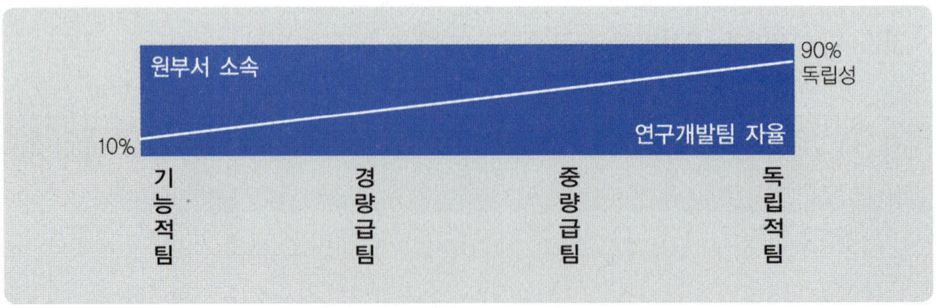

2.2.1 기능적 연구개발팀

기능적 연구개발팀(Functional R&D Team)은 가장 느슨하게 결속된 팀이다. 원소속부서에서 기능적인 업무를 90% 정도 담당하면서 연구개발팀의 업무를 10% 정도 수행하게 된다. 원래의 기능업무를 수행하기 때문에 연구개발팀의 활동은 용이하지만 연구활동에 참여하는 정도가 낮으므로 부서 간의 협력은 거의 없다.

2.2.2 경량급 연구개발팀

경량급 연구개발팀(Light R&D Team)은 원부서의 업무를 60% 정도 담당하면서 연구개발팀의 업무를 40% 정도 수행하게 된다. 연구개발팀원의 성과평가는 원소속 부서장이 가지고 있다. 이러한 경량급 연구개발팀의 구조는 높지 않는 협력과 커뮤니케이션이 필요한 파생된 소규모의 프로젝트에 적합하다. 원소속 부서의 부서장과 연구개발팀의 리더에게 동시에 업무경과를 보고해야 한다.

2.2.3 중량급 연구개발팀

중량급 연구개발팀(Weight R&D Team)은 원부서의 업무를 40% 정도 담당하면서 연구개발팀의 업무를 60% 정도 수행하게 된다. 중량급 연구개발팀은 부서 간의 협력과 커뮤니케이션을 강화시켜 주며 연구개발팀의 연구원들이 프로젝트에 집중할 수 있게 한다. 경량급 연구개발팀과 마찬가지로 원부서의 부서장과 연구개발팀의 리더에게 동시에 업무경과를 보고해야 한다. 그러나 프로젝트가 완료되면 원소속의 부서로 돌아가야 하기 때문에 프로젝트 기간에도 원소속 부서장과의 긴밀한 관계를 형성하고 있어야 하는 고충이 있기도 한다.

2.2.4 독립적 연구개발팀

독립적 연구개발팀(Independent R&D Team)은 가장 독립적으로 연구개발 업무를 전적으로 수행하기 위하여 소집된 조직이다. 원소속 부서의 업무가 거의 없는 10% 정도이며, 연구개발팀의 업무를 90% 이상 수행하게 된다. 프로젝트 기간에는 연구개발팀의 소속이므로 리더의 지시와 통제를 받게 되며, 원소속 부서장으로부터는 통제를 받지 않으므로 보고를 하지 않는다. 독립적 연구개발팀은 프로젝트 수행의 결과에 대해서 전적으로 책임을 지게 되며 독립부서와 동일한 권한을 가지고 책임을 지게 된다. 독립적 연구개발팀은 급변하는 환경에 대응하기 위한 혁신제품을 신속하게 연구개발을 수행할 경우에 탁월한 성과를 보인다. 프로젝트가 성공할 경우에는 연구개발팀은 새로운 사업단위로 출발하는 것이 가능하다.

그러나 연구개발팀의 독립성이 너무 지나치게 되면 본사의 자원을 완전하게 지원받지 못하는 경우가 발생할 수도 있으며, 프로젝트가 완료된 이후에 원소속 부서로 복귀하기가 어려운 경우도 있다.

3. 기술인력 관리

3.1 기술인력 관리의 의미

기술인력은 기업의 혁신적인 제품을 연구개발하는 기업경영에서 핵심적인 인력이다. 기술인력 관리는 기업의 핵심인력을 계획하고, 채용하며, 교육훈련을 통하여 연구개발의 역량을 향상시키고, 적재적소에 배치하며, 연구개발의 성과를 평가하는 등의 연구개발 인력의 시작부터 끝까지 모든 업무를 효율적이고 효과적으로 관리하는 것을 의미한다.

기술인력 관리는 운영이 제대로 되지 못하면 기술인력에 대한 연구개발의 직무관리를 할 수 없기 때문에, 기업의 경쟁력을 확보할 수 있는 기술목표를 달성할 수 있는 수단을 잃게 된다. 저임금 정책으로 필요한 기술인력의 수준이 저하되거나, 과도한 업무를 부여하는 것은 연구개발의 질을 확보하기 어렵게 한다. 기술인력은 고임금 정책일 경우에도 과다한 업무량은 창의적 사고를 저해하기도 한다.

기업은 환경의 변화와 경영자의 정책에 따라 기술인력 자원을 파악하고 기술인력을 관리하지 못하게 되면 기업전체의 기술혁신이 이루어질 수 없게 된다. 기업은 연구개발에 필요한 기술인력의 관리 목표와 관리 영역을 명확하게 해야 한다.

3.2 기술인력 관리의 목적

기술인력 관리의 목적은 크게 기술인력 확보, 기술인력의 효과적 운영, 미래의 경영자 육성 등으로 생각할 수 있으며 [그림 7-19]와 같다.

그림 7-19 기술인력 관리의 목적

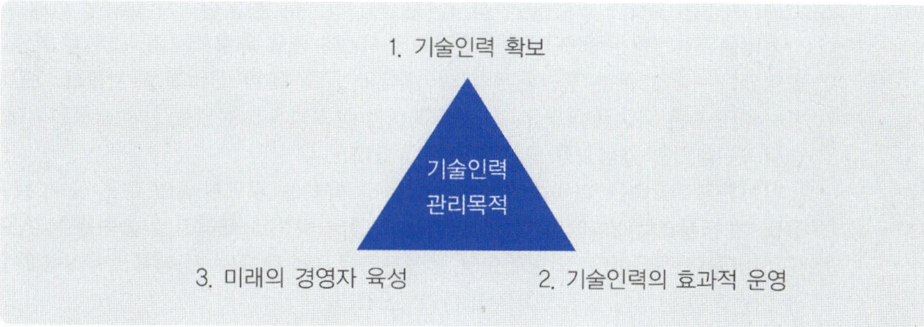

3.2.1 기술인력 확보

기업은 연구개발 과제를 수행하기 위한 기술인력을 안정적으로 확보해야 한다. 기업은 경쟁사보다 우수한 기술인력을 지속적으로 확보해야 경쟁력을 지속할 수 있으므로, 기술인력 확보는 기술인력 관리의 중요한 첫 번째 목적이 된다.

〈사례 7-4〉는 기업이 기술인력을 확보하기 방법으로 학교와 인력양성에 관련하여 협력하는 과정을 보여주고 있다.

사례 7-4 기술인력 양성을 위한 산학협력

사례연구

성남폴리텍대학-삼성전자로지텍 '기술인력 양성 MOU'

한국폴리텍대학 성남캠퍼스는 삼성전자로지텍주식회사와 협약하고 기술인력 배출에 힘쓰기로 했다고 16일 밝혔다. 성남폴리텍대학은 협약에 따라 에어컨 설치기사 분야(냉동공조설치원) 취업생 교육에 주력하고, 삼성전자로지텍도 이 분야 협력사 채용을 확대하기로 했다.

성남폴리텍대학은 올해 냉동공조설치원 100여 명을 배출했으며, 대부분 취업이 확정됐다고 설명했다. 50대 이상 장년층은 시설 냉방과 공조 관련 장비를 유지관리, 보수하는 업체로, 30~40대 층은 가정용 에어컨, 시스템 에어컨 설치업체에 취업했다. 성남폴리텍대학은 내년 1월 냉동공조설치원 양성과정 모집을 앞두고 있다.

삼성전자로지텍은 협약식에서 교육생들의 실습에 필요한 교보재와 공구 등을 기증하기도 했다. 성남폴리텍대학장은 "취업 연계를 확대해 학생과 재직자 기술력을 높이고 고용 창출에도 이바지했으면 한다"고 말했으며 삼성전자로지텍 대표는 "성남폴리텍대학과 연계해 협력사에 안정적인 인력을 공급하기를 바란다"고 했다.

* 출처 : 중앙일보, 2017. 12. 16
http://news.joins.com/article/22209395
다운로드 및 편집 : 2017.12. 27.

3.2.2 기술인력의 효과적 운영

기술인력의 효과적 운영은 기업의 기술목표를 달성할 수 있도록 기술인력을 효과적으로 관리하고 연구개발 활동을 성공적으로 수행할 수 있게 하는 것이다. 기업의 경쟁우위를 지속할 수 있는 경쟁력은 기술인력의 효과적인 운영에서 시작된다. 동일한 기술력을 확보하고 있는 두 기업이 동일한 수준의 혁신제품을 연구개발하는 것은 아니다. 기술인력의 운영방법이 얼마나 효과적인가에 따라서 연구개발의 성과는 전혀 다르게 나타나기 때문이다.

3.2.3 미래의 최고 기술경영자 육성

기술인력을 관리하는 장기적인 목표는 기업의 미래를 책임질 기술경영자를 육성하는 것이다. 최근의 국내외 경영진을 보면 이공계 출신의 기술인력 중에서 최고경영자로 발탁되는 경우가 나타나고 있다. 전문 기술인력이 경영에 대한 교육과 경험을 갖추게 되면 기술경영의 효과가 더욱 크게 나타날 것이다.

3.3 기술인력 관리의 영역

기업의 기술인력 관리의 영역은 신규 기술인력 채용, 기술인력의 업무관리, 기술인력의 교육·훈련, 기술인력의 배치 및 이동, 기술인력의 성과평가 등이 있으며 [그림

7-20]과 같다.

그림 7-20 기술인력 관리의 영역

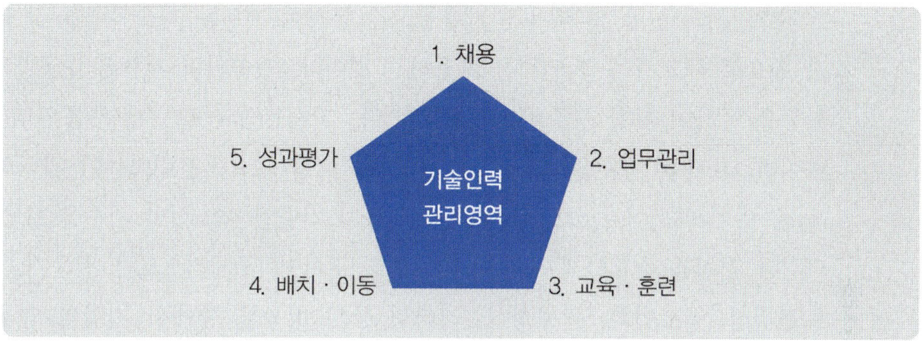

3.3.1 신규 기술인력 채용

신규 기술인력의 과정을 보면 기술인력의 부서별 수요조사, 기술인력의 선발 및 채용, 기술인력의 배치 등의 단계가 있으며 [그림 7-21]과 같다.

그림 7-21 신규 기술인력 채용 단계

① 기술인력의 부서별 수요조사

신규 기술인력을 채용하기 위해서는 기술인력의 부서별 수요조사를 먼저 진행해야 한다. 신규 기술인력에 대한 부서별 혹은 프로젝트팀별 수요조사는 연구개발 프로젝트 수행에 필요한 기술인력을 양과 질적으로 결정하는 것을 목표로 하고 있으며, 기업의 장기적 기술목표에 적합하도록 기술인력의 장기적 수요에 대해서도 예측을 해야 한다.

반대로 기술인력의 과잉문제 역시 기술인력의 수요조사를 통해서 조기에 파악하고 신규 기술인력의 채용과정에 반영해야 한다.

② 기술인력의 선발 및 채용

기술인력의 선발 및 채용은 채용공고를 통하여 지원한 기술인력들 중에서 기업이 가장 필요로 하고 우수한 인력을 채용하는 것이다. 기술인력 채용은 연구개발의 전반적인 활동을 통하여 가장 중요한 의사결정이다. 기술인력의 잘못된 채용은 연구개발활동에 마이너스효과를 가져올 수 있으며 이들에 대한 교육·훈련비용이 과다하게 필요하게 될 수 있기 때문이다. 최근 글로벌 기업들의 기술인력의 선발 기준을 보면 대체로 기술역량과 경험을 중요하게 생각하는 것으로 보이며, 구체적으로는 전문기술지식, 창의력, 도전정신, 글로벌화, 협동정신, 리더십 등의 항목들 중에서 기업의 연구개발 특성에 따라 중점적으로 생각되는 항목을 중심으로 채용기준을 중요하게 생각하는 것으로 보인다.

③ 기술인력의 배치

기술인력을 채용한 다음에는 부서별 수요조사와 지원자의 지원부서를 기준으로 관련 기술부서별로 기술인력의 배치가 따르게 된다. 이때 신규 기술인력을 부서별로 배치할 때 세심한 배려가 있어야 한다. 기술인력의 초기 적응여부가 향후의 업무에 매우 중요한 영향을 미치게 하며, 퇴사율에도 심각한 영향을 미치게 한다. 신규 기술인력이 조직에 적응하지 못하는 가장 큰 이유로는 조직에 대한 실망, 방향성 상실로 인한 미래비전의 불투명 등을 예로 들 수 있다. 신규 기술인력이 조직에 원활하게 적응할 수 있도록 조직에 대한 다양한 정보제공, 선배의 기술조직 및 기술업무 멘토링, 연구개발 조직의 문화를 이해시키기 위한 대화 등을 적극 활용해야 할 것이다.

3.3.2 기술인력의 업무관리

연구개발 조직에서 업무관리의 중요한 과제는 기술인력의 관리, 기술인력의 역량개발, 기술인력의 보상 등이 있으며 [그림 7-22]와 같다.

그림 7-22 기술인력의 업무관리

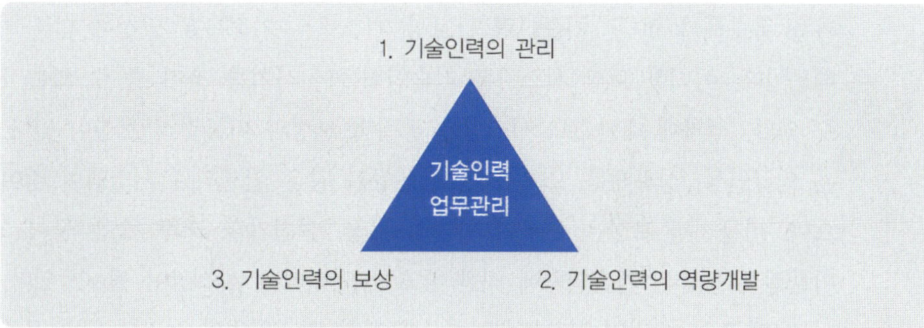

① 기술인력의 관리

기술인력의 관리는 인사관리자가 목표를 달성하기 위하여 기술인력의 기술이 원활하게 수행될 수 있도록 최고의 환경을 제공하고 기술인력의 노력이 극대화될 수 있도록 최대한의 지원을 하면서 기술인력 개개인을 관리해야 하는 것을 의미한다. 연구개발의 인력에 대한 인사관리자는 기술인력들의 노력이 기업의 기술목표를 지향하는 목적을 가지고 기술인력을 관리하므로 그들의 연구개발 업무에 직접적인 영향을 미친다.

신규 기술인력은 경험이 축적되어 감에 따라 기술관리자로 성장하게 된다. 인사관리자는 신규 기술인력이 우수한 기술관리자로 성장될 수 있도록 지원해야 한다.

② 기술인력의 역량개발

기술인력의 역량개발은 연구개발 인력의 자격과 수준을 체계적으로 상승시키는 모든 수단과 과정을 의미한다. 기술인력에 대한 과제는 개인별 연구개발 활동은 물론 다른 사람 혹은 다른 조직과의 협력을 원활하게 할 수 있는 역량을 포함한다. 현대의 급변하는 기술환경은 복잡하고 다양하게 변화하고 있다. 여러 가지 기술들이 융합되고 복합화되는 환경에서 다양한 분야의 기술인력들이 서로 협력하고 공동으로 연구개발을 수행하여 진행하는 점에서 사회적·문화적협동심에 대한 역량이 함께 성장해야 할 것이다.

기술인력에 대한 역량을 강화할 수 있는 방법으로는 업무조정, 재교육, 경력관리 등을 활용할 수 있다. 업무조정(Job Adjustment)은 기존업무의 확장 혹은 새로운 업무 부여 등의 방법이며, 재교육(Re-Training)은 사내외의 교육을 활용하여 특정한 지식과 능력을 직접 제공하는 방법이고, 경력관리(Carrier Management)는 기술관리자로 승진할 수 있는 역량을 강화할 수 있도록 관리하는 방법이다.

③ 기술인력의 보상

기업은 기술인력에 대한 합리적인 보상체계를 제공하여 기술인력의 높은 연구개발성과를 유도해야 한다. 기술인력의 보상 시스템은 기술목표 달성에 많은 영향을 미치기 때문이다. 이러한 보상 시스템은 기술인력들의 사기를 올려 줄 수 있는 동기부여가 될 수 있다. 성과에 대한 보상시스템은 물질적 보상과 비물질적 보상이 있다. 물질적 보상은 임금인상, 성과배분, 스톡옵션 제공 등과 같은 인센티브 시스템이 많이 활용되고 있으며, 비물질적 보상은 연구의 자율성 보장, 선진기술 교육, 승진 등이 있으며 이러한 비물질적 보상은 기술인력에 대한 중요한 인센티브 시스템이 될 수 있다.

〈사례 7-5〉는 기업에서 기술인력을 포함한 임직원들의 성과에 대한 물질적 보상에 대한 내용을 보여 주고 있다.

사례 7-5 삼성전자 연말보너스

사례연구

삼성전자 연말보너스 기본급 최대 100% 지급

삼성전자가 이달 말 임직원에게 월 기본급의 최대 100%에 해당하는 목표 달성 장려금(TAI)을 지급한다. 성과급인 TAI는 매년 상·하반기에 각각 한 차례 지급된다. 사업 부문 및 산하 사업부 실적을 토대로 A~D등급으로 분류해 각각 50%, 25%, 12.5%, 0%의 성과급을 부여하는데, 직원들은 소속 사업 부문과 사업부의 평가를 합쳐 최대 월 기본급의 100%를 받게 된다.

최근 '글로벌 슈퍼 호황' 덕분에 사상 최고 실적 행진을 이어가고 있는 반도체 사업부는 올 상반기에 이어 또다시 100% 지급이 확실시되며, 다른 사업 부문도 대부분 100%를 받을 것으로 전해졌다. 반도체 부문 임직원들은 이미 지난달 기본급의 400%를 특별 상여금 명목으로 받은 바 있다.

삼성전자는 내년 초에는 성과급 개념인 OPI도 지급할 예정이다. OPI는 소속 사업부의 1년 실적이 연초에 세운 목표를 넘어섰을 때 초과 이익의 20% 한도 안에서 개인 연봉의 최대 50%를 지급하는 것이다.

* 출처 : 매일경제, 2017. 12. 19
http://news.mk.co.kr/newsRead.php?year=2017&no=839641
다운로드 및 편집 : 2017.12. 27.

3.3.3 기술인력의 교육 · 훈련

① 교육 · 훈련의 중요성과 목적

급변하는 환경에서 기술 역시 예측할 수 없을 정도로 빠르게 변화하고 있기 때문에 교육 · 훈련을 지속하지 않으면 경쟁력에서 밀리게 된다. 연구개발 인력에 대한 교육 · 훈련은 연구원들의 잠재력을 최대화하여 급변하는 환경에 신속하게 대응하게 하고 새로운 지식과 기술을 습득하게 하므로 연구개발 활동을 효과적으로 수행할 수 있게 한다.

② 교육 · 훈련의 유형

연구개발 조직의 인력은 다양한 분야와 계층으로 조직되므로 교육 · 훈련의 수준과 내용이 차별적으로 운영되어야 한다. 교육 · 훈련의 방법으로는 강의식, 시청각, 사례 연구, 회의식, 전달식 등이 있으며 피교육자의 직위, 직무, 교육환경에 따라서 방법과 내용이 달라져야 한다. 그리고 교육 · 훈련의 유형을 보면 크게 기업내외로 구분할 수 있으며, 기업 내의 교육 · 훈련은 계층별 및 직능별로 사전에 준비된 내용을 체계적으로 하는 교육 · 훈련이 있으며 연구개발의 실무 현장에 직접 투입되어서 선배들로부터 일을 통하여 배울 수 있는 OJT(On the Job Training)와 같은 체계적 교육 · 훈련의 방법이 있다. 그리고 기업 외의 교육 · 훈련은 전문 기술기관에 위탁교육을 행하든지 혹은 해외 기술연구 교육 등을 통하여 선진 기술을 습득할 수 있다. [그림 7-23]은 교육 · 훈련의 유형을 보여 주고 있다.

그림 7-23 교육 · 훈련의 유형

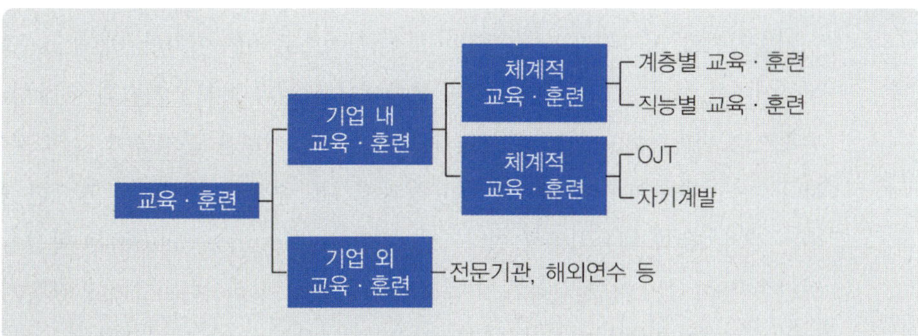

3.3.4 기술인력의 배치 및 이동

① 기술인력의 배치

신규 연구개발 인력을 채용하였으면 적합한 직무에 배치를 해야 한다. 신규 연구개발 인력을 배치하는 요건은 직무요건(R&D Demands), 작업조건(R&D Conditions), 직무 기회(R&D Offers) 등을 감안하여 가장 적합한 연구개발 직무를 연결시켜야 한다.

② 기술인력의 이동

이동에는 수평적 이동과 수직적 이동이 있으며 수평적 이동은 동등한 직급에서 임금의 변동없이 연구개발의 분야 혹은 부서 등의 이동을 의미하며, 수직적 이동은 대부분 승진(Promotion)을 의미한다. 신규 기술인력을 채용하고 적재적소에 배치를 한 다음에 시간이 경과하게 되면 조직의 필요성과 개인의 변화 등의 원인으로 기술인력의 능력이 변하게 된다. 이러한 변화가 있을 경우 조직은 기술인력의 성격, 능력, 성과, 근무상태 등을 파악하여 적재적소로 이동해야 한다.

3.3.5 기술인력의 성과평가

기술인력의 성과평가(Performance Evaluation)는 상급자가 기술인력의 연구개발 성과를 평가하는 것이며 인력정책적 목적과 경영정책적 목적이 있다. 인력정책적 목적(Personal Policy Purpose)은 평가를 통하여 기술인력의 발전에 도움을 제공하지만, 경영정책적 목적(Management Policy Purpose)은 기술인력의 성과평가를 통하여 연구개발 성과를 더 많이 창출할 수 있도록 기업의 경영목적에 부합되도록 하는 것이다. 결국 기술인력의 성과평가는 개인의 성장목적과 기업의 성장목적을 동시에 달성할 수 있는 수단이 된다.

기술인력의 성과평가는 정기적이고 공식적으로 이루어져야 하며 표준화된 과정으로 이루어져야 한다. 그러나 연구개발 분야에서의 성과평가는 기술의 복잡성과 평가지표의 부족으로 객관적이고 합리적인 평가를 하기에는 어려운 문제들이 많은 것이 현실이기도 하다. 연구개발 분야에서 합리적인 성과평가를 수행하기 위해서 필요한 합리적인 기준에는 성과기준과 행동기준이 있다. 성과기준(Performance Criteria)은 혁신제품 공헌도, 특허건수 등이 있으며 정량화가 가능하므로 활용이 용이하다. 그리고 행동기준(Behavioral Criteria)은 연구개발 활동의 과정 중에 나타나는 기술인력의 행동을 의미하며 개념성, 협력성, 사회성 등으로 기준을 설정할 수 있지만 추상적이고 정성적인 기준이기 때문에 활용이 어렵다고 할 수 있다.

4. 기술전략의 리더 CTO

4.1 CTO의 중요성

CTO(Chief Technology Officer)는 경영영목표와 기술목표를 달성할 수 있도록 연구개발 조직으로 하여금 기술전략을 수립하고 혁신기술을 창조할 수 있도록 연구개발 조직을 이끄는 최고기술책임자이다. 90년대 후반부터 전 세계적으로 첨단기술 산업이 차지하는 비중이 높아지고 우리나라에서도 IMF를 벗어나면서 기술경영의 중요성이 급속도로 증가하게 되었다. 기술경영의 중요성은 연구개발 조직을 이끄는 리더인 CTO를 더욱 중요하게 한다. CTO는 지식과 기술은 물론 조직을 이끌고 기업경영 전반에 대한 통찰력이 있어야 하며 조직을 운영할 수 있는 커뮤니케이션 능력을 가져야 한다.

4.2 CTO의 역할

기업의 기술목표를 달성하기 위하여 연구개발 조직을 효과적으로 리드하기 위한 CTO의 역할은 미래성장의 리더, 부가가치 창출, 인큐베이터, 의사결정권자, 무형자산 관리자 등의 역할을 성공적으로 수행해야 하며 [그림 7-24]와 같다.

그림 7-24 CTO의 역할

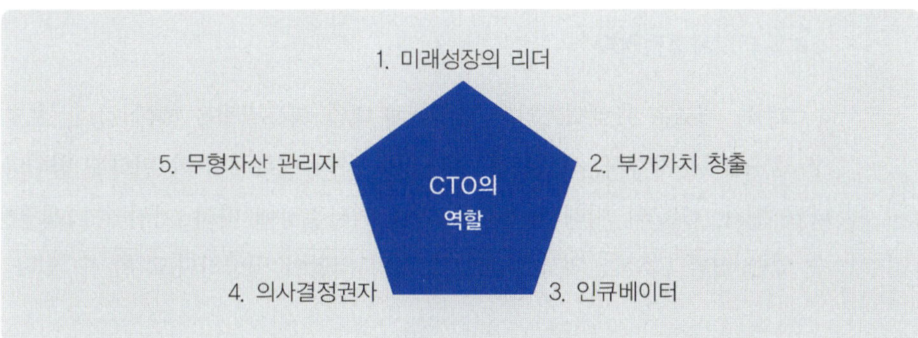

4.2.1 미래성장의 리더

CTO는 기업의 미래성장을 위해서 혁신기술의 방향을 예측하고 혁신제품을 연구개발하여 기업의 미래경쟁력을 확보할 수 있도록 준비하고 기업의 미래경영을 리드하는 핵심적인 역할을 담당하게 된다.

4.2.2 부가가치 창출

혁신기술은 혁신제품을 연구개발할 수 있는 기본적인 기술이다. 그러나 기업에서의 기술은 반드시 부가가치를 창출하여 수익을 창출할 수 있어야 한다. 사회 혹은 국가적으로는 반드시 필요하지만 수익을 창출할 수 없는 혁신기술은 기업보다는 국가, 대학교 등의 공적 연구기관에서 담당해야 할 것이다. 기업은 이익을 창출하는 것이 가장 큰 목표 중에 하나이기 때문에 CTO의 역할 중에서 부가가치 창출의 역할이 차지하는 비중이 작지 않을 것이다.

4.2.3 인큐베이터

기업은 새로운 성장동력으로 혁신기술에 의존하고 있다. 앞으로의 기업경영에서 차지하는 혁신기술의 비중은 더욱 증대될 것이다. 그러나 사업부 수준에서 성장동력인 미래의 혁신기술을 준비하기는 매우 어려울 것이다. 그러므로 CTO는 기업의 미래경영을 위해 신규 혁신기술에 대한 기초적인 연구개발에 관심을 가지고 신규 혁신기술의 신성장동력 발굴을 지속해야 한다.

4.2.4 의사결정권자

CTO는 새로운 프로젝트의 연구개발에 대한 의사결정을 해야 한다. 프로젝트는 긴급성, 중요도, 부가가치, 사업환경, 경쟁정도 등의 변화에 따라 변화된 범위와 규모로 나타나게 된다. CTO의 미래 통찰력에 의한 의사결정에 따라 기업의 미래경쟁력이 좌우될 수 있는 만큼 CTO는 의사결정권자로서의 역할이 막중하다고 할 수 있다.

4.2.5 무형자산 관리자

기술에 관련한 지식은 무형자산이다. 무형자산은 특허의 형태로 나타날 수 있으며 노하우로 축적되는 경우가 많다. CTO는 지적재산을 효율적으로 관리하고 발전시키면서 기업의 경쟁력을 확보하고 시장 지배력을 강화하면서 수익 창출을 극대화해야 한다.

4.3 CTO의 자질

CTO는 최고의 기술전문가이면서 비즈니스 감각, 커뮤니케이션 능력, R&D관리 능력 등의 자질이 필요한데 [그림 7-25]는 CTO의 자질을 나타내고 있다.

그림 7-25 CTO의 자질

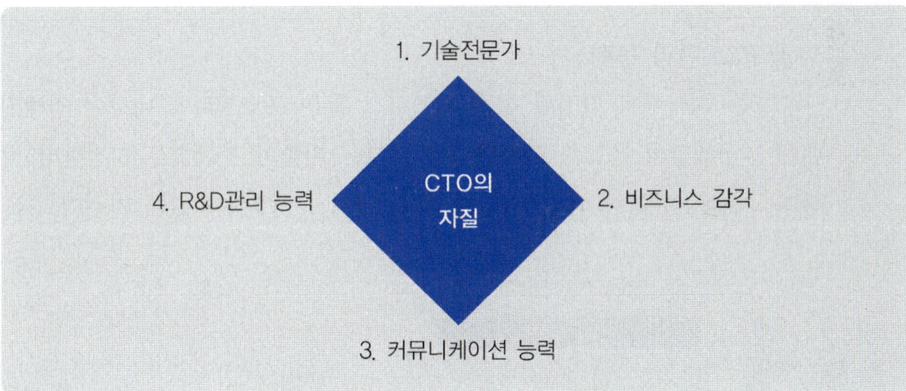

① 기술전문가

'90년대 이전에는 기술경영의 중요성을 인식하지 못하여 연구개발 조직의 리더로 관리출신의 중간경영자를 임명하는 경우가 있었지만 최근 급변하는 글로벌 환경의 변화는 기술의 변화를 다양하고 복잡하게 만들고 있으므로, 혁신적인 기술에 대한 연구개발의 의사결정은 매우 중요하면서도 전문적인 기술력을 요구하고 있다. 그러므로 CTO는 기술적인 전문지식이 풍부해야 한다.

② 비즈니스 감각

아무리 우수한 기술전문가라 해도 수익창출에 대한 개념이 없이 최고의 기술이 최고의 비즈니스라고만 주장하는 CTO는 고객이 외면하게 되는 고객지향적이지 못한 CTO가 될 수 있다. CTO는 비즈니스적인 감각이 우수해야 한다.

③ 커뮤니케이션 능력

연구개발을 담당하고 있는 연구원은 자신이 해야 할 업무에만 충실하면 대부분 큰 어려움이 없다. 그러나 연구개발 조직을 리드해야 하는 CTO의 입장에서는 혁신기술에 대한 이해와 함께 조직을 구성하고 있는 다양한 분야의 전문 기술인력의 고충과 어려움을 해결하면서 조직의 전체 목표를 달성해야 하므로 모든 연구원들과의 커뮤니케이션 능력이 매우 중요한 자질이 된다. 특히 새로운 비즈니스 혹은 프로젝트가 시작되면 전략기획부서, 연구개발 조직, 생산 부서, 마케팅 및 영업 부서 등의 관련부서와 정확한 커뮤니케이션이 이루어지고 전달되어야 하며, 조직원들에게 명확하게 연구개발의 개념을 공유할 수 있도록 해야 한다.

④ R&D관리 능력

CTO는 회사에서 결정된 신규 비즈니스 혹은 프로젝트에 대하여 정해진 일정한 기간 내에 연구개발의 목표를 달성하기 위해서는 기술의 분야별로 일정관리, 품질관리, 원가관리, 개발성과 등에 대한 관리를 차질 없이 수행할 수 있는 자질이 중요하다.

토론제목

1. 연구개발 조직의 구조유형별 분류는?
2. 중앙연구소, 사업부연구소, 지역별 연구의 의미 차이는?
3. 생산기술연구소의 의미는?
4. 연구개발 조직의 환경변화의 대응에 따른 분류는?
5. 매트릭스형 연구개발 조직의 특징은?
6. 글로벌 네트워크 연구개발 조직의 특징은?
7. 기술경영의 7S는?
8. 연구개발팀의 의미는?
9. 연구개발팀의 소속과 독립성을 기준으로 본 분류방법은?
10. 기술인력 관리의 목적은?
11. 기술전략의 리더 CTO의 의미, 중요성, 역할, 자질은?

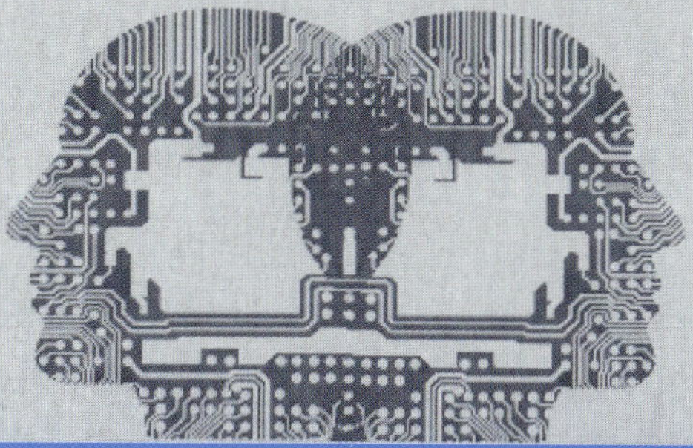

제 8 장
기술의 예측

1. 기술의 변화와 예측

1.1 기술변화의 속도

기술변화의 속도는 우리가 생각하는 것 이상으로 빠르게 변화하고 있다. 기술의 변화는 인류의 문명을 변화시키고 있다. 기술발전의 변화에 적응하지 못하는 문명, 국가, 기업, 개인 누구를 막론하고 살아남지 못하지만 인류 전체의 문명은 급속도로 변화하면서 발전하고 있다. 인류의 역사에서 우리가 경험하고 있는 기술의 역사는 참으로 짧은 순간에 많은 변화를 보이고 있음을 알 수 있다. 인류의 조상이 겨우 두발로 서서 걸을 수 있는 직립보행을 할 수 있었던 시기를 기준으로 생각한다면 250만 년이라는 기술의 역사를, 불을 발견한 시기를 기준으로 생각한다면 170만 년이라는 기술의 역사를 가지고 있다고 볼 수 있다. 인류의 역사가 시작된 시점을 불을 발견한 170만 년의 역사로 볼 때 현대의 기술이 시작된 산업혁명은 불과 200년의 역사로 매우 짧은 시간이다.

170만 년을 1년으로 가정하면 200년은 20분에 해당된다. 매우 짧은 시간인 20분 동안에 인류는 우주선까지 쏘아 올렸다. 1977년 보이저 1호가 발사되어 36년간을 비행해서 2013년 7월에 태양권을 벗어났으며 현재에도 성간우주 정보를 계속 보내오고 있다(〈사례 4-5〉 참조).

인류의 문명이 변화하고 발전하고 있는 속도가 엄청나게 빠르지만 최근의 변화속도를 보면 내일의 변화를 예측할 수 없을 정도로 불확실의 시대에 살고 있다. 산업혁명 이후 과거 200년 동안 발전된 기술보다 최근 20년 동안 발전된 기술의 질과 양이 더 크고 많다고 한다. 이 말은 미래의 기술발전의 속도가 더욱 빠르게 변화할 것이라는 의미이기도 하다. 과거 20년 동안의 기술변화 속도보다 앞으로 2년 동안에 변화하게 되는 기술의 질과 양이 더 크고 더 많을 것임을 예고하고 있다. 그리고 기술변화의 속도는 더욱 빨라져서 하루가 다르게 변화하게 될 것이며, 기술발전의 범위와 크기는 그 끝을 생각조차 할 수 없을 정도로 방대해 질 것이다.

결국 미래의 기술의 변화 방향을 조금이라도 먼저 인식하고 대응할 수 있는 기업이 기업을 유지하고 발전할 수 있을 것이며, 최소한 기술의 변화가 어떤 방향으로 변화를 하더라도 기술변화에 즉시 적응하고 대응할 수 있는 연구개발의 역량은 확보하고 있어야 할 것이다.

[그림 8-1]은 인류문명의 발전이 최근에 와서 매우 급격하게 변화하면서 발전하고 있

는 모습을 보여 주고 있다. 이 그림을 통하여 미래의 기술발전의 속도는 더욱 가파르게 변화할 것임을 쉽게 알 수 있다.

그림 8-1 인류문명의 발전 속도

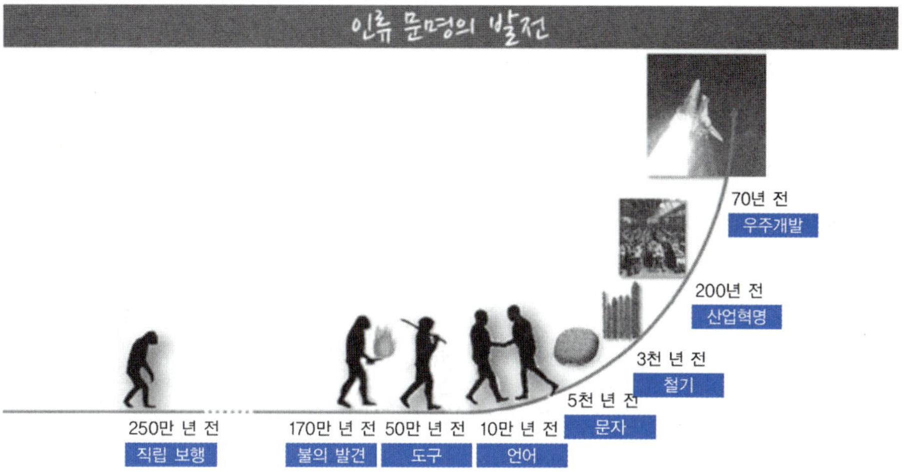

* 출처 : 네이버의 블로그(KISTI자료)
http://blog.naver.com/autocadplus?Redirect=Log&logNo=10178968614
다운로드 및 편집 : 2014. 2. 7.

1.2 기술과 기술예측

1.2.1 기술의 중요성

급변하는 미래의 기술발전이 어떻게 진행될지 아무도 예측하기 어렵다. 급변하는 기술변화의 소용돌이 속에서 기술변화에 적응하지 못하면 살아남기조차 어려운 사실을 글로벌 기업인 모토롤라, 노키아 등의 퇴출사례를 보면서 경험하였고, 대표적인 글로벌 기업인 일본의 소니는 살아남기 위한 구조조정으로 발버둥을 치고 있다. 그러나 더욱 중요한 것은 현재의 최우수 글로벌 기업들도 지속적으로 혁신제품을 창조하고 글로벌 시장을 리드하지 못한다면 하루아침에 사라질 수 있다는 사실이다.

1.2.2 기술예측의 중요성

기술예측은 기업의 기술혁신 활동을 위하여 경쟁사보다 신속하게 의사결정하기 위하여, 기술환경의 변화 속에서 관련 기술정보를 수집하고 분석하는 것을 의미한다. 기술예측은 기업의 핵심역량을 가지고 있는 분야의 기술에 대한 심층적인 분석을 통하여 미래의 기술을 예측하는 것이므로 신기술 개발 역량, 기존기술의 한계, 대체기술, 기술의 불연속성 등을 고려해야 한다. 기술예측을 잘 할 수 있는 기업이 미래의 비전을 제공할 수 있으며 시장의 변화에 대한 기회를 적시에 포착할 수 있고 미래의 변화를 리드하면서 경쟁력을 확보할 수 있다. 기술이 기업의 경쟁우위를 달성하기 위한 핵심역량이라면 기술예측을 잘하기 위하여 기술의 변화에 대한 세밀한 분석을 지속해야 한다.

기술예측은 과거의 기술발전을 기본으로 현재의 기술변화를 분석함으로써 미래의 기술을 평가하고 예측하지만, 제한된 환경에서 이루어지기 때문에 예측의 결과는 매우 부정확하다. 글로벌 연구기관에서 매년 조사 연구하여 발표하는 미래 기술의 변화 방향은 매년 변동하고 있다. 조사하는 시점에 따라 미래기술의 예측이 변하기 때문이다.

그만큼 기술예측의 정확도가 떨어짐을 나타내고 있다. 기술예측의 정확도가 낮음에도 불구하고 새로운 기술이 기업경영에 미치게 될 영향을 제시해 줄 수 있기 때문에, 기술예측은 경영자가 미래를 준비할 수 있게 한다. 기술예측은 기업의 중요한 기술경영 활동 중의 일부분이다. 그러므로 기업은 기술예측을 통하여 기업의 미래경영전략을 수립할 수 있다.

기술예측은 경쟁사의 기술발전 수준을 포함해야 하며 기업의 미래경영의 전략적 의사결정에 필요한 제품기술(Product Technology), 공정기술(Process Technology), 서비스기술(Service Technology)을 포함해야 하고 잠재적인 대체기술(Substitution Technology)까지도 포함해야 한다. 다양한 기술예측을 수행하는 중요한 이유는 기업이 기술예측을 통하여 경쟁력 확보에 필요한 영향요인을 발견할 수 있고 미래의 기술경영 전략을 수립할 수 있기 때문이다.

1.2.3 기술예측의 어려움

기술의 발전은 [그림 8-2]와 같이 S특성 곡선의 알려져 있는 수명주기를 가진다.

기술의 진행패턴은 과거로부터의 발전 형태를 따라서 지속적으로 발전하는 경우, 현재 수준의 발전을 유지하는 경우, 그리고 더 이상의 발전이 없고 오히려 퇴보하는 경우가 있다. 이와 같은 형태는 기술의 특성 및 한계성, 사회적인 환경요인으로 영향을 받은 기술환경, 경쟁사의 시장에서 차지하는 기술경쟁력 수준 등의 영향과 밀접한 관계가 있기 때문이다.

그림 8-2 기술발전의 수명주기

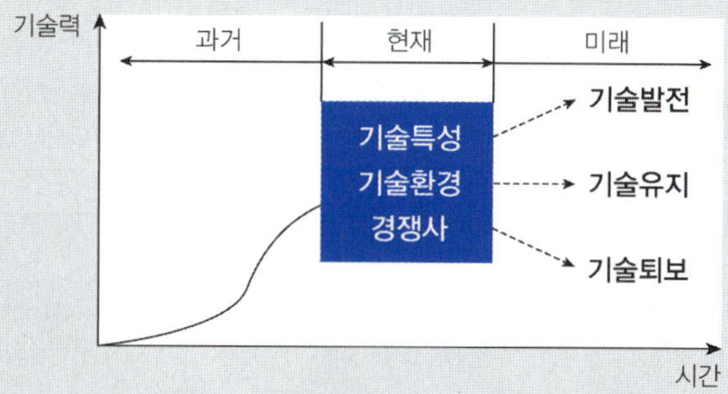

과거기술에 대한 미래기술은 현재기술이고, 미래기술에 대한 과거기술은 현재기술이다. 따라서 현재까지의 기술변화를 미래까지 선형적으로 연결하면 미래기술을 예측하는 것은 어렵지 않다고 생각하는 전문가들이 있다. 이러한 미래기술 예측방법은 과거에는 적용되었던 기술이지만 앞으로는 적용하기가 어렵다. 최근 급변하고 있는 환경의 변화는 앞으로 더욱 빠른 속도로 변할 것이 명확하기 때문에 미래의 기술을 예측하는 데 미칠 영향요인들이 더욱 다양하고 많아지게 된다. 이러한 급변하는 영향요인들 때문에 기술의 변화는 과거와 같은 형태를 보이지 않게 되고 기술예측을 어렵게 할 것이다.

미래의 기술변화는 예측하기가 어렵기 때문에 예측의 객관성을 높이기 위하여 과거의 자료를 과학적으로 분석할 수 있는 정량적인 기술예측 방법과 함께 의사결정권자의 주관적 판단이 중요하게 작용하는 정성적인 기술예측 방법을 혼합하여 활용해야 한다.

〈사례 8-1〉은 한국생명공학연구원이 선정한 2017년 '바이오헬스 이슈를 선도하는 10대 미래유망기술'에 선정된 내용이다.

사례 8-1 바이오헬스 기술

사례연구

임상 유전체 관리기술이 내년 '핫'한 바이오헬스 기술... 생명연, 10대 유망기술 선정

대규모 임상 유전체 정보관리 기술, 유전자 편집을 활용한 질병 치료, 모바일 인공지능 진단 기술 등이 한국생명공학연구원이 선정한 2017년 '바이오헬스 이슈를 선도하는 10대 미래유망기술'에 선정됐다. 한국생명공학연구원(이하 생명연) 국가생명공학정책연구센터는 4차 산업혁명의 핵심기술로 중요성이 커지고 있는 바이오 분야 미래유망기술을 선정해 27일 발표했다.

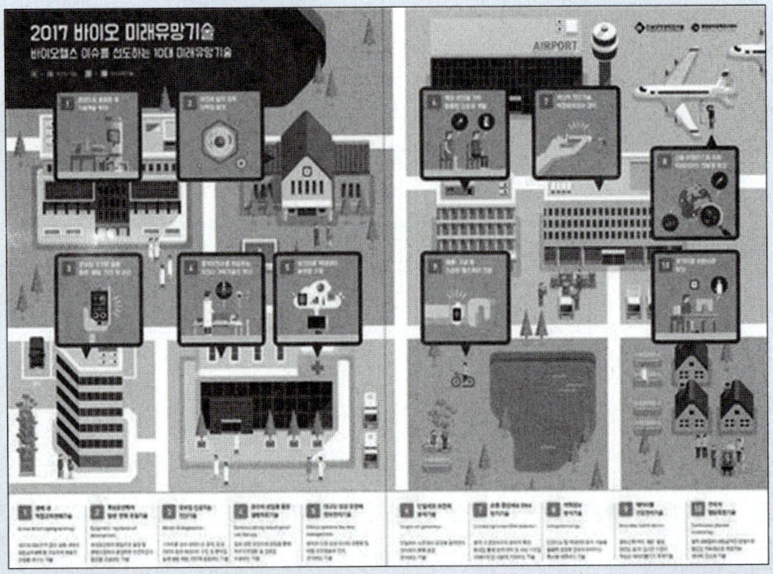

▲ 생명연이 선정한 2017 바이오헬스 10대 미래유망기술 안내 페이지./생명공학연구원 제공

생명연 국가생명공학정책연구센터는 최근 바이오 관련 뉴스를 수집 · 정리하고 데이터마이닝 방법을 적용해 126개의 주요 이슈어를 선별한 뒤 정성적 분석을 통해 10대 과학기술 이슈를 도출했다. 10대 과학기술 이슈 중 바이오 분야 연구개발로 해결 가능한 이슈 관련 논문을 검색한 후 논문 키워드 네트워크 분석과 분야별 전문가 인터뷰 등의 과정을 거쳐 미래유망 후보기술 30개를 선정했다.

후보기술 중 기술성, 경제성, 이슈대응성에 대한 전문가 설문조사를 통해 '바이오헬스 이슈를 선도하는 10대 미래유망기술'을 최종 선정한 것이다.

최종 선정된 10대 바이오 미래유망기술로는 ▲대규모 임상 유전체 정보관리기술 ▲단일세포 유전체 분석기술 ▲역학정보 분석기술 ▲모바일 인공지능 진단기술 ▲웨어러블 건강관리기술 ▲유전자 편집을 통한 질병치료기술 ▲순환 종양세포 DNA 탐지기술 ▲연속식 혈당측정기술 ▲생체 내 직접교차분화기술 ▲후성유전학적 발생 · 분화 조절기술이 뽑혔다.

가장 빠르게 실현될 것으로 기대되는 기술은 '역학정보 분석기술'이다. 이는 인공지능 및 빅데이터 분석기술을 활용해 감염병 발생과 바이러스 확산을 예측하는 기술로, 최근 큰 피해가 발생한 조류독감 등 감염병 확산을 사전에 예측하고 대비하는 데 활용될 것으로 기대된다.

대규모 임상 유전체 정보관리기술은 개인 유전체 정보를 기존 임상 치료에 통합, 질병을 예방하고 환자를 치료하는 정밀의료 구현에 기여할 전망이다. 순환 종양세포 DNA 탐지기술은 암 환자의 말초 혈액 내에서 순환하는 암세포와 순환 DNA를 탐지하는 기술이다. 생체 내 직접 교차분화기술은 생체 내에서 재생이 필요한 세포를 직접 만드는 기술이며 후성유전학적 발생·분화 조절 기술은 발생 및 분화 과정을 정교하게 조절해 원하는 세포를 제작하는 기술이다.

국가생명공학정책연구센터장은 "이번에 선정된 바이오헬스 미래유망기술은 조만간 우리가 직면하는 바이오 경제 시대와 4차 산업혁명을 준비하기 위해 확보해야 할 연구개발 주제를 제안한다는 측면에서 의미가 있다"고 말했다.

* 출처 : 조선일보, 2016. 12. 27
http://biz.chosun.com/site/data/html_dir/2016/12/27/2016122701402.html
다운로드 및 편집 : 2017.12. 27

1.2.4 기술예측의 의사결정

급속한 기술의 변화가 발생할 때 기술예측은 더욱 어려워진다. 기술경영자는 기존의 기술이 새로운 기술로 교체되는 시점인 기술의 단절성(Technology Discontinuities)에 대하여 예측할 수 있어야 한다. 기술의 단절성은 구기술과 신기술이 대체되는 시점에 일시적으로 고객과 시장이 구매를 중단하고 관망하는 시기를 의미한다. 신기술이 나타나면 기술경영자는 기존의 기술을 대체할 수 있는 시점에 대한 의사결정을 해야한다. 그러나 이러한 의사결정은 매우 어렵다. 현재의 기술을 신기술로 대체할 수 있는 시점이 너무 늦으면 기회손실이 있을 것이고 시기가 너무 빠르면 아직 고객과 시장이 성숙되지 않았기 때문에 투자비용을 회수하지 못하고 사업에서 철수해야 하는 상황이 발생할 수 있기 때문이다. 대체기술의 시점에 대한 의사결정은 기술 최고경영자의 책임이고 의무이다. 기술의 역사에서 수많은 기술의 대체가 있었고 앞으로는 더 많은 기술대체가 발생할 것이기 때문이다. 기업의 기술 최고경영자는 신기술에 대한 대체시점을 예측하고 신기술에 대한 연구개발 계획과 투자계획을 의사결정하거나 신기술을 획득할 수 있는 방안에 대한 의사결정을 해야 한다.

1.3 기술예측의 효과

기술예측은 매우 어렵지만 기술경영의 핵심적인 역할이다. 기술예측의 긍정적인 효과를 보면 기술가치 창조, 스피드 경영, 기업의 지속적 발전 등에 대한 동기를 제공하고 있으며 [그림 8-3]과 같다.

그림 8-3 기술예측의 효과

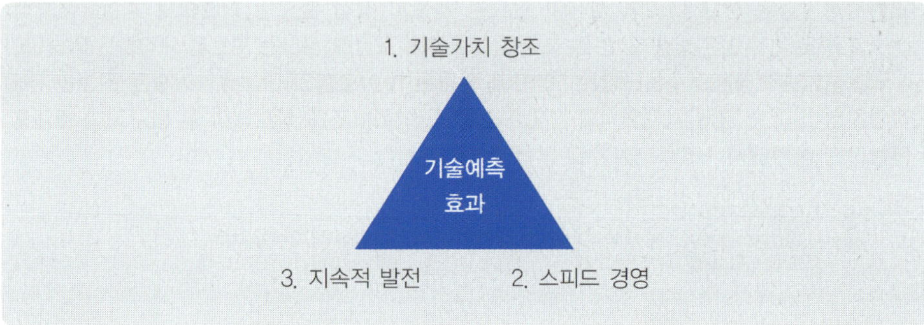

1.3.1 기술가치 창조

19세기 후반에 있었던 산업혁명은 현대적 기술발전의 시작이라고 볼 수 있다. 산업혁명은 석유, 화학, 전기 등의 모든 분야에서 새로운 기술로 대체되는 혁명적인 시대였다. 산업혁명 이전과 이후를 비교해 보면 기술의 가치가 전혀 달라진 것을 알 수 있다.

산업혁명 이전의 기술로는 볼 수 없었었던 혁신적인 기술가치는 증기기관차, 증기기선, 라디오, 영화, 축음기 등의 발명으로 나타났으며, 이후로도 기술가치들이 지속적으로 창조되고 있다. 역으로 말하면 기술가치를 창조하지 않는 기업은 기술경영을 하지 않는다는 의미가 되며 미래의 급변하는 기술환경에 대비하지 않는다고 할 수 있을 것이다.

1.3.2 스피드 경영

급변하는 기술환경에 대응하고 기술을 선도한다는 의미는 대체기술의 시점을 정확하게 파악하고 기술의 변화를 대비할 수 있는 기업이라고 할 수 있다. 대체기술의 시점을 정확하게 파악한 다음에 최적의 혁신기술을 획득할 수 있는 전략을 수립하고 혁신제품을 적절한 대체시점에 맞추어서 출하할 수 있는 기업은 기술경영을 통한 스피드 경영을 효과적으로 수행하고 있다고 볼 수 있다. 일반적인 의미에서의 스피드 경영은 고객이 주문한 제품이 고객에게 도달하는 리드타임(Lead Time)이 얼마나 빠른가를 스피드 경영의 기준으로 생각할 수 있다. 그러나 기술경영의 측면에서의 스피드 경영은 새로운 대체기술을 얼마나 신속하게 확보하고 적시에 혁신제품을 출시할 수 있는가에 달려 있다. 기술경영에서 스피드 경영의 효과를 기대하기 위해서는 기술예측을 잘해야 한다는 의미가 된다. 〈사례 8-2〉는 순식간에 다가오는 4차 산업혁명의 시대를 대응하기 위해서는 생각할 시간도 없으니 우선 해보고 빨리 실패를 해 본 다음에 개선을 하라는 내용이다.

사례 8-2 우선 해보고, 빨리 실패하라

사례연구

구자열 LS회장 "우선 해보고, 빨리 실패하라"

구자열 LS그룹 회장이 4차 산업혁명시대에 대응하는 혁신전략으로 '빠른 실패론'을 들고 나왔다. 구 회장은 지난 25일 안양 LS타워에서 'LS T-Fair 2017'에서 "우선 해보고, 빨리 실패하라"고 말했다. 4차 산업혁명의 핵심은 연구·개발(R&D)이다. 경쟁사보다 한 발 앞서 신기술을 개발하기 위해서는 수많은 실패가 쌓여야 하고, 그 시간을 줄여야 속도를 낼 수 있다는 게 그의 판단이다.

구 회장은 "각 계열사의 최고경영자(CEO)나 최고기술책임자(CTO)는 물론 연구원까지 아우르는 협업과 노력이 중요하다"며 "크게 생각하고 작게 시작해서 민첩하게 실행하라는 디지털 시대의 행동 철학을 실천해 R&D 속도를 더욱 올려달라"고 당부했다.

그는 빠른 실패론의 구체적인 방법으로 "애자일(Agile) 혁신 방식을 도입하고 표준·절차에 얽매인 기존 연구 프로세스를 과감히 탈피해야 한다"고 주문했다. 애자일 혁신 방식이란 ▶우선 실행하고(do) ▶빨리 실패해 보고(fail fast) ▶실패를 통해 무엇을 어떻게 개선할지 배우고(learn) ▶다시 시도하는(redo) 혁신 전략이다. 그래야 "효율적이고 성과 지향적인 R&D로 체질을 개선할 수 있다"는 게 그의 설명이다.

T-Fair는 LS그룹이 기술 경쟁력을 강화하고 연구 문화를 확산시키기 위해 지난 2004년부터 시작한 연구개발 성과공유회다. 올해로 13회째를 맞았다. 이날 행사에는 구 회장과 구자엽 LS전선 회장 등 회장단을 비롯해 각 계열사 최고경영자·최고기술책임자·연구원 등 400여 명이 참석했다. LS전선의 해상풍력용 해저케이블과 예스코의 바이오가스 제조 플랜트 상용화 프로젝트가 최고의 연구 성과로 선정됐다.

구 회장은 2015년부터 'R&D 스피드업'과 '디지털 전환'을 그룹의 R&D, 미래준비 전략으로 강조해 왔다. 이에 LS산전 청주사업장, LS-니꼬동제련 울산사업장 등이 스마트팩토리로 전환하는 등 전사적으로 디지털 전환 흐름에 대비하고 있다.

* 출처 : 중앙일보, 2017. 9. 27.
  http://news.joins.com/article/21974740
  다운로드 및 편집 : 2017.12. 27.

1.3.3 기업의 지속적 발전

최고 수준의 획기적이고 혁신적인 기술을 발명한 어떤 기업이 그 하나만의 혁신기술로 기업을 지속할 수는 없다. 아무리 우수하고 혁신적인 기술이라고 할지라도 반드시 수명이 있기 때문이다. 어떤 우수한 발명가가 남들이 흉내 내기 어려운 발명 특허제품을 가지고 독점적인 시장을 확보하고 있다고 가정할 경우에, 그 발명가는 그 하나만의 기술로 기업을 영원하게 지속할 수 있을까? 최근의 급변하는 기술의 변화를 보면 2년 이상 수익을 창출할 수 있는 기술은 그렇게 흔하지 않다. 오히려 기술수명주기가 더욱 짧아지고 있는 형편이다. 특허권으로 20년의 독점권으로 기술을 보호받는다고 하지만 다른 발명가는 공개된 등록된 특허를 분석할 것이므로 오랜 시간이 걸리지 않고 그 기술을 능가하는 혁신기술을 발명할 것이 분명하다. 개량된 혁신기술이 출시되면 종전의 기술은 아무리 우수한 기술이고 독점권을 가지고 있다 해도 즉시 도태되고 말게 된다. 기업을 지속하기 위해서는 다른 발명가가 흉내 내기 전에 지속적으로 혁신기술을 재창조해야 하며, 혁신기술을 재창조하기 위해서는 기술예측에 대한 관심을 더 많이 가져야 할 것이다. 기술예측의 가장 큰 기대효과는 기업의 지속적 발전이라고 할 수 있을 것이다.

2. 기술 아이디어

2.1 아이디어 창출

아이디어 창출은 잠재적인 제안을 미래의 경제적 실현 가능성이 높은 아이디어를 선별하는 과정을 의미한다. 아이디어는 내부환경과 외부환경으로부터 구할 수 있다.

2.1.1 기업 내부로부터 아이디어 창출

기업 내부의 환경은 생산, 연구개발, 마케팅, 영업점 등의 부서를 말하며, 이들 부서 중에서 마케팅과 영업점들은 고객과의 직·간접적인 접점부서로서 고객의 불만사항 혹은 새로운 기능과 성능에 대한 요구사항 등 고객의 욕구(Needs)를 직접 신속하게 파악할 수 있을 뿐만 아니라 경쟁사의 기술동향을 가장 먼저 파악할 수 있다. 그러므로 마케팅과 영업 관련 부서의 종업원에 대한 교육과 훈련을 통해서 신제품에 대한 아이디어를 제안하게 하는 것이 기업 내부로부터의 아이디어 창출 방법이며 아이디어 창출의 가장 용이한 방법이 될 수 있다.

2.1.2 기업 외부로부터 아이디어 창출

기업 외부로부터의 아이디어 창출은 고객조사, 유통조사, 경쟁사 조사, 과학적 조사 등으로부터 아이디어를 얻는 방법을 말하며 [그림 8-4]와 같다.

그림 8-4 기업 외부로부터 아이디어 창출

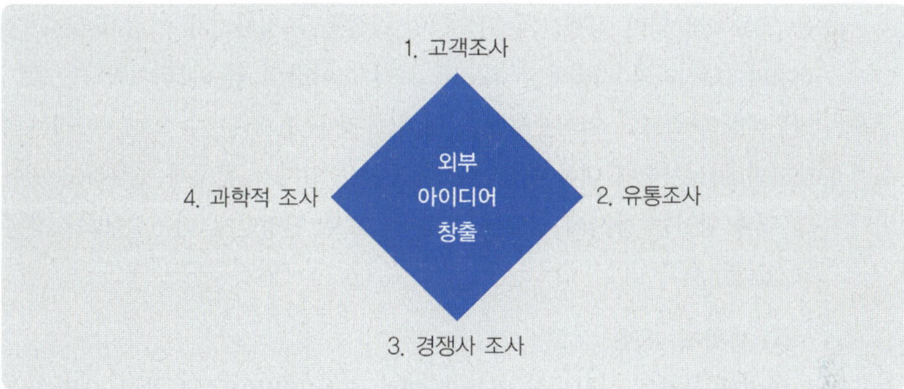

① 고객조사

제품을 직접 사용하고 있는 고객의 욕구와 요구를 제대로 조사하고 분석한 결과를 차기의 신제품에 반영하는 것이 아이디어를 창출하는 목적이다. 고객조사에서는 신제품에 대한 욕구 혹은 요구를 직접 조사하기보다는 현재 사용하고 있는 제품에 대한 사용상의 불편한 점 혹은 문제를 중심으로 조사하는 방법이 더 많은 아이디어를 얻을 수 있다. 어느 정도 고객의 욕구가 파악된 다음에, 새로운 제품에 대한 개념을 제시한 후 고객의 반응을 조사하게 되면 좀 더 구체적인 신제품에 대한 윤곽을 그릴 수 있게 된다.

② 유통조사

기업에서 제품을 연구개발하고 생산하게 되면 일반적으로 유통기관 혹은 유통기업을 통하여 고객에게 전달하게 된다. 고객접점은 고객과 직접 거래를 하는 유통인 소매점들이다. 소매점은 대리점, 백화점, 할인점 등의 다양한 형태가 있다. 이러한 유통기업에서 판매활동을 하고 있는 종업원들을 대상으로 고객의 욕구와 요구를 조사하게 되면 고객에게 파악하지 못한 고객의 마음을 읽기가 오히려 더 용이한 경우도 있다. 고객은 스스로 자신의 욕구를 정리하지 않지만, 유통점에서 판매를 담당하는 종업원은 고객이 표현하는 불만과 문제제기한 내용을 매우 잘 알고 있다. 이러한 유통점을 조사하게 되면 새로운 아이디어를 창출하는 데 매우 유용하게 된다.

③ 경쟁사 조사

새로운 아이디어를 창출하는 용이한 방법 중에 하나로써 경쟁사의 기술 연구개발에 대한 활동 혹은 신규사업 전략을 조사하고, 공급자와 유통기업을 통하여 경쟁사의 동향을 조사하게 되면 경쟁사의 기술경영 방향을 추정하기가 어렵지 않다. 예를 들면 삼성전자와 LG전자의 기술발전 속도를 보면 그야말로 엎치락뒤치락하는 듯 신기술에 대한 연구개발의 속도가 엇비슷하게 진행되는 것을 쉽게 볼 수 있다. 이러한 현상은 항상 경쟁사의 혁신기술에 대한 연구개발의 동향을 양사가 동시에 조사하고 있음을 알게 한다. 그 결과 양사는 동시에 글로벌 우량기업으로 인정받게 되는 선의의 경쟁관계를 구축하고 있다.

④ 과학적 조사

위에서 살펴본 아이디어 창출을 위한 조사방법들은 세 가지 모두 다 정성적 방법이다. 아이디어라는 의미 자체가 정량화하기 어려운 부분이므로 아이디어 창출에 대한 조사 역시 정성적인 경우가 많다. 그러나 과학적인 조사를 통하여 아이디어 창출에 대한 객관적인 근거를 확보하는 것도 매우 중요하다. 기업은 응용기술과 제품개선에 관한 기술에 많은 관심을 가지고 있다. 제품응용기술 혹은 제품개선의 기술에 대한 아이디어 창출을 얻기 위하여 기업은 외부의 조사전문 조직 혹은 기관에게 기술발전의 방향에 대해서 조사를 의뢰하거나, 혹은 전문서적, 기술개발 관련 논문 등의 연구자료를 활용할 수 있다. 과학적인 조사결과와 정성적인 조사결과를 혼합하여 최종 의사결정을 함으로써 아이디어 창출에 대한 정확도를 향상시킬 수 있게 된다.

2.2 아이디어 스크리닝

스크리닝(Screening)은 '체질하고 남은 찌꺼기, 체망잔물'이라는 의미로 신상품개발 프로세스 초기의 단계에서 제안된 몇 개인가의 아이디어를 체크 리스트에 따라 평가하고, 상품으로서 장래성이 있는 것을 선별하는 일을 말한다. 스크리닝된 아이디어는 다시 세밀한 검토가 가해져 구체적으로 상품화된다(네이버의 지식백과 두산사전, 2014).

아이디어 스크리닝(Idea Screening)은 부실한 아이디어를 제거하는 방법이다. 부실한 아이디어를 스크리닝하는 방법은 사전에 주어진 조건에 부합하는지 여부를 비교하여 조건에 부합하는 아이디어가 없을 경우에는 가치가 없는 아이디어로 판단하고 선택의 대상에서 제외하는 방법이다. 아이디어를 창출하는 과정에서 아이디어를 선택할 수 있는 기준을 설정하여 선별하는 방법을 아이디어 스크리닝이라고 한다.

혁신적인 기술에 대한 아이디어 창출을 위하여 수집한 아이디어는 다양한 환경에서의 업무를 담당하고 있는 수많은 종업원들의 아이디어를 모두 채택할 수는 없다. 아이디어 스크리닝 과정에서 위험이 발생할 수 있다. 위험은 두 가지 종류가 있으며, 첫 번째 위험은 선택해야 할 우수한 아이디어를 버릴 수 있는 위험이고, 두 번째 위험은 버려야 할 좋지 못한 아이디어를 선택하게 되는 위험이다. 이 두 가지의 위험을 제거하기 위해서 아이디어 스크리닝의 단계를 강화해야 한다.

아이디어가 선택되어 연구개발로 진행이 많이 될수록 투자한 비용 때문에 잘못된 선택에 의한 아이디어를 버리지 못하고 계속 진행하게 되는 경우가 있는데 이러한 경우에 투입된 비용을 연구개발의 매몰비용(Sunk Cost)이라고 한다. 매몰비용에 대한 의사결정은 늦으면 늦을수록 낭비를 더욱 확대시킬 뿐이다. 연구개발에 대한 매몰비용은 발견되는 순간 즉시 연구개발을 중단해야 한다. 이러한 매몰비용으로 낭비를 초래하기 전에 아이디어 창출단계에서 아이디어 스크리닝을 철저하게 진행해야 한다.

〈사례 8-3〉은 원자력발전소를 축소하고 신재생에너지로 전환하게 되면 매몰비용이 엄청나게 발생할 것이라는 내용이다.

사례 8-3 원전 대신 신재생 에너지

사례연구

25조면 될 原電 대신 100조 신재생에 쓴다

정부가 원자력발전소를 줄이는 대신 신재생에너지 비중을 늘리기 위해 2030년까지 관련 설비 투자에 100조원을 투입한다. 신규 원전 계획 백지화와 노후 원전 수명 연장 금지 등 탈(脫)원전의 대가로 천문학적 자금이 투입되는 것이다. 하지만 전문가들은 신재생에너지는 날씨에 좌우되는 만큼 안정적인 전력 공급을 위해서는 추가 투자가 불가피하다고 지적한다.

정부 관계자는 17일 "태양광과 풍력 등 재생에너지 발전 신규 설비 투자에 2030년까지 95조~100조원가량을 투입할 계획"이라고 밝혔다. 산업통상자원부는 이 같은 내용이 담긴 재생에너지 확대 계획을 오는 20일 발표할 예정이다. 정부는 지난 14일 '8차 전력수급 기본계획'을 발표, 설계 수명이 2022년 11월까지인 월성 원전 1호기를 내년 조기 폐쇄하고, 신규 원전 6기 건설 계획은 중단한다고 밝혔다. 또 원전 10기의 수명 연장도 하지 않기로 했다.

정부는 전체 발전량에서 원전이 차지하는 비중을 현재 30.3%에서 2030년 23.9%로 낮추고, 그 대신 6.2%인 신재생에너지 발전 비중을 20.0%까지 늘릴 계획이다. 특히 비용이 많이 드는 태양광과 풍력 비중을 88%로 늘릴 방침이다. 이를 위해 정부는 현재 11.3GW(기가와트)인 신재생에너지 발전 설비 용량을 2030년까지 58.5GW(태양광 33.5GW, 풍력 17.7GW)까지 늘리고, 이를 위해 공공과 민간 투자를 합쳐 100조원가량을 투입한다는 계획이다.

하지만 태양광·풍력 등 신재생에너지 발전은 날이 흐리거나 바람이 없는 날엔 가동할 수 없어 발전 설비 용량을 58.5GW로 늘리더라도 실제 평균 이용률은 15% (8.8GW)에 불과하다. 이는 정부가 백지화한 신규 원전 6기의 설비 용량 8.4GW와 비슷하다. 국내 신규 원전 건설 비용은 1기당 4조2000억원가량으로, 신규 원전 6기의 건설 비용은 25조원이다. 결국 25조원이면 될 전력 설비 투자에 신재생에너지 확대 정책을 추진하느라 75조원을 더 쏟아 붓는 셈이다.

신규 원전 중단에 따른 매몰 비용과 노후 원전 수명 연장을 금지하면서 발생하는 피해액도 상당하다. 지난 10월 국정감사에서 야당 의원들은 정부의 신규 원전 백지화 방침에 따라 신한울 3·4호기와 천지 1·2호기 건설이 중단되면 이미 투입된 8930억~1조원이 사라진다고 추산했다. 신한울 3·4호기는 설계 용역 단계에서, 천지 1·2호기는 환경영향평가 용역 단계에서 중단됐지만, 이미 설계 비용과 부지 매입 비용 등이 투입됐다. 곽대훈 자유한국당 의원에 따르면 월성 1호기 조기 폐쇄로 입게 될 경제적 손실 규모는 1조4991억원이다. 월성 1호기의 경우 10년 가동 연장을 위해 부품 교체비 7000억원을 들였는데 5년을 가동하지 못하게 되면서 3500억원을 허공에 날리게 됐다. 신고리 5·6호기 공사 일시 중단으로 협력업체들에게 지급해야 하는 보상비 등 손실 규모는 1385억원에 달한다.

정부는 탈원전 정책을 추진해도 2030년 전기요금은 지금보다 10.9% 오르는 데 그친다고 설명했다. 그러나 이는 연료비와 물가상승률을 고려하지 않았을 뿐만 아니라 재생에너지 확대를 위한 추가 비용은 포함하지 않은 수치다.

정부는 재생에너지 확대를 위해 2031년까지 변전소 43개, 변압기 89대, 변전소 연계 송전선로 860㎞, 지역 연결 송전선로 700㎞를 신설할 계획이다. 하지만 정부 관계자는 "전기요금 전망엔 재생에너지 확대를 위한 송·변전설비 건설, 재생에너지 통합 관제센터 구축 등의 비용은 포함되지 않았다"고 말했다.

* 출처 : 조선일보, 2017. 12. 18
http://biz.chosun.com/site/data/html_dir/2017/12/18/2017121800152.html
다운로드 및 편집 : 2017.12. 27.

3. 기술예측요인

기술예측(Technology Forecasting)은 기술을 창출하거나 혹은 창조하기 위하여 진행해야 하는 과정이다. 기술창출(Technology Creativity) 혹은 기술창조(Technology Creation)는 거의 유사한 의미로 사용되고 있으며, 기존의 기술을 통해서 기술을 개선 하거나 혹은 아무 것도 없는 상태에서 새로운 기술을 발견하고, 새로운 제품을 만들며, 새로운 제품을 생산하는 활동이다. 새로운 기술을 창출하고 창조하기 위한 기술예측은 새로운 기술이 혁신까지 도달할 수 있도록 하는 과정이다. 기술예측은 개인의 기술예측, 집단 또는 조직의 기술예측으로 구분된다. 기업에서 개인의 기술예측은 조직의 기술예측으로 발전된다. 개인의 기술예측은 조직의 다른 구성원들에게 모범적인 역할을 전이시킬 수 있으므로, 개인의 기술예측에 대한 동기를 부여해야 한다.

개인의 기술예측을 조직의 기술예측으로 발전시키기 위한 중요한 영향요인으로는 조직문화, 경영지원, 보상 등이 뒷받침되어야 하며 [그림 8-5]와 같다.

그림 8-5 기술예측의 영향요인

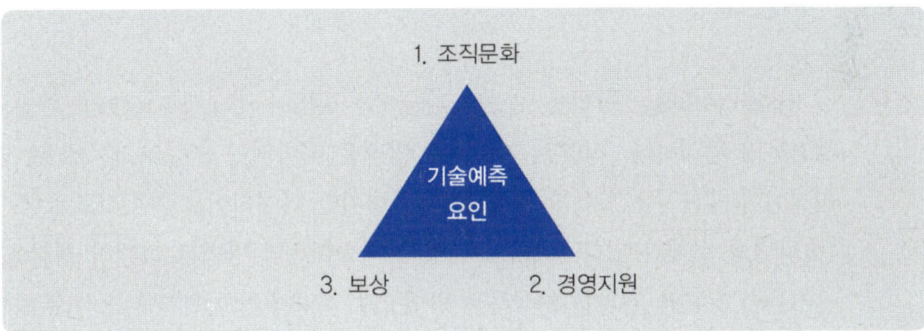

3.1 조직문화

기업경영에서는 조직에서 협력하는 분위기, 상호신뢰, 성장의 기회, 다양성 등에 관련한 조직문화가 중요하다. 기술경영의 중요한 부분인 기술창조 역시 이러한 조직문화가 매우 많은 영향을 미치게 되며, 기술창조를 위한 분위기를 만들 수 있는 기업의 조직문화를 만들고 계승해야 할 것이다.

3.2 경영지원

기업의 기술 최고경영자는 전 연구원들에 대한 이해와 관심을 가지고 기술창조활동에 적극적인 지원을 해야 한다. 연구원들은 연구개발을 지속할 수 있는 환경을 원활하게 지원해 주면 많은 문제들이 쉽게 해결되기도 한다.

3.3 보상

기술창조에 대한 금전적 보상과 비금전적 보상 체계를 수립하고 실행하도록 한다.

금전적인 보상은 급여 상승, 성과급 등이 있으며 실제로 많은 기업들이 선호하는 방법이기도 하다. 그러나 기술을 연구하는 연구원들은 금전적인 보상보다도 비금전적인 보상이 더욱 효과적일 경우가 많다. 비금전적인 보상은 승진, 연구개발 성과 인정, 연구개발 환경 개선, 연구원의 신분 보장 등이 있다.

4. 기술예측의 방법

기술을 예측하는 방법은 정량적 기술예측 방법과 정성적 기술예측 방법으로 구분해서 생각하면 편리하다. 정량적 기술예측 방법은 과학적인 조사와 분석으로 합리적이고 논리적이며 객관성을 확보할 수 있는 방법이지만 아이디어를 과학적으로 조사하고 분석하는 방법의 한계가 있다. 그리고 정성적 기술예측의 방법은 고객의 생각을 질문하고 전문가들이 토론한 결과를 분석하는 방법으로 계량화는 어렵지만 오히려 현실적인 기술환경을 반영할 수 있다는 장점이 있다. 그러므로 정량적 기술예측 방법과 정성적 기술예측 방법에 대한 장점을 취하여 혼용한다면 기술예측의 방법이 좀 더 용이하게 될 것이다. 즉 기술예측의 방법은 정량적 기술예측 방법, 정성적 기술예측 방법, 혼합적 기술예측 방법 등이 있으며 [그림 8-6]과 같다.

그림 8-6 기술예측의 방법

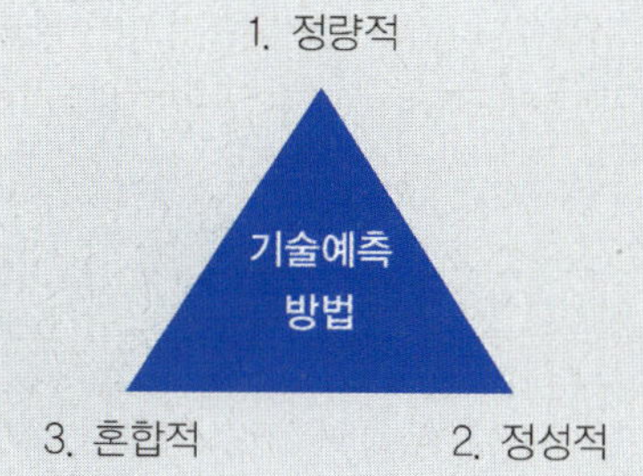

4.1 정량적 기술예측 방법

정량적 기술예측(Quantitative Technology Forecasting) 방법은 통계적 모형을 활용하여 기술예측을 시스템적으로 분석하는 것을 의미한다. 정량적 기술예측 방법은 다양하고 복잡한 기술변화를 중요한 요인만을 추출하여 단순화된 통계적 모형에 적용함으로써 미래의 기술변화의 방향을 예측할 수 있다. 그러나 정량적 기술예측 방법은 기술변화의 다양성과 복잡성을 단순화하는 과정에서 통계적 모형이 제대로 구축되지 않았을 경우에는 미래의 기술변화를 잘못 예측할 수 있다는 단점을 가지고 있으며, 통계적 데이터를 너무 과도하게 신뢰하여 잘못된 의사결정을 할 수 있으므로 주의해야 한다. 정량적 기술예측 방법은 이동평균법, 회귀분석, 시뮬레이션, 의사결정나무 등의 방법이 있으며 [그림 8-7]과 같다.

그림 8-7 정량적 기술예측 방법

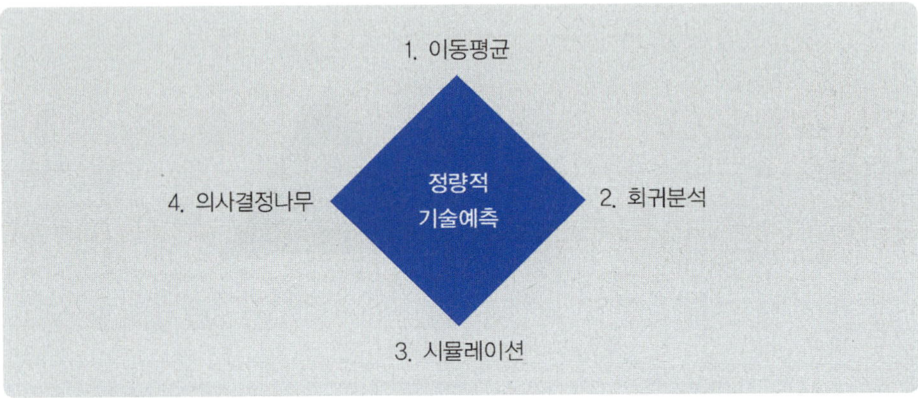

4.1.1 이동평균법

이동평균법(Moving Average)은 과거 일정기간의 실제 값을 예측치로 활용하는 방법으로 통계적 모형 중에서 일반적으로 활용되고 있는 가장 단순한 방법이며 단기적인 예측방법으로 활용되고 있다. 이동평균법은 단순이동평균, 가중이동평균, 지수평활이동평균 등이 있다.

4.1.2 회귀분석법

회귀분석법(Regression Analysis)은 종속변수의 값을 결정하는 독립변수들의 함수 형태를 가정하고 1차 함수를 추정하는 방법이며 회귀모형을 활용한다. 회귀모형(Regression Model)은 과거의 기술변화에 대한 변수를 선택하여 원인변수인 독립변수를 정하고, 현재의 기술환경에 대한 변수를 결과변수인 종속변수로 구분하여 정한 다음에 1차 함수의 모형을 구한 다음에 다시 현재의 기술환경을 독립변수로 미래의 기술예측을 종속변수로 설정한 1차 함수의 인과관계를 분석할 수 있다. 과거기술의 변화가 현재의 기술환경에 영향을 미치는 회귀계수(Regression Coefficient)를 구한 다음에 동일한 회귀계수를 적용하여 미래의 기술동향을 예측하면 미래의 기술예측을 가능하게 할 수 있다. [그림 8-8]은 X축과 Y축을 사용하는 회귀모형의 일차방정식을 설명하는 내용이다.

그림 8-8 회귀모형

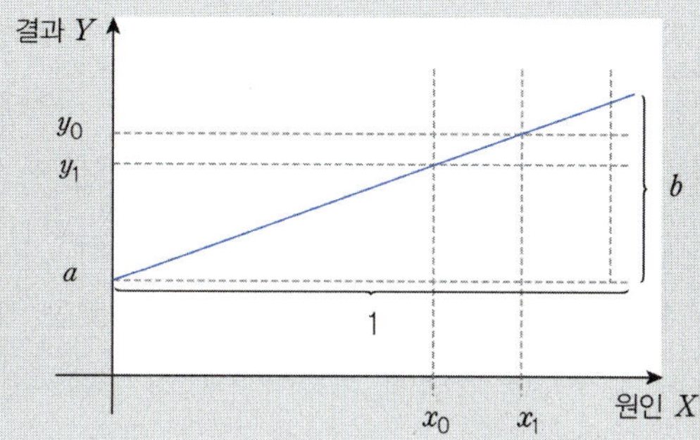

회귀모형

$Y = a + bX$ ·· (식 8-1)

X = 원인변수: 기준시간 이전의 기술변화요인

Y = 결과변수: 기준시간 이후의 기술예측요인

a = 절편이며 원인과 관계없이 항상 존재하는 상수

b = 기울기이며 회귀계수

x_0, y_0 = 과거의 원인변수와 현재의 결과변수

x_1, y_1 = 현재의 원인변수와 미래의 결과변수

회귀식을 이용하여 기술변화의 과거와 현재의 패턴을 분석하기 위해서는 a값과 b값을 구하면 된다. 기술변화에 대한 상수 a와 회귀계수 b는 (식 8-2)와 (식 8-3)의 수식을 활용하여 쉽게 구할 수 있다.

$$b = \frac{\sum XY - n\overline{X}\,\overline{Y}}{\sum X^2 - n\overline{X}^2} \quad \text{············ (식 8-2)}$$

$$a = \overline{Y} - b\overline{X} \quad \text{············ (식 8-3)}$$

4.1.3 시뮬레이션법

시뮬레이션법(Simulation Method)은 미래의 기술예측을 위한 방법으로 유용하게 활용되고 있다. 위에서 설명했던 이동평균법이나 회귀분석법은 과거의 변화패턴을 미래의 변화패턴에 동일하게 적용함으로써 과거에는 매우 유용하게 활용되었지만, 급변하는 기술환경의 변화는 과거의 패턴을 답습하지 않기 때문에 1차 함수를 이용한 통계적 모형의 활용빈도가 점점 축소되고 있으며, 비선형 함수의 모형을 활용하고 있는 시뮬레이션 방법이 많이 활용되고 있다. 시뮬레이션의 방법으로는 여러 가지 기법들이 활용되고 있지만 여기서는 성장곡선 방법에 대하여 간단하게 소개한다.

① 성장곡선 분석의 의미

성장곡선(Growth Curves) 분석은 그래프 곡선의 모양이 S를 닮았다고 해서 S커브 곡선 분석이라고도 한다. 성장곡선 분석은 기술의 발전이 생물의 성장과정과 유사하기 때문에 붙여진 이름이다. 사람의 성장을 비교하면 사람(기술)은 유년시절(도입기)에는 더딘 성장을 보이다가 초·중·고의 청소년기에는 급격하게 성장(성장기)하다가 청년기가 되면서 성장이 멈추게 되고 중년기에는 그대로 유지(성숙기)하게 되고 장년기가 지나면서부터 쇠퇴(쇠퇴기)하게 된다. 사람의 이러한 성장과정을 그래프로 그리면 S커브를 나타내고 있다. 기술의 발전은 사람의 성장과 유사하므로 성장곡선을 분석하게 되면 미래의 기술예측이 좀 더 정확하게 될 수 있다.

② 성장곡선 분석의 특징

성장곡선은 펄 함수(Pearl Function), 시그모이드 함수(Sigmoid Function), 하이퍼볼릭 탄젠트 함수(Hyperbolic Tangent Function) 등이 있다. 모두 다 최소값 0에서 최대값 1까지 분포하며, 무질서한 비선형 입력정보를 선형정보로 변환하므로 분석이 용이하게 된다. 펄 함수의 S곡선은 과거의 기술변화에 대한 변수를 펄 함수에 대입하게 되면 미래의 일정시점에서의 기술을 예측할 수 있으므로 원하는 시점에서의 기술예측이 가능하게 된다. 펄 함수의 모형을 보면 (식 8-4)와 같다.

$$Pearl(y) = f(y) = \frac{L}{1+ae^{\beta t}} \quad \cdots\cdots (식\ 8\text{-}4)$$

여기서 $f(y)$는 t시점에서의 기술 수준을 나타내며, L은 기술예측의 최대한계를 나타내고, α는 곡선이 변곡점까지 도달하는 시간을 의미하며, β는 곡선의 기울기이다. t값이

0에 수렴하면 기술예측이 0이 되며, t값이 무한대이면 기술예측은 최대가 된다. [그림 8-9]는 이러한 성장곡선의 S커브를 보여 주고 있다.

그림 8-9 성장곡선의 S커브

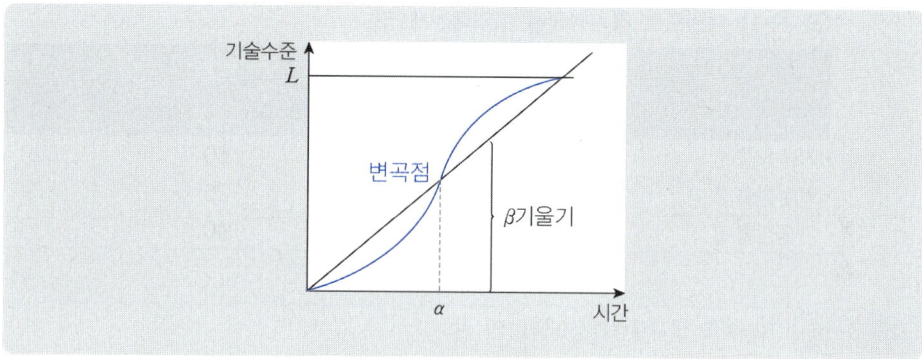

4.1.4 의사결정나무법

의사결정나무(Decision Tree)는 기술창출의 목표를 달성하기 위하여 전략, 전술, 과제 등을 나무(Tree)구조로 표시하고 이들의 연관성을 숫자로 표현한다. 의사결정나무는 한 가지의 의사결정을 위하여 여러 가지의 기술창출의 대안들을 제시하고, 대안들 중에서 최적의 기술예측의 대안을 선택할 수 있게 도움을 준다. 의사결정나무는 여러 단계의 의사결정 구조로 결정되며, 여러 가지의 예측된 대안들 중에서 어떤 대안이 보다 더 유용할 것인가를 의사결정하기 위한 평가방법이다. 미래의 계획기간에 선택 가능한 대안들 중에서 최적의 의사결정 경로를 선정하는 방법으로 '예/아니오'의 질문을 바탕으로 하고 있다.

예를 들면, A라는 기업에서 내년도의 기술을 예측하고 이에 가장 경쟁력 있는 새로운 기술을 창출하고자 한다. 경제연구소의 발표에 의하면 내년도의 호경기, 보통경기, 불경기의 확률이 각각 40%, 50%, 10%라고 예측된다고 한다. 회사에서 시장조사를 통하여 예측한 3가지의 기술예측에 대한 수익예상은 〈표 8-1〉과 같다고 할 경우에 어느 기술을 선택하고 새로운 기술을 예측해서 내년을 대비해야 할까?

A기업에서 의사나무결정 방법으로 미래의 기술예측에 대한 의사결정을 진행하는 과정을 보면 [그림 8-10]과 같다.

기술예측 1에 대한 내년도의 수익을 예상해 보면 $90 \times 0.35 + 60 \times 0.55 + 20 \times 0.1 =$

38.15(억 원)이며, 기술예측 2의 경우에는 220×0.35 + 25×0.55 + (−140)×0.1 = 76.75(억 원)이고, 기술예측 3의 경우에는 60×0.35 + 40×0.55 + 30×0.1 = 46(억 원)이 된다. A기업은 예상수익이 76.75억 원으로 가장 높은 기술예측 2를 채택할 수 있는 과학적 근거를 마련할 수 있다.

〈표 8-1〉 내년도의 경기형태별 수익예상표 (단위: 억 원)

	호경기	보통	불경기
	35%	55%	10%
기술창출 1	90	60	20
기술창출 2	220	25	−140
기술창출 3	60	40	30

그림 8-10 기술예측 의사결정과정(단위: 억 원)

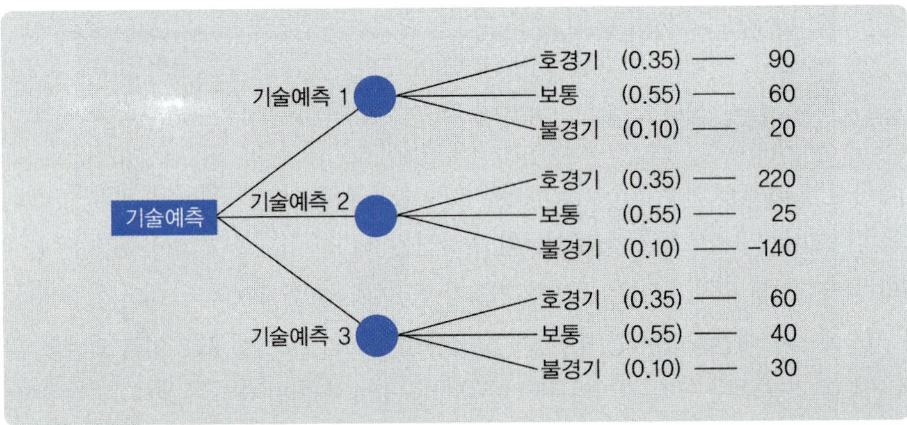

4.2 정성적 기술예측 방법

계량적인 방법을 활용하는 정량적 기술예측 방법으로는 변수들이 기술예측의 결과에 미치는 영향은 과학적이지만 영향요인 이외의 환경이 작용하는 영향요인을 고려할 수 없기 때문에 기술예측에 대한 정확도에 한계가 있게 된다. 이러한 문제를 해결하기 위해서는 정성적 기술예측(Qualitative Technology Forecasting) 방법을 활용하는 것이 유용하다. 정성적 기술예측 방법으로는 풀뿌리 방법, 시장조사 방법, 유추법, 브레인스토밍법,

패널동의법, 델파이법, 시나리오 등이 일반적으로 활용되고 있으며, 기타 방법으로 TRIZ법, 역할연기법(Role Play), 사례분석법(Case Study), Random Word법, 시네틱스법 등의 다양한 방법이 있다. [그림 8-11]은 일반적으로 많이 활용되고 있는 정성적 기술예측 방법들이다.

그림 8-11 정성적 기술예측 방법

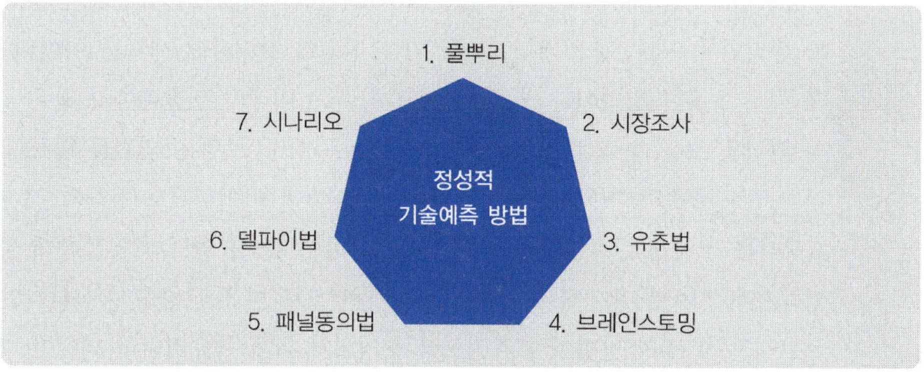

4.2.1 풀뿌리 방법

풀뿌리 방법(Grass Root Method)은 고객접점에 가장 가까이 있는 현장 계층의 종업원들로부터 현재의 기술에 대한 문제점과 미래 신기술의 발전방향 및 기술예측에 대한 인식을 조사하고 취합하여 전체 조직의 미래 기술에 대한 기술예측을 도출한다.

4.2.2 시장조사

시장조사(Market Research)는 Focus Group, 서베이, 인터뷰 등의 기법을 이용하여 고객과 시장의 신기술에 대한 인식을 직접 조사하고 분석하여 미래의 기술이 발전하는 방향을 예측하고 기업의 기술예측을 도출한다. 기업에서 가장 일반적으로 활용하는 방법이기도 하다.

4.2.3 유추법

유추법(Analogism)은 혁신제품의 경우에는 직접적으로 비교할 대상이 없을 경우에 가장 유사한 제품기술의 정보를 이용하여 기술의 방향을 예측하고 기술을 창출할 수 있는 방법이다. 유추법을 활용할 경우에는 자사의 혁신제품이 시장에 존재하고 있는 기존의 제품들 중에서 어느 제품이 가장 유사한지를 비교하고 분석하는 방법이 가장 중요한 노하우가 될 수 있다.

4.2.4 브레인스토밍법

브레인스토밍법(Brain Storming Method)은 10여 명으로 구성된 팀별로 집단의 효과를 살리면서 연쇄반응을 일으킬 수 있는 전원이 참여하여 새로운 아이디어를 창출하는 데 매우 유용한 방법이다. 특히 혁신과제 혹은 미래의 기술예측과 같은 다수의 사람들의 의견을 모을 수 있는 유용한 방법이다. 브레인스토밍은 의견을 발표하는 사람 자신의 의견도 중요하지만 다른 모든 사람들의 생각과 아이디어도 자신의 것과 동일하게 중요하다는 전제가 있기 때문에 다른 사람이 아이디어를 발표하는 도중에 비평하거나, 논평하거나, 가치를 평가하거나, 반대하는 발언으로 발표를 중단시켜서는 안 된다.

브레인스토밍의 방법이 효과적으로 운영되기 위해서는 리더의 역할이 매우 중요하다. 리더는 창의력과 분석력이 좋아야 하지만, 다른 사람의 발언에 영향을 주어서는 안 되며, 발표자의 발언 순서를 정하고, 발언의 내용을 정리해 주며, 토론 규칙을 잘 지킬 수 있도록 유도해야 한다. 〈사례 8-4〉는 독일의 ERP 전문기업인 SAP의 브레인스토밍에 대한 사례이다.

사례 8-4 브레인스토밍의 사례

사례연구 : **'디자인 싱킹'...SAP 혁신 현장을 가보니**

"디자인 싱킹(Design Thinking)은 우리가 혁신하는 방법입니다."

독일 발도프에 자리 잡은 SAP본사는 대학 캠퍼스와 흡사했다. 널찍한 부지 내에 흩어져 자리 잡고 있는 여러 건물들과 자유로운 복장의 직원들이 눈에 띄었다. SAP본사 홍보담당자는 취재진을 2층으로 안내했다. 다소 혼잡했던 1층과는 달리 적막한 분위기였다. 작은 문 앞에서 취재진은 실제 프로젝트가 진행 중이기에 방해하지 말고 조용히 관찰만 해야 한다는 당부를 받았다. 방 안으로 들어선 취재진은 잠시 어리둥절했다. 방 안에는 새로운 유리로 만들어진 공간이 있었고 여러 개의 화이트보드에는 알록달록한 색상의 포스트잇 쪽지들이 붙어있었다. 이곳이 SAP의 디자인 싱킹을 실행하는 혁신 공간이었다.

방 한 곁에는 디자인 싱킹을 수행 중인 6명의 팀원들이 자신의 의견을 제시하고 있었다. 각자 한 명씩 앞으로 나와 화이트보드에 자신의 의견이 담긴 쪽지를 붙이며 설명하는 방식이다. 여기서 주의할 점은 발표자의 의견에 다른 팀원들이 즉각적인 반박이나 거부를 할 수 없다는 것이다. 디자인 싱킹이 진행되면서 팀원들은 자신의 기존 의견에 문제점을 발견할 수 있고 스스로 이를 수정하거나 다른 의견을 제시한다. 모든 팀원의 의견은 존중 받는다.

이곳에는 엄격한 룰이 있다. 모든 팀원들은 전 프로세스에 적극적으로 참여해야 하며 모든 것은 예정된 정시에 시작된다. 타인의 의견을 평가할 수 없으며 컴퓨터나 휴대폰은 사용할 수 없다. 전 세계에서 가장 디지털화된 기업에서 혁신은 아날로그 방식을 고집한다는 것이 눈에 띄었다. 디자인 싱킹을 수행하기 위해서는 다양한 배경을 가진 팀원들로 팀이 꾸려져야 한다. 일상 업무와 분리될 수 있는 독립적이고 창조적 공간도 마련돼야 한다.

SAP의 디자인 싱킹은 크게 6단계로 구성된다. 초반의 3단계는 문제 영역(Problem space)으로, 우선 문제를 이해하고(Understand) 현상을 관찰하고(Observe) 사물을 바라보는 시각을 정의하는(Define Point-of-View) 단계다. 다양한 의견을 제시하게 한 다음 이를 하나의 방향으로 모으는 과정이다. 여기서 앞으로 해결해야 할 핵심 과제가 도출된다.

다음의 3단계는 해결 영역(Solution space)으로, 아이디어를 만들어내고(Ideate) 이의 원형을 만들어보고(Prototype) 테스트(Test)하는 과정으로 구성돼 있다. 이 역시 아이디어를 모으는 관념화 단계에서는 의견이 나뉘고(Diverge) 선택의 과정을 거치면서 하나로 초점이 모이는(converge) 프로세스다. 모든 단계에서 SAP이 강조하는 것은 '최종 소비자'였다. 최종 소비자의 입장에서 문제를 바라보고 문제를 풀어가야 한다는 것이다.

SAP은 디자인 싱킹을 창조적 능력을 담당하는 우뇌와 분석적 능력을 맡는 좌뇌를 모두 사용하게 하는 일상적인 혁신도구로 정의하고 있다. 이미 효과는 입증됐다. 디자인 싱킹 도입 후 제품출시 소요시간은 2010년 13.8개월에서 2012년 7.8개월로 단축됐다. 전략혁신 컨설팅사 아이디어 꾸뛰르의 이드리스 모티 대표는 디자인 싱킹에 대해 '비즈니스와 예술, 구조와 혼동, 직관과 논리, 개념과 실행, 장난기와 격식, 그리고 통제와 위임 사이의 최적화된 균형점을 찾아가는 과정'이라고 정의했다. 모티 대표는 "디자인 싱킹은 실험이 아니다"며 "직원들이 실험을 할 수 있도록 힘을 불어넣는 역할을 하는 원동력"이라고 강조했다.

* 출처 : 중앙일보, 2014. 1. 7.
http://joongang.joins.com/article/628/13575628.html?ctg=
다운로드 및 편집 : 2017. 12. 27.

4.2.5 패널동의법

패널동의법(Panel Consensus Method)은 다수의 전문가의 합의에 의하여 결과를 도출하기 때문에 전문가 의견법(Expert Opinion Method)이라고도 한다. 패널동의법은 전문가의 의견을 설문을 통하여 취합하고 분석하는 정성적 방법의 대표적인 방법이다.

패널동의법은 일반인들보다 훨씬 전문가적인 식견을 가지고 있으며 해당분야의 기술을 정확하게 이해하고 있다는 가정을 하고 있다. 기업의 입장에서 미래의 기술예측에 관한 의사결정을 하기 위해서 기업에서 원하는 기술과 동일한 분야의 전문가들로부터 다양한 개인적인 기술적 지식(Personal Technical Knowledge)을 취합하여 집단적인 기술적 지식(Group Technical Knowledge)으로 활용하게 되면 기술예측에 대한 의사결정의 정확도는 더욱 향상될 것이다.

그리고 기술의 예측에 대한 객관성을 확보하기 위해서는 기업 내의 연구원뿐만 아니라 기업 외부의 기술 전문가인 교수, 전문연구원, 기업전문가, 국가연구기관의 연구원 등으로부터 도움을 받을 수 있다. 그동안 기업이 경험하지 못한 새로운 기술예측을 원할 경우에는 더욱 더 외부의 전문가로 구성된 패널을 활용하는 것이 효과적일 것이다. 일반적으로 패널에 참여한 전문가들의 70% 정도 이상의 합의가 있으면 의사결정이 된 것으로 볼 수 있다.

4.2.6 델파이법

델파이법(Delphi Method)은 전문가의견법의 문제점인 대면적인 커뮤니케이션으로 인한 왜곡문제를 해결하기 위하여 익명성을 보장하는 설문의 방법을 활용한다. 일반적으로 3~4번에 걸친 설문의 반복을 통하여 의견을 수렴해 간다. 델파이법은 전문가들이 상호간의 작용으로 왜곡된 방향으로 영향을 유도하는 현상을 방지하기 위한 장치가 되어 있으므로 실제로 기술예측의 방법으로 가장 일반적으로 활용되고 있다.

델파이법은 기업에서 원하는 기술 분야의 전문가를 대상으로 설문을 조사하고 그 결과를 분석하여 다시 동일한 전문가에게 설문하기를 반복하는 과정을 수차례 되풀이 하면서 기술예측에 대한 의견을 수렴하게 된다. 이러한 방법으로 전문가들의 의견을 수렴하게 되면 기업의 내부에서 몇몇 사람들이 의사결정한 결과보다 정확한 의사결정을 할 수 있게 될 것이다.

델파이법을 진행하는 과정을 정리하면 다음과 같다.

① 기술 전문가(Panelist)들을 10명 정도로 구성한다.

② 조사자는 기술예측에 대한 1차 설문서를 서로 다른 장소에 있는 기술전문가들에게 배포한다.

③ 조사자는 1차 설문의 응답을 회수하고 정리하여, 범위, 평균, 표준편차 등에 대한 통계적 분석을 진행하며, 그 결과를 활용하여 2차 설문서를 작성하여 다시 배포한다.

④ 조사자는 2차 설문지에 대한 응답을 수집하고 다시 배포하며 기술예측에 대한 의견이 수렴될 때까지 위의 과정을 반복한다. 일반적으로 3~4회 반복하여 진행하게 되면 의견의 수렴이 이루어진다.

4.2.7 시나리오 방법

시나리오 방법(Scenario Method)은 미래의 기술예측에 대한 가상의 시나리오를 여러 개 준비하여 분석하는 것을 의미한다. 시나리오 방법은 기술변화의 상황을 다양한 측면에서 분석하여 기술예측에 대한 여러 개의 대안을 구분하여 제시하는 방법이다. 시나리오 방법은 미래에 발생할 수 있는 가능성을 포함하고 있으므로 미래의 기술변화에 대한 가능성을 다양하게 예측할 수 있다. 그러나 시나리오가 과학성이나 정확성을 확보하지 못하게 되면 현실이 아닌 가상의 시나리오로 끝나게 될 수 있으므로 주의해야 한다.

시나리오 방법을 진행하는 과정을 간단하게 정리하면 다음과 같다.

① 시나리오 작성의 목적을 명확하게 하고 필요한 자료를 수집한다.

② 시나리오의 목적에 미치는 영향요인을 선택하고, 영향요인들을 각각의 시나리오에 배치한다.

③ 영향요인들이 현재의 상황에서 미치는 영향의 정도를 분석한다.

④ 영향의 정도에 따라 각각의 시나리오를 작성한다.

⑤ 각각의 시나리오에 대하여 일관성, 객관성, 논리성 등을 검토하여 모순이 발견되면 수정한다.

⑥ 시나리오가 작성되면 관련 증빙을 첨부하여 보고서를 작성한다.

4.2.8 기타 방법

위에서 살펴본 기술예측 방법들 이외에도 TRIZ법, 역할연기법(Role Play), 사례분석법(Case Study), Random Word법, 시네틱스(Synetics)법 등이 있으며 기업의 여건에 따라 선택적으로 활용되고 있다.

4.3 혼합적 기술예측 방법

정량적 기술예측 방법과 정성적 기술예측 방법에 대하여 살펴보았지만 어느 한 가지의 방법만으로 기술예측에 대한 만족스러운 기술예측의 결과를 얻기 어렵다.

기술을 예측하고 창출할 수 있는 분석의 방법들은 각각 장·단점을 가지고 있다. 기업은 자사의 특성과 환경에 적합한 기술예측 방법을 선택하여 혼합하여 활용할 수 있다. 이러한 혼합적 기술예측(Mixed Technology Forecasting) 방법을 활용하여 기술예측의 정확도를 올릴 수 있다. 글로벌 기업은 다양하고 방대한 기술분야를 관계하고 있기 때문에 어떤 하나의 특정한 방법이 최적의 방법이 될 수는 없으며 기술별로 적합한 여러 가지의 기술예측 방법을 혼합하여 활용하는 것이 더욱 효과적일 것이다.

일반적으로 기업의 기술환경이 안정적이고 기술변화의 속도가 빠르지 않은 기간산업에 필요한 기술의 경우에는 정량적인 기술예측 방법이 효과적이고, 급변하는 첨단산업과 같은 기술환경에서는 정성적인 기술예측 방법이 더욱 효과적이라고 알려져 있다.

그러나 어떤 산업이든 간에 어느 한 가지만으로는 기술예측의 정확도를 올리기 어렵기 때문에 혼합적인 기술예측 방법을 활용해야 할 것이다. 다만 어떤 기술예측의 방법을 좀 더 비중 있게 활용할 것인지는 산업과 기술의 특성에 따라 선택되어야 할 것이다.

토론제목

1. 기술변화의 속도에 대한 의견은?
2. 기술예측의 효과는?
3. 아이디어 창출 방법은?
4. 아이디어 스크리닝의 의미는?
5. 기술예측의 방법은?
6. 정량적 기술예측 방법은?
7. 정성적 기술예측 방법은?
8. 우리나라 혹은 전 세계의 미래 유망기술에 대한 의견은?

부 록

미래 유망기술 예측

기업에서 필요한 미래의 기술예측에 관련해서는 많은 연구기관 혹은 글로벌 기업들이 연구를 하고 있으며, 매년 미래의 유망기술에 대해서 발표를 하고 있다. 국내외의 유력한 연구기관, 연구조직, 글로벌 기업들이 미래의 유망기술을 발표하고 있는 사례를 살펴본다.

1. 국내외의 연구기관 및 연구단체의 미래 유망기술 예측

1.1 한국과학기술연구원

1.1.1 미래기술 발굴 과정

한국과학기술연구원(KISTI, Korea Institute of Science and Technology Information)에서 발표하는 미래기술 발굴 과정은 계량정보분석 기법과 원내외 전문가 검증기법을 융합한 사회이슈 해결형 미래유망기술 발굴 프로세스를 적용하였다고 한다. 논문 등의 자료를 활용하여 기술 분야별로 유망신기술 후보군을 모니터링하고, 과학기술정보협의회(ASTI, Association of Science and Technology Information)위원 등의 전문가를 포함하였으며, 검증과정은 KISTI의 글로벌동향모니터링(GTB, Global Trend Briefing)시스템을 활용하여 최종 선정하였으며, 계량정보분석 기법과 원내외 전문가 검증기법을 융합한 Hybrid형 발굴 프로세스를 활용하였다고 한다.

KISTI에서 미래유망기술을 선정하고 발표한 과정을 보면 '증거기반 미래기술을 탐지'의 과정과 '사회이슈와 전문가 검증'의 과정을 진행하였으며, 전반부 과정인 증거기반 미래기술의 탐지 과정에서는 ① 탐지분야/기간 설정 ② 피인용 논문 추출 ③ 군집분석 ④ 유망후보군 선정의 과정을 진행하였고, 후반부의 과정인 사회이슈와 전문가검증의 과정에서는 ⑤ 사회이슈와 매핑 ⑥ 유망기술 1차 선별 ⑦ 유망기술 2차 선별 ⑧ 10대 유망기술 최종 선정 등의 과정을 진행하여 발표하였다고 한다. 이러한 과정은 [그림 부록-1]과 같다.

그림 부록-1 KISTI의 미래기술 발굴 과정

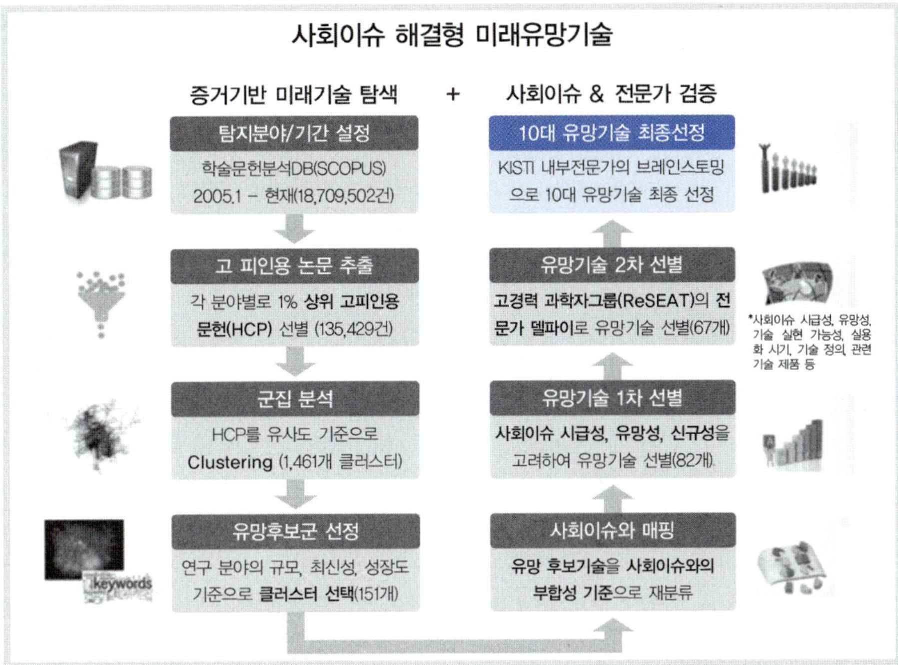

* 출처 : http://mirian.kisti.re.kr/

1.1.2 KISTI의 미래 10대 유망기술 발표

〈표 부록-1〉은 KISTI에서 매년 발표하고 있는 우리나라의 미래 10대 유망기술의 내용을 보여 주고 있다.

〈표 부록-1〉 우리나라의 미래 10대 유망기술(KISTI 발표)

연 도	10대 미래 유망기술
2017	웹 기반 빅데이터 수집·분석 패키지, 스마트 의류, 자율주행 자동차 부품, 3D 수리 모델링 소프트웨어, 바이오잉크, 바이오프린팅으로 제작된 인공장기 및 조직, 착용형 보조로봇(외골격로봇), 고령자 돌보미 로봇, 휴먼 마이크로바이옴 분석, 개인 유전자 분석 서비스다
2016	카멜레온 환경감응 소재, 지능형 사이버 보안, 가시광 활용 차세대 통신 (Li-Fi), 산업 인터넷 (Industrial IoT), 자동차 경량화 소재, 소프트 웨어러블 기술, 의료용 가상현실 응용 기술, 신체 증강 기술, 합성 세포 기술, 바이오 프린팅

연 도	10대 미래 유망기술
2015	진단·치료용 나노머신, 뇌신경 모방 반도체 소자, 소프트 로봇, 자연모사 감각센서, 생각대로 움직이는 기계 제어 기술(뇌·기계인터페이스), 기능성 분자전자소자, 양자컴퓨팅, 슈퍼박테리아 대응기술, 친환경 탄소제로 엔진, 인공광합성 기반 청정에너지 생산기술, 도시·해양·사막 녹색화기술
2014	4D 프린팅, 클라우드 환경 보안 기술, 광유전학 기술(Optogenetics), 광유전학 기술(Optogenetics), 리튬황 전지(Lithium-Sulfur Battery), 생체모방로봇(Biomimetic robot), 자가면역질환(Autoimmune disease) 치료기술, 지능형 교통시스템 V2X기술, 학습분석기술 (Learning analytics), 무인수송기술(Unmanned transportation), 메타물질 응용 기술 (Metamaterial)
2013	퇴행성 뇌질환 치료제, microRNA기반 항암 기술, 초소형 HCP(Micro Combined Heat and Power), 양자점 태양전지, 무선 센서 네트워크(Wireless Sensor Network)를 이용한 재난재해 대응 기술, 유연 콘크리트, 감성형 인터렉션 기술, 디지털 포렌식(Digital Forensics) 기술, 아나목스 공정기반 고효율 폐수처리 기술, 차세대 녹/적조 대응 기술
2012	테라그노시스, 살아있는 세포의 분자 이미징, 테라헤르츠파 응용 기술, 뇌-기계 인터페이스, 소형기기 전원용 연료전지, 나노 유체 응용기술, 인쇄 가능한 태양전지, 플라스틱 대체 신소재, 해양 바이오매스의 바이오 리파이너리(bio-refinery), 도심홍수 대비 생태저류지기술

1.2 삼성경제연구소

삼성경제연구소(SERI, Samsung Economic Research Institute)는 미래산업을 바꿀 파괴적 혁신기술을 매년 발표하고 있다. 우리나라의 장기화되는 저성장 국면을 극복할 기회를 제공하기 위해 기존산업, 타산업, 소비자 모두에게 영향을 미치는 파급효과가 큰 기술을 선정하여 발표한다고 한다. SERI가 미래유망기술을 선정하는 기준은 ① 경쟁우위, 생태계 등 기존산업의 경쟁질서를 변화할 수 있으며, ② 타 산업에 영향을 미치며, ③ 소비자의 행동이나 사고를 변화시켜 새로운 시장과 사업을 창출하는 기술을 기준으로 하였다고 한다.

〈표 부록-2〉 미래산업을 바꿀 혁신기술(SERI)

발표 연도	미래유망기술 예측
2013	7대 기술예측 착용식 컴퓨터(Wearable Computer), 3D 프린팅, 상황인식기술, 자동주행차, 초경량 소재, 유전자 치료제, 포스트 배터리
2011	10대 기술예측 웹기반 앱, 거대 데이터 분석, 음석인식, 플렉시블 디스플레이, 대형 AMOLED TV, 줄기세포 치료제, 지능형 영상진단, 패치형 무통증 주사, 대용량 리튬 이차전지, 차세대 소형 원자로

* 출처 : http://mirian.kisti.re.kr/

SERI에서 미래유망기술을 선정하는 프로세스는 MIT, 맥킨지, 포브스, 가트너, IBM, KISTEP 등의 국내외 주요기관이 선정한 유망기술을 후보기술로 도출하고, 후보기술을 분야별로 분류하여 혁신성과 실현시기를 기준으로 평가하였다고 한다. 그리고 향후 10년 내에 시제품 등 개발성과가 구체화될 기술을 대상으로 하였으며, 해당 기술의 등장이 관련 산업을 변화시키고 새로운 시장과 사업 모델을 만들어 낼 것으로 예상되는 기술을 우선적으로 고려하였다고 한다. 〈사례 부록-1〉은 4차 산업혁명 시대에 유망할 기술 사업화 아이템을 설명하고 있다.

사례부록-1 KISTI, 10대 미래 유망기술 선정

사례연구

KISTI, 10대 미래 유망기술 선정

4차 산업혁명 시대를 맞아 인공지능(AI)이나 로봇이 사람이 하던 일자리를 상당 부분 대체할 것으로 전망되면서 산업계와 노동시장에 적지 않은 변화가 일 것으로 보인다. 4차 산업혁명 시대에 유망할 기술 사업화 아이템은 무엇일까?

한국과학기술정보연구원(KISTI)은 최근 서울 코엑스 오디토리움에서 '4차 산업혁명과 미래유망기술'이라는 주제로 '2017 미래유망기술세미나'를 개최했다. KISTI는 세미나를 통해 다가오고 있는 4차 산업혁명에 대응하기 위해 중소중견기업이 주목해야 할 미래유망기술을 사업화 아이템으로 제시했다.

이번에 제시된 10대 미래유망기술은 ▷웹 기반 빅데이터 수집·분석 패키지 ▷스마트 의류 ▷자율주행 자동차 부품 ▷3D 수리모델링 소프트웨어 ▷바이오잉크 ▷바이오프린팅으로 제작된 인공장기 및 조직 ▷착용형 보조로봇(외골격로봇) ▷고령자 돌보미 로봇 ▷휴먼 마이크로바이옴 분석 ▷개인 유전자 분석 서비스다.

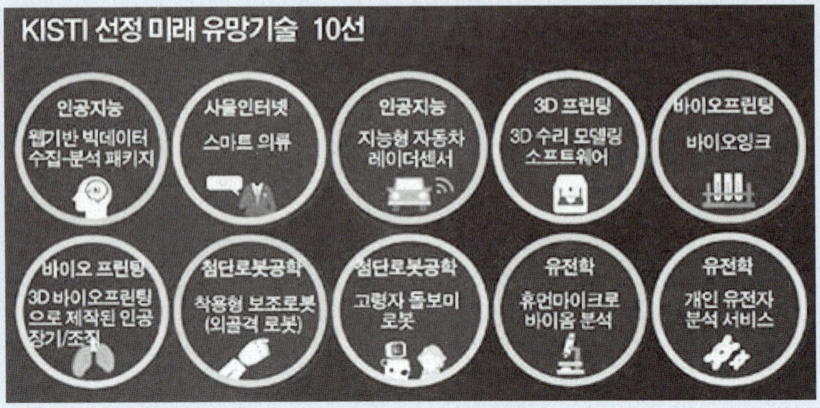

중소기업의 4차 산업혁명 대응 유망아이템으로는 인공지능, 사물인터넷, 무인운송수단, 3D 프린팅, 바이오프린팅, 첨단 로봇공학, 유전학 등 11개 분야에서 50개 신규 유망 아이템을 뽑았다.

* 출처 : 국제신문, 2017. 12. 21.
http://www.kookje.co.kr/news2011/asp/newsbody.asp?code=0800&key=20171222.22019005410
다운로드 및 편집 : 2017.12. 27.

1.3 가트너그룹

가트너그룹(Gartner Group)에서는 3년 이내에 기업에 중요한 영향을 미칠 10대의 잠재적인 전략기술을 선정하여, 매년 발표하고 있다. 가트너그룹에서 발표하는 'The top 10 strategic technologies'는 IT연관 산업에 수요가 있고, 기업의 의사결정에 영향을 미칠 수 있는 미래기술을 선정하였다고 하며, IT 및 비즈니스 산업에 파괴적 잠재력이 높은 기술, 거대 투자기업이 관심을 가지고 있는 기술, 실현시기가 너무 멀지 않은 기술 등을 평가하여 선정하였다고 한다. 〈표 부록-3〉은 가트너그룹에서 발표한 미래 10대 유망기술에 대한 내용을 보여 주고 있다.

〈표 부록-3〉 미래 10대 유망기술(가트너그룹)

발표 연도	미래 10대 유망기술
2012	Media Tablets and Beyond, Mobile-Centric Applications and Interfaces, Contextual and Social User Experience, Internet of Things, App stores and Marketplaces, Next-Generation Analytics, Big Data, In-Memory Computing, Extreme Low-Energy Servers, Cloud Computing
2011	Cloud Computing, Mobile Applications and Media Tablets, Social Communications and Collaboration, Video, Next Generation Analytics, Social Analytics, Context-Aware Computing, Storage Class Memory, Fabric-Based Infrastructure and computers
2010	Advanced Analytics, Client Computing, IT for Green, Reshaping the Data Center, Social Computing, Security-Activity Monitoring, Flash Memory, Virtualization for Availability, Mobile Applications

* 출처 : http://mirian.kisti.re.kr/

1.4 다보스포럼

다보스포럼(Dabos Forum)은 전 세계의 기업인과 정치인을 대상으로 매년 스위스 다보스에서 개최되는 경영 심포지엄을 말하며, 이 모임에 참석할 수 있는 조건은 기업인의 경우 연간 매출이 최소한 7억 달러 이상이어야 하고, 국제적 영향력이 큰 국가수반이 참가하는 세계경제포럼이다.

다보스포럼에서는 매년 'The top 10 emerging technologies'를 발표한다. 다보스포럼에서는 10년 이내의 미래에 전 세계적으로 사회 · 경제 · 환경측면에서 중대한 영향을 미칠 수 있는 10대 첨단기술을 선정하여 매년 발표하고 있다. 〈표 부록-4〉는 다보스포럼이 발표한 미래 10대 유망기술의 내용이다.

〈표 부록-4〉 미래 10대 유망기술(다보스포럼)

발표 연도	미래유망기술 예측
2013	OnLine Electric Vehicles(OLEV), 3-D printing and remote manufacturing, Self-healing materials, Energy-efficient water purification, Remote sensing, Carbon dioxide (CO2) conversion and use, Enhanced nutrition to drive health at the molecular level, Precise drug delivery through nanoscale engineering, Organic electronics and photovoltaics, Fourth-generation reactors and nuclear-waste recycling

발표 연도	미래유망기술 예측
2012	인포매틱스, 합성생물학 · 대사공학, 녹색혁명2.0, 나노 스케일 소재 설계, 시스템 생물학 · 컴퓨터 모델링, 이산화탄소 원료화, 무선 파워 전달, 고밀도 파워시스템, 개인 맞춤의학과 질병예방, 신교육 기술

* 출처 : http://mirian.kisti.re.kr/

2. 미래유망기술 종합

글로벌 기업, 연구조직 및 단체들이 발표하는 미래의 유망기술들을 종합해 보면 미래의 기술을 예측하기가 용이해진다. 미래의 유망기술에 대한 예측 결과를 종합해 보면 빅데이터 기술, SC(Social Connection)기술, 에너지 재생 및 에너지 저장 기술, 스마트 인터페이스 등이 있으며 [그림 부록-2]와 같다.

그림 부록-2 글로벌 미래 유망기술 통합예측A

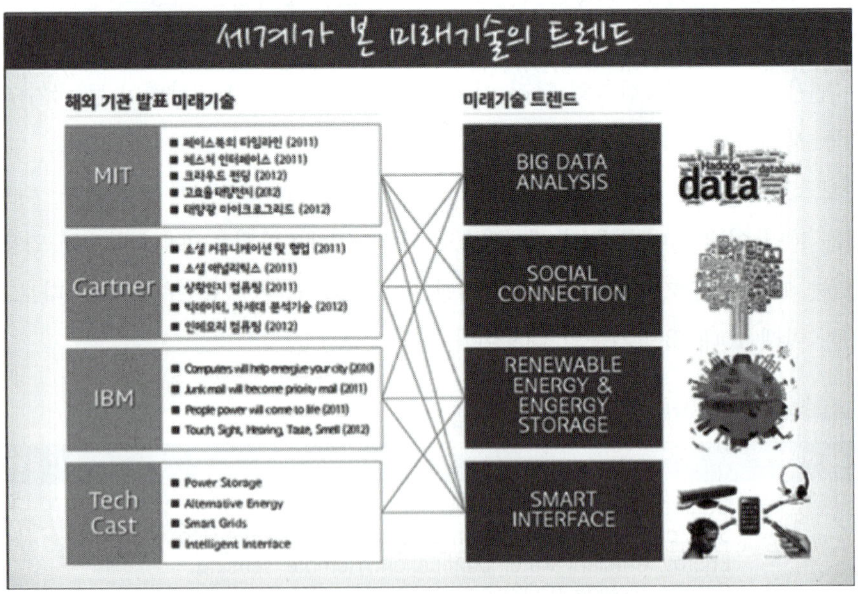

* 출처 : 네이버의 블로그(KISTI자료)

PART 3

기술경영 실행(Do)

제 9 장
기술의 획득

1. 기술획득의 개념

1.1 기술획득의 의미

기업에서 기술목표가 수립된 다음에는 핵심기술을 어떻게 획득할 것인가라는 기술획득의 단계가 중요한 이슈로 나타나게 된다. 기술획득(Technology Acquisition)은 기업에서 기술목표를 수립한 이후 가장 먼저 실행하는 단계로 접어들게 된다. 기술목표를 수립하는 단계까지는 비용이 크게 투입되지 않지만 기술획득의 단계에서부터는 실제로 연구개발에 대한 투자비용이 발생하기 시작하며, 기술의 수준에 따라서 막대한 비용이 투입될 경우가 있으므로 기술획득에 대한 의사결정을 신중하게 진행해야 한다.

CEO(최고경영자)와 CTO(최고기술책임자)는 기술획득에 관련하여 몇 가지의 결정을 해야 한다. 새로운 혁신적인 기술을 획득하는 것은 기업의 미래경영을 대비하는 매우 중요한 단계이지만 투자비용과 혁신기술의 수익과 직결되는 과정이므로 매우 신중하게 의사결정을 진행해야 한다. 의사결정을 진행하기 위하여 6하 원칙인 5W1H를 활용하면 매우 효과적이다. 5W1H 중에서 누가(Who?)와 왜(Why?)라는 질문은 전 단계에서 이미 결정된 사항이므로 제외한다. 이러한 질문에 대한 대답은 곧장 기술을 획득하는 구체적인 방법으로 실행하기 때문에 기업의 내부와 외부의 환경을 고려하면서 기술획득에 대한 의사결정의 과정을 신중하게 진행해야 할 것이다.

1.1.1 Where?

기술목표를 달성하기 위한 혁신기술을 어디서 획득할 것인가? 선진기업, 동종업계, 전문기술 보유, 외주개발 기업 등의 다양한 곳으로부터 기술을 도입할 수 있지만 기술목표를 달성할 수 있는 가장 우수하고 적합한 기업을 선정해야 할 것이다.

1.1.2 What?

획득해야 할 기술들 중에서 어떤 기술이 시급한 기술인가? 기술목표가 설정되어 있지만 투자비용의 효율화와 고객의 욕구를 충족시켜 줄 수 있는 일정을 감안하여 기술이 필요한 시기를 구분하여 기술획득의 우선순위를 결정한다.

1.1.3 When?

새로운 혁신기술의 제품을 언제 출시할 것인가? 경쟁사의 기술획득 시점을 고려하여 기술경쟁력의 우위를 확보할 수 있는 시점에 출시해야 할 것이다. 시장에 너무 빨리 출시하거나 너무 늦게 출시하여 고객으로부터 외면받게 되는 기술은 효과적인 기술획득이 될 수 없을 것이다.

1.1.4 How?

새로운 혁신기술을 어떻게 획득할 것인가? Where?라는 질문과 유사하다. 기술을 획득하는 방법으로 자체 개발할 것인가, 협력개발할 것인가, 아니면 기술시장에서 구입할 것인가 등의 방법을 결정해야 한다. 기술획득 방법은 기업의 투자비용과 손익에 직결되는 문제이기 때문에 매우 신중한 의사결정을 해야 한다.

1.2 기술획득 방법

기술획득의 방법은 여러 가지가 있으며 [그림 9-1]과 같이 나타낼 수 있다. 기술획득 방법에 대하여 구체적으로 살펴보기로 한다.

그림 9-1 기술획득 방법

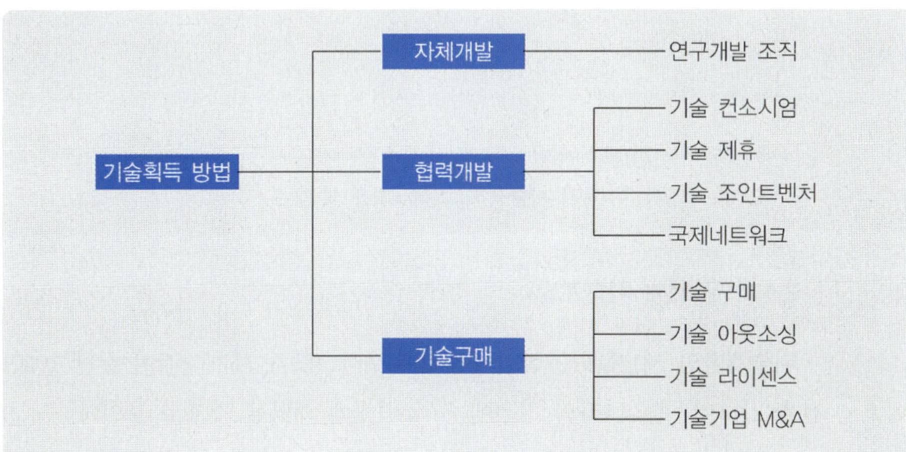

2. 기술의 자체개발

2.1 기술개발의 발전단계

글로벌 기업의 급변하는 내부 및 외부환경은 기업으로 하여금 연구개발의 패러다임의 변화를 요구하고 있으며 기업은 기술획득을 위한 연구개발의 패러다임 변화에 적응해야 한다. 이러한 패러다임의 변화에 적응하지 못하는 기업은 글로벌 기업으로서의 경쟁력을 확보하기가 매우 어렵게 될 수 있다. [그림 9-2]는 제1장에서 이미 살펴본 바가 있는 기업경영의 패러다임 변화의 단계별 과정을 기본으로 기술개발의 발전단계의 과정을 세대별로 응용하여 구성한 내용이다.

그림 9-2 기술개발의 발전단계

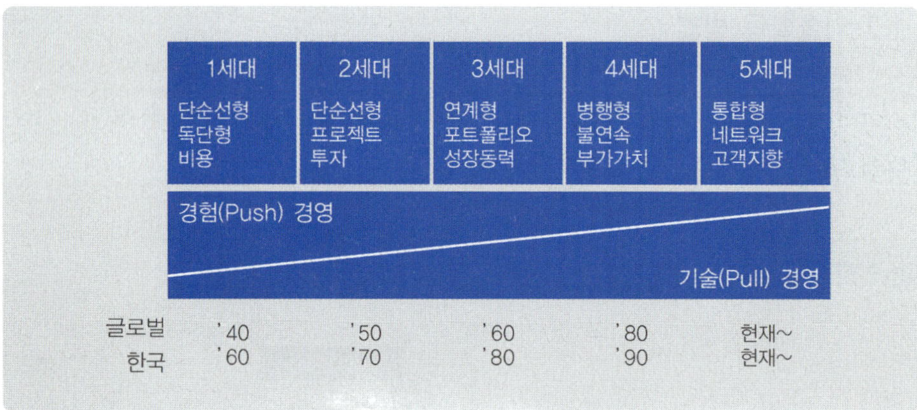

* 출처: 정선양, '전략적 기술경영', 2009, 활용 및 응용

2.1.1 제1세대 기술개발

기술개발의 제1세대는 산업혁명 이후부터 제2차 세계대전이 끝난 1940년대까지의 기간을 말하며, 우리나라의 경우에는 '60년대에 해당될 것으로 보인다. 독일의 화학기업인 BASF가 연료기술을 연구하기 위해 설립한 세계최초의 기업연구소와 에디슨(Thomas Edison)이 설립한 연구소가 기업의 기술개발에 대한 모형이 되었다. 이 시기 동안의 기

술개발은 연구소의 과학자들에 의해서 이루어졌으며 과학자들은 연구자체에 관심이 있었지 기술의 상업화에는 큰 관심이 없었으므로 기술개발 결과의 활용성을 거의 생각하지 않았다. 그리고 이 시기의 기술개발은 기업경영과는 전혀 무관하게 과학자인 연구원들의 독단적인 결정으로 진행되었으며, 개발비용은 순전히 비용으로만 사용되고 수익과는 별개로 취급되었다.

2.1.2 제2세대 기술개발

기술개발의 제2세대는 제2차 세계대전이 끝난 이후부터 '50년대까지의 기간을 말하며 우리나라의 경우에는 70년대에 해당된다. 이 기간은 기업의 기술개발이 정착되기 시작한 기술개발의 관행을 의미한다. 기술개발 비용이 기업의 단순한 비용이 아닌 수익을 창출하는 투자비용을 의미하게 되었으며, 대부분의 글로벌 기업들은 기술개발의 관행을 현대적인 핵심 기능으로 인식하기 시작했다. 대부분의 글로벌 기업들은 에디슨의 연구소 모델을 기본으로 한 자체의 연구소를 가지기 시작하였다. 기업의 경영자들은 새로운 기술개발을 프로젝트화하여 사업화하는 데 관심을 확대하기 시작하였다. 그러나 이 시기의 프로젝트관리는 개별 관리에 머물렀으며 기업 전체 측면에서의 여러가지의 프로젝트를 전체적으로는 관리하지 못하였다.

제1세대와 제2세대 기술개발 기간 동안에는 고객의 욕구를 반영하기보다는 기업에서 기술발전의 추이를 분석하여 단계별로 신제품을 개발하는 경향을 보이고 있었다.

즉 단순한 선형적인 기술개발 방법을 유지 발전하였다.

2.1.3 제3세대 기술개발

기술개발의 제3세대는 '60년대에 해당되는 기간이며 우리나라의 경우에는 '90년대 초반까지로 볼 수 있다. 이 시기에는 조직 전체의 프로젝트를 수행할 수 있는 전사적 연계형 기술개발이 시작되었다. 기술개발은 어느 특정 분야의 전유물이 아니고 기업전체의 기술로 활용될 수 있는 연계형 기술개발의 방법이 일반화되었다. 이러한 연계형 기술개발은 기업의 이익에 미치는 영향이 매우 크므로 위험관리를 가능하게 하는 기술개발의 포트폴리오가 시작되었다. 제품의 기술수명주기에 해당되는 단계별로 기업에 미치는 여러 가지의 영향을 분석하고 적극적으로 대응하기 시작했다. 이 시기의 기술개발은 기업의 성장 동력이 되었으므로 포트폴리오의 방법을 활용한 기술개발의 위험관리는 더욱 중요하게 되었다.

2.1.4 제4세대 기술개발

기술개발의 제4세대는 선진 글로벌 기업에게는 '80년대에 우리나라의 경우에는 '90년대 말과 '00년대 초반에 해당되며 IMF를 겪으면서 글로벌 기업으로 발전할 수 있는 도약의 계기가 된 기술개발의 기간이기도 하였다. 이 시기에는 글로벌 시장의 급격한 변화가 더욱 확산되고 있었기 때문에 글로벌 기업들은 부품과 원재료를 공급하는 공급자(Supplier)들과 연계를 더욱 강화하면서, 마케팅과 유통을 담당하는 구입자(Buyer)들과의 기술적 연계를 강화하는 병행형 기술개발이 확산되었다. 이 시기의 시장과 고객의 욕구는 구체적으로 나타나지 않기 때문에 새로운 기술개발은 고객의 욕구와 일치하지 않을 가능성이 매우 높아질 수 있다. 급변하는 환경에서 기술개발에 대한 투자는 많은 위험을 안게 된다. 시장과 고객의 욕구가 급변하는 환경에서는 연속적 기술혁신(Continuous Technology Innovation)은 위험성이 매우 증가하게 되므로 불연속적 기술혁신(Discontinuous Technology Innovation)을 어떻게 효율적으로 창출하는가에 기업의 중요한 과제가 된다.

기술개발의 제4세대는 혁신적인 기술들의 상호의존적인 관계이다. 고객의 욕구와 혁신기술의 수준이 서로 결합되어 기업과 고객만족은 공동으로 발전될 수 있다. 즉 고객의 욕구를 경쟁사보다 신속하게 파악하고 신속하게 혁신제품을 개발하여 출시하게되면 보다 더 많은 부가가치를 창출할 수 있게 되며, 동시에 고객만족은 더욱 증가하게 되므로 기업은 지속적인 발전이 가능하게 된다.

2.1.5 제5세대 기술개발

기술개발의 제5세대는 2000년 이후인 현재부터 앞으로의 세대이다. 미래를 예측할 수 있는 것은 아무것도 없는 불확실성의 시대이다. 불확실성의 시대에서는 전사적 기술 통합, 기업 간의 기술통합, 글로벌 기업 간의 글로벌 네트워크를 통하여 고객의 욕구에 유연하게 대응할 수 있는 지속적인 혁신기술을 통합할 수 있는 통합기술모형(Integrated Technology Model)의 세대이다. 고객의 욕구를 신속하게 파악하는 기술, 혁신기술력, 혁신제품 개발력, 고객 서비스 기술력 등이 통합적으로 더욱 신속하게 이루어져야만 불확실성이 더욱 증가되고 치열한 글로벌 경쟁이 더욱 심화되는 미래의 글로벌 시장에서 경쟁력을 확보할 수 있을 것이다. 고객의 욕구를 파악하는 기술은 기존의 마케팅기술인 고객관계관리(CRM, Customer Relationship Management)는 물론 더욱 발전되고 있는 기술인 빅데이터(Big Data) 기술을 활용하여 고객욕구를 세밀하게 파악하고 분석할 수 있는 고객지향적 기술이 더욱 발전될 것으로 보인다. 고객관계관리는 기업이 고객과의 관계를 지속적으로 관리하여 관계를 강화함으로써 고객의 부가가치를 창출한다면, 빅데이터는 고객과 고객 간의 관계까지도 파악하여 마케팅에 활용할 수 있는 더욱 세밀하고 정확한 예측이 가능한 고객관리기술이라고 할 수 있다.

2.2 기술개발 과정

기술개발 과정은 아이디어 창출, 아이디어 구체화(프로젝트화), 자원배분, 연구개발 활동, 결과평가의 순으로 순환과정이다. 기술개발 과정의 각 단계는 별도의 기술개발 순환과정으로 이해할 수 있다. 기술개발 과정의 모든 단계는 항상 모니터링 되고 있어야 한다. 모니터링 도중에 문제가 발생하는 단계에서는 언제든지 프로젝트의 진행을 중단하고 문제를 해결한 다음에 해당 단계의 처음으로 돌아가서 다시 시작해야 하는 피드백과 순환과정을 반복해야 한다. [그림 9-3]은 기술개발의 순환과정을 보여 주고있다.

그림 9-3 기술개발의 순환과정

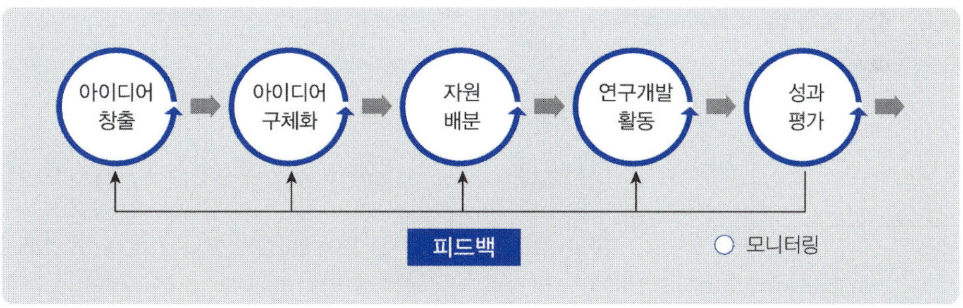

2.2.1 아이디어 창출

아이디어(Idea)는 시장에서 고객에게 제공될 수 있는 제품 혹은 서비스상품에 대한 막연한 생각이다. 그리고 아이디어 창출(Idea Generation)은 연구원과 생산, 마케팅, 지원부서 등의 모든 종업원, 그리고 기업 외부의 모든 이해관계자들로부터 이루어진다.

특히 고객과 직접 접촉하는 마케팅 혹은 영업관련 종업원들로부터의 아이디어 창출은 매우 중요하다. 아이디어는 단순한 생각이므로 아이디어로 채택될 수 있도록 후보가 되는 단계를 거쳐야 한다. 기업의 경영활동에 직간접적으로 관련 있는 사람들로부터 모아진 아이디어들은 아이디어 제안의 형태로 조직 내의 제안을 검토하는 기획부서로 전달되고 기획 전문가에 의해 논의를 거치게 된다. 기획 전문가는 기업 내외의 환경을 감안하여 아이디어의 실현 가능성을 검토하게 되며 실현 가능성이 높은 소수의 아이디어들을 프로젝트의 후보로 선택하게 된다.

2.2.2 아이디어 구체화(프로젝트 선정)

아이디어를 구체화하는 것은 연구개발의 대상을 구체화하여 프로젝트를 선정하는 것이다. 프로젝트 선정은 여러 개의 프로젝트 후보군 중에서 가장 성공가능성이 높은 프로젝트를 선정하게 된다. 프로젝트 선정은 프로젝트의 결과물인 혁신제품의 우수성, 차별성, 수익성, 성장성 등에 대하여 평가를 해야 하고 연구개발에 투입되는 자원과 비용에 대해서도 동시에 평가를 한 다음에 종합적인 평가를 통하여 프로젝트를 선정해야 할 것이다. 〈사례 9-1〉은 아이디어를 사업화할 수 있는 중국의 실리콘밸리에 콘텐트 거점을 확보하여 창업의 교두보를 확보한 내용이다.

사례 9-1 **아이디어 스타트업 진출 교두보 생겼다**

사례연구

'중국 실리콘밸리'에 콘텐트 거점... 스타트업 진출 교두보 생겼다

호랑이와 고구려 무사가 그려진 1500년 전 무용총 고분 벽화가 무대 위 스크린에 나타났다. 무사 그림이 '반짝'하는 특수효과와 함께 살아있는 사람으로 변신하더니, 음악에 맞춰 춤을 추기 시작했다. 익살스러운 동작의 현대적인 율동에 객석에서 웃음이 터져 나왔다.

한국 스타트업 '라이브케이'가 춤꾼의 동작을 촬영해 실제처럼 재현한 홀로그램 영상이다. "15년 이상의 공연 제작 노하우로 만든 고화질 홀로그램 콘텐트입니다. 중국과 홍콩의 대형 테마파크나 전시장 어디서든 활용 가능합니다." 중국 투자자들이 사진을 찍거나 수첩에 메모를 하며 관심을 보였다. "단지 콘텐트를 팔기 위해 중국에 온 게 아니다.중국 공연 사업자들의 좋은 파트너가 되고 싶다"고 한 대목에선 투자자들도 고개를 끄덕였다.

▲ 21일(현지시간) 중국 선전 JW매리어트호텔에서 열린 심천비즈니스센터 개관식 현장 모습. 한국 스타트업 쇼케이스에 중국 투자자들의 관심이 집중됐다.

지난 21일(현지시간) 중국 선전(深圳)의 JW매리어트호텔에서 한·중 인사 150여 명이 참석한 가운데 열린 한국 스타트업 쇼케이스(신제품 공개 행사)가 진행됐다. 앞으로 이 도시에선 이처럼 한·중 콘텐트 업계의 교류·협력 계기가 되는 쇼케이스가 수시로 열릴 예정이다. 이날 문화체육관광부와 한국콘텐츠진흥원이 12만3000㎡ 부지, 18개동 건물로 구성된 선전 소프트웨어(SW)산업단지 1A동 7층에 '심천(선전의 한국식 독음)비즈니스센터'를 마련하고 개관식을 개최했기 때문이다.

심천비즈니스센터가 위치한 선전 소프트웨어산업단지 모습. 건물 외벽에 가상현실(VR) 기기를 쓴 사자 캐릭터 그려져 있고, 한쪽엔 '제작자의 도시(City of Makers)'라는 표어가 붙어 있다. 선전의 고속 성장 뒤엔 정보기술 분야에 대한 대대적 투자와 관심이 있었다.

심천비즈니스센터는 중국 최초의 경제특구인 선전에 처음 마련된 한국 콘텐트 스타트업들의 거점이다. 가상현실(VR)·증강현실(AR)·게임·애니메이션·패션·방송 등의 콘텐트로 중국에 진출했거나, 진출을 시도 중인 한국 기업인 누구나 이곳에서 전문가 컨설팅을 받고 시장 정보를 공유할 수 있다. 저작권 보호 등 사업상 필요한 법률 지식을 안내받는 일도 가능하다. 물론 중국 기업에도 활짝 열린 공간이다. 센터 내에서 협업 논의를 할 수 있으며, 쇼케이스 정보를 얻어 직접 참석해 투자 여부를 결정할 수 있다.

심천비즈니스센터에서는 국산 애니메이션과 게임 등의 콘텐트가 벽면에 설치된 스크린을 타고 소개돼 중국 투자자들의 이해를 도울 예정이다.

심천비즈니스센터에는 국산 캐릭터 인형과 관련 파생상품들이 전시돼 중국 투자자들의 이해를 도울 예정이다.

* 출처 : 중앙일보, 2017. 12. 25.
http://news.joins.com/article/22232043
다운로드 및 편집 : 2017.12. 27.

2.2.3 자원배분

연구개발을 해야 할 프로젝트가 선정된 다음에는 기업의 한정된 자원을 배분해야 한다. 자원은 연구개발 인력과 연구개발 예산을 의미하며 일반적으로 연구개발 조직 전체의 인력과 예산은 미리 정해져 있다. 정해진 인력과 예산의 범위 내에서 개별 연구프로젝트로 배분해야 한다. 이런 과정에서 개별 프로젝트를 연구하는 개별 조직은 서로 더 많은 인력과 예산을 확보하기 위하여 경쟁을 하기도 한다. 일반적인 경우에는 연구대상의 제품에 해당되는 매출액의 비율을 기준으로 자원을 배분하는 경우가 많다.

개별 프로젝트에 대한 자원의 배분은 기업전체의 측면에서 성장과 위험도를 고려한 포트폴리오 분석을 활용하여 결정해야 할 것이다. 일부의 개별 프로젝트를 줄이더라도 기업 전체의 프로젝트의 성공률을 높이는 것이 중요하기 때문이다. 그러나 프로젝트의 규모가 크고 위험도가 높은 연구개발의 경우에는 최고경영자의 결정으로 특별한 비율의 배분이 이루어지기도 한다.

2.2.4 연구개발 활동

연구개발 프로젝트에 자원이 배분되면 연구개발 활동이 시작된다. 자원이 배분되는 것은, 즉 개발이 착수되는 시점이 된다. 개발이 착수되는 것은 프로젝트 팀이 구성되고 팀을 책임지고 운영하면서 연구개발의 목표를 달성할 수 있도록 팀원을 독려하고 팀원들 간의 협력을 이끌어 낼 수 있는 팀 리더(Team Leader)를 선정하게 된다. 연구개발 프로젝트는 전문성을 가지고 있는 연구원들에 의해서 이루어지기 때문에 프로젝트 팀리더는 고도의 전문성과 조직을 리드할 수 있는 조직관리 능력을 가지고 있어야 한다.

2.2.5 성과평가

프로젝트 팀의 연구개발 활동이 완료되면 프로젝트의 성과에 대하여 평가를 해야 한다. 연구개발 활동 중에는 모니터링을 통한 중간평가 혹은 잠정평가(Interim Evaluation) 등이 있지만, 연구개발이 완료된 다음에는 사후평가(Ex-post Evaluation)를 하게 된다. 기업은 프로젝트의 사후평가를 활용해서 연구개발의 프로젝트에 대한 성공 혹은 실패의 원인을 분석하고 그 결과를 다음 프로젝트에 반영할 수 있게 된다.

사후평가의 체계적이고 합리적인 평가는 연구개발 프로젝트의 가치를 제고할 수 있으며, 연구개발 결과를 혁신제품으로 반영할 수 있는 효과가 있다. 연구개발의 성과평가 방법으로는 투자 대비 수익률(ROI, Return On Investment), 매출액 대비 투자비용, 판매액 대비 투자비용, 투자비용 회수기간 등이 있다.

2.3 기술개발 프로젝트 관리

기술개발 프로젝트 관리의 목표는 연구개발에 투입된 여러 가지 자원을 효율적으로 활용하여 프로젝트의 목표를 정해진 기간 내에 완성하는 것이다. 기술개발 프로젝트를 성공적으로 관리하기 위해서는 연구개발 목표관리, 일정관리, 예산관리 등의 관리요소들이 있으며 [그림 9-4]와 같다.

그림 9-4 기술개발 프로젝트 관리

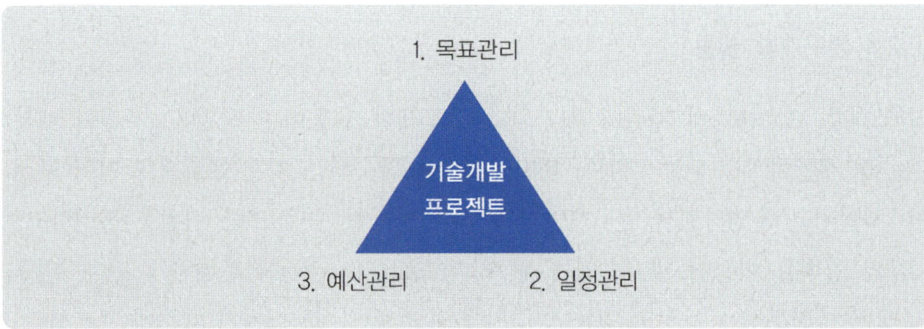

2.3.1 목표관리

프로젝트의 목표관리는 프로젝트가 목표대로 원활하게 진행되고 있는지를 관리하는 것을 의미한다. 프로젝트가 진행되는 과정에서 각 단계별로 목표달성도를 측정하여 실적이 미달되면 미달 원인을 파악하고 미달 격차를 해결할 수 있는 방안을 마련해야 한다. 특히 연구개발 초기에 목표대비 실적을 면밀하게 분석하여 차질이 발생하지 않도록 하는 것이 주요하다. 시작부터 조금이라도 차질이 발생하게 되면 프로젝트가 진행될수록 격차의 폭이 커지게 되며 프로젝트의 결과에 미치는 영향은 매우 크기 때문이다.

프로젝트의 단계별로 목표관리를 수행하는 도중에 목표를 달성할 수 없을 정도의 격차가 발생하게 되면 목표를 수정하는 방법도 강구되어야 한다. 목표관리를 아무리 철저하게 수행하더라도 목표자체가 명확하지 않으면 올바른 성과를 기대할 수 없게 될 수 있다. 연구개발의 목표가 명확하지 않으면 프로젝트의 관리목표 역시 명확하지 않게 될 것이므로 연구개발의 성과 역시 기대할 수 없게 될 것이다. 연구개발의 목표는 실현 가능하게 수립되어야 한다.

2.3.2 일정관리

프로젝트의 일정관리는 프로젝트의 목표일정대로 순조롭게 진행되고 있는지를 관리하는 것을 의미한다. 프로젝트의 각 단계별로 일정대로 진행되고 있는지를 평가하여 일정에 차질이 발생하게 되면 그 원인을 규명하고 대응방안을 강구한다. 일정지연에 대한 대응방안으로는 프로젝트를 다른 팀으로 분산하여 수행하거나 연구개발 인력을 추가 배치하는 등의 방법이 있다. 일정지연에 대한 대응방안은 신속하게 의사결정이 되어야 한다. 연구원들로 하여금 일정지연에 대한 과도한 업무로 다음 단계의 연구개발 업무에 차질이 발생하지 않도록 해야 할 것이다. [그림 9-5]는 프로젝트를 일정 관리할 수 있는 간트차트의 사례를 보여 주고 있다.

그림 9-5 일정관리를 위한 간트차트의 사례

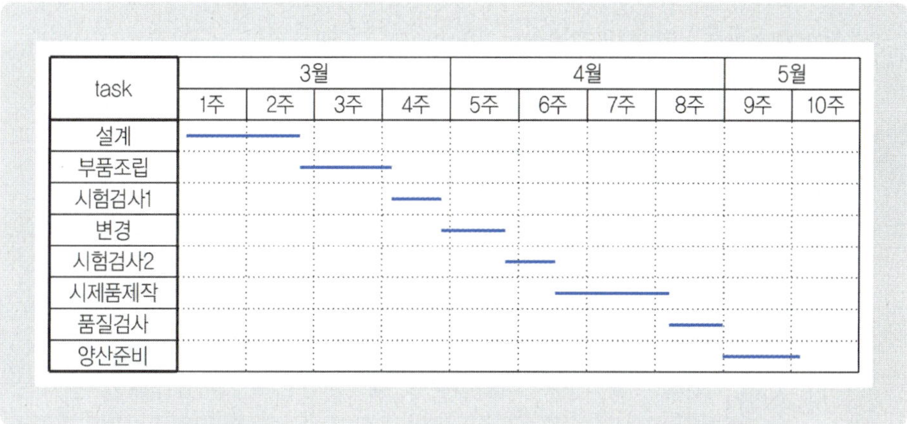

2.3.3 예산관리

프로젝트의 예산관리는 프로젝트가 예산의 범위 내에서 순조롭게 이행되고 있는지를 관리하는 것을 의미한다. 월별, 주별, 일별 등의 단위기간을 정하여 목표 예산의 범위의 초과 혹은 미달 여부를 파악하고 과부족 집행의 원인을 파악한다. 예산의 집행이 저조하면 일정지연을 생각해 볼 수 있으며, 예산 집행 내용이 과다하게 집행될 경우에는 원인규명에 대한 대응방안을 강구해야 한다. 대응방안으로는 관련부서의 연구개발 설비 및 장비를 활용하거나 혹은 임대하여 활용할 수 있다.

2.4 스테이지-게이트 프로세스

2.4.1 스테이지-게이트 프로세스의 의미

신제품을 개발할 경우에 단계별 의사결정을 지원할 수 있는 프로젝트 관리 도구로서 스테이지-게이트 프로세스(Stage-Gate Process)가 있다. 이 프로세스는 1986년 미국 McMaster대학교의 로버트 쿠퍼(Rovert G. Cooper) 교수가 제안한 모형으로 많은 기업들이 이용하고 있다. 스테이지-게이트 프로세스는 프로젝트의 각 단계별로 작은 문제를 사전에 발견하고 제거하여 자원의 활용을 극대화할 수 있으며 우수한 제품을 개발할 수 있게 지원한다.

2.4.2 스테이지-게이트 프로세스의 구성

스테이지-게이트 프로세스는 [그림 9-6]과 같이 아이디어 제안에서부터 신규 제품의 출시까지를 5단계로 구분하고 각 단계는 스테이지와 게이트로 구성된다.

그림 9-6 스테이지-게이트 프로세스의 구성

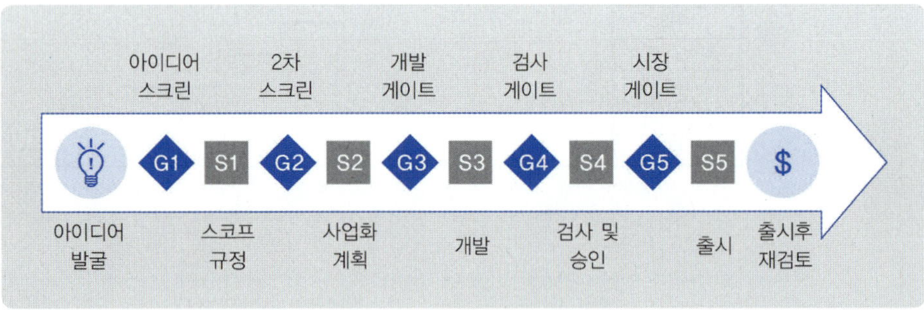

① 1차 게이트

1차 게이트는 아이디어를 스크린하는 관문으로 발굴된 여러 가지의 아이디어 중에서 회사가 추구하는 사업과 일치하는지, 상품성은 있는지, 사업성은 있는지, 실현 가능성은 있는지를 검토하고 아이디어를 채택할지 여부를 결정한다. 아이디어가 채택되게 되면 1차 스테이지로 넘어가게 되며 개발 프로젝트의 스코프(범위)를 규정하게 된다.

대상시장, 기술의 한계, 사업성, 재무평가 등을 검토하여 개발 프로젝트의 범위를 결정한다.

② 2차 게이트

2차 게이트는 제품개발이 완료된 후 제품이 출시되었을 경우에 판매와 관련한 치명적인 결함이나 제약요인이 있는지에 대한 기술적·법률적 등의 변수를 검토한다. 제품 출시 후 치명적 결함이 없을 것으로 판정되면 2차 스테이지인 사업화 계획으로 넘어가게 되며 고객의 요구사항을 반영하고 지적재산권 등에 대한 전략과 정책을 수립한다.

제품의 출시시점도 2차 스테이지 단계에서 결정하게 된다.

③ 3차 게이트

3차 게이트는 개발단계로 가기 위한 관문이다. 그러기 위해서는 재정적인 문제, 기술상의 문제, 마케팅상의 문제들이 없어야 한다. 이러한 문제들이 없으면 3차 스테이지 단계인 개발단계로 넘어 갈 수 있게 되며, 당초 수립한 기술개발 계획대로 기술 개발활동을 시작할 수 있게 된다. 만약 자금조달 계획에 문제가 있거나 혹은 사업계획의 타당성이 부족하면 프로젝트를 중단하거나 문제가 해결될 때까지 보류할 수 있다.

④ 4차 게이트

4차 게이트는 검사와 승인으로 가기 위한 관문이며 재무분석과 경제적인 효과를 한번 더 분석하고 프로젝트의 계속 여부를 결정하게 된다. 투자의 타당성이 부족하면 프로젝트를 중단하거나 보류해야 하지만, 타당성이 있다고 판단되면 프로젝트를 승인하고 다음 단계인 4차 스테이지로 진행되어 제품의 품질과 성능을 확인하고 잠재고객의 반응을 조사한다.

⑤ 5차 게이트

5차 게이트는 제품개발을 완료한 다음에 제품의 출시로 가기 위한 관문이며 수익성을 예상하고 양산을 위한 설비 및 장비를 검토하고 시장출하에 대한 적합성을 판단한다. 이 과정에서 긍정적인 판단이 나오면 5차 스테이지인 출시단계로 넘어 가게 되며 제품에 대한 마케팅을 시행하고 양산 활동을 시작한다.

3. 기술의 협력개발

3.1 기술협력의 개념

3.1.1 기술협력의 의미

기술협력은 자사가 가지고 있지 않은 기술을 외부의 다른 기업, 연구기관, 대학교 등과 같은 조직이 가지고 있는 기술을 획득할 수 있거나, 혹은 필요한 기술개발을 위탁하여 개발할 수 있는 협력을 의미한다.

기술경영의 분야에서 협력은 기술혁신과 관련하여 매우 중요한 수단이 되고 있다.

전 세계가 하나의 시장이 되면서 기업은 서로 경쟁관계에 있지만, 다른 기업, 연구기관, 대학교들과의 기술협력의 관계를 구축해야 한다. 아무리 우수한 글로벌 기업의 경우에도 단독으로 모든 기술을 획득하기에는 투자비용, 시간, 가치 등의 여러 측면에서 어려운 경우가 많다. 글로벌 시장의 급변하는 환경은 기술의 융·복합화로 인하여 더욱 다양하고 복잡해지고 있다. 기업은 자사만의 연구개발 능력만으로 모든 분야의 기술능력을 확보하기에는 사실상 불가능한 일이다. 글로벌 시장의 급변하는 환경에 대응하면서 경쟁력을 확보할 수 있다면 기술협력을 적극적으로 추진하고 활용해야 할 것이다.

기술을 획득할 수 있는 방법을 선택하는 데 영향을 미칠 수 있는 요인을 보면 거래기술의 획득 방법에 따른 기술 거래비용(Technology Transaction Costs)이 있다. 기술 거래비용은 거래기술에 대한 특별성(Speciality), 전략적 중요성(Strategic Importance), 개발의 불확실성(Uncertainty), 거래의 법적 보호(Legal Preservation) 등의 요인으로부터 영향을 받게 된다. 기업 외부로부터 기술을 획득하는 경우를 보면 특별성이 낮고 보편성이 높을수록, 불확실성이 낮을수록, 법적인 보호가 높을수록 유용한 경우가 많다.

3.1.2 기술협력의 필요성

기술협력의 필요성은 경제적인 필요성과 기술적인 필요성으로 생각할 수 있으며 [그림 9-7]과 같다.

그림 9-7 기술협력의 필요성

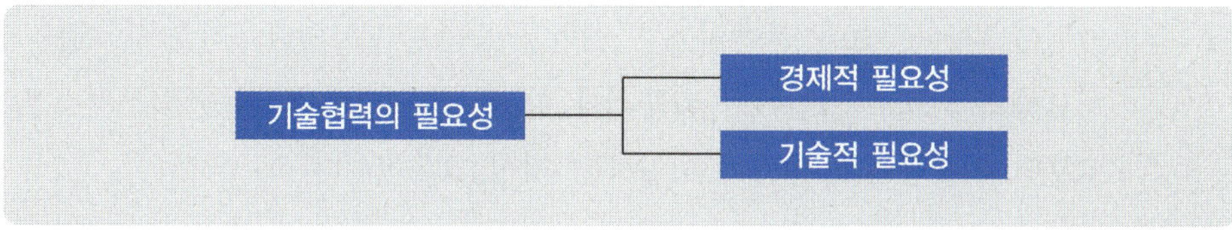

① 기술협력의 경제적인 필요성

기업이 외부의 조직 혹은 기관으로부터 기술협력을 하는 경우는 시간단축, 내부 자원 보호, 위험감소, 기술장벽 회피 등의 경제적인 필요성이 있다. 기술협력의 경제적 필요성을 좀 더 구체적으로 살펴보면 [그림 9-8]과 같다.

그림 9-8 기술협력의 경제적 필요성

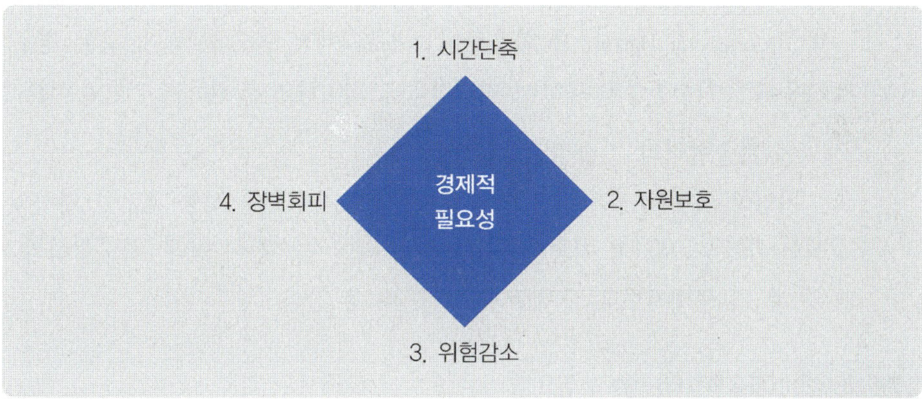

가. 시간단축

기업에서 필요한 기술이 다른 기업이나 기관에서 이미 개발한 기술이라면 기업은 개발되어 있는 기술을 도입함으로써 기술개발 및 상업화에 소요되는 시간을 단축할 수 있으므로 그만큼 조기에 경쟁우위를 확보할 수 있게 된다.

나. 자원보호

기업에서 필요한 기술을 외부로부터 도입할 수 있다면 내부의 기술인력 및 연구개발 자원은 다른 중요한 분야의 연구개발을 수행할 수 있다. 기술개발에는 상당한 자원이 필요하게 되므로 기업에서 획득해야 할 핵심기술이 아니라면 외부의 기업 혹은 기관으로부터 기술협력을 통하여 도입하는 것이 효율적이다.

다. 위험감소

기업이 직접 비용을 투자하여 연구개발하기에는 항상 위험이 따른다. 따라서 외부의 기업 혹은 기관과 기술협력을 통하여 검증된 기술을 도입하는 것은 기술의 연구개발에 대한 위험을 대폭 감소시킬 수 있다. 외부에 존재하거나 외부에서 개발이 가능한 기술을 기업이 자체적으로 연구·개발하는 것은 상당한 기간과 학습이 필요하게 되고, 투자비용 역시 과다하게 소요되면서도 연구개발의 성과를 확실하게 보장하기 어려울 경우에는 위험을 감소시키기 위하여 기술협력이 필요하게 된다.

라. 기술장벽 회피

기업이 어떤 기술을 필요로 하는 경우에 이미 다른 기업이 특허 등의 배타적 기술장벽(Technology Barrier)을 활용하여 자사가 직접 연구개발하지 못할 경우가 있다. 이런 경우에는 기술협력을 통하여 기술장벽을 회피하면서 원하는 기술을 획득할 수 있다.

② 기술협력의 기술적인 필요성

기업이 외부의 조직 혹은 기관으로부터 기술협력을 하는 경우는 자사의 기술능력, 지식의 암묵성, 보완적 기술활용 등의 기술적인 필요성이 있다. 기술협력의 기술적 필요성을 좀 더 구체적으로 살펴보면 [그림 9-9]와 같다.

그림 9-9 기술협력의 기술적 필요성

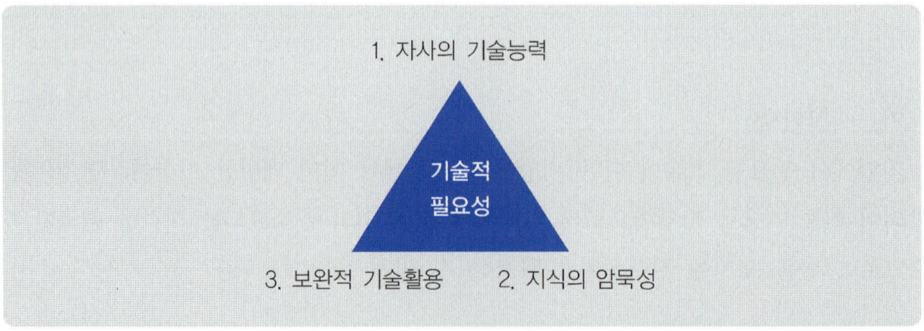

가. 자사의 기술능력

기술의 글로벌 환경은 매우 다양하고 복잡하게 변화하고 있으며 혁신제품은 융·복합화가 더욱 심화되고 있다. 우수한 글로벌 기업의 경우에도 모든 기술을 자사의 연구개발로 획득하기에는 기술분야가 너무 다양하고 복잡하므로 모든 기술을 확보할 수 있는 능력이 있는 기업은 거의 없다고 할 것이다. 따라서 기업은 자사의 기술능력 한계로 인하여 외부의 기업 혹은 기관과 기술협력을 통하여 기술을 도입해야 하는 경우가 발생하게 된다.

나. 지식의 암묵성

기술협력을 통하여 기술을 도입해야 하는 중요한 이유 중의 하나가 지식의 암묵성이다. 지식의 암묵성(Knowledge Tacitness)은 기술을 연구개발하는 과정 중에 실험과 시험이 필요하게 되는 복잡한 분석활동이 요구되는 경우에, 실험과 시험이 생략하는 것을 암묵적으로 인정되는 경우가 있다. 지식의 암묵성은 쉽게 기록될 수 있거나 모방할 수 있는 것이 아니기 때문에 암묵성을 얻기 위하여 기업은 많은 노력을 해야 한다.

그러므로 암묵성이 많이 필요한 기술은 기술협력을 통하여 도입하는 편이 기술적으로 유리한 경우가 있다.

다. 보완적 기술활용

기업은 모든 기술을 획득하고 발전시킬 수는 없다. 그러므로 기업은 핵심기술 이외의 보완기술에 해당되는 기술은 외부의 기업 혹은 기관과 기술협력을 통하여 보완적 기술을 도입하는 편이 유리한 경우가 있다.

3.2 기술협력 개발의 유형

기업은 외부의 기업, 연구단체, 혹은 국가 등의 연구조직으로부터 기술협력을 통하여 필요한 기술을 획득할 수 있다. 기술협력 개발의 유형은 기술 컨소시엄, 기술제휴, 기술 조인트벤처, 기술 네트워크 등이 있으며 [그림 9-10]과 같다.

그림 9-10 기술협력 개발의 유형

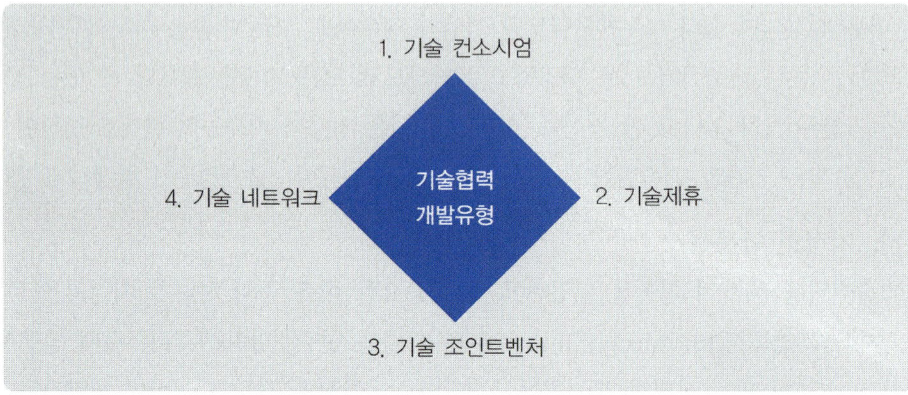

3.2.1 기술 컨소시엄

기술 컨소시엄(Technology Consortium)은 정해진 프로젝트의 성공적인 수행을 위하여 다수의 관련기업들이 공동으로 프로젝트 연구개발에 참여하는 것을 공동연구(Joint Research)를 의미한다. 기술 컨소시엄은 연구과정에서 발생할 수 있는 위험과 과다한 비용의 감소, 연구인력 등의 자원, 그리고 기술에 관련한 지식을 공동으로 활용하는 목적을 가지고 있다. 기술 컨소시엄은 주로 기초기술에 해당되는 연구 분야에서 많이 활용되고 있다. 기술 컨소시엄은 경쟁관계에 있는 기업들이 경쟁하기 전 단계에서 산업표준을 설정하기 위한 목적으로 활용되기도 한다.

〈사례 9-2〉는 한전 컨소시엄이 UAE 원전건설을 수주한 내용이다.

사례 9-2 **UAE 원전건설 컨소시엄 수주**

사례연구

UAE 원전 건설 어떻게 이뤄졌나

아랍에미리트연합(UAE) 원전 사업은 총 400억 달러(당시 환율로 약 47조원) 규모의 대형 사업이다. 지난 2009년 12월 28일 한국전력 컨소시엄이 경쟁 입찰에서 수주에 성공했다. 한국의 플랜트 수출 사상 최대 규모로 기록됐다. 또 1978년 상업형 원전인 고리 1호기를 처음 가동한 이래 31년 만에 이뤄진 한국형 원전의 첫 수출이었다.

한전 컨소시엄 측은 1400MW급 한국형 원전 4기를 설계·건설하고 준공 뒤에는 운영 지원까지 맡기로 했다. 원전 설계와 건설에 약 200억 달러, 향후 원전 운영에 드는 비용이 약 200억 달러였다. 당시 정부는 "건설비용 200억 달러만 해도 NF쏘나타 100만대 또는 30만t급 초대형 유조선 180척 수출 효과와 맞먹고, 10년간 11만명의 고용 창출 효과가 있다"고 밝혔다.

한전 컨소시엄은 아레바(프랑스), 제너럴일렉트릭(미국)·히타치(일본) 컨소시엄과 6개월에 걸쳐 치열한 경쟁을 벌였다. 가격 경쟁력, 짧은 건설 공기, 30년간의 원전 건설 경험, 한국형 원전의 안전성과 운영 실적 등에서 높은 점수를 얻었다는 분석이 나왔다.

무엇보다 이명박 전 대통령의 특급 도우미 역할이 많은 주목을 받았다. 이 전 대통령은 당시 최종 발표 이틀 전인 26일 UAE를 1박 2일 일정으로 전격 방문해 수주에 힘을 싣는가 하면 입찰결과 발표 직후 현지에서 생중계 기자회견을 열 정도로 적극적으로 도왔다.

▲ 2010년 5월 25일 이명박대통령이 청와대를 방문한 UAE 무함마드 왕세자와 반갑게 악수하고 있다.

이 전 대통령은 회고록에서 당시 무함마드 왕세제로부터 수차례 통화 '퇴짜'를 맺은 것과 관련해 "나라고 자존심이 상하지 않았던 것은 아니다. 그러나 지금 선진국들과 경쟁하면서 자존심을 내세우고 절차와 관례를 따진다면 역전의 기회는 없다"고 적었다. 결국 무함마드 왕세제의 마음을 여는 데 성공했다.

* 출처 : 중앙일보, 2017. 12. 18
http://news.joins.com/article/22214347
다운로드 및 편집 : 2017.12. 27.

3.2.2 기술제휴

기술제휴(Technology Alliance)는 제품의 개발지향적 프로젝트에서 많이 활용되며 특정한 목표와 일정을 가지고 기술개발의 협력이 이루어진다. 기술제휴는 대부분 경쟁 기업들이 핵심기술을 공동으로 개발하기 위해서 협력하게 된다. 기술제휴를 통하여 기술개발에 소요되는 시간과 자원을 절약할 수 있고 설비, 장비, 인력을 공동으로 활용할 수 있다. 최근에는 국제적인 경쟁사 간의 기술제휴가 활발하게 이루지고 있다.

3.2.3 기술 조인트벤처

기술 조인트벤처(Technology Joint Venture)는 두 개 이상의 기업들이 장기적인 기술협력을 목적으로 새로운 기업을 설립하여 연구개발을 수행하는 것을 의미한다. 새로 설립되는 연구개발 기업의 소유권은 주식배분율에 따라 결정되며 조인트벤처가 성공하기 위해서는 기술협력의 분야가 명확해야 하고 자원의 배분에서도 명확한 합의가 있어야 한다.

〈사례 9-3〉은 2개의 항공사가 조인트벤처로 협력하여 공동으로 운영하려는 내용이다.

사례 9-3 대한항공 · 델타항공 '조인트벤처'

사례연구

대한항공 · 델타항공 '조인트벤처'에 예민한 미국 항공사들

대한항공과 델타항공이 설립을 추진하고 있는 조인트벤처에 미국 중견 항공사들이 반대하고 나섰다. 이들은 미국 항공 당국에 진정서까지 제출하며 민감한 반응을 보이고 있다.

미국 하와이 최대 항공사 하와이안항공은 지난달 5일 미국 교통부에 진정서를 제출했다. 진정서는 '대한항공-델타항공 조인트벤처를 전면 재검토할 필요가 있다'는 내용이 포함됐다. 이에 앞서 미국 저비용항공사(LCC) 제트블루항공도 5월 18일 비슷한 내용의 진정서를 미국 항공 당국에 제출했다.

미국 항공사들이 대한항공과 델타항공의 조인트벤처에 제동을 걸고 나선 건 조인트벤처가 항공업계에서 차지하는 위상 때문이다. 항공사 파트너십은 6단계로 구분한다(표 참조). 이중 조인트벤처(4단계)는 지분에 참여하지 않는 선에서 최고 수준의 협력이다.

항공사 파트너십의 단계

1단계	공동운항협정	2개의 항공사가 1개의 항공기를 운항하면서 편명을 공유
2단계	항공동맹	여러 항공사가 연합체 구성
3단계	수용력구매계약	한 항공사가 다른 항공사 특정 노선의 좌석을 도매로 구매
4단계	조인트벤처	특정 노선에서 마치 하나의 기업처럼 통합법인이 공동으로 영업
5단계	지분참여	한 항공사가 다른 항공사 소수 지분을 매입
6단계	흡수합병	항공사에 절대적 영향을 미칠 수 있는 지분 매입

조인트벤처를 설립하면 각 항공사는 특정 노선에서 하나의 기업처럼 통합법인이 공동으로 영업한다. 스케줄이나 운임, 공급 좌석을 양사가 어떻게 공급할지 조인트벤처가 결정한다. 투입 비용이나 거둬들인 수익도 공유한다.

대한항공 승객 입장에서는 선택권이 늘어난다. 델타항공 노선을 대한항공과 똑같이 예약·이용할 수 있기 때문이다. 델타항공은 88개국 247개 도시에 취항하고 있다. 델타항공이 취항하는 미국 도시 곳곳의 연결편 항공기를 대한항공 고객도 활용할 수 있다는 뜻이다. 사전 좌석 지정이나 자동 발권, 마일리지 업그레이드 등 서비스 혜택도 동일하다.

▲ 대한항공

하지만 법적으로 보면 담합으로 해석될 여지가 있다. 서로 다른 2개의 법인이 특정 노선에서 완전히 같은 회사처럼 움직이기 때문이다. 미국은 반독점법, 한국은 공정거래법으로 담합을 금지한다. 조인트벤처 설립 전 항공 당국 허가가 필요한 이유다.

하와이안항공·제트블루항공은 대한항공·델타항공이 조인트벤처를 설립하면 한·미 노선 독점을 우려한다. 한국공항공사에 따르면, 지난해 여객수 기준 한미 수송실적 점유율은 대한항공 49.5%(1위·242만885명), 델타항공 7.4%(3위·35만9124명)다. 대한항공·델타항공 조인트벤처가 등장하면 단순 합산해도 점유율이 50%를 넘어선다.

▲ 유나이티드항공

결국 대한항공 입장에서는 조인트벤처가 시장에서 독점적 지위를 행사하지 않는다는 사실을 증명해야 한다. 대한항공은 지난달 27일 '국적항공사 최고경영자 간담회'에서 "한·미 양국에 조인트벤처 설립 관련 서류를 제출할 계획"이라며 "승인에 문제가 없을 것이라고 확신한다"고 말한 바 있다.

미국 항공 당국은 아메리칸항공-일본항공, 유나이티드항공-전일본공수 조인트벤처를 허가했다. 반면 콴타스-아메리칸항공 조인트벤처는 지난해 12월 불허했다. 당시 미국 교통부는 "미국-호주 노선은 국제 교통 흐름에서 고립돼 있는데, 콴타스항공-아메리칸항공 조인트벤처는 점유율의 60%를 점유한다"며 허가하지 않았다.

한편 아시아나항공과 유나이티드항공도 조인트벤처를 설립할 수 있다는 전망이 나온다. 유나이티드항공이 델타항공과 경쟁 관계기 때문이다. 항공업계 관계자는 "오는 10월 인천-나리타 노선 운항을 포기하면 유나이티드항공은 일본을 경유해 미국으로 가던 한국인 승객을 상당부분 잃게 된다. 따라서 유나이티드항공이 아시아나항공과 조인트벤처를 설립하면 델타항공을 견제하면서 동시에 방대한 아시아나 중국 노선을 확보할 수 있다"며 두 회사의 조인트벤처 설립 가능성을 높게 전망했다.

* 출처 : 중앙일보, 2017. 7. 4
http://news.joins.com/article/21725037
다운로드 및 편집 : 2017.12. 27.

3.2.4 기술 네트워크

기술 네트워크(Technology Network)는 새로운 기술협력의 수단으로 활용되고 있다. 기술 네트워크는 기업의 내부에서 지역을 서로 달리 하고 있는 사업부들 간의 공동연구와 기업 외부의 다른 기관 혹은 조직과의 공동연구를 위하여 구성되며, 컴퓨터와 인터넷 정보통신의 발전으로 급속하게 확산되고 있다. 기술 네트워크는 기업, 개인, 대학, 정부조직, 고객 혹은 다른 주체들과 상호작용으로 공동연구가 이루어지게 되며, 세계, 지역, 산업, 조직, 개인 등의 다양한 차원에서 존재하게 된다.

3.3 기술협력의 문제점

기술협력은 장점뿐만이 아니라 문제점 역시 존재한다. 기술협력에 참여하는 기업들은 문제점에 대해서는 주의를 요하면서 기술협력을 진행해야 할 것이다. 기술협력에 대한 문제점으로는 기술정보 유출, 이질적 조직 간의 비협력, 상이한 목적으로 인한 갈등 등이 있으며 [그림 9-11]과 같다.

그림 9-11 기술협력의 문제점

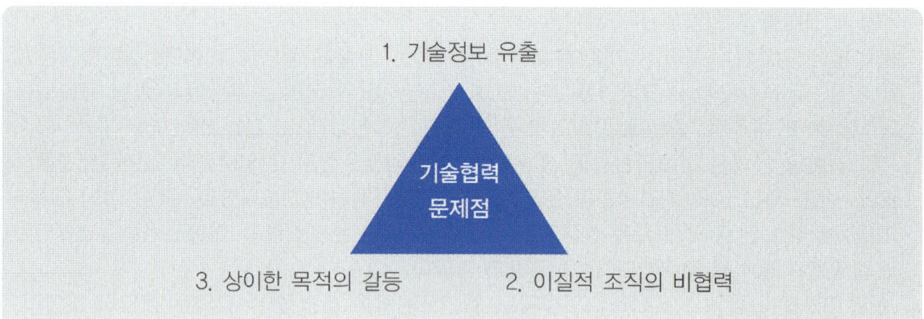

3.3.1 기술정보 유출

기술협력의 많은 장점에도 불구하고 기업들이 선뜻 공동연구에 나서지 못하는 가장 큰 이유는 기술정보의 유출에 대한 두려움 때문이다. 공동연구로 인하여 연관기술이 유출되게 되면 자사의 중요한 기술과 노하우가 미래의 잠재적 경쟁자의 경쟁력을 향상시켜 줄 가능성이 있으며, 유출된 기술과 노하우가 제3의 경쟁기업으로 재 유출될 가능성도 있다. 어떤 기업이 다른 기업들과 공동연구를 진행하게 될 경우에는 정보유출의 가능성과 유출 후의 피해에 대한 위험을 검토하고 대응방안을 수립해야 할 것이다.

3.3.2 이질적 조직 간의 비협력

기업 간의 기술협력은 서로 이질적인 조직 간의 공동연구이기 때문에 많은 어려움들이 발생하게 된다. 서로 다른 문화, 기술, 습관들로 인하여 충분한 성공을 달성하기란 쉽지 않으므로 공동연구가 진행되는 동안 세심한 중의가 필요하게 된다.

3.3.3 상이한 목적으로 인한 갈등

기술협력은 다수의 기업들이 공동으로 연구에 참여하지만 각 기업들의 목적은 서로 다르다. 기업은 각자의 기술적·전략적 목적이 서로 다른 상태에서 기술협력이 추진된다. 어떤 기업은 시장진입의 목표, 어떤 기업은 매출성장, 어떤 기업은 기술획득 등의 목적이 다른 경우가 일반적이므로, 기술의 연구분야와 연구방법에서도 의견이 다를 수 있게 된다. 이와 같이 각 기업의 연구목적이 다를 경우에는 연구과정에서 갈등이 발생하게 될 소지가 많게 되고, 갈등으로 인하여 자원을 낭비하게 되며, 기술협력이 성공하지 못할 경우도 있기 때문에 공동연구에 참여하는 기업들은 상호간의 갈등을 사전에 최대한 제거하는 노력을 해야 할 것이다.

4. 기술구매

4.1 기술구매의 개념

기술구매(Technology Purchase)는 기업이 필요로 하는 기술을 파악하고 외부로부터 해당 기술을 구매를 활용하여 획득하는 것을 의미한다. 외부로부터 구매하는 기술은 지식과 기술이 문서로 표현되어 있기 때문에 즉시 활용할 수 있는 경우가 많지만, 계약에 의하여 기술을 연구·개발하도록 하여 성공하면 구매하는 위탁 연구개발의 경우도 기술의 구매로 볼 수 있다. 외부에 존재하고 있는 기술을 구매하는 경우에는 기업 내의 다른 기술과 융합하여 혁신제품을 개발할 때 기술적 통합이 어려운 경우가 발생할 가능성을 염두에 두어야 한다. 이러한 경우에는 자사에서 필요한 기술을 지정하여 연구개발하게 하는 위탁 연구개발의 경우가 성공가능성이 더 높게 된다.

4.2 기술구매의 유형

기술을 구매할 수 있는 유형을 보면 기술 시장구매, 기술 라이센스, 기술 위탁연구, 기술 공동사용, 기술 기업 M&A 등이 있으며 [그림 9-12]와 같다.

그림 9-12 기술구매의 유형

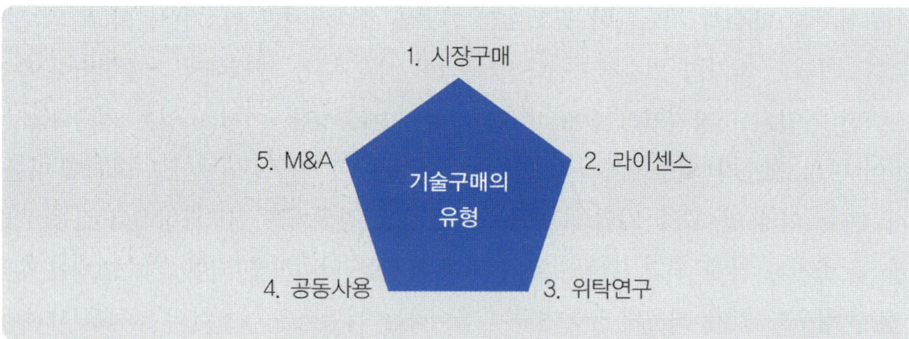

4.2.1 기술 시장구매

기술의 시장구매는 기업에서 필요한 기술이 이미 개발되어서 시장에 공급되고 있는 기술을 구매하는 것을 말한다. 기술이 표준화되어 누구에게나 판매되는 기술은 기술이라기보다는 서비스 상품이라고 할 수 있다. 기술은 비정형화 상태의 상품화가 되지 않은 상태이며, 제품 혹은 서비스 상품을 연구개발하기 위한 도구를 의미한다. 예를 들면 컴퓨터를 활용하기 위한 응용소프트웨어들이 시중에 공급되고 있다. 응용소프트웨어중에 MS(Micro Soft)사의 워드프로세서는 상품이므로 워드프로세서를 구매했다고 해서 기술을 구매했다고 할 수는 없다. 그러나 어떤 기업에서 MS사의 워드프로세서와 동일한 수준 이상의 상품을 연구개발하기 위한 소프트웨어 도구를 구매했다고 하면 그것은 상품을 구매한 것이 아니고 기술을 구입한 것이다. 기업의 기술은 제품 혹은 서비스 상품을 연구개발하기 위한 도구 혹은 원재료가 될 수 있는 기초적인 기술을 의미한다.

4.2.2 기술 라이센스

기술 라이센스(Technology Licence)는 다른 기업이 보유하고 있는 기술을 사용할 수 있는 권리를 의미하며, 다른 기업의 지적재산권에 대한 소유권을 일정한 기간 확보할 수 있게 된다. 기술 라이센스는 기술 구매자가 창출할 수 있는 수익에 대하여 일정한 로열티를 받는 조건으로 기술을 판매한다. 기술 라이센스에 대한 장점은 위에서 살펴본 바가 있는 기술협력의 장점과 유사한 부분이 많다. 그러나 기술 라이센스는 제공자로부터 제약조건이 많으며 가격, 생산량, 품질개선에 대한 독립성을 확보하기가 어렵다. 그리고 기업이 필요한 기술을 어디에서 누구로부터 구매해야 할지에 대한 정보를 확보하는 데 어려운 문제가 발생할 수 있다.

4.2.3 기술 위탁연구

기술 위탁연구(Technology Contract Research)는 기술분야에서의 아웃소싱(Technology Out-Sourcing)이라고 할 수 있다. 위탁연구는 기업의 외부의 다른 기업, 대학, 연구기관 등에게 기술의 연구개발을 의뢰하는 것이다. 기업에서 필요한 기술을 내부적으로 연구·개발할 수 있는 능력이 되지 않는 경우, 외부기관에서의 연구개발의 비용이 훨씬 저렴한 경우, 혹은 자사의 전략적 의사결정 등의 이유로 기업은 외부의 연구기관으로 기술을 위탁하여 연구개발을 진행할 수 있다.

4.2.4 기술 공동사용

최근의 글로벌 기업들 간에는 기술, 특히 지적재산권의 공동사용에 대한 제휴가 빈번하게 발생되고 있다. 기술 공동사용(Technology Co-alliance)은 소수의 기업들이 서로 보유하고 있는 특허 등의 지적재산권을 상호 공동으로 사용할 수 있는 권한을 부여하는 것을 의미한다. 기술제휴(Technology Alliance)는 어느 기업이 자사가 필요한 기술을 다른 기업과 공동으로 연구개발하게 되므로 연구개발에 따른 비용의 지출이 발생하게 되지만, 기술 공동사용은 이미 개발된 기술을 공동으로 사용하기 때문에 거래비용은 거의 발생하지 않게 된다. 〈사례 9-4〉는 전략적으로 기술을 공동 사용하는 사례이다.

사례 9-4 전략적 기술 공동사용

사례 연구 : 삼성 · 구글 · 에릭슨 '도원결의' … 애플 포위작전

특허 크로스 라이선스 계약
구글과 동맹 복원 … 미래 특허도 공유
글로벌 IT 판도 애플 vs 반(反)애플
'소송꾼' 애플 압박 수단으로 활용

위태로워 보였던 '갤럭시(삼성)-안드로이드(구글) 동맹'이 탄탄하게 복원됐다. 삼성전자와 구글은 27일 "2023년까지 양사 간 상호호혜 원칙에 따라 광범위한 기술 · 사업 영역에 대한 특허 관련 '크로스 라이선스 계약'을 체결했다"고 밝혔다. 정보기술(IT) 경쟁력의 원천인 특허권을 놓고 두 회사가 '10년간 신사협정'을 맺은 것이다. 모토로라를 인수하며 휴대전화 제조업 진출을 노렸던 구글과 안드로이드 대신 독자 운영체제(OS) 개발을 꾀했던 삼성이 결별을 택하는 대신 다시 손을 맞잡기로 한 셈이다.

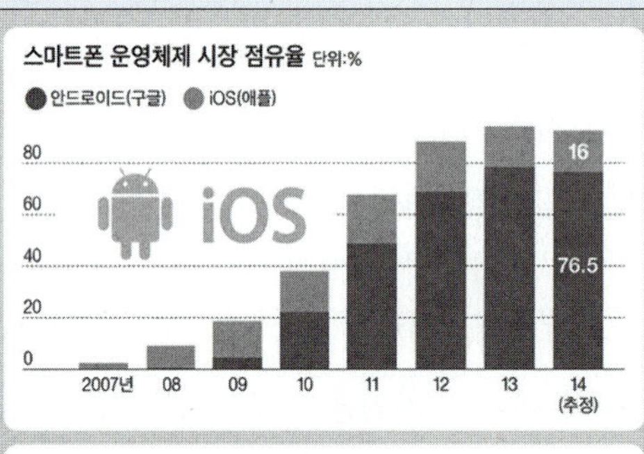

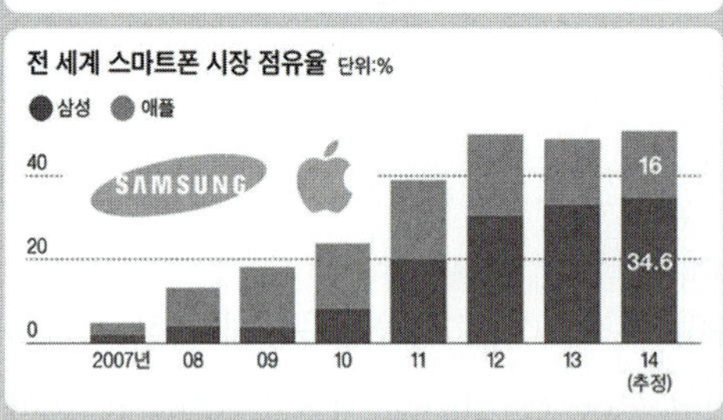

자료:스트래티직 애널리시스(SA)

삼성 특허 라이선스

시기	회사	내용
2009년 1월	인터디지털	통신 관련 라이선스
3월	인터트러스트	디지털저작권관리(DRM) 관련 특허 라이선스
5월	샌디스크	낸드플래시 관련 크로스 라이선스
7월	도시바	반도체 관련 크로스 라이선스
2010년 1월	코닥	카메라 기술 관련 특허 크로스 라이선스
11월	인텔렉추얼 벤처스	특허 라이선스 계약 체결
2011년 2월	IBM	특허 크로스 라이선스 계약 체결
9월	마이크로소프트(MS)	휴대전화 운영체제(OS) 관련 기술 등 특허 크로스 라이선스 체결
2013년 7월	SK하이닉스	반도체 관련 특허 크로스 라이선스 계약 체결
11월	노키아	휴대전화 관련 특허 라이선스 연장
2014년 1월	램버스(미국 반도체 업체)	반도체 관련 특허 크로스 라이선스 계약 연장
1월	구글	포괄적 특허 크로스 라이선스 협정 체결
크로스 라이선스		상호 계약을 체결한 회사끼리 특허를 서로 제한없이 무상 사용 가능
라이선스		어느 한 쪽이 다른 회사에 특허료(로열티)를 주고 사용 권리를 취득

자료:업계 종합

글로벌 정보통신기술(ICT) 대표 기업들이 소송을 거치지 않고 평화적으로 특허 공유 계약을 체결한 건 이번이 처음이다. 협정 내용도 파격적이다. 기존에 보유한 특허뿐만 아니라 향후 10년간 각자 새롭게 출원하는 '미래의 특허'까지 공유하기로 했다. 두 회사가 가진 특허 개수만 합쳐도 삼성 10만 건, 구글 5만 건으로 총 15만 건에 이른다. 삼성전자는 또 이날 스웨덴 통신장비업체 에릭슨과도 특허동맹을 맺었다. 삼성전자는 "에릭슨과 1년2개월 간의 법정 분쟁을 끝내고 LTE 기술 등 특허 관련 라이선스 계약을 연장하기로 했다"고 설명했다. 삼성전자 입장에선 구글 · 에릭슨과 특허 '도원결의'를 맺게 된 셈이다.

특히 전문가들은 흔들린 듯하던 삼성과 구글 간 동맹 복원에 주목하고 있다. 앞서 2007년 삼성과 구글은 당시 애플이 아이폰을 출시하며 스마트폰 시장을 장악하자 구글 안드로이드 OS를 탑재한 삼성 '갤럭시' 스마트폰를 내놓으면서 본격적으로 손을 잡았다. 그 결과 지난해 안드로이드의 스마트폰 OS 점유율은 78.3%로 애플 iOS(15.8%)를 압도했다. 삼성전자의 스마트폰 점유율도 애플(15.8%)의 두 배를 훨씬 넘는 32.9%였다. 하지만 최근 들어선 두 회사 간 밀월관계가 예전 같지 않다는 분석이 지배적이었다. 삼성이 미국의 인텔, 일본의 NTT도코모 등과 공동으로 자체 OS '타이젠' 개발에 나섰기 때문이다. 시장에선 삼성의 자체 OS 개발을 '갤럭시 스마트폰에 더 이상 구글 안드로이드를 사용하지 않겠다'는 신호로 받아들였다. 여기에 구글이 스마트홈 사업 진출을 예고하면서 삼성의 미래 먹거리에서 강력한 경쟁자로 떠올랐다. 그렇지만 이번 특허 공유를 통해 삼성-구글 간 동맹은 2023년까지는 지속될 것이라는 게 입증됐다.

삼성은 구글과의 동맹을 통해 다소 수세에 몰린 듯한 애플과의 소송전에서 반전의 기회를 얻었다. 파이낸셜타임스(FT)는 27일 "전 세계에 공급되는 스마트폰 중 75%가량이 안드로이드를 탑재했다는 점을 감안하면 이번 특허 동맹으로 인해 삼성과 구글이 앞으로 소송에 덜 휘말릴 전망"이라고 보도했다. 당장 3월 말 미국 법원에서 진행 예정인 애플과의 특허 재판에서도 긍정적인 효과를 기대할 수 있게 됐다.

구글 역시 적지 않은 소득을 챙겼다는 분석이다. 막강한 OS 경쟁력과 달리 휴대전화 제조업 시장에선 맥을 못 추는 구글 입장에선 세계 1위 제조업체와의 동맹 관계가 다시 굳건해졌기 때문이다. 구글은 2011년 125억 달러에 휴대전화 제조업체 모토로라를 인수한 데 이어 이달 초엔 스마트홈 업체 네스트를 32억 달러에 사들였다. 이처럼 막대한 자금을 투입해 독자적으로 IT 하드웨어 사업에 뛰어들려 했지만 성과는 기대 이하였다.

* 출처 : 중앙일보. 2014. 1. 28.
http://joongang.joins.com/article/416/13752416.html?ctg=
다운로드 및 편집 : 2017. 12. 27.

4.2.5 기술 인수합병

기술 인수합병(M&A, Merge & Acquisition)은 기업이 기술을 외부로부터 획득할 수 있는 방법 중 하나이지만 필요한 기술만을 구매하는 것이 아니라 기술을 보유하고 있는 기업 전체를 인수 혹은 합병함으로써 기술을 확득하는 것을 의미한다. 기술 인수합병은 기술을 보유하고 있는 기업을 인수하거나 혹은 합병하는 것을 의미하며, 기술인수(Merge)는 원하는 기술을 보유하고 있는 기업의 특정한 부서 혹은 기업전체를 구매함을 의미한다. 인수는 둘 이상의 기업이 하나의 기업이 되는 것이므로 인수를 당하는 기업은 인수하는 기업의 한 부서로 남게 된다. 기술합병(Acquisition)은 둘 이상의 기업이 서로 동등한 입장에서 결합되는 것을 의미한다. 그러나 실제로는 합병된 기업의 지분을 50 : 50으로 완벽하고 동일하게 나눌 수는 없으므로 인수와 합병을 구분하기가 어려우며, 합병의 의미는 인수의 의미에 포함된다고 볼 수 있다.

인수합병인 M&A는 일반적으로 우호적 M&A와 적대적 M&A로 구분되며, 대부분 우호적 M&A가 일반적이지만, 경우에 따라서는 적대적 M&A도 나타나고 있다. 적대적 M&A는 우량기업의 약점을 분석하고 약점을 공략하여 강제적으로 인수하는 것을 의미하며, 대부분 단기적 시세 차익을 노리는 것이기 때문에 적대적 M&A는 사회에 미치는 부정적인 영향이 크다고 할 수 있다. 그러나 우호적 M&A와 적대적 M&A를 명확하게 구분하는 것은 쉽지 않은 일이다. 〈사례 9-5〉는 월트디즈니가 21세기폭스 영화사를 우호적으로 인수합병했다는 내용이다.

사례 9-5 월트디즈니가 21세기폭스를 인수합병

사례연구

디즈니, '21세기폭스' 57조에 인수…'X맨·심슨 등' 라인업 강화

▲ 월트디즈니가 21세기폭스를 인수했다. 인수 규모는 524억 달러로 알려졌다.

'빅딜'이 성사했다. 할리우드 엔터테인먼트 기업인 '21세기폭스'가 월트디즈니에 매각됐다. 인수 규모는 524억 달러(한화 57조1100억원)이다. 두 미디어 공룡의 결합으로 할리우드는 물론, 전 세계 미디어 시장에도 지각변동이 예고된다. 14일(현지시간) 로이터 통신 등에 따르면 월트디즈니가 미디어 재벌 루퍼트 머독(Rupert Murdoch)이 이끄는 '21세기폭스'의 영화 · TV 사업 등의 주식을 524억 달러에 매입하는 방식으로 인수하는 데 합의했다고 전했다.

디즈니에 매각되는 폭스의 자산에는 21세기폭스 영화 · TV 스튜디오, 케이블 · 국제 TV 사업 등이 포함된 것으로 알려졌다. 디즈니는 137억 달러(한화 14조 9300억)에 이르는 21세기폭스의 순부채도 떠맡을 예정이다. 디즈니는 2달여 전부터 21세기폭스와 인수합병(M&A) 방안을 논의해왔으며, 컴캐스트 등과 인수전 경쟁을 벌였다. 그러다 전날 컴캐스트가 인수전에 참여하지 않겠다는 의사를 밝히면서 디즈니가 유리한 고지에 서게 됐다.

이번 M&A는 디즈니가 스트리밍 서비스를 강화해 넷플릭스와 경쟁 구도로 만들겠다는 로버트 아이거(Robert Iger) 디즈니 최고경영자의 의중에서 비롯됐다. 폭스의 비즈니스를 인수한 뒤에는 디즈니의 라인업은 한층 강화될 것으로 보인다. 우선 디즈니는 'X맨' 등 슈퍼 히어로와 '아바타'를 얻게 된다. 훌루닷컴 등 온라인 유통채널도 보유하게 되면서 폭스의 '심슨가족' 등을 통해 기존 TV사업도 강화할 수 있게 됐다.

* 출처 : 중앙일보, 2017. 12. 14
http://news.joins.com/article/22206127
다운로드 및 편집 : 2017.12. 27.

5. 기술획득 가치평가

기업이 획득한 기술의 가치를 평가하는 일반적인 과정은 기술수명주기 추정, 매출액 추정, 미래현금흐름 추정, 사업가치 추정, 기술기여도 추정, 기술가치 평가 등의 단계를 평가하는 것을 의미하며 [그림 9-13]과 같다.

그림 9-13 기술획득 가치평가 단계

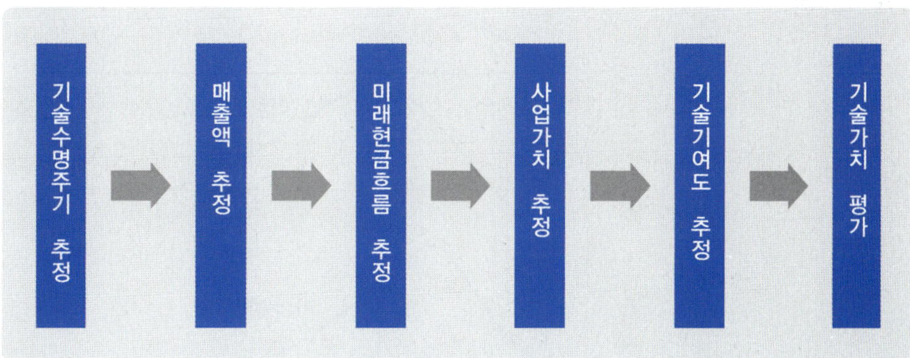

5.1 기술수명주기 추정

기술수명주기(Technology Life Cycle)는 제품수명주기(Products Life Cycle)와 밀접한 연관성이 있으므로 유사한 제품의 수명을 비교하여 기술수명을 추정할 수 있다. 제품의 도입기와 성숙기까지는 연구개발에 투자된 비용을 회수해야 하며, 제품의 성숙기에는 수익을 창출해야 하고, 제품의 쇠퇴기에는 한계이익을 넘는 한 최대한 판매를 지속하여, 누적 수익을 올릴 수 있도록 하는 것이 기업의 제품과 기술의 수명주기를 활용한 전략이다. 일반적으로 동일한 제품군의 유사한 성능의 제품이 가지는 수명주기는 유사하므로 기술의 수명주기를 어렵지 않게 추정할 수 있다. 예를 들면 배기량 1500cc 정도의 소형 승용차인 경우에는 제품수명주기가 2년 남짓하며, 스마트폰의 제품라이프사이클은 1년에 미치지 못한다고 알려져 있다. 특히 계절 패션상품과 같은 경우에는 제품수명주기가 3개월에 미치지 못하는 것은 쉽게 알 수 있다. 제품수명주기의 성숙기에는 이익률의 하락이 선행하고 기술수명주기가 선행하기 때문에 제품수명주기와 이익률의 추이를 분석하면 기술경쟁력(Technology Competitiveness)의 유효기간을 용이하게 추정할 수 있다. [그림 9-14]는 제품수명주기, 이익률, 기술수명주기의 관계를 보여주고 있다.

그림 9-14 제품수명주기, 이익률, 기술수명주기의 관계

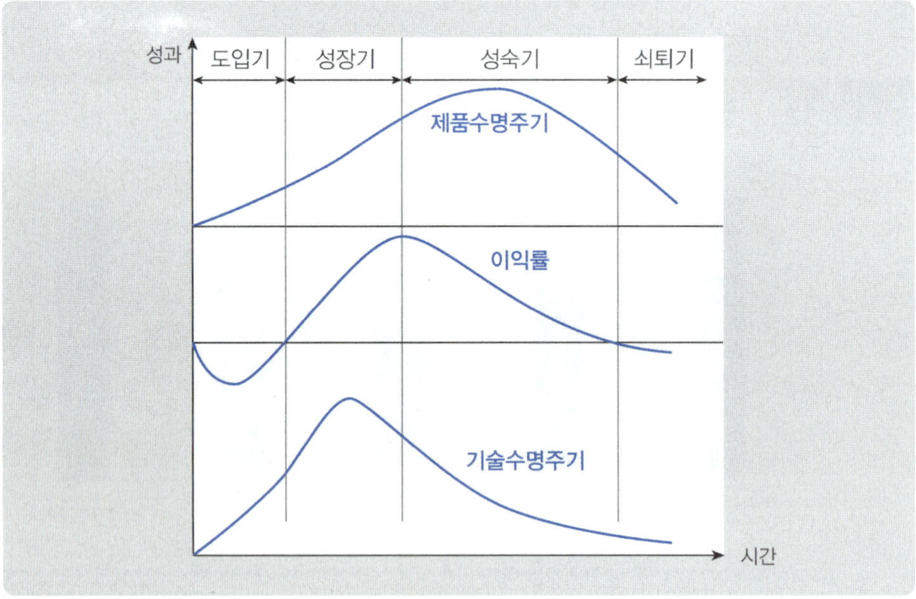

5.2 매출액 추정

제품수명주기 동안에 매출액을 기간별로 추정한다. 기간은 월별, 분기별, 연도별로 기업과 제품의 특성에 맞추어 정하면 될 것이다. 매출액은 시장의 규모와 성장성, 시장점유율, 사업화 역량 등을 감안하여 매출액을 추정하게 되며 매출액 추정은 정량적 방법과 정성적 방법을 동시에 활용할 수 있으며, 너무 낙관적이거나 비관적인 추정을 하지 않도록 주의해야 한다. 정량적 방법은 이동평균법, 지수평활법, 계절지수평활법, 회귀분석법 등의 시계열 분석법과 상관관계분석 등의 인과관계 분석법이 있다. 정성적 분석방법으로는 Grass Root방법, 시장 조사(Market Research), 패널 동의법(Panel Consensus), Delphi법, 유추법 등이 있다.

5.3 미래현금흐름 추정

제품의 매출액을 추정하는 것은 미래의 이익을 추정하기 위함이다. 그러기 위해서는 매출을 발생시키기 위해서 지출한 비용을 추정하고 미래의 현금흐름을 추정해야 한다. 특정한 기술을 사업화하는 데 소요되는 비용은 연구개발비, 인건비, 생산시설 및 장비, 판매관리비와 기타 금융비용을 합한 총비용을 의미하며, 직접적인 추정이 어려울 경우에는 유사한 제품의 경우를 참조할 수 있다. 생산시설비 및 장비는 감가상각비를 산정해야 하며, 정액법과 정율법 중에서 선택하여 활용할 수 있다. 정액법은 취득원가에서 잔존가치를 감한 후 내용연수로 나눈 금액이며, 정율법은 취득원가에서 감가상각 누계액을 감한 후 감가상각률을 곱한 금액이다.

미래현금흐름을 수식으로 표시하면 다음과 같다.

미래현금흐름 = 매출액 - 매출원가 - 판매관리비 - 법인세 - 감가상각비 - 기타비용 … (식 9-1)

5.4 사업가치 추정

미래의 기술가치를 평가하는 목적은 기술의 사업화가 종료된 시점까지의 사업 전체의 가치를 현재가치로 환산하면 어느 정도의 가치가 되는지를 평가하는 것이다. 따라서 사업의 미래가치를 현재의 가치로 환산해야 한다. 미래의 가치를 현재의 가치로 환산하는 비율을 할인율이라고 한다.

5.5 기술기여도 추정

특정한 기술을 사업화한 전체의 가치는 다른 요소들이 복합적으로 포함되어 있으므로, 특정한 기술이 사업 전체에 기여한 정도를 추정해야 한다. 기술기여도를 추정하는 방법으로는 일반적으로 기술자산 구성비를 활용한다. 기술자산 구성비는 기술자산이 사업화에 필요한 전체의 자산 중에서 차지하는 비율을 말한다.

즉 기술자산 구성비를 수식으로 나타내면 다음과 같다.

기술자산 구성비=기술자산/(기술자산+시장자산+인적자산+기타자산) × 100(%) ……………………………………………………(식 9-2)

5.6 기술가치 평가

기술가치는 미래의 모든 사업가치를 현재가치로 환산한 사업가치를 기술가치를 곱하여 산출할 수 있다.

즉 기술가치를 수식으로 나타내면 다음과 같다.

기술가치 = 사업가치 × 기술기여도 (원) …………………………………… (식 9-3)

토론제목

1. 기술획득 방법은?
2. 기술개발의 발전단계는?
3. 기술개발의 순환과정은?
4. 기술개발 프로젝트 관리요소는?
5. 스테이지-게이트 프로세스
6. 기술의 협력개발의 필요성은?
7. 기술의 협력개발의 종류는?
8. 기술협력의 문제점은?
9. 기술구매의 의미는?
10. 기술구매의 유형은?
11. 기술획득 가치평가 단계는?

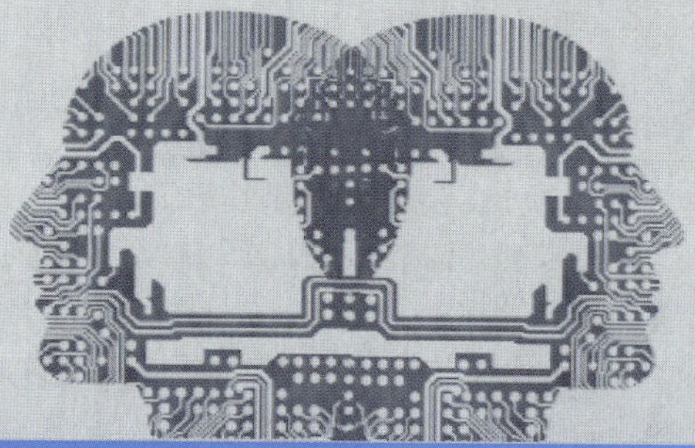

제 10 장
기술의 보호

1. 기술의 보호

1.1 기술보호의 의미

기업은 혁신기술을 획득하고 유지·발전시킴으로써, 기업의 발전을 지속하고 있다.

기업에서는 기술이 기업경영의 핵심역량이 되고 있다. 다시 말하면 핵심역량인 기술의 혁신없이는 기업의 지속적인 경영이 어렵게 된다. 따라서 기업은 많은 혁신적인 기술을 획득하고 유지하기 위해서 연구개발비용을 지속적으로 투자하게 된다. 많은 연구개발비용을 투자하고 많은 노력으로 획득한 혁신기술이 보호받지 못하고 다른 경쟁기업에서 즉시 활용하게 허용한다면, 기업의 입장에서는 연구개발에 투자하려고 하지 않을 것이다. 많은 노력을 통하여 획득한 혁신적인 기술을 보호해 주지 않는다면 산업발전은 물론 국가발전에도 저해요인으로 작용하게 될 것이다. 기업에서 연구개발한 결과물인 혁신기술에 대해서는 국가적·사회적으로 보호해야 하는 이유이다. 혁신기술을 연구개발한 기업의 혁신기술은 다른 기업이나 단체 혹은 개인이 허락없이 사용할 수 없도록 대부분의 국가에서 법률로 보호를 하고 있다.

1.2 지식재산권

1.2.1 지식재산권의 의미

지식재산권(Intellectual Property)은 지식활동에서 발생하는 모든 권리를 의미한다.

우리나라의 지식재산권은 '지식재산기본법'에 따르며, 이 법은 지식재산은 사람의 경험 혹은 창조적인 활동으로 발견된 지식, 정보, 기술, 감정표현, 영업활동, 생명 및 유전자원 등의 무형의 재산적 가치가 있는 것들을 의미한다. 지식재산은 법률로 보호되는 권리로 인정받고 있다. 지식재산권은 산업, 과학, 문화 예술 등의 분야에서 지적인 활동의 결과로 얻어질 수 있는 것들이며 법률적인 보호를 받을 수 있는 권리이다. 지식재산권은 과거에 사용되던 지적재산권의 확장된 의미로 사용되고 있다.

1.2.2 지식재산권의 종류

지식재산권은 저작권, 신지식재산권, 산업재산권, 인증 등으로 구분할 수 있으며 [그림 10-1]은 지식재산권의 종류를 보여 주고 있다.

그림 10-1 지식재산권의 종류

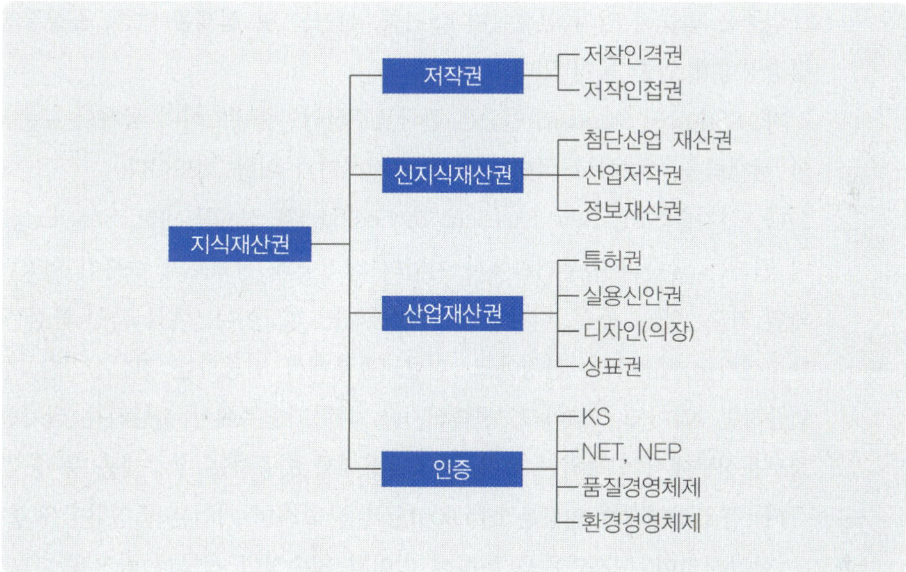

① 저작권

저작권은 정신세계를 표현한 결과물을 보호하는 권리를 의미하며 저작인격권과 저작인접권으로 구분된다. 저작인격권은 시, 소설 등의 문학 작품들이 있으며, 저작인접권으로는 노래, 공연, 음반, 방송 등의 문화 상품들이 해당된다.

② 신지식재산권

신지식재산권은 전통적인 지식재산권으로 보호하기 어려운 지식재산권을 의미하며, 첨단산업 재산권, 산업저작권, 정보재산권으로 구분된다. 첨단산업 재산권은 생명공학 기술권, 반도체 집적회로 배치설계권 등이 있으며, 산업저작권은 컴퓨터 프로그램, 소프트웨어권 등이 있고, 정보재산권은 데이터베이스권, 영업비밀 보호권 등이 있다.

③ 산업재산권

산업재산권은 창의적인 아이디어를 보호하기 위한 권리를 의미하며 특허권, 실용신안권, 디자인(의장), 상표권 등이 있다. 기업에서 보호를 받아야 할 지식재산권은 대부분 산업재산권에 해당되며, 산업재산권에 관련해서는 좀 더 구체적으로 살펴볼 필요가 있으므로, 다음 항목에서 구체적으로 살펴보기로 한다.

④ 인증

인증은 법률적 임의 인정이며 KS인증, 신기술 및 신제품 인증, 품질경영체제 인증, 환경경영체제 인증 등이 있다.

가. KS(Korea Standard)인증은 한국표준산업인증제도이며 국가의 표준을 정하여 산업의 경쟁력을 제고하고 국민 경제를 발전시키기 위한 제도이다.

나. 신기술(NET, New Excellent Technology)과 신제품(NEP, New Excellent Products)의 권리는 국가의 정부기관에서 기업의 신기술과 신제품의 수준이 일정한 수준 이상이 되면 기술, 성능, 품질, 디자인 등을 인증하는 제도이다. 예를 들면 환경부에서 인증하는 환경신기술, GR마크, 환경마크, 건설교통부에서 인증하는 건설신기술, 산업자원부에서 인증하는 NT마크, EM마크, 전력신기술, 과학기술부에서 인증하는 국가신기술 KT마크, 정보통신부에서 인증하는 IT마크, 조달청에서 인증하는 우수제품 등이 있다.

다. 품질경영체제 인증은 ISO 9001규정을 말하며 기업은 품질향상을 통하여 고객만족을 향상시키며, 고객만족을 통하여 기업의 지속적인 성장과 발전을 도모할 수 있다.

라. 환경경영체제 인증은 ISO 14001의 규정을 말하며 환경친화적인 산업구조의 전환을 위한 인증제도이다. 기업의 생산활동에서 비롯되는 모든 경영활동이 환경에 좋지 않은 영향을 미치지 않게 하기 위한 인증이다.

1.2.3 산업재산권

산업재산권은 특허권, 실용신안권, 디자인(의장), 상표권 등으로 구분된다.

① 특허권

특허권(Patent)은 핵심적이고 원천적인 새로운 기술발명에 대한 권리를 의미한다. 예를 들면 선풍기가 없던 시절에 새로운 제품인 선풍기를 개발했다면 특허에 해당된다.

신규 발명인 특허를 산업에 활용할 수 있고 법률적으로 보호를 받을 수 있는 권리에 대한 행정적인 처분이다. 발명은 물건인 제품의 발명과 제품을 생산하는 방법, 제조하는 방법 등으로 구분되며, 특허권에 대한 국가의 보호를 받으면서 일정한 권리를 부여받는다. 우리나라의 경우에는 특허를 취득하는 순간부터 20년간 기술을 독점적으로 사용할 수 있으며 기술에 대한 매매, 기술제공 등을 통하여 수익을 창출할 수 있다.

② 실용신안권

실용신안권(Utility Model Right)은 완전한 새로운 기술의 새로운 제품의 발명에는 미치지 못하지만 기술을 개선한 경우에도 보호하는 경우를 의미한다. 즉 실용신안이란 이미 발명한 제품에 대하여 개량하고 개선하여 제품을 더욱 유용하고 편리하게 사용할 수 있게 하는 기술이다. 선풍기의 예를 들면 선풍기 자체를 완전하게 새롭게 개발했다면 특허에 해당되지만 선풍기의 날개 모양을 개선하여 바람의 세기를 더 세게 할 수 있고 바람이 도달하는 거리를 더 확장하는 기술로 제품을 개선했다면 실용신안권에 해당되면서 법률적인 보호를 10년간 받을 수 있게 된다.

③ 디자인(의장)권

디자인권(Design Right)은 제품의 형태, 구조, 색 등을 결합하여 시각적인 아름다움을 표현한 것에 대한 권리를 의미하며, 디자인에 대한 법률적인 보호기간은 디자인권을 등록한 날로부터 15년간이다.

④ 상표권

상표권(Trademark Right)은 자사의 상품을 구별할 수 있도록 기호, 문자, 도형, 형상 등에 대한 권리를 의미하며, 이들의 결합 형태로도 상표권에 대한 법률적인 보호를 받을 수 있다. 상표에 대한 법률적인 보호기간은 상표권을 등록한 날로부터 10년간이며 갱신을 원할 경우에는 영구적인 사용도 가능하다.

2. 기술유출과 방지

2.1 기술유출

기업에서 막대한 연구개발비용을 투자하여 얻게 되는 성공적인 결과는 혁신제품 혹은 혁신 서비스상품의 형태로 나타나게 되면, 기업은 이를 생산하고 공급함으로써 수익을 창출할 수 있게 된다. 그러나 다른 한편에서는 연구개발에 대한 투자를 게을리 하고, 혁신기술을 유사하게 모방하거나 혹은 불법적인 경로를 통하여 경쟁사의 혁신기술을 유출하여, 자사의 제품에 활용하는 경우가 빈번하게 발생하고 있다. 글로벌 시장의 급변하는 환경에서 연구개발의 속도를 따라가지 못하는 후진 기업의 입장에서는 선진기업의 혁신기술을 빼내려는 유혹을 받게 될 것이다.

기술유출의 문제는 경쟁적인 기업 간의 문제를 넘어서 국가 간의 기술유출, 적대국으로의 기술유출 등으로 그 범위와 규모가 커지고 있다. 기술유출은 어느 한 기업의 문제가 아니라 국가적인 문제가 되고 있기도 하다. 〈사례 10-1〉은 우리나라의 기술이 북한으로 불법유출된 사례를 보여 주고 있다.

사례 10-1

사례 연구

북한에 기밀 넘긴 대북사업가…첨단장비 '카이샷'은?

[앵커]

중국에서 활동하는 북한 대남공작원에게 국가기밀 자료를 넘긴 남북이산가족협회이사가 구속기소됐습니다. 소말리아 해적으로부터 우리 선원을 구출한 '아덴만 여명작전'에 사용됐던 기술까지 유출됐습니다.

[기자]

당시 투입된 대원들의 헬멧에 장착된 '카이샷'이란 첨단 장비가 큰 역할을 했습니다. 카이샷을 통해 현장 상황이 실시간으로 전송되며 효과적인 대응이 가능했던 겁니다. 남북이산가족협회 이사 56살 강모씨는 카이샷 제조업체에 접근해, 중국에 제품을 수출하자며 속인 뒤 관련 정보를 빼내 중국에 있는 북한 대남공작원에게 넘겼습니다.

[이현철/서울중앙지검 공안1부장 : 작전 수행 중인 아군에 치명적인 위험을 가할 수 있는 중요자료입니다.] 강씨는 1990년대 후반부터 대북사업을 핑계로 기밀자료를 수집했고, 북한과 중국을 드나들며 공작원에게 자료를 넘겼습니다. 강씨가 넘긴 자료는 모두 6건으로 조사됐습니다. 남북이산가족협회 이사로 일하면서 얻은 이산가족 4백여명의 명단도 건넸고, 북한의 고속도로 설계도면까지 제작해주기도 했습니다. 강씨가 접촉한 공작원은 북한 정찰총국 소속 리호남으로 흑금성 사건 때 상부로 지목된 거물급 인사인 것으로 검찰은 파악하고 있습니다.

* 출처 : 중앙일보, 2014. 2. 5.
http://joongang.joins.com/article/458/13808458.html?ctg=
다운로드 및 편집 : 2017. 12. 27.

〈사례 10-2〉는 북한의 특수부대원들이 청와대를 타격하는 훈련을 하는 장면이다. 북한군들은 위의 〈사례 10-1〉에서 기술유출의 사례로 보았던 '카이샷'과 거의 유사한 모양의 장비를 헬멧에 장착하고 있는 것으로 보인다. 한국의 기술을 북한군이 복제해서 사용한 것으로 보인다. 안보에 관련한 기술의 유출에 대해서는 좀 더 경각심이 필요하다는 생각이다.

사례 10-2 "청와대 불바다" 전투훈련

사례연구

北 김정은, 탄핵 정국 속 "청와대 불바다" 전투훈련 참관

북한 군이 청와대를 본뜬 시설물을 공격하는 훈련 모습이다. 김정은 노동당 위원장은 이 훈련 모습을 보며 "적들이 반항은 고사하고 몸뚱아리를 숨길 짬도 없겠소"라고 말했다고 하고

또 "적들이 반항은 고사하고 몸뚱아리를 숨길 짬도 없겠소"라고 말했다고 북한 매체들은 전했다. 북한군이 청와대를 본뜬 시설물을 공격하는 훈련 모습. 김정은 노동당 위원장은 이 훈련 모습을 보며 "적들이 반항은 고사하고 몸뚱아리를 숨길 짬도 없겠소"라고 말했다고 북한 매체들은 전했다.

북한 김정은 노동당 위원장이 청와대를 타격 대상으로 삼은 전투훈련을 참관했다고 북한 관영 조선중앙통신이 11일 보도했다. 북한은 정확한 참관 시점은 밝히지 않았으나 보도는 박근혜 대통령에 대한 탄핵소추안이 국회에서 가결된지 이틀만에 내보냈다. 이날 전투훈련은 남측의 특정대상물에 대한 타격방법을 확인하기 위한 목적이었다고 통신은 전했다.

– 하략 –

* 출처 : 중앙일보, 2016. 12.11
http://news.joins.com/article/20988855
연합뉴스, 2016. 12. 11,
http://www.yonhapnews.co.kr/local/0899000000.html?cid=MYH20161211008700038&from=search
다운로드 및 편집 : 2017.12. 27

2.2 기술자료 임치제도

기술자료 임치제도는 중소기업의 기술자료를 신뢰성 있는 전문기관에 보관(임치)함으로써 중소기업의 기술유출을 방지하며, 대기업은 중소기업의 폐업 · 파산 시 계약조건에 따라 기술사용을 보장하는 제도를 말한다. 〈사례 10-3〉은 우리나라의 기술 임치제도를 운영하고 있는 현황을 보여 주고 있다.

사례 10-3

사례 연구

특허 뺏길까봐 걱정되는 中企, 기술 임치제도 활용하라

중소기업이 대기업의 기술 약탈에 대비할 수 있는 현실적인 방패막이는 기술자료 임치제도(이하 기술임치제)다. 기술임치제는 대기업이 중소기업에 기술을 사용하게 해달라고 할 때 제3의 기관(대·중소기업협력재단)에 맡겨 해당 기술을 보호할 수 있게 하는 제도다.

이 제도를 이용하면 중소기업은 대기업에 납품하는 제품의 설계도나 생산 방법과 같은 영업비밀을 공개하지 않을 수 있어 기술 유출을 방지할 수 있다. 기술이 유출됐을 때 법적으로 보호받을 수도 있다. 기술을 임치해 두면 나중에 기술 유출을 두고 법적 다툼이 벌어졌을 때 원천 기술을 보유한 기업이라는 점이 증빙되기 때문이다. 대기업 입장에서는 기술을 공급하는 중소기업이 예상치 못한 일로 도산하거나 사업을 정리하더라도 애초에 합의한 기간에 계속 기술을 사용할 수 있다는 이점이 있다.

기술 임치제가 도입된 첫해인 2008년에는 계약이 26건에 불과했다. 이후 이 제도가 조금씩 알려지면서 2011년 1000건을 넘어섰고, 올해 3월 4000건을 넘어섰다. 특히 삼성전자는 80건이 넘는 기술 임치계약을 맺고 있다. 미국이나 유럽에서는 기술 임치제가 30~40년 전부터 활성화되어 있다.

* 출처 : 중앙일보, 2013. 5. 29.
http://biz.chosun.com/site/data/html_dir/2013/05/28/2013052803767.html
다운로드 및 편집 : 2017. 12. 27.

2.3 산업기술유출 방지

정부는 2007년 '산업기술의 유출방지 및 보호에 관한 법률'을 제정하였고, 동 법률에 따라 '산업기술보호지침'을 제정하고 공표하였다. 기업, 연구기관, 대학 등의 단체에서 산업기술을 개발하고 국내외의 다른 기업 혹은 단체와 기술을 이전하는 과정에서 불법적인 산업기술의 유출이 발생하여도 적절한 대응을 하지 못하는 경우가 발생하고 있기 때문에, 산업기술의 유출을 예방하고 보호하는 제도와 장치가 필요하게 되었다.

이러한 산업기술의 유출을 방지하기 위한 목적으로 산업기술보호지침이 제정되었다. 〈사례 10-4〉는 외국 스파이들이 한국의 기술을 불법으로 유출하는 산업스파이들의 현황을 보여 주고 있다.

사례 10-4 6년간 외국 산업스파이 157건

사례연구

"국정원, 최근 6년간 외국 산업스파이 157건 적발"

외국 산업스파이의 국내 기술 탈취가 끊이지 않는 것으로 나타났다. 국가정보원이 2012년부터 올해 8월까지 적발한 산업기술 해외 유출은 총 157건이다. 기술 유출은 2012년 27건, 2013년 29건, 2014년 31건, 2015년 30건, 2016년 25건, 올해 15건으로 매년 꾸준히 적발되고 있다.

국정원이 분석한 유출 경로를 보면 전직 직원 53%, 현직 직원 27%, 협력업체 7% 등 내부 인력에 의한 유출이 약 80%를 차지했다. 기술 유출 동기는 금전 유혹이나 개인 영리가 78%, 인사처우 불만 등이 13%로 나타났다.

기술 유출 입증이 어려워 처벌로 이어지지 않는 경우가 많고 형량이나 양형이 기술선진국 대비 약하다. 2010~2017년 영업비밀 및 기술유출 사범에 대한 검찰의 처리 내역을 보면 총 5천565명 중 58%에 해당하는 3천255명이 혐의 없음으로 처리됐다.

* 출처 : 매일경제, 2017. 10.13
http://news.mk.co.kr/newsRead.php?year=2017&no=675919
다운로드 및 편집 : 2017.12. 27.

3. 특허획득

3.1 특허 등록 과정

특허를 등록하는 과정은 특허정보 분석, 특허 선행기술조사, 특허회피 설계, 특허출원, 특허심사, 등록공고 및 이의신청, 특허보호의 단계로 진행되며 [그림 10-2]와 같다.

그림 10-2 특허 등록 과정

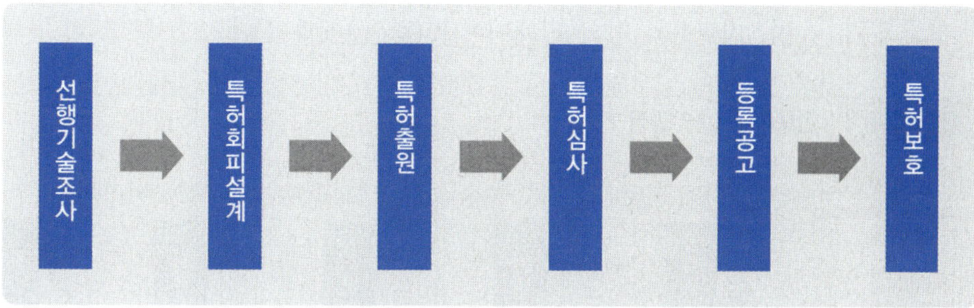

3.1.1 특허 선행기술조사

① 선행기술조사의 의미

기업이 혁신적인 기술에 대한 아이디어를 구체화하고 혁신적인 기술로 개발하는 과정에서 특허로 등록하여 기술보호를 받으려고 할 경우에 가장 먼저 해야 할 일은 기존에 등록되어 있는 특허들 중에 동일하거나 유사한 특허가 이미 등록되어 있는지 여부를 먼저 조사하는 일이다. 특허 선행기술조사는 다른 사람이나 조직이 먼저 특허를 출원 혹은 등록을 했거나 공개된 기술의 내용을 조사하는 것이다. 특허 선행기술을 조사하면 자신이 출원하려고 하는 발명이 어느 정도의 수준인지, 어느 정도로 혁신적인지를 확인할 수 있으므로 등록가능성이 어느 정도인지를 추정해 볼 수 있다. 특허 선행기술조사를 통하여 다른 사람의 특허에서 새로운 아이디어를 얻을 수 있고 다른 사람의 특허와 충돌되는 부분을 미리 회피할 수 있다.

특허 선행기술을 조사하면 어떤 기술을 언제 어디에서 누가 어떻게 왜 등록했는지에 대한 정보가 포함되어 있으므로 자사의 기술을 특허로 등록 가능한지의 여부와 함께 기존의 특허와 충돌할 수 있는 특허분쟁을 미리 방지할 수 있게 된다. 특허정보는 특허청의 자료를 검색하면 가능하며 인터넷으로 검색이 가능하다. 우리나라의 경우에는 KIPRIS(www.kipris.or.kr)에 접속하면 이미 등록되어 있는 모든 특허, 실용신안, 디자인, 상표정보를 검색할 수 있다. 미국의 경우에는 USPTO(www.uspto.gov)를, 유럽은 EPO(ep.espacenet.com)를, 일본은 JPO(www.jpo.go.jp)를 접속하면 해당국의 특허청을 접속이 가능하므로 해당국의 등록된 특허를 검색할 수 있다.

② 선행기술조사 과정

선행기술을 조사하는 과정은 발명의 정의, 발명의 특징 추출, 조사범위 결정, 검색 및 자료 추출, 비교분석 등의 단계이며 [그림 10-3]과 같다.

그림 10-3 선행기술조사 과정

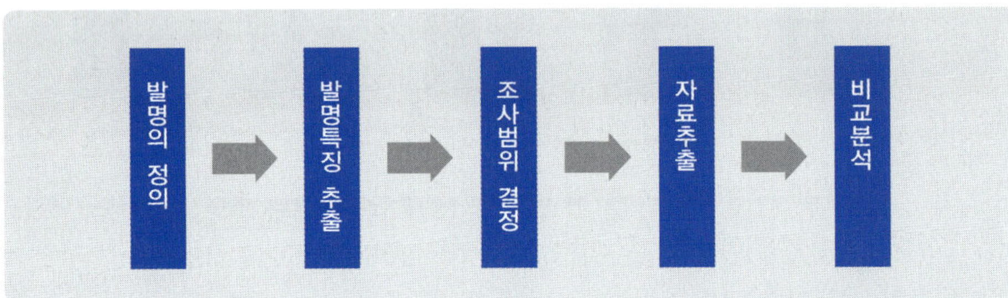

가. 발명의 정의

선행기술을 효과적으로 조사하기 위해서는 기술발명의 의미를 명확하게 해야 한다.

자신의 발명이 어떤 특허에 해당되는지를 명확하게 이해하고 있어야 선행기술을 검색하고 비교하기가 용이해 지기 때문이다.

스마트폰의 예를 들면 스마트폰의 크기와 무게에서 가장 큰 비중을 차지하는 것이 배터리이다. 중량과 두께를 반 이하로 줄이기 위하여 배터리의 크기와 무게를 반 이하로 축소할 수 있는 기술을 발명했다고 가정할 경우에 선행기술을 조사하기 위해서 스마트폰에는 없어서는 안 될 디스플레이를 선행기술연구에 포함하게 된다면 시간과 비용만을 낭비하게 될 것이다. 발명의 내용을 가능한 세밀하게 구분한 다음에 어느 기술을 특허로 주장할 수 있을지를 구분해야 한다.

나. 발명의 특징 추출

기술을 발명한 결과물인 혁신제품을 구성하는 모든 구성요소에 대하여 동일한 비중으로 조사할 것인지 혹은 가장 중요한 요소를 선별하여 집중적으로 조사할 것인지를 선택해야 한다. 선택하는 방법에 따라 시간과 비용의 차이가 많기 때문이다.

스마트폰의 예를 들면 스마트폰의 무게와 두께를 줄일 수 있는 기술발명은 배터리와 반도체회로의 구성이 권리주장의 효과가 매우 클 것이므로 배터리와 반도체회로의 구성부분을 핵심 기술발명으로 설정할 수 있으며, 나머지 디스플레이와 일반 회로물, 구조물들은 일반적인 기술로 분류할 수 있다.

다. 조사범위 결정

발명의 특징을 선택하였으면, 조사범위를 결정해야 한다. 모든 데이터베이스를 검색할 수는 없기 때문이다. 조사대상 국가, 데이터베이스의 종류, 검색기간 등을 결정하고 발명내용을 기술분야로 할 것인지 혹은 기업군을 중심으로 검색할 것인지를 결정해야 한다. 기업에서는 특허발명을 조사하는 경우에는 일반적으로 개량발명과 설계변경 부분이 많으므로 기업군 중에서 특허문헌 데이터베이스를 검색하는 것이 유용하고 효과적이다.

라. 검색 및 자료 추출

특정한 데이터베이스가 결정되면 검색식을 작성한다. 검색식은 AND와 OR을 사용하여 복수의 키워드를 조합하여 사용하게 된다. 검색식을 사용하여 추출된 문헌은 조사자가 원하는 정보는 아니다. 추출된 문헌자료가 선행기술조사 대상으로 적합한지를 판별하여 조사 목적에 적합한 문헌들을 선별해야 한다. 〈사례 10-5〉는 특허청에서 제공하는 '특허정보넷'(kpat.kipris.or.kr)을 활용하여 특허출원의 내용을 검색하는 과정을 보여 주고 있다.

사례 10-5 특허출원 결과의 검색사례

사례 연구

특허 출원 처리결과의 사례 kpat.kipris.or.kr

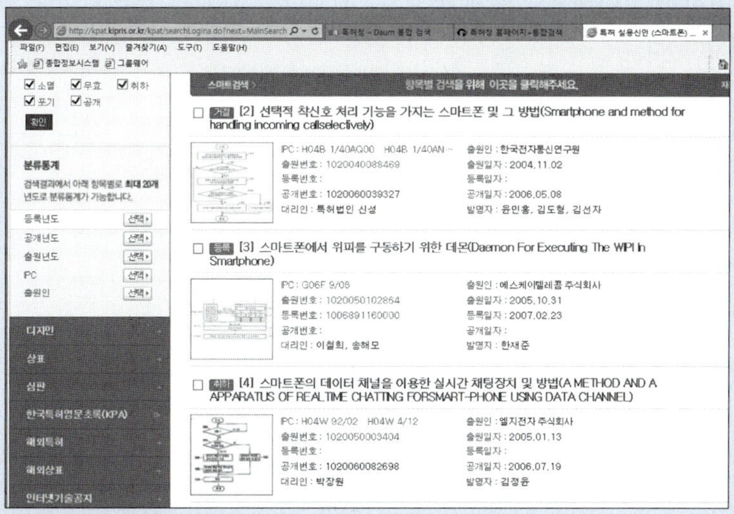

* 출처 : 특허청 특허정보넷
http://kpat.kipris.or.kr/kpat/searchLogina.do?next=MainSearch
다운로드 및 편집 : 2017. 12. 27.

마. 비교분석

선행기술조사의 목적에 부합되는 문헌자료가 선별되면, 선별된 특허 문헌의 발명내용과 특허를 출원하려는 발명내용을 비교한다. 비교내용은 특허를 출원하고자 하는 발명의 최신성, 진보성, 우수성 등을 차례로 비교한다. 비교분석을 통하여 출원하려는 발명과 동일한 선행기술이 발견되지 않으면 원래의 계획대로 특허를 출원한다.

3.1.2 특허 회피설계

회피설계는 다른 사람이 이미 등록한 특허와 동일하거나 그 이상의 기능 혹은 성능을 실현하면서도 해당 특허를 침해하지 않는 것을 말한다. 즉 새로운 진보된 기술을 활용하거나 개선된 기술을 활용하여 다른 사람의 특허권리를 회피하는 것이다. 이러한 회피설계는 후발 기업이 사용할 수 있는 유익한 방법이 될 수 있으며 경쟁사와 경쟁할 수 있게 된다. 후발 기업의 회피설계는 오히려 앞선 기술보다 개선된 기술이기 때문에 제품 역시 기능과 성능이 경쟁력을 확보할 수 있기 때문이다.

3.1.3 특허출원

특허를 출원하기 위해서는 작성해야 할 문서인 출원서, 명세서, 도면, 요약서와 구비서류가 필요하며 인터넷으로 출원 신청할 수 있다. [그림 10-4]는 특허를 출원하는 과정을 나타내고 있다.

그림 10-4 특허출원에 필요한 문서 및 서류

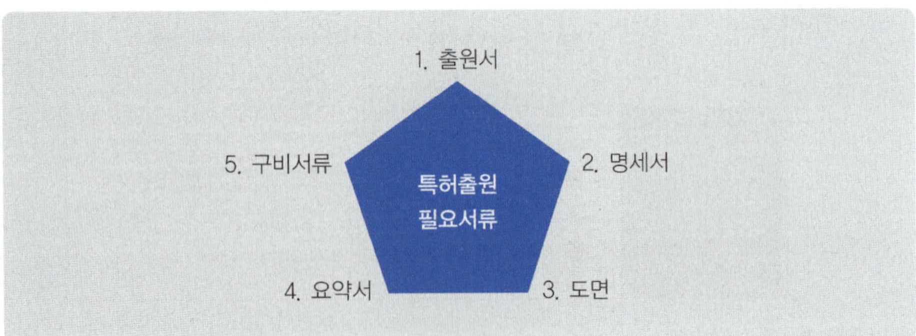

① **출원서**

출원서에는 출원인, 대리인, 발명자의 인적사항을 기록하게 되며 발명에 관련한 내용, 우선권에 대한 주장, 심사청구 사항, 취지 등을 기재한다. 해당이 없는 항목은 기재하지 않아도 된다.

② **명세서**

명세서에는 발명의 명칭, 발명의 상세한 설명, 특허 청구 범위, 도면의 간단한 설명 등을 기재한다.

③ **도면**

도면은 발명에 대한 명세서의 내용을 이해하기 용이하도록 그림으로 표시한 내용이다. 도면은 반드시 제출해야 하는 것은 아니지만, 출원인이 필요할 것으로 판단되면 도면을 제출한다. 그러나 기계장치와 같이 도면이 반드시 필요한 경우에는 생략하면 불이익을 받게 될 수 있다.

④ **요약서**

요약서에는 발명의 내용을 요약하여 1페이지 정도로 간략하게 기재한다. 발명에 포함되는 기술분야, 기술적 과제, 해결방법의 요지, 발명의 요지 등의 내용을 기재한다.

⑤ **구비서류**

특허 출원 시에는 위에서 설명한 출원서, 명세서, 도면, 요약서 이외에도 발명에 대한 정당한 권리자임을 증명하는 서류, 대리인의 대리권을 증명하는 서류 등을 첨부해야 한다.

이상에서 살펴본 특허출원을 특허청의 인터넷으로 온라인 출원할 수 있으며, 〈사례 10-6〉과 같이 특허청의 출원사이트인 '특허로'(www.patent.go.kr)를 활용하면 된다.

사례 10-6 특허출원 사이트

사례 연구

특허 출원 사이트 사례 www.patent.go.kr

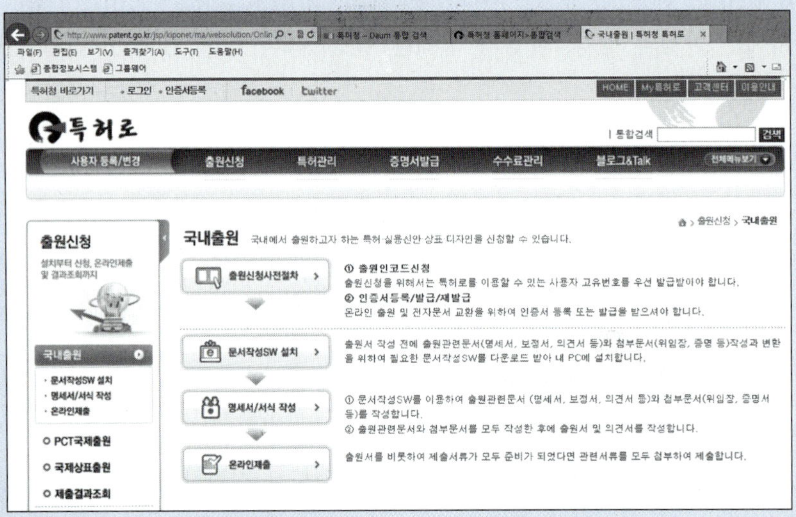

* 출처 : 특허청 특허로
http://www.patent.go.kr/jsp/kiponet/ma/websolution/OnlineIndex.jsp
다운로드 및 편집 : 2017. 12. 27.

3.1.4 특허심사

특허를 등록하고자 하는 발명가 혹은 기업 등의 조직에서 특허출원을 마치게 되면 특허청에서는 출원된 발명내용을 특허의 요건에 적합한지를 명세서와 도면 등을 통하여 심사하게 된다. 우리나라의 특허심사는 발명의 이용 가능성, 창의성, 진보성 등을 심사하고 실체적 요건과 형식적 요건을 모두 심사하는 심사주의를 채택하고 있다. 일부국가에서는 형식적인 요건만을 심사하는 무심사 주의를 채택하는 경우도 있다. 우리나라의 특허심사에 대한 과정을 보면 심사청구, 우선심사, 출원공개, 거절사정 및 특허 사정 등이 있으며 [그림 10-5]와 같다.

그림 10-5 특허심사 과정

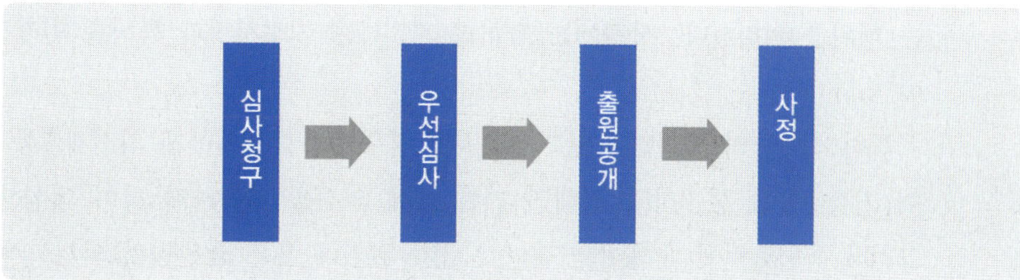

① 심사청구

특허 출원자가 특허출원을 하였다고 해서 특허심사가 곧바로 진행되는 것은 아니다. 심사청구는 특허출원한 내용에 대한 심사청구가 있는 경우에 청구한 순서대로 심사를 진행하게 되는 제도이다. 따라서 특허출원을 한 경우에도 일정한 기간이 경과할 때까지 심사청구를 하지 않으면 특허출원을 취하한 것으로 취급하게 되므로 심사대상이 되지 않게 된다. 심사청구 제도는 출원자가 시급히 심사를 원하는 경우 혹은 시간을 두고 심사를 지연하고자 하는 경우가 있으므로 출원자에게 적정한 시간을 선택할 수 있도록 하는 제도이다. 심사청구는 출원일로부터 5년 이내이면 언제든지 심사청구를 할 수 있다. 이 기간 동안에는 출원인이 아니더라도 사유가 인정되면 심사청구를 할 수 있다.

② 우선심사

발명가 혹은 기업 등의 조직에서 특허출원한 발명 내용이 권리보호, 공공의 목적달성, 제3자의 부당한 이익제거를 위해서 긴급성 등의 사유가 인정되는 경우에는 심사청구의 순서와 무관하게 우선적으로 심사할 수 있는 제도를 우선심사 제도라고 한다. 우선심사는 출원자는 물론 누구든지 우선심사를 신청할 수 있다.

③ 출원공개

특허를 출원한 이후 출원상태의 발명을 공개하는 제도이다. 출원공개는 심사여부와는 무관하게 진행된다. 심사 후에 발명이 공개되면 다른 발명가의 중복된 연구가 가능하므로 이를 방지할 수 있다. 그리고 다른 발명가들이 출원공개 내용을 참고하여 응용하거나 개선할 수 있는 발명으로 연구를 유도하여 관련 산업개발에 도움이 될 수 있게 한다. 특허출원이 공개된 이후에 설정 등록 시까지 출원한 발명내용을 허락 없이 무단으로 사용하여 사업을 한 경우에는 출원자가 해당 사업자에게 보상금을 청구할 수 있다.

④ 사정

사정은 특허출원의 발명내용이 특허요건을 충족하는지를 심사관이 최종적으로 판단하는 행위를 의미한다. 사정에는 특허를 거절하는 거절사정과 특허를 인정하는 특허사정이 있다.

특허 심사관의 사정결과가 거절사정일 경우에는 출원인에게 의견제출통지서를 사용하여 거절내용을 통지하고 정해진 기간 내에 의견을 제출하게 하여 재심사를 하게된다. 그러나 특허출원에 대하여 거절의 시유가 없거나 혹은 출원인의 의견서가 제출된 경우에 거절사유가 해소된 경우에는 특허사정을 해야 한다.

3.1.5 등록공고 및 이의신청

① 등록공고

특허사정이 완료되고 출원인이 특허권을 설정등록하게 되면 특허의 내용이 일반에게 공개된다. 이를 등록공고라고 한다. 등록공고는 발명내용에 대한 독점권을 공개하고 다른 발명가로부터 이의가 있을 경우에는 이의신청의 기회를 부여한다.

② 이의신청

일반적으로 특허사정이 완료되고 출원인이 특허권을 설정등록하게 된다. 이의신청은 일반에게 공개된 특허의 내용이 거절의 내용이 포함되어 있기 때문에 특허로 등록되면 안 된다는 것을 다른 사람이 의사를 표시하는 제도이다. 이 제도는 특허청에서 심사관이 심사를 진행하는 과정에서 발생할 수 있는 불비사항을 지적하고 부실한 특허권을 인정할 수 있는 잘못을 바로잡을 수 있는 제도이다. 특허의 등록공고 기간 중에 이의신청이 접수되면 특허청은 출원인에게 이의신청에 대한 답변서를 제출할 수 있는 기회를 부여해야 한다.

3.1.6 특허보호

특허는 침해 여부를 발견하기가 매우 어렵다. 무형자산인 특허에 대한 침해가 발생된 경우에 침해 여부를 입증하거나 침해로 인한 손해액을 산정하는 것 역시 매우 어렵다. 따라서 특허권에 대한 권리를 행사하고 보호를 받기 위해서는 특허권의 권리침해에 대한 내용을 이해하고 있어야 한다.

특허권 침해는 특허권자의 허락이나 동의 없이 무단으로 사업에 활용하는 경우를 의미한다. 특허의 침해에 대한 요건을 보면 특허권의 유효성, 구성 · 목적 · 효과의 동일성, 사업의 목적성 등이 있으며 [그림 10-6]과 같다.

그림 10-6 특허권의 침해

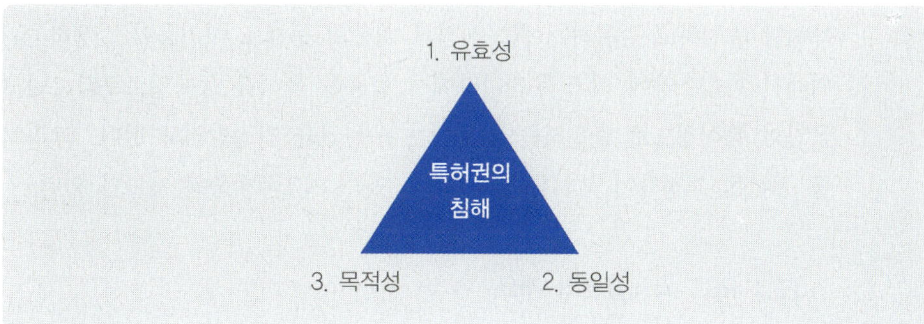

① **특허권의 유효성**

특허권의 침해가 성립되기 위해서는 침해를 당한 특허의 권리가 유효해야 한다. 존속기간이 만료되었거나 또는 특허권이 소멸된 특허는 특허권의 유효성이 없기 때문에 특허의 침해를 주장할 수 없다. 특허권이 소멸될 수 있는 사유로는 특허권 포기, 특허료 불납, 상속인 부존재, 취소결정, 무효판결 등이 있다.

② **구성 · 목적 · 효과의 동일성**

특허권을 침해한 사업의 구성, 목적, 효과 등의 내용이 특허권의 명세서에 명기되어 있는 발명에 대한 내용과 동일해야 특허권 침해가 인정될 수 있다. 그리고 내용이 다소 상이하더라도 통상적인 지식과 기술을 가지고 있는 수준의 사람이 쉽게 응용할 수 있는 정도의 차이를 가진 정도일 경우에는 동일한 내용으로 인정하여 특허권 침해가 인정될 수 있다.

③ **사업의 목적성**

다른 사람의 특허사용이 사업의 목적성이 있어야 특허침해가 된다. 학문적 활용이나 일반인의 비상업적인 활용은 특허침해라고 보지 않지만, 생계수단이나 돈벌이의 수단으로 활용하게 되면 특허침해가 된다.

3.2 국제특허 출원

외국에서 산업재산권의 보호를 받기 위해서는 해당국의 특허청에 특허를 출원하고 해당국의 법률과 규정에 따라 진행되므로 출원과정에서 등록까지 많은 어려움이 발생하게 된다. 해당국들의 법률체계와 업무처리 방법들이 매우 다르기 때문이다. 다수의 국가에 특허를 출원하고 등록하기에는 시간과 비용의 문제도 어려움이 발생하는 것을 경감하기 위해서 파리조약에 의거 우리나라에서 등록한 특허를 등록일로부터 1년 이내에 원하는 국가의 특허청으로 출원하는 경우에는 우선권을 인정받기도 한다. 그리고 다수의 국가를 동시에 지정하여 특허를 출원할 수 있는 PCT국제출원 제도가 있다.

3.2.1 PCT 국제출원의 개요

특허의 국제출원은 특허협력조약(PCT, Patent Cooperation Treaty)에 의거하여 다수의 국가를 동시에 지정하여 동시에 발명을 출원하는 제도이다. PCT 국제출원 제도를 이용하면 한 번의 출원으로 원하는 다수의 국가에 동시에 출원하는 효과를 얻을 수 있다. 이러한 PCT국제출원의 장점을 보면 출원절차가 매우 간편하고, 시간과 비용을 절감할 수 있다.

3.2.2 PCT 국제출원의 절차

PCT 국제출원의 절차를 보면 국제출원서 제출, 국제조사 및 공개, 국제예비심사, 해당국 국내단계 등의 과정으로 진행되며 [그림 10-7]과 같다.

그림 10-7 PCT 국제출원의 절차

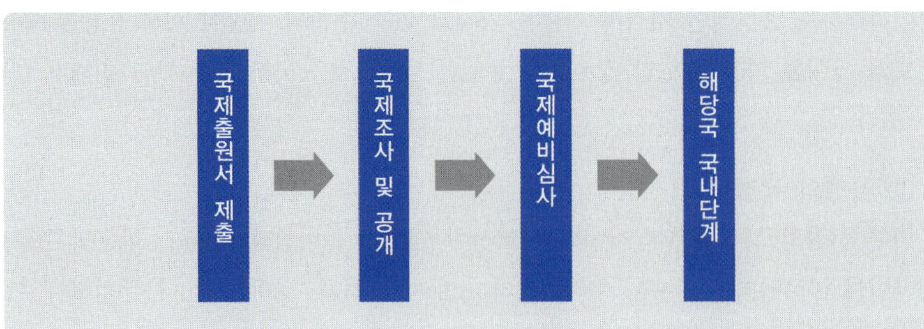

① 국제출원서 제출

PCT 국제출원은 우리나라의 특허청 혹은 세계지적재산권기구(WIPO, World Intellectual Property Organization) 국제사무국에 제출하면 된다. 국제특허출원을 희망하는 사람은 출원서, 명세서, 도면, 요약서, 구비서류 등을 특허청에 제출하고 특허획득을 원하는 국가를 1개 이상 지정해야 한다. 그리고 발명 내용을 기재할 때 지정된 언어를 사용해야 하며, 우리나라의 경우에는 한국어, 영어, 일본어를 사용할 수 있다.

특허청에서는 국제출원서가 접수되면 법률과 특허청의 규정에 반하는 내용이 없으면 국제출원일을 인정한다. 국제출원일이 인정된 국제출원에 대해서는 사본 1부를 특허청에 보관하고 원본은 WIPO 국제사무국으로, 조사용 사본 1부는 국제조사기관으로 송부하게 된다.

② 국제조사 및 공개

국제출원한 발명내용에 대하여 국제조사를 진행하는 목적은 발명내용에 대하여 선행기술을 조사하고 그 결과를 각 해당국의 특허청이 활용할 수 있게 하는 것이다. 우리나라의 특허청에 특허를 출원하려는 외국인의 경우에는 한국, 호주, 일본, 오스트리아의 특허청 중 한 곳을 국제조사기관으로 지정할 수 있다. 그리고 국제사무국은 국제출원된 발명내용을 공개하게 된다.

③ 국제예비심사

국제예비심사는 모든 국제출원에 적용되는 것은 아니며 예비심사를 청구한 국제출원에 대해서만 국제예비심사를 진행하게 된다. 국제예비심사는 출원인이 필요하다고 판단되면 선택할 수 있는 임의의 과정이다. 국제출원을 접수한 국제예비심사기관은 국제출원의 발명의 이용 가능성, 창의성, 진보성 등을 평가하고 심사결과를 출원인과 WIPO 국제사무국으로 송부한다.

④ 해당국 국내단계

국제출원한 발명의 내용이 국제조사 및 국제예비심사 과정을 마치게 되면 해당국의 국내단계로 진행된다. 해당국의 특허출원이 시작되기 위해서는 해당국에서 요구하는 언어로 번역한 번역문과 해당국의 국내단계로 진입하기 위한 의사를 표시한 서류를 함께 제출해야 한다. 해당국의 특허청에서는 접수된 국제출원의 발명내용을 자국의 법률과 업무절차에 따라 심사를 진행하게 되고 특허사정 여부를 결정하게 된다.

3.3 특허분쟁

특허분쟁(Patent Conflict)은 특허권자가 특허에 대한 권리를 지키고 확고히 다지기 위하여 대부분 기업과 기업 간에 혹은 기업과 개인 간에 일어나는 다툼이다. 현재 삼성전자와 애플의 특허분쟁은 인류 역사상 가장 큰 기업 간의 특허분쟁이다. 이러한 대형 특허분쟁을 특허전쟁(Patent War)이라고도 한다.

특허분쟁은 과거에서부터 지속적으로 발생하고 있는 일이다.

특허분쟁이 대중들에게 알려진 것은 라이트 형제의 법적인 조치가 계기가 되었다고 할 수 있다. 그들은 비행기를 발명하고 경쟁자가 생기는 것을 방지하기 위해 법적인 조치를 취하였고, 이는 특허분쟁으로 이어졌다. 또 다른 유명한 사례로는, 전화기를 발명한 알렉산더 그레이엄 벨은 그의 라이벌들을 상대로 11년 동안 600개의 소송을 거친 특허분쟁을 치룬 것이며, 이 중에서 전화기의 또 다른 발명자로 인정받는 일이라서 그레이의 특허를 산 웨스턴 유니온과의 소송 사건이 가장 잘 알려져 있다. 특허분쟁은 빠른 정보의 공유와 교류를 통한 혁신으로, 많은 양의 특허가 나오는 디지털시대에 더 화제가 되고 있다. 1980년대에 미국과 일본의 기업들 간의 특허분쟁이 많이 일어났고 이는 1990년대에 이르러 가라앉았다. 2000년대에는 스마트폰을 둘러싼 특허분쟁이 일어나고 있다. 2000년대 후반에 애플이 경쟁상대인 구글의 안드로이드 운영 체제에게 스마트폰 특허에 대한 분쟁을 일으켰다. 이를 시작으로 모바일 장치 시장에 거대 기업들의 특허분쟁이 많이 발생했고 점점 규모가 커지고 있다(네이버의 지식백과, 2014).

〈사례 10-7〉은 삼성전자와 애플 간의 특허전쟁에서 불공정하게 미국의 대통령이 거부권을 행사하면서까지 애플의 손을 들어준 사례이다. 애플의 스마트폰의 수입금지는 거부권을, 반대로 삼성전자의 스마트폰에 대한 수입금지는 인정한 사례이다. 누가 보더라도 미국의 오바마 대통령은 불공정했다.

사례 10-7 특허분쟁 사례

사례 연구 : **애플 손 들어준 오바마 … 美, 삼성 견제 나섰다**

특허 침해한 애플 제품, 美 수입 허 … 美대통령, 특허 심판 26년만에 거부권
삼성 "유감" … 美 정부가 특허전쟁 개입, 위험한 선례 될 가능성도

"삼성전자 특허를 침해한 애플 제품의 미국 내 수입을 금지한다"는 미국 국제무역위원회(ITC) 판정에 대해 미국 버락 오바마 대통령이 3일(현지 시각) 거부권을 행사했다. 미국 대통령

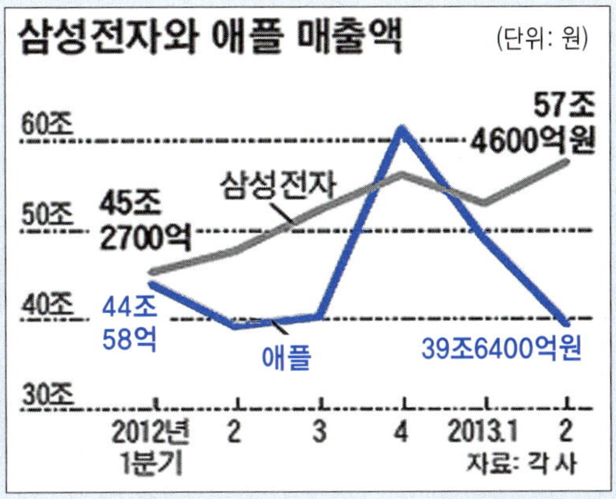

이 특허침해 심판기관인 ITC 판정에 거부권을 행사한 것은 26년 만의 일로 매우 이례적인 것이다. 일각에선 미국 정치권이 노골적인 자국 기업 편들기에 나선 게 아니냐는 우려가 나온다. 3일 마이클 프로먼 미국 무역대표부(USTR) 대표는 "애플제품의 미국내 수입을 금지키로 한 ITC 결정을 승인하지 않는다"며 "(승인 불가 결정은) 미국 경제와 소비자에게 미칠 영향을 고려한 것"이라고 밝혔다. 이에 따라 ITC판정은 효력을 잃었다.

■ "자국 기업 편들기 나선 미국 정부"

삼성전자와 애플은 지난 3년간 전 세계 9개국에서 30여 건의 특허 소송을 진행해왔다. 고(故) 스티브 잡스 애플 창업자가 "삼성전자는 애플을 베끼는 카피캣(Copycat · 흉내쟁이)"이라며 특허 침해 소송을 걸었고, 삼성전자는 "(애플에) 당한 만큼 갚아주겠다"며 맞소송에 나섰다. 이 중 삼성이 애플을 제소한 한 사건에 대해 지난 6월 미국 ITC는 애플의 삼성전자 특허 침해를 인정하고 아이폰3GS · 아이폰4 · 아이패드2 등 5개 제품의 미국 내 수입금지 판정을 내렸다. 애플은 중국에서 제품을 조립해 미국으로 들여오는데 이를 금지한다는 결정이었다. 미국 기업 제품이 미국으로 들어오지 못하는 상황이 발생하는 셈이다.

* 출처 : 조선일보, 2013. 8. 5.
http://biz.chosun.com/site/data/html_dir/2013/08/04/2013080401931.html
다운로드 및 편집 : 2017. 12. 27.

사례 연구

오바마 '삼성 제품 수입금지' 수용…애플 편들어(종합)

■ 삼성전자가 2010년 선보인 갤럭시S

미국 행정부가 애플 제품에 대한 수입금지는 거부했지만 삼성전자 제품에 대한 수입금지 조치는 수용했다. 버락 오바마 미국 대통령이 삼성전자의 구형 제품의 미국 내 수입금지 조치에 대해 거부권을 행사하기 않기로 8일(현지시각) 결정했다. 애플 제품의 수입금지는 받아들이지 않았지만 삼성전자 제품의 수입금지는 동의한 것이라서 '자국 기업 보호주의'를 행사한다는 비판을 받게 됐다.

오바마 행정부가 업계의 예측대로 거부권을 행사하지 않으면서, 미국은 자국 기업을 편애하고 있다는 비판을 피하기 어려울 것으로 보인다. 오바마는 지난 8월 ITC가 애플 제품에 대해

내린 수입금지 조치에 대해서는 거부권을 행사했다. 미국 행정부가 ITC의 결정에 대해 거부권을 행사한 것은 25년만에 처음 있는 일로, 매우 이례적인 사건으로 평가됐다. 당시 우리 정부도 강력하게 유감을 표했다. 산업통상자원부는 8월 5일 "삼성전자가 보유한 특허권 보호에 미칠 부정적인 영향에 대해 우려를 표명한다"고 밝힌 적이 있다.

이번 결정으로 삼성전자는 미국 시장에서 갤럭시S와 갤럭시S2, 갤럭시 넥서스, 갤럭시탭10.1 등을 수입판매할 수 없게 됐다. 그러나 삼성전자의 가장 최신 제품인 갤럭시S4, 갤럭시노트3, 갤럭시기어 등도 이번 분쟁에 포함되지 않았기 때문에 계속해서 미국에서 판매할 수 있어 매출에는 큰 영향을 미치지 않는다. 삼성전자 측은 즉시 성명을 내고 "우리 제품에 대한 ITC의 수입금지 조치가 받아들여진 것을 유감스럽게 생각한다. 이는 시장에서의 경쟁과 미국 소비자의 선택을 제한하는 조치"라며 "항고를 포함한 모든 조치를 검토하고 있다"고 밝혔다.

* 출처 : 조선일보, 2013. 10. 9.
http://biz.chosun.com/site/data/html_dir/2013/10/09/2013100900357.html?related_all
다운로드 및 편집 : 2017. 12. 27.

3.4 특허동맹

산업계에서의 동맹(Alliance)은 경쟁사의 공격에 대해 공동으로 방어하기 위한 다수 기업들 간의 결합을 말한다. 기업이 안전을 보호할 수 있는 방법이다. 기업들 간의 동맹은 방어동맹 · 공격동맹 · 공수동맹이 있다. 그리고 특허동맹(Patent Alliance)이라는 말은 특허를 가지고 있는 기업들 간에 각사에서 보유하고 있는 발명기술인 특허를 공동으로 활용할 수 있도록 동맹을 맺는다는 의미가 되므로 특허기술제휴, 혹은 특허 기술 공동사용을 의미한다. 최근에 애플의 공격적인 특허전쟁으로 많은 글로벌 기업들이 특허동맹을 보이고 있다. 최근에는 퀄컴과 반퀄컴 기업들과의 특허전쟁으로 확대되고 있다.

〈사례 10-8〉은 애플을 중심으로 만드어진 반퀄컴 연합군들이 퀄컴과 특허 전쟁을 시작하고 있는 내용이다. 경쟁기업들 간에는 적과 아군이 분명하지 않는 것을 보여 주기도 한다.

사례 10-8 애플과 反퀄컴 협력사들 퀄컴에 맞소송

사례연구

애플과 反퀄컴 연합군 결성한 협력사들 퀄컴에 맞소송... 특허 소송전 '점입가경'

애플과 퀄컴의 특허 소송 전선(戰線)이 확대됐다. 지난 6일 퀄컴으로부터 특허 침해 소송을 당한 폭스콘, 페가트론, 위스트론, 콤팔 등 4곳의 애플 협력사들이 퀄컴을 상대로 맞소송에 나서기 때문이다.

■ 애플+협력사 VS 퀄컴…"참을만큼 참았다"

애플과 퀄컴의 특허료 분쟁은 갈수록 격화(激化)하고 있다. 애플이 지난 1월 퀄컴을 상대로 10억 달러(약 1조2000억원) 규모의 청구 소송을 제기하자, 퀄컴은 4월, 7월 각각 미국 법원과 국제무역위원회(ITC)에 자사의 특허권을 침해했다며 애플을 제소했다. 여기에 퀄컴이 애플의 협력사를 제소하자, 애플과 협력사들 사이에 '반(反) 퀄컴' 연합군이 만들어지는 모양새다.

지난 5월 퀄컴은 미국 샌디에이고의 연방법원에 폭스콘 등 애플 협력사 4곳을 특허 라이센싱 계약 위반으로 소송을 제기했다. 이들 업체들이 아이폰과 아이패드를 생산하면서 사용한 퀄컴 기술에 대한 로열티 지급을 중단했다는 게 소송의 이유였다. 퀄컴 측은 밀린 로열티 뿐만 아니라, 앞으로도 기존 계약에 따라 대가를 지불해야 한다는 입장이다.

▲ 퀄컴 빌딩의 모습

퀄컴은 이동통신 원천기술(표준필수특허 · SEP)을 무기로 휴대전화 제조업체로부터 스마트폰 가격의 일부를 특허사용료로 받는다. 이른바 '퀄컴세(稅)'이다. 애플은 퀄컴이 퀄컴 제품인 칩셋(메인보드, 그래픽 카드 등을 통합 및 제어하는 장치)의 가격이 아닌 스마트폰 값을 기준으로 특허사용료를 받는 체계가 부당하다고 주장하고 있다. 퀄컴이 특허와 시장 지배력을 무기로 불공정 거래를 한다는 것이다. 현재 아이폰에는 네트워크 접속을 위한 인텔과 퀄컴의 모뎀이 들어간다. 아이폰 7이 나오기 전까지는 퀄컴이 독점 공급했다.

애플은 지난 6월 성명에서 "퀄컴이 수년간 관련도 없는 기술 특허와 지식재산권 로열티를 강요하는 불공정 행위를 해왔다"고 주장했다. 이어 애플은 "퀄컴의 불법적인 비즈니스 관행으로 애플과 업계 전반이 피해를 입고 있다"고 밝혔다.

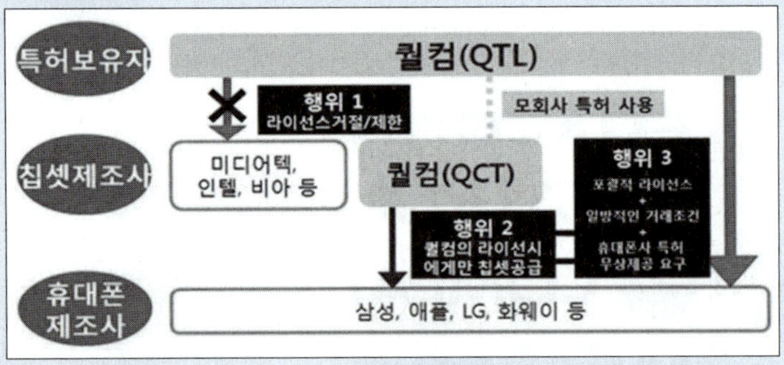

애플은 아이폰 시리즈를 출시할 때마다 퀄컴칩에 관계없이 디스플레이의 크기를 키우거나 고성능 카메라를 탑재하는 등 부가가치를 높여 아이폰의 가격을 올렸다. 이 과정에서 퀄컴의 도움을 받지 않았지만 로열티로 지급해야 했다.

▣ 퀄컴, 사면초가 … 정부 · 제조사 · 협력사 · 소비자까지 '불만'

퀄컴은 각국 정부와 정보통신기술(ICT) 기기 제조사, 부품업체, 소비자 등 여러 이해관계자와 동시다발적으로 싸워야하는 '사면초가(四面楚歌)'상태에 처했다. 이미 퀄컴은 한국, 미국, 중국 등 세계 곳곳에서 독점적 지위를 앞세운 불공정 행위로 소송을 당하거나 정부 당국의 조사 · 제재조치를 받고 있기 때문이다.

지난 1월 퀄컴은 휴대전화의 핵심 반도체의 독점을 유지하기 위해 경쟁을 저해했다는 이유로 미국 연방무역위원회(FTC)로부터 제소됐다. 지난해 12월 한국 공정거래위원회로부터 시장 지배적 지위 남용 혐의로 1조300억 원의 과징금을 부과받은 퀄컴이 본거지인 미국에서도 궁지에 몰린 것이다.

<퀄컴 사업모델의 유기적 순환(feedback) 구조>

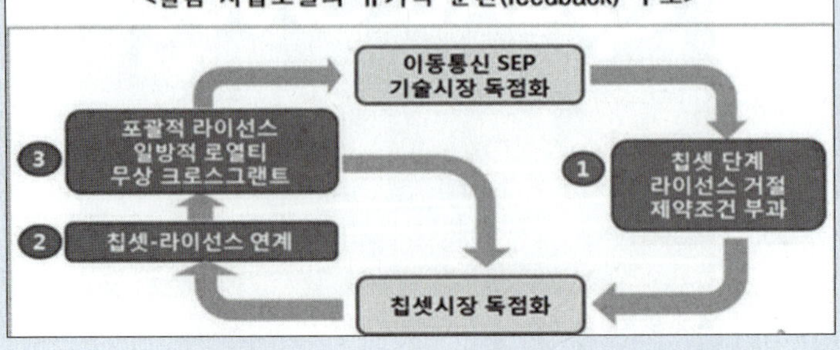

한국의 공정위 역시 퀄컴이 국제특허법을 따르지 않고 특허 사용료를 과다 책정해 38조원에 달하는 부당이익을 취했다고 판단, 과징금을 내렸다고 설명했다. 퀄컴은 이에 반발해 지난 2월 서울고법에 과징금 결정 취소 소송과 함께 시정명령 집행정지 신청을 냈다. 퀄컴의 불공정 행위를 심의한 전원회의는 지난해 7차례 열렸으며 여기에는 삼성전자, LG전자, 애플, 인텔, 화웨이, 에릭슨 등 세계 각국의 IT 기업들이 대거 참여했다.

퀄컴은 지난 2015년 중국 국가발전개혁위원회로부터 비슷한 이유로 60억 위안(약 1조640억원)의 과징금을 부과받기도 했다.

* 출처 : 조선일보, 2017. 7. 19.
http://biz.chosun.com/site/data/html_dir/2017/07/19/2017071902793.html
다운로드 및 편집 : 2017.12. 27.

토론제목

1. 기술보호의 의미는?
2. 지식재산권의 의미는?
3. 기술유출의 의미는?
4. 기술자료 임치제도는?
5. 산업기술유출 방지방안에 대한 의견은?
6. 특허, 실용신안, 등록상표의 특징과 차이는?
7. 특허 등록 과정은?
8. 국제특허 출원방법은?
9. 특허분쟁과 특허동맹의 의미는?

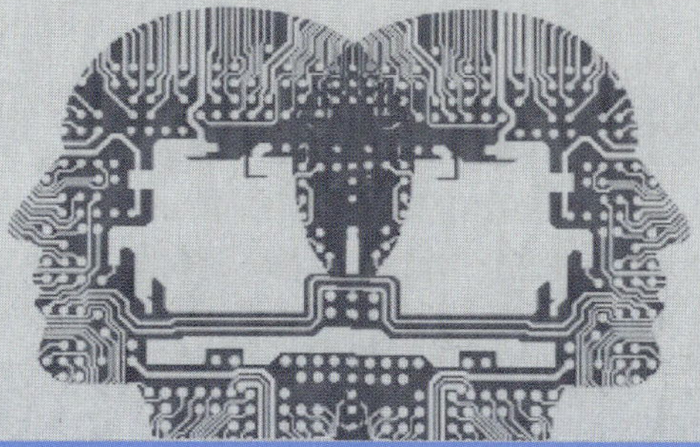

제 11 장
고객지향적 제품혁신

1. 고객지향적 제품혁신

1.1 고객지향적 기술혁신의 의미

기업이 혁신적인 제품을 연구개발하는 과정을 보면 고객과 시장의 욕구가 반영된 제품혁신에 필요한 기술예측을 정확하게 하고, 기술예측을 제품으로 현실화하는 데 필요한 기술을 획득하며, 획득한 기술을 사용하여 혁신적인 제품을 연구개발하게 된다.

그리고 연구개발의 과정에서 고객의 욕구대로 연구개발이 진행되고 있는가를 지속적으로 확인해야 한다. 만약 연구개발을 진행하는 도중에 고객의 욕구와 차이가 있음이 발견된다면, 즉시 연구개발 활동을 중단하고 고객과 시장의 욕구가 제대로 적용되지 않는 원인을 점검해야 한다. 고객과 시장의 욕구는 지속적으로 변하고 있다. 특히 최근에는 고객과 시장환경의 변화는 급속하게 변화하고 있으므로 6개월 혹은 1년 이상의 기간이 경과하게 되면 고객의 욕구가 변화했을 가능성이 매우 많다. 급변하는 고객과 시장의 변화에 적응하지 못하는 연구개발은 고객이 외면하는 제품이라는 결과로 나타나게 된다. 그러기 때문에 연구개발 과정에 반드시 고객과 시장의 욕구를 확인해야 한다. 고객과 시장의 욕구에 적합한 혁신적인 제품을 연구개발하기 위하여 기술을 혁신하는 것을 고객지향적 기술혁신이라고 한다.

과거에는 기업에서 제품의 혁신성을 강조하면서 기술우선의 제품을 공급하게 되면 고객은 만족한 상태로 구입하였다. 그러나 과거에는 공급이 수요를 충족시키지 못하고 있었기 때문에 기업이 개발하고 생산한 제품의 생산량이 많으면 많을수록 고객은 오히려 감사하게 생각하기도 하였다. 고객이 제품에 대한 구매 의사결정권을 가지고 있기 보다는 기업이 제품을 공급할지에 대한 의사결정권을 가지고 있었다. 공급이 수요를 충족하지 못하기 때문에 발생하는 현상이었으며, 이러한 공급부족의 환경에서 기업이 생산하기 편리한 제품을 기업지향적 제품(Company Oriented Product)이라고 한다.

그러나 최근의 고객과 시장환경은 전혀 다르게 변하고 있다. 공급이 수요를 초과한지는 이미 오래되었고, 글로벌 기업들의 기술수준은 거의 상향 평준화되었다. 공급초과의 환경은 수많은 기업들의 수많은 제품들 중에서 고객이 제품을 선택하는 환경이 되었다. 즉 기업의 기술환경은 고객과 시장이 원하는 제품을 연구개발하고 공급하지 않으면 고객으로부터 외면을 당할 수밖에 없게 되었다. 기업은 고객과 시장의 욕구를 파악하고 이에 적합한 혁신적인 제품을 연구개발해야 하며 고객이 원하는 제품을 공급해야 한다.

고객이 원하는 제품을 연구개발하고 생산해서 공급하는 기술제품을 고객지향적 기술제품(Customer Oriented Technology Product)이라고 한다.

1.2 고객지향적 기술제품의 경쟁우위

기업은 고객지향적 기술제품이 적용된 혁신적인 제품을 연구개발하고 고객에게 공급해야 한다. 기업 중심의 제품이 중요할 경우에도 다행히 제품에 대한 연구개발의 결과가 고객의 욕구와 일치하는 경우에는 경쟁우위를 차지할 수 있겠지만, 연구개발의 결과물인 제품이 고객의 욕구와 일치하지 않을 경우에는 경쟁우위를 유지하기 어렵게 될 수 있다. 즉 고객이 만족할 수 있는 고객지향적 제품을 활용해야 경쟁우위를 점할 수 있게 된다. 기술제품의 경쟁우위에 영향을 미치는 요인을 보면 원가경쟁력, 스피드경쟁력, 차별화경쟁력, 신표준경쟁력 등이 있으며 [그림 11-1]과 같다.

그림 11-1 기술제품의 경쟁우위의 영향요인

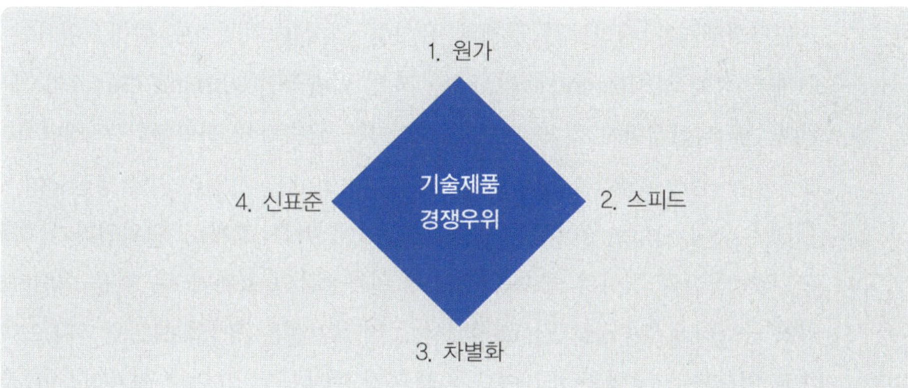

1.2.1 원가경쟁력

원가경쟁력(Cost Competitiveness)은 기업이 경쟁우위를 확보하고 강화하기 위한 가장 중요하고 효과적인 방법이다. 원가는 생산비용뿐만이 아니라 연구비용, 마케팅비용, 직·간접비용 등이 포함되므로 모든 원가를 절감해야 한다. 원가를 절감한 혁신적인 제품을 연구개발하게 되면 고객에게 제공하는 가격에까지 영향을 미치게 되므로 원가절감

(Cost Down)을 통한 원가경쟁력 확보는 매우 중요하다. 원가경쟁력을 강화시킬 수 있는 방법으로는 경험곡선의 활용, 규모의 경제 활용, 기술의 불연속 활용 등이 있으며 [그림 11-2]와 같다.

그림 11-2 원가경쟁력 강화 방법

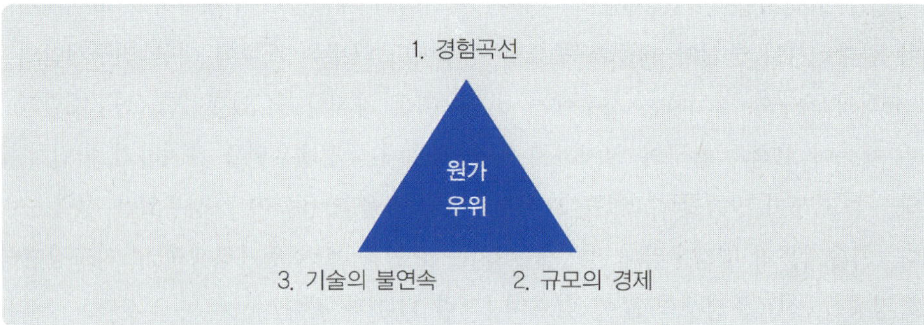

① **경험곡선의 활용**

원가경쟁력은 생산량의 경쟁과 유사한 의미를 가지기도 한다. 원가와 누적생산량의 관계는 경험곡선(Experience Curve) 혹은 학습곡선(Learning Curve)의 개념으로 설명이 된다. 즉 생산경험이 많게 되면 생산원가는 급속하게 하락한다는 개념이며, 생산경험이 많을수록 원가경쟁력을 강화할 수 있는 의미이다. 기업의 누적생산량이 증가함에 따라 경험이 축적되므로 생산성이 향상되고 이에 따른 효과로 단위원가가 하락하는 현상이다. 경험곡선의 경사가 클수록 경험이 원가절감의 효과가 큰 것을 의미하므로 원가경쟁력이 증가하게 된다. [그림 11-3]에서 보면 *A*기업은 *B*기업보다 경사의 크기가 크게 나타나고 있으므로 경험축적의 속도가 빠르게 진행되고 있으며 원가절감의 폭이 크게 되어 원가경쟁력의 우위를 보이고 있다.

그림 11-3 경험곡선

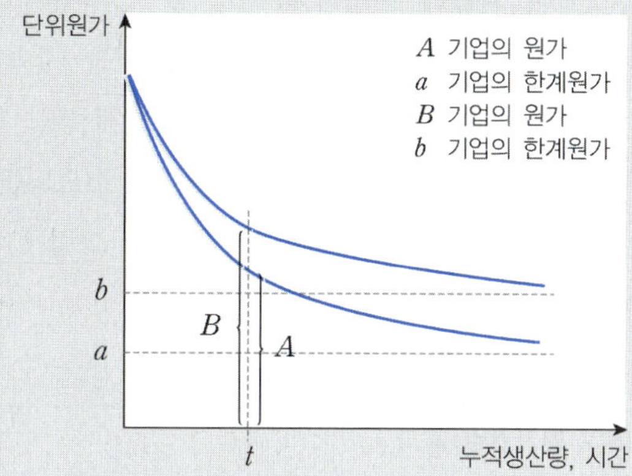

이러한 경험곡선은 기술제품과 상호 밀접한 연관성이 있다. 연구개발에 대한 경험과 학습의 기회가 많을수록 연구개발비용이 적게 소요될 것이므로 원가절감의 효과를 나타내게 된다. 즉 경험곡선은 원가경쟁력을 확보하기 위한 기술제품에 미치는 영향이 많게 할 수 있는 유용한 방법이다.

② 규모의 경제 활용

규모의 경제(Economies of Scale)는 제품의 생산량이 많을수록 단위원가는 하락한다는 의미이다. 동일한 금액을 연구개발비로 투자했을 경우에 생산량이 많게 되면 단위당 연구개발비용은 하락하게 된다. 그러므로 고객이 원하는 고객지향적인 제품을 연구 개발하여 고객의 구매를 확대할 수 있도록 하는 것이 기술경영에서 매우 중요하다. 기술경쟁력의 중요성이 증가하게 되면 고객의 선호도가 높아지게 되며, 규모의 경제에 대한 잠재력은 더욱 증가하게 된다. 제품의 생산량의 증가는 단위당 연구개발비용의 절감은 물론 생산공정의 혁신을 유도할 수 있는 혁신적인 생산기술을 확보할 수 있으므로 단위당 생산비용을 더욱 절감할 수 있다.

③ 기술의 불연속 활용

기술의 불연속(Technology Discontinuity)은 기존의 기술이 보이는 원가절감의 한계를 새로운 기술로 극복하고 원가절감을 반복하고 지속하는 것을 말한다. 경험곡선과 규모의 경제로 원가절감의 한계에 도달하게 되면 기존의 기술을 단절하고 새로운 기술을 연구개발하여 제품의 단위당 원가를 더욱 절감할 수 있다. 기술의 불연속은 혁신적인 기술이 항상 지속되어야 함을 의미한다. 현재의 혁신적인 기술은 시간의 경과에 따라 기존기술이 될 것이며 기술의 수명이 다하게 될 것이다. 그러므로 기술의 불연속은 기존기술을 단절하고 새로운 기술을 연구개발하는 것을 지속해야 제품의 단위당 원가를 절감할 수 있으며, 기술제품의 우위를 확보할 수 있게 되는 것을 의미한다. 기술 불연속의 순간에는 새로운 기술을 연구개발하는 과정에서 소요되는 비용으로 인하여 일시적으로 단위당 원가가 상승하는 현상을 보이기도 한다. [그림 11-4]는 기술 불연속의 원가절감 효과를 보여 주고 있다.

그림 11-4 기술 불연속의 원가절감 효과

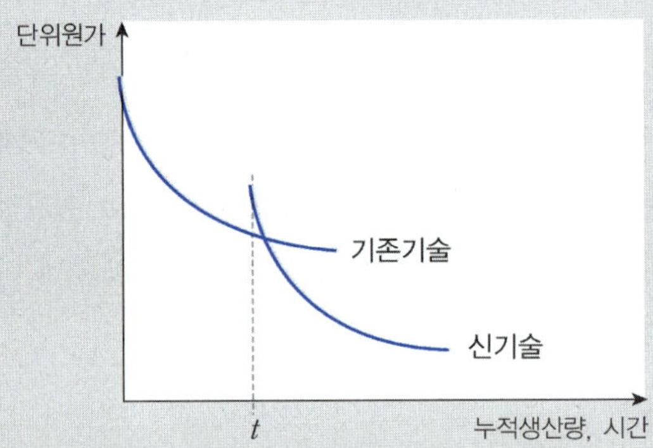

〈사례 11-1〉은 중국의 조선업체들이 원가경쟁력으로 한국의 조선업체들을 밀어내는 내용을 보여 주고 있다.

사례 11-1 기술격차 좁히는 중국

사례연구

기술격차 좁히는 中…
"사업 다각화 · 친환경 기술 확보 서둘러야"

한국 조선업계는 2006년에 가격경쟁력을 앞세운 중국에 처음 1위 자리를 내준 이후 엎치락뒤치락하다가 2012년부터는 줄곧 뒤지고 있다. 한때 세계 조선산업을 호령했던 일본은 두 차례

구조조정을 거치면서 생산능력을 줄이고 연구개발(R&D)도 소홀히 해 주도권을 잃어버렸다.

세계 조선시장에서 한국의 점유율은 중국에 이어 2위에 머물고 있지만 기술력은 중국보다 4~5년 앞서있다. 고부가가치 선박 건조 기술은 여전히 세계 1위라는 평가를 받는다. 그러나 중국이 기술격차를 점점 줄이고 있어 이대로 가다간 따라잡힐 수 있다는 위기감도 커지고 있다. 전문가들은 친환경 및 정보통신기술(ICT) 융합 기술 개발 등으로 기술 격차를 다시 벌려야 한다고 지적했다.

최근엔 신흥국 외에 싱가포르까지 동남아 인력을 활용해 인건비를 낮추면서 수주전에 뛰어들고 있어 한국 업체들이 고정비 절감 등으로 생산성을 높이는 게 시급하다는 목소리도 나온다.

▲ 경남 거제도에 있는 대우조선해양 본사

■ "중국 선박 건조 원가 10% 저렴...5년 뒤 대형 컨테이너선도 경쟁할 것"

한국 조선업계는 수주를 예상했던 선박들을 올해 하반기에 중국과 싱가포르 업체에 잇달아 빼앗기면서 충격을 받았다. 세계 3대 해운회사인 프랑스의 CMA CGM은 올해 8월 2만2000 TEU(1TEU는 길이 6m짜리 컨테이너 1개)급 초대형 컨테이너선 9척을 중국 조선소 2곳에 맡기기로 했다. 노르웨이 석유그룹 스타토일(Statoil)이 발주한 FPSO(Floating Production Storage Offloading · 부유식 원유 생산 저장 하역설비) 하부 구조물 공사는 싱가포르 업체 셈코프(Sembcorp)가 가져갔다.

당초 두 공사 모두 한국 업체들의 수주가 유력했었다. 한국 조선산업 경쟁력에 빨간불이 켜진 게 아니냐는 위기감이 도는 이유다. 특히 중국 동남아 조선사의 인건비 등 원가경쟁력에 밀리고 있다는 우려가 나온다.

산업연구원은 중국 조선업체의 선박 건조비용이 한국 업체보다 약 10% 저렴한 것으로 추정하고 있다. 중국도 인건비가 최근 빠르게 상승하고 있지만, 한국보다는 낮은 수준이고 중국 업체들은 설계를 공유하는 방식으로 원가 절감 노력을 하고 있다. 김동수 산업연구원 북경지원장은 "중국 조선업체는 생산성이 한국 업체보다 낮아 인건비 격차가 일부 상쇄되지만, 전체적인 가격 경쟁력은 높은 수준"이라며 "중국 업체들이 원가 절감에 적극적이어서 가격 경쟁력이 더 좋아질 수 있다"고 말했다.

* 출처 : 조선일보, 2017. 12. 15
http://biz.chosun.com/site/data/html_dir/2017/12/14/2017121402414.html
다운로드 및 편집 : 2017.12. 27.

1.2.2 스피드경쟁력

스피드경쟁력(Speed Competitiveness)은 급변하는 고객과 시장환경에 신속하게 대응하여 경쟁사보다도 빠르게 연구개발을 진행하고 혁신적인 제품을 출시하여 기술제품의 경쟁력을 지속함을 의미한다. 스피드경쟁력에 대한 개념이 확산되어 최근에는 스피드경영(Speed Management)이라는 말이 일반화되고 있다. 그리고 스피드기술경영(Speed Technology Management)은 고객과 시장환경의 변화를 얼마나 빠르게 파악하고, 얼마나 신속하게 연구개발하여, 얼마나 빠르게 제품을 출시하는가의 의미를 가지고 있다. 그러나 혁신적인 제품을 무조건 빠르게 출시한다고 해서 고객과 시장으로부터 환영을 받는 것은 아니다. 기업에서 고객이 원하는 혁신적인 제품을 너무 빨리 출시하게 되면 대다수의 고객은 아직 기술제품에 대한 이해가 부족하고 시장이 성숙되지 않았을 경우가 있다. 혁신적인 제품에 대한 이해의 부족으로 고객의 구매는 지연될 수 있을 것이다. 그러나 이러한 경우에도 불구하고 기업은 스피드경쟁력을 확보해야 한다. 혹시 혁신적인 제품에 대한 시장이 성숙되지 않고 있는 경우에도 제품에 대한 기술력을 확보하고 연구개발을 진행한 다음에, 혁신제품의 출시시점을 고객의 이해도가 성숙했다고 판단되는 즉시 출시하게 되면 경쟁력 확보에 많은 도움이 될 것이다. 스피드경쟁력은 무조건 빠르게 경쟁한다는 의미보다는 경쟁할 수 있는 시간을 조절할 수 있는 능력을 의미한다. 신제품을 무조건 빨리 출시하는 것보다는 신제품을 언제든지 출시할 수 있는 능력을 준비한 상태에서 고객의 이해도가 높아진 시점을 선택하여 신제품을 출시하게 되면 최고의 스피드경쟁력을 확보하고 있다고 볼 수 있다. 스피드경쟁력을 확보하는 것은 기술제품을 혁신할 수 있는 매우 유용한 방법이 되고 있다.

1.2.3 차별화경쟁력

차별화경쟁력(Differentiation Competitiveness)은 차별화를 통한 경쟁력의 지속성과 고객만족을 목적으로 한다. 경쟁력을 지속할 수 있고 고객만족을 얻을 수 있는 차별화는 기업의 기술제품의 경쟁력을 향상시킨다. 기술제품에서 차별화경쟁력이 중요한 이유이다.

① 경쟁력의 지속성

혁신적인 기술을 기반으로 연구개발한 결과물이라고 한다면, 기술의 보호가 더욱 중요하게 된다. 기술의 보호를 통하여 기술차별화가 가능하게 되고 경쟁력의 지속성

(Competitiveness Continuity)을 확대할 수 있다. 경쟁력을 가지고 있는 기술을 보호할 수 있는 방법은 특허를 통하여 법적인 보호를 받는 경우와 경쟁사가 모방하기 힘든 속도로 기술의 역량을 지속적으로 향상시키는 방법이 있다.

경쟁사가 미처 생각하지 못한 혁신적인 기술에 대한 특허의 경우에는 오히려 경쟁사에게 신기술에 대한 아이디어를 제공하게 되는 경우도 있다. 특허청에서 발명자의 기술을 특허로 등록되기 전에 공지하는 이유도 다른 발명자 혹은 기술전문가로 하여금 공지한 발명내용을 활용하여 아이디어를 얻고 더 개량된 기술을 발명할 수 있게 하는데 있다. 그리고 특허는 일정기간 보호를 받고 있다고 하지만 약간이라도 개선된 기술이라면 기술보호가 되지 않는다. 개선된 다른 기술로 인정하기 때문이다. 결국 특허로 기술은 보호받을 수 있는 것은 한계가 있다. 유럽에서는 기술독점방지법으로 특허를 보호하는 것에 오히려 소극적인 국가들도 있다. 그리고 아이디어가 매우 중요한 혁신적인 기술의 경우에는 아이디어제공 자체를 차단하기 위하여 고의적으로 특허등록을 회피하는 경우도 있다. 특허출원으로 발명에 대한 아이디어가 공개되면 경쟁사가 큰 힘 들이지 않고 아이디어를 즉시 활용할 수 있기 때문이다.

독점적인 기술의 보호에 대한 지속성을 확보하는 것은 기업의 경쟁력을 확보할 수 있는 가장 확실한 방법이다. 기업에서 혁신적인 기술을 보호할 수 있는 방법은 자사의 기술에 대한 역량을 지속적으로 확대하는 방법이다. 기술역량은 정형화되지 않았지만 핵심인력과 조직 전체의 교육과 훈련의 결과로 만들어진다. 혁신적인 기술에 대한 노하우와 역량은 경쟁사가 모방할 수 없는 장벽이 될 수 있다.

② 고객만족

차별화경쟁력이 성공하기 위해서는 혁신적인 제품에 대한 고객과 시장의 반응이 우호적이어야 한다. 기업에서 출시한 제품은 고객만족(Customer Satisfaction)을 충족할 수 있어야 경쟁사의 제품과 비교하여 차별화될 것이다. 즉 혁신적인 기술을 기반으로 한 제품의 품질, 성능, 기능, 디자인 등에 대한 고객만족이 있어야 혁신적인 제품에 대한 가치가 인정되고 고객이 높은 가격을 지불하게 될 것이다. 혁신적인 제품이 기술적으로는 성공할 수 있는 경우에도 상업적으로는 성공하지 못한 경우가 발생하기도 한다.

고객지향적인 기술제품이라기보다는 기업지향적인 기술제품일 경우에 흔히 나타나는 현상이다.

차별화경쟁력을 확보하기 위한 전략의 가장 큰 위험은 경쟁사와 차별화하기 위한 목적에 집중하게 되어 고객이 요구하는 혁신적인 제품보다 제품개발에 최첨단의 혁신적인 기술을 맹목적으로 사용하게 되는 경우가 있다. 기술분야의 경쟁만을 생각하다보면 고객과 시장에서 당장 필요하지 않은 과도한 첨단기술을 적용하게 되는 경우가 있다. 이러한 과도한 기술차별화는 경쟁력을 확보하지 못하는 결과를 만들게 된다. 고객과 시장은 무조건 최첨단의 혁신적인 기술만을 원하고 있지 않기 때문이다. 기업은 혁신적인 제품의 기술이 고객에게 어느 정도의 가치를 제공하고 있는지, 또는 고객만족을 어느 정도로 제공하고 있는지를 객관적으로 평가할 수 있어야 한다.

1.2.4 신표준경쟁력

신표준경쟁력(New Standard Competitiveness)은 혁신적인 기술의 선도자가 새로운 경쟁규칙을 만들면서 새로운 경쟁력이 확보되는 것이다. 경쟁규칙(New Rules of Competition)을 새로 만든 기업이 경쟁사보다 기술제품에 대한 경쟁력을 확보할 수 있는 것은 매우 당연하다. 신표준(New Standard)을 만드는 것은 사업을 새롭게 정의하고 경쟁환경을 자사가 유리한 방향으로 변화시키는 것을 의미한다.

기존의 기술은 기업이 기존의 안정적인 산업구조 속에서만 경쟁력을 확보할 수 있게 하지만, 급변하는 기술환경에서는 경쟁력을 유지할 수 있도록 보장하지 않는다. 혁신적인 기술은 새로운 산업을 창출하고, 새로운 경쟁력을 창출하며, 기존의 산업에서 새로운 경쟁규칙을 만들 수 있고, 새로운 산업을 창출할 수 있다. 새로운 경쟁규칙을 창출할 수 있는 기업은 혁신적인 기술을 확보하고 있으며, 기존의 산업 내에서 경쟁의 힘을 완전하게 변화시키고 새로운 산업을 창출하려는 의도로 진행된다. 혁신적인 기술에 대한 역량을 가지고 있는 기업은 기술의 변화스피드를 가속화시켜서 새로운 경쟁규칙을 창출함으로써 자사의 기술제품경쟁력을 확보하고 강화시킨다. 이렇게 강화된 새로운 제품은 다른 경쟁사로 하여금 모방하기 어렵게 한다.

예를 들면 애플이 핀란드의 노키아의 기존기술을 일거에 무력화시키고 새로운 스마트폰의 경쟁규칙을 창출하기 위하여 혁신적인 기술에 많은 투자와 노력을 한 사실은 이미 오래 전의 사례가 되었다. 애플사는 신표준경쟁력을 창출한 기술의 선도자이다.

그 결과로 전에 없던 새로운 경쟁규칙을 창출하였고 한동안 글로벌 시장을 독점하다시피 하였다. 그러나 이러한 애플의 신표준경쟁력은 이미 일반적인 기술수준으로 평준화되고 있으므로, 또 다른 새로운 혁신기술을 창출하고 지속하지 않으면 다른 글로벌 경쟁사들의 도전을 감당하기 어려워질 수도 있게 된다. 이미 그런 증상들이 나타나고 있다. 새로운 경쟁표준을 창출하여 신표준경쟁력을 다시 확보하는 것이 세계 최고의 기업인 애플이 가지고 있는 가장 큰 과제이기도 하다.

1.3 고객지향적 제품혁신

고객지향적인 기업의 경우에도 혁신적인 기술을 혁신적인 제품으로 전환할 수 있는 기술역량이 필요하다. 이러한 전환역량(Transformation Capability)은 제품에 대한 기능·성능·품질의 특성, 디자인, 가격, 출시시점 등의 요인에 대하여 고객과 시장에서 요구(Needs)하고 원(Wants)하는 수준을 충족해야 한다. [그림 11-5]는 고객지향적 제품혁신에 필요한 사항들을 나타내고 있다.

그림 11-5 고객지향적 제품혁신의 영향요인

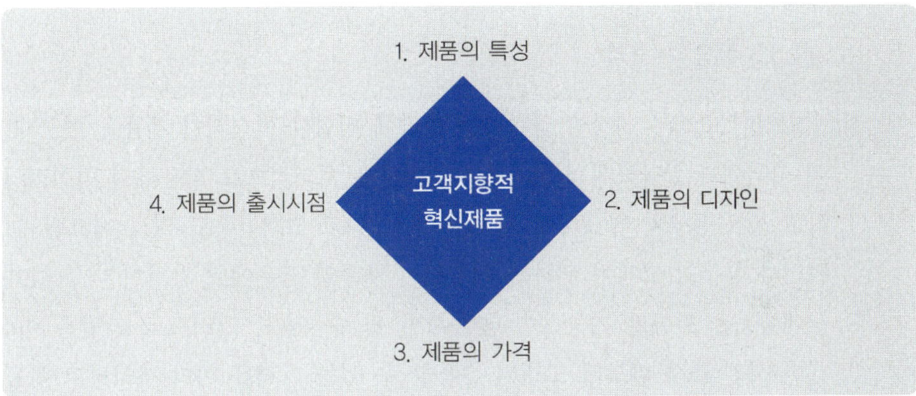

1.3.1 제품의 특성

고객지향적인 제품의 특성은 기능·성능·품질 등의 제품에 관련한 여러 가지 특성들이 고객의 욕구와 일치해야 한다. 제품혁신은 과거에 없었거나, 혹은 개선된 특성을 창출해야 한다. 과거와 동일한 특성은 혁신적이지 못하므로 고객과 시장에서의 호의적인 반응을 기대하기 어렵게 된다. 혁신적인 제품의 특성은 고객지향적인 제품혁신에 많은 영향을 미친다.

그러나 혁신적이라는 말에 너무 매몰되게 되면 혁신적인 기술에 과다하게 의존하게 되어, 고객이 원하지 않는 기능·성능·품질을 구현하게 되어 오히려 고객의 선택을 망설이게 할 수 있음을 주의해야 한다. 최고 수준의 최첨단의 기술만이 고객의 마음을 사로잡는 것은 아니기 때문이다. 고객이 원하는 기술을 충족할 수 있는 기술이 최고의 기술이다.

1.3.2 제품의 디자인

과거에는 제품의 기능 · 성능 · 품질 등의 수준을 향상하여 고객만족을 얻을 수 있었다. 그러나 공급이 수요를 초과하고 있는 글로벌 경쟁시대에서는 제품의 특성만으로는 고객의 마음을 사로잡기 어렵게 되었다. 최근에는 디자인의 중요성이 강조되고 있다. 제품디자인에 대해서도 법률적인 보호를 하기 위해서 특허를 활용하기도 한다. 애플과 삼성전자의 특허전쟁의 시작도 디자인에서부터 비롯되었다. 제품의 디자인은 고객지향적인 제품혁신에 많은 영향을 미치고 있다.

1.3.3 제품의 가격

기업이 고객과 시장의 급변하는 환경에 적합한 혁신적인 제품을 연구개발하고 생산하여 고객에게 공급하게 되면, 고객의 반응은 호의적으로 작용하여 혁신적인 제품을 구매하고 싶은 욕구가 발생하게 될 것이다. 그리고 고객만족도 역시 제고될 수 있을 것이다. 그러나 아무리 고객이 원하는 혁신적인 제품일 경우에도 가격이 너무 높게 되면 고객은 구매행동을 보류할 가능성이 높아지게 될 수 있다. 그러므로 기업은 혁신적인 제품에 대한 사전 조사 때부터 고객이 수용할 수 있는 가격을 미리 파악하고 목표 가격대를 수립한 다음에 고객이 수용할 수 있는 가격전략을 실행해야 한다. 제품가격은 고객지향적인 제품혁신에 많은 영향을 미치고 있다. 〈사례 11-2〉는 명품의 가격이 높게 결정되는 내용을 보여 주고 있다.

사례 11-2 스카프 한 장이 왜 700만원

사례연구

"스카프 한 장이 왜 700만원이냐고 묻는다면",

유행에 민감한 패션피플일수록 한 땀 한 땀 공들여 만든 옷이나 가방·구두에 '명품'이란 이름을 붙이고 무한신뢰를 보낸다. 스카프 한 장에 싸게는 60만원에서 700만원이 넘기도 하는 이탈리아 브랜드 로로피아나도 여기에 속한다. 최근 한국을 방문한 파비오 디안젤란토니오 로로피아나 최고경영자(CEO)를 직접 만나 물었다.

▣ 최상의 품질?

디안젤란토니오(48) CEO는 줄곧 이 말을 반복했다. 1800년대부터 이탈리아 최고급 캐시미어 원단을 생산해왔다는 브랜드 역사를 이야기할 때는 더욱 힘을 줘 '품질'을 강조했다. 디자인을 내세우는 시대에 왜 이리 품질에만 집착하는 걸까.

▣ 모든 브랜드, 특히 럭셔리 브랜드라면 좋은 품질을 내놓는 게 당연하지 않나. 이토록 품질을 강조하는 이유가 뭔가?

내가 말하고 싶은 건 그냥 '좋은 품질'이 아니다. 탁월하게 좋은 품질, 즉 이 세상에서 존재할 수 있는 최상의 품질을 말하는 거다. 탁월한 품질의 천연 섬유를 찾아내 원단과 옷을 만든다. 그렇게 해야만 만들 수 있는 아름다움이 있다. 또 그로인해 새로운 가치가 만들어진다.

▲두 겹의 캐시미어 원단을 핸드 스티치로 마감한 남성용 코트. 650만원대

▲비쿠냐와 베이비 캐시미어 혼방의 여성용 코트. 1990만원대

▣ 좋은 원단으로 옷을 만든다고 소비자가 선택하지는 않을 텐데?

물론 선택에는 여러 요소가 있다. 특히 고가 브랜드를 소비하는 감성적인 코스모폴리탄(여행이나 사업을 위해 세계를 돌아다니는 사람)은 원단의 품질뿐아니라 원재료를 윤리적으로 구하고 가공했는지, 또 어떤 스토리와 철학을 가지고 제품을 만드는지까지도 고려한다.

페루의 원주민이 전통방식으로 비쿠냐 몰이를 하고 있다. 산악 야생동물인 비쿠냐는 관리가 어려워 과거엔 사냥해서 죽인 다음에 털을 깎았지만 이렇게 하면 죽이지 않고 털을 얻을 수 있다.

▣ 스카프 한 장이 700만원에 달한다. 아무리 품질이 좋다고 해도 너무 비싼 것 아닌가?

그게 바로 비쿠냐 섬유로 만든 스카프다. 이 제품의 가치는 직접 만져봐야 안다.(※그는 비쿠냐 스카프 한 장을 들어 공처럼 뭉치더니 기자에게 건넸다. 성인 목에 두 번은 휘어 감을 만큼 긴 길이의 두툼한 겨울용 스카프가 두 손안에 쏙 들어갈 정도로 작게 뭉쳐졌다. 깃털처럼 가볍고 포근한 느낌이었다.) 정말 가볍고 포근하지 않은가. 그 느낌 때문에 고객들이 우리를 찾는다. 이 스카프를 한번 둘러보면 다른 제품을 하기가 쉽지 않다. 우리가 만드는 다른 제품도 마찬가지다. 좋은 품질의 제품에는 중독성이 있다.

▲ 가는 비쿠냐 섬유로 만든 스카프. 가격은 700만원 대

▣ 세계적으로 저가형 캐시미어 시장이 성장하고 있다. 이렇게 비싼 캐시미어나 비쿠냐를 찾는 사람들이 얼마나 있을까?

아무리 품질 관리를 한다고 하지만 대량으로 만들다 보면 제조자가 제품 하나하나를 확인할 수 없으니 품질을 장담하기 힘들다. 또 소재를 채취하는 과정에서 동물들이 어떤 취급을 받는지 확인할 수 없다. 우리를 찾는 고객은 이 두 가지 관점 모두를 본다. 물론 인도적이고 윤리적인 공정엔 큰 비용과 노력이 들어간다. 이를 가치 있게 여기고 비용을 지불하는 사람들이 바로 우리 고객이 된다.

* 출처 : 중앙일보, 2017. 11. 17
http://news.joins.com/article/22125919
다운로드 및 편집 : 2017.12. 27.

▲ 비쿠냐로 만들고 밍크로 트리밍한 남성용 외투. 5000만원대.

1.3.4 제품의 출시시점

일반적으로 기업은 혁신적인 제품을 경쟁사보다 빠르게 출시하는 편이 시장선점과 기회창출의 이점을 얻을 수 있다고 생각하기 쉽다. 그러나 기업은 혁신적인 제품의 출시시점에 대하여 매우 신중해야 한다. 혁신적인 제품의 출시시점이 너무 빠르게 되면 고객의 이해가 부족하여 시장이 성숙되지 않을 수 있으며, 너무 늦게 출시하게 되면 시장선점의 기회를 놓치게 되어 기회손실이 될 가능성이 있게 된다. 따라서 기업은 제품의 출시시점에 대하여 어떤 의사결정을 하는 것이 가장 효과적인지 연구해야 하고 신중하게 결정해야 한다. 〈사례 11-3〉은 평창 올림시즌이 매우 추운 겨울임을 감안해서 따뜻한 롱패딩 의류제품을 최적의 시점에 출시하여 성공한 내용이다.

사례 11-3 **45억어치 팔린 평창 롱패딩**

사례연구

45억어치 팔린 평창 롱패딩 … 올림픽 굿즈, 수익도 '굿'

▲ 평창 롱패딩 사기 위한 줄, 30일 오전 서울 송파구 롯데백화점 잠실점 에비뉴엘 평창 팝업 스토어에서 시민들이 평창 올림픽 기념 롱패딩 마지막 잔여 물량을 구입하기 위해 줄을 서고 있다.

요즘 길을 걷다 보면 'Passion. Connected.'라는 문구가 적힌 옷을 입은 젊은이들을 종종 만날 수 있다. 이 문구는 평창 겨울올림픽의 영문 슬로건으로 하나 된 열정이란 뜻이다. 이 문구를 사용한 '평창 롱패딩'은 한동안 포털사이트 검색어 순위 1위에 오를 정도로 선풍적인 인기를 끌었다. 이 제품은 평창동계올림픽조직위원회(이하 평창조직위)로부터 평창올림픽 총괄 라이선스 사업권을 얻은 롯데가 만든 것이다.

▲ 롯데백화점 잠실점 평창 팝업스토어 앞에서 평창 롱패딩을 구입한 사람들이 환호하는 모습. 평창 롱패딩은 한정 생산한 3만장이 모두 팔렸다.

구스다운(거위털 충전재) 제품인 평창 롱패딩의 가격은 14만9000원. 품질은 좋은데 가격이 싼 편이라는 입소문이 나면서 한정판으로 나온 롱패딩을 사기 위해 수천 명이 백화점 앞에서 밤을 지새우는 진풍경이 나타났다. 이어 천연 소가죽으로 제작된 평창 스니커즈(5만원)도 평창 롱패딩에 버금가는 인기를 끌었다. 지난 1일 예약 판매를 시작한 뒤 일주일간 예약자 수 12만 명, 예약 수량 20만 켤레를 기록했다. 롯데는 롱패딩과 스니커즈에 이어 평창올림픽 개막 직전인 내년 초엔 '평창 백팩'도 준비하고 있다.

지난해 3월 롯데는 평창올림픽과 패럴림픽, 테스트 이벤트, 대한스키협회 등에 총 600억원을 지원하는 조건으로 라이선스 사업권을 따냈다. 이후 롯데백화점은 내부 태스크포스(TF)팀을 구성해 롱패딩과 스니커즈를 개발했다. 그 결과 이 회사는 평창 롱패딩만으로 45억원의 매출을 기록했다. 스니커즈는 이보다 두 배나 많은 매출을 기대하고 있다.

* 출처 : 중앙일보, 2017. 12. 14
http://news.joins.com/article/22202981
다운로드 및 편집 : 2017.12. 27.

2. 기술제품의 수명

2.1 기술제품의 수명주기

기술제품의 수명주기(Technological Product Life Cycle)를 분석하는 것은 기업의 기술경영에서 기술수명의 단계에 따라 상이한 대응전략이 필요하기 때문이다. 기술제품의 수명주기는 도입기, 성장전기, 성장후기, 성숙기, 쇠퇴기의 단계가 있다. 일반제품의 수명주기와 다른 점은 성장기를 전기와 후기로 구분하여 설명하는 것이며 [그림 11-6]은 기술제품의 수명주기를 보여 주고 있다.

그림 11-6 기술제품의 수명주기

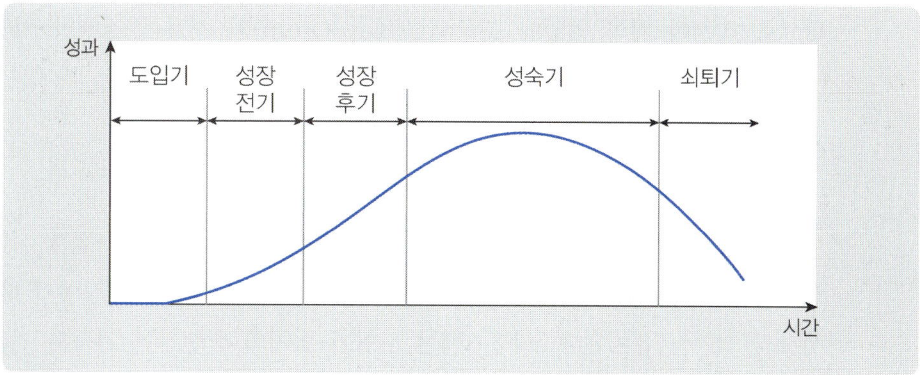

2.1.1 도입기

도입기에서 기업은 기술제품의 도입기 동안에 새로운 혁신적인 기술의 차별화를 부각시키려는 노력을 하지만 고객과 시장의 반응에 대한 성과에 대해서 매우 불확실하다. 부가가치의 잠재력을 매우 크게 기대할 수 있는 도입기이다.

2.1.2 성장전기

성장기의 전반을 의미하는 성장전기는 기술을 선도하는 기업으로서의 독점적인 기술을 가지고서 시장선점의 기회를 포착할 수 있다. 성장전기에서는 기술에 대한 고객반응이 시작되는 단계이다. 성장전기는 성과에 대한 기대감이 증가되기 시작하는 시점이므로, 생산설비 등의 공정에 대해서도 과감한 투자가 필요한 시점이다. 경쟁사들이 혁신기술에 대한 관심을 증가시키고 시장진입을 저울질하는 단계이기도 하다.

2.1.3 성장후기

성장기의 후반기를 의미하는 성장후기에서는 혁신적인 제품에 대한 표준이 형성되기 시작하면서 고객의 구매가 증가하고 성과가 가시화되는 시점이다. 혁신적인 제품의 성과에 대한 가시적인 기대감의 상승은 경쟁사들의 참여를 급격하게 증가시키게 한다.

경쟁이 매우 치열해지기 시작하는 시점이 된다. 성장후기에는 생산성을 더욱 향상시켜 단위당 생산원가 절감을 지속하면서 경쟁력을 확대해야 한다. 성장후기에는 핵심기술에 대한 산업표준을 유도하여 경쟁사들로 하여금 모방하기 어려운 기술의 장벽을 만드는 전략이 유용하게 된다. 성장후기에는 경쟁력이 부족한 기업들의 도태가 발생하게 되므로 경쟁이 거의 없었던 블루오션(Blue Ocean)의 시장이 경쟁이 치열한 레드오션(Red Ocean)의 시장으로 전환되는 시점이기도 하다.

2.1.4 성숙기

성숙기는 성장후기를 지나오면서 치열한 경쟁으로 인하여 원가절감이 많이 이루어진 상태이다. 성숙기는 시장의 성장은 멈추었지만 완전히 성숙된 시장이기 때문에 한 동안 시장의 크기는 유지된다. 성숙기에는 도입기 초기의 혁신적인 기술은 기존기술로 일반화되며, 경쟁사들의 기술수준과 큰 차이가 없는 기술평준화의 시기이기도 하다.

성숙기 동안의 경쟁력은 원가경쟁력이다. 원가를 절감할 수 있는 방법은 혁신적인 공정기술을 개발하고 생산현장에 적용하여 원가경쟁력을 핵심적인 경쟁역량으로 만들어야 한다. 기업의 중요한 전략은 성숙기를 최대한 연장하여 수익을 지속하는 것이다. 이미 모든 투자비용을 회수한 상태이기 때문에 한계비용이 최저점으로 낮아진 상태이다.

성숙기는 판매량이 증가하면 할수록 수익은 증가하게 되며 현금흐름이 가장 좋은 기간이다. 그리고 성장기의 특성곡선이 하향하기 시작하면 쇠퇴기에 접어들기 전에 차기의 혁신적인 제품에 대한 연구개발이 시작되어야 한다. 기존의 낡은 기술을 대체할 수 있는 기술을 발굴하고 차기의 혁신적인 제품을 준비해야 한다.

2.1.5 쇠퇴기

쇠퇴기에서의 기술은 더 이상 혁신적인 기술이 아니고 오히려 언제 퇴출해야 할지를 의사결정해야 하는 낡은 기술이다. 쇠퇴기에는 모든 투자를 최소화하고 새로운 대 체제품을 출시하는 시점과 일치하는 시점을 선택하여 기존제품을 퇴출하는 시점을 의사결정해야 한다.

2.2 기술혁신의 성장곡선

기술혁신의 성장곡선은 제7장에서 이미 살펴본 바가 있다. 기술혁신의 성장곡선은 제품의 수명주기를 앞서서 제품수명을 리드하는 형태를 보인다. 본 항목에서는 성장곡선의 개념보다는 성장곡선의 특성과 활용방법에 대하여 살펴본다.

2.2.1 기술혁신의 성장곡선 특성

기술혁신의 성장곡선은 S형태를 닮았다고 해서 S곡선(S-Curve)이라고도 한다. 리처드 포스터(Richard Foster)가 사용하기 시작한 S곡선은 시간의 흐름에 따른 기술의 변화이기도 하지만 투입된 비용과 노력의 정도에 따라서 기술수준이 변화한다는 특성을 가지고 있다. 그리고 S곡선은 기술혁신의 성장곡선을 제품수명과 비교해서 살펴보면 도입기, 성장기, 성숙기 등의 특성을 보이고 있으며 [그림 11-7]과 같다.

그림 11-7 기술혁신의 성장곡선

① 도입기

기술혁신의 도입기는 아직 유동기이다. 아직은 어떤 기술이 혁신적이고 고객의 우호적인 반응을 기대하기 어려운 상태이므로 고객과 시장에 대해 정의하기가 어렵다.

혁신적인 제품에 대한 개념이 완성되지 않은 상태이기 때문에 생산공정도 체계적인 시스템을 구축하지 못하고 있으며, 기술의 기능·성능·품질에 대한 수준이 변동되는 단계이다. 아직은 기업, 기술자, 고객 모두가 기존의 기술에 대한 매력을 버리지 않고 있으며 새로운 기술에 대한 확신이 부족한 단계이다. 도입기에는 기술이 안정되지 못한 유동기이므로 제품의 기능·성능·품질과 디자인 등에서 제품혁신에 대한 변화가 활발하게 이루어지게 되며 공정혁신은 거의 없는 단계이다.

② 성장기

기술혁신의 성장기는 도입기에서 확정하지 못했던 여러 가지의 기술들 중에서 지배적인 우수한 기술이 출현하게 된다. 고객과 시장에서 원하는 혁신적인 제품에 대한 개념이 수렴됨으로 해서 기술이 선정되고 지배적인 핵심기술로 발전하게 된다. 기술의 성장기에는 기술의 수준이 급격하게 향상되기도 하지만, 다른 경쟁사들이 적극 참여하게 되는 시기이므로 경쟁이 치열해지면서 시장이 급격하게 확대된다. 성장기에 들어선 기술에 대해서는 투자자들이 관심을 집중하게 되고 투자를 확대하기 때문이다. 기술의 성장기에서 핵심적인 경쟁역량은 차별화된 기술이다. 그리고 급속하게 확대되는 수요를 충족할 수 있는 대량생산체제가 필요하므로 생산공정에서도 생산성 향상을 위한 혁신이 뒤따라야 한다. 성장기에는 지배적 제품의 출현으로 제품의 표준화를 리드하고 있는 상태이기 때문에 더 이상의 제품혁신보다는 생산성 향상을 위하여 생산공정 혁신이 활발하게 이루어진다.

③ 성숙기

기술혁신의 성숙기에서 혁신적인 기술은 이미 기존기술로 전환되고 있다. 혁신적인 기술은 경쟁사들에게도 일반화된 기술로 평준화된 상태가 된다. 도입기의 혁신적인 기술은 이제 한계까지 발전하였기 때문에 [그림 11-7]의 내용과 같이 더 이상의 성장은 기대하기 어렵게 된다. 성숙기는 더 이상의 성장이 없기 때문에 정체기라고도 한다. 성장기에는 혁신적인 기술이 표준화되고 시장질서가 확립되는 상태이므로 핵심경쟁력은 원가절감력이 된다. 원가절감을 기대할 수 있는 분야별 생산공정의 혁신이 지속되어야 성숙기에서의 경쟁력을 확보할 수 있게 된다. 기술에서는 제품수명주기와 같은 쇠퇴기를 생각하지 않는다. 성숙기에서 다른 새로운 기술을 준비해야 하면서 기존의 기술은 사용하지 않아 쇠퇴기가 도달하기 전에 기존의 기술은 종료되기 때문이다. 성숙기에는 시장이 더 이상 성장하지 않기 때문에 경쟁이 치열하게 된다. 성숙기에서는 원가절감을 위하여 분야별 생산공정의 혁신이 지속되어야 한다.

2.2.2 기술혁신의 지속적 성장곡선

하나의 기술혁신을 완성하고 성장곡선의 형태를 따르게 된 다음에는 다시 다른 기술혁신을 발견하여 다시 완성하는 과정을 반복하는 것이 기술혁신을 지속하는 과정이다. 이러한 기술혁신을 통합해 보면 기술혁신의 전체적인 방향도 [그림 11-8]과 같이 성장곡선인 S형태를 보이게 된다.

그림 11-8 기술혁신의 지속적 성장곡선

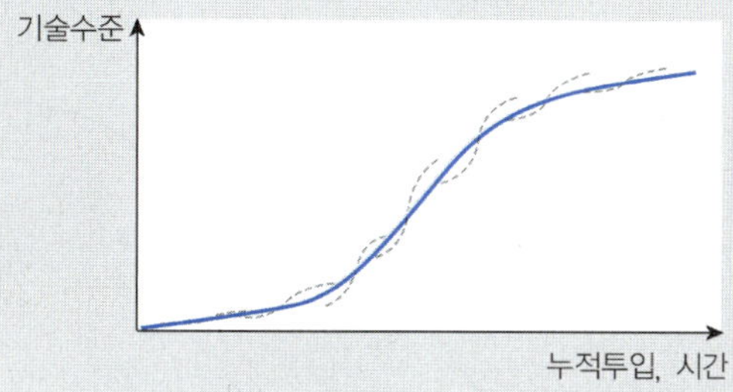

기술혁신의 지속적 성장곡선을 TV의 경우에 적용해 보면 외형의 발전과 기술적인 발전을 구분해서 생각할 수 있다. 먼저 외형적인 디자인의 측면에서 본다면 원형흑백 TV, 사각형흑백TV, 컬러TV, 평면TV, 고화질TV 등의 순서대로 단위별 제품의 성장곡선이 반복되면서 TV산업의 발전을 지속하고 있다. TV산업의 발전을 기술적인 측면에서 본다면 초기의 진공관TV를 시작으로 해서 트랜지스터TV, 반도체TV, 고집적TV, 네트워크TV 등 단위기술의 성장곡선이 반복되면서 전체적으로는 TV산업의 성장곡선을 그리게 되며 TV 산업의 발전을 지속하고 있다.

2.2.3 불연속적 기술혁신

기술은 성장곡선의 형태를 따라 도입되고 성장하며 성숙하게 되고 마지막에는 다른 기술로 대체된다. 기술이 성숙기에 접어들게 되면 대체기술을 연구개발하기 시작하게 된다. 성숙기의 한계점에 도달하기 전에 새로운 기술에 관심을 가지고 조사를 하고 연구개발에 착수해야 한다. 현재의 기술이 미래에도 통용될 수는 없다. 현재와 미래의 기술은 서로 불연속적이다. 전 단계의 성장곡선과 다음 단계의 성장곡선과의 사이에는 연속성이 없다. 이를 불연속적 기술(Discontinuous Technology)이라고 한다. 불연속적 기술을 지속할 수 있는 기업이 지속적인 경영을 수행할 수 있게 된다. 그러나 불연속적 기술을 진행하기 위해서는 기술의 불연속 구간에서는 기존기술보다 기술의 수준이 역전될 수 있다. 이 기간 동안에는 고객과 시장의 반응이 비호의적일 수 있지만 일시적인 현상이기도 하다. [그림 11-9]는 기술의 성장곡선과 성장곡선의 사이에서 발생하고 있는 불연속적 기술을 설명하고 있다.

그림 11-9 불연속적 기술

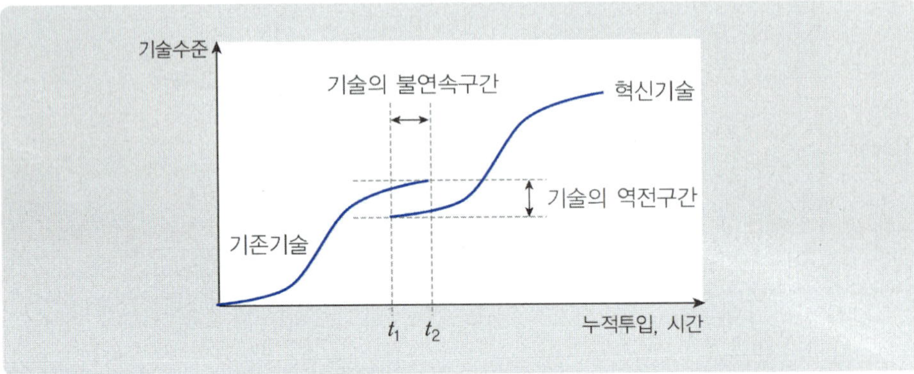

위에서 예를 들었던 TV산업을 좀 더 장기적인 관점에서 성장곡선을 생각해 보면 TV 산업이 발전할 수 있는 기술이 한계에 도달했다는 증상들이 세계 곳곳에서 나타나고 있다. 우리나라의 삼성전자와 LG전자가 전 세계 TV시장의 절반 이상을 장악하고 있고 미국, 일본, 유럽의 TV생산기업들은 하나둘씩 TV사업을 축소하거나 철수하고 있다. 현재의 TV산업이 기술의 한계에 도달하고 있는 증거이다. 포스트TV시대를 위한 새로운 기술을 누가 선점하는가에 미래의 TV시장이 달려 있다. 분명한 것은 현재 TV산업의 세계시장을 석권하고 있는 기업들이 미래의 TV시장을 지속적으로 석권할 수 있다는 보장은 없다는 사실이다. 현재의 글로벌 TV시장은 완전한 성숙기 시장이다. 개인이든 기업이든 연구조직이든 간에 어디에서인가 현재의 TV산업을 대체할 수 있는 혁신적인 TV대체기술이 연구·개발되고 있을 것이다. 현재 알려져 있는 기술이 아닌 새로운 기술이 될 것이다. 현재의 TV기술의 연속이 아니고 현재의 TV기술과는 전혀 다른 불연속적 기술이 될 것이다.

자동차산업의 경우에도 불연속적 기술의 사례를 볼 수 있다. 디젤자동차, 전기자동차, 수소자동차는 엔진기관에 대한 기술의 불연속을 보여 주고 있다. 그리고 자율주행 자동차의 경우에는 기계로 제작된 제품이라기 보다는 최첨단의 전자제품이라고 생각된다. 불연속적 기술의 좋은 사례이다. 자율주행 자동차는 자동차라기 보다는 인간에게 편익과 행복을 제공하고 있는 최첨단의 전자제품이 되고 있다. 자동차 산업은 이미 시작되고 있는 4차 산업혁명의 시대에서는 불연속적 기술이 더욱 광범위하게 융합될 것이다

〈사례 11-4〉는 자동차가 이동하는 수단이기 보다는 격조 높은 문화상품이 될 수 있는

내용을 보여 주고 있다.

사례 11-4 AI 만나 질주하는 자율차

사례연구

내 기분 따라서 음악 선곡 … AI 만나 질주하는 자율차

자율주행차 기술이 끝없이 질주하고 있다. 25일 일본 도쿄 도심 국제전시장 빅사이트에서 시작된 '2017 도쿄모터쇼'에선 운전대와 가속페달을 조작하거나 장애물을 피해 달리는 것을 넘어, 운전자와 감정을 교류하고 친구나 비서 역할까지 수행하는 미래 자동차가 대거 등장했다. 특히 도요타 · 혼다 · 닛산 등 일본을 대표하는 자동차 업체들은 자국에서 열린 모터쇼를 통해 자율주행에 인공지능(AI) 기술을 더한, 한 단계 업그레이드된 자율주행차들을 앞다퉈 선보였다.

■ 도요타의 콘셉트-i

▲ 자율주행차에 AI 기술을 접목한 도요타의 콘셉트-i

도요타의 미래 자동차 비전은 자율주행 기술에 AI를 접목한 '콘셉트-i(Concept-i)' 시리즈를 통해 확인할 수 있다. 콘셉트-i 시리즈의 핵심은 AI가 적용된 자동차가 운전자의 감정을 인식하고 선호도를 평가하는 기술이다. 운전자가 스트레스를 받아 운전에 불안을 느끼면 자동차가 먼저 이를 파악해 자동운전 모드로 전환을 제안하는 식이다. 여기서 더 나아가 운전자의 마음을 편안하게 해주는 음악을 재생하고, 차 안에 좋은 향을 퍼뜨리는 것도 가능하다. 또 출근길엔 업무와 관련된 주요 뉴스를 찾아 읽어주고, 퇴근길에는 취미생활과 관련한 소식을 찾아 줄 수 있다.

■ 혼다 '스포츠 EV컨셉'

혼다는 AI와 전기자동차를 결합한 '혼다 스포츠 EV컨셉'을 선보여 주목을 받았다. 혼다 고유의 '하나(HANA · Honda Automated Network Assistant)' 시스템을 장착해, 운전자와 차량 간의 소통을 강조한 모델이다. 지난 1월 CES에서 처음 선보인 'NeuV 콘셉트'도 도쿄모터쇼에 다시 등장했다. 역시 운전자의 얼굴 표정과 어조 등을 분석해 스트레

▲ 차량 간의 커뮤니케이션을 강조한 혼다 '스포츠 EV컨셉'

스 여부를 판단하고, 안전한 주행을 도울 수 있는 AI 기술이 적용됐다. 또한 소유자가 허가하면, 자동차를 사용하지 않을 때 자율적으로 주변을 탐색해 '카셰어링(차량 공유)'를 할 수 있는 기술도 구현할 예정이다.

▣ 닛산의 IMx 콘셉트

▲ 완전 자율주행이 가능한 닛산의 IMx 콘셉트

닛산은 완전 자율주행이 가능하고 한번 충전에 약 600㎞ 이상 달릴 수 있는 순수 전기구동 콘셉트 차 'IMx 콘셉트'를 세계 최초로 공개했다. IMx에는 2020년 실제 도로 운행을 목표로 하고 있는 자율주행기술 '프로파일럿(ProPILOT)'이 적용돼 있다. 자율주행 모드를 선택하면 운전대가 대시보드 내부로 사라지고 좌석 등받이도 뒤로 젖혀져 평소보다 훨씬 더 많은 공간을 제공해 준다. 자율주행을 하는 동안 탑승자가 편하게 휴식을 취할 수 있고, 공간을 더 활용해 다른 작업을 하는 것도 가능한 것이다. 닛산은 이번 모터쇼를 통해 프로파일럿 기술이 적용된 시제품 차량을 도쿄 공공도로에서 직접 시연하기도 했다.

* 출처 : 중앙일보, 2017. 10. 26
http://news.joins.com/article/22054020
다운로드 및 편집 : 2017.12. 27.

3. 기술혁신의 수명

3.1 기술혁신의 수용주기

제품수명주기(Product Life Cycle)는 기술혁신의 수명주기와 유사한 개념으로 고객이 혁신적인 제품을 이해하고 마음속으로 수용할 수 있는 고객의 심리적인 주기를 기술의 수용주기(Technology Adoption Life Cycle)라고 한다. 기술의 수용주기는 혁신수용자, 선각수용자, 전기 다수수용자, 후기 다수수용자, 지각수용자로 구분하며 [그림 11-10]과 같다.

그림 11-10 기술의 수용주기

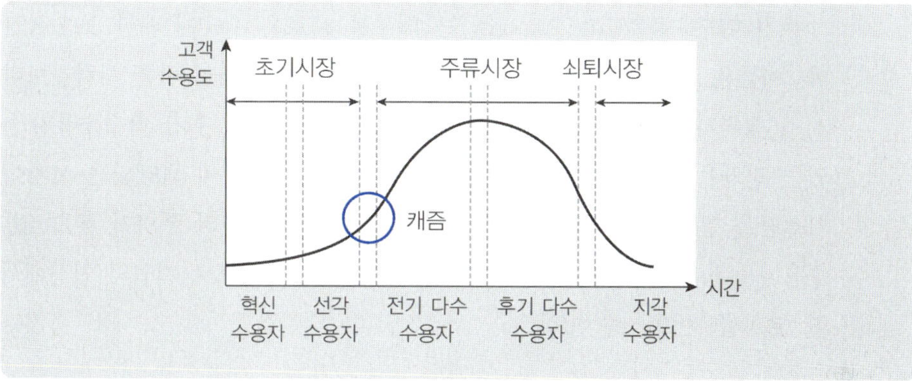

* 출처 : 조형래 외, 기술경영(2013); Moore,G.A.(1991), Crossing the Chasm,17 재인용

3.1.1 초기시장

초기시장(Early Market)은 혁신수용자와 선각수용자로 구분되며 이들을 기술선도자(Technological Opinion Leaders)라고도 한다. 혁신수용자(Innovators)는 혁신적인 기술이 적용된 새로운 제품을 선호하며, 특정한 기업의 특정한 제품에 대한 마니아(Innovated Technology Mania)로 불리기도 한다. 혁신수용자는 혁신적인 제품에 대한 기술적 수준을 깊이 있게 이해하고 제품이 제공하는 기술적인 장점을 충분하게 이해하고 있다. 혁신수용자들은 혁신적인 기술 자체를 선호하는 경향이 매우 강하다.

그리고 선각수용자(Early Adopters)는 새로운 기술자체보다는 기술이 가져다주는 가치창출에 더 많은 관심이 있다. 기업은 이들의 관심과 구매를 유도할 수 있도록 혁신적인 제품의 장점에 대한 가치창출을 위하여 좀 더 많은 노력을 해야 할 것이다.

3.1.2 주류시장

주류시장(Main Market)은 전기 다수수용자와 후기 다수수용자로 구분되며 전기 다수수용자(Early Majority)는 혁신적인 기술을 이해하고 나면 충성도가 높은 집단이다. 선각수용자들의 확산을 통해서 전기 다수수용자들로 시장을 확대하는 과정이 상당히 어려우며 해결해야 할 과제가 많은 과정이다. 선각수용자와 전기 다수수용자와의 사이에 일시적인 틈이 발생하게 되는데 이를 특별히 캐즘(Chasm)이라고 한다. 캐즘을 해결하지 못하는 제품은 성공하기 어렵게 되므로 캐즘을 극복할 수 있는 방안을 반드시 수립해야 한다.

후기 다수수용자(Late Majority)는 대부분 새로운 기술에 대한 보수적인 반응을 보인다. 이들은 혁신적인 기술을 선호하는 입장보다는 주위의 다른 사람들보다 너무 뒤떨어지기 싫기 때문에 수용하는 고객들이다. 기업은 이들 후기 다수수용자들을 확보할 수 있는 전략을 실행해야 한다. 제품수명주기에서 성숙기에 해당되는 시기이기 때문에 원가절감을 통한 가격경쟁력을 확보하고 있으며 더 이상의 투자가 필요 없다. 후기 다수수용자들을 많이 확보할수록 누적이익이 증가하게 되므로 기업의 입장에서는 매우 중요한 고객집단이 될 수 있다.

3.1.3 쇠퇴시장

쇠퇴시장(Decline Market)은 제품수명주기에서 쇠퇴기에 해당되며 쇠퇴시장에서는 도입기의 혁신적인 제품은 이미 기존제품화된 지 오래 되었으므로 기업은 시장에서 철수하려는 시기이다. 이러한 쇠퇴시장에서 제품을 구매하는 고객을 지각수용자(Laggards)라고 한다. 이들은 새로운 기술과 새로운 제품에 대한 관심은 거의 없는 집단이다. 그러나 시장 전체에서 10~20%를 차지하는 무시하지 못할 규모의 집단이다. 지각수용자에 대한 강력한 전략은 가격이다. 지각수용자는 장기재고를 처분하는 수준인 한계원가 이하의 가격으로 구입하기를 선호한다.

3.2 캐즘현상

3.2.1 캐즘현상의 개념

[그림 11-10]에서 살펴본 바대로, 제품수명주기를 따라 진행하면서 수차례의 단절 현상인 위기가 오게 되는데 이를 '죽음의 계곡(Death Valley)'이라고 한다. 첫 번째 위기는 혁신적인 제품을 생산하고 공급하는 데 기본적인 자금이 부족하기 때문에 발생한다. 첫 번째 죽음의 계곡이 극복되어 사업이 원활하게 진행하다가 두 번째 죽음의 계곡을 만나게 된다. 두 번째 죽음의 계곡은 자금문제가 아닌 경쟁사의 기술을 능가하는 기술 경쟁력을 확보하지 못하거나, 확대할 시장이 없으므로 더 이상 기술사업을 진행하지 못하는 경우가 있다. 이러한 두 번째 죽음의 계곡은 매우 심각하여 대부분 여기서 사업을 포기하는 경우가 발생한다. 벤처기업에게는 죽음의 계곡을 극복하는 방법을 찾아야 할 것이

며, 특히 두 번째 죽음의 계곡을 캐즘(Chasm)이라고 한다.

캐즘(Chasm)은 초기시장인 선각수용자에서 주류시장의 조기 다수수용자로 전환되는 시점에 발생되는 두 번째의 단절의 현상이다. 제품이 아무리 혁신적이고 우수한 첨단기술을 적용했다고 하더라도 일반인들이 이해하고 수용하기까지는 건너야 하는 죽음의 계곡이 발생하게 된다.

캐즘은 원래 지질학의 용어로서 지각변동 등의 이유로 인하여 발생하는 지층 사이의 큰 틈을 말한다. 이러한 캐즘의 의미를 미국 실리콘밸리의 컨설턴트인 무어(Geoffrey A. Moore)가 1991년에 미국 벤처업계의 성장과정을 설명하는 데 활용하면서 마케팅 이론으로 확립되었다. 혁신적인 제품의 조기수용자와 그 이후 주류시장의 조기 다수수용자들은 서로 다른 시점에서 서로 다른 이유로 제품을 구매하게 된다.

기술이나 제품이 아무리 혁신적이고 훌륭하다 하더라도 실용적이지 못하면 시장에서 성공하기가 어렵다. 제품을 출시한 초기에는 혁신성을 중시하는 소수의 조기수용자가 생기지만, 이후에는 실용성을 중시하는 소비자가 중심이 되는 주류시장으로 옮아가야 하는데, 혁신적인 제품을 출시한 기업은 때때로 이 초기시장과 주류시장 사이에서 매출이 급격히 감소하거나 정체현상을 겪게 될 수 있다. 초기시장의 선각수용자에서 주류시장의 전기 다수수용자로 넘어가는 과도기에 일시적으로 수요가 정체되거나 후퇴하는 단절현상을 가리켜 캐즘이라고 한다.

3.2.2 캐즘현상의 극복

캐즘이론에 따르면, 일단 첨단제품이 출시되면 혁신수용자와 선각수용자는 혁신적인 기술에 대한 애호도 혹은 잠재적 이익 등을 고려해 새로운 제품을 구입하게 된다.

그러나 주력시장의 계층인 전기 다수수용자는 실용적인 면을 중시하기 때문에 여러 가지 참고사항을 고려한 뒤 실용적인 면이 증명된 후에야 구매를 시작하게 된다. 기업의 입장에서는 주력시장이 확대되어야 수익성을 기대할 수 있다. 이들 주력시장의 고객은 실질적인 구매층으로, 전체 구매의 60~70%를 점유하기 때문이다.

대다수의 벤처기업이 성공하지 못하거나 기업의 신규사업이 중도에 사업을 보류하거나 철수하는 것은, 선각수용자에서 전기 다수수용자로 넘어가는 과정에서 협곡인 캐즘을 만나기 때문이며, 캐즘을 극복해야 새로운 제품에 대한 사업의 성공을 기대할 수 있게 된다. 따라서 새로운 기술을 연구개발하고 혁신적인 제품을 공급하려는 기업은 반드시 캐즘을 극복할 수 있는 방안을 강구해야 한다.

혁신적인 제품을 공급하는 기업이 캐즘을 극복할 수 있는 방안은 시장확대이다. 시장을 확대하기 위해서는 기술이 실제로 고객에게 어떤 가치를 창출하고 어떤 이익을 제공해 줄 수 있는지를 분석해서 이에 대한 정보를 주력시장의 고객에게 전달할 수 있는 방법과 전략을 수립해야 한다. 주력시장의 전기 다수수용자는 혁신적인 기술의 장점이 자기 자신에게 어떤 가치를 제공해 줄 수 있는지에 대한 관심과 욕구가 있다. 이러한 고객가치의 창출을 통하여 고객을 설득하고 이해시킬 수 있으면 고객만족의 과정으로 접어들게 되며 새로운 제품은 주력시장으로 확대될 수 있을 것이다. 〈사례 11-5〉는 캐즘 현상의 사례이다.

사례 11-5 캐즘현상의 사례

사례연구

구멍 뚫은 원조벤처, '죽음의 계곡' 넘은 방법은?
수차례 위기 넘어선 1세대 벤처, 글로벌·사업다각로 지속성장 준비

1998년 벤처붐 시대. 수많은 창업자들이 대박의 꿈을 찾아 '골드러시'에 나섰다. 정부는 IMF이후 청년일자리 창출 및 새로운 돌파구를 마련하기 위해 벤처산업 진흥에 적극적으로 팔을 걷어붙였다.

1990년대 벤처기업을 창립한 한 벤처 인사는 "홍보에 조금만 신경을 쓰면 투자자금 확보가 쉬웠기 때문에 내실을 다지기 보다는 당장 회사 이름을 알리고, 정부자금을 운용하는 투자자들과 친분을 갖기 위해 하루에도 2~3차례씩 유흥업소를 전전한 벤처 창업자들도 많았다"며 "이들 가운데 절대다수는 모두 시간이 지난 뒤 실패를 경험했지만 당시 정부자금 가운데 상다수가 기술개발이 아닌 이들 사업주들의 '먹튀'에 유용됐다"고 당시를 회상했다.

상황이 이렇다 보니 '골드러시'를 꿈꾸던 벤처기업 가운데 상당수가 '죽음의 계곡'(Death Valley)에 빠지고 말았다. 창업 후 아이디어 창출이나 기술개발에 성공했지만 사업화를 위한 자금조달 실패 등으로 도산하는 경우를 말한다. 하지만 이 같은 어려움을 뚫고 현재까지 살아남아 사업을 확장하고 있는 기업들도 있다. 이들 역시 1990년대 후반과 2000년대를 거치면서 수많은 고비를 만났다. 그리고 이 과정에서 실패와 좌절을 겪었고, 이를 극복했다.

국내 벤처기업 성장 곡선

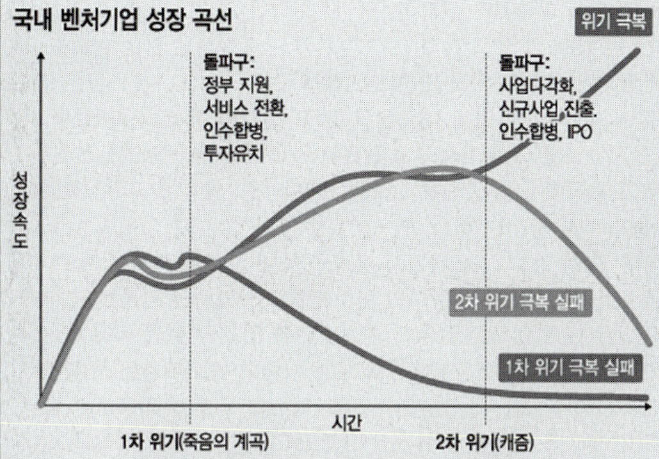

구분	1차 위기 및 극복사례	2차 위기 및 극복사례
휴맥스	연대보증.담보 등 투자자금 수급위기 셋톱박스 사업 올인(매출급증)	디지털TV 시장 대기업 장벽 HD방송 전환 호재 및 사업 다변화
주성 엔지니어링	협력업체 납품계약 중단 제품전환 및 협력업체 다변화	반도체, LCD 등 전체부품 시장 냉각 신사업 기술집중으로 주도권 강화
네이버	선발기업 장벽 한게임 합병 통한 이용자 확충	국내 시장 포화 라인 서비스로 글로벌기업 도약
다산네트웍스	IMF 정부지원 프로그램 참여	시장성장속도 감소 인한 매출정체 관련 서비스 기업 인수 및 합작사 설립
안랩	IMF 무차입경영·R&D, 국산 SW장려정책	국내 '우물안 개구리' 일본·미국 등 글로벌 시장 진출 나서

자료:각 사

▣ 1세대 벤처에 찾아온 '죽음의 계곡'

1989년 5000만원의 자본금으로 창립한 휴맥스는 한국 벤처의 효시 격이다. 하지만 휴맥스는 탄생 순간부터 쉽지 않았다. 다행히도 휴맥스는 한우물 경영을 통해 기술력을 인정받았다. 창업 초기 노래방기기 사업에 주력했지만 디지털방송 전환에 발맞춰 셋톱박스 사업에 뛰어들면서 500억원대의 매출은 2000년 1400억원으로 급증했고, 2001년 3000억원을 넘어섰다.

국내 대표 장비업체인 주성엔지니어링은 1995년 창립 이후 승승장구를 거듭하며 1999년 상반기 최고 공모가인 3만6000원을 기록하며 코스닥 시장에 화려하게 입성했다. 하지만 2001년 최대 반도체장비 공급처였던 삼성과 거래가 중단되면서 이후 3년 동안 누적적자가 3000억원에 달했다. LCD장비 기업으로 발 빠른 체질전환에 나섰고, 기술력을 인정받아 LG디스플레이와 공급계약을 체결했다. 2004년 매출도 16600억원으로 창사 이래 최대 실적을 기록했다.

한국 인터넷 대표기업인 네이버 역시 숱한 위기를 겪었다. 1999년 삼성SDS에서 독립한 네이버는 당시 국내외 선발 검색포털 서비스에 밀려 만년 5위에 익숙한 군소 서비스였다. 검색 기술력을 자부했지만 이미 다른 포털 서비스에 익숙한 이용자들을 네이버로 끌어들이기에는 한계가 있었다. 이에 네이버는 2000년 4월 100만 회원을 보유하고 있는 한게임과의 합병을 결정했다. 하루에도 10만명씩 가입자가 급증하던 한게임과 투자자금 여력 및 검색.포털 기술력을 갖춘 네이버의 결합은 결국 대한민국 최대 인터넷 기업으로의 진화의 발판이 됐다.

한때 기대를 한 몸에 받았지만 실적이 미미한 기업들도 있다. 네트워크 통신장비 개발 기업인 다산네트웍스는 1993년 창립 이후 2007년까지 고속성장을 하며 연매출 2000억원 이상의 성장을 눈앞에 뒀지만 이후 오히려 마이너스 성장을 했다. 1997년 다산은 IMF로 부채가 한달 만에 8억원이던 부채가 한 달 만에 18억원이 됐다. 하지만 미국 마이크로텍 VRTX고도화 프로젝트 참여 및 정통부 지원 프로그램인 소프트웨어 인큐베이터 센터에 입주해 SW판매로 매출을 올리면서 위기를 극복했다. 지난해 1226억9700만원, 올 상반기 584억3600만원의 매출을 거두는데 머물렀다.

안랩 역시 '이름값'에 비해 다소 뒤처지는 성과를 냈다. IMF 당시 적자로 직원 월급도 못 줄 형편이었다. 글로벌 보안기업인 맥아피의 인수제안이 있었지만 거절했다. 무차입 경영과 R&D에 집중하던 안랩은 바로 이어진 정부의 벤처지원과 코스닥 열풍 덕에 살아남았다. 국내시장 비중이 과도하다는 문제점을 안고 있다. 지난해 안랩의 해외매출은 86억8200만원으로 전체 매출의 6.59%에 그쳤다. 지난해 연결기준 1317억원의 매출을 기록하며 국내 보안기업 최초로 매출 1000억원 돌파를 했지만 아쉬울 수밖에 없다.

▣ 두번째 위기 '캐즘'을 넘어라

'죽음의 계곡'에서 살아남은 이들 기업에게도 또 다른 고비가 있었다. 어느 정도 자리를 잡았지만 서비스의 활성화 단계에서 다수 대중의 호응을 받지 못하거나 시장상황 및 글로벌 경기의 변화에 따라 존폐 위기에 직면했다.

휴맥스는 2005년 디지털TV 시장에 뛰어들었지만 대기업의 벽에 막혀 고전했다. 2010년까지 사업을 이어갔지만 결국 휴맥스는 결국 철수했다. 다행히도 고화질(HD) 방송 전환 등 셋톱박스 시장에서 새로운 수요가 발생해 휴맥스는 2010년 이후 1조원에 달하는 매출을 이어가고 있다. 휴맥스는 이어 자동차 전자장치(전장) 사업에 뛰어들었다. 이 분야에서 기술력과 유통망, 노하우를 갖춘 대우아이에스의 경영권도 획득했다. 2015년 목표는 셋톱시장 1조8000억원, 자동차 시장 5000억원 등 총 2조3000억원의 매출을 달성하는 것이다.

주성 역시 지난해 반도체와 LCD, 태양광 등 주력하는 모든 장비분야가 동반 침체를 겪으면서 전체 인력의 40% 가까이를 구조조정했다. 순손실은 무려 1146억원, 지난해 말 기준 부채비율은 200%에 달했다. 다만 올해 들어 부활의 신호가 미력하나마 시작됐다. 지난 2분기 2011년 3분기부터 올해 1분기까지 7분기 동안 이어진 적자에서 벗어난 것. 특히 반도체·LCD·태양광에 이어 광다이오드(LED)와 유기발광다이오드(OLED) 장비 등 차세대 신시장을 개척했다. 특히 불황으로 해외 경쟁사들이 R&D에 주춤하는 동안 체력을 길러 기존 반도체·LCD에서는 대등한, 신규산업에서는 오히려 이들을 앞서는 기술력을 갖췄다.

다산네트웍스는 계열사 포함 3000억원에 불과한 연매출을 2018년 1조원으로 끌어올리겠다는 목표다. 2011년 그룹웨어와 업무프로세스관리(BPM) 국내 1위 핸디소프트를 인수했고, 자동차 부품업체 동명통산(현 디엠씨)을 인수했다. 판도라TV와의 합작사 '팬더미디어'도 설립하며 점차 사업을 확장하고 있다. 기존 셋톱박스 역시 SK브로드밴드와의 공급계약 및 다변화된 해외공급에 힘입어 4분기 실적개선을 앞두고 있다.

안랩은 해외진출에 사운을 걸었다. 국내시장에 안주해서는 성장이 불가능하다는 판단에서다. 안랩은 2015년까지 해외매출 비중을 30%로 끌어올린다는 목표다. 이미 제품 라이선스 유통과 판매 위주의 사업으로 실패를 맛본 일본에서는 보안관제 및 모바일 보안으로 전환, 성과를 내고 있다. 미국에서도 APT 대응 솔루션이 높은 평가를 받았으며 대형유통업체와의 V3클릭 등 보안솔루션 공급이 원활히 진행되고 있다.

네이버는 수차례 상장심사에서 고배를 마셨다. 상장요건을 충족했다는 평가였지만 벤처버블로 인한 편견에 시달린 끝에 2002년 10월 가까스로 상장에 성공했다. 최근 네이버는 일본을 필두로 한 글로벌 시장에서 '라인'사업 성공을 거두며 미래 성장동력을 발굴했다. 10년 이상 적자를 감수하고 일본 진출에 매진한 결과다. 1단계 성장의 파트너였던 한게임과 분사, 규제 리스크 분산도 꾀하고 있다.

* 출처 : 중앙일보, 2013. 10. 11.
http://article.joins.com/news/article/article.asp?total_id=12824843
다운로드 및 편집 : 2017. 12. 10.

4. 제품의 시장진입

4.1 시장진입 시 고려사항

새로운 제품을 시장에 진입하는 시점을 결정하는 것은 매우 중요한 경영전략이다.

혁신적인 제품을 시장진입하는 경우에 선발진입자는 많은 장점이 있음에도 불구하고 항상 성공할 수 있는 것은 아니다. 오히려 위험요인이 많은 경우에는 후발진입자가 선발진입자보다 성공확률이 더 높게 나타나기도 한다. 새로운 제품을 시장에 진입하는 시점을 의사결정하는 것은 매우 중요한 경영과정이다. 제품의 시장진입 시 고려해야 할 사항으로는 고객선호도, 기술개선 정도, 자원지원 규모, 경쟁사 진입 위험, 기업 이미지 등이 있으며 [그림 11-11]과 같다.

그림 11-11 제품의 시장진입 시 고려사항

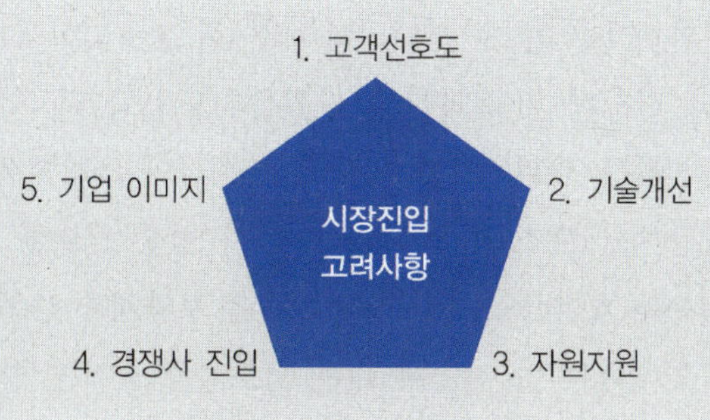

4.1.1 고객선호도

제품이 시장에 진입하기 위해서는 무엇보다도 고객의 선호도가 확실해야 한다. 세계 최초의 새로운 제품을 연구·개발하여 출시한 경우에도 고객과 시장의 이해 부족으로 성공하지 못한 사례는 많이 볼 수 있다. 반대로 고객의 이해도가 성숙했으며 고객이 원하고 있는 혁신적인 기술임에도 시점을 잘못 판단하여 시장창출의 기회를 놓치게 되는 경우도 있다. 스마트폰의 경우를 보면 핀란드의 노키아가 애플보다 기술력이 혁신적이지 못한 것보다는 이미 확보하고 있는 기술역량을 가지고서도 고객의 선호도가 아직은 성숙하지 못한 것으로 잘못 판단한 것으로 보인다. 노키아는 스마트폰에 대한 시장진입의 시점을 잘못 판단했기 때문에 시장창출의 기회를 놓치게 되고 결국 기업의 존속에까지 좋지 못한 영향을 미치게 된 것으로 판단된다.

4.1.2 기술개선 정도

제품의 시장진입 시점을 결정하기 위한 요인으로 기술의 개선 정도 역시 중요하다.

기술수준이 많이 개선된 혁신적인 제품일수록 조기에 시장진입하는 것이 유리하다. 조기에 시장진입을 한 다음에 기술가치에 대한 모호성을 해결하게 되면 주력시장으로의 이동이 빨라질 수 있게 된다. 기술가치의 모호성을 감소시킬 수 있는 방법으로는 보조기술 혹은 보완재의 가용성이 중요해 지기도 한다. 미래의 자동차라고 일컫는 전기자동차의 경우에 보조기술이라고 생각되는 배터리 기술이 아직 혁신적으로 개선되지 않고 있기 때문에 과도기적인 하이브리드자동차가 출시되고 있다. 그러나 혁신적인 하이브리드자동차 역시 아직은 배터리 문제가 완전히 해결되지 못하고 있기 때문에 주력시장으로 이행되지 않고 있다.

컴퓨터에서 활용되고 있는 워드프로세서 등의 여러 가지 사무용 소프트웨어들은 모두 혁신적인 보완재라고 할 수 있다. 컴퓨터에서 활용되고 있는 보완재가 다양하지 못했더라면 컴퓨터 시장이 확대되기 어려웠을지도 모른다. 스마트폰에서 앱(App, Apple Application)이라는 보완재가 없었더라면 지금의 스마트폰 시장이 창출되었을까? 모든 혁신적인 제품에서 보조기술 혹은 보완재가 항상 필요한 것은 아니지만 최첨단의 혁신적인 제품일수록 호환성있는 보조기술 혹은 보완재를 충분하게 확보하는 것도 고객에게 새로운 제품의 혁신적인 기술에 대한 모호성을 줄이는 방법이 된다.

4.1.3 자원지원 규모

제품의 시장진입 시점을 결정하기 위해서는 새로운 제품이 시장에 진입하고 확산하는 도중에 기업 내에서 지원할 수 있는 자원이 어느 정도인지 고려해야 한다. 자원에 대한 내용을 보면 선투자해야 할 브랜드 이미지 확산, 유통채널 구축 등에 필요한 비용이 있으며, 시장이 확산되면서 투입되어야 할 고객교육, 보완재개발 등에 필요한 비용들이 있다. 이러한 비용을 지원할 수 있는 규모가 어느 정도인지를 파악하고, 인력과 조직적인 지원의 규모가 어느 정도인지 파악한다면 제품이 시장에 진입하고 확산하는 과정에 지원할 수 있는 시점을 결정하는 데 도움이 될 것이다.

4.1.4 경쟁사 진입위험

제품이 시장에 진입할 수 있는 시점을 결정하기 위해서는 경쟁사의 진입가능성을 파악해야 한다. 경쟁사의 진입위험이 적은 경우에는 고객의 이해도가 성숙될 때까지 시장진입의 시점을 늦추어도 좋겠지만, 경쟁사의 시장진입 위협이 많을 경우에는 시장의 조기진입을 통하여 브랜드 이미지를 조기에 구축하는 것이 제품에 대한 경쟁력을 확보할 수 있고 여러 형태의 유통경로를 확보하기에도 유리해 진다. 경쟁사의 진입위험은 제품의 시장진입 시점에 많은 영향을 미치게 된다.

4.1.5 기업 이미지

기업 이미지가 고객과 유통채널의 불확실성을 제거해 줄 수 있다. 기업의 명성이나 평판은 고객의 신뢰도에 많은 영향을 미친다. 고객이 혁신적인 기술에 대한 이해가 성숙되지 않았더라도 기업을 신뢰하게 되면 기업은 새로운 제품을 출시해도 좋을 것이다. 기술에 대한 이해도가 부족한 고객과 유통경로에서는 기업의 과거 실적을 기반으로 한 기업 이미지를 통하여 혁신적인 기술을 판단하는 경향이 있다.

4.2 제품의 시장진입

시장진입에 대한 선발진입자와 후발진입자에 대한 특성을 살펴보면 다음과 같다.

4.2.1 제품의 선발진입자

① 선발진입자에 대한 장점

선발진입자의 장점으로는 고수익 확보, 수익체증, 진입장벽 등의 장점이 있으며 [그림 11-12]와 같다.

그림 11-12 선발진입자에 대한 장점

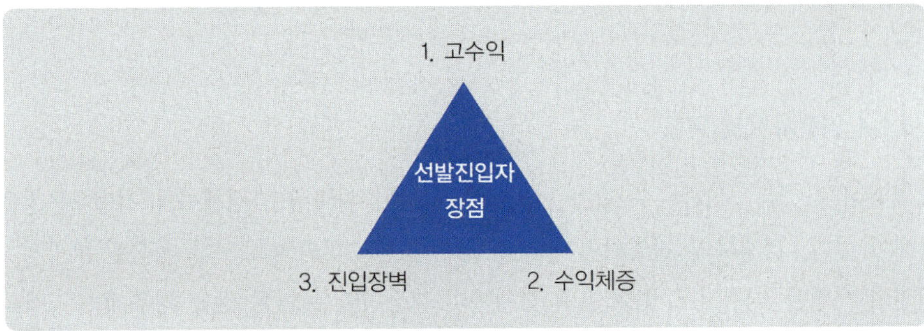

가. 고수익 확보

선발진입자는 기술적 우위를 기반으로 한 경쟁우위의 이익을 얻을 수 있게 되며, 후발진입자가 진입하여 경쟁자의 위치를 확보할 때까지는 독점적이고 지배적인 위치에서 상당한 이익을 창출할 수 있다. 제품의 시장진입 이후 도입기와 성장기의 중반기에 이르는 동안에는 경쟁상대가 거의 없기 때문에 제품가격을 높게 책정할 수 있으며, 이익률이 매우 높게 된다. 즉 경쟁자가 거의 존재하지 않는 독점적인 시장과 이익을 창출할 수 있는 지대가 만들어지는데 이러한 지대를 '기회의 창(Window of Opportunity)'이라고 한다. 기회의 창이 허용되는 기간에는 새로운 제품에 대한 고수익을 기대할 수 있게 된다. [그림 11-13]은 기회의 창을 통한 고수익을 확보할 수 있음을 볼 수 있다.

기회의 창은 시장의 조기 진입의 중요성을 말해 주고 있다.

그림 11-13 기회의 창과 고수익 확보

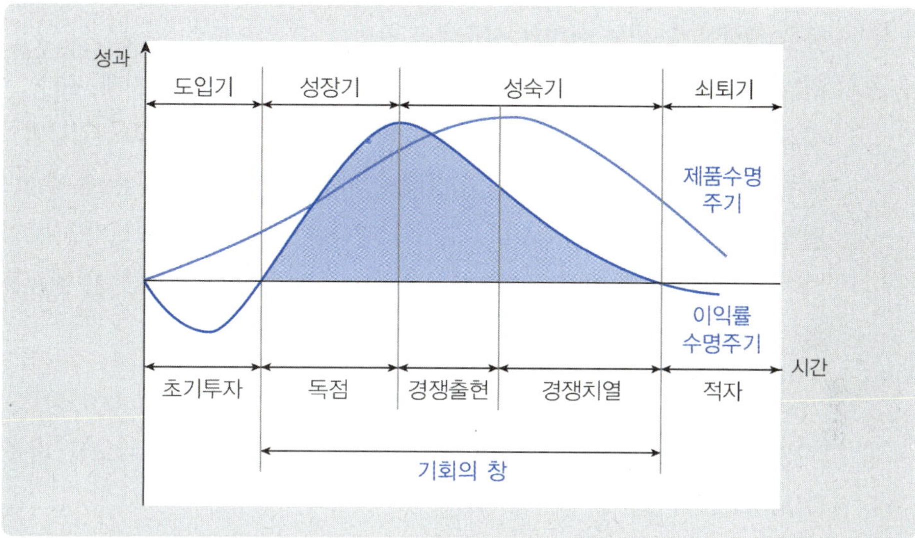

나. 수익체증

선발진입자의 제품을 시장에 진입한 이후 후발진입자가 진입할 때까지는 공급이 수요를 충족할 수 없으면서 시장을 독점할 수 있게 되므로 이 기간 동안에는 수확체증의 법칙이 적용되어 제품이 생산을 위한 설비 및 장비 등의 자원에 대한 투입의 양을 확대하면 확대할수록 이익은 기하급수적으로 확대된다. [그림 11-14]는 선발진입자의 성장기 동안 경쟁자가 없을 경우에 얻을 수 있는 이익의 수확체증에 관하여 설명하고 있다.

그림 11-14 이익의 수확체증

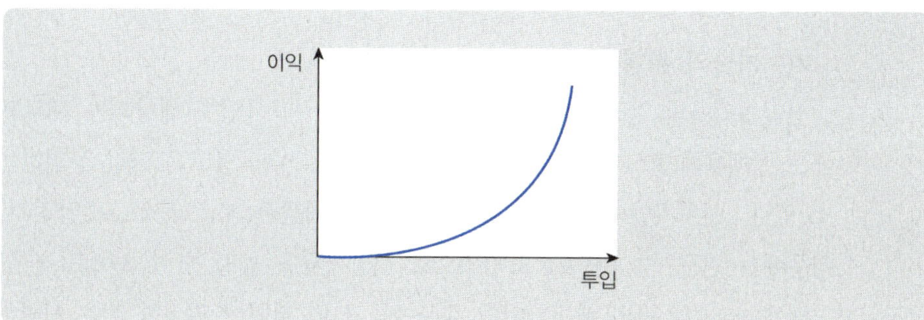

다. 진입장벽

선발진입자는 후발진입자가 시장에 진입할 때까지 혁신적인 생산공정을 활용하여 제품을 생산할 수 있는 설비와 시스템을 완비할 수 있으므로, 경쟁사의 입장에서는 시장에 진입하기에 과다한 비용을 일시에 투자해야 하는 부담을 가지게 된다. 이러한 부담이 시장에 진입하는 데 장애로 작용하게 되고 후발진입자의 시장 진입장벽이 된다.

진입장벽이 낮으면 경쟁사의 입장에서 시장진입을 위한 투자비용이 낮으므로 시장진입을 용이하게 진행할 수 있다. 그러나 과다한 투자비용과 혁신기술 등의 수단을 활용하여 진입장벽을 높일 수 있다면 시장에서의 독점적이고 지배적인 위치를 장기간 확보할 수 있으므로 더 많은 이익을 창출할 수 있을 것이다.

② 선발진입자에 대한 단점

선발진입자의 단점으로는 기술의 위험성, 유통경로 부족, 과도한 비용 등이 있으며 [그림 11-15]와 같다.

그림 11-15 선발진입자에 대한 단점

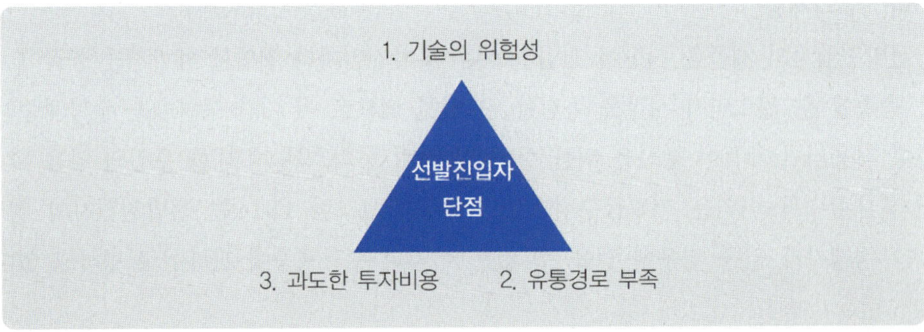

가. 기술의 위험성

선발진입자의 성공률은 매우 낮다. 기업의 신규사업에 해당되는 새로운 제품의 경우에는 실패율이 50%에 육박하며, 성공할 확률은 30% 정도를 약간 상회하는 것으로 알려져 있다. 벤처기업의 새로운 상품이 성공할 확률은 3% 남짓으로 알려져 있다. 기업의 경우에는 전문기술 인력과 조직력으로 성공확률을 높일 수 있음에도 불구하고 성공률이 그렇게 높지 않으며, 벤처기업의 경우에는 사업 경험이 일천한 젊은 사람들의 기술 우선주의로 인하여 대부분 성공하지 못한다고 한다. 글로벌 기업이든, 벤처기업이든 혁신적인 제품은 고객의 이해를 얻고 시장이 성숙될 수 있는 여건을 만들기 어렵다. 혁신적인 제품은 위험성이 그만큼 높기 때문에 선발진입을 하지 않고 오히려 다른 기업에서 선발진입한 성과를 보고 문제점을 해결하면서 후발진입을 선호하는 기업의 경우도 있다. 새로운 기술은 시장의 선발진입에 대한 위험성을 증가시키게 된다.

나. 유통경로 부족

혁신적인 제품은 이때까지 존재하지 않던 새로운 제품이므로 유통경로가 없을 가능성이 많다. 그러므로 새로운 제품의 선발진입자는 유통경로를 개척해야 하는 부담이 있다. 후발진입자의 경우에는 선발진입자가 구축해 놓은 유통경로를 활용하면 되므로 유통경로 개척에 필요한 노력을 감소시킬 수 있다. 즉 혁신적인 제품의 선발진입자에게는 유통경로를 개척해야 하는 단점이 작용할 수 있다.

다. 과도한 비용

혁신적인 제품의 선발진입자는 연구개발에 필요한 인력·조직 및 장비, 생산설비 및 시설, 신규시장 개척을 위한 광고·홍보, 유통경로 개척, 영업인력 및 조직 확보 등에 대한 투자비용이 과다하게 소요된다. 혁신적인 제품은 현재까지 존재하지 않았던 제품이므로 다른 기업이나 조직으로부터 벤치마킹하기에도 마땅하지 않다. 선발진입자가 모든 것을 스스로 해결해야 하므로 과다한 비용이 소요될 수밖에 없다. 후발진입자의 경우에는 선발진입자를 벤치마킹하여 모든 투자비용을 대폭 절감할 수 있게 된다. 혁신적인 제품의 선발진입자에게는 과도한 투자비용이 단점으로 작용하게 된다.

4.2.2 제품의 후발진입자

혁신적인 제품의 선발진입에 대한 단점을 회피하기 위하여 고의적으로 후발진입전략을 실현하는 기업들이 있다. 의외로 후발진입자들의 성공률이 선발진입자들의 성공률을 상회한다고 알려져 있다. 글로벌 초우량 기업들은 혁신적인 제품을 신속하게 연구·개발하여 조기에 시장 진입함으로써 시장선점의 효과를 살현하려는 경우가 대부분이다. 그러나 중소기업이나 벤처기업의 경우에는 혁신적인 기술에 대한 성공률이 워낙 낮기 때문에 오히려 선발진입자의 진행 경과를 주시하면서 시장에 진입할 시점을 선택하는 후발진입의 전략이 유용할 경우가 있다. 단 전략적인 후발진입자는 선발진입자 수준의 기술을 확보하고 있어야 하며 연구개발할 수 있는 역량을 가지고 있어야 한다. 후발진입자가 시장에 진입할 경우에 고려해야 할 사항으로는 선발진입자 조사, 혁신기술 추이 조사, 가격경쟁력 확보, 차별화 역량 확보, 퇴출경로 확보 등이 있으며 [그림 11-16]과 같다.

그림 11-16 후발진입자의 고려사항

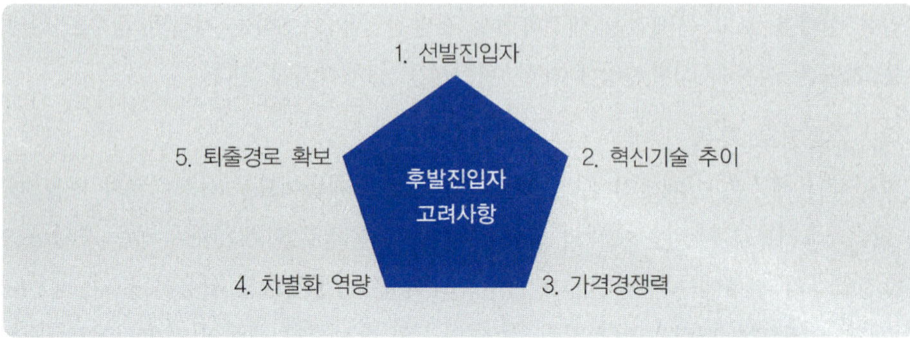

① 선발진입자 조사

후발진입자가 시장진입을 하기 위한 첫 번째 고려사항은 선발진입자의 사업 진행상황을 조사하는 것이다. 선발진입자는 새로운 시장을 창출해 나가는 과정에서 많은 어려움과 문제점들을 만나고 또 해결해 나가고 있을 것이다. 선발진입자의 진행상황을 면밀하게 조사하고 문제점을 파악하고 해결한 다음에 시장진입의 최적의 시점을 선택할 수 있다. 선발진입자를 대상으로 조사해야 할 항목으로는 제품의 원가 및 원가구조 등을 조사해야 한다. 선발진입자는 후발진입자의 진입을 방해하기 위하여 저가격을 통한 진입장벽 전략을 수행할 것이 분명하기 때문에 이에 대한 대응책을 마련해야 한다.

② 기술 추이 조사

선발진입자의 기술 지배력과 기술수명에 관하여 조사하고 기술의 발전 추이를 조사한다. 선발진입자의 기술을 능가할 수 있는 역량을 확보할 수 있으면 기술의 추이분석의 결과를 활용하여 좀 더 개선된 새로운 제품을 출시할 수 있을 것이다. 이러한 후발 진입전략은 선발진입자 이상의 기술역량이 있어야 가능할 것이다.

③ 가격경쟁력 확보

규모의 경제와 원가우위를 달성할 수 있는 가능성이 있는지를 조사한다. 원가절감을 통하여 선발진입자가 지배적 위치를 차지하기 전에 지배적 사업자의 위치를 확보할 수 있다.

④ 차별화 역량 확보

선발진입자는 시장진입 이후 생산력 확대에 주력하고 있지만, 모든 시장을 동시에 공략하기는 어렵다. 그러므로 후발진입자는 경쟁우위와 수익성을 창출할 수 있는 틈새시장을 확보할 수 있는 방안을 수립해야 한다. 틈새시장을 확보할 수 있는 방안으로는 개선을 통하여 차별화된 제품으로 틈새시장에 진입하게 되면 선발진입자와 경쟁하지 않고서도 시장진입이 가능해 진다. 차별화 역량 역시 선발진입자 이상의 기술 역량을 확보하고 있어야 가능해 진다.

⑤ 퇴출경로 확보

후발진입자는 시장선점의 기회를 가지지 못하므로 선발진입자가 얻을 수 있는 장점이 후발진입자에게는 그대로 단점으로 작용하게 된다. 후발진입자는 시장에 진입할 경우에 시장상황이 자사에게 불리하게 작용하기 시작하면 퇴출할 수 있는 퇴출방법을 동시에 고려해야 한다. 새로운 제품이 시장에 진입하면서 소비한 비용이 아깝기 때문에 퇴출하지 못하게 된다면 손실은 기하급수적으로 증가하게 될 것이다. 후발진입자는 퇴출 가능성을 염두에 두고서 시장진입의 시점을 고려해야 시장진입이 성공하지 못할 경우에 손실을 최소화할 수 있다.

토론제목

1. 고객지향적 기술제품의 의미는?
2. 고객지향적 기술제품의 경쟁우위 요인은?
3. 고객지향적 기술제품의 원가우위 요인은?
4. 신표준경쟁력의 의미는?
5. 고객지향적 제품혁신의 영향요인은?
6. 기술제품의 수명주기를 이익률의 관점에서 설명.
7. 기술혁신의 성장곡선의 특징은?
8. 기술혁신의 지속적 성장과 성장곡선의 관계는?
9. 불연속적 기술의 의미는?
10. 기술혁신의 수용주기는?
11. 캐즘현상의 의미는?
12. 캐즘현상의 극복방안은?
13. 신제품의 시장진입 시 고려해야 할 사항은?
14. 기회의 창에 대한 의미는?
15. 선발진입자의 장단점은?
16. 후발진입자의 장단점은?

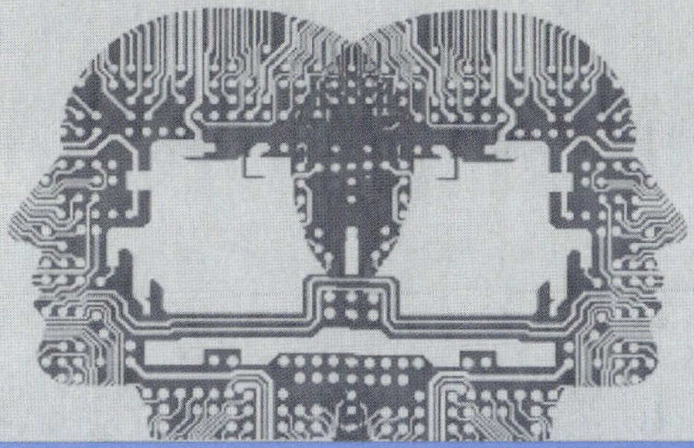

제 12 장
고객지향적 프로세스혁신

1. 고객지향적 프로세스혁신

기업의 프로세스혁신(PI, Process Innovation)은 기업의 조직운영의 효율성과 효과성을 증대시키기 위하여 조직전체 혹은 조직의 일부를 새롭게 변화시키고 개선하는 것을 의미한다. 프로세스혁신은 조직이 작업을 진행하는 과정과 방법을 새롭게 혁신하는 것이다. 프로세스혁신은 새로운 변화에 조직과 종업원의 적응을 요구하며, 프로세스혁신이 성공하게 되면 조직의 가치를 향상시키게 되어 조직의 생존과 성장력을 지속할 수 있는 기회를 제공한다. 프로세스혁신은 기업의 성과에 미치는 영향이 매우 크다.

프로세스혁신은 제품을 생산하는 방법, 설비 및 장치, 운영소프트웨어 등에 있어서 중대한 변화를 의미하며 생산성 향상, 생산 시스템의 변화, 생산 자동화, 유연한 생산공정, 품질향상, 안정성 확대, 친환경 생산, 원가절감, 낭비제거 등을 혁신의 대상으로 한다. 그리고 유통관리의 유연성과 재고관리 등에 대한 혁신을 포함하고 있으므로 기업의 경영에 관련되는 모든 분야가 프로세스혁신의 대상이 될 수 있다.

프로세스혁신은 기업 내부의 종업원들이 직접 참여해야 하므로 직접적인 이해관계가 있지만, 고객은 직접적인 관계가 없으므로 기업의 프로세스혁신의 진행과정을 확인하기 어렵다. 어떤 기업이 프로세스혁신 계획을 수립하고 진행하게 되면 그 기업의 주식가치가 상승하는 것을 볼 수 있다. 고객이 항상 기업의 프로세스혁신에 관심을 가지고 주시하고 있기 때문이다. 고객이 직접 관여하기 어려운 기업 내부에서 진행되는 프로세스혁신에도 고객의 욕구가 반영되어야 한다. 고객이 원하지 않는 방향의 프로세스혁신은 기업 중심적 프로세스혁신이 될 것이며, 결국 고객의 외면을 받게 될 가능성이 높을 것이다. 고객이 원하는 프로세스혁신은 원가절감, 낭비제거, 혁신제품의 지속적인 공급, 고객욕구 반영, 의사소통 등이 원활하게 진행될 수 있어야 하며 고객이 기업의 프로세스혁신에 대한 과정과 결과를 알 수 있기를 원한다.

2. 프로세스혁신의 방법

기업의 프로세스혁신 방법을 보면 리스트럭처링, 리엔지니어링, 가치파괴 등이 있으며 [그림 12-1]과 같다.

그림 12-1 프로세스혁신의 방법

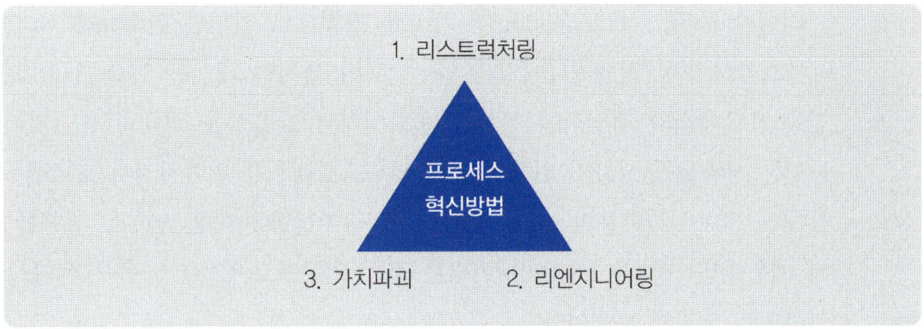

2.1 리스트럭처링

리스트럭처링(Restructuring)은 말 그대로 조직의 구조를 다시 만든다는 의미이며, 조직 내에서 의사소통과 의사결정의 프로세스를 지속적으로 변화해야 하는 것을 의미한다. 리스트럭처링은 조직의 구조를 변형하며 통합하고 슬림화하면서 급변하는 시장의 환경에 적응할 수 있도록 최적의 구조로 재구조화하는 것을 의미하며, 다운사이징(Down sizing), 구조조정 등의 말과도 매우 유사하게 사용된다. 다운사이징은 조직을 슬림화하여 커뮤니케이션의 경로를 단축하여 수직적인 의사소통을 단축시키고, 유사한 부서를 통폐합하여 업무추진의 프로세스를 단축할 수 있게 한다. 결국 리스트럭처링을 통하여 의사결정이 신속하게 되고 업무진행 속도가 빠르게 되므로 스피드경영의 기반이 확보될 수 있다. 그러나 다운사이징을 1997년 말부터 불어 닥친 IMF의 여파로 구조조정이라는 말이 유행하면서 일부의 부실기업에서는 과잉인력을 해고하는 수단으로 악용하는 경우도 발생하였다. 리스트럭처링의 목적은 다음과 같다.

① 정보가 적절한 시점에 적합한 사람에게 전달되어 의사결정의 속도를 향상시킨다.
② 기업의 내외부환경의 변화를 신속하게 공유할 수 있다.
③ 기업 내의 원활한 커뮤니케이션으로 분쟁을 감소한다.

2.2 리엔지니어링

리엔지니어링(Reengineering)은 새로운 방법으로 업무를 신속하게 처리할 수 있는 프로세스혁신이다. 리엔지니어링은 업무진행의 질적인 개선을 얻을 수 있고 현재의 업무진행 프로세스의 핵심적인 부분을 변화시켜서 효율성을 최대화하는 것이다. 기업에서 동일한 성과를 달성하기 위하여 전체 업무프로세스를 변화시켜서 프로세스를 단축할 수 있다면, 업무처리비용의 절감효과와 함께 잉여인력을 다른 업무로 전환할 수 있기 때문에 매우 바람직하다. 리엔지니어링은 모든 업무프로세스를 처음부터 다시 생각하고 혁신적으로 설계하는 것이다.

리엔지니어링을 실행하기 위하여 "지금 내가 하고 있는 이 업무가 성과에 영향을 얼마나 미치는가?"라는 가장 기본적인 질문을 통하여 프로세스를 개선할 수 있다. 영향이 거의 없으면 쓸데없는 일에 매달려 시간을 낭비하고 있었으므로 업무프로세스에서 없애면 되고, 영향력은 있지만 다른 사람과 중복된다면 업무프로세스를 통합하면 될 것이다.

리엔지니어링의 목표는 다음과 같다.

① 업무프로세스의 생산성이 향상되어야 한다.
② 획기적인 성과달성이 가능해야 한다.
③ 유관조직 간의 유관 업무프로세스가 통합되어야 한다.
④ 불필요한 계층의 업무프로세스가 제거되어야 한다.
⑤ 기업의 가치를 최대화해야 한다.

2.3 가치파괴

기업은 더 큰 기회를 창출하기 위하여 기존의 가치를 파괴해야 한다. 과거의 비효율적인 경험을 부정하고 완전히 새롭게 바뀐 글로벌 경쟁규칙(Global Competitiveness Rules)에 의하여 새로운 가치를 창출해야 한다. 기업은 새로운 사업 혹은 혁신적인 사업을 진행하기 위하여 자원과 인력을 집중해야 하며, 이러한 집중은 새로운 가치를 창출하게 하며 기존의 가치를 파괴하게 된다. 이러한 행동을 가치파괴(Value Destruction)라고 한다. 가치파괴 활동은 기업의 새로운 성장을 위한 노력으로 진행된다. 기존의 가치를 파괴하고 새로운 가치를 창출하는 과정을 전환(Transformation)이라고 한다.

기술파괴와 기술창출이 원활하게 전환되기 위해서는 경비절감, 스피드경영, 리더십, 사업전략 등의 특성을 고려해야 한다. 원활한 전환을 통해서 과거의 비효율적인 경험을 제거하고 새로운 질서를 통하여 새로운 가치를 창출할 수 있는 프로세스혁신이 가능해진다.

프로세스혁신의 목적은 신속한 의사결정과 신속한 업무처리로 스피드경영을 실현하며 비용을 절감하는 것이다. 스피드경영과 비용절감을 위한 프로세스혁신을 적용할 수 있는 기업의 분야를 보면 연구개발 프로세스혁신, 생산 프로세스혁신, 공급망 프로세스혁신, 마케팅·영업 프로세스혁신, 기타 지원업무 프로세스혁신 등으로 구분하여 생각해 볼 수 있으며 [그림 12-2]와 같다.

그림 12-2 프로세스혁신의 분야

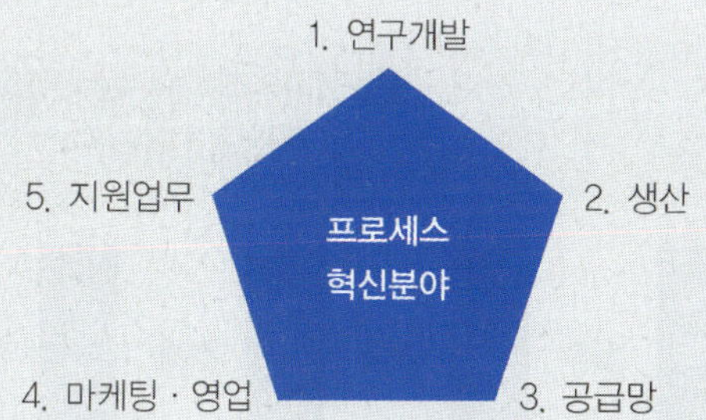

3. 기능적 프로세스혁신

3.1 연구개발 프로세스혁신

신제품에 대한 연구개발 프로세스를 보면 신제품에 필요한 환경조사, 개념설정, 목표정의, 기술설계, 제품개발, 시장진입, 성과분석, 피드백 등의 과정이 있으며 [그림 12-3]과 같다.

신제품에 대한 연구개발 프로세스는 과거, 현재, 미래에도 큰 변함이 없을 것이지만,

과거에는 기업지향적인 푸시 기술을 적용했었고, 현재와 미래에는 고객지향적인 풀 기술을 적용하는 것이 혁신의 기준이 되며 기술파괴가 기술창출로 전환되는 혁신이라고 할 수 있다. 과거에는 공급이 수요를 충족하지 못했기 때문에 기업 중심적인 생산성 향상에만 집중하고 기술은 기업에서 연구·개발하는 대로 공급하는 푸시 기술(Push Technology)이었다. 푸시 기술은 기업지향적인 기술(Company Oriented Technology)이다. 그러나 최근 글로벌 경쟁은 치열해지고 공급이 수요를 초과하게 되면서 더욱 심화되고 있다. 이러한 글로벌 경쟁환경에서 생존하기 위한 전략으로 고객의 욕구를 파악하고 고객이 원하는 혁신적인 제품을 공급하는 기업이 경쟁력을 가질 수 있게 되었다.

그림 12-3 연구개발 프로세스

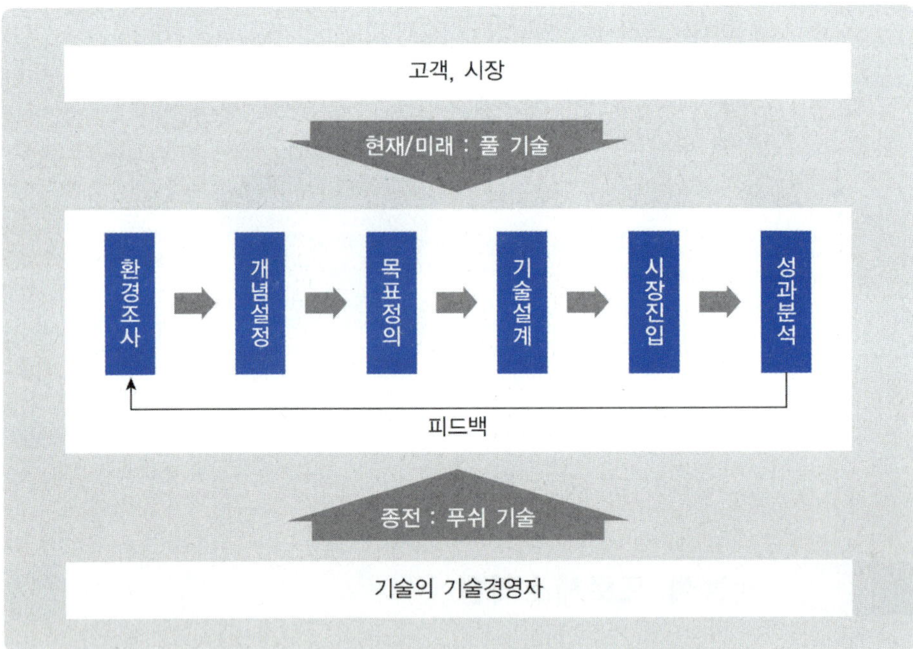

고객의 욕구를 파악하고 고객만족을 위하여 고객의 주장을 수렴하여 연구개발하는 기술을 고객지향적인 기술(Customer Oriented Technology)이라고 하며 풀 기술(Pull Technology)이기도 하다. 연구개발 프로세스를 혁신할 수 있는 기술은 고객지향적인 풀 기술이다.

3.2 생산 프로세스혁신

기업에서는 동일한 수준의 신제품을 생산하는 경우에도 프로세스를 어떻게 운영하는가에 따라 생산성의 차이가 크게 다르게 나타날 수 있다. 동일한 제품을 생산하는 프로세스에서도 공정의 단계, 작업시간, 사용하는 장비 및 설비, 작업의 흐름에 따라 생산성의 차이가 나게 된다.

3.2.1 생산 프로세스혁신 단계

프로세스혁신의 진행단계는 초기단계, 부분적 자동화 단계, 체계적인 자동화 단계를 거치게 되며 [그림 12-4]와 같다.

그림 12-4 생산 프로세스혁신 단계

① **생산의 초기단계**

초기단계는 새로운 사업 혹은 신제품의 생산이 시작되는 경우를 말하며, 새로운 업무와 생산은 체계적이지 못하며 시장진입 이후의 도입단계로서 생산량이 부족한 상태이기 때문에 생산의 프로세스 역시 초보적인 단계를 벗어나지 못하고 있다.

② **부분적인 자동화 단계**

신제품이 시장에 도입된 이후 성장기를 지나면서 시장이 확대되기 시작하면 수요가 급격하게 증가하게 된다. 이때 생산 프로세스는 생산성을 향상하기 위한 자동화를 통하여 혁신을 점차 진행하게 된다. 생산공정상의 문제가 발생하고 있는 공정의 일부를 먼저 혁신하게 되면 전체 공정의 생산성이 향상된다. 아직은 공정전체가 아닌 부분적인 자동화 단계이다.

③ 체계적인 자동화 단계

신제품이 시장에 도입되어 성장기를 지나게 되면 시장의 성숙단계가 되고 시장은 포화상태가 된다. 신제품에 적용되었던 혁신적인 기술은 이제 일반화되고 있으며 경쟁사들 간의 경쟁이 치열해진다. 시장이 포화상태가 되는 성숙기에는 원가절감이 가격경쟁력이 될 수 있으므로 생산 프로세스 전체에 대한 체계적인 자동화가 이루어져야 한다. 완전하고도 체계적인 기업 전체의 자동화는 생산원가를 대폭 절감할 수 있게 하는 혁신의 수단이 될 수 있다. 그러나 성숙기의 기간이 너무 짧다거나, 경쟁사보다 원가절감의 효과가 적을 경우에는 체계적인 자동화에 대한 투자비용의 손실이 발생할 수 있음을 주의해야 할 것이다.

〈사례 12-1〉은 판매가격이 너무 낮아서 생산하기 어려운 제품을 자동화 생산으로 원가를 낮추어 생산할 수 있는 내용을 보여 주고 있다.

사례 12-1 수액제 자동화 생산 공장

사례연구

수액제 연 800만개 생산공장에 상주 직원 7명

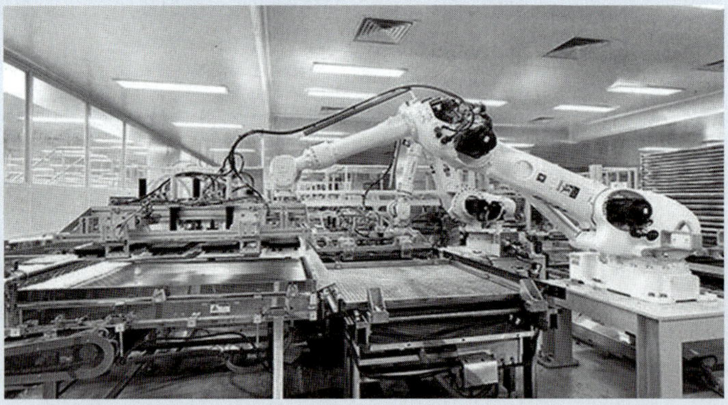

충남 당진의 JW생명과학 수액 공장에서 로봇이 멸균 과정을 끝마친 수액 제품을 들어서 옮기고 있다. 당진 공장은 세계 최대 규모인 연간 1억2000만 개의 수액제를 생산한다. 특히 지난해 연말 신축한 공장은 자동화를 통해 시간당 800개에서 2000개로 생산량을 늘렸다.

지난달 20일 충남 당진 JW당진생산단지 내 JW생명과학이 운영하는 수액 공장. 5만3000㎡ 규모로 세계 최대 수액 공장이다. 그러나 작년 말 공장을 증축해 새로 만든 '2세대 수액 생산시설'의 상주 직원은 7명에 불과했다. 생산시설 대부분의 공간에는 부품을 나르는 로봇과 기계들만 있어서 적막하기까지 했다. 이 공장 관계자는 "2014년부터 설계해 지난해 말 증설한 이곳은 제조과정 대부분이 자동화으로 이뤄지는 '스마트 팩토리'라서 많은 직원이 필요하지 않다"고 말했다.

2006년 처음 준공된 이곳 JW당진생산단지에서는 연간 1억2000만 개의 수액제가 생산된다. 수액제 외에도 주사제 1억3000만 개와 캡슐제 · 정제 13억5000만 개가 만들어진다. 2002년

JW중외그룹에서 분리돼 설립된 수액 전문 기업 JW생명과학은 국내 수액 시장 점유율 1위 기업이다. 국내에서 유통되는 수액제 10개 중 4개는 JW생명과학 제품이다. 1세대 생산시설은 시간당 수액제 700개를 생산하지만 이번에 새로 증설한 2세대 수액 생산시설은 시간당 2000개의 수액제를 생산한다. 연간으로 치면 800만 개의 수액제가 이곳에서 만들어지는 것이다.

흔히 링거라고 불리는 수액제는 대표적인 퇴장방지의약품이다. 퇴장방지의약품이란 환자 진료에 반드시 필요하지만 이익률이 낮아 제약사가 생산을 기피해 원가 보전이 필요한 의약품을 말한다. 수액제는 제품 특성상 다른 의약품들보다 배송·관리·보관 등 비용이 높다. 물 수급·약 조제·용기 충전·이물질 검사 등 총 13단계를 거쳐서 만들어진다.

JW생명과학이 지난해 연말부터 시범 운영 중인 2세대 수액 생산시설은 자동화 공정 덕분에 생산량을 3배로 늘렸다. ▶충전 ▶오버랩(오염과 파손을 막기 위한 2차 포장) ▶멸균 ▶박스 포장 등의 과정은 모두 자동으로 이루어진다. 이는 원래 수백 명의 직원들이 손으로 직접 했던 과정들이다.

수액제 포장 용기를 사람이 직접 기계에 걸어서 그 안에 기계가 수액 물질을 주입하는 식이었다. 그러나 이제 사람이 직접 관여하는 것은 제품의 불량 여부를 육안으로 검사할 때밖에 없다. JW생명과학은 자동화 공정을 위해 수액 생산 기계 중 일부를 직접 설계·디자인했다. 약액을 충전하고 제품을 밀봉하는 과정을 한 기계에서 자동으로 이뤄지게 만든 것이다.

* 출처 : 중앙일보, 2017. 3. 14
http://news.joins.com/article/21366578
다운로드 및 편집 : 2017.12. 27.

3.2.2 생산 프로세스혁신의 방법

생산 프로세스혁신의 방법은 제품과 작업방법의 단순화(Simplification), 기계설비 및 생산장비의 전문화(Specialization), 부품과 작업의 표준화(Standardization) 등이 있다. 이 세 가지를 3S라고도 하며 [그림 12-5]와 같다.

그림 12-5 생산 프로세스혁신의 방법

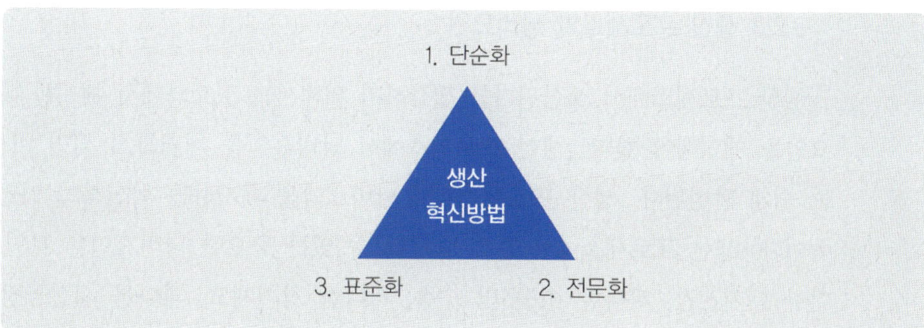

① 제품과 작업방법의 단순화

신제품을 생산하는 경우에는 기술이 복잡하고 조립방법도 복잡하다. 이러한 복잡한 제품은 생산성이 떨어지게 마련이다. 생산성을 향상시키기 위해서는 복잡한 기술제품을 최대한 단순화해야 한다. 제품과 작업방법을 단순화(Simplification)하는 것은 생산성을 향상시킬 수 있는 중요한 방법이다.

예를 들면 부품이 500개 이상 필요한 TV의 경우에는 한 개의 부품이 한 개의 작업공정이 필요하다고 가정하면 500개의 작업공정이 필요하게 된다. 이러한 TV제품의 부품수를 혁신하여 250개로 줄인다면 작업공정수도 반으로 줄어들게 되어서 생산성이 획기적으로 향상될 수 있을 것이다.

② 기계설비 및 생산장비의 전문화

생산성을 향상시키기 위해서는 자동화가 필요하게 되고 자동화는 기계설비 및 생산장비의 전문화(Specialization)를 필요로 한다. 생산성을 향상시키기 위한 사람의 노력은 한계가 있다. 생산성을 향상시키기 위해서는 무인 자동화 공정을 확대 실시하면 매우 효과적이다. 전자제품 혹은 자동차를 생산하는 수백 개의 공정에는 대부분 로봇들이 일을 하고 있으며 사람의 모습은 보기 어려울 정도로 자동화가 진행되고 있다. 생산 공정에 사람이 많이 보이면 보일수록 생산성이 떨어진 혁신대상의 공정이라고 할 수 있다.

③ 부품과 작업의 표준화

부품과 작업의 표준화(Standardization) 역시 생산성 향상을 위한 중요한 방법이다.

자동화와 마찬가지로 부품과 작업의 표준화가 이루어지면 제품이 서로 다르더라도 공동으로 사용할 수 있는 부품이 증가하게 되고 작업의 표준화로 인하여 생산성이 배가 될 수 있다.

3.2.3 생산 프로세스의 낭비요인

생산 프로세스에서 생산원가를 절감하기 위해서는 도요타에서 제시한 바와 같이 낭비요인을 제거해야 한다. 생산 프로세스에서 낭비요인을 제거하게 되면 비용절감의 목표는 쉽게 달성된다. 생산 프로세스에서 낭비요인을 제거하는 혁신적인 기술이 필요한 이유이다. 생산 프로세스에서 흔히 발생할 수 있는 중요한 낭비요인을 보면 과잉생산, 과다한 대기시간, 과다한 이동 및 수송, 과다한 장기재고, 과다한 생산공정 등이 있으며 [그림 12-6]과 같다.

그림 12-6 생산 프로세스의 낭비요인

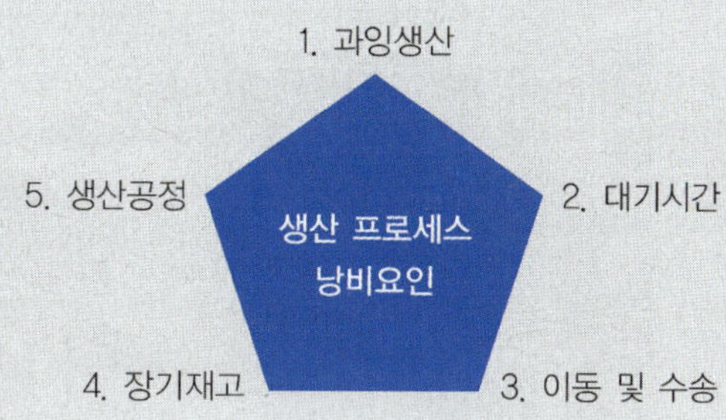

① 과잉생산으로 인한 낭비

생산공정에서 생산계획을 수립하는 과정을 보면 과거부터 지속적으로 생산해오던 패턴과 영업부서로부터의 판매계획에 따른 생산요청을 참고하여 매일, 매주, 매월 생산계획을 수립하고 생산하게 된다. 이러한 생산계획 수립과정에서부터 부족한 생산보다는 충분한 생산을 하려는 습관과 부정확한 수요예측으로 인하여 과잉생산을 하게 되는 경우가 많게 된다. 과잉생산은 생산하지 않아도 될 생산 때문에 생산비용을 과다하게 지출하게 되므로 낭비요인이 되고 있다. 수요예측에 대한 혁신적인 기술이 필요하게 된다.

〈사례 12-2〉는 과잉생산으로 경제가 어려워지게 된 중국이 생산과잉을 감축하는 노력을 보여주고 있다.

사례 12-2 중국 생산자 물가 과잉생산 감축

사례연구

9월 중국 생산자 물가 과잉생산 감축에 6.9%↑...소비자는 1.6%↑

중국 9월 생산자 물가지수(PPI)는 내수가 계속 견조함을 유지하고 당국이 과잉생산 능력의 감축에 적극 나서면서 대폭 상승했다. 국가통계국은 이날 9월 PPI가 전년 동월 대비 6.9% 올랐다고 발표했다. 지난 3월 7.6% 이래 6개월 만에 최고치이다. 이는 8월의 6.3% 상승보다 0.6% 포인트나 확대한 것으로 시장 예상치 6.4%도 웃돌았다.

9월 소비자 물가지수(CPI)는 전년 동월 대비 1.6% 상승한 것으로 나타났다. 이는 예상치와 동일했으며 8월 1.8% 상승보다는 다소 둔화했다. 전월 대비로는 0.5% 올랐다. CPI는 8개월 연속 2%를 하회했다.

중국 정부는 대기오염 삭감과 기업 효율성 향상을 겨냥한 구조개혁을 진행하면서 철강이나 시멘트, 석탄 등의 과잉생산을 삭감하도록 노력했다. 여기에 국내 수요 회복세가 유지되면서 PPI가 크게 오른 것으로 분석된다.

* 출처 : 중앙일보, 2017. 10. 16
http://news.joins.com/article/22015550
다운로드 및 편집 : 2017.12. 27.

② 대기시간으로 인한 낭비

생산 프로세스 중에 어느 한 부분이 문제가 발생하게 되어 병목현상이 발생하면 병목 이후의 모든 프로세스에서는 대기를 해야 한다. 병목공정 이후의 공정에서 아무리 생산성이 우수하다고 해도 공정 전체의 생산성은 병목에 의하여 결정되기 때문에 대기시간을 감소시키기 위해서는 병목을 찾아서 문제를 해결해야 한다. 대기시간의 증가는 생산성을 저하시키므로 생산 프로세스의 낭비요인이다.

③ 이동 및 수송으로 인한 낭비

수송은 부품이 수입검사를 통하여 창고로 보관되고, 생산이 필요한 시점에 부품을 인출하여 생산현장까지 이동하는 과정에서 창고운영비용, 창고보관비용, 이동비용, 이동시간의 비용 등이 발생하게 된다. 이러한 원자재창고 운영을 위한 이동 및 수송은 생산성 향상에 아무런 도움이 되지 못한다. 이러한 문제는 토요타가 제시한 적시공급(JIT, Just In Time)시스템으로 일거에 해결할 수 있게 되었다. 기업은 생산 프로세스에서 적시공급 시스템을 더욱 혁신적으로 활용할 수 있으며 생산원가를 절감하는 데 많은 도움이 될 수 있다. 생산현장에서 부품의 이동과 수송은 제거해야 할 낭비요인이다.

④ 과다장기재고로 인한 낭비

과다장기재고는 과다생산과 직접적인 상관관계가 있는 낭비요인이다. 과다제품재고는 과다 부품재고의 문제와 유사한 문제를 가지고 있다. 과다재고가 더욱 심각한 문제인 것은 재고를 처분할 시점에서는 가격을 제대로 받지 못하기 때문이다. 과다장기재고를 처분하는 비용 역시 생산원가에 포함되므로 낭비되는 비용이므로 수요를 초과하는 부품과 제품의 재고는 최소한으로 축소해야 할 대상이다.

⑤ 생산공정에서의 낭비

생산공정에서의 낭비는 과다한 공정단계, 너무 많은 부품수, 불필요한 작업동작, 품질불량으로 인한 생산불량 등이 낭비요인이 되고 있으므로 이들 낭비요인을 최소화할 수 있는 프로세스혁신이 기업의 매우 중요한 경쟁역량이 되고 있다.

3.2.4 생산 프로세스의 종류

생산 프로세스의 종류는 연속공정, 일관공정, 주문생산, 셀생산, 프로젝트 생산 등이 있으며 [그림 12-7]과 같다.

그림 12-7 생산 프로세스의 종류

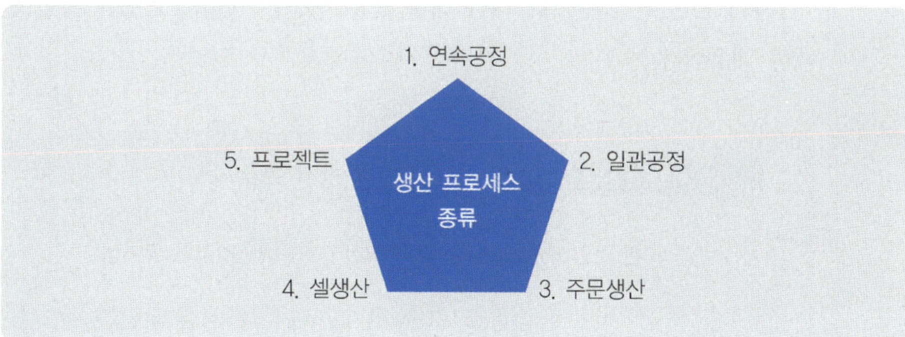

① 연속공정

연속공정(Continuous Process)은 대량의 표준화된 제품을 끊이지 않고 연속해서 생산하는 공정을 의미하며, 분말이나 액체와 같은 제품을 생산하는 경우에 해당된다. 예를 들면 화학물질, 제지, 음료, 전기 등의 속성상 나눌 수 없는 제품들이 대부분이다.

쇠를 생산하는 용광로 역시 연속공정을 보여 주고 있다. 용광로는 생산을 중단하고서 다른 제품을 생산하기는 어려운 프로세스이다. 연속공정의 변동비용은 주로 원자재 비용인데, 인건비의 비중이 매우 낮은 반면 고정비용이 매우 높으므로 생산설비를 중단하지 않고 24시간 연속하여 가동하게 된다. 연속공정은 일정하고 일관되게 생산하는 조건이 매우 중요하며, 생산설비 및 장치에 대한 자동화 설비가 생산성을 향상시킬 수 있는 중요한 혁신의 대상이 된다.

② 일관공정

일관공정(Flow Shop)은 가장 일반적인 생산공정이고, 대량의 표준화된 제품 생산에 적합하며, 개별 단위로 구분할 수 있는 제품을 생산하는 공정이다. 일관공정은 표준화된 제품을 표준화된 프로세스를 활용하여 생산하는 공정이고, 로봇 등의 자동화된 생산전용설비(Special Purpose Equipments)를 사용한다. 일관공정은 거의 동일한 제품을 거의 동일한 공정을 통해 생산하기 때문에 Fixed input, Fixed flow time, Fixed output의 시스템이다. 일관공정을 활용하여 생산하는 제품의 예는 TV, 자동차와 같이 개별단위로 구분할 수 있는 제품이다.

일관공정에 대한 프로세스혁신은 공정의 형태를 변화시킴으로 해서 생산성을 향상시키는 것이다. 최근의 혁신적인 일관공정은 대량생산을 하면서도 고객 개인의 요구사항을 맞추어 생산할 수 있는 대량 맞춤 생산 혹은 다품종 혼류 생산이라고 할 수 있다. 〈사례 12-3〉은 자동차에 대한 대량 맞춤 생산을 실현하고 있는 독일의 BMW 현장에 대한 내용이다.

사례 12-3 **BMW의 대량맞춤 생산 프로세스**

사례연구 : **"한 라인서 10의 64승 종류 생산" … BMW 비결은 유연성**

대량맞춤 생산' 독일 딘골핑 공장 가보니
이미 생산된 차 파는 것과 달리 고객의 요구에 맞춰 주문 제작

지난달 말 독일 뮌헨 인근의 BMW 딘골핑 공장. 14개국에 있는 29개 공장 가운데 최대 규모인 이곳은 BMW의 주력 모델인 5시리즈, 6시리즈, 7시리즈의 중대형 차를 주로 만든다. 2.5㎞ 길이의 생산라인에는 다양한 차량 모델이 순서 없이 섞여 있었다. 파란색 6시리즈 컨버터블 바로 뒤에 은색 뉴7시리즈, 그 뒤에 검은색 5시리즈 세단이 일렬로 줄지어 라인을 타고

흘러갔다. 차마다 붙어 있는 A3 용지 크기의 주문서에는 굵은 글씨로 '한국' '중국' '미국' 같은 주문 국가와 식별번호, 개별 선택사양이 깨알같이 적혀 있었다. 주문한 콕피트(운전대와 계기판·오디오·에어컨이 장착된 구조물)·시트·휠이 레일을 타고 작업자 앞에 도착하면 정해진 순서에 따라 차체에 장착하는 작업이 한창이었다.

공장 직원 다그마 파링거는 "차량 모델, 엔진 종류, 다양한 옵션, 수출국가별 표준까지 반영하면 수학적으로는 한 라인에서 '10의 64승' 종류의 차량을 만들 수 있다는 계산이 나온다"고 말했다. 완전히 똑같은 차는 평균 3년에 한 번꼴로 나온다고 했다.

▲ 독일 뮌헨에서 동쪽으로 100㎞ 떨어진 BMW 딘골핑 공장에서 로봇팔이 자동차의 앞·뒤·옆 면 4500여곳을 용접해 초기 단계의 자동차 틀을 만들고 있다. 이 작업은 정교한 기술이 필요한 데다 위험하기도해서 100% 로봇에 의해 이뤄진다. 생산직원의 대부분은 조립라인에서 일한다. [사진 BMW그룹]

BMW는 주문제작을 원칙으로 한다. 차의 디자인과 엔진·색상 같은 굵직한 사양부터 전조등 와이퍼 같은 소소한 기능까지 선택해서 주문하면 그제야 생산이 시작된다. 소비자가 직접 주문하지 않고 딜러가 대신하기도 하지만 이미 생산된 차를 고르는 대량생산 브랜드와는 구별된다. 일명 '대량맞춤(mass customization)' 방식이다. 일반적으로 생산 품목이 늘어날수록 생산성은 떨어진다. 하지만 BMW그룹은 다품종 생산을 하면서도 효율성이 높다. BMW그룹은 올 상반기 영업이익률 11.6%로 세계에서 가장 수익성이 좋은 자동차 회사로 꼽힌다.

세부적인 것까지 고객 취향에 맞추는 프리미엄 전략은 탄력적인 생산방식 덕분에 가능하다. 생산·물류 엔지니어들이 개발한 자체 시스템은 모든 공정을 디지털화해 알맞은 부품이 적기·적소에 공급되도록 관리한다. 특정 모델의 주문이 늘어나더라도 복잡한 라인 교체 작업 없이 생산량을 늘릴 수 있다.

* 출처 : 중앙일보, 2012. 10. 5.
http://article.joins.com/news/article/article.asp?total_id=9497076
다운로드 및 편집 : 2017. 12. 27.

③ 주문생산

주문생산(Job Shop)은 서로 다른 공정들을 활용하면서 다양한 제품을 소량 단위로 생산하는 다품종 소량 생산에 적합하다. 주문생산 프로세스는 제품에 따라 작업 순서를 변경하면서 다양한 종류의 생산 프로세스가 존재하게 된다. 주문생산에 적합한 제품으로는 고가의 생산용 설비 혹은 장비 등이 있다.

주문생산 프로세스는 비교적 낮은 고정비용(범용장비)과 높은 변동비용(숙련노동자)의 특징이 있으며, 생산 프로세스의 자동화가 어렵지만, 고객 주문에 따른 고객맞춤생산(Customization)이 가능하다. 주문생산 프로세스에 대한 혁신은 다수의 주문제품을 다수의 생산설비에 가장 효율적으로 배치하는 작업프로세스가 혁신의 대상이 되며, 숙련노동자의 숙련도 향상과 유지가 생산성 향상을 위한 프로세스 혁신의 대상이 될 수 있다.

④ 셀생산

셀생산(Cellular Production)은 주문생산(Job shop)의 특별한 형태로 일관공정(Flow shop)의 장점을 도입한 생산 프로세스이다. 제품들을 유사한 작업 프로세스를 갖는 그룹단위(Part Family)로 묶어서 생산하는 단체기술(Group Technology)을 의미한다. 셀생산은 생산공정의 일부는 주문생산 프로세스를 활용하고, 다른 부분은 일관공정을 활용하는 생산 프로세스이다. 셀생산은 다른 제품을 생산하기 위하여 준비하는 데 소요되는 준비시간(Setup Time)이 단축되며, 주문생산과 일관공정의 장점이 있지만, 반대로 주문생산과 일관공정의 단점을 모두 가지고 있기도 하다. 예를 들면 현재 생산하고 있는 특정한 제품그룹의 수요가 감소하는 경우에는 셀의 재배치 또는 폐지가 필요하게 된다. 따라서 셀생산 프로세스의 혁신대상은 생산제품그룹의 변화에 대비한 셀의 재배치를 원활하게 수행할 수 있는 방법을 표준화하는 것이다.

⑤ 프로젝트 생산

프로젝트 생산(Project Operations)은 한 번으로 생산이 종료되는 대형 프로젝트를 수행하는 방법으로 생산하게 된다. 프로젝트 생산은 생산(Product)의 개념보다는 건조 혹은 건설(Build)의 개념이 더 가깝게 생각된다. 프로젝트 생산 프로세스는 한번으로 끝나기 때문에 기획 단계부터 프로젝트의 전체 프로세스를 대상으로 일정관리를 해야 한다. 프로젝트 생산 프로세스의 혁신 대상은 일정관리가 된다. 프로젝트 생산에서 생산성을 향상시킬 수 있는 방법은 일정을 단축하는 것이며, 일정관리는 수익과 직접적인 상관관계가 매우 크다. 프로젝트 생산 프로세스는 일정관리를 통하여 수익을 창출할 수 있게 된다.

3.3 공급망 프로세스혁신

3.3.1 공급망 프로세스

공급망(Supply Chain)은 원자재 공급자로부터 제조업체, 유통업체를 거쳐 고객에게 제품이 도달하기까지의 필요한 모든 조직과 과정을 대상으로 한다. 공급망관리(SCM,

Supply Chain Management; 이하 SCM으로 명명함)의 목적은 공급망 전체의 비용을 최소화하는 것이며, 고객 요구사항을 만족시키기 위하여 고객이 원하는 제품을 원하는 시간에 원하는 양만큼 원하는 장소에서 획득하는 과정에서 모든 활동이다.

① 공급망의 비용최소화

공급망에서 최소화해야 하는 비용은 생산비용, 재고비용(원자재, 재공품, 완제품), 수송비용, 창고비용 등이 있다. 공급망의 비용을 최소화하는 것은 공급망을 구성하고 있는 개별 조직 단위의 비용 최소화가 아니라, 공급망을 구성하고 있는 전체 조직의 비용을 최소화하는 것이다. 공급망에 있는 외부조직 혹은 외부기업과 서로 상반된 목표를 가지고 있다. 외부기업의 예를 들면 원자재 공급자, 제조업체, 창고업체, 소매점 등이 있으므로 각자의 목적이 다르다. 따라서 공급망 전체의 비용을 감소하면서 최종고객의 만족을 제고하기 위해서는 공급망을 구성하고 있는 각각의 모든 조직들을 대상으로 모든 비용 요소들을 고려하여 각각의 조직의 기능을 최적화해야 할 것이다. SCM 프로세스의 혁신이 필요한 이유이다.

② 고객욕구 대응

최근의 제품수명주기가 짧아지고 있는 글로벌 환경은 수요를 정확하게 예측하고 제품을 적정하게 공급하는 것은 매우 어려워지고 있다. 고객의 기업에 대한 욕구 또한 다양하게 변화하고 확대되고 있으며, 고객의 소리(VOC, Voice Of Customer)는 더욱 강력해지고 있다. 고객의 소리를 신속하게 파악하고 분석하여 고객의 욕구를 제품기술로 혁신제품에 반영할 수 있는 기업이 지속적으로 발전할 수 있게 된다.

3.3.2 SCM 프로세스의 단계

물류관리(Logistics management)는 원재료의 취득부터 완제품 배송에 이르는 모든 과정의 효율성과 효과성을 추구하는 활동으로서, SCM의 의미와 유사하지만 고객의 욕구를 제품에 반영하기 위한 고객정보 수집활동과 제품에 반영하는 등의 활동이 없었던 것이 다르다고 할 수 있다. SCM프로세스는 공급사로부터 제조기업과의 원자재 공급과 정보공유에 대한 후방 SCM, 기업 내부의 생산 및 제조 과정에서의 재공품의 이동과 정보공유를 위한 내부 SCM, 그리고 기업으로부터 유통과 고객에 제품을 공급하는 과정에서의 완제품 수송과 정보 공유를 위한 전방 SCM 등의 단계가 있으며, [그림 12-8]은 SCM의 개념을 보여 주고 있다.

그림 12-8 SCM의 개념

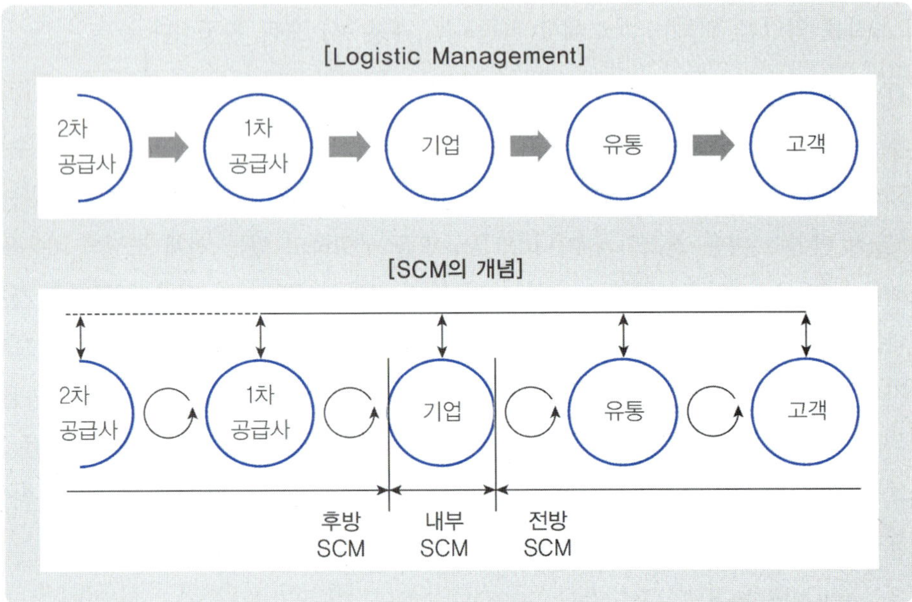

① 후방 SCM 프로세스

후방 SCM 프로세스(In-bound SCM Process)는 기업이 공급사(Supplier 혹은 Vender)로부터 조달하게 되는 원자재의 원활한 공급을 위한 프로세스로서, 기업의 뒤에 위치하고 완제품이 입고된다는 의미를 가지고 있으므로 후방, 또는 In-bound라고 이름을 붙이게 되었으며 SCM의 첫 단계가 된다.

후방 SCM 프로세스는 기업이 공급자와 생산 및 공급정보를 공유하면서 공급자가 원재료를 생산현장의 제조공정으로 필요한 수량을 필요한 시간에 공급할 수 있는 토요타가 정립한 적시공급시스템(JIT, Just In Time System)으로 혁신활동을 지속하게 된다. 적시공급시스템의 혁신적인 특징은 무창고와 무재고의 공급시스템의 개념을 현실화하는 것이며, 인터넷의 발전으로 기업과 공급자가 실시간으로 정보를 공유하고 있기 때문에 후방 SCM 프로세스의 혁신은 더욱 가속화되고 있다.

② 내부 SCM 프로세스

내부 SCM 프로세스(Internal SCM Process)는 기업의 내부에서 제품을 제조하는 과정에 필요한 재공품의 원활한 이동과 원자재의 무재고 운영을 실현하기 위한 프로세스이다. 내부 SCM 프로세스가 혁신적으로 운영되기 위해서는 공급자와 유통경로의 모든 구성원들과 생산에 대한 정보를 인터넷을 활용하여 실시간으로 공유해야 한다. 기업은 유통과 공급자에 이르는 모든 구성원들과 고객정보는 물론 생산에 필요한 모든 정보를 공유함으로써, 고객의 욕구에 공동으로 동시에 대응할 수 있으며, 수요의 변동에도 모든 구성원들이 공동으로 대응할 수 있기 때문에 기업의 생산과정에서 원자재와 완제품에 대한 무재고 운영이 가능해 질 수 있다. 고객의 욕구를 공동으로 실시간 반영할 수 있고 무재고 생산시스템이 가능하도록 내부SCM 프로세스를 혁신하는 활동이 지속되어야 할 것이다.

③ 전방 SCM 프로세스

전방 SCM 프로세스(Out-bound SCM Process)는 기업에서 고객과 유통이 있는 앞쪽으로 제품을 출고하는 의미에서 전방 혹은 Out-bound라는 이름을 사용하게 되었다.

전방 SCM 프로세스는 후방 SCM 프로세스보다는 관심이 상대적으로 적은 분야였지만, 최근에는 급변하는 환경에 적응하기 위하여 고객의 욕구를 수집하고 제품에 반영해야 하므로 전방 SCM에 대한 관심도가 증가하고 있다. SCM의 혁신을 가장 많이 기대할 수 있는 분야이기도 하다. 기업은 고객의 소리를 직접 듣고 고객만족을 위한 대응활동을 전방 SCM인 유통경로는 물론 후방 SCM인 공급자들과도 공동대응할 수 있는 것은 인터넷과 정보통신망의 발전 덕분이다. 기업은 고객욕구 혹은 고객불만에 대한 고객정보를 SCM의 모든 경로에서 실시간으로 공유하기 시작하였다. 전방 SCM 프로세스의 혁신활동은 고객의 욕구를 실시간으로 파악하고 SCM의 모든 구성원들이 실시간으로 공동대응할 수 있는 혁신활동이 더욱 강화되고 발전되어야 할 것이다.

〈사례 12-4〉는 SCM 중에서 가장 중요한 자동화된 물류센터를 확대하는 내용이다.

사례 12-4 축구장 6배 온라인물류센터 증설

사례연구

이마트, 축구장 6배 온라인물류센터 증설

이마트가 '장보기몰' 인기로 온라인 쇼핑 수요가 급증하자 김포 온라인 물류센터를 두 배로 증설하기로 했다.

14일 유통·물류업계에 따르면 최근 이마트는 이마트몰 김포 물류센터 '네오002' 용지 바로 옆에 비슷한 규모로 김포 제2 물류센터를 증설하기로 결정했다. 신세계그룹 내부에서 김포 온라인 물류센터를 증설하는 방안이 확정됐고 내년 초부터 인허가 절차를 진행해 착공하는 것이 목표다.

이마트 김포 온라인 전용 물류센터 위치

앞서 이마트는 총 2200억원가량 투자해 지은 온라인 전용 물류센터를 경기도 용인시 보정동과 김포시 두 곳에서 운영 중이다. 2014년 처음 만든 보정 물류센터 '네오001'은 수도권 남부 권역 배송을 담당하기 위해 만들었으나 포화상태에 도달해 '네오002'를 김포에 설립한 것이다.

새 물류센터는 김포 물류센터 바로 옆에 비슷한 크기 주차장 땅이 있어 검증된 입지에서 당장 활용이 용이하다는 것이 장점으로 꼽힌다. 이마트가 물류센터를 설립한 후 인근에 롯데마트 물류센터, 현대프리미엄 아울렛 등이 들어와 이미 이 일대는 김포에서 손꼽히는 복합 물류유통단지로 자리매김했다.

김포 온라인 물류센터는 연면적이 축구장 6개 크기(4만3636㎡)에 달할 정도로 국내에서 손꼽히는 규모와 최신 설비 시스템을 자랑한다. 지난해 1월 가동을 시작했고 하루 2만건 배송을 수행할 능력을 갖췄다. 그러나 예상했던 것보다 온라인 주문이 더 빠른 속도로 급증해 최근 가동률이 80%를 웃돌기 시작했다. 이에 기민하게 선제적 투자가 결정된 것이다.

이마트 온라인 자동화 물류센터에 '네오'란 별칭이 붙은 것은 차세대 온라인 점포(Next Generation Online Store)라는 의미를 담았다. 다양한 상품을 결품 없이 신선하게 빠르게 배송하는 것이 핵심 경쟁력이 됐다. 이를 위해 전국 각지에서 올라오는 과일, 채소 등 신선식품을 보관할 수 있는 콜드체인 시스템과 전용 보랭 박스도 개발해 적용하고 있다.

이마트는 2020년까지 온라인 매출 3조원 돌파를 목표로 하남, 구리, 군포, 의정부 등 수도권에만 총 6개의 온라인 전용 물류센터를 짓는 계획을 추진해왔다.

* 출처 : 매일경제, 2017. 12. 14
http://news.mk.co.kr/newsRead.php?year=2017&no=828721
다운로드 및 편집 : 2017.12. 27.

3.4 마케팅 · 영업 프로세스혁신

마케팅과 영업의 패러다임이 변화되고 있다. 마케팅과 영업의 프로세스 역시 많은 혁신이 이루어지고 있지만 혁신을 더욱 가속화해야 할 것이다. 마케팅 · 영업 프로세스혁신의 분야는 영업자동화, 판매시점관리, 고객관계관리 등이 있으며 [그림 12-9]와 같다.

그림 12-9 마케팅 · 영업 프로세스의 분야

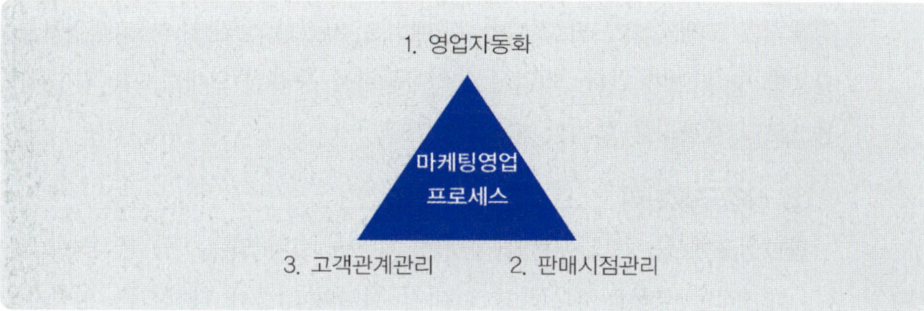

3.4.1 영업자동화 프로세스혁신

영업자동화(SFA, Sales Force Automation : 이하 SFA라고 명명함) 프로세스는 CRM기반의 영업활동이 원활하게 수행될 수 있도록 자동화된 영업프로세스를 의미한다. 영업 자동화는 영업에 관련한 여러 가지의 기능과 프로세스를 시스템화하여 효율적이고 효과적으로 영업활동을 지원할 수 있다. 모기업과 소매유통점은 공동으로 영업프로세스를 자동화시킴으로써, 영업비용을 절감할 수 있으면서도 영업활동의 성과를 향상시킬 수 있게 된다.

영업현장은 대부분 판매점포를 의미한다. 영업사원은 판매 점포를 방문하는 고객을 대상으로 영업활동을 실행하게 된다. 영업자동화 프로세스의 특성을 보면 고객관리, 상품구색관리, 제품전시관리, 주문처리, 서비스관리 등이 있다. [그림 12-10]은 판매현장의 영업자동화 프로세스의 특성을 보여주고 있다.

그림 12-10 판매현장의 영업자동화 특성

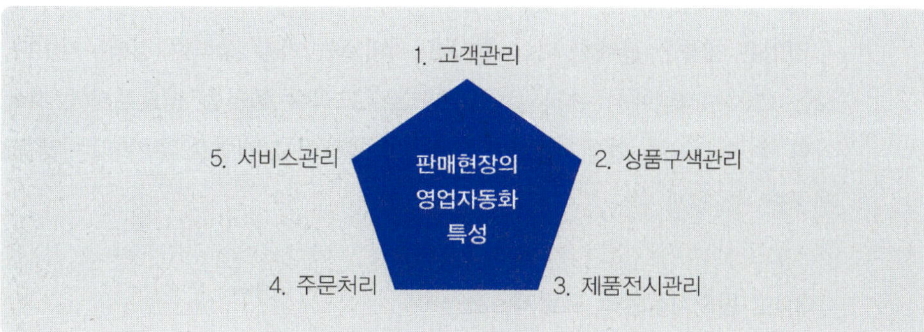

① **고객관리**

제품중심의 영업위주의 시대는 더 이상 경쟁력의 한계를 보이고 있으며, 미래의 핵심 경쟁력은 고객자산이 될 것이다. 판매점은 자신의 상권 내의 고객정보를 고객자산으로 활용할 수 있어야 한다. 기업은 영업자동화를 통하여 고객정보를 입수하고 판매점과 공동으로 고객관리를 혁신할 수 있게 된다.

② **상품구색관리**

판매점포에서는 기업에서 생산하는 제품과 서비스를 모두 전시하고 판매할 수는 없다. 대표적인 상품을 전시하고 나머지 계열의 상품에 대해서는 영업자동화시스템에서 제공하는 제품관련 정보를 통하여 고객에게 충분한 정보를 제공할 수 있으며, 점포 내 상품의 상품구색관리에 대한 의사결정을 지원할 수 있다.

③ **제품전시관리**

판매점포에는 항상 신제품이 전시되어야 한다. 전시제품의 재고원가부담도 적지 않다. 과다한 제품의 전시는 기업과 판매점포의 경영에 부정적인 영향을 미치게 된다. 신제품은 일정기간 동안 전시된 다음에는 중고제품이 되므로, 전시기간이 종료된 후에는 신속하게 처분해야 된다. 영업자동화시스템은 전시제품에 대한 일정관리 및 재고소진에 대한 일정관리를 수행할 수 있어야 한다.

④ **주문처리**

영업자동화 프로세스를 통하여 고객의 주문이 발생하자마자 물류출하요청, 배달요청, 설치요청 등의 주문처리 프로세스가 자동으로 이루어지고 심지어는 대금청구까지도 자동으로 이루어지기도 한다. 주문처리를 수행하는 과정에는 영업사원의 관여가 없어지도록 하는 것이 영업자동화의 핵심프로세스이다.

⑤ **서비스관리**

기업은 제품을 판매한 다음의 사후 서비스는 가장 강력한 경쟁무기이다. 모든 고객정보는 CRM시스템에서 관리되고 있으므로, 고객이 무엇을 필요로 하는지를 용이하게 파악할 수 있으므로 영업자동화시스템과 연계하여 고객별로 추가되는 맞춤서비스를 즉시 제공할 수 있게 한다.

3.4.2 판매시점관리 프로세스혁신

판매시점관리(POS, Point Of Sales ; 이하 POS라고 명명함) 프로세스는 제품을 고객에게 판매하는 장소에 컴퓨터, 금전등록기, 스캐너, 크레딧카드리더 등의 단말기를 설치하고 고객정보와 판매정보를 실시간으로 저장하고 분석하는 등의 관리하는 프로세스를 의미한다.

POS프로세스는 백화점, 슈퍼마켓, 판매점포 등에서 사용되는 영수증 발행 등의 기능을 갖는 POS 단말장치를 배치하여 고객정보와 판매정보를 실시간으로 서버에 보내는 과정이다. 서버에서는 점포에서 판매되고 있는 상품을 고객별 상권별로 분석하고 고객관리를 지속할 수 있으며, 이러한 정보는 기업의 본사에 데이터베이스로 실시간 집계되며, 전국적인 고객관리를 진행할 수 있게 한다. 점포의 경쟁력을 제고할 수 있을 뿐만이 아니라 CRM과 연동하여 기업 전체의 경쟁력을 제고할 수 있다. [그림 12-11]은 POS시스템의 구성도를 보여 주고 있다.

그림 12-11 POS시스템의 구성도

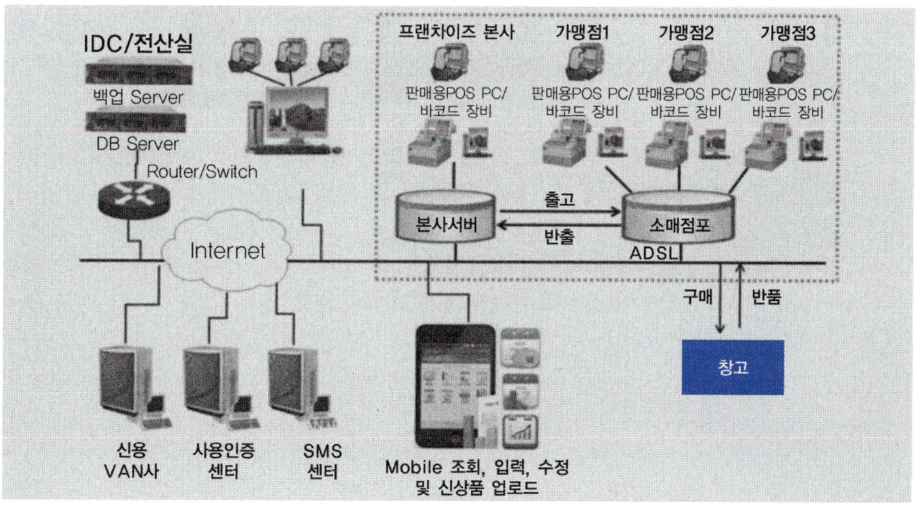

* 출처: 네이버 블로그 http://blog.naver.com/alzanaplus?Redirect=Log&logNo=30177782460

그러나 POS시스템의 도입과 활용을 꺼리고 있는 경우도 많다. 우리나라의 경우에는 부가가치세(VAT, Value Added Tax) 10%가 다른 나라들에 비하여 높은 편이다. 판매현장에서 여러 가지 상황의 변화로 인하여 부가가치세를 절감하려는 경우가 발생하기도 한다. POS시스템을 사용하게 되면 점포관리의 혁신이 가능한 장점이 있는 반면에, 높은 부가가치세를 절감하기 원하는 점주들의 입장에서는 POS사용을 꺼려하는 경우도 있음을 기업은 인식하고 대응방안을 수립하면서 판매시점관리 프로세스의 혁신을 진행해야 할 것이다. 〈사례 12-5〉는 은행에서 pos 단말기에서 뱅킹서비스를 시행하는 내용이다.

사례 12-5 기업은행, "IBK POS-뱅킹 서비스" 출시

사례연구

기업은행, "IBK POS-뱅킹 서비스" 출시

IBK기업은행은 핀테크 기업 아이비솔루션즈와 협업해 매장 안 포스(POS) 단말기에서 금융거래를 할 수 있는 'IBK POS-뱅킹 서비스'를 출시했다고 10일 밝혔다.

POS 단말기에 특정 프로그램을 설치하면 사업자 명의의 현금카드로 계좌이체, 잔액조회, 거래내역 조회 등의 은행업무를 볼 수 있다. 가입 대상은 POS 단말기를 보유한 법인 또는 개인사업자다.

기업은행 영업점을 방문하면 가입 신청을 할 수 있다. 기업은행 관계자는 "향후 공과금납부, 급여이체 등으로 서비스를 확대할 계획"이라고 말했다.

* 출처 : 중앙일보, 2017. 4. 10
http://news.joins.com/article/21460211
다운로드 및 편집 : 2017.12. 27.

3.4.3 고객관계관리 프로세스혁신

고객관계관리(CRM, Customer Relationship Management : 이하 CRM이라고 명명함) 프로세스는 기업과 고객과의 관계를 관리하여 고정고객 혹은 장기 단골고객으로 강화하는 제반 활동을 의미한다. CRM프로세스는 고객의 정보를 효과적으로 활용하여 고객과의 관계를 유지 · 개선 · 확대 · 발전하기 위하여 고객과 관련된 모든 활동을 진행하는 과정을 의미한다. CRM의 목표는 고객을 보다 더 편리하고 행복하게 생활할 수 있도록 고객만족을 제공함으로써 기업의 장기적인 수익을 극대화하는 제반 활동이다. CRM은 고객에 대한 정보를 수집하고 분석하여 효율적이고 효과적인 방법으로 고객을 적극적으로 관리하여서 고객가치의 극대화를 통한 기업의 이익을 창출하는 활동이다. CRM은 신규 고객의 획득, 기존고객의 유지, 그리고 이들 고객의 가치를 창출하고 지속하기 위한 목적으로 다양한 정보통신기술을 활용하여 고객과의 커뮤니케이션 활동을 지속함으로써, 고객행동을 이해하고, 고객을 획득하고 유지하며, 발전시킬 수 있도록 고객행동에 영향력을 행사하는 기업의 제반활동이라고 할 수 있다. CRM의 특성을 살펴보면 고객점유율, 기존고객 유지, 고객관계 강화, 장기적 이익, 쌍방향 커뮤니케이션 등이 있으며, [그림 12-12]와 같다.

그림 12-12 CRM의 특성

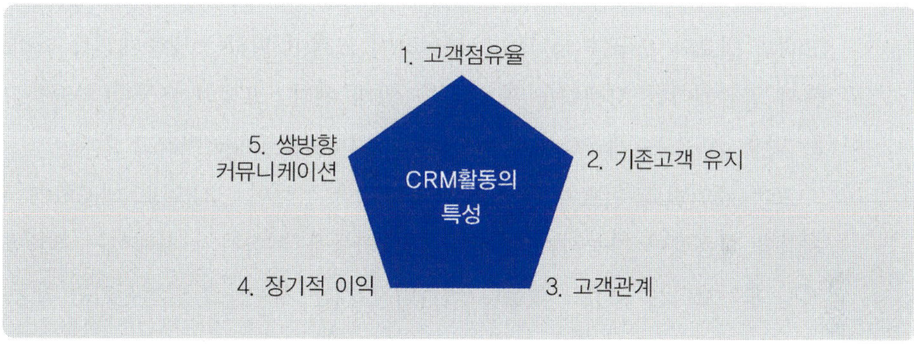

① **시장점유율보다는 고객점유율**

기업의 경쟁력을 비교하는 경우에 흔히 시장점유율(M/S: Market Share)을 사용한다. 시장점유율은 어느 특정한 제품이 시장 전체에 공급한 정도를 의미한다. 현재까지 대부분의 기업들이 사용하고 있는 보편화된 경쟁력 측정 방법이다. 즉 시장점유율은 제품의 흐름을 중심으로 점유율을 계산하는 방법이다. 그러나 CRM활동에서의 고객점유율(C/S: Customer Share)은 어떤 고객이 구입한 제품이나 서비스상품 중에서 특정한 기업의 제품이나 서비스상품이 차지하는 비율을 의미한다. 즉 고객점유율은 고객행동을 중심으로 점유율을 계산하는 방법이므로 고객점유율 향상을 위한 프로세스혁신에 관심을 가져야 할 것이다.

② 신규고객 확보보다는 기존고객 유지

신규고객을 확보하기 위하여 소요되는 비용은 기존의 고정고객을 유지하기 위하여 소요되는 비용보다 10배 이상이 소요된다고 한다. 고객의 재구매 가능성의 경우에도 고정고객의 충성도가 신규고객보다 높기 때문에 고정고객의 재구매 가능성이 높게 나타난다. 고객관리의 성과인 비용면과 재구매율의 측면 모두 고정고객의 경우가 신규고객을 확보하는 경우보다 양호하다. 따라서 고객과의 관계를 지속적으로 관리해야 하는 CRM 활동에서는 신규고객을 확보하기 위한 노력보다는 기존의 고정고객을 유지하기 위한 프로세스혁신에 더욱 관심을 기울여야 할 것이다.

③ 제품판매보다는 고객관계

과거의 기업에서는 미리 예측한 수요를 바탕으로 제품을 생산하고 시장에 공급하는 푸시전략(Push Strategy)을 활용하였지만, 공급이 수요를 초과하고 있는 시장환경에서는 고객의 필요와 욕구를 파악하고 분석하여 고객이 원하는 맞춤제품과 서비스상품을 생산해서 공급해야만 경쟁력을 확보할 수 있게 된다. 고객의 욕구를 파악하고 고객이 원하는 맞춤서비스를 제공하는 방법을 풀전략(Pull Strategy)이라고 한다.

고객 개인별로 필요와 욕구를 파악하고 분석하며 일대일로 대응하기 위해서는 CRM 전략을 활용해야 가능하다. 따라서 CRM활동을 지속하기 위해서는 제품을 판매하는 마케팅 활동보다는 충성도 높은 고객과의 관계를 지속하고 발전시키는 활동이 충성고객들의 제품구매를 향상시킬 것이다. 즉, 고객과의 관계를 유지하고 발전하려는 활동으로 CRM프로세스를 지속적으로 혁신해야 할 것이다.

④ 장기적 이익

과거의 기업활동은 제품을 생산하여 시장으로 공급하는 대량생산중심의 생산이었으며, 매스미디어를 활용하여 대량의 커뮤니케이션 활동으로 일시에 대량판매를 달성할 수 있는 단기적인 마케팅활동에 주력하였다. 그러나 경쟁이 치열해 지고 있는 최근에는 한번 관계가 만들어진 고객과의 관계를 장기간 혹은 한평생 동안 거래를 지속할 수 있도록 기업은 CRM프로세스를 활용하고 있다. CRM프로세스는 고객과의 관계를 지속함으로써 고객으로 하여금 자연스럽게 제품이나 서비스상품을 구입하도록 유도하며, CRM프로세스는 장기적인 이익을 목표로 한다.

⑤ 쌍방향 커뮤니케이션

제품을 생산하고 공급만 하던 과거의 기업들은 고객에게 매스미디어를 활용한 일방적

커뮤니케이션 방법을 활용하였다. 그러나 인터넷 등 온라인 미디어의 확산으로 고객의 필요와 욕구를 파악하는 기업의 활동은 매우 적극적으로 변화되고 있으며, 고객의 의견에 대해 즉시 반응을 보이고 있으므로 기업과 고객의 정보가 매우 용이하게 교환되고 있다. 즉 과거에는 단방향 커뮤니케이션 방법이 활용되었지만, CRM프로세스가 보편화되고 있는 현재에는 쌍방향 커뮤니케이션이 적극 활용되고 있다.

쌍방향 커뮤니케이션을 원활하게 수행하기 위해서 기업에서는 고객과의 직접 접촉창구인 콜센터 등의 조직과 인력을 운영하고 있으며, 고객과의 혁신적인 쌍방향 커뮤니케이션 활동이 확대되어야 할 것이다.

[미래의 CRM과 빅데이터 기술]

최근에는 CRM프로세스를 대체할 수 있는 미래의 기술로서 빅데이터 기술(Big Data Technology)이라는 용어가 유행처럼 번지고 있다. IT강국인 우리나라의 기술현실로 비추어 볼 때 이미 우리나라의 빅데이터 분석기술은 미국 등의 선진국 수준에 뒤떨어지지 않을 것으로 보인다. 그러나 빅데이터 기술이 활용될 수 있는 분야와 활용할 수 있는 방법에 대해서는 매우 초보적인 수준이라고 하겠다. 빅데이터의 분야는 너무 광범위하다고 알려져 있지만, 빅데이터 기술을 어디에 활용할 것인지에 대해서는 구체화되지 않고 있다.

가령 부산 해운대에서 바늘 하나를 잃었다고 가정하고 이 바늘을 찾는다고 생각해보자. 한 사람이 이 바늘을 찾으려면 100년의 시간이 걸릴지, 1000년의 시간이 걸릴지 모른다. 해운대 해수욕장에서 바늘 하나를 찾는 것은 불가능하다는 의미이다. 그러나 해운대에서 상금이 크게 걸린 특별한 이벤트를 시행해서 참여하는 사람들을 일시에 300만 명쯤 동원할 수 있다면, 잃어버린 바늘을 1시간 이내에 찾을 수 있지 않을까. 여기서 300만 명은 극도로 분산된 시스템을 의미한다. 분산된 시스템이 각각 독립적으로 분석을 시행하면서 전체 시스템이 실시간으로 정보를 공유하게 된다. 이러한 방법은 컴퓨터와 정보통신의 발전으로 가능하게 된 극단적 분산시스템(Extreme Distributed System)이다. 즉 빅데이터를 분석할 수 있는 IT기술은 우리나라에서는 그렇게 어렵지 않은 일반화되고 있는 기술이다. 문제는 해운대에서 무엇을 찾을 것인가라는 빅데이터 분석의 목적이 뚜렷하지 않다는 것이다. 빅데이터의 분석대상에 대한 연구는 부족한 상태에서 빅데이터 분석기술에만 너무 치중되는 것은 아닌지, 다시 말해서 고객지향적인 빅데이터의 연구개발의 갈 길은 이제 겨우 초보적인 단계라고 할 수 있겠다.

빅데이터로 고객의 심층적인 정보를 분석하여 고객 스스로도 인식하지 못하고 있던 고객의 습관을 분석해 낼 수 있다면, 현재 시행되고 있는 CRM의 프로세스혁신도 더욱 가속화될 수 있을 것이다. CRM 분야에서도 빅데이터에 대한 관심은 확대되고 있지만, 구체적인 활용방안에 대해서는 아직 구체적이지 못하다. CRM이 발전하게 되는 방향이 고객정보에 대한 빅데이터를 활용하는 방향으로 발전될 것이다. 그러나 CRM이 빅데이터 자체는 아니다. 빅데이터 기술을 활용할 수 있는 수많은 분야 중의 한 분야일 뿐이다. 현재 대부분의 기업들은 고객정보에 대한 데이터를 이미 너무 많이 보유하고 있다.

빅데이터라고 하기보다는 극단적 빅데이터(Extreme Big Data)라고 해야 할 것이다. 예를 들면 우리나라의 3대 통신회사에서 보유하고 있는 데이터는 각 사별로 수천만 명 이상에 해당되는 고객정보를 보유하고 있으며, 금융기관 역시 적게는 수백만 건에서 많게는 수천만 건씩 고객정보를 보유하고 있다. 심지어는 고객정보가 직접적으로 필요하지 않은 제조기업에서도 수천만 건의 고객정보를 보유하고 있는 경우도 있다. 아직은 그냥 잠자고 있는 데이터일 뿐이다. 빅데이터를 어떻게 분석할 것인가?라는 기술적인 분야 이전에 빅데이터를 어디에 사용할 것인가?라는 질문에 먼저 대답하는 것이 빅데이터의 올바른 혁신방향이 아닐까? 빅데이터 전문가들은 아직 분석기술에만 집중하고 있는 기술을 위한 기술지향적 관점에서 고객지향적인 관점으로 전환해야 할 것이다.

이러한 관점에서 저자는 빅데이터를 고객과 고객 간의 관계를 분석해서 연관 상품정보를 다른 연관고객에게 제공할 수 있는 분야에 관심을 가지고 있다. 아직은 많은 연구가 필요한 분야이지만, 고객과 고객의 관계를 관리한다는 의미에서 고객 간 관계관리(C-CRM, Customer & Customer Relationship Management)라는 명칭으로 빅데이터를 활용할 수 있는 분야를 한정하여 혁신적인 미래의 CRM인 C-CRM의 분야에 대한 연구를 계속하고자 한다. CRM은 기업과 고객 간의 일대일의 관계를 관리하는 프로세스이지만, 빅데이터 기술을 활용한 미래의 C-CRM은 기업과 다수의 고객관계를 동시에 관리할 수 있을 것이 기대되므로 기업의 동일한 노력으로 2배, 4배, 16배 등의 기하급수적인 성과를 기대할 수 있는 혁신적인 프로세스가 될 것으로 전망된다.

〈사례 12-6〉은 은행에서 빅데이터를 기반으로 CRM(고객관계관리)시스템을 사용하는 내용이다.

사례 12-6 빅데이터 기반 맞춤형 고객관리 시스템

사례연구

KB국민은행, 빅데이터 기반 맞춤형 고객관리 시스템 오픈

KB국민은행은 고객의 은행거래와 라이프사이클 기반의 데이터분석을 통해 맞춤 금융서비스를 제공하는 '개인 CRM(고객관계관리) 캠페인 시스템 2.0'을 운영한다고 12일 밝혔다 2005년 구축했던 개인 CRM 시스템의 업그레이드 버전으로, 디지털화 사업전략에 맞춰 고객분석을 통한 마케팅 기능을 고도화하는 방향으로 개편했다고 은행 측은 설명했다.

고객의 비정형 행동유형 데이터도 수집하고 시각화된 분석환경과 모니터링 시스템을 도입해 세밀하고 효율적인 고객분석이 가능하다는 설명이다. 은행 관계자는 "빅데이터 활용을 통해 고객은 최적의 상품과 서비스를 제공 받고, 은행은 적시성 있는 마케팅 수행이 가능해졌다"고 말했다.

* 출처 : 중앙일보, 2017. 6. 12
http://news.joins.com/article/21657136
다운로드 및 편집 : 2017.12. 27.

3.5 기타 지원업무 프로세스혁신

기업의 경영활동을 수행하고 있는 조직들 중에는 위에서 언급했던 분야 이외에도 다양한 분야의 업무프로세스들이 있다. 생산과 영업에 직접적인 연관성은 적지만 이들 직접업무를 지원하는 간접조직의 업무들 역시 기업의 전체 측면에서 비용을 절감하고 생산성을 향상시킬 수 있는 의사결정의 혁신적인 프로세스를 확보할 수 있도록 지속적으로 노력해야 할 것이다.

4. e-커머스 프로세스혁신

4.1 e-커머스 프로세스의 개념

일반적인 비즈니스 프로세스(Business Process)는 위에서 살펴본 바와 같이 기업이 제품을 생산해서 고객에게 상업적인 이윤을 얻기 위해서 공급하는 프로세스를 의미한다. e-커머스 프로세스(e-Commerce Process)는 기업이 비즈니스 목적으로 인터넷을 통하여 서비스상품과 콘텐츠 상품을 상업적인 이윤을 얻기 위하여 공급하는 프로세스를 의미한다. e-커머스 프로세스는 인터넷을 이용하여 다양한 형태의 서비스상품과 콘텐츠를 제공하고 그와 관련된 모든 거래행위와 가치를 창출할 수 있는 비즈니스 활동이다. e-커머스 프로세스는 인터넷상에서 기업 혹은 개인이 정보통신 기술과 컴퓨터를 이용하여 전자적으로 이루어지는 상거래에 관련된 제반 활동이다.

4.2 e-커머스 프로세스혁신

e-커머스 프로세스는 상품거래 프로세스와 공동 네트워크 프로세스로 구분하여 생각해 볼 수 있다. [그림 12-13]은 e-커머스 프로세스의 종류를 보여 주고 있다.

그림 12-13 e-커머스 프로세스의 종류

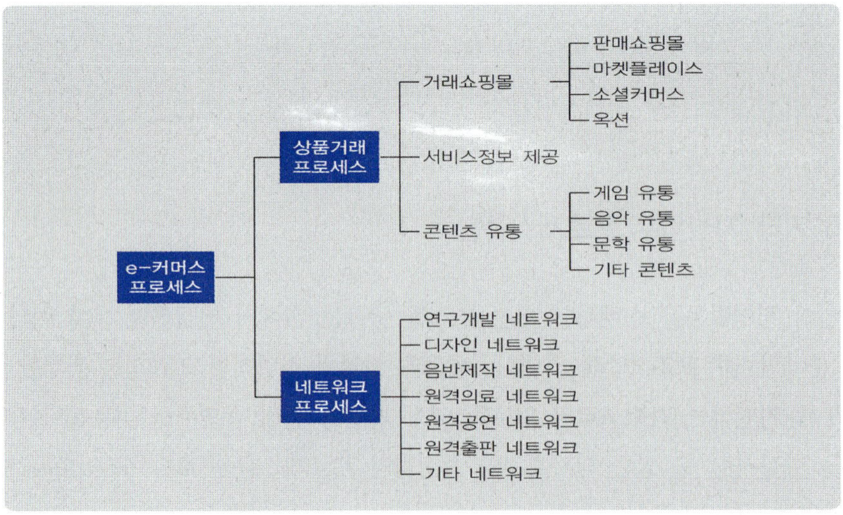

4.2.1 e-커머스의 상품 거래프로세스

e-커머스의 상품 거래프로세스에서 상품의 의미는 판매 및 구매를 할 수 있는 제품과 서비스정보, 콘텐츠 상품 등이 있다. 이들 중에서 특히 콘텐츠 상품을 보면 게임, 음악, 영화, 문학 작품, 기타 콘텐츠 등이 있다.

① 판매 및 조달

가. 쇼핑몰

쇼핑몰(Shopping Mall)은 백화점, 기업, 개인 포털 사이트 등에서 제품과 서비스상품을 판매하는 일반적인 형태이다. 쇼핑몰에는 진입장벽이 거의 없기 때문에 소자본가의 개인도 언제든지 진입할 수 있어서 편리하다. 경우에 따라서는 초등학생 혹은 중학생이 의류, 액세서리 등의 쇼핑몰을 운영하는 경우도 흔히 볼 수 있다. 쇼핑몰의 종류가 다양하고 공급하는 제품의 종류가 다양하기 때문에 거짓 제품정보를 제공하여 고객에게 혼란을 야기하는 경우도 발생할 수 있다. 쇼핑몰 프로세스의 혁신 대상은 고객만족제고, 고객불만 제로화, 신뢰구축 등이 될 수 있다.

나. 마켓플레이스

마켓플레이스(Market Place)는 판매와 구매가 동시에 이루어지는 종합시장과 같은 형태로서, 다수의 공급자와 다수의 구매자가 마켓플레이스에서 거래하는 공동의 장터로서 전통적인 시장의 형태를 온라인으로 구현하고자 하는 혁신적인 개념으로 시작되었지만, 현재는 거의 유명무실할 정도로 힘을 잃고 있다. 마켓플레이스는 정보 활용의 장으로만 활용되고 거래는 오프라인에서 이루어지는 경우가 허다하기 때문이다. 대량 구매와 같은 경우에는 가격에 대한 협상이 필요하게 되지만 공개된 마켓플레이스에서 가격협상이나 거래 성사를 위한 여러 가지 사항을 협상하기에는 아직 부족한 점들이 많기 때문이다. 다수의 공급자와 다수의 구매자가 공개된 공동의 시장인 마켓플레이스에서 거래에 대한 신뢰를 형성할 수 있는 혁신적인 프로세스를 구현할 수 있다면 마켓플레이스의 활성화가 가능할 수 있을 것이란 생각이다.

다. 소셜커머스

소셜커머스(SC, Social Commerce)는 '사회적 전자상거래'를 의미하며, 소셜네트워크서비스(SNS)를 통하여 이루어지는 전자상거래를 의미한다. SC는 공동구매형 전자상거래이다. 공동구매형 SC의 가장 큰 특징으로는 일정 규모 이상 구매 시 할인판매가 적용되며 30~70% 전후의 할인율이 적용된다. 그리고 할인쿠폰 판매 역시 인터넷으로 발행된다. SC는 지인들과 연합하여 공동으로 상품을 반값 정도로 저렴하게 구입할 수 있는 인터넷의 가상의 공동구매 공간이다. SC는 소비자 스스로 SNS를 통해서 상품정보를 다른 사람들에게 전파하여 인터넷으로 공동구매를 할 수 있도록 하는 가상공간이다. SC의 가장 큰 특징으로는 일정 규모 이상 구매 시 할인판매가 적용된다. 소셜커머스는 기존의 쇼핑몰을 능가하며 성장을 지속하고 있다. 그리고 소셜커머스는 서비스상품의 가격과 품질에 대한 프로세스 신뢰가 많이 개선되고 있다. 그리고 앞으로도 프로세스혁신이 지속될 것으로 보인다.

라. 옥션쇼핑몰

옥션쇼핑몰(Auction Shopping Mall)은 개인, 조직, 기업 누구든지 제품을 판매할 수 있고 누구든지 구매할 수 있는 경매시장이다. 공개된 인터넷 시장에서 특정한 제품을 판매하기 위한 경매가격을 제시하면, 일정한 기간 동안 관심이 있는 구매자들의 가격경쟁을 유도하여 최고의 가격으로 판매하는 가상의 경매공간이다. 옥션쇼핑몰 역시 경매로 나온 제품에 대한 신뢰성을 확보할 수 있는 프로세스의 혁신활동이 더욱 필요할 것이라는 생각이다.

② 서비스정보 제공

서비스정보를 제공하고 상업적인 이익을 얻을 수 있는 사이트는 매우 다양하고 광범위하게 활용되고 있다. 검색사이트에서 어떤 정보를 원하는지 키워드만 입력하면 수 많은 유무상의 정보들이 쏟아져 나온다. 서비스정보를 제공하는 사이트에서의 프로세스 혁신과제는 정보의 질을 향상시킬 수 있는 방법을 강구해야 하고 정보에 대한 신뢰를 확보할 수 있는 프로세스로 혁신하지 않으면 성장하기 어려울 것으로 보인다. 예를 들면 유료 검색사이트에서 검색한 결과가 도저히 가치를 부여할 수 없는 쓰레기 정보를 제공받았을 때의 상실감을 흔히 경험할 수 있다. 반드시 프로세스를 혁신하여 유상정보의 신뢰를 회복해야 할 것이다.

③ 콘텐츠 유통

인터넷에서 유통되고 있는 콘텐츠(Contents)는 게임, 음악, 영화, 문학작품 등이 활발하게 유통되고 있다. 게임의 유통은 매우 활발하며, 우리나라의 게임시장은 전 세계 게임시장을 선도하고 있다. 음악 유통은 글로벌 현상으로 음원시장은 급격하게 확대되고 있으며, 과거의 음반시장은 완전히 사라지고 있다. 음악 유통시장은 인터넷으로 인하여 가장 크게 변화한 시장 중의 하나이다. 영화 유통은 아직까지 초보적인 단계라고 할 수 있다. 오프라인의 극장에서 상영이 종료된 다음에 공급되는 프로세스이다. 새로 출시된 영화를 공급할 수 있는 사회적 환경과 프로세스가 조성되면 영화 유통시장도 대변화가 가능할 것이다. 문학작품에 대한 유통은 붐이 일어나다가 주춤거리고 있는 양상이다. 애플, 삼성전자, HP 등의 글로벌 기업에서 태블릿 PC를 출시하고 있지만, 아직은 전자책(e-Book)의 시장이 확대되지 않고 있다. 작가와 출판사의 이해관계가 맞물려 있기 때문에, 문학작품이 인터넷으로 유통되기에는 걸림돌이 많다. 문학작품의 유통에 대한 프로세스는 많은 혁신이 있어야 할 것이며, 머지않은 미래에 음악 유통의 변화에 버금가는 변화가 있을 것이라는 생각이다. 위에서 언급한 콘텐츠들 이외에도 그림, 사진, 동영상 등의 수많은 분야의 콘텐츠들이 있다. 콘텐츠 유통에 관련한 e-커머스의 프로세스에 대한 혁신이 매우 강하게 진행될 것으로 보인다.

4.2.2 네트워크 프로세스

공동 네트워크는 여러 사람, 조직, 기업들이 공동으로 고객과 거래할 수 있는 제품과 서비스상품을 생산하여 공급할 수 있는 프로세스이다. 공동 네트워크의 분야는 한계를 정할 수 없을 정도로 광범위하지만 대표적으로 몇 가지만 살펴보면 다음과 같다.

대부분 초보적인 단계이므로 앞으로 창의적이고 진보적인 프로세스혁신이 기대되는 분야이기도 하다.

① 연구개발 네트워크

연구개발 네트워크는 글로벌 기업의 조직, 연구단체, 국가기관, 대학연구기관 등의 영리 · 비영리를 막론하고 거의 모든 분야에서 공동주제와 관심사만 있으면 가능한 분야이다. 그러나 상업적인 목적을 가지고 새로운 혁신적인 상품을 공급하기 위하여 혁신적인 기술을 보유한 다수의 전문 기술자들이 공동연구개발을 위한 네트워크는 아직 활성화되지 않은 미개척 분야이다. 공동연구개발 네트워크의 혁신적인 프로세스가 출현될 것으로 기대되는 분야이기도 하다. 공동개발연구의 마켓프로세스를 연상한다면 혁신적인 e-커머스 프로세스가 탄생할 수 있지 않을까 생각된다.

② 디자인 네트워크

디자인 네트워크 분야 역시 연구개발 네트워크 분야와 마찬가지로 아직은 활성화되지 않은 미개척 분야이다. 고객이 실생활에서 사용할 수 있는 구매 가능한 모든 제품과 서비스 상품을 대상으로 어떤 혁신적인 디자인에 대한 개념이 공개되면 참여를 희망하는 전문 디자이너들이 자발적으로 참여하여 공동의 디자인을 완성할 수 있을 것이다.

고객이 주문하기 전에 디자인을 먼저 할 수도 있고, 고객의 주문을 접수한 다음에 디자인을 착수할 수도 있을 것이다. 새로운 공동디자인 마켓플레이스가 출현하게 되어서 혁신적인 e-커머스 프로세스가 가능하지 않을까?

③ 음반제작 네트워크

과거의 음반시장은 이미 퇴출되었으며, 남아 있는 음반시장은 겨우 명맥을 유지하고 있다. 가수를 꿈꾸는 사람들은 음반을 반드시 제작해야 하는 시대가 불과 얼마 전의 이야기이다. 디지털 음원의 시장으로 바뀐 최근에는 특수한 몇몇의 가수들 이외에는 음반을 제작하지 않는다. 음반을 제작하더라도 소량만을 제작하여 홍보용으로 사용하는 경우가 대부분이다. 음반시장은 음원시장으로 대부분 바뀐 것으로 보인다.

최근 새로운 혁신적인 음반시장의 e-커머스 프로세스가 나타나고 있다. 가수가 아닌 일반인을 대상으로 음반을 제작하는 서비스 비즈니스이며 네트워크를 활용하여 음반을 제작하는 사업이다. 인터넷을 활용하여 고객이 원하는 노래를 음반으로 제작하기를 주문하면, 주문을 접수한 음반제작 회사는 인터넷으로 작사가와 작곡가에게 작사·작곡을 의뢰하고, 노래의 가사와 곡이 완성되고 고객이 만족하게 되면 고객이 음반회사가 지정한 녹음실에 가서 자신의 노래를 제작할 수 있는 음반제작 네트워크이다.

예를 들면 기념일, 결혼식, 행사 등이 있을 경우에 특별한 나만의 노래를 만들고 싶은 경우가 있다. 물론 노래에 대해서는 취미 정도는 있는 아마추어 일반인을 대상으로 한다. 인터넷으로 작사·작곡에 대한 희망내용을 간단한 기록과 함께 음반제작을 신청하면 음반제작사는 적합한 작사가와 작곡가를 선택하여 인터넷으로 작사·작곡을 진행하게 되며, 고객이 만족하게 되면 가까운 녹음실을 선택하여 녹음을 하고 '나만의 노래'를 제작할 수 있게 된다. 고객은 나만의 노래와 음반을 가지게 되며 음원판매까지도 가능하게 된다. 한 사람의 고객을 위하여 기획사, 작사가, 작곡가, 녹음실 등의 관련 조직과 전문가들이 네트워크를 형성하고 '나만의 노래'를 제작하는 네트워크 프로세스를 구성하고 있다. 참신하고 혁신적인 음반제작 e-커머스 프로세스이다.

④ 원격의료 네트워크

원격의료는 의사와 환자가 멀리 떨어져 있는 장소에서 행하는 의료행위를 의미한다. 원격의료 네트워크는 인터넷 등의 정보통신 수단을 통하여 환자의 상태를 파악하고 적절한 진료를 할 수 있다. 원격의료 네트워크는 여러 관련 조직의 의사들이 네트워크를 통하여 전문 의료지식을 공동으로 상의하면서 환자를 진단할 수 있고 치료할 수 있다. 원격의료 네트워크는 컴퓨터기술과 정보통신의 기술을 활용하여 전문 의사의 신속한 진단과 판단이 가능해 질 것이며, 원격 수술도 가능해질 것이다. 원격의료 네트워크는 앞으로 더욱 프로세스혁신이 지속될 것으로 보인다.

⑤ 원격공연 네트워크

우리나라의 홀로그램 기술력은 세계적인 수준이므로 홀로그램 전용관을 설립하는 것은 어렵지 않다. 문화선진국의 오페라를 결합한 홀로그램 오페라 전용관 설립도 가능한 수준이다. 홀로그램 오페라 전용관이 설립되면 유럽의 유명한 오페라 공연을 실시간으로 실제 모습과 동일하게 감상할 수 있을 것이다. 반대로 우리나라의 K-pop스타들의 공연 모습을 외국의 홀로그램 전용관에서 실제 모습과 동일하게 감상할 수 있을 것이다. 이러한 원격공연 네트워크가 더 많은 혁신과정을 거치고 발전을 지속하게 된다면 가정이나 혹은 개인의 공간에서도 공연현장과 동일한 공연을 많은 사람들이 동시에 감상할 수 있는 공동의 원격공연 네트워크가 현실화될 수 있을 것이다.

〈사례 12-7〉은 홀로그램전용관에서 가상현실을 무대에 올리고 있는 내용이다.

사례 12-7 홀로그램 전용관

사례연구

'광주 미디어아트 출발대' 홀로그램전용관 등 6개 시설 첫선

유네스코 미디어아트 창의도시로 선정된 광주의 이미지를 부각시킬 6개의 미디어아트 특화공간이 모습을 드러냈다. 광주문화재단은 30일 오후 광주 남구 빛고을시민문화관 일대에 조성된 '홀로그램 파사드 · 홀로그램 전용관 · 미디어놀이터 · 디지털 갤러리 · 미디어아트 아카이브 · 미디어338' 문을 열었다고 밝혔다.

홀로그램 극장은 2PM, 원더걸스 등 인기 K-POP 콘서트 영상과 '인체의 신비' 등 교육용 콘텐츠를 눈앞에서 실제로 보는 것처럼 감상할 수 있는 입체교육 공간이다. 빛고을아트스페이스 5층에 80석 규모로 마련됐으며 평일과 주말에 상설 운영된다.

홀로그램 홍보 영상에서는 광주문화재단 미디어아트 홍보대사인 가수 솔비가 유네스코미디어아트 창의도시 광주를 소개하고 이 지역 대표 스트리트 댄스팀인 빛고을댄서스가 출연, 화려한 무대를 선보인다. '아티스트와 나' '미디어 바다' '바람의 공간' 등 총 7가지의 콘텐츠가 선보이며 가상현실(VR), 증강현실(AR) 등을 체험할 수 있다.

디지털 갤러리와 홀로그램 파사드는 새로운 미디어아트를 선보인다.

디지털 갤러리는 미디어 놀이터 옆 1층 로비를 갤러리로 재탄생시켜 디지털 사이니지 24대를 활용해 광주 미디어아트 작가들의 작가노트와 영상작품을 상영한다. 미디어아트 창의도시인 8개국 9개 도시와 국내 6개 창의도시의 홍보영상도 함께 관람할 수 있다.

홀로그램 파사드는 빛고을시민문화관 건물 옥상에 설치돼 새로운 볼거리를 선사한다. 파사드 영상은 광주의 역사와 정신을 상징하는 횃불과 창의도시로 거듭날 희망찬 도시 이미지를 담을 예정이다.

* 출처 : 중앙일보, 2016. 11. 30
http://news.joins.com/article/20946889
다운로드 및 편집 : 2017.12. 27.

⑥ 원격출판 네트워크

원격출판 네트워크 분야도 프로세스혁신이 기대되는 분야이다. 디지털 전자출판의 시대에 접어든 지 오래 되었기 때문에 과거의 인쇄업체들은 사라지고 컴퓨터를 이용한 디지털 전자출판으로 완전히 전환되었다. 이미 '나만의 책'을 발간하는 원격 출판시스템은 확산되었으며, '나만의 사진책'을 제작하는 원격 출판사들도 다양한 형태로 확산되고 있다. 그리고 시, 수필, 소설 등 대부분의 장르를 포함하는 공동의 문학작품 출판 네트워크들이 지속적으로 출현하고 발전될 것으로 보인다. 원격출판 네트워크 분야에서도 프로세스혁신이 지속될 것으로 보인다.

⑦ 기타 네트워크

아직 생각하지 못한 분야의 e-커머스 네트워크들이 무궁무진하게 새로운 비즈니스의 기회를 기다리고 있다. 공동 네트워크의 e-커머스 분야는 창의적이고 도전적인 젊은 창업가들이 관심을 가져볼 만한 분야로 생각된다.

토론제목

1. 고객지향적 프로세스혁신의 의미는?
2. 프로세스혁신의 방법은?
3. 리스트럭처링의 의미는?
4. 리엔지니어링의 의미는?
5. 가치파괴의 의미는?
6. 프로세스혁신 분야는?
7. 기능적 프로세스혁신의 종류는?
8. 연구개발 프로세스는?
9. 생산 프로세스혁신의 방법은?
10. 공급망 프로세스혁신의 방법은?
11. 마케팅 · 영업 프로세스혁신의 방법은?
12. 빅데이터 기술의 발전방향에 대한 전망은?
13. e-커머스 프로세스혁신의 의미는?
14. e-커머스 프로세스의 종류는?
15. 가장 인상적인 e-커머스 프로세스는?

제 13 장

기술프로젝트

1. 기술프로젝트

과거의 일반적인 프로젝트의 의미를 살펴보고, 급변하는 기술환경의 변화에 대응해야 하는 기술프로젝트 운영은 어떻게 변화되어야 하는지를 살펴보기로 한다.

1.1 일반적인 프로젝트의 개념

일반적인 프로젝트의 의미를 보면 어떤 특정한 목표를 효과적으로 달성하기 위한 과정을 계획하고 사업을 시행하는 것을 말한다. 프로젝트의 규모는 작은 것부터 수천억 원 혹은 그 이상의 규모인 초대형까지 천차만별이지만, 공통적인 것은 복잡하고 광범위하며 장기간을 필요로 하는 기획을 말한다. 따라서 이 과정에서 불확정요인에 대한 의사결정을 해야 하고, 사회·경제적 변화에 대한 대처 등의 문제가 발생하게 될 경우를 대비하여, 부문 간의 협력·조정을 필요로 하는 프로젝트팀을 편성하는 것이 일반적이다. 일반적인 프로젝트의 특성을 보면 단회적, 시작과 끝, 위험성, 성공과업 등이 있으며 [그림 13-1]과 같다.

그림 13-1 일반적인 프로젝트의 특성

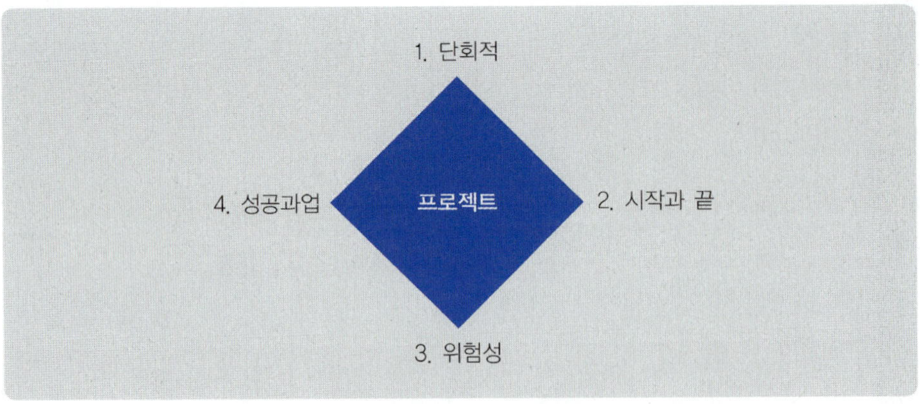

1.1.1 단회적

프로젝트는 단 한 번의 목표를 달성하기 위하여 팀이 만들어지고 목표가 달성된 다음에는 팀은 해체되어 원래의 업무로 복귀하게 된다. 혹시 같은 과제를 두 번 이상 연속적으로 수행하게 된다면, 그것은 시작은 프로젝트일지라도 일상적인 업무로 전환된 프로젝트는 더 이상 프로젝트라고 할 수 없다.

1.1.2 시작과 끝

프로젝트는 목표가 한 가지이므로 목표를 달성하기 위하여 프로젝트팀을 구성하는것을 시작으로 목표가 달성된 다음에는 프로젝트팀을 해체하는 끝이 있다. 끝이 없으면 일상적인 업무가 된다.

1.1.3 위험성

프로젝트를 진행하는 과정에서 미처 예상하지 못하였던 불확정요인에 대하여 의사결정을 해야 한다. 사회·경제적 변화에 대처해야 하는 위험성이 항상 존재하고 있기 때문이다. 이러한 예상하지 못한 위험들을 해결하면서 프로젝트를 완성해야 한다.

1.1.4 성공과업

프로젝트는 창조적이며 복잡하고 광범위하며 장기간을 필요로 하는 기획을 말한다.

프로젝트는 성공적으로 수행하기에는 많은 어려움이 따른다. 그러나 프로젝트는 어려움을 해결하고 반드시 성공적으로 완성해야 하는 과업이다.

1.2 기술프로젝트의 의미

최근의 급변하는 기술환경의 변화에 대응하기 위해서는 일반적인 프로젝트를 수행하던 과거의 방법들보다는 창조적인 성과물을 더 많이 창출해야 하고, 혁신적인 제품 혹은 서비스상품을 창의적으로 연구개발할 수 있어야 한다. 일반적인 프로젝트는 주어진 환경에서 업무를 곧장 시작할 수 있지만, 기술프로젝트는 연구개발의 계획단계부터 시작되어야 한다. 기술프로젝트는 일반적인 프로젝트에 비해서 목표를 달성하기 위한 기술적인 수준이 훨씬 복잡하고 훨씬 다양하기 때문에 창의적인 연구개발이 필요하게 된다.

최근에는 고객과 시장의 환경이 지속적으로 변화하고 있기 때문에 제품수명주기가 매우 짧아지는 경향을 보이고 있다. 특히 IT제품의 경우에는 제품수명주기가 1년이 안 되는 경우도 발생하고 있다. 하나의 특정한 혁신제품을 연구개발한 기술프로젝트팀은 곧장 해체되고 원래의 부서로 복귀하는 것이 원칙이지만, 최근에는 원래의 부서로 복귀하지 못하고 다음의 혁신제품을 연구개발해야 하는 기술프로젝트팀의 팀원으로 재배치되는 경우도 빈번하게 발생하고 있다. 그만큼 제품수명주기가 짧아지고 있기 때문이다.

기술프로젝트는 기술적 수준이 매우 높기 때문에 연구개발이 선행되어야 하는 프로젝트이다. 급변하고 있는 기술환경은 미래의 불확실성을 매우 높게 하기 때문에 실패할 확률이 높으며, 대규모 프로젝트일수록 복잡도가 높기 때문에 성과물에 대한 체계적인 프로젝트 운영이 매우 중요하다. 〈사례 13-1〉은 공상과학에나 나올 법한 미래의 버스를 연구개발하는 혁신적인 기술프로젝트의 사례를 보여 주고 있다.

사례 13-1 미래의 버스의 혁신적인 기술프로젝트 사례

사례 연구 : '2028년의 버스' 디자인 화제 · · · "실제로 타보면 재밌을 듯"

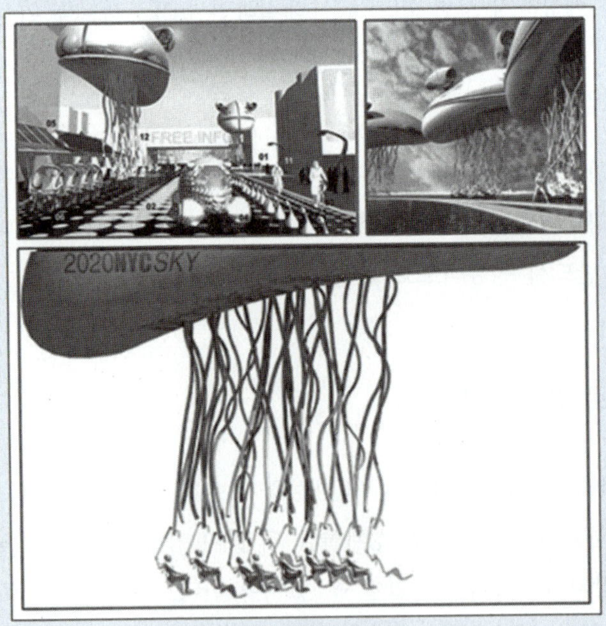

미국 뉴욕시에 위치한 비영리 디자인 단체 '테레폼 원'(Terreform One)이 제안한 비행선 버스 프로젝트가 21일 온라인에서 화제다. '테레폼 원'은 최근 공식 홈페이지를 통해 2028년형 버스의 디자인 프로젝트를 공개했다. 공개된 사진 속 버스는 많은 발을 가진 오징어를 닮아 있다.

이 발은 승객들이 앉을 좌석이다. 이 버스는 속도가 시속 25km 이하로 설계됐고 의자는 지면으로부터 수cm 정도 떨어져 있다.

'테레폼 원'은 이 버스가 천천히 도시를 돌면서 공기를 정화하는 사이 시민들이 자유롭게 내리고 탈 수 있을 것이라고 내다봤다. 이 버스 프로젝트를 기획한 전문가는 이 기술이 2028년에는 실현가능 할 것이라고 예측했다. 한편 2028년형 버스를 접한 누리꾼들은 "25km면 너무 느린 거 아닌가", "진짜 오징어같이 생겼네", "왠지 타보면 재미있을 것 같다" 등 다양한 반응을 보이고 있다.

* 출처 : 중앙일보, 2014. 2. 21.
http://joongang.joins.com/article/538/13966538.html?ctg=
다운로드 및 편집 : 2017. 12. 27.

1.3 기술프로젝트의 특성

과거의 기술프로젝트는 과거의 일반적인 프로젝트와 다른 것이 아니다. 과거의 기술프로젝트는 기술적 수준이 그렇게 복잡하지 않았고 비교적 단순했었기 때문에 일반 프로젝트의 범주에서 운영되었지만, 최근의 급변하는 기술환경은 기술적으로 훨씬 복잡해 지고 매우 다양해 지고 있으며, 기술적 요구 수준이 높아지고 있으므로 최근의 기술프로젝트는 일반적인 프로젝트의 특성보다 더 많은 어려움이 따르게 된다. 기술프로젝트의 특성은 일반적인 프로젝트의 단회적, 시작과 끝, 위험성, 성공과업 등의 특성을 기본적으로 포함하면서, 동시에 자율과 통합, 체계적 프로세스, 유형별 상이한 방법, 기술로드맵, 새로운 기회창출 등의 특성을 가지고 있다. [그림 13-2]는 기술프로젝트의 특성을 나타내고 있다.

그림 13-2 기술프로젝트의 특성

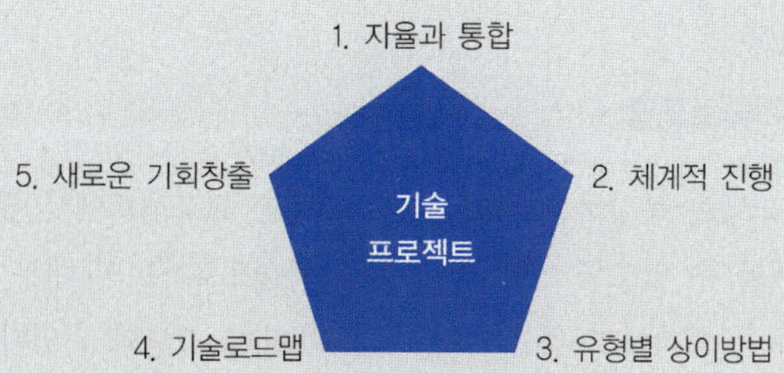

1.3.1 자율과 통합

기술프로젝트는 일시적인 팀으로 조직되며, 프로젝트가 완성되기까지 독립적이고 자율적으로 운영된다. 그러나 급변하는 고객과 시장의 욕구를 충족하기 위한 기술은 매우 복잡해지고 다양해지며 어려워지고 있으므로 연구개발을 진행하는 프로젝트팀원들은 기술정보를 공유하면서 통합적인 진행으로 최종의 목표를 달성해야 한다. 기술프로젝트의 내부에서 진행되는 수많은 과제들은 모두 독립적이고 자율적으로 연구개발이 진행되고 있지만 하나의 목표를 향하여 통합되어야 한다. 자율과 통합은 기술프로젝트의 중요한 특성이다.

1.3.2 체계적 프로세스

기술프로젝트는 일반적으로 대규모이고, 장기간이 소요되며, 투자회수 기간이 대체로 장기간이 소요되므로 성과에 대한 평가를 체계적으로 해야 하며 이를 위해서 평소 체계적인 운영과 관리를 해야 한다. 기술프로젝트는 일반프로젝트에 비해서 훨씬 강한 체계적 프로세스가 진행되어야 한다.

1.3.3 유형별 상이한 방법

기술프로젝트는 수준 높은 다양한 기술들이 복합적으로 활용되기 때문에 매우 복잡하며, 프로젝트의 유형별로 활용되는 기술의 유형이 전혀 다르다. 기술프로젝트는 기초연구, 응용연구, 연구개발 등의 단계로 수행되지만, 과제의 특성과 유형별로 서로 상이한 방법을 활용해야 한다. 예를 들면 TV에 필요한 반도체 기술과 자동차에 필요한 반도체 기술은 동일한 기술이지만 활용되는 과제가 전혀 다른 특성과 유형이므로 기술 프로젝트의 진행방법은 전혀 다른 방법이 사용되어야 할 것이다.

1.3.4 기술로드맵

기술로드맵은 복잡하고 장기간이 소요되는 프로젝트에서 필요한 일정계획을 한눈으로 쉽게 이해할 수 있도록 만든 그림이다. 기술프로젝트의 내부에서 진행되는 수많은 과제들은 모두 독립적이고 자율적으로 연구개발이 진행되고 있다. 이러한 수많은 과제들이 하나의 목표를 향하여 통합하기 위하여 기술정보와 일정에 관한 정보를 공유하고 있어야 한다. 과제들 간의 통합을 위하여 다른 과제들과의 연계성이 높을 경우에는 기술로드맵이 매우 중요하게 된다.

[그림 13-3]은 기상재해 통합재해관리 시스템에 대한 기술로드맵의 사례이다. 기술로드맵의 목표는 통합재해위험관리 시스템의 실현이며, 기술프로젝트의 초기 과제는 재해위험관리 계획 기술, 재해위험관리 시스템 구축, 재해관리 시스템 운영, 이상기후 대응 기술 개발 등의 4개 과제이며 연구개발이 진행되는 세부적인 과제는 매우 다양하고 복잡하게 전개된다. 이 모든 과제들은 서로 독립적이고 개별적으로 진행되지만 다른 과제들과의 상호 연계성이 매우 높기 때문에 통합을 염두에 두고 모든 일정관리를 진행해야 한다.

그림 13-3 기상재해 통합재해관리 기술로드맵의 사례

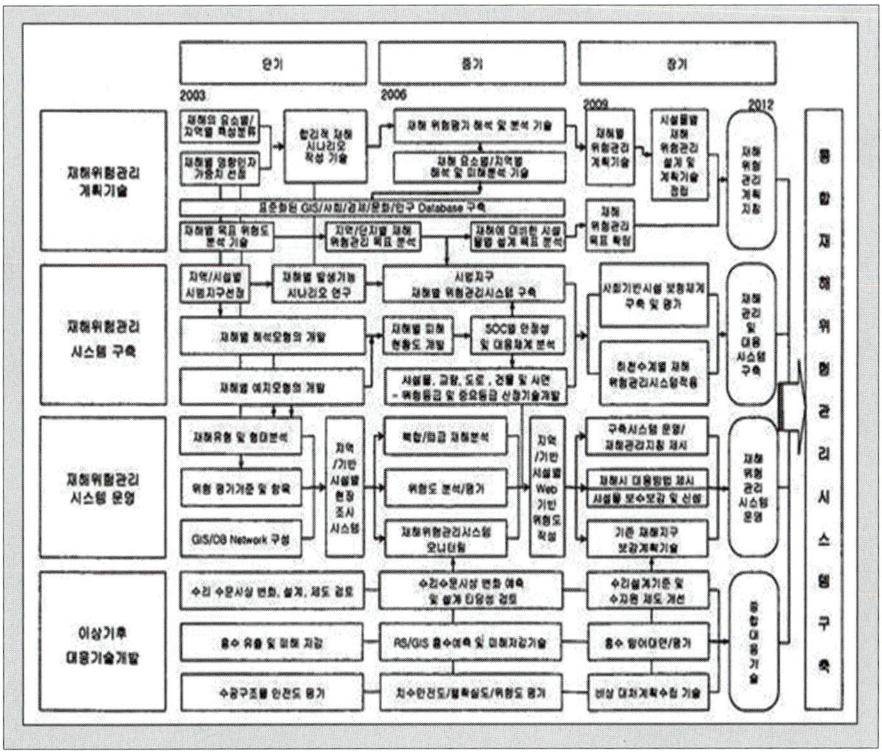

1.3.5 새로운 기회창출

혹시 기술프로젝트가 실패하게 되는 경우가 발생하더라도 부산물로 새로운 기회를 창출할 가능성이 매우 높다. 기술프로젝트를 시작한 이후 이미 혁신적인 아이디어를 창출하기 시작하고 있기 때문이다. 만약 기술프로젝트가 진행되고 있는 도중에 고객과 시장에서 원하는 욕구가 변화되었을 경우에는 기술프로젝트는 과감하게 중단되어야 하고 방향을 전환해야 하는 경우가 있다. 이러한 경우에는 기술프로젝트를 중단하기까지의 기술적인 성과는 아무런 의미없이 사장되는 것이 아니다. 기술프로젝트를 진행하는 동안에 취득한 기술적인 성과는 또 다른 혁신적인 기술프로젝트에 반영될 수 있기 때문이다. 기술프로젝트는 실패하는 경우에도 새로운 기회를 창출할 수 있는 특징이있다.

1.4 기술프로젝트 진행단계

기술프로젝트의 진행단계는 일반프로젝트의 경우와 동일하다. 일반적으로 착수, 계획, 실행, 통제, 종료의 단계를 따르고 있으며 [그림 13-4]와 같다.

그림 13-4 기술프로젝트 진행단계

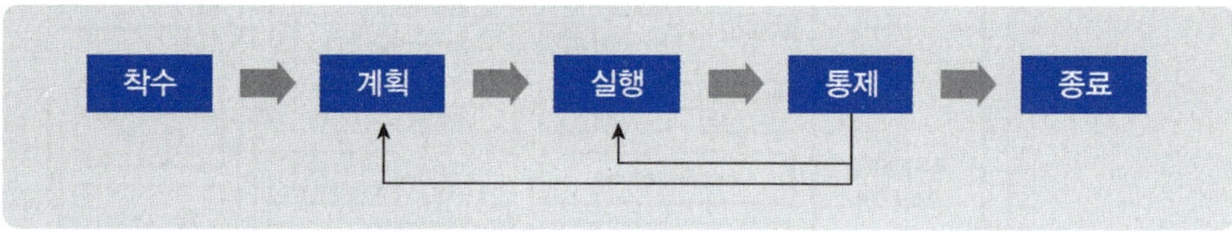

1.4.1 기술프로젝트 착수

기술프로젝트 착수(Technology Project Initiating)의 단계에서는 가장 먼저 기술프로젝트의 목표를 명확하게 수립해야 하며, 기술프로젝트팀을 구성하고 프로젝트의 범위와 기대치를 정의한다. 그리고 기술프로젝트의 비전을 그려서 미래의 모습을 팀원들이 공유할 수 있어야 한다.

1.4.2 기술프로젝트 계획

기술프로젝트 계획(Technology Project Planning)의 단계에서는 기술프로젝트의 범위를 구체적으로 설정하고 연구개발해야 하는 특수한 작업과 활동을 규정해야 하며 연구개발에 소요되는 일정과 예산을 상세하게 수립해야 한다.

1.4.3 기술프로젝트 실행

기술프로젝트 실행(Technology Project Executing)의 단계에서는 연구개발을 진행하는 과정에서 발생하는 어려움이 예측하지 못했던 돌발사태가 발생할 경우에는 팀원들 간의 협력으로 문제를 해결할 수 있어야 한다. 세부적인 과제의 목표를 하나씩 달성하는 과정을 반복하면서 전체 기술프로젝트를 완성해 나가는 단계이다.

1.4.4 기술프로젝트 통제

기술프로젝트 통제(Technology Project Controlling)는 기술프로젝트가 계획되고 실행되는 동안에 원래의 계획과 차이가 나는 부분을 중점적으로 모니터링하고, 그 결과를 분석하여 필요하면 기술프로젝트의 일정과 과제를 변경하거나 수정하게 된다. 원래의 기술프로젝트의 목표가 일부 조정될 수도 있으며, 이에 따른 전체 일정과 예산의 조정 및 변경이 필요하게 된다.

1.4.5 기술프로젝트 종료

기술프로젝트 종료(Technology Project Closing)는 기술프로젝트가 완성되는 단계로써, 성과물을 검사하여 성공여부를 평가하는 단계이며, 기술프로젝트의 목표를 제시하거나 의뢰한 사람에게 그 결과를 통보하고 진행과정과 결과에 대한 상세한 내용을 보고서로 작성한다.

1.5 기술프로젝트 운영목표 설정

기술프로젝트의 운영목표는 관리적 목표, 기술적 목표, 전략적 목표, 상업적 목표 등으로 구분하여 생각할 수 있으며 [그림 13-5]와 같다.

그림 13-5 기술프로젝트 운영목표 설정

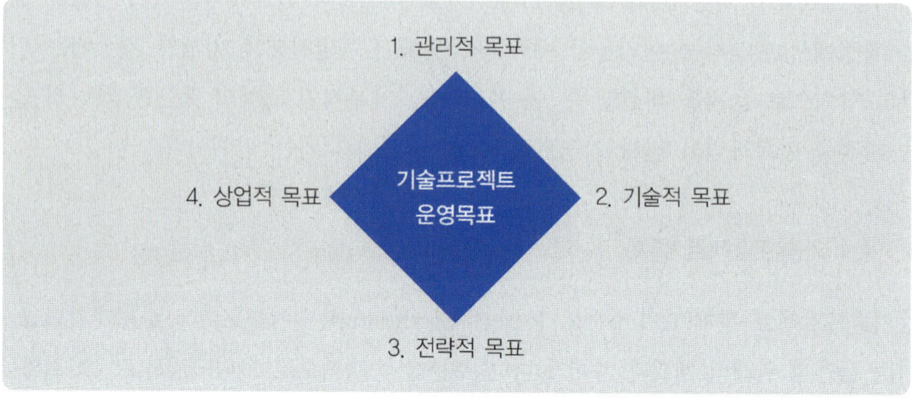

1.5.1 관리적 목표

관리적 목표(Managerial Object)는 기술프로젝트 관리 대상인 자원과 예산에 대한 목표를 수립해야 하며, 납기준수에 일정별 관리목표를 수립하고, 연구개발비 지출의 적정성에 대해서도 관리 목표를 설정해야 한다.

1.5.2 기술적 목표

기술적 목표(Technical Object)는 기술프로젝트의 성과물에 대한 기술적인 사양인 기능, 성능, 품질과 사용조건 등에 대한 목표를 설정해야 한다. 이러한 기술적 목표는 기술프로젝트가 완성되는 경우에 성과를 평가하는 기준이 되는 매우 중요한 목표가 된다.

1.5.3 전략적 목표

전략적 목표(Strategic Object)는 기술프로젝트의 완성 이후 성과물로 인한 고객확보목표, 기업이미지 목표, 기술력제고의 목표, 새로운 파트너 확보 등에 대한 전략적으로 고려해야 할 목표를 수립한다. 연구개발에 집중하고 있는 팀원들에게 동기부여가 될 수 있다.

1.5.4 상업적 목표

상업적 목표(Commercial Object)는 기술프로젝트가 완성된 다음에 성과물의 상업화를 통하여 얻을 수 있는 기업의 상업적인 기대치에 대한 목표를 수립한다. 상업적 목표에 대한 예를 들면 시장점유율, 고객점유율, 매출 수익, 이익, 원가절감 등이 있다.

2. 기술프로젝트 운영

2.1 기술프로젝트 관리자의 리더십

기술프로젝트 관리자의 리더십은 조직화 능력, 작업조정 능력, 보고 및 통제 등이 있어야 하며, [그림 13-6]과 같다.

그림 13-6 기술프로젝트 관리자의 리더십

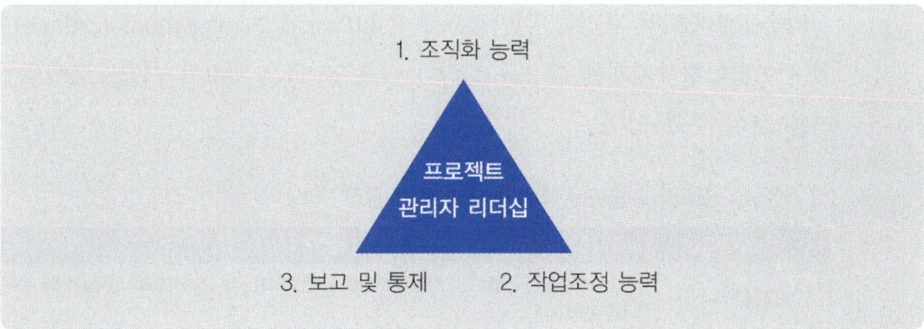

2.1.1 조직화 능력

기술프로젝트 관리자는 인력과 도구 등의 자원을 최적의 상태로 배치하고 조직화해야 한다. 기술프로젝트의 관리자가 조직화 능력을 갖추기 위해서는 기술프로젝트의 목표에 대한 확실한 이해를 하고 있어야 하며, 경영능력과 기술적 전문지식을 소유하고 있어야 한다.

2.1.2 작업조정 능력

기술프로젝트 관리자는 최종 시한에 적합한 구체적인 작업 일정표를 작성하고 이에 적합하도록 작업을 조정할 수 있는 작업조정 능력을 확보해야 한다. 기술프로젝트의 연구개발에 필요한 작업을 조정하기 위해서는 구성원들 상호간의 이해관계를 적절하게 조율할 수 있어야 하며, 기술프로젝트의 내부를 구성하고 있는 각 과제들이 가지고 있는 필요시간, 개인 할당량, 공동작업 등에 대해서 충분하게 이해하고 있어야 한다.

2.1.3 보고 및 통제

기술프로젝트 관리자는 기술프로젝트의 진행과정을 보고하고 통제를 해야 한다. 보고와 통제를 원활하게 수행하기 위해서는 기술프로젝트를 구성하고 있는 각 과제들을 세밀하게 모니터링하고 있어야 한다. 기술프로젝트의 관리자는 연구개발을 진행하고 있는 팀원들에 대한 인센티브 및 지도를 해야 하며 어려운 문제의 해결방안에 대한 컨설팅이 가능해야 하며 기술프로젝트의 범위, 일정, 예산 등을 조정할 수 있어야 한다.

2.2 기술프로젝트의 관리체계

기술프로젝트의 관리는 일반적으로 PMI(Project Management Institute)에서 정의하고 있는 9개의 활동체계를 활용하고 있다. 〈표 13-1〉은 PMI의 기술프로젝트에 대한 9개 관리를 보여 주고 있다.

〈표 13-1〉 PMI의 기술프로젝트에 대한 9개 관리

활동영역	중요 기능	비 고
1. 일정관리	기술프로젝트를 단단위 과제로 분할하여 각 과제별로 일정계획 수립 및 관리함.	
2. 범위관리	사업기획, 과제의 범위, 업무의 승인을 활용하여 기술프로젝트의 목표와 범위를 관리함.	
3. 품질관리	기술프로젝트 산출물의 요구사항을 충족시키는 기준설정과 적합성을 관리함.	
4. 비용관리	기술프로젝트 수행에 필요한 전체 비용을 각 과제의 비용요소별로 계획하고 관리함.	
5. 위험관리	기술프로젝트를 수행하는 과정에 발생할 수 있는 위험을 예측 · 분석하고, 대책을 수립하고 관리함.	
6. 의사소통관리	기술프로젝트의 이해당사자들 간에 효율적이고 효과적인 정보전달 체계를 조직하고 관리함.	
7. 인적자원관리	기술프로젝트를 수행하는 구성원들의 활동을 조직하고 조정하는 기능으로 인적자원을 관리함.	
8. 구매관리	기술프로젝트의 수행에 필요한 각종 자원을 확보하고 관리함.	
9. 프로젝트 통합관리	다양한 과제들을 유기적으로 통합될 수 있도록 조정하여 전체의 기술프로젝트를 완성함.	

2.2.1 일정관리

① 일정관리의 목표

일정관리(Time Management)의 목표는 기술프로젝트의 목표일정을 수립하고, 그 일정대로 통제하여 정해진 납기 내에 프로젝트를 성공적으로 완성하기 위하여 프로젝트의 일정을 체계적으로 관리하는 것이다. 기술프로젝트의 일정계획은 자원 및 운영비용과 밀접한 관계가 있다.

② 일정단축을 위한 활동

기술프로젝트의 일정단축을 위한 활동은 업무의 병렬처리, 불필요한 활동제거, 작업실수 및 오류의 최소화, 신속한 의사결정, 업무생산성 제고 등의 활동을 통하여 일정을 단축시킬 수 있으며, 특히 핵심경로(Critical Path)를 단축함으로써 기술프로젝트 전체의 일정을 대폭 줄일 수 있다.

③ 일정관리의 세부 프로세스

기술프로젝트의 세부 프로세스를 보면 일정계획, 일정통제, 일정변경 등이 있으며 [그림 13-7]과 같다.

그림 13-7 일정관리의 세부 프로세스

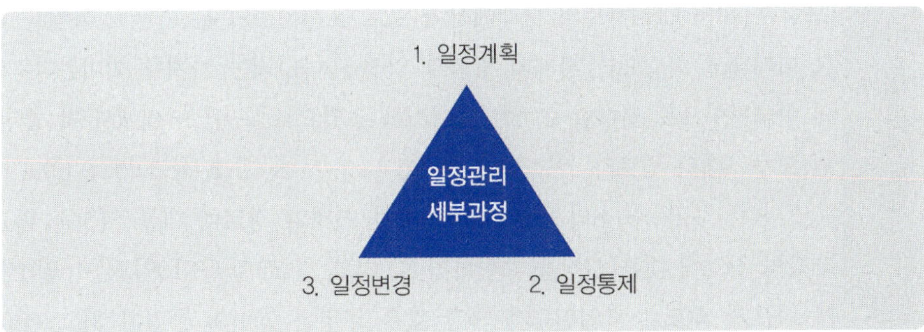

가. 일정계획

일정계획 수립은 기술프로젝트의 전체 일정에 대한 목적 달성을 위하여 필요한 과제별 활동을 세분화하고 각 활동들 간의 상호 연계성과 선후 관계를 명확하게 해야 한다. 그리고 각 활동의 시작일과 종료일을 설정하여 전체 프로젝트의 종합적인 일정계획을 산출하게 된다.

일정계획을 통하여 취득할 수 있는 산출물은 활동목록, 간트차트, 혹은 CPM차트, PERT차트, 프로젝트 일정, 활동별 일정관리 계획서 등이 있다. 간트차트는 제8장의 [그림 8-5]와 같으며, [그림 13-8]은 CPM차트의 사례를 보여 주고 있다.

그림 13-8 CPM차트의 사례

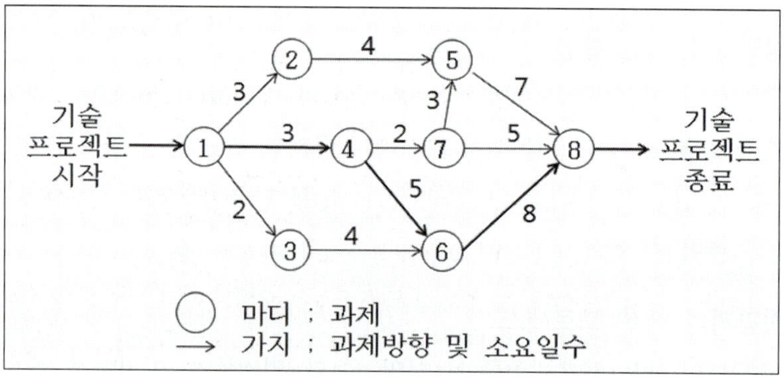

나. 일정통제

일정통제는 전체 일정에 연향을 주는 요인들을 제거함으로써 가능해 진다. 예를 들면 [그림 13-8]의 CPM차트의 사례에서 원으로 표시된 부분은 단단위 과업을 의미하는 마디를 나타내고 화살표는 과제의 방향과 일정을 나타내는 가지를 의미한다. 과제는 화살표의 반대방향으로 진행할 수 없다. 이러한 조건으로 [그림 13-8]에서 각 공정의 경로를 보면 모두 5개의 경로가 가능하다. 즉 ① 1, 2, 5, 8 ② 1, 4, 7, 5, 8 ③ 1, 4, 7, 8 ④ 1, 4, 6, 8 ⑤ 1, 3, 6, 8의 경로가 가능하다. 5개의 경로에 대한 일정을 비교하기 위하여 각각의 경로에 대한 일정을 계산하면 ① 14일 ② 15일 ③ 10일 ④ 16일 ⑤ 14일의 결과가 나오게 되므로 작업일수가 가장 짧은 공정은 ③번의 공정이 되고, 작업일수가 가장 많이 소요되는 공정은 ④번의 경로가 되며, ④번의 경로는 핵심경로(Critical Path)를 의미하므로 가장 먼저 일정단축을 해야 한다. ④번의 경로의 일정을 단축한 다음에는 ②번 경로가 다시 핵심공정이 되므로 ②번 경로에 대한 일정을 단축할 수 있는 방안을 찾아야 한다. 이러한 과정을 반복하게 되면 자체 기술프로젝트에 대한 일정을 단축할 수 있게 된다.

다. 일정변경

일정통제를 통하여 나오게 된 일정변경 계획서를 검토하여 연관성 있는 다른 과제들의 일정을 식별하고 검토하여 이상이 없으면 일정을 조정하고 변경하여 전체 기술프로젝트의 일정을 단축할 수 있도록 한다.

2.2.2 범위관리

범위관리(Scope Management)는 기술프로젝트가 달성하려고 하는 최종목표와 성과물이 기업에서 기대하고 있는 범위 이내인지 아니면 범위를 벗어난 것인지를 모니터링하고 기업에서 원하는 범위를 벗어나지 않도록 관리하는 것을 의미한다. 복잡하고 장기적인 기술프로젝트를 수행하는 과정에서 범위와 목표를 수정할 수 있지만, 가능하면 목표와 범위는 수정하지 않도록 관리하는 것이 가장 좋으며, 수정하더라도 최소한으로 수정해야 한다. 범위가 수정되면 기술프로젝트의 수행과정에서 세부프로세스, 일정, 예산, 인력, 조직 등의 조정이 따르게 되므로 프로젝트의 성공 가능성이 그만큼 축소될 수밖에 없게 된다.

기술프로젝트는 급변하는 고객과 시장의 욕구를 반영할 수 있어야 한다. 장기간의 기술프로젝트가 완성되는 시점에서도 원래의 고객과 시장의 욕구가 변하지 않고 그대로 유지될 가능성은 얼마나 될까? 기술프로젝트의 기간이 길면 길수록 성과물은 고객과 시장의 변화된 욕구와는 상당한 차이가 발생하게 될 것이다. 이러한 경우를 대비하기 위하여 프로젝트를 진행하는 도중에 수차례의 중간평가를 하는 것도 매우 유익한 방법이 될 수 있다. 기술프로젝트의 중간평가를 통하여 과제의 진행방향이 고객과 시장이 욕구와 방향이 너무 바뀌어서 진행관리 및 비용관리에 문제가 발생할 경우에는 적절하게 대응해야 한다. 중간평가 결과가 프로젝트의 성과물 창출에 가망이 없어 보이는 경우에는 과감하게 프로젝트 자체를 중단할 수 있는 특단의 선택이 필요하게 되는 경우도 있다. 가망이 없는 기술프로젝트를 계속 진행할 경우에는 밑빠진 독에 물붇기식의 매몰비용(Sunk Cost)이 발생하게 되어 더 큰 손실이 발생할 수 있기 때문이다.

기술프로젝트에서 범위관리는 프로젝트의 지속성 여부를 결정짓게 할 수 있는 매우 중요한 관리방법이며 프로젝트가 진행되는 과정에서 지속적으로 수행되어야 한다. 범위관리는 범위를 계획하고, 계획된 범위를 세부적인 구분으로 명확한 정의를 해야 하며, 범위에 대한 타당성 검증을 통하여 범위를 승인하고, 범위변경을 통제하는 활동을 관리해야 한다.

2.2.3 품질관리

기술프로젝트를 수행하는 과정에서의 품질관리(Quality Management)는 제품품질(Product Quality)과 프로세스품질(Process Quality)로 구분하여 관리하게 된다. 제품품질은 프로젝트의 수행결과물을 관리하고 프로세스품질은 프로젝트의 수행과정에 대한 품질을 관리한다. 품질관리의 세부적인 프로세스는 품질계획 과정(Quality Planning Process), 품질보증 과정(Quality Assurance Process), 품질통제 과정(Quality Control Process)으로 구분되어 관리된다. 그리고 품질관리에 사용되는 도구들로는 품질관리도, 파레토 분석, 표본추출검사, 정밀검사 등이 있다.

2.2.4 비용관리

기술프로젝트를 진행되는 과정에서 수행하는 비용관리(Cost Management)는 비용계획, 비용집행, 비용통제, 비용정산 등이 있으며 [그림 13-9]와 같다.

그림 13-9 비용관리

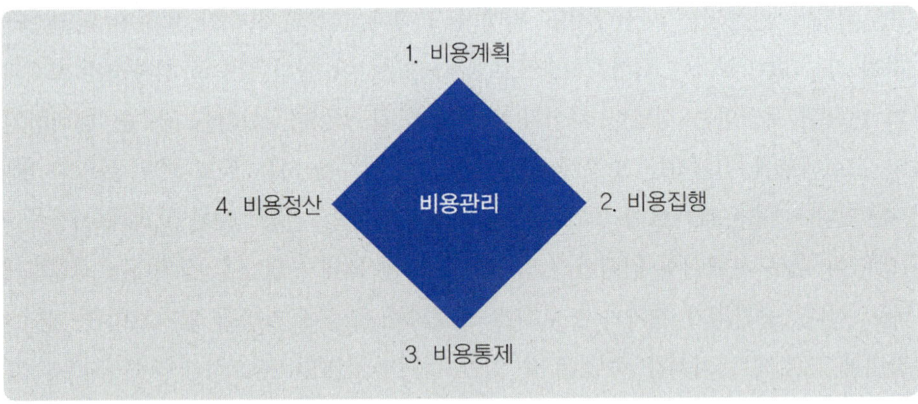

① 비용계획

비용계획(Cost Planning)은 비용추정을 통해서 기술프로젝트의 규모를 결정하게 되며 수익성에 많은 영향을 미치는 계획활동이다. 비용계획을 수립하는 것은 프로젝트의 예산을 수립하고 집행하며 관리하는 것을 의미한다.

② **비용집행**

비용집행(Cost Execution)은 프로젝트가 진행되는 과정에 소요되는 비용을 예산의 범위 내에서 집행을 하게 된다. 그러나 프로젝트의 변화 등의 이유로 예산은 원래 계획되었던 예산을 초과하기 쉽다. 비용집행의 단계에서는 비용집행실적보고서를 작성하고 프로젝트 원가내역서를 작성한다.

③ **비용통제**

비용통제(Cost Control)는 비용집행을 통하여 발생한 비용의 차이에 대한 보고서와 비용을 변경하는 내역서를 활용하여 비용을 통제하면서, 이윤을 확보할 수 있는 활동이다. 비용통제는 프로젝트가 진행중인 상태에서 비용을 적절하게 통제하고 프로젝트의 원가내역서를 분석하여 프로젝트의 비용목표와의 차이를 분석하고 보고서를 작성한다.

④ **비용정산**

비용정산(Cost Adjustment)은 기술프로젝트가 종료된 후에 비용을 분석하고 정산하는 단계이며, 최종 수익의 확보와 향후의 수익성을 제고한다. 일반적으로 기술프로젝트를 수행하게 되는 경우에는 비용이 다소 과다하게 집행이 되더라도 혁신적인 기술을 완성하는 측면이 더욱 강하기 때문에 비용관리 측면에서는 프로젝트관리가 부실한 경우가 빈번하게 발생하고 있다.

2.2.5 위험관리

기술프로젝트의 위험관리(Risk Management)는 매우 어려운 일이다. 급변하는 기술환경에 대응하기 위한 기술프로젝트는 대형화, 다양화, 복잡화, 요구기술수준의 상향으로 혁신적인 연구원들이 기술을 연구개발하는 자체에도 어려운 일들이 많지만, 기술프로젝트 자체가 가지고 있는 불확실성, 대안의 적합성 등으로 인하여 위험요인을 명확하게 관리하는 것은 매우 어려운 과제이다. 위험영역, 위험에 대한 대응책에 대해서 살펴보면 다음과 같다.

① **위험영역**

위험영역은 기술, 시장, 자원, 조직 등으로 구분되며 [그림 13-10]과 같다.

그림 13-10 위험영역

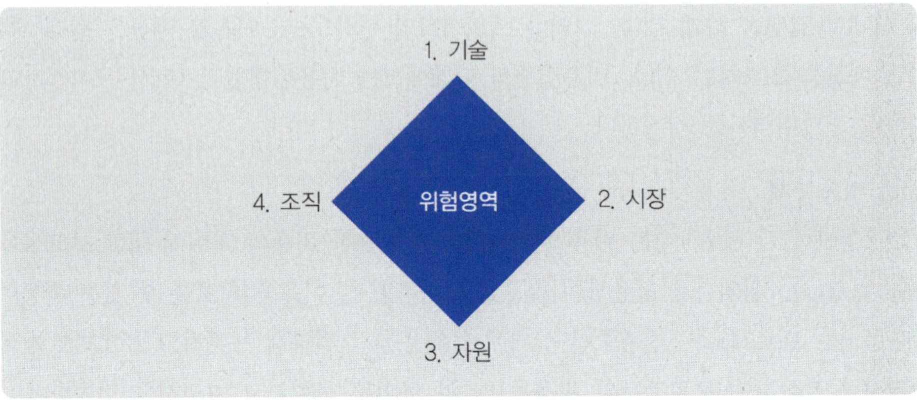

가. 기술

기술(Technology)영역에서의 위험은 기술프로젝트를 진행하는 도중에 경쟁사에서 신기술이 출시했거나 신기술이 기존기술을 대체하게 되면, 혁신기술을 연구개발하고 있는 현재의 프로젝트를 계속해야 할지 중단해야 할지를 결정해야 하는 위험이다. 이러한 원인은 제품수명주기를 잘못 이해하여 시간적 여유가 있었던 것으로 잘못 판단했기 때문이다. 또 다른 원인으로는 기술획득의 실패와 기술표준을 획득하지 못하였기 때문이기도 하다. 혁신적인 기술을 연구개발하기 위한 기술프로젝트는 연구개발 능력을 있었지만 제품수명주기를 잘못 이해해서 기회손실이 발생할 수 있는 위험이 따르게 될 수 있다.

나. 시장

시장(Market)영역에서의 위험은 기술프로젝트를 진행하는 도중에 고객과 시장의 욕구가 전혀 다른 방향으로 이동하는 환경의 변화가 발생하는 경우에는 환경변화의 예측에 대한 오류로 인하여 기술프로젝트가 실패할 수 있는 위험이 있다. 시장영역에서의 위험은 자사보다 경쟁사가 선점할 수 있는 위험성이 매우 크게 된다.

다. 자원

자원자원(Resource)영역에서의 위험은 기술프로젝트를 진행하는 도중에 지속적으로 자원을 투입해야 하는데, 자원의 효과적인 투입이 실패하게 될 위험이다. 자원 중에는 특히 연구개발을 진행해야 하는 연구원들의 이탈로 인한 양질의 목표기술을 확보하기 어렵게 되는 위험이다. 이러한 위험을 해결할 수 있는 방법은 평소에 인사관리를 통하여 연구원들의 고충과 어려움을 미리 해결하면서 결속관계를 강화해야 할 것이다.

라. 조직

조직(Organization)영역에서의 위험은 기술프로젝트를 진행하는 도중에 발생할 수 있는 조직 간의 갈등, 서열상의 갈등, 권력상의 문제들이 나타나게 되어 프로젝트의 원활한 진행에 걸림돌이 되는 경우가 있다. 이러한 문제는 부서 간의 혹은 계층 간의 벽을 허무는 소통(Communication)의 문화가 중요하게 작용하게 된다. 조직 간의 문제 중에 가장 큰 위험은 자원배분의 우선순위가 왜곡되는 위험이 있다. 예를 들면 새로운 유능한 인력이 필요한 부서에 배치되지 않고 여유가 있는 부서로 배치되는 경우를 빈번하게 볼 수 있다. 이러한 문제는 조직 간의 갈등을 더욱 심화시킬 수 있는 위험으로 변질될 수 있으며, 그 파괴력은 매우 크게 나타나게 되어 기술프로젝트가 실패하게 될 수 있으므로 조직 간의 갈등을 제거하거나 최소화할 수 있는 방안을 강구해야 한다.

② 위험에 대한 대응

위험에 대하여 대응하는 형태를 보면 일반적으로 제거, 회피, 전이, 완화, 수용의 단계를 따르게 되며 [그림 13-11]과 같다.

그림 13-11 위험에 대한 대응

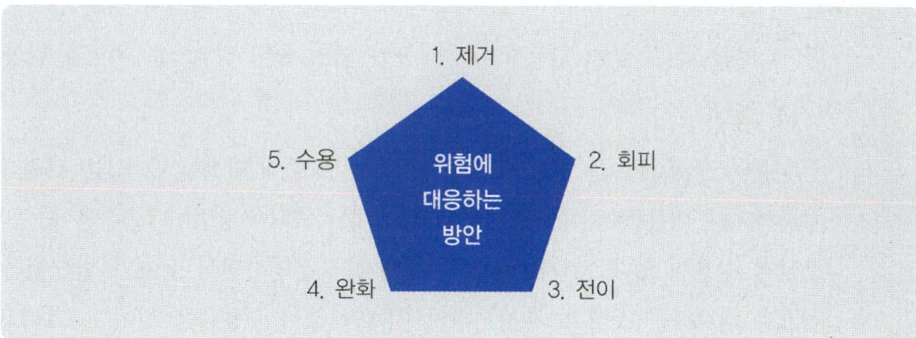

가. 제거

제거(Remove)는 프로젝트를 진행하는 도중에 심각한 위험을 만났을 경우에는 문제의 원인을 원천적으로 제거하는 방법이며, 주로 계획을 변경하여 회피한다. 협력파트너를 변경하는 것이 대표적인 사례이다. 회피의 방법으로는 많은 위험을 해결할 수는 없지만,

특정한 위험에 대해서는 유용한 해결방법이다.

나. 회피

회피(Avoidance)는 프로젝트를 진행하는 도중에 심각한 위험을 만났을 경우에는 문제의 원인을 그대로 방치하고 문제를 피하는 방향으로 우회하는 방법을 사용하는 것이다. 문제가 크고 심각하지만 대안이 뚜렷하지 않을 경우에 활용하며 비용의 손실이 다소 크게 날 수 있지만 선택의 여지가 없을 경우에 활용하기도 한다. 예를 들면 협력파트너의 문제가 발생했을 경우에 완전하게 대체할 수 있는 다른 업체를 구할 수 없다면, 다른 협력업체 중에서 문제가 되는 부분을 해결할 수 있는 협력업체를 추가해서 해결하게 된다. 비용이 증가하는 원인이 될 수 있다.

다. 전이

전이(Transference)는 프로젝트를 진행하는 도중에 발생할 수 있는 위험조치에 대한책임을 제3자에게 넘기는 것을 의미한다. 여기서 위험조치를 넘기는 것이지 위험자체를 전가하는 것은 아니다. 예를 들면 재무위험에 대한 대응책으로 보험가입이 대표적인 전이방법이 된다.

라. 완화

완화(Mitigation)는 프로젝트를 진행하는 도중에 발생할 수 있는 위험의 발생가능성을 축소시키거나 발생하더라도 영향력을 최소화시켜서 위험의 정도를 줄이는 방법을 말한다. 예를 들면, 공동 연구개발, 연구개발 협력 등의 방법으로 위험을 완화시킬 수 있다.

마. 수용

수용(Acceptance)은 프로젝트를 진행하는 도중에 발생할 수 있는 위험에 대한 정보가 부족하거나 미흡하여 아무런 예방조치를 하지 않는 방법이다. 수용에는 적극적 수용과 소극적 수용이 있다. 전자는 비상계획체제를 운영하면서 문제가 발생했을 경우를 적극적으로 대비하는 것이고, 후자는 아무런 대책없이 수용하는 것이다. 그리고 일반적인 수용은 가능한 위험수준을 미리 설정해 둔 상태에서 수준 이하의 위험을 수용하는 것이다. 그러나 이러한 수용의 경우에도 위험이 실제 발생하게 되면 적합한 조치를 해야 한다.

2.2.6 의사소통관리

① 의사소통의 의미

의사소통관리(Communication Management)는 프로젝트를 진행하는 도중에 발생할 수 있는 의사전달문제가 발생하지 않도록 프로젝트에 참여하고 있는 당사자들 간의 정보제공, 정보고유, 정보교환의 영역이다. 다른 부서에서 다른 일을 하고 있던 서로 친밀하지 않던 사람들이 모여서 프로젝트팀원으로 각자의 연구개발 업무를 진행하게 되면 의사소통에 많은 문제가 발생하게 된다. 프로젝트팀원들 간의 의사소통의 장치가 없거나 혹은 제대로 의사소통이 이루어지지 않는 경우에는 프로젝트의 성공적인 완성이 어렵게 되기도 한다.

② 협업을 위한 의사소통 방안

급변하고 있는 기술환경의 변화에 대응할 수 있는 혁신적인 기술을 연구개발하고 있는 기술프로젝트팀의 팀원들 간의 효과적인 의사소통은 프로젝트팀원 구성의 중요한 요건이 되고 있다. 팀원들 상호 간의 소통문제를 해결할 수 있는 도구를 보면 '협력 솔루션'이 활용되고 있다. 협력솔루션 시스템은 인터넷을 활용하여 시간과 장소에 구애받지 않고서 작업에 참여하며, 팀원들 간에 의사소통을 원활하게 할 수 있고 의사결정을 진행할 수 있는 협업(Collaboration)이 시스템화된 것이다. 시스템을 통하여 협업하기 때문에 서로 대면하지 않아도 되므로 오히려 의사소통이 정확하며 신속하게 이루어지고 있다.

③ 의사소통의 과정

의사소통의 과정은 의사소통 계획 수립, 정보배포, 성과보고, 의사소통 종료의 단계로 구성된다. 의사소통의 단계에서 중요한 활동은 누가 누구에게 어떤 정보를 언제 어떻게 전달할 것인가를 결정하고, 참여자 모두가 정보를 공유하고 지속적으로 의사소통활동을 모니터링한다.

최근에는 SNS가 활발하게 활용되고 있다. 예를 들면 대형 프로젝트가 진행될 경우에 신속하고 정확한 정보전달과 정보공유를 위해서 '카톡'이나 '밴드' 등을 활용하면서 프로젝트를 진행하는 경우가 많아지고 있다. 그리고 많은 정보를 팀원 모두가 공유할 필요가 있을 경우에는 '드롭박스'(DropBox) 혹은 '웹하드'(WebHard)를 활용하면 상당한 프로젝트의 정보량을 무상으로 저장하고 검색할 수 있다.

④ 의사소통에 포함되는 분석

의사소통에 포함되는 분석의 내용은 차이분석, 경향분석, 획득가치분석 등이 있으며, [그림 13-12]와 같다.

그림 13-12 의사소통에 포함되는 분석

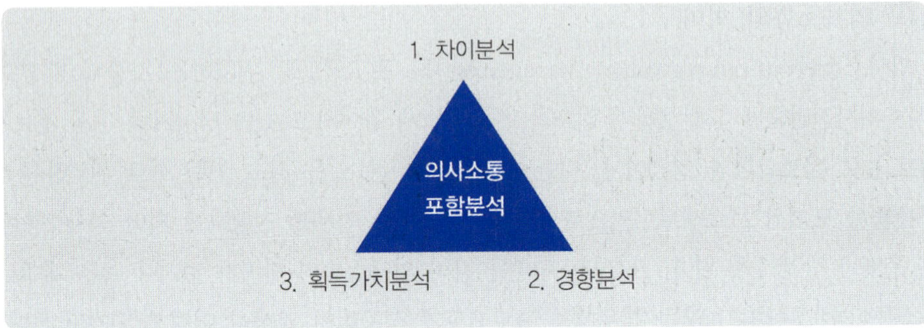

가. 차이분석

실행한 결과와 원래 계획과 비교한 과부족의 차이를 분석한 결과를 포함한다.

나. 경향분석

프로젝트가 시작된 이후의 성과에 대한 경향을 분석하고 향후의 성과에 대한 경향을 포함한다.

다. 획득가치분석

프로젝트 전반의 성과를 원가와 일정에 통합하여 전체 프로젝트를 판단할 수 있는 유용한 방법인 획득가치분석 결과를 포함해야 한다.

2.2.7 인적자원관리

기술프로젝트를 수행하는 과정에 필요한 활동체계 중 인적자원관리(Human Resource Management)는 프로젝트를 수행하는 팀원 혹은 구성원의 활동을 조직하고 조정하는 기능이다.

기술프로젝트를 구성하고 있는 팀원은 기술인력이다. 기술인력에 대한 인적자원관리는 연구개발의 역량을 향상시키고, 적재적소에 배치하며, 연구개발의 성과를 평가하는 등 연구개발 인력의 시작부터 끝까지 모든 업무를 효율적이고 효과적으로 관리하는 것을 의미한다. 기술인력에 대한 인적자원관리는 운영이 제대로 되지 못하면 기술프로젝트 팀원들의 기술목표를 달성할 수 있는 수단을 잃게 된다. 기술프로젝트를 수행하는 과정에서 과도한 업무를 부여하는 것은 연구개발의 질을 확보하기 어렵게 한다. 기술인력은 고임금 정책일 경우에도 과다한 업무량은 창의적 사고를 저해하기도 한다.

인적자원관리는 기술프로젝트를 관리하는 영역 중의 하나이다. 인적자원관리에 대해서는 제7장에서 이미 충분하게 언급한 바가 있다.

2.2.8 구매관리

구매관리(Procurement Management)는 기술프로젝트를 수행하는 데 필요한 여러 가지의 자원을 확보하고 관리하는 기능이며, 자원은 인력, 장비, 자재 등을 말한다. 구매관리가 소홀하게 되면 기술프로젝트의 팀원들 중에 누군가 진행하고 있던 과제의 일정을 준수하기가 어렵게 되며 다른 연관성이 높은 과제의 수행에도 좋지 않는 영향을 미치게 되므로 프로젝트 전체의 일정에 부정적인 영향을 미칠 수 있게 한다. 프로젝트 팀원들의 연구개발은 단순한 구매관리의 문제를 생각 이상으로 확대할 수 있다. 구매관리는 기술프로젝트를 관리하는 영역에서 매우 중요한 위치에 있음을 알 수 있다.

기술프로젝트 내에서의 구매관리는 팀 조직의 각 분야와 거래처를 긴밀하게 연결시켜 기술프로젝트가 원활하게 수행될 수 있도록 필요한 자재와 물품, 장비 등을 적정한 품질, 적정한 수량, 적정한 납기일을 확보한 다음에 적정한 가격에 확보함으로써 기술프로젝트 팀의 혁신적인 기술가치를 창출할 수 있도록 지원하는 활동이다. 기술프로젝트 팀에서 활동하는 구매관리는 프로젝트를 관리하는 영역 중의 하나이다. 구매관리는 중요한 관리 영역이다.

2.2.9 프로젝트통합관리

기술프로젝트를 진행하는 과정에서 중요한 마지막 단계는 각각의 단단위 프로젝트들이 독립적으로 연구개발을 진행한 후에 마지막 단계에서는 개인별 프로젝트를 통합하는 단계가 필요하게 된다. 따라서 기술프로젝트가 진행되고 있는 중에도 항상 통합을 염두에 두고서 프로젝트통합관리(Integration Management of Project)를 수행해야 한다. 만약 평상시에 프로젝트통합관리를 소홀하게 되면 개인별 프로젝트들은 모두 훌륭하게 완성되었지만 프로젝트들을 통합하지 못하므로 기술프로젝트의 결과는 성공하지 못하게 되기도 한다. 프로젝트통합관리는 기술프로젝트의 각 분야의 연구개발 활동이 유기적으로 결합되도록 조정하고 통합될 수 있도록 과정을 총괄관리하는 기능이다. 프로젝트통합관리는 기술프로젝트를 관리하는 영역 중에서 가장 중요한 영역이다.

3. 기술프로젝트 업무

본 저서에서 취급하는 기술프로젝트의 범위는 기업에서 혁신적인 제품을 연구개발하여 공급하게 하고, 혁신적인 프로세스를 연구개발하여 고객만족을 향상시킬 수 있도록 비용절감과 스피드경영을 실현하는 정도의 범위로 국한하여 기술하고 있다.

기술프로젝트는 기술수준이 매우 혁신적이며 여러 가지의 기술들이 복합적으로 작용되고, 다른 기술들과 융합되어 전혀 다른 기술이 창출되기도 하는 등의 매우 어려운 프로젝트이며, 그 규모가 너무 커져서 한두 개의 연구기관이나 개인 연구원들은 생각할 수조차 없는 초대형 기술프로젝트들이 진행되기도 한다. 〈사례 13-2〉는 초대형 기술프로젝트의 사례를 보여 주고 있다.

사례 13-2 초대형 기술프로젝트의 사례

사례 연구 : **마젤란프로젝트**

거대마젤란망원경(GMT : Giant Magellan Telescope)을 칠레의 라스 캄파나스(Las Campanas) 지역에 설치한다는 계획

2003년부터 미국 · 호주의 8개 기관과 한국(2009년부터 참여)이 참여하여 2018년에 완공할 예정인 총 높이 38.7m, 무게 1,125t에 이르는 마젤란망원경 제작을 위한 계획을 말한다. 이 망원경은 8.4m 크기의 반사경(거울) 7장을 원형으로 붙여 직경 25m급의 초대형망원경으로, 총 사업비가 7억 4,000만 달러가 투입될 예정이며, 허블우주망원경(HST : Hubble Space Telescope)보다 10배 높은 해상도를 가진다.

거대마젤란망원경에는 대기에 의한 영상의 교란을 거울 뒤에 설치된 672개의 피스톤으로 실시간 보정해 주는 기술인 적응광학(Adaptive Optics)이라는 특수한 기술이 적용된다. 이를 이용하면 지상에 설치된 망원경으로도 대기권 밖에 있는 우주망원경이 관측하는 것과 같은 선명한 영상을 얻을 수 있다. 미국과 호주에 의해 2003년 시작된 이 프로젝트에 한국천문연구원이 2009년부터 10% 가량의 지분(7,400만 달러)을 투자하면서 이 프로젝트에 참여하게 됐다.

한편, 현재 세계에서 가장 큰 망원경은 지름 10.5m인 하와이에 설치된 케크(Keck)망원경이다. 또 국내 최대 직경의 광학망원경은 1996년 경북 영천에 설치된 지름 1.8m의 보현산천문대의 광학망원경이다.

* 주 ; 라스 캄파나스(Las Campanas) : 페루에 위치한 사막지대로 일년 내내 맑은 날씨가 유지되며 비가 거의 오지 않아 1년 중 300일 정도 천체관측이 가능하다. 또 다른 이 지역은 개발이 거의 되지 않아 인구 밀집 도시가 없고, 밤하늘이 매우 어두워 천체를 관측하기에 유리하다는 장점이 있다.

* 출처 : 네이버 지식백과
http://terms.naver.com/entry.nhn?docId=933797&cid=571&categoryId=3296
다운로드 및 편집 : 2017. 12. 27.

3.1 기술프로젝트 수발주

기업에서 기술혁신을 실현하기 위해서 혁신기술을 획득하는 방법으로 외부의 기관이나 조직으로부터 파트너협업 또는 아웃소싱의 방법을 선택할 경우에 공식적인 체결을 위해서 수발주관리 절차를 준수해야 한다. 기술프로젝트를 기업에서 외부의 조직 혹은 기관으로부터 도입하고자 할 경우에 수발주하는 과정을 보면 입찰공고, 제안서 접수, 제안서 평가, 기술협상, 계약체결, 사업시행, 완료 및 검수 등이 있으며 [그림 13-13]과 같다.

그림 13-13 기술프로젝트 수발주 절차

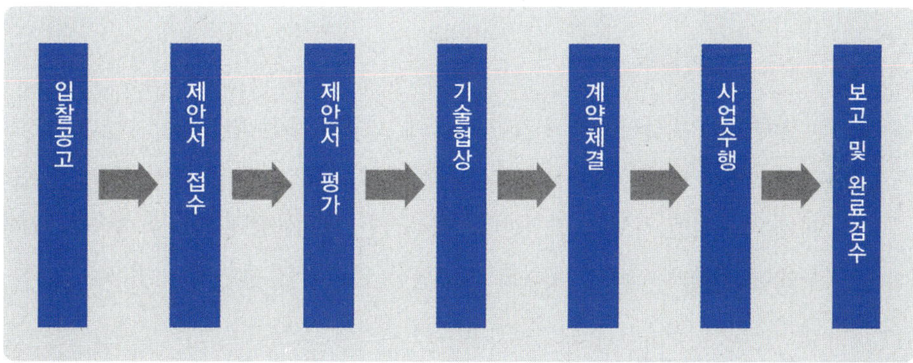

3.1.1 입찰공고

혁신기술의 도입에 관련한 입찰공고는 발주기업(기관)이 일정한 기간 이상 동안 입찰내용을 공개해야 한다. 발주기업의 게시판, 홈페이지 등을 활용하여 입찰내용과 조건 등에 대하여 공개해야 한다.

3.1.2 제안서 접수

입찰에 참여하기를 희망하는 조직 및 단체는 입찰조건에 적합하도록 작성한 제안서를 발주기업(기관)의 구매계약부서로 정해진 기간 내에 제출하게 된다. 제안서를 제출하는 방법은 방문접수, 우편, 이메일, 홈페이지 등을 활용하여 접수할 수 있지만, 발주자가 지정하는 방법대로 접수해야만 한다.

3.1.3 제안서 평가

발주자가 지정한 일시와 지정한 장소에서 제안자는 제안서의 내용을 구체적으로 발표하고 질의응답 등의 토론시간을 가진다. 이때 발주자는 제안자의 발표내용을 기준으로 궁금하거나 의심이 가는 부분을 집중적으로 질문하게 되고 제안자는 자신이 대답할 수 없는 분야에 대해서는 관련 기술전문가로 하여금 대답하게 하여 기술에 대한 신뢰성을 향상시킬 수 있다. 기술적인 분야에 대한 질의응답이 완료되면 가격에 대한 질의 응답이 끝나고 마지막에 발주자의 제안서 평가가 완료된다.

3.1.4 기술협상

발주자는 제안서들을 평가한 다음에 소수의 우선 협상대상자들을 선정하여 별도로 공지를 한다. 이때 제안서를 다시 검토하기도 하고 추가할 계약사항을 협의하여 계약에 대한 세부적인 사항을 조정한다. 세부적인 계약사항에 대하여 협의가 원활하지 못한 경우에는 계약에 이르지 못하고 기술협상 단계에서 중단되는 경우도 있다.

3.1.5 계약체결

발주자와 제안자가 모두 세부적인 사항을 협의하고 동의하면 계약을 체결하게 된다. 그리고 발주자가 기업이 아닌 관공서, 준관공서, 연구단체 등의 공공기관이라면 공개입찰로서 최하가격 혹은 미리 정해진 조건을 가장 잘 만족할 수 있는 높은 점수를 취득한 제안서를 제출한 제안자가 입찰에 성공하여 계약을 체결할 수 있게 된다.

3.1.6 사업시행

제안자는 발주자에게 계약서에 명기된 혁신기술의 연구개발에 대한 착수계를 제출하고, 착수계에 기록되어 있는 일정계획대로 연구개발을 진행하게 된다.

3.1.7 완료 및 검수

제안자는 계약 종료일까지 연구개발의 완료보고서를 제출하고 성과물에 대한 검수를 받는다. 성과물에 대한 검수가 완료되면, 발주자에게 성과물을 납품 · 인계하고 계약이 종결되며 납품 이후의 단계로 넘어가게 된다.

3.2 기술프로젝트 평가관리

대부분의 기업 혹은 기관에 기술을 발주하기 위하여 입찰을 공고한 다음에 제안서를 제출한 다수의 후보 프로젝트를 두고서 가장 효과적인 프로젝트를 선정하는 것은 매우 중요하다. 프로젝트가 완성되는 시점에서의 성과물은 발주자의 소유가 될 것이므로 발주자의 경쟁력이 될 수 있기 때문이다.

발주자가 프로젝트를 평가하는 단계는 일반적으로 3단계를 거치게 되며, 발주자는 제안사가 제출한 제안서를 기준으로 사업자를 선정할 때 평가하는 선정평가, 계약을 이행 중간에 평가하는 중간평가, 그리고 연구개발이 완성된 다음에 평가하게 되는 최종평가로 구분되어 진행될 수 있다. [그림 13-14]는 기술프로젝트의 평가관리의 단계를 나타내고 있다.

그림 13-14 기술프로젝트의 평가관리 단계

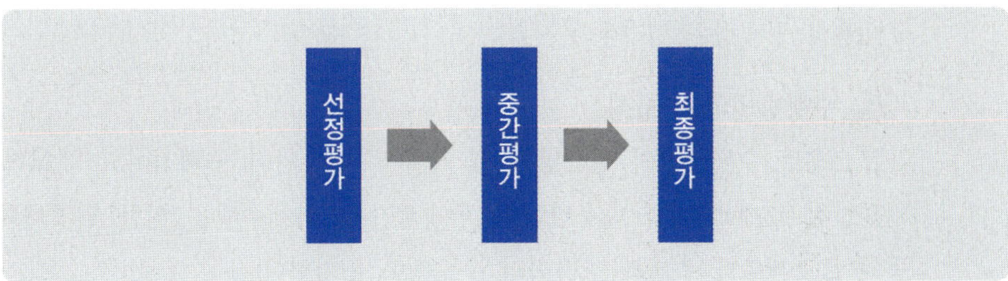

3.2.1 기술프로젝트 선정평가

기술프로젝트 선정평가는 발주자가 제안사가 제출한 제안서를 기준으로 사업자를 선정할 때 사용하는 평가방법이며 연구개발의 프로젝트를 수행하는 전체 과정에 대한 연구내용의 구체성, 수행방법의 우수성, 기술개발결과의 활용성, 연구수행능력의 우수성, 연구비 배분의 적정성 등을 평가하여 프로젝트에 참여할 수 있는 대상자를 선정하게 된다. [그림 13-15]는 기술프로젝트를 선정하기 위하여 평가하는 중요한 항목을 나타내고 있다.

그림 13-15 기술프로젝트 선정평가 항목

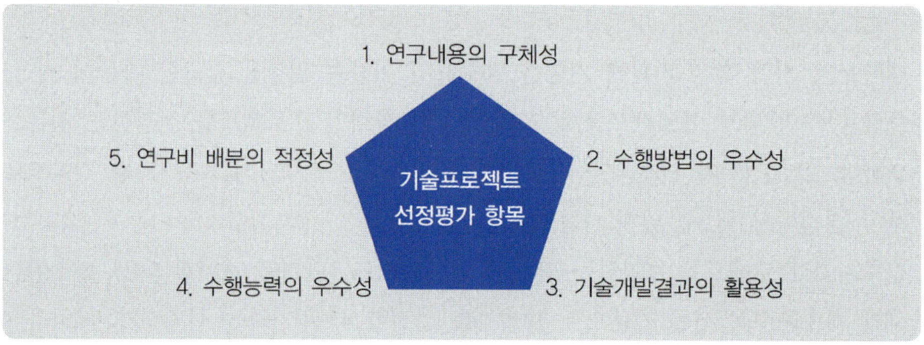

① **연구내용의 구체성**

발주자가 요구하는 개발목표와 범위를 제안자가 명확하고 구체적으로 이해하고 있는지, 프로젝트 수행 중에 발생 가능한 장애요인 및 해결방안을 명확하게 이해하고 있는지, 기술동향과 경쟁기술의 문제점의 정보수집 및 분석능력을 보유하고 있는지 등의 연구내용의 구체성을 평가한다.

② **수행방법의 우수성**

프로젝트 수행방법의 접근방식 및 세부 수행방법이 구체적이고 체계적인지, 미래의 기술발전 추세에 대한 대응방안이 구체적인지, 과제수행을 위한 일정계획이 적절한지 등의 프로젝트를 수행하는 방법의 우수성을 평가한다.

③ **기술개발결과 활용성**

기술개발결과가 산업계에 미치는 직·간접적인 파급효과가 어느 정도인지, 기술개발결과물이 설비의 신뢰성과 생산성 향상에 미치는 효과가 어느 정도인지, 기술이전이 가능한 기술목록 및 기술 내용 제시가 구체적이고 명확한지, 다른 연구개발이나 기반기술로의 활용에 대한 제시가 구체적이고 명확한지 등의 기술개발결과 활용성에 대하여 평가한다.

④ **연구수행능력의 우수성**

수행책임자 및 연구팀원들의 전문능력이 어느 정도인지, 과제수행에 필요한 제안자의 기자재 및 시설을 어느 정도의 우수한 수준으로 보유하고 있는지, 제시된 위탁연구, 외부 용역, 전문가 초청, 기술도입의 합리성이 어느 정도인지 등의 연구수행능력의 우수성에 대하여 평가한다.

⑤ **연구비 배분의 적정성**

연구개발비의 세부항목에 대한 배분 및 용도가 적합하고 타당한지, 연구개발 수행기관의 연구경험, 재무능력, 회계의 투명성 등의 연구비 배분의 적정성에 대하여 평가한다.

3.2.2 기술프로젝트 중간평가

기술프로젝트 중간평가는 프로젝트가 진행되고 있는 중간에 평가를 시행함으로써 진행되고 있는 과정이 일정별 목표계획을 달성하고 있는지와 남은 기간의 목표를 달성하는 데 문제점은 없는지를 평가한다. [그림 13-16]은 기술프로젝트 중간평가에 대한 내용이다.

그림 13-16 기술프로젝트 중간평가의 내용

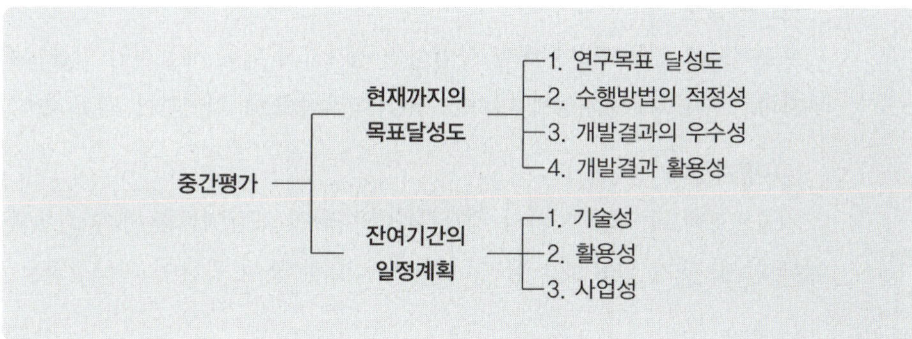

① **현재까지의 목표 달성도**

프로젝트를 진행하면서 현재까지의 연구목표 달성도, 프로젝트의 수행방법의 적정성, 개발진행 결과의 우수성, 개발결과물의 활용성 등의 일정별 목표달성에 대한 평가를 한다. 프로젝트를 시작한 시점에서 합의한 일정계획과의 차질이 발생했다면 그 원인과 대응방안에 대한 평가도 동시에 진행해야 하며, 잔여기간의 프로젝트 수행에 미칠 영향까지도 평가를 해야 한다.

② 잔여기간의 일정계획

프로젝트를 계속 진행하는 경우의 잔여기간 일정계획을 기술성, 활용성, 사업성 등에 관하여 평가한다. 프로젝트를 시작할 때 평가했던 선정평가는 연구개발을 진행하기 전에 평가하였기 때문에 실제의 연구개발 능력을 확인할 수 없었지만, 중간평가에서는 실제로 연구한 결과를 근거로 해서 평가하는 것이다. 중간평가의 결과에 따라서 잔여기간의 연구개발에 많은 영향이 미치게 된다. 잔여기간의 일정계획에 대한 평가는 기술성, 활용성, 사업성 등에 관하여 세부적으로 평가한다.

가. 기술성

프로젝트의 연구개발에 대한 기술성을 평가하기 위한 세부적인 항목으로는 계획의 명확성, 개발방법의 적정성, 수행책임자와 연구원들의 전문능력, 기술수명의 변화에 대한 대응방법, 연구비 신청 내역 및 연구기간의 적정성 등이 있다.

나. 활용성

프로젝트의 연구개발에 대한 활용성을 평가하기 위한 세부적인 항목으로는 결과물의 기술에 대한 수요규모의 변화, 현장적용의 난이도 등이 있다.

다. 사업성

프로젝트의 연구개발에 대한 사업성을 평가하기 위한 세부적인 항목으로는 수익성 및 투자회수 가능성, 생산성에 미치는 영향, 전략목표에 기여하는 정도 등이 있다.

③ 평가결과

기술프로젝트는 중간평가의 평가결과에 따라서 프로젝트를 계속 진행해야 할지, 중단해야 할지, 조기 완료해야 할지, 보완해야 할지 등에 관하여 의사결정을 해야 한다.

3.2.3 기술프로젝트 최종평가

기술프로젝트의 연구개발이 완료되면 최종평가를 통해서 프로젝트의 성공여부를 판단하게 된다. 최종평가의 내용은 목표달성도, 결과의 질적 수준, 결과 활용성, 결과 파급성 등에 관하여 평가하게 되며 [그림 13-17]과 같다.

그림 13-17 기술프로젝트 최종평가

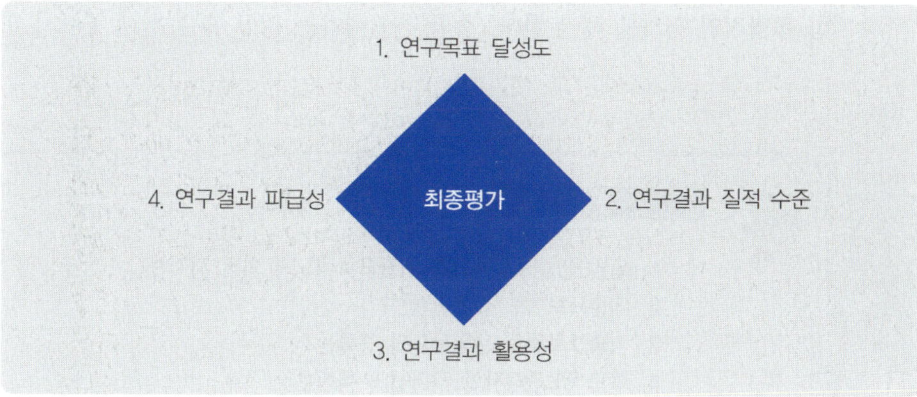

① 연구목표 달성도

최종평가의 연구목표 달성도에 대한 평가항목은 최종연구목표의 달성도, 실적결과 및 세부 목표의 달성 내용의 우수성, 연구자원 활용의 효율성 등이 있으며 이들 항목에 대하여 세밀하게 평가한다.

② 연구결과의 질적 수준

최종평가의 연구결과의 질적 수준에 대한 평가항목은 핵심기술의 수준, 연구결과물이 필요한 분야의 기술 취약성 해소 정도, 결과물의 질적 우수성(특허, 실용신안 등), 기술환경 변화 감지력 및 대응력 등이 있으며 이들 항목에 대하여 세밀하게 평가한다.

③ 연구결과 활용성

최종평가의 연구결과 활용성에 대한 평가항목은 기술개발의 결과물이 실비의 신뢰도를 향상시키는 정도, 투자비용 대비 회수 가능성, 실용화 시 수출증대와 수입대체 효과에 미치는 영향력 등이 있으며 이들 항목에 대하여 세밀하게 평가한다.

④ 연구결과 파급성

최종평가의 연구결과 활용성에 대한 평가항목은 개발 결과물이 전략목표에 기여하는 정도, 상품으로 적용 가능성, 다른 기술과 복합효과의 가능성, 후속연구 적용 가능성, 경제적 · 사회적으로 미칠 영향력 등이 있으며 이들 항목에 대하여 세밀하게 평가한다.

⑤ 최종평가 결과

이상의 최종평가의 각 항목에 대한 평가를 완료한 다음에는 기술프로젝트 전체에 대한 종합적인 평가를 해야 한다. 종합적인 평가는 성공 혹은 실패 중에서 판단하게 된다.

토론제목

1. 일반적인 프로젝트와 기술프로젝트의 의미 차이는?
2. 기술프로젝트 진행단계는?
3. 기술프로젝트 운영목표의 종류는?
4. 프로젝트관리자의 리더십의 특징은?
5. 기술프로젝트의 PMI 관리체계는?
6. CPM차트의 의미는?
7. 위험에 대비할 수 있는 방안은?
8. 기술프로젝트 수발주의 과정은?
9. 기술프로젝트의 평가관리 단계는?

PART 4

기술경영 성과(see)

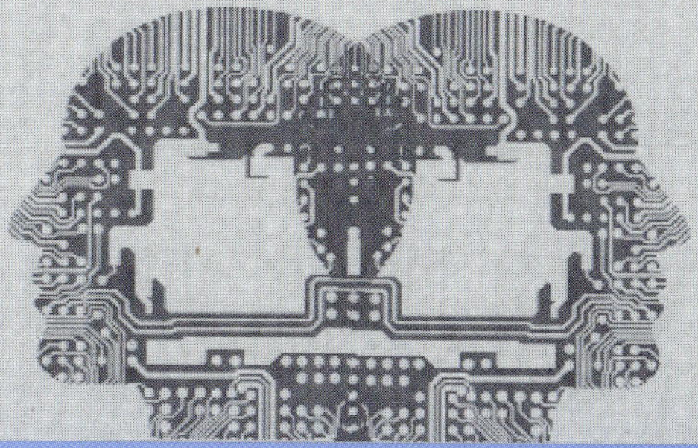

제 14 장

기술경영의 평가, 통제, 보상

1. 기술경영 평가 및 통제

1.1 평가 및 통제의 의미

새로운 기술을 연구개발하는 과정에서 원래 기술목표를 달성하기보다는 연구개발 자체에 몰입되어 연구개발의 방향을 놓치게 되어 목표를 달성하지 못하는 경우가 발생하는 경우가 있다. 혁신적인 기술이 발명된 다음에도 신제품이 시장에서 경제적인 목표를 달성하지 못하거나 시장에서 경쟁적 목표수준을 달성하지 못한 경우에는 혁신적인 기술이 성공했다고 할 수 없다. 단순한 기술의 발명이라는 의미 이외에 아무런 성과가 없다면 혁신적인 기술의 발전이 있다고 보기 어렵다. 기업은 연구개발 과정을 필요에 따라 조정하면서 원래 설정하였던 목표를 달성하고 성과를 창출할 수 있어야 한다.

평가와 통제는 혁신적인 기술을 연구개발하는 과정에서 현재 진행되고 있는 연구개발의 수준이 계획대로 진행되고 있는지를 주기적으로 평가하는 것이며, 일정계획대로 진행되지 못하는 경우에는 그 원인을 파악하고 피드백을 통하여 잘못된 부분을 수정하는 활동이다.

기술혁신이 기업에 미치는 영향은 매우 크게 작용하므로 기술경영자는 기술혁신의 과정을 주기적으로 평가와 통제를 수행하여야 한다. 기업이 혹시 평가와 통제에 대한 활동을 소홀하게 되면, 연구개발 부분에서 과다한 비용을 발생시키거나 또는 혁신적인 기술의 연구개발이 성공하지 못할 수 있다. 이러한 과다한 비용의 발생 혹은 연구개발의 실패로 인한 손실을 사전에 방지하기 위해서는 평가 및 통제가 반드시 실행되어야 한다.

1.1.1 평가의 의미

기술경영에 대한 평가를 진행하기 위해서는 현재의 기술수준을 표준기술 혹은 목표기술과 비교한 후, 그 갭(Gap)이 어느 정도인지를 평가하고 분석하는 과정이다. 혁신적인 기술을 연구·개발하는 과정에서 발생하게 되는 갭을 발견하지 못할 경우에는 기술경영의 문제를 조기에 발견하지 못해 기술경영의 목표를 달성하는 데 차질이 발생할 수 있다. 평가는 기술경영의 과정에서 발생할 수 있는 문제 혹은 갭을 발견하기 위한 과정이다. 평가는 현재의 기술목표가 지속적으로 유효한지 혹은 환경의 변화에 따라 기술목표를 변화시켜야 하는지를 파악해야 한다. 기술평가의 대상은 기업의 내부 및 외부의 환경, 정보시스템, 기술의 구조 등이 될 수 있다.

정보시스템으로 접근할 수 없도록 방지하는 방법이다. 접근제어 방법으로는 소프트적인 측면에서의 접근방지와 물리적인 접근방지가 사용될 수 있다. 특별한 정보를 사용하기 위해서는 특별한 장소에서만 사용할 수 있도록 장소를 한정하고서 접근이 허가된 사람만 정보시스템을 사용할 수 있게 한다. 허가되지 않은 사람의 접근을 통제하기 위하여 물리적인 침입차단 시스템을 이용하기도 한다. 접근제어는 특별한 장소에서 시스템을 사용하기 위해서 허가된 사람에게 특별한 장소에 접근할 수 있도록 허락한 다음에, 다시 허가된 사람임을 재확인할 수 있도록 인증 등의 소프트적인 방법을 활용할 수 있다.

2.3.2 인증

인증(Authentication)은 정보를 이용하려는 사용자에 대한 신원을 식별하고 확인할 수 있는 방법이다. 정보시스템을 사용할 수 있는 권한을 부여한 사용자의 신원인증을 통하여, 사용자 본인임을 확인하고서 정보시스템의 사용을 허용하게 된다. 시스템을 사용할 수 있도록 허가된 사람인지를 판단할 수 있는 인증의 방법으로는 일반적으로 패스워드를 활용하고 있지만, 보안을 강화해야 할 경우에는 지문, 망막 등의 생체인식기능이 활용되기도 한다.

2.3.3 기밀성 보장

기밀성 보장(Confidentiality Guarantee)은 정보시스템의 사용에 대한 권한이 없는 사람이 정보시스템으로 접근했을 경우에 정보의 내용을 알 수 없도록 기밀화하는 방법이다. 기밀화의 방법으로는 암호화기술이 사용되기도 한다. 기밀성 보장 방법은 암호화된 정보를 해독할 수 있는 권한이 있어야만 정보를 사용할 수 있으므로 매우 중요한 정보일 경우에 활용될 수 있는 방법이다.

2.3.4 무결성 보장

무결성 보장(Integrity Guarantee)은 정보시스템에서 사용자에게 전달되는 정보가 유무선의 인터넷 공간에서 부당한 방법으로 위조되거나 변조되는 것을 방지할 수 있는 방법이다. 정보가 전송중에 위조되거나 변조되는 것을 방지할 수 있는 방법으로는 전송하고자 하는 정보를 메시지 인증코드(Message Authentication Code)와 함께 전송하는 방법이 활용되고 있다.

2.3.5 전자인증

전자인증(Electronic Authentication)은 정보시스템을 활용하여 정보를 송수신한 사용자가 송수신 사실을 부인하는 행동을 방지하기 위하여 전자적으로 서명하는 방법이다.

최근에는 은행예금계좌에서 자동이체, 신용카드결제 등의 과정에서 본인의 여부를 확인하는 것이 매우 중요하므로 인증의 절차와 방법이 매우 정밀하게 변화되고 있다. 전자인증의 효력은 오프라인에서 사용하고 있는 인감도장 혹은 본인의 자필서명과 거의 동일한 법률적 효력을 인정받고 있으므로, 사용자는 전자인증을 사용하는 데 있어서 매우 유의해야 한다.

기술윤리는 내부규범의 분야와 사회규범 분야로 구분된다. 전자는 과학자의 연구윤리 · 기술윤리 등을 포함하고 후자는 생명윤리 · 환경윤리 · 정보윤리 등으로 구성되며 [그림 15-4]와 같다.

그림 15-4 기술윤리

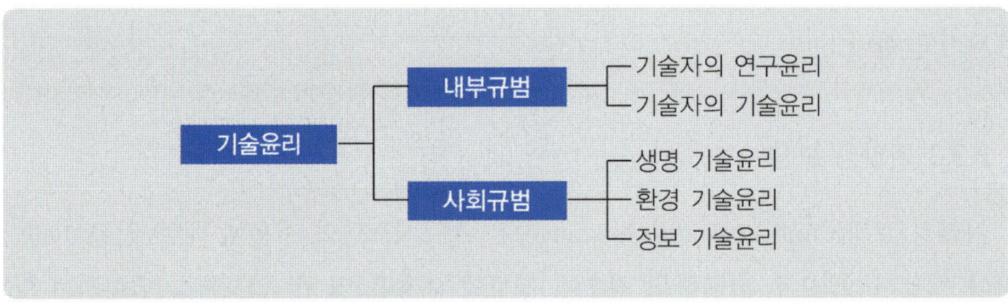

3. 기술경영의 기술윤리

3.1 기술윤리의 내부규범

내부규범은 기술자의 연구윤리와 기술윤리로 구분된다. 연구윤리는 연구개발을 진행하는 과정에서 비윤리적인 방법으로 기술을 습득하거나 활용하는 행위를 의미하며, 기술윤리는 혁신적인 제품의 기술이 비윤리적으로 활용될 수 있는지에 대한 규범이다.

내부규범 분야 가운데 기술자에 대한 기술윤리 교육이 매우 중요하게 부각되고 있다. 1989년에 체결된 워싱턴협정(Washington Accord)은 기술자에 대한 기술윤리 교육의 국제적 동질성을 확보할 수 있도록 하였고, 1995년의 APEC회의에서 결의된 APEC 엔지니어 제도는 기술자의 자격을 표준화하여 기술자의 기술윤리를 확보하는 것을 목표로 하고 있다.

3.2 기술윤리의 사회규범

사회규범 분야의 윤리로 최초로 주목을 받은 것은 생명윤리, 환경윤리, 정보윤리로 구분된다. 기술윤리에 관련한 국제적 기구로는 세계과학기술윤리위원회(COMEST, World Commission on the Ethics of Scientific Knowledge and Technology)가 있으며, 18명의 독립적인 전문가들로 구성된 자문기구로 1997년 10월 제29차 유네스코(UNESCO)총회에서 설립이 결정되었고, 1998년 공식 설립되었다. COMEST는 인간 복제, 유전자 조작 등 과학기술 발전이 초래할 수 있는 사회적인 영향에 대해서 윤리적으로 성찰하는 것을 목적으로 하고 있다. 위원회의 역할은 의사결정자들에게 경제적인 관점을 넘어서는 윤리적인 기준을 만드는 것이다. 또한 각국 과학자와 정책 결정자 간의 소통, 과학자와 대중의 소통을 촉진하는 것도 담당하고 있다(네이버 지식백과, 2014).

3.2.1 기술자의 생명윤리

생명과학이 발전한 미국에서는 1970년 무렵부터 장기이식과 유전자 조작, 환자의 권리 등의 생명윤리에 관한 논쟁이 나타났다. 생명에 관련한 기술의 발전은 매우 빠른 속도로 발전되고 있다. 장기이식의 단계를 지나 장기를 생산할 수 있는 수준까지 생명과학과 기술이 발전되고 있다. 생명기술의 목적이 불치의 병을 치료할 수 있는 목적이라고 하더라도 생명의 창조라는 신의 영역까지 침범할 수 있는 종교적인 문제 이외에도, 생명기술을 비윤리적으로 활용할 수 있는 생명경시의 문제가 발생할 수 있으므로 매우 조심스럽게 접근해야 할 것이다. 〈사례 15-1〉은 늙지안고 죽지않기 위해서 냉동되어 깨어나기를 기다리는 사업을 보여 주고 있다. 생명윤리에 논란이 있다.

사례 15-1 노화도 고칠 수 있는 질병

사례연구

노화도 고칠 수 있는 질병 … 냉동인간 150명 부활 기다린다

▲ 미국 알코어생명연장재단의 냉동인간용 액화질소 탱크. 150여 명의 시신이 냉동된 채 부활을 기다리고 있다.

미국 애리조나주 알코어생명연장재단의 한 수술실. 사망한 지 10분쯤 된 시신이 수술대에 올라왔다. 이곳에서 진행되는 냉동인간 시술은 의사 사망선고가 내려지고 15분 이내에 시작된다. 먼저 의료진이 얼음을 부어 신체 온도를 영하로 낮춘다. 동시에 피가 굳지 않도록 하는 특수약물을 주입한다. 그런 다음 혈액을 빼내고 16가지 장기 보존액을 주입한다. 마지막으로 동결보존액을 주입하고 서서히 냉동시켜 영하 196도 액화질소 탱크에 보존한다.

막스 모어 알코어 CEO는 "재단의 임무는 회원들에게 수명을 연장하는 기회를 제공하는 것"이라며 "머잖은 미래에 몸을 재활용하는 시대가 올 것"이라고 말했다. 재단은 의학적으로 이미 숨진 이들을 '냉동 시신'이 아닌 환자(patients)로 부른다. 1982년 설립된 이 재단에는 현재 미국은 물론 일본·중국 등지에서 온 냉동인간 150여 명이 새로운 생명을 얻을 미래를 기다리며 잠들어 있다. 이 중에는 2002년 83세로 숨진 미국 프로야구 메이저리그의 '타격의 신' 테드 윌리엄스도 있다. 알코어 생명재단의 냉동인간은 죽음마저 넘어서려는 21세기 인류의 몸부림이다.

생명 연장과 노화에 도전하는 인간의 꿈이 점차 현실이 되고 있다. 지난해 10월 미국 질병통제예방센터(CDC)는 근감소증에 'M62.84'란 질병 분류 코드를 부여했다. 사람의 근육량은 20대 무렵 최대치에 이른 뒤 서서히 줄어 70대 이후에는 40% 이상이 감소한다. CDC의 이번 조치는 노화를 바라보는 시선이 '나이 들면 당연한 일'에서 '질병'으로 바뀌고 있다는 걸 의미한다. 국내 의료계에서도 근감소증에 대한 질병 코드를 부여하는 걸 검토 중이다.

노화가 독자적인 연구 주제로 자리 잡은 건 2000년대 후반이다. 2009년 노벨 의학상이 세포 속 생체시계 '텔로미어'의 역할을 확인한 엘리자베스 블랙번 교수 등 3명에게 돌아가면서 노화 연구는 혁명기를 맞았다. 염색체 끝단을 말하는 텔로미어는 운동화 끈 끝을 감싼 플라스틱처럼 세포 속 염색체 끝부분에 위치하는 유전자 조각이다. 텔로미어는 세포 분열이 일어날수록 짧아지는데 그 길이가 노화점보다 짧아지면 세포는 노화 세포에 접어들고 결국 죽는다.

생체시계를 되돌리는 회춘은 불가능한 걸까. 블랙번 교수는 국내 언론과의 인터뷰에서 "텔로머라아제 기능이 활발해져 텔로미어 길이가 줄어들지 않으면 세포 노화가 일어나지 않는다"고 말한다. 텔로머라아제는 텔로미어가 짧아지는 것을 막는 몸속 효소다. 암세포가 무한 증식할 수 있는 건 텔로머라아제 활성으로 텔로미어가 짧아지지 않기 때문이다.

▲ 알코어생명연장재단 홍보 동영상에 담긴 냉동인간 시술실.

미국 실리콘밸리는 노화를 미래 먹거리 중 하나로 꼽아 투자를 늘리고 있다. 구글의 공동 창업자 세르게이 브린이 2013년 세운 칼리코(Calico)가 대표적이다. 칼리코는 노화 원인을 찾아내 인간 수명을 500살 정도로 연장하는 게 목표다. 유전자 조합을 통해 수명이 10배 늘어난 회충을 만든 신시아 캐넌 박사가 칼리코 소속이다.

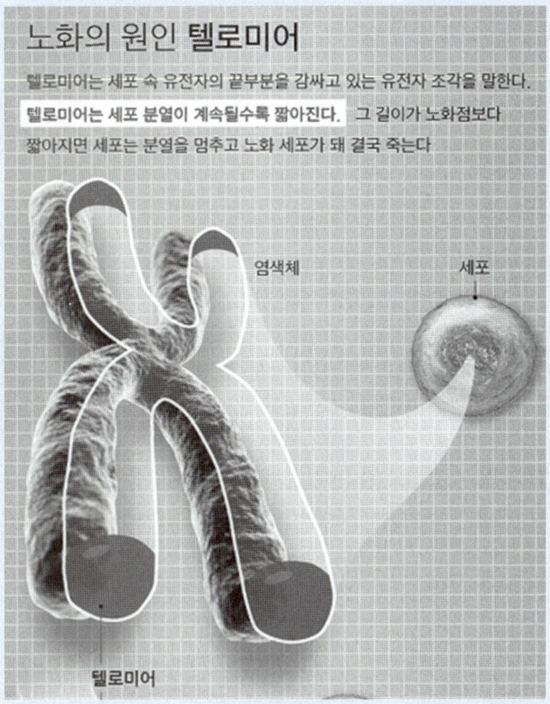

* 출처 : 중앙일보, 2017. 12. 26
http://news.joins.com/article/22233012
다운로드 및 편집 : 2017.12. 27.

3.2.2 기술자의 환경윤리

환경윤리는 1970년대에 논의가 되기 시작하였으며, 1980년대에 지구의 환경파괴가 전 세계인들의 관심사가 되자 지구의 환경파괴를 막기 위한 사상과 규범으로 자리잡기 시작했다. 환경윤리의 근간을 이루는 사상은 생태계나 생물종에도 인간과 동등한 가치가 있다는 '자연생존권'과 환경의 지속성을 주장하는 '세대 간 환경윤리' 그리고 지구의 유한성을 강조하는 '지구전체주의' 등이 있다. 이러한 주장 혹은 사상들은 결국은 인간의 생명에 직결되므로 기술자의 환경윤리에 대한 관심이 더욱 증가되어야 할 것이다.

〈사례 15-2〉는 아직 사회적인 기반시설이 완전하지 못한 중국에서 환경보호를 위한 세금을 징구하겠다는 내용이다.

사례 15-2 중국, 내년 1월 환경보호세 징수

사례연구

중국, 내년 1월 환경보호세 징수..."기업에 부담"

중국 당국은 내년 1월1일부터 환경보호세를 징수한다고 반관영 통신 중국신문(中國新聞)이 15일 보도했다. 환경보호세 도입이 세수 확대를 강화하는 것은 물론 환경오염의 효과적으로 억제하고 개선을 장려하는 체제를 형성하는데 도움을 줄 것이라고 전했다. 하지만 아직 환경오염 방지 시설을 완벽하게 갖추지 못한 중국 국내에 기업과 진출 외자기업에는 환경보호세 납부가 상당한 경영 압박 요인이 될 것으로 우려되고 있다.

제12기 전국인민대표대회(전인대) 상무위는 작년 12월 제25처 회의에서 환경보호세 도입을 목적으로 하는 '환경보호법'을 통과시켰다. 환경보호법은 환경세 납부자를 중국 영내와 관할 하에 있는 기타 해역에서 오염물질을 직접 배출하는 기업과 사업체, 여타 생산 경영자로 명시했다. 납세 대상 오염물질은 대기 오염물질, 수질 오염을 가져오는 물질, 고체 폐기물, 소음을 포함시켰다.

대기오염물과 수질 오염물의 구체적인 적용 세액을 결정하고 조정하는 것은 각 성-자치구-직할시가 자체 상황과 부담 능력을 정하도록 했다. 또한 오염물 배출 상황과 경제사회 생태 발전 목표도 감안해 세액을 매기게 했다.

* 출처 : 중앙일보, 2017. 12. 15
http://news.joins.com/article/22208159
다운로드 및 편집 : 2017.12. 27.

3.2.3 기술자의 정보윤리

정보윤리는 1990년 이후, 컴퓨터네트워크가 폭발적으로 보급된 이후 본격적으로 발전하기 시작했다. 기업에서 기술자는 혁신적이고 상업적으로 고급기술을 항상 접하고 있으므로, 기술정보를 개인의 욕심으로 사용하고자 하는 욕망이 생기기도 한다. 이러한 기술자 개인의 정보윤리를 강화할 수 있는 방법으로 가장 효과적인 것은 기술자에게 합당한 보상을 하는 것이다. 기술자의 정보윤리는 소프트웨어의 지적소유권 문제, 네트워크 경유 컴퓨터바이러스와 해킹 방지, 개인정보 보호 등의 분야로 연구영역이 계속 확대되고 있다.

토론제목

1. 기술경영의 기업문화에 대한 의견은?
2. 기업의 고객지향의 의미는?
3. 기업의 장기적 목표의 의미는?
4. 기업의 명확한 목표의 의미는?
5. 부서 간의 협업의 의미는?
6. 외부조직과의 협업의 의미는?
7. 기술경영의 기술보안에 대한 의견은?
8. 보안방법의 종류는?
9. 기술경영의 기술윤리에 대한 의견은?
10. 기술윤리의 내부규범의 의미는?
11. 기술윤리의 사회규범의 의미는?

참고문헌

1. 국내문헌

김기석, '신상품마케팅전략', 인플로우, 2011
김길선 역, '기술경영과 혁신전략', McGraw-Hill Korea, 2010
김상종 · 김오우, '경영과학', 탑북스, 2010
김승욱 · 강기두, '고객관계관리원론', 법문사, 2012
김연성 · 박경철 · 유석천 · 최강화 옮김, '생산관리', 한경사, 2012
김재수 · 오장균, '인터넷마케팅전략', 형지사, 2011
김진수 외 4인, '기술창업론', 탑북스, 2017. 8, (World Economic Forum, 2016, 1)
김형수 · 김영걸 · 박찬욱, '고객관계관리전략의 원리와 응용', 사이텍미디어, 2012
남윤의 역, '지식시장을 창조하는 기술경영', 인터비젼, 2008
민병찬 역, '기술경영', GS인터비젼, 2009
박용태, '기술과 경영', 생능출판, 2017. 2. 18
송경진 옮김, '클라우스슈밥의 4차산업혁명', 새로운현재, 2016. 4. 20
송민정, '빅데이터가 만드는 비즈니스 미래지도', 한스미디어, 2017. 11. 15
안광호 · 김동훈 · 김영찬, '시장지향적 마케팅전략', 학현사, 2011
여인국, '기술사업화이론과 실제', 학현사, 2013
오세조 · 박진용 · 김상덕, '소비지향적유통관리', 박영사, 2009
윤재홍, '기술경영론', 두양사, 2009
이경주, '4차 산업혁명', 마리북스, 2017. 6. 20
이관춘, '기업의 위기극복을 위한 윤리경영전략', 학지사, 2009
이범희, 'GLOBA 마케팅', 탑북스, 2012
이범희, '고객관계관리', 학현사, 2013
이청호 · 정진철 · 황윤용 · 윤영수 · 구철모 · 박종철, '기술경영', 한경사, 2010
이현욱 옮김, '4차산업혁명 인공지능빅데이터', 경향BP, 2016. 11. 29
이훈 · 구계원 옮김, '레드오션전략', 타임비즈, 2010
임영균 · 안광호 · 김상용, '고객지향적유통관리', 학현사, 2010
임일, '4차산업혁명 인사이트', 더메이커, 2016, 8. 25
정선양, '전략적 기술경영', 박영사, 2009
정용찬, '빅데이터혁명과 미디어정책이슈(KISDI Premium Report 12-02)', 2012
조형래 · 유정상 · 안연식, '기술경영', 학현사, 2013
천재정, '빅데이터 비즈니스', 더숲, 2013. 12. 20
한국경제TV, '세상을 바꾸는 14가지 미래기술', 2017. 5
한상만 · 하영원 · 장대련, '경쟁우위마케팅전략', 박영사, 2011
naver.com, 시사상식사전, 지식백과, 2017

2. 국외 문헌

Andrew T. Stephen, and Olivier Toubia, “Deriving Value from Social Commerce Networks”, *Journal of Marketing Research*, Vol. 47 (April), 2010

Jessi Hempel, “Social Media Meets Retailing”, *Fortune*, Vol. 161, Issue 4, 2010

John D. Daniels, Lee H. Radebaugh, and Daniel P. Sullivan, *International Business: Environments and Operations*, 12th/ed., Prentice Hall, 2008

Kotler keller, Marketing Management, 14th/ed., Pearson Education, 2012

O'Reilly Radar Team, *Big Data Now: Current Perspectives from O'Reilly Radar*, ebook, 2012

Ohbyung Kwon, and Wena Yixing, “An empirical study of the factors affecting social network service use”, *Computers in Human Behavior*, Vol. 26 (March), 2010

Philip Kotler, and Gary Armstrong, *Principles of Marketing*, 14th/ed. , Pearson Education, 2012

Philip R. Cateora, Mary C. Gilly, and John L. Graham, *International Marketing*, 14/ed., McGraw-Hill Irwin, 2010

Shusen1 Yang, Xinyu Yang, Chao Zhang, and Evangelos Spyrou, “Using social network theory for modeling human mobility”, *IEEE Network*, Vol. 24 (Sep), 2010

Warren J. Keegan, and Mark C. Green, *Global Marketing*, 6th/ed, Pearson Education, 2011

3. 언론 및 인터넷 자료

TISTORY, hdclassic.tistory.com/247, 2017.12.20

국제신문, KISTI, 10대 미래유망기술선정, http://www.kookje.co.kr/news2011/asp/newsbody.asp?code=0800&key=20171222.22019005410, 2017.12.21

다음, 증기기관, http://100.daum.net/encyclopedia/view/b20j0411a, 2017.12.20

매일경제, “국정원, 최근 6년간 외국산업스파이 157건 적발”, http://news.mk.co.kr/newsRead.php?year=2017&no=675919, 2017.10.13

매일경제, 기술창업 어떻게 이뤄지나…‘팁스’ 그랜드컨벤션개최, http://news.mk.co.kr/newsRead.php?year=2017&no=841237, 2017.12.20

매일경제, 뛰는 코스닥, 나는 창투사…린드먼아시아 등 상장채비, http://news.mk.co.kr/newsRead.php?year=2017&no=783444, 2017.11.26

매일경제, 삼성전자 연말보너스 기본급 최대100% 지급, http://news.mk.co.kr/newsRead.php?year=2017&no=839641, 2017.12.19

매일경제, 이마트, 축구장 6배 온라인물류센터 증설, http://news.mk.co.kr/newsRead.php?year=2017&no=828721, 2017.12.14

매일경제, 日자율주행·바이오 등 산업빅데이터 표준화 나선다, http://news.mk.co.kr/newsRead.php?year=2017&no=843387, 2017.12.21

매일경제, 적과동침…경쟁사 매장서 파는 PB상품, http://news.mk.co.kr/newsRead.php?year=2017&no=692167, 2017.10.19

매일경제, 현대제네시스, 美컨슈머리포트테슬라 · 포르쉐 이어 3위,
http://news.joins.com/article/22226396, 2017.12.22
연합뉴스, 北 김정은 "청와대 불바다" 전투훈련,
http://www.yonhapnews.co.kr/local/0899000000.html?cid=MYH20161211008700038&from=search, 2016. 12. 11,
조선일보, ㈜스마트관리기업 부설연구소, 미래부서 'FX렌트' 연구 · 개발위한기반 '인증',
http://biz.chosun.com/site/data/html_dir/2017/06/02/2017060200929.html, 2017.6.12
조선일보, 25조면 될 原電 대신 100조 신재생에 쓴다,
http://biz.chosun.com/site/data/html_dir/2017/12/18/2017121800152.html, 2017.12.18
조선일보, NASA "화성탐사로켓 2019년 시험발사",
http://news.chosun.com/site/data/html_dir/2017/12/08/2017120801533.html, 2017.12.9
조선일보, 기술격차 좁히는 中…"사업다각화 · 친환경기술 확보 서둘러야",
http://biz.chosun.com/site/data/html_dir/2017/12/14/2017121402414.html, 2017.12.15
조선일보, 모하비사막의 신기술축제 CES…한국기업 179개 참가 역대최다,
http://biz.chosun.com/site/data/html_dir/2017/12/14/2017121400458.html, 2017.12.14
조선일보, 미국은 AI, 중국은 드론…올 CES는 'G2대결무대',
http://biz.chosun.com/site/data/html_dir/2017/01/09/2017010902791.html, 2017.1.10
조선일보, 신도리코, 스마트폰으로 제어하는 A3컬러복합기 'D300시리즈' 출시,
http://biz.chosun.com/site/data/html_dir/2017/04/24/2017042401381.html, 2017.4.24
조선일보, 애플과 反퀄컴연합군 결성한 협력사들 퀄컴에 맞소송...특허소송 전 '점입가경',
http://biz.chosun.com/site/data/html_dir/2017/07/19/2017071902793.html, 2017.7.19
조선일보, 임상유전체관리 기술이 내년 '핫'한 바이오 헬스 기술...생명연, 10대 유망기술선정,
http://biz.chosun.com/site/data/html_dir/2016/12/27/2016122701402.html, 2016.12.27
조선일보, 한국서만 38조 챙긴 특허 갑질에 공정위 철퇴…퀄컴 "논리도 증거도 없는 결정",
http://biz.chosun.com/site/data/html_dir/2016/12/28/2016122801722.html, 2017.12.25
중앙일보, "메탄가스, 대체에너지 활용 길 열어"…IBS, 메탄가스분해성공,
http://news.joins.com/article/19782656, 2016.3.25
중앙일보, "사망했어도 합의금" 신일철주금 산업스파이에 강경 대응,
http://news.joins.com/article/21487995, 2017.4.18
중앙일보, "스카프 한 장이 왜 700만 원 이냐고 묻는다면",
http://news.joins.com/article/22125919, 2017.11.17
중앙일보, "한명의 낙오자도 없는 학교" 전 세계 교실은 실험 중,
http://news.joins.com/article/21707787, 2017.6.28
중앙일보, "육회를 'Six times'라 번역하는 건 옛말"…정확도 높아진 한글통번역 앱,
http://news.joins.com/article/21995898, 2017.10.9
중앙일보, 1000억 원 삼킨 '월미 은하 레일'…180억 더 들여 2019년 개통키로,
http://news.joins.com/article/22222358, 2017.12.20
중앙일보, 2050년까지 우주로 가는 엘리베이터 만든다는 일본회사,
http://news.joins.com/article/20652839, 2016.9.29
중앙일보, 45억 어치 팔린 평창 롱패딩…올림픽 굿즈, 수익도 '굿',
http://news.joins.com/article/22202981, 2017.12.14

중앙일보, 4차산업혁명에서 인간의 생존?,
http://news.joins.com/article/21219558, 2017.2.6
중앙일보, 4차산업혁명의 시대…경기콘텐츠진흥원, 콘텐츠의미래를보다,
http://news.joins.com/article/22225758, 2017.12.21
중앙일보, 9월 중국 생산자물가과잉생산 감축에 6.9%↑...소비자는 1.6%↑,
http://news.joins.com/article/22015550, 2017.10.16
중앙일보, AI · 자율주행 · 빅데이터 · IoT 등이 주도하는 4차산업혁명,
http://news.joins.com/article/22128696, 2017.11.19
중앙일보, 'IFEZ처럼'…각 국 벤치마킹 잇따라,
http://news.joins.com/article/21960545, 2017.9.22
중앙일보, KB국민은행 10년만에 연말성과급...최대 800만 원 지급,
http://news.joins.com/article/22168668, 2017.12.1
중앙일보, KB국민은행, 빅데이터 기반 맞춤형 고객관리시스템 오픈,
http://news.joins.com/article/21657136, 2017.6.12
중앙일보, UAE원전건설 어떻게 이뤄졌나,
http://news.joins.com/article/22214347, 2017.12.18
중앙일보, 건물전기료 19%절감…빅데이터기술활용한에너지효율화솔루션제시,
http://news.joins.com/article/22226160, 2017.12.22
중앙일보, '광주미디어아트 출발대' 홀로그램전용관 등 6개 시설 첫 선,
http://news.joins.com/article/20946889, 2016.11.30
중앙일보, 구자열 LS회장 "우선해보고, 빨리 실패하라",
http://news.joins.com/article/21974740, 2017.9.27
중앙일보, 글로벌지역전문가, R&D스페셜리스트육성,
http://news.joins.com/article/21623094, 2017.5.31
중앙일보, 기업은행, "IBKPOS-뱅킹서비스" 출시,
http://news.joins.com/article/21460211, 2017.4.10
중앙일보, 내 기분 따라서 음악 선곡…AI 만나 질주하는 자율차,
http://news.joins.com/article/22054020, 2017.10.26
중앙일보, 노화도 고칠 수 있는 질병…냉동인간 150명 부활 기다린다,
http://news.joins.com/article/22233012, 2017.12.26
중앙일보, 대한항공 · 델타항공 '조인트벤처'에 예민한 미국항공사들,
http://news.joins.com/article/21725037, 2017.7.4
중앙일보, 동탄테크노밸리 수요품은 스마트홈,
http://news.joins.com/article/22222420, 2017.12.21
중앙일보, 디즈니, '21세기폭스' 57조에 인수… 'X맨 · 심슨 등' 라인업강화,
http://news.joins.com/article/22206127, 2017.12.14
중앙일보, 메디포스트, '카티스템' 생산기술유럽 6개국 특허,
http://news.joins.com/article/22180265, 2017.12.6
중앙일보, 미국서 숙취 음료 돌풍…석달만에 40만 병 팔아,
http://news.joins.com/article/22199180, 2017.12.13
중앙일보, 버블논란의 국내제약 · 바이오기업 현주소,
http://news.joins.com/article/22190034, 2017.12.10

중앙일보, 北 김정은, 탄핵정국속 "청와대불바다" 전투훈련참관,
http://news.joins.com/article/20988855, 2016.12.11
중앙일보, 삼성전자 "중국시안낸드공장에 3년간 7조8000억 원 투자",
http://news.joins.com/article/21883003, 2017.8.28
중앙일보, 삼성전자, 총 36개 제품 CES혁신상…TV부문 7년 연속최고 혁신상,
http://news.joins.com/article/22101986, 2017.11.10
중앙일보, 성남폴리텍대학-삼성전자로지텍 '기술인력양성 MOU',
http://news.joins.com/article/22209395, 2017.12.16
중앙일보, 수액제연 800만 개 생산공장에 상주 직원7명,
http://news.joins.com/article/21366578, 2017.3.14
중앙일보, 우주공간에서 3D프린팅이 가능하다고?,
http://news.joins.com/article/21847161, 2017,8,16
중앙일보, 융기원-한양대연구팀 '메타물질수퍼투과체' 세계 첫 개발,
http://news.joins.com/article/20683642, 2016.10.6
중앙일보, 일본 '페퍼' 한국상륙…국산로봇은 7년째 제자리,
http://news.joins.com/article/21982916, 2017.9.29
중앙일보, 자율주행차 뜻밖의 난관…'눈만오면 눈이 안보여',
http://news.joins.com/article/22229199, 2017.12.23
중앙일보, '중국실리콘밸리'에 콘텐트거점...스타트업 진출 교두보 생겼다,
http://news.joins.com/article/22232043, 2017.12.25
중앙일보, 중국, 내년 1월환경보호세징수..."기업에 부담",
http://news.joins.com/article/22208159, 2017.12.15
중앙일보, 증강현실상상이 현실이 되고 현실이 가상이 되는 세계,
http://news.joins.com/article/20683642, 2016.10.6
중앙일보, 직원 몸에 '마이크로칩' 이식해 근태관리…美 IT기업의 실험,
http://news.joins.com/article/21785888, 2017.7.25
중앙일보, 컴투스, 임직원 스톡옵션 행사↑…'인재유출' 전조현상?,
http://news.joins.com/article/22184669, 2016.12.7
중앙일보, 화력발전소 한 곳과 맞먹는 ESS, 에너지강국원동력,
http://news.joins.com/article/21043254, 2015.8.16
한국에너지공단 신재생에너지,
http://www.knrec.or.kr/energy/sunlight_intro.aspx, 2018.2.16

한글색인

ㄱ

ㅈ

영문색인

저자약력

[경력]

4차산업혁명 기술연구원 원장
명지대학교 경영대학 경영학과 교수
전. 울산대학교 경영대학 경영학과 교수
전. 삼성전자(주) e-Commerce팀장
전. KG케미컬(주) 기획본부장(상무)

[학력]

동국대학교 경영학 박사
연세대학교 경영학 석사
경북대학교 전자공학과 학사

[저서]

빅데이터 CRM, 탑북스, 개정판 초판, 2018.
국제마케팅, 탑북스, 3판, 2018.

저자와의
협의하에
인지생략

4차 산업혁명 시대의
기 술 경 영

2018년 4월 1일 1판 1쇄 인쇄
2018년 4월 10일 1판 1쇄 발행

저 자 이 범 희
발행인 김 광 식
조 판 아 람 기 획

07285
발행처 서울특별시 영등포구 선유로3길 10, 617호
도서출판 **탑 북 스**
등 록 2009.12.21 제 2016-000101 호
전 화 02)365-2223 팩 스 02)365-2224

정가 30,000 원
ISBN 979-11-87343-88-2-93320